KB120227

다다 혁명 운동과
헤로도토스의 역사

Movement Dada & Herodotus *The Histories*

다다 혁명 운동과
헤로도토스의 역사
Movement Dada & Herodotus *The Histories*

정 상 균 지음

'제우스(Zeus)' '아폴로(Apollo)' '디오니소스(Dionysus)' '헤라클레스(Heracles)'

'케오프스(Cheops, Khufu, 2589-2566 b. c.)' '멘카우레(Menkaure, 2532-2503 b. c.)'
'세소스트리(Sesostris I, Senusret I 1971-1926 b. c.)' '프삼티크 I세(Wahibre Psamtik I
(Psammetichus I), 664-610 b. c.)' '아마시스(Amasis, 570~526 b. c.)'

'크로이소스(Croesus, 560~546 b. c.)' '키루스(Cyrus, 600?~529 b. c.)' '캄비세스(Cambyses,
529~522 b. c. 在位)' '다리우스(Darius, 558?~486? b. c.)' '크세르크세스(Xerxes, 519?~465 b. c.)'

'솔론(Solon, 638?~559? b. c.)' '칼리마코스(Callimachus, ?~490 b.c.)' '밀티아데스(Miltiades,
540~488? b. c.)' '테미스토클레스(Themistocles, 527?~460? b. c.)' '헤로도토스(Herodotus,
484~425 b. c.)'

머리말

헤로도토스(Herodotus, 484~425 b. c.)[1]의 '역사(*The Histories*)'는, 페르시아(Persia) 왕 **'키루스(Cyrus)' '캄비세스(Cambyses)' '다리우스(Darius)' '크세르크세스(Xerxes)'** 4대에 걸친 '[소]아시아' '이집트' '유럽' '스키타이' 침략 통치 과정을 상술(詳述)한 저서이다.

헤로도토스(Herodotus)는 그에 앞서 역대 페르시아(Persia) 왕들의 '계관시인(桂冠詩人, poet-laureate, 御用作家)들'이 이미 작성해 놓은 '그 왕들의 전기(傳記)'를 자신의 서술의 기본 -바탕으로 삼았지만, 그 속에 '영웅주의' '신비주의'는 신중히 억누르고 오히려 그들의 '독재' '탐욕주의'를 낱낱이 고발 비판하였고, 나아가 **'식민지(植民地)로 전락한 희랍(希臘) 아테네 시민들'의 '자주' '자유' '독립' '저항 정신'을 높이 기려 천고(千古)에 찬란한 빛을 드리우게 하였다.**

사실상 헤로도토스(Herodotus)의 '역사(*The Histories*)'도, 엄연히 힌두(Hindu)의 '마하바라타(*The Mahabharata*)' '지존(至尊)의 노래(Bhagavat Gita)' 영향권(影響圈) 내(內)에 있었다. 그러했음에도 헤로도토스(Herodotus)는 자신의 '현세주의' '합리주의' '민주주의(法治主義)'에 대한 확신을 바탕으로 '새로운 세계'

---

1) **헤로도토스**는 '소아시아' 남서부 해안 도시 할리카르나소스(Halicarnassus)에서 출생 (484 b. c.)하여 젊은 시절에 이집트와 아프리카와 희랍 등 지역을 폭 넓게 여행을 하였다. 헤로도토스는 특히 아테네 사람들을 잘 알아서 **기원전 446년 아테네에서 그의 '역사'를 간행**하여 원고료로 10탤런트를 받았다. 이후 이탈리아 '투리아(Thuria)'에 거주를 했고, 거기에서 '역사'의 증보 수정 본을 간행하고 기원전 425년에 사망했다. **키케로 (Cicero, 106~43 b. c.) 등은 헤로도토스를 '역사의 아버지(the Father of History)'라고** 말했다.

'새로운 가치' 지향(指向)을 명백하게 했었다.

그리하여 후대(後代)에 소위 **계몽주의(Enlightenment) 시대**'를 주도했던 뉴턴(I. Newton) 볼테르(Voltaire) 칸트(I. Kant) 포콕(E. Pococke) 니체(F. Nietzsche) 후고 발(Hugo Ball)의 '다다 혁명 운동'은 오로지 이 헤로도토스(Herodotus)가 그의 '역사(*The Histories*)'에서 밝혀 놓은 그 '위대한 헤라클레스[크리슈나] 정신'에 그 근본 바탕들을 두고 있다.

다시 말해 결국 오늘날 '지구촌(地球村)'의 운영 주도자들은, 한 사람도 빠짐이 없이 그 뉴턴(I. Newton) 볼테르(Voltaire) 칸트(I. Kant) 포콕(E. Pococke) 니체(F. Nietzsche) 후고 발(Hugo Ball) 정신의 발휘 속에 '자국(自國)의 역량 발동'에 그들의 총력을 기우리고 있다.

현대 한국인으로서 서구 문명의 할아버지, 헤로도토스(Herodotus)의 '역사(*The Histories*)' 독서(讀書) 문제는 오늘날 '지구촌 생활'에 하나의 필수 점검 사항이다.

2020년 10월 30일
추수자(秋水子)

목차

머리말

제1부 헤로도토스론(論)

제2부 '역사(*The Histories*)'

제3부 한국인의 '헤로도토스' 수용사

제1부

헤로도토스론(論)

1. 개관

1851년 영국이 낳은 '세계사(世界史) 서술'의 대가(大家) 포콕(E. Pococke) ['희랍 속의 인도(*India in Greece*)'[2)]은, 인도(印度) 서북부(西北部) '펀자브 (Punjab)' '카슈미르(Kashmir)' '아프가니스탄(Afghanistan)'의 지명(地名)들이 희랍의 지명(地名)들과 크게 일치함에 착안(着眼)하여 힌두(Hindu)의 '태양족 (太陽族, Children of the Sun, Solar Race)' '기마족(騎馬族, Horse Tribes, Centaurs, Hya)' **라지푸트 족[크샤트리아 족](Rajpoots, Kshatriyas)**'이 인류 원시 상대(上代)문화를 휩쓸었음을 확신하고, **상대(上代) 힌두(Hindu) 문화= 상대(上代) 희랍(Greece) 문화=상대(上代) 이집트(Egypt) 문화=상대(上代) 소 아시아(Miner Asisa) 문화=상대(上代) 스키타이(Scythia) 문화**'라는 놀라운 등 식(等式)을 앞서 마련했다.

포콕(E. Pococke)은 특히 자신의 '범어(梵語, Sanskrit) 실력'과 '희랍어 실력' 을 바탕으로 자잘한 지역적 종족적 차별을 초월하여, '전(全) 세계 상대(上代) 역사의 전개'가 소위 **'태양족[武士족, Solar Race, 기마족(騎馬族, The Hyas, Horse Tribes)]과 월궁 족[司祭족, Lunar Race]의 주도로 이루어졌다**'는 굉걸 (宏傑)한 결론을 앞서 도출(導出)하였고 그 궁극의 해답이 힌두(Hindu)의 **마하 바라타(*The Mahabharata*)** 고찰'에 있음을 그 숙제(宿題)로 남기었다.[3)]

문제의 힌두(Hindu)의 **마하바라타(*The Mahabharata*)**'를 상세히 검토해 보 면, 세계 인류가 소지(所持)한 모든 '경사류(經史類) 전적(典籍)들'이 힌두 (Hindu)의 '마하바라타(*The Mahabharata*)'와 '지존(至尊)의 노래(Bhagavat

---

2) E. Pococke, *India in Greece*, 1851
3) E. Pococke, *India in Greece*, 1851, p. 248 : 정상균, 다다 혁명 운동과 희랍 속의 인도, 박문사, 2018, p. 427

Gita)'에 무관(無關)한 저술이 없다는 놀라운 사실을 확인할 수 있다.[4]

더욱 구체적으로 그 쟁점들을 짚어보면, '인류 상고사(上古史)'는 예외 없이 공통으로 "태양족(太陽族, Children of the Sun)" "기마족(騎馬族, Horse Tribes)"[5]이 그 '최초 역사의 주인공들'로 되어 있다.

그런데 힌두(Hindu)의 '마하바라타(*The Mahabharata*)'는 ⒶＡ '태양의 수레를 몰고 대전(大戰)을 주도했던 크리슈나(Krishna)' 이야기, ⒷＢ '천마(天馬) 우차이스라바(Ucchaihsravas)의 울음을 닮은 최후의 반란 자 아스와타만(Aswatthaman)' 이야기, ⒸＣ '말 제사(Aswamedha)' 이야기로 그 전편(全篇)을 이루어, 결국 그 힌두(Hindu)의 '크샤트리아들(Kshatriyas)'이 바로 그 "태양족(太陽族, Children of the Sun)"이고 "기마족(騎馬族, Horse Tribes)"의 기원이라는 사실을 움직일 수 없게 하고 있다.[완벽한 '태양'의 신격화와 '말'의 신비주의]

이에 대해 헤로도토스(Herodotus)는 그가 그의 '역사(*The Histories*, 446 b. c.)'를 집필할 당시에 그에 앞서 이미 존재해 있던 이집트(아프리카, 리비아) 페르시아(소아시아) 희랍(유럽) 스키타이(흑해 연안)의 풍속과 문헌[기록물]과 사제(司祭)들의 구전(口傳, oral traditions) 속에 남아 있던 '그 역사적 자료들로부터 도출한 그의 결론' -'역사 동력(動力)의 주체(主體)'는, 오늘날 우리들이 '마하바라타(*The Mahabharata*)'와 '지존(至尊)의 노래(Bhagavat Gita)' 확인할 수 있는 소위 '크샤트리아의 의무(the duties of Kshatriya) 실현(實現)' 그 내부 문제라는 점을 헤로도토스(Herodotus)도 역시 '자신의 확신[史觀]'으로 제시를 하고 있다.[제73장]

즉 소위 비아사(Vyasa)의 제작이라는 '마하바라타(*The Mahabharata*)'는, 영웅신 크리슈나(Krishna)가 탐욕의 쿠루(Kuru) 드리타라슈트라(Dhritara-

---

4) 정상균, 다다 혁명 운동과 마하바라타, 학고방, 2020
5) E. Pococke, *India in Greece*, 1851, p. 182 : 정상균, 다다 혁명 운동과 희랍 속의 인도, 박문사, 2018, p. 371

shtra)왕의 아들과 그 추종자들을 '쿠루크셰트라 전쟁(Kurukshetra War)'에서 어떻게 박멸(撲滅) 시켰는지가 그 이야기의 전부를 이루고 있다.

그런데 헤로도토스(Herodotus)의 '역사(*The Histories*)'는 '<u>헤라클레스 후손(Heraclids)'인 아테네 장군들이, 탐욕의 페르시아 다리우스(Darius)왕과 그의 아들 크세르크세스(Xerxes) 군을 '마라톤(Marathon) 해전'과 '살라미스(Salamis) 해전'에서 어떻게 차례로 격파시켰는지</u> 이야기가 그 주지(主旨)를 이루고 있다.

그래서 비아사(Vyasa)와 헤로도토스(Herodotus)의 명백한 공통점은, 모두 '<u>**크샤트리아의 의무(the duties of Kshatriya) 이행(履行)**</u>'으로 '그 전쟁 승리를 달성되었던 점'이다.

그런데 그 '퇴치의 대상'이 비아사(Vyasa)의 경우는 '<u>**드리타라슈트라(Dhritarashtra)왕의 아들과 그 추종자들**</u>'였음에 대해, 헤로도토스(Herodotus)의 경우는 페르시아 왕 '<u>**다리우스(Darius)왕과 그의 아들 크세르크세스(Xerxes)**</u>'로 변경(變更)이 되어 있다.

한편 헤로도토스(Herodotus)가 수집했던 '기존한 역사적 자료들', 그중에 특히 페르시아 '계관시인(桂冠詩人, poet-laureate, 御用作家)'들이 작성해 놓은 '키루스(Cyrus)' '캄비세스(Cambyses)' '다리우스(Darius)' '크세르크세스(Xerxes)'에 대한 기록은, 모두 힌두(Hindu)의 '마하바라타(*The Mahabharata*)' 속의 영웅들의 행적에 조응(照應)시켜 그 페르시아 왕들에게 '찬송(讚頌)'을 올려놓은 것들이었다.

이에 헤로도토스(Herodotus)는 '기존한 자료들'을 오직 자신의 지성(知性)과 새로운 가치관으로 '기존한 자료들'을 재해석하며 그의 '역사(*The Histories*)'를 집필하였다.

그리하여 '이 헤로도토스(Herodotus)의 혁명'을 이어, 뉴턴(I. Newton) 볼테르(Voltaire) 칸트(I. Kant) 포콕(E. Pococke) 니체(F. Nietzsche) 후고 발

(Hugo Ball) 등 자랑스러운 후배들이 속출하게 되었다.

이에 우선 비아사(Vyasa)의 '마하바라타(*The Mahabharata*)'와 헤로도토스
(Herodotus)의 '역사(*The Histories*)'의 공통점과 차이점을 구체적으로 제시를
해 보면 다음과 같다.

2. '마하바라타(*The Mahabharata*)'와 '역사(*The Histories*)'의 공통점

① '불(Agni)'과 '태양(Suria)'을 숭배하는 종족

힌두(Hindu)의 '마하바라타(*The Mahabharata*)'에 명시된 종교상 가장 뚜렷
한 특징은 '**불(Agni)과 태양(Suria) 숭배**'[6]로 알려져 있다.

그런데 헤로도토스(Herodotus)는 그의 '역사(*The Histories*)'에서 거듭 강조
된 것이 '아폴로(Apollo)'를 모시고 있는 델피(Delphi) 신전이었고, '불'의 위력
과 그에 대한 '신앙심'을 다음과 같이 강조하고 있다.

((" 아테네 사람들이 파당을 이루어 당시는 유식한 히포크라테스(Hippocra-
tes) 아들 **피시스트라토스(Pisistratus)** 독재 하에 있었다. 히포크라테스(Hi-
ppocrates)가 관리가 되기 이전에 올림피아 제전에 선물을 바치는 특별한
일이 생겼다. 히포크라테스(Hippocrates)는 제사(祭祀)를 지내기 위해 동물을
잡아 고깃국을 끓이고 있었는데, '불'도 밝혀 놓지 않고 국을 끓이고 있었다.
라케데모니아 사람(Lacedaemonian) 킬론(Chilon)이 우연히 지나다가 그 '불

---

6) K. M. Ganguli (Translated into English Prose from the Original Sanskrit Text), *The Mahabharata of Krishna-Dwaipayana Vyasa*, Munshiram Manoharlal Publisher Pvt. Ltd. New Delhi, 2000, -**Adi Parva**- pp. 44, 45~47, 51

길(不吉)한 광경(ominous sight)'을 보고 히포크라테스(Hippocrates)에게 충고하기를 결혼해 아들을 갖지 말거나, 만약 이미 결혼을 했으면 이혼을 하고, 아들이 있으면 의절을 하라고 했다. 히포크라테스(Hippocrates)는 킬론(Chilon)의 충고를 무시하여, 얼마 뒤에 피시스트라토스(Pisistratus)가 태어났다."[제8장])〉

'자신의 마차를 탄 태양신 수리아'[7), '태양신'[8), '불의 신 아그니'[9) '아그니 경배(敬拜)자'[10)

② '키루스(Cyrus) 일생'과 '크리슈나(Krishna) 일생'의 공통성

헤로도토스(Herodotus) '역사(*The Histories*)' 속에 그 주인공을 <u>페르시아 왕 키루스(Cyrus)</u>로 잡고 있다.

그런데 그 키루스(Cyrus)가 (a) <u>'외척(外戚)의 무서운 피살의 위기 상황에서 다른 아기로 대체되어 피살의 위기를 극복했고'</u> (b) '무한한 정복 역량(征服 力量)의 과시했고' (c) '아들을 잃은 반대편 여왕[아들을 잃은 간다리(Gandhari)와 토미리스(Tomyris) 여왕]이 저주를 행한 대로 사망(死亡)했다.'는 그

---

7) P. Thomas, *Epics, Myths and Legends of India*, Bombay, 1980, Plate 111 'Surya Riding in his chariot'
8) J. Schmidt, *dictionnaire de la mythologie grecque et romaine*, Librairie Larousse, Paris, 1965, p. 144 'Helios'
9) P. Thomas, *Epics, Myths and Legends of India*, Bombay, 1980, Plate 106 'Agni'
10) P. Thomas, *Epics, Myths and Legends of India*, Bombay, 1980, Plate 112 'Worship of Agni'

의 일대기(一代記)가, '마하바라타(*The Mahabharata*)'의 영웅 신(神) **'크리슈나 (Krishna)의 일대기'**와 완전 동일한 구조이다.

③ '캄비세스(Cambyses)'와 '두료다나(Duryodhana)'의 최후

헤로도토스(Herodotus)는 그의 '역사(*The Histories*)'에서, 그 키루스(Cyrus) 의 아들인 **캄비세스(Cambyses)는 이집트인들이 신(神)으로 받들고 있는 '아피 스(Apis) 황소'를 살해를 하고 난 다음에 후손(後孫)도 없이 비명횡사(非命橫 死)한 것으로 서술을 했다.**

그런데 이는 역시 '마하바라타(*The Mahabharata*)'에서 쿠루(Kuru) 왕국의 실권자 **두료다나(Duryodhana)가 '절대 신의 화신(化身)인 크리슈나(Krishna) 의 권고'를 외면(外面)하다가 결국 '거대 왕국'을 잃고 비참한 최후를 맞았다는 전례(前例)와 동일한 것이다.**

④ '다리우스(Darius)'와 '아르주나(Arjuna)'의 동일시

페르시아의 '계관시인(桂冠詩人, poet-laureate, 御用作家)'은 '사기(詐欺)의 마기(Magi) 정권'을 타도하고, '혁명 정부'를 성공적으로 출범 운영한 다리우스 (Darius)를, 힌두(Hindu)의 '마하바라타(*The Mahabharata*)'에서 '절대 신[크리 슈나, 태양]을 마부(馬夫)로 삼아 세상을 평정한 **아르주나(Arjuna)**'에게 정확하 게 조응(照應)을 시켜 놓았다.

즉 '혁명에 성공한 6인'이 "첫새벽에 말을 타고 교외(郊外)로 함께 나가 태양 을 그 말이 태양을 향해 히이잉 우는 자를 황제로 삼기"로 약속을 했다는 것[제 49장]은 그들이 본래 '마하바라타(*The Mahabharata*)'를 숙지하고 있는 '태양족 (Solar Race)' '기마족(騎馬族, The Hyas, Horse Tribes)'으로 최고의 영웅인 아르주나(Arjuna)'를 다 알고 있는 상황에서 행한 '태양, 말, 영웅' 3자를 구비하여 하늘의 응대(應對)를 보고 '왕위에 오를 자를 결정을 했다는 점'이 그것이다. [단순히 '계관시인(桂冠詩人, poet-laureate, 御用作家)'의 讚辭임. -'두 마리 독수리와 일곱 마리 매'의 비유로 미루어 알 수 있음]

　이에 대해 헤로도토스(Herodotus)는 기존한 '신비주의' 타파에 앞장을 섰다. 그러나 헤로도토스(Herodotus)는 그 '신비주의'를 다 벗겨내는 않고 그 일부를 잔류(殘留)시켜 당초 '계관시인이 다리우스에게 올린 찬사(讚辭)'가 바로 **다리우스(Darius)=아르주나(Arjuna)**'였음을 충분히 짐작할 수 있게 되어 있다.[태양신, 말의 울음, 다리우스 등의 구비 조건에 하늘은 정확히 '천둥번개'로 응답을 했다.

⑤ '크세르크세스(Xerxes)'와 '라마(Rama)'의 동일시

　다리우스(Darius) 아들 크세르크세스(Xerxes)도 아부 꾼들에 속에 빠져 그가 '희랍 아테네'에 정벌에 나서며 흑해(黑海) 지중해(地中海) 연결 해협(海峽)에 다리를 건설하려다가 처음 실패하자 다음과 같은 조처를 취했다고 한다.

　　((크세르크세스(Xerxes)는 설치한 다리가 폭풍에 부서졌다는 그 소식을 듣고 화가 나 '헬레스폰트(Helespont)'에 300번을 채찍질을 가하게 하고 한 벌의 족쇄를 강물에 던지게 했다. 야만적이고 주제넘은 말도 외치게 했다.
　　"너 소금물 쓰디쓴 [헬레스폰트(Helespont)]강물아, 너의 주인이 주인을 방해하는 너에게 그 벌을 내리신 것이다. 네가 허락을 하든 말든 크세르크세스(Xerxes) 대왕께서는 너를 건널 것이다. 너에게 제사 지낼 사람[犧牲]으로 바칠 존재도 없다. 쓰디쓴 물 진흙탕 물에는 그런 대접이 옳다."[제68장]))

　이것은 '마하바라타(*The Mahabharata*)'에는 영웅 '**라마(Rama)**'가 자신의 처 '**시타(Sita)**'를 락샤사들(Rakshasas)의 왕 **라바나(Ravana)**가 그녀를 납치하여 '란카(Lanka, 실론 섬)'로 도망을 했을 적에 '라마(Rama)'가 '해신(海神)'을 향해 호령을 했던 그 방법11)이다.

⑥ '역사 이야기'='전쟁 이야기'

'마하바라타(*The Mahabharata*)'는 전적으로 '18일간의 쿠루크세트라 전쟁(Kurukshetra War)'을 소재로 하였다. 이에 대해 헤로도토스(Herodotus)의 '역사(*The Histories*)'는 **페르시아(Persia) 키루스(Cyrus)**가 행했던 '리디아(Lydia) 정복' '메디아(Media) 정복' '아시리아 바빌론 정복' '마사게테(Massagetae) 정벌(征伐)'을 행했던 이야기와 그의 아들 **캄비세스(Cambyses)**의 '이집트 정복', 그리고 혁명가 **다리우스(Darius)**의 '스키타이(Scythia) 원정' 그리고 **아테네인(이오니아인)의** '마라톤**(Marathon) 해전(海戰)**과 **살라미스(Salamis) 해전(海戰)**'이 그 '역사(*The Histories*)'의 주요 화제로 삼고 있다.

⑦ 솔론(Solon)의 '행복 론'

'마하바라타(*The Mahabharata*)'는 '지존(至尊)의 노래(Bhagavat Gita)'에 그 사상(思想)의 초점을 맞추어 '**모든 인간 존재들의 절대 신(God)에의 귀의(歸依)[요가-Yoga]**'에 지고(至高)의 목표를 두었다.

그런데 헤로도토스(Herodotus)는 그의 '역사(*The Histories*)'에서 '**국가를 지키는 명예로운 죽음**'을 '**최고의 행복한 사람**'으로 규정한 솔론(Solon)의 '**행복 론**'이 그의 '역사관(歷史觀)'임을 명시하고 있다.[비아사와 헤로도토스는 모두 공통으로 '전쟁터에서 죽음'을 '최고의 삶'으로 생각했음]

---

11) K. M. Ganguli (Translated into English Prose from the Original Sanskrit Text), *The Mahabharata of Krishna-Dwaipayana Vyasa*, Munshiram Manoharlal Publisher Pvt. Ltd. New Delhi, 2000, -**Vana Parva**- pp. 553~554

⑧ '반인반신(半人半神, demi-god)'의 크샤트리아(Kshatriya) 중심주의

헤로도토스(Herodotus)가 그의 '역사(*The Histories*)'에서 반복해서 언급한 '**헤라클레스(Heracles, Heraclids)**'는 사실상 힌두(Hindu)의 '마하바라타(*The Mahabharata*)'의 영웅 '**크리슈나(Krishna)**'이다.[제2장, 제9장]

헤로도토스(Herodotus)가 그의 '역사(*The Histories*)' 속에서 '**반인반신(半人半神, demi-god)의 영웅 헤라클레스(Heracles, Krishna)**'가 구체적으로 어떻게 존재했는지를 반복 제시했다.

즉 '마하바라타(*The Mahabharata*)' '지존(至尊)의 노래(Bhagavat Gita)'에는 힌두 4종성(四種姓) 바라문(Brahmanas, 사제)과 크샤트리아(Kshatriyas, 武士) 바이샤(Vaisyas, 평민) 수드라(Sudras, 노예) 4계급을 명시하고 있는데, 그들 중에서 **헤로도토스(Herodotus)는 키루스(Cyrus)와 더불어 유독 '크샤트리아(Kshatriyas, 무사)'를 '역사의 주체'로 긍정하고 있는 상태였다.**[제73장]

⑨ 혈통 중심주의

'마하바라타(*The Mahabharata*)'에서는 '혁명을 주도한' 크리슈나(Krishna)의 누이[妹] 수바드라(Subhadra)와 그의 제자(弟子) 아르주나(Arjuna)가 결혼하여 소년 용장(勇將) 아비마뉴(Abhimanyu)를 낳았고, 아비마뉴(Abhimanyu)가 전사(戰死)할 당시 그의 아내 수바드라(Subhadra)의 태중(胎中)에는 파리크시트(Parikshit)가 있었는데, 원한(怨恨)의 아스와타만(Aswatthaman)이 '저주(咀呪)의 무기'로 태중(胎中)의 아기를 공격하여 사산(死産)을 시켰다. 이에 전능(全能)의 크리슈나가 그의 신통력으로 그[파리크시트(Parikshit)]를 다시 살려내었고, 그는 다시 자나메자야(Janamejaya) 황제 아비가 되어 '바라타(Bharata) 황가(皇家)'를 온전히 하였다는 것이 주요 줄거리를 이루었다.

헤로도토스(Herodotus)는 그의 '역사(*The Histories*)'에서 당시 세상[아시아'

'이집트' '희랍' '스키타이']에서 호령했던 **페르시아 왕 키루스(Cyrus) 캄비세스
(Cambyses) 다리우스(Darius) 통치 시대를 중심으로 서술**했는데, 그 키루스
(Cyrus)는 그의 아들로 캄비세스(Cambyses)와 스메르디스(Smerdis)를 두었다.
그런데 먼저 왕이 된 캄비세스(Cambyses)가 아우 스메르디스(Smerdis)를 시기
(猜忌)하여 몰래 살해를 감행하였다. 그런데 페르시아 남아 있는 사제(司祭)
마기(Magi)가 그 '스메르디스(Smerdis)' 이름으로 왕위를 찬탈(簒奪)하니, 담력
(膽力)과 용맹을 갖춘 **다리우스(Darius)**가 그 마기(Magi)들을 축출하고 왕이
되었고 다시 키루스(Cyrus)의 딸 아토사(Atossa)와 결혼하여 아들 크세르크세
스(Xerxes)를 낳았다. 이에 다리우스가 왕이 되기 이전에 낳은 아들을 버리고
그 크세르크세스가 페르시아 왕가를 이어가게 한 것이 옳은 처사였다고 헤로도
토스는 동의하였다.

⑩ '역전(逆轉)의 저항[혁명]' 전쟁

'마하바라타(*The Mahabharata*)'에서는 '7개 군단의 판두(Pandu) 아들 5형제
[판다바-Pandava]가 11개 군단의 무적(無敵)의 비슈마(Bhishma) 할아버지, 신
기(神技)의 드로나(Drona), 스승 최강의 카르나(Karna)[카우라바-Kaurava]와
싸워 이겼다.'는 '역전(逆轉)의 전쟁에 성공했다는 이야기'이다.

이에 대해 헤로도토스(Herodotus)는 그의 '역사(*The Histories*)'에서 가장
크게 내세운 전쟁이 **마라톤(Marathon) 해전**과 **살라미스(Salamis) 해전**이다.
당시 거의 페르시아의 식민지(植民地)로 전락하여 고통을 겪고 있던 희랍, 그
중에 아테네의 의인(義人) 칼리마코스(Callimachus)가 '마라톤(Marathon) 해
전'에서 전투를 펼치어 '아테네 군사 192명의 사망으로 6400 명의 페르시아
군을 잡은 기적의 승리를 쟁취했다.'고 서술했고, '명장 테미스토클레스(The-
mistocles)는 페르시아의 크세르크세스(Xerxes)가 1207척 배로 살라미스(Sala-
mis)에서 단지 271척의 배로 정면 승부를 겨뤄 크세르크세스(Xerxes)를 유럽에

서 아시아로 축출했다.'는 이야기를 그 '역사(*The Histories*)' 서술의 정면으로 삼고 있다.

⑪ '몽상(夢想)'과 '현실'의 혼효(混淆)

'마하바라타(*The Mahabharata*)'에서는 '힘의 중심'으로 수리아(Suria, 태양신)의 아들 카르나(Karna)가 등장을 하고 있다. 역시 인드라(Indra) 신의 아들 아르주나(Arjuna)가 운명적으로 맞서게 되어 있었는데, 인드라(Indra) 신은 유명한 '쿠루크셰트라 전쟁(Kurukshetra War)'에서 자기 아들과 카르나(Karna)가 대결을 할 것을 미리 알고 카르나를 거짓 지켜주겠노라 약속을 하고 카르나의 '귀고리'와 '갑옷'을 빼앗으려고 생각했다. 이에 **수리아(Suria, 태양신)가 카르나(Karna)의 꿈에 나타나 '속지 말라.'**고 확실하게 일러주었으나, 카르나(Karna)는 그것을 무시하고 자기 맘대로 했다가 뒤에 '쿠루크셰트라 전쟁(Kurukshetra War)'에서 아르주나(Arjuna)에게 패배했다는 것이 주요 내용이다.

이에 대해 헤로도토스(Herodotus)의 '역사(*The Histories*)'에는 키루스(Cyrus)의 '꿈에 어깨에 날개를 단 히스타스페스(Hystapes) 큰 아들[다리우스]이 보였는데 그의 그림자가 아시아와 유럽을 덮었다.'고 서술했다. 그리고 키루스(Cyrus)의 조처에도 불구하고 그 '꿈' 대로 '사실 역사'가 펼쳐졌다고 헤로도토스(Herodotus)는 서술을 하고 있다.[제24장]

⑫ 인과응보(因果應報, Retribute justice)

'마하바라타(*The Mahabharata*)'에서 그 '인과응보(因果應報, Retribute justice)'론을 표 나게 제시한 부분이 바로 **판두(Padu) 왕의 죽음** 문제였다.

(("**판두(Pandu)**는 **쿤티(Kunti, Pritha)**와 **마드리(Madri)** 두 아내를 가지고

22

있었습니다. 판두(Pandu)는 사냥 중에, 선인(仙人)이 사슴으로 변해 교미 중이었는데, 그 사슴을 화살로 잡았습니다. 화살에 찔린 그 사슴은 다시 선인(仙人)의 모습으로 돌아와 말했습니다.

'오 판두여, 그대도 욕망으로부터 생긴 만족을 알고 있다. 내가 욕망을 마치기 전에 네가 나를 잡았다. 너도 욕망을 마치기 전에 죽을 것이다.' 이 저주를 듣고 그 후부터 판두는 창백하게 되어 그 아내 곁으로 갈 수가 없었습니다.....그런데 어느 날 판두는 마드리(Madri)가 단장을 하고 있는 것을 보고 욕망이 발동하여 그녀를 손대자마자 당장 죽게 되었습니다."[12]))

그 결과 '판두(Pandu) 아들 5형제'는 모두 고아(孤兒)가 되었다.

헤로도토스(Herodotus)의 '역사(*The Histories*)'에는 정복자 **캄비세스(Cambyses)의 죽음**'에 대한 다음과 같은 서술이 있다.

(("캄비세스(Cambyses)가 이집트 멤피스(Memphis)에 도착한 다음, 신수(神獸) 아피스(Apis)가 이집트인에게 나타났다고 하여 전(全) 이집트인이 최고의 옷을 입고 휴일을 시작했다. 캄비세스(Cambyses)는 이집트인들이 최근의 참화도 잊은 채로 축제를 즐기는 것을 보고, 멤피스 관리를 불러...'축제'를 행한 까닭을 물었다. 관리들은 '신(神)이 그들 속에 나타났기 때문'이라고 대답했다...캄비세스는 만약 말 잘 듣는 신이 정말 있어 이집트인에게 내려왔다면 캄비세스 자신도 금방 알 것이라고 말하고 다른 말 말고 당장 그 '아피스(Apis)'를 데려오라고 명령을 내렸다. 사제들이 그 동물(아피스-Apis)을 이끌고 왔다. <u>캄비세스는 그의 단도(短刀)를 뽑아들어 그 송아지 배를 향해 던졌으나 빗나가 허벅다리를 쳤다.</u> 그러고 나서 캄비세스는 웃으며 사제들을 향해 말했다. "너희는 저것을 신(神)이라고 하는가? 이 불쌍한 것들아! 너희 신들은 살과 피가 있는가? 저 같은 신(神)이 이집트에게는 적당한 신(神)이로구나. 너희는 나를 바보로 취급하기를 포기하지도 않는구나." 그렇게 말한 다음 캄

---

12) K. M. Ganguli (Translated into English Prose from the Original Sanskrit Text), *The Mahabharata of Krishna-Dwaipayana Vyasa*, Munshiram Manoharlal Publisher Pvt. Ltd. New Delhi, 2000, **-Adi Parva-** pp. 202~206

비세스는 그런 일을 행하는 사제들을 형벌 담당 남자들에게 보내 채찍질을 받게 했고, 휴일 축제를 행하는 이집트인을 사형에 처했다. 이처럼 축제는 깨지고 사제는 벌을 받고 아피스(Apis) 송아지는 신전에 다친 허벅다리를 치료받다가 죽으니 캄비세스 몰래 매장을 했다.[제43장]

.....캄비세스(Cambyses)가 그 프렉사스페스(Prexaspes) 말을 들었던 순간, 캄비세스(Cambyses) 자기 꿈속에서 '스메르디스(Smerdis)가 왕위에 올라 그의 머리가 하늘에 닿았다.'는 것이 실현이 되었다는 생각이 들었다....캄비세스는 상실감과 상황의 급변에 화가 나 급히 말에 올라 수사(Susa)로 달려가 그 '사제 아우들'을 공격하려 했다. 그러나 **캄비세스가 말에 오르며 투구가 떨어지며 칼집에서 나온 칼이 그의 허벅지를 찔렀다. 앞서 그가 아피스(Apis) 허벅지를 찔렀던 부분이었다.** 치명적인 상처임을 안 캄비세스는 그 도시 이름이 무엇인가를 물으니, 에크바타나(Ecbatana)라고 주변 사람들이 대답했다. [제46장]))

⑬ '도덕' 존중

헤로도토스(Herodotus)는 그의 '역사(*The Histories*)' 서두[제1장에서 먼저 희랍 호머(Homer)의 '일리아드(*Iliad*)'에서 스파르타 왕 메넬라오스(Menelaus) 왕비 **헬렌(Helen)**을 트로이(Trojan) 왕자 파리스(Paris)가 납치했던 것을 상세히 짚고 그것이 '인간 전쟁의 발단'이라 규정을 했다. 그러고 나서 이집트에서 얻은 '일리아드(*Iliad*)' 정보를 검토하여 그 희랍의 '일리아드(*Iliad*)'의 서술은 '그 극한의 대 파괴(전쟁)는 커다란 죄악에는 신의 징벌을 맞게 마련이다.'고 자신의 결론을 내리고 있다.[제33장]

그런데 그 헤로도토스(Herodotus)의 '역사(*The Histories*)'에 앞서, '마하바라타(*The Mahabharata*)' 전쟁은, '불 속에서 탄생한 미녀(美女) **드라우파디(Draupadi)**'를 전쟁의 핵심을 이루어 '엄청난 살육 전쟁'을 이루었다는 내용이 그 전부를 이루고 있다.

⑭ 도시(都市) 중심의 귀족주의

'마하바라타(*The Mahabharata*)'에 소개된 주요 도시(都市)는 하스티나푸라 (Hastinapura) 인드라프라스타(Indraprastha) 비라타(Virata) 드와라카(Dwara-ka) 등이었으나 크리슈나(Krishna)가 상주(常住)했던 **드와라카(Dwaraka)**에 모든 관심이 모아지게 되어 있다.

이에 대해 헤로도토스(Herodotus)가 그의 '역사(*The Histories*)' 속에 소개한 도시(都市)는 리디아의 사르디스(Sardis) 아시리아의 바빌론(Babylon) 이집트의 멤피스(Memphis) 테베(Thebes) 페르시아의 수사(Susa), 희랍의 아테네 (Athene) 등이었는데, 헤로도토스(Herodotus)는 '마라톤 해전(海戰)' '살라미스해전'을 성공적으로 수행한 **아테네(Athene)**에 모든 관심이 집중되게 만들었다.

⑮ '솟대(蘇塗, Asylum) 정신'의 계승

'마하바라타(*The Mahabharata*)'에 '우시나라(Usinara) 왕의 매 비둘기 이야기'[13]는, 힌두 '바라문 문화'뿐만 아니라 '불교' '기독교'가 공유한 그 '성소(聖所, 절, 성당) 운영의 기본 방침'이 되어 있다.

헤로도토스(Herodotus)는 그의 '역사(*The Histories*)'에서 '원시 생명 존중의 표준' '솟대(蘇塗, Asylum) 이론'을 다음과 같이 활용했다.

((반란자 팍티에스(Pactyes)가 도망을 가는 길에, 한 군사들이 다가 오는 것을 보고 겁을 먹고 키메(Cyme)로 도망을 치니, 그 메데인(Mede) 마자레스 (Mazares)는 키루스 분대를 이끌고 사르디스(Sardis)로 진군하여.... 팍티에스 (Pactyes)를 내놔라고 요구하였다. 키메(Cyme) 사람들을 어떻게 해야 할 지를

---

13) K. M. Ganguli (Translated into English Prose from the Original Sanskrit Text), *The Mahabharata of Krishna-Dwaipayana Vyasa*, Munshiram Manoharlal Publisher Pvt. Ltd. New Delhi, 2000, -**Vana Parva**- pp. 271~273

브란키다이(Branchdae) 신탁을 듣기로 했다. ……신탁은 팍티에스(Pactyes)를 페르시아 인에게 넘겨주어야 한다고 나왔다. 사자가 귀국하여 보고를 하니, 키메 시민들은 팍티에스(Pactyes)를 포기할 준비를 하하고 있었다. 그런데 헤라클레이데스(Heracleides) 아들 아리스토디코스(Aristodicus)란 유명한 사람이 신탁에 의문점이 있다고 말하고 사자들이 정확하게 보고하지 않은 것 같다고 말했다.……아리스토디코스(Aristodicus)는 신전으로 찾아가 말했다. '아폴로시여, 리디아인 팍티에스(Pactyes)는 페르시아의 폭압에 살려고 우리에게 망명(亡命)을 했습니다. 페르시아인은 지금 그를 넘겨주어야 한다고 주장을 하고 있습니다. 페르시아 인의 힘의 두려움에 무서워 신에게 간청을 하는 것은 사악한 짓이니 그렇게 할 수 없습니다. 우리가 마땅히 행해야 할 것을 가르쳐 주옵소서.' 그 재차(再次) 질문에도 대답은 동일하여, 팍티에스(Pactyes)는 페르시아인에게 넘겨주어야 한다는 것이었다. 그러나 아리스토디코스(Aristodicus)는 그 대답에도 역시 만족하지 않았다. 아리스토디코스는 신전 주변을 돌아다니다가 거기에 둥지를 튼 제비와 새들의 새끼를 꺼내었더니, 성소(聖所) 깊은 곳에서 하는 말이 들렸다. '불량한 악당, 어떻게 그처럼 사악한 일을 행할 것인가? 이 신전에 보호를 요청하는 생명들을 죽일 작정인가?'[蘇塗 정신'의 발동] 아리스토디코스(Aristodicus)는 정신을 차리고 말했다. '아폴로시여, 당신은 애원 자를 보호하시면서 키메(Cyme) 사람들은 애원자[팍티에스(Pactyes)]를 버리라는 겁니까?' 신은 대답했다. '그렇다, 정말 그렇다. 너희는 신성을 범했으니, 벌을 받을 것이다. 탄원자[팍티에스(Pactyes)]를 넘겨주는 문제를 들고 다시 오지 말라.' 그 대답은 키메(Cyme) 사람들을 당혹에 빠뜨렸다.[제20장])

⑯ '식인(食人, cannibalism)' 풍속의 공유

'마하바라타(*The Mahabharata*)'에서 간악한 두료다나(Duryodhana)가 착한 형 유디슈티라(Yudhishthira)를 불러다 놓고 사쿠니(Sakuni)와 주사위 노름을 시켜 왕국을 빼앗고 두료다나의 아우 두사사나(Duhsasana)를 동원하여 드라우파디(Draupadi)를 강제로 끌고 와 곤욕을 겪게 하였다. 이에 용맹의 비마세나

(Bhimasena, Vrikodara)는 "악당 두사사나(Dussasana), ...이 브리코다라 (Vrikodara, 비마)는 너의 피를 맛보지 않으면 죽지 않을 것이다."[14) 맹세를 하고 그렇게 행한 것을 작품의 정면으로 삼았다.

그런데 헤로도토스(Herodotus)는 그의 '역사(*The Histories*)'에서 '명령을 거스른 신하의 아들을 요리해 먹이고[제16장]' '아비를 잡아먹고[제24장]' '신을 서로 나누어 먹고[제28장]' '맹세에 상대방의 피를 핥는[제41장]' 다양한 '식인(食人) 풍속(cannibalism)'을 소개하고 있다.

⑰ '믿을 수 없는 사실'에 증거대어 믿게 하기

힌두(Hindu)의 '마하바라타(*The Mahabharata*)'는 '하늘나라' '절대신'을 가르치는 책으로 '욕망과 이권' 중심의 인간을 가르치기 위해 '온갖 신비주의'가 다 동원이 되었지만, 그 극을 이루고 있는 것이 비슈누 신의 화신(化身) 크리슈나(Krishna)가 그의 수제자에 해당하는 아르주나(Arjuna)에게 보여주었다는 '절대 신의 형상' **비슈파루바(Vishvarupa)**'였다.[15)

헤로도토스(Herodotus)는 그의 '역사(*The Histories*)'에서 '최고의 음악가' 아리온(Arion) 이야기[제3장]를 전하며 '돌고래 탄 그의 형상'이 테나룸(Taenarum)의 신전에 전하고 있다고 했고, 이집트의 사제 왕 세토스(Sethos)는 생쥐들의 힘으로 아시리아 인들(Assyrians)을 물리쳤는데 헤파이스토스(Hephaestus) 신전에는 그 '생쥐를 들고 있는 세토스(Sethos) 동상'이 있다고 했고[제36장], '인도 종족 중에서도 가장 호전적인 종족들이 금을 (다리우스 왕에게) 가져오는

---

14) K. M. Ganguli (Translated into English Prose from the Original Sanskrit Text), *The Mahabharata of Krishna-Dwaipayana Vyasa*, Munshiram Manoharlal Publisher Pvt. Ltd. New Delhi, 2000, -**Sabha Parva**- p. 149

15) K. M. Ganguli (Translated into English Prose from the Original Sanskrit Text), *The Mahabharata of Krishna-Dwaipayana Vyasa*, Munshiram Manoharlal Publisher Pvt. Ltd. New Delhi, 2000, -**Bhishma Parva**- pp. 79~84

그 지역에 모래사막이 있어 **여우보다는 크고 개보다는 작은 개미**가 발견되었는데 약간의 표본들이 페르시아 왕 궁중에 보관 되어 있다.[제51장]'라고 했다.

⑱ '서사[敍事, 말하기] 방법'의 일치

'마하바라타(*The Mahabharata*)'는 구체적인 서술자 우그라스라바(Ugrasra-va), 바이삼파야나(Vaisampayana), 마르칸데야(Markandeya), 산자야(Sanja-ya) 등을 내세워 황제 자나메자야(Janamejaya) 유디슈티라(Yudhishthira) 드리타라슈트라(Dhritarashtra)의 질문에 대답하는 '**대화(對話) 형식**'으로 전편을 엮었다.

이에 대해 헤로도토스(Herodotus)의 '역사(*The Histories*)'는 헤로도토스(Herodotus) 자신이 서술자가 되고 필요한 경우 황제와 장군 사제(司祭)와 근신(近臣)를 등장시켜 그의 '역사(*The Histories*)' 전편을 이루었다.

'마하바라타(*The Mahabharata*)' 서술 방식은 마르칸데야(Markandeya) 산자야(Sanjaya) 경우처럼 소위 '**전지적(全知的) 시점(視點)**[Analytic or omniscient author tells story, entering thoughts and feelings]'[16)]을 채택하였는데, 헤로도토스(Herodotus)도 그의 '역사(*The Histories*)'를 자신이 [독자들과 함께] 그 현장에 있었던 것처럼 진술을 행하고 있다.

뿐만 아니라 '마하바라타(*The Mahabharata*)'는 '응답자들'은 말 속에 다른 인물(신)을 등장시켜 '무한(無限)의 말잔치'를 펼치며, 필요할 경우 반드시 '증거 대기'를 수시로 행하여 그 '말의 틀림없음'을 과시했다.

헤로도토스(Herodotus)도 그의 '역사(*The Histories*)'를 '**전지적(全知的)** 소설가적 진술'을 행하여, 등장인물의 아비 성명을 어김없이 제시하여 자신의 진술이 '신원(身元)이 명백한 사람'을 토대로 했음을 과시했고, '[독자가]의심이 갈

---

16) C. Brooks R. P. Warren, *Understanding Fiction*, Appleton -Century -Crofts Inc. 1951, p. 148

수 있는 진술'에는 '이야기'에 관련된 동상(銅像, 石像) 신전(神殿) 기록물 또는 그에 헌납된 공물(供物)을 증거로 내세워 헤로도토스(Herodotus) 자신의 '역사(The Histories)'의 서술을 독자가 반드시 믿게 하려 했다.[그 일부만 진실임]

3. '마하바라타(The Mahabharata)'와 '역사(The Histories)'의 차이점

① '사제(司祭, 바라문) 중심주의'에서 '영웅(크샤트리아) 중심주의'로

'마하바라타(The Mahabharata)'는 **사제(司祭, Priest, 婆羅門) 제일주의**'이고 그것의 정착(定着)을 위해 어떻게 공(功)을 드렸는지를 소상하게 다 드러내고 있는 저술이다. 한 마디로 '위대한 인간 영웅 크리슈나(Krishna)'를 '절대 신[비슈뉘의 인간적 화신(化身)'으로 정착시킨 자들이 그 '사제(司祭, Priest, 婆羅門)'들이었고, '현실적인 지배자인 무사(Kshatriya)들'에게 소위 '크샤트리아의 의무(the duties of Kshatriya)'를 부여한 것도 그 '사제(司祭, Priest, 婆羅門)'들이 만든 것이고, '지존(至尊)의 노래(Bhagavat Gita)'를 만들어 '국가 사회 계급'의 당위성을 긍정하고 그 본연의 자리에 편안하게 자리를 잡아 그들의 인생관과 세계관의 표준을 만들게 했던 존재들도 그 '사제(司祭, Priest, 婆羅門)'들의 작품이다.

사실상 힌두(Hindu) 사회에서 그 '사제(司祭, Priest, 婆羅門)'들의 힘은 막강하여 오늘날 유독 인도(印度, India)에 '4종성(四種姓)'이 남아 있는 것은 '사제(司祭, Priest, 婆羅門)들의 힘'을 생생하게 증언하고 있는 움직일 수 없는 증거이다.

그 '사제(司祭, Priest, 婆羅門)'들이 크게 공을 들인 지점이 '무사(Kshatriya)들의 사제(司祭, Priest, 婆羅門) 만들기'였으니 그에 대한 상세한 보고서가 '마하바라타(The Mahabharata)'이다.

헤로도토스(Herodotus)는 명백한 힌두(Hindu) '사제족(司祭 族, Priests, 婆羅門 族)'으로 포콕(E. Pococke)의 표현을 빌리면 '월궁족(月宮族, Lunar Race)'이다.

단지 헤로도토스(Herodotus)는 이미 선조(先祖) 대에 힌두(Hindu) '사제족(司祭族, Priests, 婆羅門族)'에서 일탈(逸脫)하여 '소아시아(Miner Asia)' 남서부 해안 도시 할리카르나소스(Halicarnassus)에서 출신(484 b. c.)이었으나 타고난 그의 총명예지로 '변종(變種)의 마하바라타(*The Mahabharata*)'인 그의 '역사(*The Histories*)'를 다시 작성하기에 이른 것이다.

② '천국(天國) 중심[절대주의]'에서 '현세(現世) 중심[현세주의]'으로

헤로도토스(Herodotus)의 '총명예지(聰明銳智)'는 그의 '역사(*The Histories*)' 전편에 넘쳐나고 있고, 굳이 '마하바라타(*The Mahabharata*)'를 확인하지 않고서도 그 중요 요점이 다 그의 '역사(*The Histories*)' 속에 반영이 될 정도였다.

그러나 '마하바라타(*The Mahabharata*)'를 작성했다는 비아사(Vyasa)와 '역사(*The Histories*)'를 지은 헤로도토스(Herodotus)의 근본적인 차이점은, **비아사(Vyasa)가 '절대주의(Absolutism)' '천국중심' '바라문 중심주의'였음에 대해, 헤로도토스(Herodotus)는 '현세주의(Secularism)' '영웅주의' '국가주의' '종족주의'였다는 점이다.**

이로써 헤로도토스(Herodotus)는 비아사(Vyasa)가 가장 경멸했던 '세속주의'에 그의 '정신'을 쏟은바 그 결과물이 바로 '역사(*The Histories*)'이다.

③ '운명(運命) 중심주의'에서 '공적(功績) 중심주의'로

비아사(Vyasa)의 '마하바라타(*The Mahabharata*)'에서는 판두(Pandu) 아들 '유디슈티라(Yudhishthira)' 등 5형제는 태어날 때부터 **하늘의 축복**을 받아 그

30

들이 영웅적으로 성취를 하리라 예언을 행하여 독자[聽者]들이 미리 그네들의 성공을 알고 있게 했고, 드리타라슈트라(Dhritarashtra) 두료다나(Duryodhana) 등 101명의 아들들은 역시 태어날 때부터 흉한 조짐이 보여 현자(賢者)들이 미리 악의 싹을 잘라야 한다는 의론이 있었다고 했다.

이에 대해 헤로도토스(Herodotus)의 '역사(*The Histories*)'는 구체적인 지역 '아시아' '유럽'을 정복한 키루스(Cyrus)를 '역사(*The Histories*)' 서술의 중심에 두고, 그를 중심점(中心點)으로 삼아 '이집트'를 정복한 캄비세스(Cambises)와 사제 마기(Magi)의 가면을 벗기고 혁명에 성공한 다리우스(Darius)를 그들의 '**공적(功績) 중심**' '행동 결과(結果) 중심'으로 그 '역사' 서술을 행했다.

④ '제사(祭祀) 중심주의'에서 '용병(用兵) 중심주의'로

비아사(Vyasa)의 '마하바라타(*The Mahabharata*)'에서는 궁극적인 대결을 펼칠 양측에서 경쟁적으로 '**거대(巨大) 제사(祭祀)**'를 올려 '영웅'과 '미녀'를 얻고 복수(復讐)를 행할 '승기'를 마련을 했다고 명시하고 있다.

이에 대해 헤로도토스(Herodotus)에서 '역사(*The Histories*)'에서 키루스(Cyrus)가 아시아 유럽을 어떻게 정복했고, 그의 아들 캄비세스(Cambises)가 어떻게 이집트를 정복하여 관리했으며, 사제 마기(Magi)가 어떻게 페르시아 왕권을 찬탈(簒奪)했고, 다리우스(Darius)는 어떻게 그 마기(Magi)를 잡아 대권(大權)을 잡았는지, 그리고 아테네 사람들은 마라톤(Marathon)과 살라미스(Salamis)에서 어떻게 해전을 펼치었는지를 낱낱이 밝혀 독자들이 다 '그들의 전쟁 방법'을 쉽게 납득하여 알 수 있게 했다.

⑤ '인간 선악(善惡) 심판' 이야기에서, '이권(利權) 투쟁' 이야기로

비아사(Vyasa)의 '마하바라타(*The Mahabharata*) 전쟁'은 인간 선악(善惡)에

대한 '**심판(審判)을 행한 전쟁**'이었음에 대해, 헤로도토스(Herodotus)의 '역사(*The Histories*)'는 '거대 정복 전쟁 이야기'이다.

비아사(Vyasa)의 '마하바라타(*The Mahabharata*) 전쟁'은 '온 세상 새로 만들기(天地 開闢)' 전쟁인데, 헤로도토스(Herodotus)의 '역사(*The Histories*)'는 아시아(소아시아) 이집트(아프리카) 유럽(희랍) 스키타이에 '**지배권(利權) 다툼의 보고서**'였다.

⑥ '인간 지선(至善) 추구'에서, '개별 지역(地域) 국가주의(Nationalism)'로

비아사(Vyasa)의 '마하바라타(*The Mahabharata*)'에서는 '고행(苦行)'을 정당화하고 '육신 경멸' '**천국(天國) 획득**'을 지상(至上) 목표로 반복 제시하고 있다.

이에 대해 헤로도토스(Herodotus)는 그의 '역사(*The Histories*)'에서 개별 국가(도시)[아테네]의 '**자주 독립 쟁취 정신**'에 그 초점을 맞추었다.

⑦ '신(神)의 명령'에서 '장군(將軍)들의 투표(投票, An equal vote)'로

비아사(Vyasa)의 '마하바라타(*The Mahabharata*)'는 '비슈누의 화신(化身)' 크리슈나(Krishna)가 주도를 하였고, 필요할 경우 다시 '제사(祭祀)'를 행한 것으로 서술했다.

헤로도토스(Herodotus)는 그의 '역사(*The Histories*)'에서 키루스(Cyrus)와 캄비세스(Cambyses)의 '정복욕' '탐욕'에서 '전쟁'이 발발했다고 서술을 했고, 그 '탐욕의 식민지 지배'에서 탈출하고자 한 '전쟁'이 아테네인의 '마라톤(Marathon) 해전(海戰)'이었는데 그 전쟁에 의견이 엇갈려 그 마지막 '결단'을 참여한 장군들의 '투표(投票)'로 결론을 보았고 서술을 했다.

⑧ 개별 인간의 '인권(人權) 존중'

비아사(Vyasa)의 '마하바라타(*The Mahabharata*)'에서는 한 개인이 용감무쌍한 능력을 과시하고 그 부모(父母)에게 효심(孝心) 발휘한 존재일지라도 '절대신' 망각한 자들의 모두 심판을 행하여 오직 '절대주의'에 충실했다. '마하바라타(*The Mahabharata*)'에서는 판두(Pandu) 아들 5형제[판다바-Pandava]와 두료다나(Duryodhana) 등 100[101]명의 아들 등이 다 존중했던 비슈마(Bhishma)와 역시 그들의 공통 스승인 신기(神技)의 드로나(Drona) 최강의 카르나(Karna) 이야기가 중심을 이루어 굳이 '바이샤[평민]' '수드라[노예]' 출신자의 성명(姓名)을 거론할 하등의 이유가 없었다.

헤로도토스(Herodotus)는 그의 '역사(*The Histories*)'에서 최고의 통치자 키루스(Cyrus)와 캄비세스(Cambises)와 다리우스(Darius)를 자기의 눈 아래 두고 '그들을 행적'을 비판적인 시각에서 바라보며 '평민(平民)'의 시각을 통해 최고 통치자를 행태를 드러나게 했다.

즉 이미 아시아 유럽 이집트를 정복하여 그의 영지(領地)로 소유한 다리우스(Darius)가 스키타이(Scythia) 원정에 나설 때 '오에오바조스(Oeobazus)라는 페르시아인은 3명의 아들과 함께 그 군사에 포함되어 있었는데, 다리우스에게 1명만 뒤에 남아 있게 해달라고 요구를 하니 다리우스는 친구로부터 부탁을 받은 듯이 좋다면 세 사람을 모두 남겨 두어라고 말했다. 오에오바조스(Oeobazus)는 아들들이 병역에서 면제된 줄을 알고 기뻤으나, 왕은 3명의 아들을 죽여라고 명하였다.'는 것이다.[제55장]

⑨ '각 지역 국가들의 다양한 신앙(信仰) 풍속' 제시

비아사(Vyasa)의 '마하바라타(*The Mahabharata*)'는 이 세상의 모든 일을 초월하여 '오직 절대 신'을 향하는 '요가(Yoga, 歸依)'에 관심을 집중하게 했는데,

헤로도토스(Herodotus)의 '역사(*The Histories*)'는 각 지역 아시아, 유럽, 이집트, 스키타이(Scythia)의 다양한 종족 다양한 풍속을 제시하여 그들의 차별성을 알게 하였다.

헤로도토스(Herodotus)의 '역사(*The Histories*)'에서 '희랍 중심' '아테네 중심주의자'였지만 '이집트'를 '희랍 문명의 근원'으로 확신하여 '이집트 풍속 역사'에 많은 관심과 최고의 주의를 집중했다.

그렇지만 헤로도토스(Herodotus)는 당시 '최고의 통치자인 키루스(Cyrus)와 캄비세스(Cambyses)와 다리우스(Darius)' '크세르크세스(Xerxes)'가 있었던 페르시아(Persia)를 가볍게 무시하여 '궁극적 타도(打倒)의 대상'으로 전제했다.

그리고 스키타이(Scythia)는 '흉악 무식 무모한 원시 지역 종족'으로 치지도외(置之度外)하였다.

⑩ 자연(自然) 지리적 현상에 대한 탐구심(探究心) 발동

비아사(Vyasa)의 '마하바라타(*The Mahabharata*)'에서는, '이미 베풀어진 개인적 은혜'에 집착하고 자신의 용맹을 믿었던 '카르나(Karna)', '자기를 중심'으로 세상을 살아 '길러준 부모[馬夫 아디라타]'와 '용맹을 알아주어 왕을 시켜준 사람[두료다나]'를 위해 평생 의리를 망각하지 않은 그 '카르나(Karna)'를 처부수는 것이 사실상 '쿠루크셰트라 전쟁(Kurukshetra War)'의 가장 큰 목표였다.

하지만 헤로도토스(Herodotus)는 '역사(*The Histories*)'에서 최고 통치자인 페르시아 왕들뿐만 아니라 자신이 알게 된 이집트 국왕 아시아 소국(小國)의 왕들과 희랍의 유명한 정치가나 웅변가 심지어 신전(神殿)에 공물(供物)을 제작한 공인(工人, 예술가)의 명칭과 탁월한 가수 작곡자까지 모두 이름을 밝혀 그들의 명예를 존중해 주었다.

그리고 헤로도토스(Herodotus)는 '역사(*The Histories*)'에서 '비가 거의 내리지 않는 이집트'에서 '어떻게 **나일 강 홍수(洪水)의 원인 탐구**'에 돌입을 했는데,

이것은 합리주의자 헤로도토스(Herodotus)가 그 '마하바라타(*The Mahabhara-ta*)'에 '카르나(Karna)'처럼 '헤로도토스(Herodotus) 자신의 자기 추리력에 대한 긍지(肯志)'에서 출발을 했던 사항이다.

헤로도토스(Herodotus)가 그의 '역사(*The Histories*)'에 보인 **자연 현상의 탐구**'는 바로 '**서구(西歐) 과학사(科學史) 출발**'로 막대한 의미를 지니고 있다. 즉 그것에서 더욱 나아가 포괄적인 자연현상인 '바다의 밀물과 썰물의 문제'와, '태양과 행성(行星) 운동의 상호관계'까지로 이어져, 결국은 뉴턴(I. Newton)의 '만유인력의 법칙(The Law of Universal Gravitation)의 발견'에까지 이르렀기 때문이다.

⑪ '신(神)의 아들'이란 족보(族譜) 부정

힌두(Hindu)의 '마하바라타(*The Mahabharata*)'에서는 '절대 신[태양신]'의 화신(化身)이라는 크리슈나(Krishna)의 족보(族譜)는 물론이고 영웅 카르나(Karna) 유디슈티라(Yudhishthira) 비마(Bhimassena) 아르주나(Arjuna)의 신비한 탄생은 물론이고, 불의 신 아그니(Agni)의 후손, 뱀의 아버지 어머니도 다 밝혀놓고 있다. 모두 '신(神)'과 연관된 족보(族譜)의 제시가 그 바탕을 이루고 있다.

이에 대해 헤로도토스(Herodotus)는 "테베(Thebes)에 제우스(Zeus, Ammon)의 사제인 역사가(歷史家) 헤카테오스(Hecataeus)가 그의 가계(家系)를 신에게서 유래한 16대로 만들려 하였고 말하고 사제들은 나를 신전의 커다란 홀로 데리고 가 거기에 둔 목상(木像)들을 보여주며, 사제들은 최근에 죽은 고위 사제부터 그 오른쪽으로 전(全) 목상(木像)들을 보여주었는데, 각자가 그 오른쪽 사제의 아들이라고 설명하며 헤카테오스(Hecataeus)가 자신이 신(神)에게서 유래한 그 연대기[신들을 계승을 했다는 역사적 연대]를 믿지 않았다. 그리고 **어떤 인간도 신(神)을 그 조상(祖上)으로 가질 수 없다고 했다.**(the priests denied that

any man had ever had a divine ancestor.)"[제37장]

⑫ '동물(動物) 신비주의' 탈피

힌두(Hindu)의 '마하바라타(*The Mahabharata*)'에는 '코끼리' '사자' '소' '말' '사슴' '돼지' '독수리' '악어' '뱀' '개' '물고기' '무생물' '관념'에까지 인격화(人格化, 神格化)를 단행하였다.

헤로도토스(Herodotus)는 이집트에서 엄청난 '동물 신성화'와 만났던 체험을 소개하고 '동물'을 먹지 않고 매장(埋葬)을 원칙으로 한다고 소개하였다.[제29장] '따오기(ibis)' '매(hawk)' '고양이' '늑대' '족제비' '악어' '뱀' 등의 존중 사례를 소개하고 있는데 헤로도토스(Herodotus)가 소개하고 있는 '악어 잡기'[제30장]는 주목할 만하고 특히 '황소 제사'[제28장] 이야기는 '마하바라타(*The Mahabharata*)'에 '말 제사(Aswamedha)'와 동일한 의례이다.

특히 이집트의 '황소 희생[제사]'을 단순히 사제들의 '쇠고기 식사'로 소개된 것은 '신비주의를 탈피한 헤로도토스(Herodotus)의 자세'로 주목할 만하다.

⑬ '민주주의(Democracy)'

오늘날 '기원전 446년 아테네에서 간행된' 헤로도토스(Herodotus)의 '역사(*The Histories*)'에 한국인을 포함한 '전 인류'를 놀라게 하고 있는 가장 엄청난 단어는 '**민주주의(Democracy,** the rule of the people)'라는 단어이다.

희랍과 로마 문명을 주도해 온 서구인(西歐人)에게 한국인을 포함한 동양인이 영원히 빚을 지고 있는 말이 '**민주주의(Democracy)**'인데 헤로도토스(Herodotus)의 '역사(*The Histories*)'는 그 말을 '거짓 사제 마기(Magi) 정권'을 무너뜨린 7인의 주역 중에 한 사람인 오타네스(Otanes)는 다음과 같이 주장했다는 것이다.

36

(("첫째 '민주주의'를 말하는 사람들의 최고의 주장은, '법 앞에 평등(equality under law)'이라는 말입니다. 둘째 군주(君主)들이 대행해 줄 수 없는 모든 권력을 국민이 가지는 겁니다. 민주 정부에서 왕은 '제비뽑기(lot)'로 지명이 되고, 행정에 대해서는 그가 책임을 집니다. 모든 문제는 '공개 토론(open debate)'에 붙여집니다. 이와 같은 이유에서 우리는 왕정(王政)을 그만두고 '민권(民權) 신장(伸長, raise the people to power)'을 주장합니다. 왜냐하면 '국가'와 '국민'은 같은 개념이기 때문입니다.(for the state and the people are synonyous terms.)"[제48장]))

이 진술은 '다리우스 전기'를 쓴 페르시아 계관 시인의 진술 속에 있었을 것이나 역시 바로 헤로도토스(Herodotus) 자신의 '정치적 이상(理想)'의 표명이다. 실로 인류가 펼쳐나가야 할 영원한 지향점[目標]을 기원전 446년에 명시하였으니, **'서구(西歐)의 문화=헤로도토스의 문화'**이다.

주지하는바 '마하바라타(*The Mahabharata*) 전쟁=4촌간의 전쟁'이니, '형제 간에도 대권 투쟁은 있게 마련'이라는 대 전제를 두고 그 대극 점(對極 點)에 헤로도토스(Herodotus)는 '민주주의(Democracy, the rule of the people)'를 제시했다.

⑭ '법 앞에 평등(Equality Under Law)'

서구 문화의 원조(元祖) 힌두(Hindu)의 '마하바라타(*The Mahabharata*)'에 명시된 법(法)은 바로 **'지존(至尊)의 노래(Bhagavat Gita)'** 인간이 평생토록 지켜야 할 '생의 운영 방안'을 제시한 것으로 '절대신' '천국지향' '현세 부정'의 '절대주의(Absolutism)'이다.

앞서 밝혔듯이 헤로도토스(Herodotus)는 평생토록 힌두(Hindu)의 '마하바라타(*The Mahabharata*)' '지존(至尊)의 노래(Bhagavat Gita)'를 확인하지 못했지만 그의 '역사(*The Histories*)' 서술에는 그것을 수용한 뚜렷한 증거들을 결코 지울 수 없게 되었다.

　그렇다면 헤로도토스(Herodotus, Otanes)가 밝힌 '법(法)'이란 '기존 페르시아 인들이 소지하고 법'일 터이나, 힌두의 '법(法, Law)' '지존(至尊)'의 노래(Bhagavat Gita)'를 펼친 **절대자(God)**'는 이후 '불타(佛陀)'와 그의 제자들, 그리고 중국의 '성리학자들(性理學者, Neo-Confucianists)'의 탐구의 결과로 결국 '이성(理性, Reason)' '이치[理, Principle]'로 정착되어 칸트의 '순수이성비판(純粹理性批判, *The Critique of Pure Reason* 1781)'으로 이어졌다.

　즉 '인류의 기본법'은 **타인의 권리를 해치지 않은 범위에서, 각자 인간들이 가정을 이루어 자손(子孫)을 낳아 잘 길러 고루 각자가 잘 살게 해주기**'이다. ['칸트 항' 참조]

⑮ '자유(Freedom)'

　헤로도토스(Herodotus)는 그의 '역사(*The Histories*)'에서 처음 '민주주의(Democracy, the rule of the people)'를 주장하여 메가비조스(Megabyzus)와 다리우스(Darius)의 반대에 부딪힌 오타네스(Otanes)는 다음과 같이 말했다.

　　(("친구들이여, 우리가 제비를 뽑던, 페르시아 인이 선택하든, 또 다른 방법을 쓰든 그 왕이 우리 중에 있다는 것은 명백하게 되었습니다. 나는 왕관을 쓰기 위해 여러 분과 경쟁은 하지 않을 겁니다. 나는 통치를 행하거나 통치를 받을 생각이 없습니다. 그래서 누가 왕이 되건 나와 나의 후손은 당신들 중 한 사람의 통치를 강요받지 않는 조건에 남아 있게 해 주시오."
　　다른 6명이 동의하였다. 그날부터 오타네스(Otanes)의 가족은, 페르시아 법을 범하지 않는 한 그들 중에 선택된 자가 왕으로 있는 동안에는 '페르시아에서 유일한 자유로운 가정(the only free family in Persia)'이 되게 되었다.
　　[제48장]))

다시 그 오타네스(Otanes)의 '입'으로 명시된 헤로도토스(Herodotus)가 '자유(Freedom)'를 명시하는 부분이니, '역사(*The Histories*)' 간행된 다음 2227년이 지난 다음에야 칸트의 '자유론'이 나왔다.['칸트' 항 참조]

⑯ '평화(Peace)'

힌두(Hindu)의 '마하바라타(*The Mahabharata*)'는 4대(大) 이야기꾼이 있어 Ⓐ 성자 사우나카(Saunaka)의 질문에 대답한 **우그라스라바(Ugrasrava)**, Ⓑ 황제 자나메자야(Janamejaya) 질문에 대답을 한 **바이삼파야나(Vaisampaya-na)**, Ⓒ 황제 유디슈티라(Yudhishthira) 질문에 대답한 **마르칸데야(Markandeya)**, Ⓓ 왕 드리타라슈티라(Dhritarashtra)에 대답을 **산자야(Sanjaya)**를 두어 '천국 제일' '요가(Yoga) 제일' '절대신 제일주의' '절대주의'를 펼치었다.

그런데 헤로도토스(Herodotus)는 그의 '역사(*The Histories*)'에서 Ⓐ 페르시아 왕 키루스(Cyrus)와 캄비세스(Cambyses)를 상대한 **크로이소스(Croesus)**, Ⓑ 캄비세스(Cambyses)와 마기(Magi)를 상대한 **프렉사스페스(Prexaspes)**, Ⓒ 다리우스(Darius)를 상대한 **오타네스(Otanes)**를 내세워 그들이 '평화주의' '혈통주의' '민주주의' '자유' '국가 종족주의'의 '현세주의(Secularism)'을 펼치도록 하였다.

키루스(Cyrus)는 '크로이소스(Croesus) 리디아(Lydia) 왕국'을 정복해 놓고 누가 크로이소스(Croesus)에게 '누가 전쟁을 하라고 시켰는가?'를 물었다. 이에 크로이소스(Croesus)는 말했다.

((*"폐하, 내가 행했던 것은 폐하에겐 행운이고, 실패는 저의 것이 되었습니다. 희랍인의 신이 제게 싸우라고 하여 질책(叱責)을 내리신 겁니다. '평화'보다 '전쟁'을 원하는 멍청이보다 더욱 큰 바보는 없습니다. 평화 시대에는 아들이 아비를 장사지내고, 전쟁 시에는 아비가 아들을 땅에 묻습니다. 이것이*

일어날 수밖에 없는 하늘의 뜻입니다."[제13장])

　이 말도 크로이소스(Croesus)의 말이기 이전에 '역사(*The Histories*)'를 서술한 '현실주의(Secularism)' 헤로도토스(Herodotus)의 신념이다.[페르시아 '계관시인'의 진술일 수도 있음]
　이 '**평화**'에 대한 확신은 '**생명 긍정(Affirmation of Life)**'에 근거를 둔 것이고 그것을 더욱 구체적인 실현 방안이 '**민주주의**' '**법 앞에 평등**'이기 때문이다.

4. '역사(*The Histories*)'를 계승한 이후 사상가들

　헤로도토스(Herodotus)의 '**역사**(The Histories)'는 힌두(Hindu) 비아사(Vyasa) '마하바라타(*The Mahabharata*)' 특징을 그대로 간직하며 서구(西歐)의 '**계몽주의(Enlightenment)**' 이후의 '근대[현대] 정신'과 그 '**유럽 문명의 본 모습**'을 제대로 간직한 그 '할아버지'에 해당하는 책이다.
　헤로도토스(Herodotus)는 힌두(Hindu) 비아사(Vyasa) '마하바라타(*The Mahabharata*)' 특징인 '절대주의' '전체주의'를 정면에서 부정을 하지 않으면서도 자신의 '합리주의' '과학적 정신' '개인주의'를 온전히 발동한 '역사(*The Histories*)'를 제작하여 '서구 문명을 탄생시킨 제1의 저서'가 되게 하였다.

　헤로도토스(Herodotus)는 그의 '역사(*The Histories*)'를 통해, ['역사(*The Histories*)' 서술의 배경이 된 그때]당시 페르시아 식민지(植民地) 희랍 아테네 중심의 '자유(Freedom)'와 '민주주의(Democracy)'와 '평화(Peace)'를 '인류 최초'로 명시한 사람이다.

　서구(西歐)의 똑똑한 헤로도토스(Herodotus)의 후배들은 사실상 모두 이 '역사(*The Histories*) 속의 생각'을 바탕으로 다시 거기에 자기네들의 생각들을 첨가했던 사람들이었으니, 바로 **뉴턴(I. Newton) 볼테르(Voltaire) 칸트(I. Kant) 포콕(E. Pococke) 니체(F. Nietzsche) 후고 발(Hugo Ball)**이 그들이었다.

① '만유인력'을 말한 뉴턴(I. Newton) ['중세 사제 통치'를 종식시키고 '시민 사회 도래에 결정적 동기(動機)'를 제공하다.]

헤로도토스(Herodotus)는 그의 '역사(*The Histories*)'에서 페르시아의 정복자 키루스(Cyrus)와 캄비세스(Cambises) 이후, **마기(Magi)의 '사기(詐欺) 정권'**이 어떻게 수립이 되었고 혁명가 다리우스(Darius)에 의해 그들이 어떻게 극복되었는지를 상세하게 밝혔다.

그런데 그 헤로도토스(Herodotus)가 '희랍 아테네의 운명' 미리 알고 찾아간 '이탈리아[로마]'에도 [콘스탄티누스 대제(Constantinus大帝, 280?~337)는 '밀라노 칙령(勅令)'을 공포(公布)하여 기독교를 공인하여 나폴레옹의 집권(1804~1815)까지] 엄청난 **'사제(司祭) 통치 시대'**가 다시 시작이 되어 약 1500년 동안 지속이 되게 했다.

한마디로 <u>**로마(Rome) 교황청(敎皇廳)**은 정확히 **힌두(Hindu)**의 '마하바라타(*The Mahabharata*)' '지존(至尊)의 노래(Bhagavat Gita)'에 명시된 그 사상(思想)에 그 토대를 두고 있다.</u>

일찍이 헤로도토스(Herodotus)가 그의 '역사(*The Histories*)'를 서술할 때도 [절대 신을 긍정하며 '지리학적 추구 결과'를 공개했듯이] 그렇게 했듯이, <u>**뉴턴도 '기존 사제(司祭) 통치'에 대한 비판 없이 자신의 '프린키피아(*The Principia*, 1687)'를 간행하여 조용하게 '세계 인류의 계몽정신'의 시발점(始發點)을 마련하였다.**</u>

((Ⓐ -"간단히 '프린키피아(*The Principia*)'라 부르는 라틴어 원 제목은 '자연 철학의 수학적 원리(*Philosophiæ Naturalis Principia Mathematica*)'로, 뉴턴(Isaac Newton)에 의해 라틴어로 1687년 7월 5일에 간행되었다. 그 후 초간본(初刊本)을 바로 잡고 주석을 붙여 1713년과 1726년에도 간행이 이어졌다. '프린키피아(*The Principia*)'는 고전 역학(力學, mechanics)의 기초를 이루는 뉴턴의 '운동의 법칙(laws of motion)'을 서술하고 있다. '뉴턴의 만유인력의 법칙(Newton's law of universal gravitation)'과 '케플러의 행성 운동 법칙(Kepler's laws of planetary motion)'이 그것이다. '프린키피아(*The Principia*)'는 과학의 역사에 가장 중요한 저서로 알려져 있다."

Ⓑ -".....물리적 이론을 이루는데 있어서 뉴턴은 계산의 영역을 포함되는 수학적 방법을 사용했다. 그러나 우리가 알고 있는 계산의 언어는 '프린키피아(*The Principia*)'에는 없다. 뉴턴은 작은 기학적 속성을 생략해 버리는 미적분(微積分, infinitesimal calculus)의 기하학을 그 증거로 제시했다. '프린키피아(*The Principia*)'의 수정된 결론에서 뉴턴은 유명하게 되었는데, '나는 어떤 가정(假定)도 없다.(I formulate no hypotheses -Hypotheses non fingo)'는 것이 그것이다."

Ⓒ -".....'프린키피아(The Principia)'는, 힘의 법칙이 관찰될 수 있는 현상 속에 존재하는 '거대 물체들(massive bodies)'을 다루고 있다. '프린키피아(The Principia)'는 지상에서 볼 수 있는 천체(celestial bodies)의 가정(假定) 또는 가능한 운동을 포괄하려 하고 있다. '프린키피아(The Principia)'는 많은 인력들에 의해 교란되는 어려운 운동의 문제를 탐사하였다. 그 3차와 마지막 책에서 행성(行星)들(planets)과 그들 위성(衛星)들(satellites)의 운동 고찰에 대한 해설을 하고 있다. '프린키피아(*The Principia*)'는, 천문학적 관찰이 '중력과 역 제곱 법칙(the inverse square law of gravitation -인력은 상호 중력의 곱하기에 비례하고 거리의 제곱에 반비례한다.)'인지(認知)를 보여주고, 지구와 태양에 대한 상대적 질량(質量)을 제공하고 있고, '태양 무게 중심(the solar-system barycenter)'에 관련된 태양 운동이 완만함 밝히고 있고, 중력의 이론이 어떻게 달의 운동이 불규칙전인 것에 관련이 있는가를 설명하고 있고, 지구(땅)의 모양이 둥근가를 확인하고 있고, 지상의 (바다)물이 태양과 달의

다양한 인력(引力)이로 밀물과 썰물 현상을 설명하고 있고, 춘분 추분 세차(歲差)에 작용하는 적도(赤道)의 융기에 대한 달의 인력(引力) 효과를 중력 이론으로 설명하고 있고, 다양한 혜성(彗星)의 포물선(抛物線) 주기에 대한 이론적 기초를 제공하고 있다."

ⓓ -"코페르니쿠스(Nicolaus Copernicus, 1473-1543)는 1543년에 간행된 그의 책, '천구(天球)들의 회전에 대하여(On the revolutions of the heavenly spheres)'에서 '지구 중심 우주론'에서 태양 중심이론으로 옮겨야 하는 증거를 제시했다."

ⓔ -"그 구조는 J. 케플러(Johannes Kepler, 1571~1630)가 1609년에 '신천문학(A new astronomy)' 저서를 썼을 때 완성되었다. 즉 행성들은 태양을 중심으로 타원형을 그리며 돌고 있고, 행성들은 그 궤도를 따라 고정된 일정한 속도로 움직이는 것은 아니라는 것이다. 행성의 속도는 다양하여 태양을 중심으로 '동등한 영역'을 '동등한 시간 동안'에 휩쓸고 간다는 것이다. 이 두 가지 법칙에다 10년 후 J. 케플러는 그의 책 '세계의 조화(Harmonies of the world)'에서 제3의 법칙을 추가했다. 이 법칙은 행성이 태양에서 떨어진 거리와 그 공전(公轉) 길이의 자승에 관한 비율로 되어 있다.[3.행성의 공전주기의 제곱은 궤도의 긴반지름의 세제곱에 비례한다.]"

ⓕ -"'근대 역학'은 갈릴레오(Galileo, 1564~1642)의 '두 가지 주(主)된 세계 체제에 대한 대화(Dialogue on the two main world systems)'에서 '관성(慣性, inertia)'의 개념을 암시하고 적용하였다. 나아가 갈릴레오(Galileo)의 가까운 행성에 대한 실험은 행성 체들의 경과 시간, 가속도, 속도, 거리 사이에서 '명확한 수학적 관계'를 도출하였다."))[17]

---

17) Wikipedia, 'Philosophiæ Naturalis Principia Mathematica', 'Kepler's laws of planetary motion'

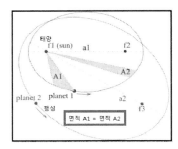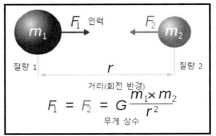

'케플러의 제2 법칙(Kepler's the second law, 1609)' '만유인력의 법칙(Newton's law of universal gravitation)'

헤로도토스(Herodotus)는 그의 '역사(*The Histories*)'에서 다음과 같이 말하고 있다.

((이집트 전역(全域)은 평평하다. 그렇지만 전국으로 뻗은 수많은 배수로 (配水路) 설치로 말과 수레가 맞지 않게 되었다. 왕의 일은 나일 강에서 약간 떨어진 내지(內地) 도시로 물을 공급하는 것이다. 앞서 도시 주민은 나일 강 수위가 내려가면 우물을 파서 염분이 섞인 물을 마셔야 했었다. 더구나 <u>이 세소스트리스(Sesostris) 왕이 모든 사람들에게 '동일한 면적의 정방형(正方 形)의 토지(a square piece of equal size)'를 제공하여 그 토지에서 생산된 곡식으로 연간 세금을 정밀하게 부과했다.</u> 나일 강에 폐해를 당한 사람은 누구나 왕에게 피해를 호소하면 조사단을 파견하여 산물을 평가 받아 적정한 세금을 내게 했다. 아마 <u>이것은 기하학의 발명으로 행한 것인데, 해시계 (sundial) 그노몬(gnomon, 정사각형에서 한 각을 포함해 베 내고 남은 부분) 1일 12시 구분 등은 희랍인은 바빌론에서 획득했기 때문이다.</u>[제32장]))

피타고라스(Pythagoras, 570~495 b. c.)가 사망한 다음 11년 뒤에 태어난 헤로도토스(Herodotus, 484~425 b. c.)로서는 '희랍 기하학의 효용성이 세금을 걷기 위한 동일한 면적 제공을 위한 토지 측량' 정도일 수밖에 없었으나, 이미 [바빌론에 앞서] 힌두(Hindu)에서는 '정방형(正方形)' '원(圓)'을 만다라(Mandala) 얀트라(Yantra)로 규정 '신이 계시는 곳[의 상징]'로 지정해 놓고 있는 상황이었다.['피라미드' 건설은 힌두의 '신전 건설 방식'이다.]

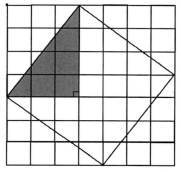 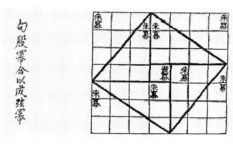

Visual proof of the Pythagorean theorem for the (3, 4..
pinterest.com

'피타고라스 정리가 바빌론[힌두]의 그노몬(gnomon)에서 왔음을 입증하고 있는 도면 :
$3^2+4^2=5^2(9+16+1)$'[18]

'절대신' '천국(天國)'에 대한 힌두(Hindu)의 관심에서 '숫자 상징'과 '기하학 (幾何學, 점(원) 직선 삼각형 사각형 -자와 컴퍼스로 행한 '작도(作圖)'가 있었음.)적 추상(抽象)'에서 시작이 되었다는 점은 무엇보다 확실하게 되어야 한다.[19]

위에서 뉴턴과 그에 앞선 코페르니쿠스(Nicolaus Copernicus) 케플러(Johannes Kepler) 갈릴레오(Galileo)가 원래 피타고라스(Pythagoras)와 헤로도토스(Herodotus)처럼 힌두(Hindu) '바라문(婆羅門, 司祭)의 후예(後裔)들'이라는 점도 특기(特記)해야 할 사항이다.

---

18) '모든 삼각형'은 그 면적을 '정사각형'으로 바꾸어 생각할 수 있고, 역시 각 변을 '3: 4: 5'의 '직각 삼각형'으로 환원(還元)이 될 수 있기에, 위의 '그노몬(gnomon)' 도형(圖形)으로 '피타고라스 정리'는 거의 다 설명이 된 셈이다.

19) F. W. Bunce, *The Yantras of Deities*, D. K. Printworld, New Delhi, 2001 'Plate 1, Temple Plan Based on Mandala(Yantra)'

② '역사 철학'을 쓴 볼테르(Voltaire) ['시민 사회 혁명'을 도출해 낸 사람]

헤로도토스(Herodotus)는 그의 '역사(*The Histories*)'에서 페르시아(Persia)의 식민지 '희랍 아테네'를 중심으로 펼쳐진 '자유(Freedom)' '민주주의(Democracy)' '평화(Peace)'를 위해 펼친 '마라톤(Marathon) 해전(海戰)'을 최상의 위치에 두었다.

그러나 헤로도토스(Herodotus) 이후 서구(西歐)를 움켜잡은 세력은 로마(Rome)로 1500년의 '사제(司祭)'들의 '신정(神政, Theocracy) 시대'가 열리었다.

이러한 시대에 영국 뉴턴(Isaac Newton)에 이어 프랑스에 볼테르(Voltaire, 1694~1778)가 등장 했다. 볼테르(Voltaire)는 뉴턴의 '프린키피아(*The Principia*, 1687)'를 불어(佛語)로 간행하게 했을 뿐만 아니라[20] 그야말로 **계몽(Enlightenment) 시대**를 선도(先導)하여 그 계몽주의 선봉장이었다. 볼테르(Voltaire)의 철학적 사상을 담은 저서는 '무식한 철학자(*The Ignorant Philosopher*, 1766)' '역사철학(*The Philosophy of History*, 1765)' '철학비평(*Philosophic Criticisms*, 1776)' 등이다.

((Ⓐ '서구 문명의 근원(根源)' 인도 : "추측이 허용된다면, 갠지스 강가에 인도인들(印度, Indians)이 인류의 역사상 제일 처음 공동체로 뭉친 사람들일 것이다. 그것은 토양이 동물들을 기르기에 적당한 목초지(牧草地)를 쉽게 찾을 수 있고, 그것들은 금방 다시 복원이 되기 때문이다."[21]))

볼테르는 '가톨릭'이 치성(熾盛)했던 프랑스 파리에서 태어나 영국에 유학을 했고, 프랑스 루이 15세 치하에서 국정에도 관여(關與)했고, 그 다음 프러시아

---

20) '샤틀레 에밀리(Emilie du Chatelet, 1706~1749)여사'가 행한 것으로 알려져 있으나, 사실은 볼테르(Voltaire)가 다 행한 것이었다.

21) Voltaire, *The Best Known Works of Voltaire*, The Book League, 1940, pp. 393~394 'ⅩⅥ. Of India'

(Prussia, 독일)의 프리드리히(Friedrich Ⅱ) 대왕의 '자문관(諮問官)'으로 일했으며, 마지막에는 스위스 제네바(Zeneva) 근처에 '페르네 볼테르(Ferney Voltaire)'를 세워 거기에서 최고(最高)의 저술들을 남겼고, 1778년 파리로 귀환했으나, 노독(路毒)으로 병사(病死)하였다.

뉴턴(Isaac Newton)은 당시에까지 밝혀진 '자연과학적 정보(情報)'를 망라했음에 볼테르(Voltaire)는 당시 프랑스 정부[루이14세까지]가 확보한 '모든 인문학적 정보(情報)'를 망라하여 자신의 글쓰기에 돌입하여 헤로도토스(Herodotus)의 '역사(*The Histories*)'는 물론이고 '성경' 힌두(Hindu)의 '베다', 중국의 '논어(論語)'까지 참조를 했다. 그리하여 내린 결론이 '서양 문명의 진원지(震源地)는 인도(India)'라는 결론이었다.

> ((Ⓑ '영혼의 윤회(輪回)' : "인도에서 가장 충격적인 것은, '영혼이 윤회(輪回, the transmigration of souls)한다.'는 고대인의 사고(思考)였다. '윤회론'은 중국과 유럽으로 전파가 되었다. 인도인은 영혼(靈魂)이라는 것이 무엇인지를 몰랐다. 그러나 그것이 '공중에 떠다니는 불[火]과 같은 것으로 다른 육체를 활성화 하는 것이 아닌가?'로 상상(想像)을 하였다."[22]))

볼테르는 위에서 '가장 충격적인 것'이라는 표현이라고 했는데 무엇이 그렇게 충격적이란 말인가? 볼테르 당대 프랑스에서 '가톨릭 유일의 그 골간(骨幹)'을 이룬 '영혼불멸(Immortality)' 설의 원조(元祖)가 바로 [유대인이 아닌] '인도(India)'라는 역사적 '사실'에 충격을 받은 것이다. 만약 헤로도토스(Herodotus)가 볼테르(Voltaire) 정도의 '정보(情報)'를 확보했더라면 헤로도토스(Herodotus)도 볼테르(Voltaire)와 동일한 결론에 도달했을 것이다.[모두 '과학 정신'에 기초를 두고 있음]

---

22) Voltaire, *The Best Known Works of Voltaire*, The Book League, 1940, p. 394 'XⅥ. Of India'

((Ⓑ '제사(祭祀, sacrifice) 의식(儀式)'의 기원 : "파리 도서관은 '브라만의 옛 도서'를 확보하게 된 갖기 어려운 행운을 안았다. 그것은 '에조우르 베다(*Ezourvedam*)'인데, 알렉산더가 인도 원정(遠征)을 행하기 이전에 기록이 된 것으로, 브라만의 모든 고대 찬송들이 실려 있다. '코르모 베다(*Cormo-Vedam*)'라 명명(命名)이 되어 있다..............그 의례(儀禮)는 물탄 송진(松津)으로 혀를 닦은 다음, '오움(Oum)'이란 말을 반복하는데, 브라만의 배꼽에 살[肉]을 베기 전에 20 성신(聖神)을 부른다. 그러나 그 말은, "칭찬 자여, 영원하라(Live to commend Men)"인데, 그가 말을 하자마자 자신의 존재의 중요성을 가르친다. 결론적으로 브라만은 오랜 동안 인도(印度)의 군주(君主)들이었다. 신정(神政) 통치가 그렇게 광대한 영역(領域)에 펼쳐진 예는 지상(地上) 어디에도 없다.

아기는 달빛을 쪼이고, 아기가 태어난 지 8일인데, 그 아기가 범했을지 모르는 죄를 용서해달라고 최고의 존재가 애원을 한다. '불'을 향해 찬송가를 부른다. 그 아기는 '백가지 의례(儀禮)'를 치른 다음에 '코르모(Chormo)'라고 부르는데, 브라만들의 영광스런 이름이다.

그 아이가 걷게 되자마자 아기의 생활은, 목욕과 기도의 반복이다. 그 아기는 사자(死者)를 위해 희생(犧牲)이 된다. 이 희생은 법(法)으로 정해져 있다. 브라만은 아기 조상들의 영혼들을 다른 육신으로 태어날 것을 허락할 수 있다."[23]))

힌두의 영웅이며 '비슈누' 신의 화신으로 일컬어진 **크리슈나(Krishna)는 '가장 큰 인간의 의무'로 '제사(祭祀, Sacrifice)'를 언급하였다.**['바라문'의 가장 큰 신념임]

그 **'제사(祭祀, Sacrifice)'** 원래 형식은 볼테르가 제시한 바대로 **'성자(聖子)의 희생'**이었으나, 벌써 '마하바라타(*The Mahabharata*)'에 정착할 때는 '말[馬]'의

---

23) Voltaire, *The Best Known Works of Voltaire*, The Book League, 1940, pp. 396~397 'ⅩⅥ. Of India'

희생'으로 바뀌어[代替되어] 있었다.

이 '볼테르(Voltaire)의 증언(證言)이 사실임을 헤로도토스(Herodotus)는 그의 '역사(*The Histories*)'에서 다음과 같이 말했다.

((''스파르타 왕 메넬라오스(Menelaus)는 이집트의 너그러운 대접에도 불고하고 이집트에 우의를 보이지 않았다. 왜냐하면 메넬라오스는 귀국을 원했으나 오랜 동안 역풍(逆風)이 불지 않아 <u>두 이집트 아동을 희생으로 바치는 제사까지 치러야 했기 때문이다</u>.(Menelaus took two Egyptian children and offered them in sacrifice.) 그 잘못을 보고 이집트인의 우정은 미움으로 바뀐 것을 알아 메넬라오스는 그의 배로 리비아로 갔다.(人身供犧)'[제32장]))

그런데 이후 포콕(E. Pococke)은 '상대(上代) 힌두 문화=상대(上代) 희랍 문화'의 등식을 마련했다.

(((ⓒ '피타고라스(Pythagoras)'와 인도 : "피타고라스(Pythagoras, 570~495 b. c.) 이전 시대부터, 희랍인들은 인도로 배우러 여행을 하였다. 일곱 가지 행성(行星)의 표시가 당시에 세상에 알려져 있었는데, 인도인이 발견해 낸 것이다. 아라비아인은 인도(印度)의 숫자(數字)를 채용하였다. 인간 재능에 의한 영광스런 기술들이 오직 인도(印度)로부터 넘쳐 나왔다. 코끼리 타는 것, 장기(將棋) 두기도 명백히 인도(印度)에서 처음 생겼다. 페르시아, 페니키아, 아라비아, 이집트의 고대인들은 유사(有史) 이전부터 인도(印度)와 교역을 행하여, 인도(印度)의 자연(自然)이 제공하는 향신료를 수입하였다. 그러나 인도 사람들은, 다른 나라에서 어떤 것도 원(願)하지를 않았다."24)))

희랍의 철학자 피타고라스(Pythagoras)를 볼테르는 그의 '역사철학'에 인도 학습의 대표자로 먼저 거론하였다. 뉴턴의 '프린키피아(*The Principia*, 1687)'

---

24) Voltaire, *The Best Known Works of Voltaire*, The Book League, 1940, p. 394 'ⅩⅥ. Of India'

위력을 실감한 볼테르(Voltaire)는 그 이전의 '과학적 탐구들'에도 각별한 관심을 집중했는데, '아라비아' '아시리아' '페르시아' 이전에 '힌두(Hindu) 문명'이 있었다는 볼테르(Voltaire)의 확신은 헤로도토스(Herodotus)보다 '**훨씬 더 많이 불어난 정보(情報)**'를 토대로 한 도출이 용이한 결론들이라고 해야 할 것이다. 그러므로 사실상 그 볼테르(Voltaire)도 '합리주의자 헤로도토스(Herodotus) 탐구'를 계승한 위치에 있었다.

((ⓔ '페니키아'의 항해술 상업 은광(銀鑛) : "이집트 왕 세소스트리(Sesostris)가 인도(印度) 정복을 위해 4백 척의 배를 만들었다고 하지만 의문이다. 그러나 '페니키아 사람들의 사업'은 사실이다. 카르타고(Carthage)와 카디스(Cadiz) 도시가 페니키아 사람에 의해 창설되었고, 페니키아 인에 의해 영국이 발견 되었고, 에지온 가베르(Ezion-gaber)에 의해 페니키아 인의 인도(印度) 무역이 행해졌다."[25]

"불모(不毛)의 땅에 흩어져 있는 아테네 사람들에게, 이집트에서 추방된 케크로프스(Cecrops)라는 사람이 그 아테네인들에게 최초로 제도를 설립해 주었다고 한다. 그것은 놀라운 일이다. 이집트 사람들은 항해(航海)를 모른다. 그러나 그것을 알았다면, 모든 나라로 돌아다녔던 페니키아 사람들이 그 케크로프스(Cecrops)를 아티카(Attica)로 실어 날랐을 것이다. 희랍인이 이집트 문자를 쓰지 않은 것은 명백하다. 희랍 문자는 이집트 문자와 비슷한 것이 없다. 페니키아 사람들이 희랍인들에게 그들의 초기 알파벳을 전해주었고, 그 때는 글자는 16 개였다. 페니키아 사람들은 8개의 글자를 그 후에 첨가하였는데, 희랍인들은 그것을 지금까지 보유하고 있다.

나는 알파벳이, 사람들이 최초의 지식을 획득한 이래, 무적(無敵)의 기념물이라고 생각한다. 페니키아 사람들은 스페인에서 은광(銀鑛)을 찾아냈듯이, 아티카에서도 그러하였다. 상인들은 희랍에서 최초로 그들의 교사(敎師)가 되었고, 그 후에는 다른 모든 나라 사람들도 가르쳤다."[26]))

25) Voltaire, *The Best Known Works of Voltaire*, The Book League, 1940, p. 386 'XII. Of Phoenicians, and of Sanchuniathon'

헤로도토스(Herodotus)의 '역사(*The Histories*)'가 밝힌 '인도의 황금 문제'는 '세금 징수 황제 다리우스(Darius)에 바친 공물(供物)'[제50장]로 간단하게 언급이 된 셈이다. 헤로도토스(Herodotus)에서 '역사(*The Histories*)'에서 각 지역의 '언어'에 깊은 관심을 표명했는데 볼테르는 '페니키아 사람들'의 '표음 문자 발견'과 그들의 '항해' '무역' '은광(銀鑛)의 개발' '영국의 발견'을 말했는데, 모두 헤로도토스(Herodotus)가 그의 '역사(*The Histories*)'에서 말한 것을 더욱 추가한 것이다.

헤로도토스(Herodotus)는 희랍의 여러 언어가 차이는 있지만 못 알아들을 정도는 아니고 '소아시아 사람들'이 '가난'을 이기지 못하여 '이탈리아 북부'로 이동하여 서진(西進)을 계속했다는 것, '황금의 중요성 인지'하고 있다는 점을 명시했는데, 볼테르는 그 '역사(*The Histories*)'에서 진술을 바탕으로 더욱 구체적인 진술을 행한 셈이다.

((Ⓕ 유대인의 '자본(資本)' : "유대인이 근대 민족의 대열에 선 것은, 유대인이 '정착지(定着地)와 자본(資本)'을 확보했을 때부터라고 생각한다. 솔로몬(Solomon) 시대에 이르기까지 유대인은 그 주변국에 거의 알려진 것이 없었고, 헤시오드(Hesiod, 750?~650? b. c.), 호머 시대, 아테네의 초기 집정관(Archons) 시대부터였다.

솔로몬(Solomon, Soeiman)은, 동방 민족에는 잘 알려져 있었다. 그러나 다윗(David)은 그러하질 못 했고, 사울(Saul)은 더욱 말할 것이 없다. 사울 이전에 유대인은 사막에 아라비아 부대(部隊) 중의 하나로 페니키아 사람들에게 유대인은, 라케데모니아 족(Lacedemonians)에게 이리오트 족(Iliots) 같았다. 한 마디로 '노예들(slaves)'로 무기 소지(所持)가 금지된 종족이었다.[27]"))

---

26) Voltaire, *The Best Known Works of Voltaire*, The Book League, 1940, p. 408 'ⅩⅩⅠ. Of the Greeks'

27) Voltaire, The Best Known Works of Voltaire, The Book League, 1940, p. 410 'ⅩⅩⅡ. Of the Jews, When First Known'

헤로도토스(Herodotus)가 그의 '역사(*The Histories*)'에서 표명한 '돈(금은)'과 **자본(資本)**의 문제는 '신전 건축' '피라미드 건설' '동상 만들기' '미라 만들기' '세금(供物) 바치기' 문제에 집중이 되었다.

이에 대해 볼테르는 사회를 움직이는 '동력(動力)'으로 **자본(資本)** 문제에 주목하였는데, 볼테르는 그 **자본(資本)**의 힘으로 [퀘이커 교도]미국 필라델피아가 '독립선언'의 주역이 될 것을 먼저 살폈고, 각종의 전쟁 수행과 국정 운영에 그 **자본(資本)**이 필수적 문제임을 가장 확실하게 감지한 철학가 사상가였다. 그리고 볼테르 자신은 그 자신의 **자본(資本)**으로 스위스와 프랑스 국경에 반반씩 걸터앉은 도시 '페르네 볼테르'를 건설한 사실은 바로 자신의 **자본(資本)** 철학을 현실에 증명해 보이는 사례가 되었다.

③ '감성(感性) 존중'의 과학 철학 -칸트(I. Kant)

볼테르(Voltaire)에 이어 칸트(I. Kant, 1724~1804)는 '순수이성비판(純粹理性批判, *The Critique of Pure Reason* 1781)'을 제작하여 '과학 철학'을 정착하였다.

즉 기존 '신(God) 중심의 철학'을 '개인 이성(理性) 중심 철학'으로 정착시킨 '대(大) 혁명'을 달성했다.

그 경과를 구체적으로 짚어 보면 희랍의 고대 철학자 탈레스(Thales)[28], 헬라클레이토스(Heraclitus)('만물은 流傳한다.(all things are continuously changing, or becoming.)'[29], 등도 모두 '베다 철학 범위' 내(內)에 있었다.

힌두(Hindu)의 '마하바라타(*The Mahabharata*)' '지존(至尊)의 노래(Bhagav-

---

28) 탈레스(Thales)가 '물이 만물(萬物)의 근원이다.(water is the original substance, out of which all others are form)'란 〈베다〉를 근거로 바이니, 탈레스 '만물(all others)'이란 '(인간)생명'을 말하는 것이니, 그렇지 않으면 '바보 같은 말'로 전락하게 된다.
29) '유전(流轉, changing, or becoming)'이란 '불(태양, 신)'과 '물(생명, 희생)' 사이에 그 '유전(流轉)'이라는 논리에 있었다.

at Gita)'에서 명시한 주요 사상을 헤로도토스(Herodotus)의 '역사(*The Histo-ries*)'에서 다시 확인할 수 있다. 그렇지만 헤로도토스(Herodotus)는 힌두(Hindu)에게서는 찾아 볼 수 없었던 보인 '지형'과 '기후' '나일 강의 탐색' 등에서 보인 **'자연 관찰'과 '탐구' 방향**을 구체적으로 제시를 했다. 그래서 이후 지속적인 '자연 관찰'로 코페르니쿠스의 '지동설' 케플러의 '행성 이론' 뉴턴의 '만유인력'이 발표되어 '과학적 세계관' '인생관'을 수립하게 되었는데, **볼테르는 특히 중국 공자(孔子)의 '자연 법(Natural Law)[내가 당하기 싫은 일을 남에게 행하지 말라.-己所不欲 勿施於人]'[30) 이론을 소개했다.**

칸트(I. Kant)의 '순수이성비판(純粹理性批判, *The Critique of Pure Reason* 1781)'은 뉴턴(Isaac Newton)의 '만유인력' 이론과 볼테르(Voltaire)가 소개한 '자연 법(Natural Law)'을 토대로 한 것이니, 칸트(I. Kant)의 '최고 자유 이론'은 공자(孔子)의 '자연 법(Natural Law)'을 그대로 '과학주의'에 대입한 것이다.

헤로도토스(Herodotus)도 그의 '역사(*The Histories*)'에서 '이집트 식 할례(割禮) 반대' '식민지 운영 반대' '개인 의사 존중[투표]'를 명시하여 이미 '자연법(自然 法)' '개인주의'에 나와 있음을 명시하고 있다.

((Ⓐ '감성(感性)' '오성(悟性)' : "우리의 심성(心性)이 어떠한 방법으로 촉발되어, 그 표상을 받아들이는 수용성(受容性)을 우리는 '감성(感性, sensibility)'이라 부른다. 이에 반하여 표상(表象)을 산출해 내는 능력, 인식(認識, cognition)을 행하는 것은 '오성(悟性, understanding)'이다..... 감성(感性)이 없이는 아무 대상도 우리에게 주어지지 않을 것이며, 오성(悟性)이 없으면 아무 대상도 사유되지 못 할 것이다. 내용이 없는 사유는 공허하고 개념이 없는 직관(直觀)은 맹목(盲目)이다."[31)))

---

30) Voltaire, *The Best Known Works of Voltaire*, The Book League, 1940, pp. 466~468 'Ⅳ. The Chinese Catechism'

31) I. Kant(translated by J. M. D. Meiklejohn), *The Critique of Pure Reason*, William Benton, 1980, p. 34 ; I. 칸트(윤성범 역), 순수이성비판, 을유문화사, 1969, pp. 94~95

힌두(Hindu)의 '마하바라타(*The Mahabharata*)'의 특징은 '감성(感性, sensibility)'이 무시된 '관념(Idea) 만능주의'를 보였는데, 플라톤(Plato)과 헤겔(Hegel, 一元論)이 그것을 그대로 답습하여 '어처구니없는 망발(妄發)들'을 늘어놓았다.[특히 '전쟁 불가피론 -Necessity of War']

한국의 이이(李珥, 1536~1584)[**기발이승일도설(氣發理乘一途說 -모든 사물 존재에는 그 이치가 있게 마련이다**.)'[32)]는 그 칸트의 '감성(感性, sensibility)론'은 '물 자체(物自體, the things in themselves)'론을 '기(氣, 器)', 칸트의 '오성(悟性, Understanding)' '이성(Reason)'을 '理'라고 명시하여 '이기(理氣)' 2원론의 '과학 철학'을 앞서 밝혔다.[1572년]

인간의 '일상생활'은 그 '감성(感性, sensibility)'을 바탕으로 유지가 되는데, 힌두(Hindu)의 '마하바라타(*The Mahabharata*)'는 '감성(感性, sensibility) 무시', '현세 부정' '절대신' '천국' 이론을 펼쳐 전 세계에 그 이론을 보급했고, 특히 서구의 플라톤(Plato)과 헤겔(Hegel)이 그것에 열광했다.

헤로도토스(Herodotus)는 그의 '역사(*The Histories*)'에서 그 '마하바라타(*The Mahabharata*)' 자취를 긍정적으로 수용하면서도, 역시 자신의 '감성(感性, sensibility)'과 '이성(理性)'을 바탕으로 '자연 과학적 추구 결과'를 자랑하였고, 그의 똑똑한 후배들에게 '자랑스러운 선배 모습'을 보여 주었다.

((⑧ '진리(truth)'에 대하여 : "'진리(truth)'는 '인식과 그 대상이 일치하는
 것(the accordance of the cognition with its object)'"33)))

힌두(Hindu)의 '마하바라타(*The Mahabharata*)' 영향력은 워낙 막강하여 거기에서 파생한 '불교(佛敎)' '기독교(基督敎)'가 모두 '절대자(절대신, 부처) 중심

---

32) 李珥 李筬衡 역, 栗谷全書, 한국정신문화연구원, 1987, pp. 69~81 '答成浩原'
33) I. Kant(translated by J. M. D. Meiklejohn), *The Critique of Pure Reason*, William Benton, 1980, p. 36 'Of the Division of General Logic' ; 칸트(윤성범 역), 순수이성비판, 을유문화사, 1969, p. 98 '일반 논리학의 구분에 관하여'

세계관'을 고집하였고, '절대자=진리' 이론을 '지식의 전부'로 가르쳤다.

특히 **헤겔의 경우는 유독 그 '절대주의'에 심취하여, 오히려 '칸트 주장'을 곡해(曲解)하며 힌두(Hindu) 원시 철학 '하나님이 진리다.'라는 '주관적 취향(趣向)'에 도취(陶醉)되어 '제국주의(Imperialism) 이론'까지 그대로 답습(踏襲)하였다. 그리하여 사실상 '세계 1 · 2차 대전의 원흉(元兇)'은 사실상 그 헤겔에게 돌아가게 되었다**[34].

(((ⓒ '자유 중심주의' : "각 개인의 자유는, 타인의 자유와 함께 한다는 법칙에 준하여 제정된, 인간 최대 자유(최대의 행복이 아니다. 즉 행복은 이미 스스로 수반되어지는 것이기 때문이다)를 주안으로 하는 헌법은 적어도 하나의 필연적 이념이다. 이 이념은 국가의 헌법을 제정하는 데 있어서 뿐만 아니라, 모든 법률의 근저에 놓여 있어야 하는 것이다."[35]))

서구(西歐)에서 '자유'를 최초로 주장한 것은 헤로도토스(Herodotus)가 그의 '역사(*The Histories*)'에서 밝힌 '자유'[제63장로 **페르시아 식민지 통치로부터의 자유**'를 외치는 것이었고, 그것은 이후 미국의 '독립선언'에까지 이어졌으나, '인식의 자유' '개인의 자유' '만인의 자유'를 명시한 것은 위의 '칸트(Kant)의 자유 선언'이 있는 그 이후의 사상이다.

(((ⓓ '평화' 중심주의 : "앞 조항에서처럼 이곳에서의 문제도 박애(博愛, phi-lanthropy)에 관한 것이 아니라 권리(權利 right)에 관한 것이다. 우호(hospitality, 손님으로서의 대우)란 한 이방인이 낯선 땅에 도착했을 때, 적(敵)으로 간주되지 않을 권리를 뜻한다. 추방으로 인해 그 외국인이 생명을

---

34) G. W. F. Hegel(translated by H. B. Nisbet), *Elements of Philosophy of Right*, Cambridge University Press, 1991 ; 헤겔(임석진 역), 법철학, 지식산업사, 1989

35) I. Kant(translated by J. M. D. Meiklejohn), *The Critique of Pure Reason,* William Benton, 1980, p. 114 'Of idea in General' ; 칸트(윤성범 역), 순수이성비판, 을유문화사, 1969, p. 257 '이념 일반에 관하여'

잃지 않는 한, 그 국가는 그를 자신들의 땅에 발붙이지 못하도록 할 수는 있다. 그러나 그가 평화적으로 처신하는 한, 그를 적대적으로 다루어서는 안 된다. 이방인이 영속적인 방문자이길 요구할 권리는 없다. (이방인에게 일정한 기간 동안 방문 거주자일 수 있는 권리를 주기 위해서는 특별한 우호적 동의가 요청된다.) 모든 사람들이 누릴 수 있는 것은 일시적 체류의 권리요, 교제의 권리이다. 사람들은 지구 땅덩어리를 공동으로 소유함에 그런 권리를 갖는다. 사람들은 지구 위에서 세세토록 점점이 흩어져 살 수 없는 까닭에 결국 서로의 존재를 인정해야만 한다(we must in the end reconcile ourselves to existence side by side). 본래는 어떤 사람도 지구상의 특정 지역에 대해 남보다 더 우선적인 권리를 갖고 있지 않다. 바다나 사막과도 같이 거주할 수 없는 지역이 있음으로써 사람들이 사는 사회 공동체가 나누어져 있긴 하지만, 배나 낙타를 이용하여 불모지를 통과함으로써 서로 왕래를 하게 되고 그리고 일반적으로 인류에게 공동으로 귀속되는 지구의 표면에 대한 공통의 권리를 행사함으로써 교제를 하게 된다."36))

평상적인 '인간의 마음'으로 누가 '평화(Peace)'를 거부하겠는가? 인류 최초로 '전쟁 불가피론'을 편 '마하바라타(*The Mahabharata*)'에서도 등장한 주요 인물 [Bhishma, Drona, Aswatthaman]이 다 평화주의자였다.

불순한 헤겔(Hegel)은 '노예철학(Philosophy of Bond-man)'을 고수하여 자신의 '우울증(Hypochondria, Depression)'을 최고 덕목으로 착각하여 '자기 파괴[자살]' '세계멸망[세계 심판]'으로 나가는 것을 '최고영광'으로 주장을 폈다.

그러한 측면에서 칸트는 <u>'개인(個人)의 문제'에서 출발하여 '전 지구촌(地球村) 경영의 방안'까지 다 제시한 셈</u>이다.

((Ⓔ '영혼불멸(靈魂不滅)'에 대하여 : "그러므로 '영혼의 존속 성(the per-

---

36) I. Kant(translated by M. Campbell Smith), *Perpetual Peace*, Thoemmes Press, 1992, pp. 137~8 'Third Definitive Article of Perpetual Peace' ; 임마누엘 칸트(이한구 역), 영원한 평화를 위하여, 서광사, 1992, pp. 36~7 '영원한 평화를 위한 제3의 확정 조항'

manence of the soul)'은 순전한 [육체의]내적 감관의 대상으로서, 증명되지 못한 채로 남아 있고, 증명 불가능한 것이다. 비록 삶(life) 안에서의 영혼의 존속성은 '존재자(the thinking being)'가 (인간으로서) 동시에 '외적 감관(the external senses)'의 대상이므로 그 자체가 분명하지마는, 삶(life)을 초월한 존속 성을 확신하는 '합리적 심리학'을 믿게 하지는 못한다."[37])

'감성(感性, sensibility)' 중심, '물 자체(the things in themselves)=기(氣, 器)' 근거를 인정한 이이(李珥)['기발이승일도설(氣發理乘一途說 -모든 사물 존재에는 그 이치가 있게 마련이다.)'와 칸트의 '과학 철학'은 사실상 '영혼불멸(靈魂不滅)의 문제'를 건드리지 않고서도 '감성(感性, sensibility)의 세계를 결여한 영혼(Soul, 꿈) 세계관 논의'에 끼어들 이유가 없었다.

'감성(感性, sensibility)의 무시'는 그대로 '물 자체(物自體, the things in themselves)'의 논의 '과학적 논의의 배제'를 의미하고 있다.

④ 인류 '문명의 진원지(震源地)'을 밝힌 포콕(E. Pococke)

포콕(E. Pococke)의 '**희랍 속의 인도(*India in Greece*, 1852)**'는, 헤로도토스(Herodotus)의 '역사(*The Histories*)'와 뉴턴의 '프린키피아(*Principia*, 1687)' 볼테르의 '역사철학(*The Philosophy of History*, 1765)'을 이어, 그의 '과학정신' '평화정신' '사해동포주의(Cosmopolitanism)'를 전개한 것으로 그 빛나는 정신은 그대로 '영국'과 '서구'와 '인류'의 자랑이라고 할 만하다.

포콕(E. Pococke)은 헤로도토스(Herodotus)의 '역사(*The Histories*)'와 뉴턴의 '프린키피아(*Principia*, 1687)' 볼테르의 '역사철학(*The Philosophy of History*, 1765)'을 토대로 새로운 '지리학적 예지(銳智)'를 발동시켜 '아타크의

---

37) I. Kant(translated by J. M. D. Meiklejohn), *The Critique of Pure Reason*, William Benton, 1980, p. 125 'Of the Paralogisms of Pure Reason' ; 칸트(윤성범 역), 순수이성 비판, 을유문화사, 1969, p. 279 '순수 이념의 오류 추리에 관하여'

황금' '인더스의 황금'을 '유대인의 황금' '희랍인의 황금' '이집트의 황금'과 연결시키고, 헤로도토스(Herodotus) 이래 서구인이 주목한 **'자본(資本)'**과 **'헤라클레스(카슈미르 스키타이 거구(巨軀) 무사 족, 태양족의 체력)'**로 대표되는 **'라지푸트(Rajpoots, Kshatriyas)의 힘(체력)'**의 전제해 두었고, 힌두(Hindu)의 '영혼불멸론'과 '항해술(航海術)' '세계어로서의 범어(梵語, Sanskrit) 힘'까지를 통합하여 상고(上古)시대 **힌두 ['마하바라타(_The Mahabharata_)]문화의 세계화**'를 기정 사실로 인정했다. '세계 철학(과학)사'의 전개상 포콕(E. Pococke)의 의미를 간략하게 요약하면 다음과 같다.

Ⓐ 헤로도토스(Herodotus)의 '역사(_The Histories_)'와 볼테르의 '역사철학(1765)'을 계승하여 최초로 '세계 상고사(上古史) 서술'에 성공하였다.

Ⓑ 포콕은 탁월한 안목(眼目)으로 '역사(歷史) 동력(動力) 5대 원리(原理)' -① '무력(체력, 힘)' ② '자본(황금)' ③ '사상(윤회론)' ④ '소통(疏通)과 교역(交易)의 중대함' ⑤ '이단(異端) 수용주의(收容主義, The Admission of Paganism)'를 먼저 터득(攄得)하여, 그것을 '원시인도(Hindu)'에서 도출해 내어 서구 제국의 '상고사'에 대입을 하여 스스로의 '역사적 통찰력(洞察力)'을 과시(誇示)하였다.

Ⓒ 최초로 '계관시인(桂冠詩人, -poet-laureate) 존재'를 명시(明示)하여 그들의 '역사성(事實의 확보)'과 '비역사성(신비주의, 阿諛的 속성)'을 확실히 구분 비판하여 '인류 과학(科學)과 지성(知性)의 감시자(監視者)로서 사가(史家)'라는 본래(本來)의 위치를 제대로 회복하게 하였다.['아테네의 승리' 참조]

Ⓓ 그동안 모든 역사가의 마음속에 발동하는 '신(God)'과 '악마(devil)'의 규정을 선구(先驅)적으로 간파(看破)하여, 인간 속에 존재하는 '최고 존칭(尊稱)'으로서의 '신(神)'의 의미를 그의 '희랍 속의 인도'에서 제대로 관철(貫徹)하였

58

다.['제우스의 승리' 참조]

Ⓔ '육체 중심' '현실 중심' 사고에 기울기 쉬운 '역사가의 온전한 비판 정신'을 포콕은 '자이나(Jaina)의 불살생(不殺生)의 금욕주의(禁慾主義)'에서 근본 정신을 찾았고, 그것을 역시 '피타고라스(Pythagoras) 정신'으로 되돌리는 놀라운 통찰력을 발휘하였다.['史家의 독립 정신' 옹회]

Ⓕ 포콕은 볼테르를 이어 '역사 서술'에 '형제애(兄弟愛 Brotherhood)' '사해동포주의(四海同胞主義)'를 기본으로 '교류(交流)와 소통(疏通)의 지구촌 운영(運營)'이라는 역사 서술의 대원리를 선착(先着)하였다.[소속 집단의 '獨善' '自慢' 방지]

Ⓖ 포콕은 역사 서술의 기초인 '사실(事實)의 확보(確保)'를 위해 '모든 과학적 보조 수단'을 동원하였다.[이집트 '미라'의 두개골의 고찰 등]

Ⓗ 포콕의 기본 정신은 그대로 '고금동서(古今東西)'의 구분이 없는 '동시주의(同時主義, Simultaeism)'를 제대로 활용하여, '역사 서술'은 특정 인종, 특정 지역, 특정 사상과 관련된 것일지라도 그 '마지막 의미'는 '인류 공통의 과학 정신'에 돌아감을 아울러 밝혔다. -'힌두의 라마이즘'='희랍의 라마이즘'='로마의 라마이즘'

⑤ '차라투스트라'의 개인주의 -니체(F. Nietzsche)

헤로도토스(Herodotus)는 그의 '역사(*The Histories*)'를 '인더스 강(Indus River)' 서쪽에 형성된 '페르시아'와 그 지배를 받게 된 아프리카 나일 강 유역의 이집트 지중해(地中海)와 흑해(黑海) 연안에 자리 잡은 희랍과 스키타이(Skythia) 이야기를 서술 대상으로 삼았다.

이에 대해 포콕(E. Pococke)은 영국 '그리니치(Greenwich) 천문대'를 그 기점(起點)으로 삼은 경도(經度, 날줄, longitude)와, 적도(赤道, the equator)를 기점으로 삼은 위도(緯度, 씨줄, latitude) 위에 작성된 '정밀 세계 지도'를 표준으로 그 위에 확인된 인도 서북부 '펀자브'와 '아프가니스탄'의 상세 지명(地名)과 '희랍 지명(地名)'의 비교 검토를 토대로 **상고(上古) 시대 희랍 로마 역사**'를 재구(再構)해 내었다.

이에 대해 19세기 후반에 등장한 독일의 니체(F. Nietzsche, 1844~1900)는 '힌두교' '기독교' '불교'의 교조(敎祖)들이 가르친 '영혼 중심' '내세(來世)주의' '천국 중심' '교조(敎條) 중심' '절대주의(Absolutism)'를 '육체 중심' '현세주의' '지상(地上) 중심' '자의(自意) 중심' '실존주의(Existentialism)'를 말하였다.

더욱 구체적으로 힌두(Hindu)의 '마하바라타(*The Mahabharata*)'가 절대자 '크리슈나(Krishna)'를 말했듯이, 니체(F. Nietzsche)는 '차라투스트라는 이렇게 말했다.(*Thus Spoke Zarathustra*)' '이 사람을 보라.(*ECCE HOMO*)'에서 '차라투스트라(Zarathustra)'를 제시했다.

'차라투스트라(Zarathustra, F. Nietzsche)'는 뉴턴(Isaac Newton) 볼테르(Voltaire) 칸트(I. Kant)와 나란히 유명했다. 1916년 '다다 혁명 운동(Movement Dada)'을 일으켰던 후고 발(Hugo Ball) 등은 볼테르(Voltaire)의 '평화주의'와 니체(F. Nietzsche)의 '동시주의(同時主義)'를 그들의 '표준'으로 삼았다.

헤로도토스(Herodotus)는 그의 '역사(*The Histories*)'에서 **국가 영웅주의**'으로 시종(始終) 했으나, 유독 헤로도토스(Herodotus)는 희랍인의 **디오니소스(Dionysus) 축제**'를 가장 부담스럽게 생각했다.[제29장]

그런데 니체(F. Nietzsche)는 다음과 같이 말했다.

((Ⓐ **니체는 디오니소스의 제자 : "나는 코딱지 현자도, 도덕의 괴물도 아니다. 나는 이제까지 덕이 있다는 사람과는 반대편에 있다. 우리들 사이에는**

60

그것이 나를 자랑스럽게 하는 문제이다. <u>나는 철학자 디오니소스의 제자이고,
성인보다는 사티로스이고 싶다.</u>"38)))

니체(F. Nietzsche)는 정확하게 그 '마하바라타(*The Mahabharata*)'의 정(正)
반대편에 자리를 잡아 소위 자신의 '실존주의(Existentialism)'를 펼치었다. 그러
므로 앞서 살폈듯이 그 '마하바라타(*The Mahabharata*)'의 '도덕률'을 그대로
'희랍인'에게 적용하여 '역사(*The Histories*)'의 표준으로 삼은 헤로도토스
(Herodotus)의 경우로는 현대 '동시주의(Simultaneism) 철학의 아버지' 니체(F.
Nietzsche)와는 엄청난 차이가 있게 마련이다.

그렇다면 헤로도토스(Herodotus)와 니체(F. Nietzsche)의 공통점은 무엇인
가? 그것은 '합리적 탐구' **감성(感性, sensibility) 존중의 과학적 탐구**'가 가장
중요한 공통점이다.['절대주의자들'은 오늘날까지 **감성 무시의 일원론(一元論)**'
을 떠들며 그것을 오히려 자랑으로 삼고 있다.]

((Ⓑ **디오니소스를 숭배한 희랍인들** : "디오니소스적인 희랍인은, 사티로스
로 변형된 자신 속에 가장 힘찬 자연과 진실의 형태를 원했다. 디오니소스
숭배자들은 이러한 분위기와 인식으로 흔들리고 재건된 자연의 정령, 사티로
스로서 그들 자신을 본다고 상상한다. 뒤에 형성된 비극의 합창단은 이 자연
적 현상을 모방한 것이니, 마땅히 디오니소스를 찬양한 사람들과 관람하는
구경꾼은 서로 구분이 되게 되었다."39)))

헤로도토스(Herodotus)는 그의 '역사(*The Histories*)'의 '사관(史觀)'을 '솔론
(Solon)의 행복 론'으로 삼아 '마하바라타(*The Mahabharata*)'의 '사제'나 '왕[크
샤트리아]'에게 요구되었던 '절대 신에의 귀의(歸依)'를 '**국가 종족 영웅주의**'로

---

38) F. Nietzsche (translated by A. M. Ludovici), *ECCE HOMO-Nietzsche's Autobiography*,
    The Macmillan Company, 1911, pp. 1~2
39) F. Nietzsche (translated by WM. A. Haussmann), *The Birth of Tragedy*, Ibid, pp.
    64~5

바꾸어 놓았다.

이에 대해 니체(F. Nietzsche)는 '사제'나 '귀족(크샤트리아)' 문제가 **시민(대중)에 초점**을 두어 '디오니소스를 찬양한 사람들과 관람하는 그 구경꾼'에 초점을 맞추었다. **정확하게 볼테르(Voltaire)의 '혁명'과 칸트(I. Kant)의 '자유주의'를 수용한 그 결과이다.**

((ⓒ '합창단'은 '디오니소스 추종 인파'다 : "사티로스 합창단은 디오니소스의 추종 인파이며, 무대에서는 역으로 사티로스의 합창단이다. 관람의 힘은 원형 계단 관람석에 문화인들의 눈을 둔화 마비시켜 '사실'로의 인상을 주기에 충분한 것이다. 희랍 극장의 형태는 한적한 산골짜기에 남아 있다."[40]))

'마하바라타(*The Mahabharata*)'에서는 '절대 신의 권능'을 알리기 위해 끝없는 '증거대기'에 전형(典型)을 이루고 있고, 헤로도토스(Herodotus)도 대권(大權)을 잡을 대상에 대해 '꿈' 등을 주요 근거로 제시했는데, 니체(F. Nietzsche)는 '인간 모두의 **감성(感性, sensibility)**'과 '종족 보존에 대한 성향(性向)'을 그 '비극(悲劇)' '디오니소스의 고통'으로 설명을 했다[41]. **이러한 니체(F. Nietzsche)의 '탐색'을 바탕으로 프로이트(S. Freud)의 '정신분석'이 나오게 되었다는 점도 명심을 해야 할 사항이다.**

((ⓓ '죽음과 변화를 초월한 디오니소스' : "결론적으로 괴테(J. W. Goethe, 1949~1832)는 희랍인을 이해하지 못 했다. '삶의 의지'로부터 희랍인 본능 근본적 사실을 말해 주는 것은 디오니소스 심리학, 디오니소스 신화에만 있기 때문이다. 희랍인은 그것으로부터 무엇을 보장 받으려 했던가? 영원한 생명, 생명의 영원 회귀이고, 성(性)의 신비를 통해 생식(生殖)을 통해 총체적 생존

---

40) Ibid, p. 81
41) F. Nietzsche (translated by WM. A. Haussmann), *The Birth of Tragedy*, Ibid, p. 81 '디오소스의 고통이 비극(悲劇)의 주제(theme)다.'

에서보다는 현실 생활, <u>죽음과 변전을 초월한 삶에 대한 승리의 긍정</u> 그것이다. 그러므로 희랍인에게 성 상징은 성스러운 것이고, 총체적인 고대의 경건함에 실질적 심원 성을 지닌 것이었다.

　고통의 신화적 교훈은 성스러운 것으로 '출산 여인의 산고(産苦)'가 그것으로 모든 발전, 성장, 미래 보장이 고통의 원인이다....그래서 영원한 창조의 기쁨이 있고, 확신 속에 영생의 확신이 있고, 그것이 역시 '출산 여인의 산고(産苦)'이다. 이 모든 것이 디오니소스의 의미이다. 나는 희랍의 디오니소스 상징보다 더 높은 상징을 모른다. 그것은 인간 가장 깊은 본성이고 생명의 미래. 생명의 영원함, 확신의 종교, 생명의 길, 성스러운 출산이다."42)))

'마하바라타(*The Mahabharata*)'를 비롯한 '성경' '8만대장경'이 모두 '죽음의 극복의 방법 제시'이다. 그렇지만 그 '극복 방법'이 <u>감성(感性, sensibility)</u>을 초월한 영역'이어서 '과학적 방법'과는 무관(無關)한 사항이다.

　그러면 니체(F. Nietzsche)가 말한 **'죽음을 초월한 디오니소스'**란 무엇인가? '생식(生殖)' '후손(後孫)'으로 '인간 존재를 영속한다.'는 극히 온당(穩當)한 입지(立地)에 그러하므로 사실상 '프로이트(S. Freud)의 이론들'은 이 명백한 '니체(F. Nietzsche) 전제'를 제외하면 남을 이론이 하나도 없다.

　그런데 헤로도토스(Herodotus)는 그의 '역사(*The Histories*)' 솔론(Solon)의 '행복 론'을 토대로 '현세 부정' '죽음의 미화(美化)'를 반복하여 '마하바라타(*The Mahabharata*)' '지존(至尊)의 노래(Bhagavat Gita)' 정신을 반복하고 있다.[제5장

　　((⒠ '삶'이 우리의 모든 것이다 : "우리의 사상들은 고통(苦痛) 속에서 탄생되는 것이니, 우리는 어머니로서 피와 심장, 열망, 기쁨, 정렬, 고통, 양심, 운명 숙명을 그것들과 함께 하게 마련이다. 삶-그것이 우리를 빛과 불꽃으로

---

42) F. Nietzsche(Translated by D. F. Ferrer), *Twilight of the Idols*, Daniel Fidel Ferrer, 2013, pp, 77~8

변화 시키는 것이고, 우리의 모든 것, 우리가 달리 해 볼 도리가 없이 우리가 마주치는 전부이다."[43]))

칸트(I. Kant)의 '**감성(感性, sensibility)론**'은 인간뿐만 아니라 '모든 생명'의 기본 이치를 확인한 마땅한 '과학적 전제'이다. 그런데 '게르만 계관시인' '목사 헤겔(Hegel)'은 '마하바라타(*The Mahabharata*)' 변종인 '성경'과 플라톤(Plato)의 생각을 통합해 놓고 '전쟁 불가피(Necessity of War)'를 펼쳤는데, 헤로도토스(Herodotus)도 그쪽을 돕는 쪽으로 결론을 마련해 놓고 있는 형편이다.

((Ⓕ '**파괴와 변화는 디오니소스적인 것**' : "파괴 변화 생성을 향한 욕망은 풍요를 잉태하는 넘치는 힘의 표현일 수 있다.(그것을 나타내는 용어가 '디오니소스적인 것'이다.) 그러나 그것은 역시 지속되는 것과 지속하고 있는 모든 것, 모든 존재는 그것에 흥분하고 도발되기에 잘못된 것, 양식 없는 불행한 것으로 혐오의 대상일 수 있다. 그 정서를 이해하기 위해 무정부주의자를 자세히 살필 수 있다."[44]))

'마하바라타(*The Mahabharata*)'에서 제기된 '심판의 전쟁' 헤로도토스(Herodotus)가 말한 '독립전쟁'은 모두 '파괴' '죽음' '변화'를 전제로 한 '혁명 운동'이다.
그런데 니체(F. Nietzsche) 전제가 전제한 '**디오니소스가 行한 파괴와 변화**'란 무엇인가? 헤로도토스(Herodotus)가 그의 '역사(*The Histories*)'에서 밝히고 있는바 **희랍의 '디오니소스(Dionysus)'는 이집트의 '저승 신' '오시리스(Osiris)'**이고 '마하바라타(*The Mahabharata*)'의 '야마(Yama)' '시바(Siva)' '다르마(Darma)'를 지칭한다.[성격의 공유]
그러므로 니체(F. Nietzsche)는 '죽음을 자연(自然) 그대로 수용함이 옳다.'는 입장이다. 나아가 그것을 '긍정' '수용'함이 바로 '생명의 긍정'이고 '영원 회귀

---

43) F. Nietzsche(Translated by T. Comman), *The Joyful Wisdom*, Ibid, p. 6
44) F. Nietzsche(Translated by T. Comman), *The Joyful Wisdom*, Ibid, pp. 334~5

(Eternal Recurrence)'45)를 긍정하는 것이라는 주장이다.

((ⓖ '생명 긍정'의 디오니소스 : "희랍 비극은, 쇼펜하우어(Schopenhauer, 1788~1860)가 생각했던 희랍인의 염세주의(厭世主義, pessimism)에 대한 증거가 아니라, 염세주의 부정 그 반대의 예로 이해되어야 한다. 즉 그것의 가장 괴상스럽고 어려운 문제에서까지 생명에 대한 긍정, 그 자체의 무궁을 즐기는 최고 형식의 희생 속에 보인 생명에 대한 의지를, 나는 디오니소스적인 것이라 부르고 있으니, 그것이 비극 시인의 심리로 연결된 다리다.

아리스토텔레스가 생각했던 '공포(恐怖, terror)' '연민(憐憫, pity)'을 제거하고 격심한 방출로 자신의 위험한 감정을 정화하기 위한 것이 아니라, '공포' '연민'을 관통 초월하여 자신이 되는 영원한 기쁨, 그 자체까지 파괴하는 그 욕망, 그 기쁨이다...그 점에서 나는 나의 최초 '모든 가치의 재평가'를 말한 '비극의 탄생' 그 점으로 다시 돌아온다. 내 의지로 나의 능력을 키운 그 토양에다 나를 세운 나는, '영원 회귀의 스승'이고 '철학자 디오니소스의 최후 제자'이다."46)))

니체(F. Nietzsche)가 그의 '평생 저작'을 통해 밝힌 바를 한 마디로 요약을 하면 '생명 긍정(Affirmation of Life)'이다. 그런데 그 '생명'은 '감성(感性, sensibility)의 근본'으로서의 생명이니, '감성(感性)'을 결여한 종교적 생명['영혼론']과 근본적으로 다르다.

그래서 헤로도토스(Herodotus)가 수용한 솔론의 '행복 론'[제5장]도 니체(F. Nietzsche)의 '생명 긍정(Affirmation of Life)'과는 완전히 다른 문제이다.

((ⓗ '디오니소스의 꿈'은 공동체(a community)를 위한 이상(理想)이다 : "아폴로적인 예술과 디오니소스적인 삶, 두 가지 수증기 같은 꿈은 어떤 개인을

---

45) F. Nietzsche (translated by A. M. Ludovici), *ECCE HOMO-Nietzsche's Autobiography*, Ibid, pp. 96~97 '영원 회귀 : 긍정적 삶의 공식'
46) F. Nietzsche(Translated by D. F. Ferrer), *Twilight of the Idols*, Ibid, pp, 78~9

위한 것이 아니라 사회(a community)를 위한 이상을 이루고 있다. 그들의 비유적 가치를 깊이 파고들어 가는 것은 잘 못이니, 어떤 것도 비유적 속성은 없고 그들은 종족과 국가의 발전에 동등한 중요성을 지니기 때문이다. 아폴로적인 힘의 표현으로 가능한 디오니소스적인 것은 그와 같은 이해가 조그만 더 일찍 그에게 찾아왔으면 인생에 훨씬 평화적 모습으로 정착했을 것이다."[47])

근본적으로 '개인주의(Individualism)'를 강조한 니체(F. Nietzsche)가 '사회(a community)'를 말한 것은 모순(矛盾)으로 보일 수 있다. 왜냐하면 '사회(a community) 공동체'란 헤로도토스(Herodotus)가 강조한 '[도시]국가' 아구스티누스(St. Augustine)의 '신국(*The City of God*, 426)과도 관련된 전제이기 때문이다.

그런데 니체(F. Nietzsche)는 역시 달통의 '동시주의(同時主義, Simultaneism -兩極의 동시 긍정)'를 창시 운용하여 마침내 '다다 혁명 운동(Movement Dada)'의 가장 확실한 창시자의 위치에 섰다.

   ((ⓘ 니체는 '디오니소스'이다 : "나는 루시퍼 디오니소스이다. 나는 언재나 내가 절대적으로 원했던 나이며, 내가 아닌 것이며, 결코 나일 수 없는 것이다. 우리를 받아들이고 덮어주고 지켜주는 먼지에 축복이 내리기를."[48]))

니체(F. Nietzsche)는 <u>감성(感性, sensibility) 존중</u>'의 '삶의 긍정' '죽음[파괴]의 긍정'이므로 그것을 표명하고 있는 신이 '디오니소스(Dionysus, Osiris)'이므로 그 신을 자신의 '실존 철학의 모델'로 삼고 있다는 주장이다.

   ((ⓙ '차라투스트라'는 '변장한 여호와'다 : "내가 신(神, God)을 부정했다고 해서 나를 칭송한 것은 유행이 되었다. 나의 낙천주의, 차라투스트라는 단지

---

47) F. Nietzsche(translated by Oscar Levy), *My Sister and I*, Ibid, p. 98
48) F. Nietzsche(translated by Oscar Levy), *My Sister and I*, A M O K Books, 1990, pp. 173~4

'변장한 여호와(Jehovah in disguise)'일 뿐이다. '신의 약탈자(Robber of God)'인 나는 무신론의 속박에서 벗어났고, 신의 석방을 거부하며, '확실히 죽은 그 신(Him who is certainly dead)'으로부터 축복을 요구하고 있다."49))

이 니체(F. Nietzsche)의 주장 방식이 그로 그 '동시주의(同時主義, Simulta-neism -兩極의 동시 긍정)'적인 것이다. '영혼'과 '육체'의 공존, '창조'와 '사멸'의 공존, '절대자'와 '개인 존재'의 통합, 사실상 이것은 '힌두교' '불교' '기독교'가 공유하고 중요한 공통점이나, 니체(F. Nietzsche)는 '영혼' '육체'의 '동시주의'에서 '육체중심주의' '실존주의' '현세주의(Secularism)'라는 점에서 그 맞은 편 극점(極點)을 이루고 있다.

(((Ⓚ 차라투스트라의 일은 '가치의 재평가(Revaluation of All Values)' : "이 미래의 복음서가 지니는 표제의 의미를 오해해서는 아니 될 것이다. '힘에의 의지 : 모든 가치의 재평가 시도(Revaluation of All Values)'라는 것은, '원리와 사명'에 관한 반대 운동이다. 그 철저한 허무주의를 언젠가는 대체(代替)하게 될 '힘에의 의지(The Will to Power)'는 그 철저한 허무주의 이후에 올 수 있는 운동이다."50)))

니체(F. Nietzsche)는 '육체중심주의' '실존주의' '현세주의(Secularism)'를 그의 확신에 두고 기존 '내세주의' '절대주의' '천국중심' 사고를 정면에서 비판해 보인 대표적인 용어가 **'가치의 재평가**(Revaluation of All Values)'라는 말이다. 니체(F. Nietzsche)는 이에 더해 '힘에의 의지(The Will to Power)'도 주장을 폈다.

(((Ⓛ 인간의 행동은 '힘(권력)에의 의지(The Will to Power)'에 귀착한다. : "그래서 내가 전제했듯이, 우리의 전 본능적 생활이 의지의 근본적 형태인

---

49) F. Nietzsche(translated by Oscar Levy), *My Sister and I*, A M O K Books, 1990, p. 29
50) F. Nietzsche (W. Kaufmann & R. J. Hollingdale-Translated by), *The Will to Power*, Vintage Books, 1968, pp. 3~4 [1887년 11월~1888년 3월 기록]

'힘(권력)에의 의지'의 발달 분화임을 알게 되면, 생식과 양육의 문제에 대한 해답도 '힘(권력)에의 의지'에 종속된 것임을 알게 될 것이다. 즉 (인간의) 모든 능동적인 힘은 그 '힘(권력)에의 의지'라는 것을 아는 권리를 획득하게 된다. 세상은 다른 것이 아닌 우리가 '인식할 수 있는 성격'인 단순한 '힘(권력)에의 의지'에 따라 정의(定義)되고 고안되었음을 알게 된다."51))

니체(F. Nietzsche)의 '힘에의 의지(The Will to Power)' 문제는 그의 '이론'에도 불필요한 오해(誤解)들이 많았으나, 그 중에도 이 '힘(권력)에의 의지(The Will to Power)'에 연관하여 더욱 많은 오해가 있었다.['히틀러'가 그에 同調했다는 中傷謀略에서] 그러나 무엇보다 니체는 '종족우월주의자' '광신적 국가주의자' '염세주의' '전쟁옹호'의 헤겔(Hegel)의 생각과는 완전히 다르다.

앞서 밝힌바 헤겔은 '신국(神國)주의' '절대주의' '군국주의'이다.[히틀러는 헤겔을 배운 것임] 이것을 구분하지 못한 사람이 더러 있지만, '있을 수 없는 혼돈(混沌)'일 뿐이다.['헤겔의 국가주의'와 '니체의 개인주의' 구분]

F. 니체는 '인간 사회' 문제를 '힘(power)에의 종속(從屬)'으로 전제했으니, 그것은 기본적으로 <u>**체력(體力, physical strength)'을 뜻하기도 하지만 그것이 '궁극적인 힘'은 못 되고 동서고금(東西古今)이 모두 상식으로 인정해 왔듯이 '지(知 -情報, knowedge)'와 '부(富, wealth)'도 아울은 것이다**</u>. 이것을 긍정하지 못 하면 니체의 이해가 다 되었다고 할 수 없다.

더러 체질적(體質的)으로 '니체의 부정(否定)자'는 그 태생이 '염세주의(Nihilism)' '복종주의(Bondage)'에 편안한 사람들이니, 그들도 역시 '강제할 수 없음'을 니체는 빠뜨리지 않고 확실하게 명시했다. 이 사항은 역시 포콕이 '희랍 속의 인도'에서 명시한 '체력' '자본' '사상의 힘' '소통 교역'의 '4대 원리'를 벗어난 것이 아니다.

---

51) F. Nietzsche (translated by), *Beyond Good and Evil*, Ibid, p. 52

((Ⓜ '제자들이여, 홀로 가라.' : "제자들이여 나는 홀로 가리라! 너희도 각자 떠나라. 그것이 내가 가르쳤던 것이다."

"진정으로 바라노라. 나를 떠나 차라투스트라에 대항하라. 차라투스트라를 부끄러워하라. 차라투스트라가 속였을지 모른다."

"인식(認識)의 기사(騎士)는 그의 적(敵)을 사랑할 뿐만 아니라 친구도 미워할 수 있느니라."[52]))

니체(F. Nietzsche)가 '나는 홀로 간다.(Alone do I now go)'란 무슨 뜻인가? 한마디로 '개인주의(個人主義)'이고, 더욱 구체적으로 '자기의 제자들 모으기'에 시간을 다툰 그 '예수의 행적'과는 '정 반대'임을 명시한 것이다. 제자들을 불러 모았던 플라톤, 예수 헤겔의 행적은 그대로[본래 의도와는 다르게] 19세기 '제국주의자들'의 '표준 대상'이 되었지만, 니체(F. Nietzsche)는 오히려 '<u>그 차라투스트라를 너희는 부끄러워하라.</u>'고 모인 제자들도 다시 흩어져 각자가 판단하여 행하라 했다. 즉 '<u>떠나서 스스로 알아서 행동하기</u>'를 공언했으니, 그것은 니체의 소신이었다.

그러므로 히틀러(A. Hitler, 1889~1945)는 정말 '니체를 읽고 알아서 니체'를 좋아한 것은 결코 아니었고, '정치적으로 당시 인기(人氣)가 있었던 그 니체'에 편승(便乘)한 '**엄연한 헤겔(Hegel)주의자**'이다.

그러므로 니체는 역시 '개인은 최후의 가치 평가자.(the individuals is the latest valuator.)'라고 '각자(各自)의 판단'을 중시했으니, 니체를 '히틀러'와 동일시하려는 사람들은 틀림없이 '허무주의' '패배주의' '내세주의'에 이미 크게 중독(中毒)이 된 무리들이다.

F. 니체의 '인식의 기사(騎士, the knight of knowledge)'에 대한 관심은, W. 칸딘스키(靑騎士, Blaue Reiter), S. 달리(Don Quixote La Mancha)로 이어졌다.

---

52) F. Nietzsche (translated by A. M. Ludovici), *ECCE HOMO-Nietzsche's Autobiography*, Ibid, p. 5

⑥ '전쟁 반대' -후고 발(Hugo Ball)

후고 발(Hugo Ball, 1886~1927)은 R. 휠젠벡(Richard Huelsenbeck, 1892~ 1974), T 짜라(T. Tzara, 1896~1963)와 1916년 2월 스위스 취리히에서 '카바레 볼테르(Cabaret Voltaire)'를 개점(開店)했다는 것은 너무나 유명하다. 후고 발 (Hugo Ball) 등은 볼테르(Voltaire)와 니체(F. Nietzsche)의 정신을 계승하고, 이미 가공할 '[제1차세계 대전]'을 유발하기에 이른 헤로도토스(Herodotus)가 그의 '역사(*The Histories*)'에서 보인 '국가 종족주의(Nationalism)' '영웅주의 (Heracles, Krishna)'를 정면에서 반대하고, '예술(시, 그림, 조각, 음악)'을 통해 '인간 생명존중' '사해동포주의' '세계 평화주의' 지구촌 '공동체(a community)' 논리를 펴서 오늘날(2020년) 전 세계는 그 '다다이스트들'이 주장을 벗어나 '국가 통치'를 행한 사람은 한 명도 없게 만들어 놓았다.

이것이 바로 '헤로도토스(Herodotus)의 합리주의'를 학습한 뉴턴(Isaac Newton) 볼테르(Voltaire) 칸트(I. Kant) 포콕(E. Pococke) 니체(F. Nietzsche) 정신을 계승한 위대한 '다다 혁명 운동(Movement Dada)' 승리의 결과이다.

5. 인류 문화 창조의 지표(指標) -'역사(*The Histories*)'

헤로도토스(Herodotus)는 이미 기원전 446년에 그의 '역사(*The Histories*)'를 간행하여 힌두(Hindu)의 '마하바라타(*The Mahabharata*)' '지존(至尊)의 노래(Bhagavat Gita)'을 확인하지 않고도 그 '절대 정신의 가치'를 자신의 '이해력 (Understanding)' '이성(Reason)'으로 파악 수용(受容)하였다.[제5장, 제73장]

그렇지만 헤로도토스(Herodotus)는 '마하바라타(*The Mahabharata*)' '지존 (至尊)의 노래(Bhagavat Gita)'을 초월한 '헤라클레스(크리슈나)의 혁명 정신'을 강조하여 '**역사 창조의 주체(主體)**'를 명시했고, 동시에 '과학적 탐구' '**법(法)**

앞에 평등' '민주주의' '자유' '평화주의'까지 앞서 모두 먼저 밝혀 놓았다.

이 헤로도토스(Herodotus)를 용납하지 못 한 종족은, '과학적 탐구' '법(法)' 앞에 평등' '민주주의' '자유' '평화주의'를 외면(外面)한 '미개(未開) 종족'으로 계속 남아 있게 될 것이다.

6. '키루스(Cyrus)', '캄비세스(Cambyses)', '다리우스(Da-rius)', '크세르크세스(Xerxes)'의 원정(遠征) 지도(地圖)와 '이오니아(Ionia)'의 희랍 지도(地圖)

헤로도토스(Herodotus)는 그의 '역사(*The Histories*)'를 통해 세계 최초로 자신의 '인문지리학(人文地理學, Human Geography)의 능력'을 최고로 과시(誇示)했다.

그렇지만 오늘날 헤로도토스(Herodotus)가 문제를 삼은 '희랍인(이오니아 사람들)의 도시 명칭'을 다 확인하기는 쉽지 않으나, '역사(*The Histories*)'에서 우선 관심이 갈 수밖에 없는 '키루스(Cyrus)' '캄비세스(Cambyses)' '다리우스(Darius)' '크세르크세스(Xerxes)'가 어떻게 그들의 '영토 확장 전쟁' 벌렸고, **그들의 성공과 실패[저지]가 과연 어디에서 이루어졌는가**는 역시 그 '역사(*The Histories*)' 이해에 기본 사항들이다.

여기에서는 헤로도토스(Herodotus)가 그의 '역사(*The Histories*)'에서 문제 삼고 있는 '[쇠]아시아' '이집트' '희랍' '스키타이' 4개 지역을 중심으로 대략(大略) 살펴보기로 한다.

① '키루스(Cyrus)'의 원정도(遠征圖)

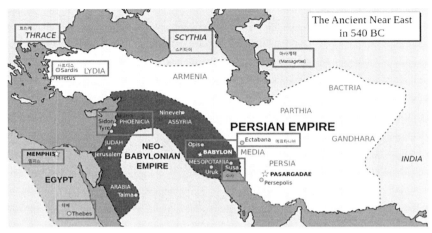

① '**키루스(Cyrus)'의 원정도(遠征圖)**: [좌측 상단부터 1.'트라케(Thrace)', 2.'마사게테(Massagetaes)', 3. '리디아 사르디스(Sardis)', 4.'니네베(Nineveh)', 5.'페니키아(Phoenicia) −시돈(Sidon) 티레(Tyre)', 6.'에크타바나(Ectabana)', 7.'바빌론(Babylon)', 8.'수사(Susa)']

(a) 키루스(Cyrus)는 메디아(Media) 수도 '에크타바나(Ectabana)'[6]에서 출생하였는데, 외할아버지 아스티아게스(Astyages)왕은 '키루스의 출생'을 싫어하여, 흑해(黑海) 연안에 유기(遺棄) 되었으나 소치기 '미트라다테스(Mitradates)'에게 구조되었다. 뒤늦게 그 사실을 안 스티아게스(Astyages)왕은 키루스를 페르시아[8]로 보내버렸다.[제16장]

(b) 그렇게 일이 진행되는 동안 그 메디아(Media) 아스티아게스(Astyages)왕에게 자기의 아들을 잃은 하르파고스(Harpagus)가 편지를 보내 키루스(Cyrus)를 격발시키니, 키루스는 페르시아 여러 부족의 무사를 이끌고 가 메디아(Media) 수도 '에크타바나(Ectabana)'[6]를 함락시켰다.[제17장]

(c) 이어 '리디아(Lydia)'의 크로이소스가 그 메디아(Media)를 침공하니, 키루스는 바로 리디아(Lydia) 수도 '사르디스(Sardis)'[3]로 진격하여 리디아 '사르디스'를 함락시켰다.[제13장]

(d) 이어 키루스는 아시리아(Assyria)의 수도 '바빌론(Babylon)'[7]을 정복했

72

다.[제22장]

(e) 키루스는 다시 '스키타이(Scythia)' 족속 국가 '마사게테(Massagetaes)'[2] 원정(遠征) 진행 중에 사망하고 말았다.[제24장]

② '캄비세스(Cambyses)'의 이집트 원정도(遠征圖)

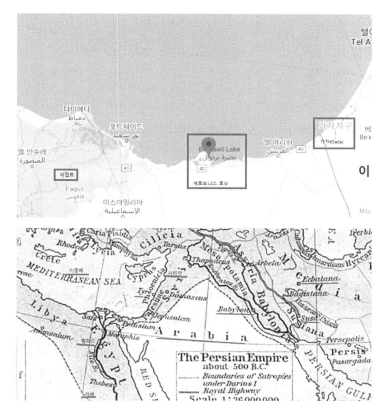

② '캄비세스(Cambyses)'의 이집트 원정도(遠征圖) : [좌측 상단부터 1.가자(Gaza), 2.'세르보니스 호수 (Lake Serbonis)', 3.'이집트(Egypt)', 4.'시리아(Syria)', 5.'에크바타나(Ecbatana)', 5.'페니키아 (Phoenicia) ─시돈(Sidon) 티레(Tyre)', 6. '팔레스타인(Palestine)', 7.'바빌론(Babylon)', 8.'수사 (Susa)', 9.'아라비아(Arabia)', 10.'멤피스(Memphis)', 11.'테베(Thebes)']

(a) 키루스의 아들 캄비세스(Cambyses)는 이집트(Egypt)[3]를 정복했다. 이집트로 들어가는 유일한 방법은 그 사막을 통과해야 했다. 페니키아(Phoenicia)[5]에서 '팔레스티니안(Palestinian)'[6]으로 알려진 시리아인 소속의 가자(Gaza)[1]로 가야 했다. 그리고 항구 이에니소스(Ienysus)부터는 아라비아(Arabia)[9] 왕의 소속이고 거기서부터 바다로 내려가는 카시우스 산(Mt Casius) 가까이 세르보니스 호수(Lake Serbonis)[2]까지는 다시 시리아 영토였다.

(b) 그 세르보니스 호수(Lake Serbonis)[2]를 지나야 그 다음부터가 이집트[3]였다. 이에니소스(Ienysus)부터 카시우스 산(Mt Casius) 세르보니스 호수(Lake Serbonis)[2]까지는 3일의 여정(旅程)이지만 물이 없는 완전한 사막이었다.

(c) 캄비세스(Cambyses)는 '아라비아 왕'과 동맹을 맺고 물 공급을 받아 이집트 '멤피스(Memphis)'[10]를 함락시켰다.[제41장]

(d) 캄비세스(Cambyses)는 테베(Thebes)[11]에서 다시 '에티오피아 인(Ethiopians)'을 정복하러 출발했다가 실패하여 '멤피스(Memphis)'[10]로 회군했는데, 마침 이집트인이 '아피스(Apis) 신 황소 축제'를 행하는 것을 캄비세스(Cambyses)가 보고, 그 '황소'를 데려오게 하여 그 '황소'에게 칼을 던져 상처를 내어 그 황소는 끝내 죽었다.[제43장]

(e) 캄비세스(Cambyses)는 원정 중에 아우 '스메르디스(Smerdis)'를 몰래 죽였는데, 페르시아 '수사(Susa)'[8]에서는 그 '스메르디스(Smerdis)'를 사칭(詐稱)한 마기(Magi) 형제 -파티제이테스(Patizeithes)와 그의 아우 '스메르디스(Smerdis)'가 '쿠데타'를 감행했다.[제46장]

(f) 캄비세스(Cambyses)는 급히 수사(Susa)[8]로 돌아가려고 에크바타나(Ecbatana)[5]에서 서둘러 말에 오르려다가 자기 칼에 자기가 찔려 다리에 상처를 입고 사망했다.[제46장]

③ ‘다리우스(Darius)’의 스키타이 원정도(遠征圖)

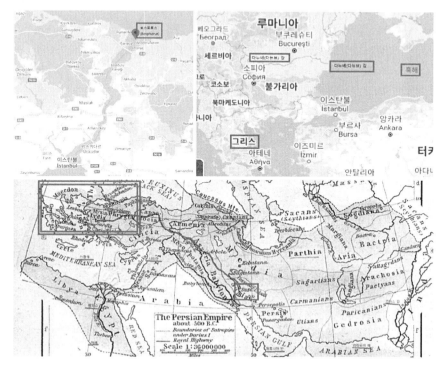

③ ‘다리우스(Darius)’의 스키타이 원정도(遠征圖) : [상단 좌측부터 1.‘흑해(Black Sea)’, 2.‘보포로스 (Bosphorus)’, 3.‘다누베(Danube)’, 4.‘수사(Susa)’]

———✈

(a) 다리우스(Darius)는 수사(Susa)[4]에서 반란재마기(Magi) 형제를 잡은 다음, ‘즉위(卽位)’에 성공했다.[제49장]

(b) 다리우스(Darius)는 ‘아시아’ ‘리비아(아프리카)’ 지배 영지를 20개로 분할하여 막대한 ‘세금’을 징수(徵收)했다.[제50장]

(c) 그리고 다리우스(Darius)는 스키타이(Scythia) 침공 준비를 하면서 그 전(全) 영지(領地)에 전령(傳令)을 보내 군대와 배와 노동자들을 동원하게 하고, 보스포로스(Bosphorus)[2] 강 위로 다리를 놓게 하였다.[제55장]

(d) 보스포로스(Bosphorus)[2] 강의 다리를 건넌 다리우스(Darius)는, 전 육군 (陸軍)을 거느리고 다누베(Danube, 다뉴브) 강[3] 다리를 건너 스키타이 (Scythia)를 공격했다. 그러나 스키타이(Scythia)가 '후퇴'만을 계속할 뿐 '대항'을 하지 않으니 다리우스(Darius)는 승산이 없음을 감안하여 '철군(撤 軍)'을 결심했다. 그것을 뒤늦게 알아차린 스키타이(Scythia)들은 다누베 (Danube, 다뉴브) 강[3] 다리에 먼저 도착하여, 그 다리를 지키고 있던 이 오니아 장군들에게 '강의 다리'를 절단하라고 권유했다.

(e) 이오니아 장군들은 찬반(贊反)이 엇갈리었으나, 결국 '다리를 지키자'는 쪽 이 우세하여 다리우스(Darius)는 '아시아'로 도망갈 수 있었다.[제61장]

④ '크세르크세스(Xerxes)'의 아테네 원정도(遠征圖)

④ '크세르크세스(Xerxes)'의 아테네 원정도(遠征圖) : [상단에서 아래로 1.'아비도스(Abydus)', 2.'헬레스폰 트(Helespont)', 3.'트로이(Troy)', 4.'사르디스(Sardis)', 5.'아테네(Athens)', 6.'살라미스(Salamis)섬']

(a) '희랍 원정(遠征)'을 결심한 **크세르크세스(Xerxes)**는 리디아(Lydia) 사르 디스(Sardis)[4]에 도착하여, 아테네[5]와 스파르타를 제외한 전(全) 희랍에 대표자들을 파견하여, 자기의 도임(到任)에 대비하여 땅과 물을 준비해 놓 도록 요구했다.

(b) 그런 다음 크세르크세스(Xerxes)는 아시아에서 유럽으로 가는 헬레스폰트

(Helespont)[2]에 다리 건설을 명령한 다음 다리가 완성이 된 다음에 아비도스(Abydus)[1]로 향하였다.[제68장]

(c) **헬레스폰트(Hellespont)[2]에서 아티카(Attica)까지 페르시아 군이 진군(進軍)하는데 3개월이 걸렸다.** 페르시아 사람들이 아테네(Athens)[5]에 도착해 보니, 아테네 사람들은 거의 그곳을 떠나고 소수만 머물러 있었다. 페르시아인들은 그래도 아테네(Athens)[5]에 남아 사람들과 전투를 벌려 지키고 있는 사람들을 죽이고 신전의 보물을 약탈하고 아크로폴리스에 있는 모든 것을 불태웠다.[제70장]

(d) 그런 다음 크세르크세스(Xerxes)는 살라미스(Salamis)[6]에서 '희랍 함대'와 해전(海戰)를 펼쳤는데, 그 해전(海戰)에서 페르시아 함대는 대패를 당하고, 크세르크세스(Xerxes)는 급히 '헬레스폰트(Helespont)'[2] 다리로 후퇴하여, 리디아 '**사르디스(Sardis)**'[4]로 도망을 했다.[제71장, 제72장]

⑤ '이오니아(Ionia)'의 희랍 지도(地圖) [I]

앞서 소개한 '**상대(上代) 힌두(Hindu) 문화=상대(上代) 희랍(Greece) 문화=상대(上代) 이집트 문화**'라는 거대 공식을 제시한 포콕(E. Pococke)은 자신의 '범어(梵語)'와 '희랍어' 실력을 바탕으로 희랍 지명(地名)에 대해 다음 같은 해설을 가하였는데 이것은 이미 헤로도토스(Herodotus)가 그의 '역사(*The Histories*)'를 저술할 당시에 명백한 힌두(Hindu)의 '마하바라타(*The Mahabharata*)' 영향권 내에 있으면서도 오히려 헤로도토스(Herodotus)는 그것을 완전히 망각하고 있었던 사항이다. 포콕(E. Pococke)은 '헤로도토스(Herodotus)가 망각하고 있던 과거 역사의 복원(復原)'이라는 의미를 지니고 있다. 즉 헤로도토스(Herodotus)가 그의 '역사(*The Histories*)'에서 밝히고 있는 시대 이전은 그대로 시인(詩人)들의 '**신화(神話)만 무성한 '마하바라타(*The Mahabharata*)'식 사고(思考)가 충일(充溢)했던 시대(時代)**'였음을 그 헤로도토스(Herodotus)가 다 보여 주고 있다.

⑤ '이오니아(Ionia)'의 희랍 지도(地圖) [ㅣ] : [1.'희랍(Greece)', 2.'이오니아 해(Ionian Sea)', 3.'마케도니아(Macedonia)', 4.'할리아크몬 강(Haliacmon R.)', 5.'올림포스 산(Olympus Mt)']

(a) 포콕(E. Pococke)의 어원(語源) 추리로, **'희랍(Greece)'[1]은 '크리사(Cris-sa)', 즉 '크리슈나(Crishna, Krishna)' '크리슈나 마을(Crishna town)'**을 지칭한다고 풀이를 했다.['지도의 효용성에 대하여']
이러한 포콕(E. Pococke)의 어원(語源) 추구를 밀고 나가면 헤로도토스(Herodotus)가 그의 '역사(*The Histories*)'에서 가장 크게 문제 삼고 있는 **'헤라클레스(Hera-cles)'란 '태양(Heli, 또는 인더스 강-Helas water)의 크리슈나(Krishna)'**임을 명시하고 있어, 힌두와 희랍의 '영웅신'의 합치와 아울러 '절대신[브라흐마, 제우스] 공유(共有)의 틀'이 저절로 드러나게 된다. [포콕 제6장 참조]

(b) 그리고 헤로도토스(Herodotus)가 그의 '역사(*The Histories*)'에서 강조한 종족은 **'이오니아 사람들(Ionians)'**인데[2], 포콕(E. Pococke)은 **'이오니안스(Ionians)' : '히아니안스(Hyanians)' -'히아 족, 기마 족(The Hyas, Horse Tribes)'**라고 했다. 문제의 **'기마족(騎馬族)'**이 아울러 명시된다.

(c) 그리고 포콕(E. Pococke)은 '올림포스(Olympus)산'의 **'올림포스(Olym-pus)'[5]를 '옴 팔로스(Om phalos)' '절대 신의 배꼽' '절대 신의 열매'**로 해석하였다.['지도의 효용성에 대하여']

(d) 그리고 포콕(E. Pococke)은 '마케도니아(Macedonia)'[3]를 '마가다니아

(Magadhanya)' -'마가다 땅(Magadha Land)'이라 해석하여 힌두 '영웅의 땅'이라고 해석했다.['지도의 효용성에 대하여']

(e) 이 지명의 해설로 '**태양(Crissa, Krishna)족**' '**기마족(騎馬族, Ionians)**'의 '**상고(上古) 희랍 문명의 주체**'라고 한 그 포콕(E. Pococke)의 주장은 쉽게 알 수 있다.['지도의 효용성에 대하여']

⑤ '이오니아(Ionian)'의 희랍 지도(地圖) [II]

⑤ '**이오니아(Ionian)'의 희랍 지도(地圖) [II]** : [1.'델피(Delphi)', 2.'보이오티아(Boeotia)', 3.'아티카 (Attica)', 4.'마라톤(Marathon)', 5.'아테네(Athens)', 6.'살라미스(Salamis)', 7.'스파르타(Sparta)']

———✈

(a) 포콕(E. Pococke)은 '신탁의 명소'로 알려진 '**델피(Delphi)'[1]**를 '**델바이**

(Delbhai)'-'델비 족, 아르주나(Clans of Delbhi, Arjuna)후손'이라 하여 '크리슈나(태양신, 아폴로)'의 제일 제자 '아르주나(Arjuna) 족속[天神族]'으로 설명하였다.[인도의 델리(Delhi)시 참조]

(b) 그리고 '보이오티아(Boeotia)'[2]를 '바이후티(Baihooti)'-'베호트(Behoot) 강 사람들'로, '아티카(Attica)'[3]를 '아타크(Attac)' 사람 '타타(Tatta, Tattai-kas, Tattiges)' 사람들로, '살라미스(Salamis)'[6]를 '수라마스(Su Lamas)'-'高 라마 대장들(The High Lama chiefs)[騎士족=왕족]'로 해설했다.

(c) 헤로도토스(Herodotus)가 그의 '역사(*The Histories*)'에서 '마라톤(Mara-thon)[4] 해전(海戰)'을 주도했던 '밀티아데스(Miltiades, 540~488? b, c,)' 와 '밀티아데스(Miltiades)'가 전쟁 개시 직전에 '헤라클레스 성지(聖地)' 로 일단 후퇴를 했다가 '마라톤(Marathon)[4]'에서 페르시아 대군(大軍)을 맞아 크게 쳐부수었다고 진술했다.[제63장]

(d) 그리고 아테네의 영웅 '아리스티데스(Aristides)'와 '테미스토클레스(The-mistocles)'가 합심(合心)하여 '살라미스(Salamis)[6] 해전(海戰)'에서 크세르크세스(Xerxes)가 동원한 페르시아 해군을 크게 격파하여 그 크세르크세스(Xerxes)가 결국 유럽을 떠나게 되었다고 헤로도토스(Herodotus)는 서술했다.[제71장]

제2부

'역사(*The Histories*)'

제1장 '여인의 납치'로 시작된 '전쟁'

할리카르나소스(Halicarnassus)의 헤로도토스(Herodotus, 484~425 b. c.)는, **과거 우리 자신들[희랍인]과 다른 나라 사람들의 놀라운 성취와, 사람들이 왜 서로 싸우게 되었는지를 보여주기 위하여**, 그의 '탐색들(*Researches*)'을 여기에 적어 놓기로 한다.

유식한 페르시아 인들(Persians)이 '페니키아 사람들(Phoenicians)의 분쟁'에 책임이 있었다. 그 사람들은 원래 '홍해(紅海, Red Sea)'[1]에서 왔다. 그 페니키아 사람들이 지중해를 관통하고 그 페니키아들은 각자 오늘날의 고장에 정착을 했는데, 그 페니키아 사람들은 오랜 동안 '무역(貿易, trading voyages)' 업(業)에 종사를 했다. 이집트인과 아시리아의 상품들을 배에 싣고 해안을 따라 아르고(Argos, 고대 희랍 동남부 도시)를 포함한 오늘날 우리가 '헬라(Hellas)'라 부르고 있는 다양한 지역을 돌아다녔다.['페르시아'와 '페니키아'의 連帶에 주목해야 한다.]

아르고(Argos)에서 페니키아 인들은 '전쟁'을 행했는데, 5~6일이 지나 상품이 거의 팔릴 때가 되어 많은 여인들이 장 구경을 하려고 해안가로 몰려왔다. 그녀들 중에는 희랍과 페르시아 시인들(기록자들)이 함께 '이오(Io)'라고 불렀던 이나코스(Inachus) 왕의 공주도 있었다. 그 여인들은 배들의 선미(船尾) 가까이 앉아 원하는 상품을 구매했다. 그런데 갑자기 페니키아 선원들이 그녀들에게 돌진을 했다. 많은 여인들이 자리를 떴으나 '이오(Io)'와 다른 사람들은 붙들리어 그녀들을 배에 실리어, 그 배는 이집트로 향하는 것이 확실했다.['**납치 결혼**'[2]은 '고대 힌두(Hindu)의 대표적인 결혼 방법이었다.']

---

1) 희랍인은 '홍해(紅海, Red Sea)'를 모두 '남쪽 인도양(the southern Indian Ocean)'의 대신으로 적고 있다. 여기에서는 '페르시아 만(Persian Gulf)'을 의미하고, 고대 메소포타미아(Mesopotamia) 영향을 받은 것이다.

2) K. M. Ganguli (Translated into English Prose from the Original Sanskrit Text), *The Mahabharata of Krishna-Dwaipayana Vyasa*, Munshiram Manoharlal Publisher Pvt.

이것이 '이오(Io)'가 어떻게 이집트로 가게 되었는지에 대한 페르시아 인 이야기(희랍인들은 다른 이야기가 있다.)이고, '[전쟁]도발적 행동(provocative acts)'의 최초의 사례였다.

페르시아 사람들이 그 이름을 기록하지 못 한, 크레타 사람들로 보이는 일부 희랍인들이 '티레(Tyre, 레바논 남부 페니키아 항구 도시)'로 들어가서 왕의 딸 '에우로파(Europa)'를 탈취하여 그 복수를 행했다.

그 다음의 '무도(無道)한 행위'를 희랍인들이 저질렀다. 희랍인들은 무장을 한 상선(商船)을 콜키스(Colchis) 파시스(Phasis) 강가에 있는 아이아(Aea)로 몰고 가, 상업에만 만족하지 않고 왕의 딸 '메데아(Medea)'를 유괴하였다. 왕은 희랍에 배상금을 요구하고 딸을 돌려 줄 것을 요구했다. 그러나 희랍인들은 배상금을 줄 수 없고, 아르고인(Argos)에게서 유괴해 간 '이오(Io)' 경우도 배상이 없었다는 것이 그들의 대답이었다.

4~50년 이후에 [트로이의 왕]프리암(Priam)의 아들 파리스(Paris)가 그 방법에 따라 희랍인이 행했던 것보다 더욱 용감하게 희랍인에게서 헬렌(Helen)을 데리고 갔다.

그 강탈 이후에 희랍인들의 처음 생각은, 배상을 받고 헬렌(Helen)을 귀환시키는 것이었다. 그 요구는 메데아(Medea)의 억류를 참조한 것이었고, 그것을 거절했던 사람들에 대한 사람들의 불의(不義)나 여인을 억류했던 사실에 대해서는 언급도 없었다.

이처럼 양쪽 다 '여인 납치(waman-stealing)'보다 나쁜 것이 없었다. 그러나 이후 희랍인들 사이에서는 엄청난 비난이 일어났다. 그것은 군사적인 의미에서 침략이었기 때문이다. 희랍인들의 생각으로 '젊은 여인의 유괴'는 합법적인 것

___

Ltd. New Delhi, 2000, -**Adi Parva**- p. 426 '오 파르타[아르주나]여, 크샤트리아들의 결혼은 '자기 선택(self-choice)'으로 행하려면, 그 결과는 알 수 없네. 우리는 그 아가씨의 습성과 의도를 모르니까. **용감한 크샤트리아가 결혼의 경우에는, 강제 납치(a forcible abduction)가 좋다고 식자(識者)들은 말을 하고 있네.** 아르주나여, 내 누이를 납치해 보게.'[크리슈나가 아르주나에게 권했던 말임]

이 못 되고, 사건 이후에 법석을 떠는 것도 바보스러운 일이었다. 유일한 신중한 행동은 모르게 진행하는 것이니, 어떤 젊은 여인이거나 간에 자신이 원하지 않은 유괴를 허락할 여인은 세상에 없기 때문이다. **페르시아 인에 따르면 아시아인들은 '여인들을 쉽게 납치한다.'고 하나 희랍인들은 그렇지 않다. 희랍인은 스파르타의 한 여인[헬렌] 때문에 거대 군사를 동원하여 아시아로 쳐들어가 프리암(Priam) 왕국을 격파하였다. 그 신념의 뿌리에서 희랍인들 세계에서 페르시아 인에 소속된 다양한 아시아인들에 대한 영원한 적대감이 생겼고, 유럽과 희랍의 국가들은 아시아인과 완전히 구분이 되었다.**[헤로도토스는 '도덕의 기준'으로 페르시아 인과 유럽을 구분했으나, '도덕의 심화'가 '역사의 진전'으로 개선된 것을 보였을 뿐이다.]

페르시아 인의 생각에서 처음 희랍인을 원수로 생각하게 만든 것은 '트로이의 함락'이라는 것이다.

'이오(Io)'의 경우, 페니키아 사람들은 페르시아 사람들의 생각을 수용하지 않고 있다. 페니키아 사람들은 그녀를 억지로 이집트로 데려간 것을 부인하고 있다. 반대로 그녀는 아르고(Argos)에 있을 적에 자신이 자진해서 선장과 잠자리를 같이 하여 임신한 것을 알고서 부모에게 부끄러워 자의로 배를 타고 도망을 쳤다는 것이다.

페르시아와 페니키아 사람들은 이야기가 많다. 나는 '진실'과 '허위'에 판결을 피할 생각은 없다. 나는 '나의 지식'에 의할 것이다. 누가 먼저 희랍인에게 피해를 주었는지를 밝힐 것이고, 나는 우리 시대에 거대 도시나 작은 도시의 이야기들을 동등하게 해 나갈 작정이다.[희랍인 헤로도토스] 왜냐하면 대부분의 도시들이 과거에는 위대했으나, 오늘날은 규모가 작아졌기 때문이다. 인간의 융성이 동일한 장소에 머물지 않음을 알기에 나는 양쪽 모두에 관심을 둘 것이다.[3]

---

3) Herodotus (translated by Aubrey de Selincourt), *The Histories*, Penguin Books, 1954, pp. 41~43

'희랍(Greece)과 소아시아(Asia Minor)'[4]

(a) 우리가 헤로도토스(Herodotus, 484~425 b. c.)의 '역사(*The Histories*, 446 b. c.)'를 읽을 때 먼저 생각해야 할 사항은, <u>그 헤로도토스(Herodotus) 생존 연대가 이집트(Egypt) '제27왕조 −제1차 페르시아 지배기 (Twenty-Seventh Dynasty (First Persian Period), 525~404 b. c.)'로, 페르시아는 그 '최고 융성기'를 자랑하고 있을 때이고, '희랍'은 그 페르시아 '식민지 통치'에 죽기 살기로 '자주 독립 운동[전쟁]'을 벌리고 있을 때였다는 점이다. 헤로도토스(Herodotus)는 누구보가 '페르시아에 대항하여 독립 전쟁'을 행하고 있는 '희랍 아테네 사람들'을 지지하는 쪽에서 이 '역사(The Histories)'를 서술했다.</u>

(b) 그 다음으로 '역사(*The Histories*)'를 읽을 적에 유념해야 할 사항은, <u>헤로도토스(Herodotus)가 그의 '역사(*The Histories*)' 서술 이전에 수집한 사료(史料)뿐만 아니라 그 자신의 '역사관'까지도 힌두(Hindu)의 '마하바라타(The Mahabharata)' '지존(至尊)의 노래(Bhagavat Gita)'에서 취한 것이 없었음[參考할 다른 根據가 全無함]에도 불구하고, 막상 헤로도토스 (Herodotus)는 '마하바라타(*The Mahabharata*)'의 영향권 안에 있었다는 사실이다.</u>

---

4) 헤로도토스(Herodotus)는 그의 '역사(*The Histories*)'에서 '<u>희랍[도덕 지역]</u>'과 '<u>소아시아 [부도덕 지역]</u>'으로 구분을 행했다.

(c) 헤로도토스(Herodotus)는 위에서 '여인의 납치에서 처음 전쟁이 터졌다.' 말한 것은 호머(Homer)의 '일리아드(*Illiad*)'를 전제한 것이나, 당시 헤로도토스(Herodotus)의 의식을 지배하고 있는 것은 '페르시아(와 페니키아)에 대한 비판 의식'과 그로부터의 '희랍 독립 투쟁 정신의 강조'뿐이었다.

(d) 그리고 헤로도토스(Herodotus)에게는 '희랍 아테네 제일주의' '도덕의 희랍인'이라는 생각이 그 중심에 있었다.

(e) 헤로도토스(Herodotus)가 '페니키아 사람들(Phoenicians)'을 페르시아와 한패로 묶은 것은 '해전(海戰)'에 약한 페르시아의 앞잡이가 되어 '살라미스(Salamis) 해전'을 주도했기 때문이다.

(f) 그러나 '납치 결혼'은 '기마족(騎馬族)의 전통'이고 '이오니아 사람들'이 바로 '기마 족'이라는 포콕(E. Pocoke)의 기본 전제이니, 헤로도토스(Herodotus)가 주장한 '이오니아 우월주의'는 오직 '크샤트리아의 의무(the duties of Kshatriya) 이행'을 찬양한 것이니, 사실상 헤로도토스(Herodotus)가 그의 '역사(*The Histories*, 446 b. c.)'를 통해 보여준 것은 **마하바라타(*The Mahabharata*)의 '절대주의(Absolutism)'를 '현세주의(Secularism)'로 그 방향을 바꾼 것** 이외에는 특별한 것이 없었다.['기마 족'='이오니아 족'='켄타우로스(Centaurs)']

'켄타우로스(Centaurs)' '키론을 타고 있는 아킬레스(Achilles riding Chiron)'

(g) 즉 '희랍인들' '페니키아인들' '페르시아인들'의 듣고 알고 있는 바가 '마하바라타(*The Mahabharata*)' 이외에 저술[철학]이 없는 상황에서, **헤로도토스**

(Herodotus)는 '역사의 주체'를 '크리슈나(Krishna)'에서 '헤라클레스 후예'로 명칭을 바꾸고, 타도(打倒)의 대상을 '드리타라슈트라(Dhritarashtra)와 그 아들'에서 '다리우스'와 '크세르크세스'로 바꾸어 놓은 것이 바로 그의 '역사(*The Histories*, 446 b. c.)'였다. 이러한 상황에서 헤로도토스는 자기도 모르는 사이에 '이오니아(騎馬族)'의 '계관시인(桂冠詩人, poet-laureate, 御用作家)'이 된 경우이다.

제2장 기게스(Gyges)의 '왕위 찬탈'

리디아(Lydia) 알리아테스(Alyattes, 617~560 b. c.)의 아들인 크로이소스(Croesus, 560~546 b. c.)는 할리스(Halys) 강 서쪽에 왕이었다. 그 강은 북쪽으로 흘러 흑해로 들어가는데, 카파도키아(Cappadocia)와 파플라고니아(Paphlagonia)와의 경계를 이루고 있다. 크로이소스(Croesus)는 우리가 알고 있는 희랍인들과 직접 접촉한 최초의 외국인이고, 이오니아인(Ionians) 아콜리아인(Acolians) 아시아 도리아인(Asiatic Dorians)을 정복하여 화해하여 공물(供物)을 걷고 라케데모니아 사람들(Lacedaemonians)과도 우호 동맹을 맺었다. 크로이소스(Croesus) 시대 이전에 모든 희랍인들은 자유로웠다. 초기에 키메리아 사람들의(Cimmerian)의 이오니아(Ionia) 공격은 '정복'이 아니었고, '약탈'일 뿐이었기 때문이다.

헤라클레스 후손(Heraclids)에 소속되어 있던 '리디아(Lydia)의 통치권'은 이후 크로이소스(Croesus)의 메름나데(Mermnadae) 가(家)로 돌아가게 되었다. 사르디스(Sardis)왕 칸다울레스(Candaules)[희랍인의 '미르실로로스(Myrsilus)']는 헤라클레스(Heracles)의 아들 알케오스(Alcaeus)의 후손이다. 칸다울레스(Candaules)의 아버지는 미르소스(Myrsus)였고, 칸다울레스(Candaules)는 사르디스(Sardis)를 통치한 최후의 헤라크레스 후손(Heraclids)이었다. 최초의 리디아 사르디스(Sardis)왕은 아그론(Agron)이었는데, 그는 니누스

(Ninus)의 아들이고, 벨루스(Belus)의 손자이고, **알캐우스(Alcaeus)의 증손자**였다. 아그론(Agron) 시대 이전에는 지배 가문은 아티스(Atys)의 아들 리도스(Lydus) 가문이었다. 여기에서 '리디아 사람(Lydians)'이란 명칭이 생겼고, 그 이전에는 메오니아 사람들(Maeonians)로 알려져 있었다. 이 사람들은 당초에 헤라클레스 후손들과 이아르다노스(Iardanus)에 속해 있는 여비(女婢)를 관리하는 일을 맡고 있었다. **헤라클레스 후손들은 신탁으로 그들의 권세를 확신하고 있었다. 그들은 22대를 통치하여 통치 기간이 505년에 아들이 아버지의 권세를 이어 미르소스(Myrsus) 아들 칸다울레스(Candaules)에 이르렀다.**

그런데 칸다울레스(Candaules)는 자신의 아내가 세상에서 가장 아름다운 여성이라는 생각을 하고 있었다. **칸다울레스(Candaules)는** 다스킬로스(Dascylus) 아들 **기게스(Gyges)를** 수행원으로 대동하고 중요 일을 상의하고 자기 부인의 아름다움을 칭송한 시(詩)까지 듣게 하였다.

(운수가 불길해) 어느 날은 **칸다울레스(Candaules)는** 기게스(Gyges)에게 말했다.

"내 아내가 얼마나 아름다운지를 내가 말하지만 너는 나를 믿지 않은 것 같구나. 사람은 항상 귀로 듣는 것보다 눈으로 보는 것을 믿지. 나는 네가 내 아내의 옷 벗은 모습을 네게 보여줄 작정이다."

이에 **기게스(Gyges)는** 놀라 소리쳤다.

"대왕님, 무슨 그런 엄청난 제안을 하십니까? 옷 벗은 왕비님을 제게 보여주시겠다고요? 아니 되옵니다. 그 일은 절대 안 됩니다. '스커트를 벗기면 부끄러움도 없어진다.'는 사람들이 '여인에 대해 말한 것'을 대왕께서도 알고 계실 겁니다. 다들 사람들이 체험으로 알고 있습니다. 그 시비(是非)가 오래 전부터 있어 이미 주지(周知)가 된 사항입니다. 사람들은 자기 일에만 충실해야 합니다. 왕비님께서 가장 아름다우시다는 것에 저는 결코 의심하지 않습니다. 제발 제가 죄를 짓도록 강요하시지는 마십시오."

이처럼 **기게스(Gyges)는** 왕의 초대를 극구 거절했으니, 그가 만약 왕의 초대를 수용했을 때 발생할 수 있는 일을 두려워해서였다.

그러나 칸다울레스(Candaules) 왕은 기게스(Gyges)에게 걱정하지 말라고 말했다.

"나나 내 아내를 두려워할 필요가 없다. 나는 그대에게나 내 아내에게 올가미를 씌우지 않을 것이다. 내 아내가 그대에게 해를 끼치지 않을 것을 나는 약속한다. 나는 그대가 그녀를 보았던 것도 모르게 조처를 할 작정이다. 나는 너를 나의 침실 문 뒤에 숨어 있게 할 것이다. 내 아내는 나를 따라와 침상으로 갈 것이고, 문 가까운 의자에 아내는 옷들을 차례로 벗어 둘 것이다. 그대는 쉽게 그녀를 온전히 다 볼 수 있을 것이다. 그런 다음 그대를 등 뒤에 둔 채 그녀가 의자에서 침상으로 올 때에 문으로 나가도록 하라. 그녀가 그대를 알아차리지 못할 것이니 염려 말라."

기게스(Gyges)는 피할 방법이 없어서 응낙을 했고, 잠자러 갈 시간에 칸다울레스(Candaules) 왕은 기게스(Gyges)를 자기의 침실로 불렀다. 여왕이 도착하여 기게스(Gyges)는 그녀가 침실로 들어와 그 의자에 옷을 두는 것을 보았다. 그런 다음 그녀가 등을 돌려 침상으로 갈 적에 기게스(Gyges)는 침실을 빠져나왔으나, 여왕은 그 기게스(Gyges)를 보고 말았다.

여왕은 즉시 왕이 행한 일을 알아차렸다. 그러나 여왕은 수치심을 갖거나 소리치지 않고 어떤 낌새를 안 내색도 하지 않았다. 대신 여왕(女王)은 조용히 '복수(復讐)'를 결심했다. 왜냐하면 리디아 사람들(Lydians)은 대부분의 야만인들처럼 나체를 목격한 것을 최고의 외설적인 것으로 생각하기 때문이었다.

잠시 여왕(女王)은 입을 닫고 아무 일도 행하지 않았다. 그러나 그 다음날 아침부터 여왕은 기게스(Gyges)에게 여왕(女王)의 신뢰할 만한 하인들을 보내 닦아올 일에 대비하게 했다. 기게스(Gyges)는 여왕의 시중들기에 이상한 것이 없으므로 여왕이 불러도 전날 밤에 일어났던 것을 알고 있다는 것을 의심도 하지 않았다.

여왕(女王)은 기게스(Gyges)가 자신 앞에 현신(現身)하자 말했다.

"기게스(Gyges), 그대 앞에 두 가지 길이 있다. **그대가 칸다울레스(Candaules)를 죽이고 왕이 되어 나를 아내로 맞는 것과, 이 지점에서 네가 죽어 주관(主觀) 없이 너를 무시하는 왕에게 맹종하는 너의 행동에 마침표를 찍는 것이 그것이다. 나는 둘 중에 하나를 꼭 죽여야겠다.** 사악한 음모를 꾸민 내 남편을 죽이든지 '옷 벗은 나'를 능멸한 네가 죽든지 하는 것이다."

너무 놀란 기게스(Gyges)는 잠시 할 말을 잃었다. 결국 기게스(Gyges)는 여왕께 그 어려운 요구를 거두어 주시라고 빌었다. 그러나 그것은 좋은 방법이 못 되었다. 금방 왕을 죽이든 자신이 죽든 양자택일이 강요되었다. 결국 기게스(Gyges)는 '자신이 살기'로 맘을 먹었다. 기게스(Gyges)가 말했다.

"여왕께서 내 의지와 달리 왕을 죽여라고 하시는데, 어떻게 왕을 죽일지 말씀해 주십시오."

여왕이 말했다.

"왕이 잠들었을 때 네가 나의 나체를 보았던 곳에서 실행을 하라."

모든 계획이 준비되었다. 여왕은 기게스(Gyges)가 그 '진퇴양난(進退兩難)'에서 도망을 못 하게 차단을 했다. 밤이 왔다. 여왕을 따라 침실로 들어갔다. 여왕은 기게스(Gyges)에게 칼을 주고 문 뒤에 숨어 있게 했다. 그리고 칸다울레스(Candaules) 왕이 잠들었을 때에 문 뒤에서 나와 왕을 공격했다.

그래서 기게스(Gyges)가 왕위를 찬탈(簒奪)했고, 그 여왕과 결혼을 했다. 이것이 파로스(Paros)의 아르킬로코스(Archilochus)가 그의 풍자극(Satires)에서 언급한 기게스(Gyges)이다.

그 이후에 기게스(Gyges)는 '델피(Delphi)의 신탁(神託, oracle)'으로 자신의 힘을 확신했다. '칸다울레스(Candaules)의 시해(弑害)'에 분개한 리디아 사람들은 전쟁을 준비했다. 그러나 리디아 사람들은 기게스(Gyges) 지지자들도 생각하여 기게스(Gyges)를 실제 왕으로 인정할 것인지, 아니면 **헤라클레스 후손**에게 되돌려주어야 할지에 대해 신탁(神託, oracle)을 듣기로 했다.

신탁(神託, oracle)은 기게스(Gyges)에게 유리하게 나왔다. 그래서 그의 왕권은 공고히 되었다. 그렇지만 '성지(聖地)의 여(女) 사제'는 **5대(五代)가 지나면 헤라클레스 후손이 기게스(Gyges)에게 복수를 할 것이라고 예언을 했다**.(the Heraclids would have their revenge Gyges in the fifth generation) 리디아 사람들이나 왕들도 다 귀담아 듣지 않았는데, 그것은 실현이 되었다.[헤로도토스의 '인과응보론 긍정']

이것이 메름나데(Mermnade) 가(家)가 헤라클레스 후손을 제거하고 통치권을 확보한 과정이다. 기게스(Gyges)는 왕이 되자 많은 선물을 델피(Delphi) 성지(聖地)로 보냈다. 정말 기게스(Gyges)가 보낸 많은 은과 여섯 개의 황금 그릇이 가장 주목할 만했다. 그 그릇들은 모두 2500 입(Ib, 454그램×2500) 정도로 코린트 인들의 보물을 대표하고 있는 것이다. 엄격하게 말하면 그것은 코린트 대중의 재보(財寶)는 아니고, 에티온(Eetion)의 아들 키프셀로스(Cypselus)의 재보(財寶)였다.

기게스(Gyges)는 고르디아스(Gordias)의 아들 프리기아(Phrygia)의 왕 미다스(Midas) 이후 델피(Delphi) 신전에 공물을 바친 최초의 외국인이다. 미다스(Midas) 왕이 그의 왕권 유래를 생각한 것이 기게스(Gyges)의 황금 그릇과 부합됨은 주목을 할 만하다.

델피 사람들은 기게스(Gyges)가 보낸 금과 은에 기증자의 이름을 붙였다.

왕권을 확립한 기게스(Gyges)는 밀레투스(Miletus)와 스미르나(Smyrna)에 군사적 원정(遠征)을 행했고, 콜로폰(Colophon)을 포획했다. 그러나 그것이 38년 그의 통치 기간에 유일한 중요한 일이었는데, 나는 다른 말을 하지 않고 기게스(Gyges)의 아들 아르디스(Ardys)가 그를 계승했다는 것을 말하고자 한다.5)

---

5) Herodotus (translated by Aubrey de Selincourt), *The Histories*, Penguin Books, 1954, pp. 43~46

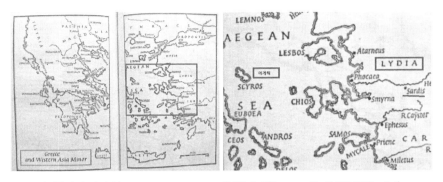

'희랍과 소아시아(Greece and Asia Miner)' '에게 해(Aegean Sea)' '리디아(Lydia)'
'사르디스(Sardis)'

_____✈

(a) 헤로도토스(Herodotus)의 '역사(*The Histories*)'에서 가장 먼저 관심을 가져할 사항이 '**헤라클레스(Heracles)와 그의 후손(後孫, Heraclids)**'이란 문제이다.

(b) '헤라클레스(Heracles)'를 헤로도토스(Herodotus)는 위에서처럼 '후손을 왕으로 둔 현실적 존재'로서 신발의 크기가 '3피트(3x30cm)'로 전제된 거인(巨人)[제54장]으로 전제되어 있다.

(c) 위대한 역사가 포콕(E. Pococke)이 그의 '희랍 속의 인도(*India in Greece*, 1851)'에서 밝힌 바가 그 헤로도토스(Herodotus)가 거듭 반복 강조한 '**헤라클레스(Heracles)와 그의 후손(後孫, Heraclids)**'이란 바로 힌두(Hindu)의 '마하바라타(*The Mahabharata*)'에서 명시한 천신(天神)족 '**크리슈나(Krishna)'로서 더욱 포괄적으로는 인도(India)의 '라지푸트 족[크샤트리아 족](Rajpoots, Kshatriyas)'이라는 결론이었다**.

(d) 즉 거구(巨軀) 장신(長身)에 '**고바르다나(Govardhana) 산을 우산처럼 뽑아들었다(uprooted and held)'는 용맹의 크리슈나(Krishna)**[6]가 바로 헤로도토스(Herodotus)가 말한 유럽의 '헤라클레스(Heracles)'이니, '**인더스 강(Helas water)의 크리슈나(Krishna)**'라는 결론이 그것이다.

_____

6) Vettam Mani, *Puranic Encyclopaedia -A Comprehensive Work with Special Reference to the Epic and Puranic Literature*, Motilal Banarsidass Publishers Delhi, 1975, 'Krsna Ⅰ' pp. 424~425

(e) 앞서 밝혔듯이 헤로도토스(Herodotus)는 힌두(Hindu)의 '마하바라타(*The Mahabharata*)'를 확인하고 그의 '역사(*The Histories*)'를 작성할 상황은 아니었으나 그가 그의 '역사(*The Histories*)'의 전면을 통해 제시한바 즉 **'역사를 이끌어 가는 주체(主體)는 헤라클레스(Heracles)의 후손들이고 헤라클레스(Heracles)의 정신**'이라는 확신 속에 있었다.

제3장 '최고의 음악가' 아리온(Arion) 이야기

기게스(Gyges)의 아들 아르디스(Ardys)는, 프리네(Priene)를 차지하고 밀레투스(Miletus)를 공격했다. 그의 통치 기간에 키메리안 사람들(Cimmerians)은 유목민(遊牧民) 스키타이(Scythian) 족에게 밀려나 아시아로 와 사르디스(Sardis)를 그 호신용 성체(城砦)만 남기고 점령하고 있었다.

아르디스(Ardys)는 49년간 다스렸고, 그의 아들 **사디아테스(Sadyattes)**가 20년을 통치했고, **알리아테스(Alyattes, 617~560 b. c.)**가 그를 계승을 했다. **알리아테스(Alyattes)**는 데이오케스(Deioces)의 손자 키아크사레스(Cyaxares)가 다스리는 메데인(Medes)과 전쟁을 했다. 키메리아들(Cimmerians)을 아시아에서 축출하고 콜로폰(Colophon) 이래 주민들이 세운 도시 스미르나(Smyrna)를 점령했고 클라조메나(Clazomenae)를 공격했다. 클라조메네(Clazomenae)에서 알리아테스(Alyattes)는 성공을 못하고 재앙(災殃)을 맞았다.

알리아테스(Alyattes) 통치 기간에 더욱 기억할 만한 사건은, 아버지 사업을 계승하여 밀레시안들(Milesians)과 전쟁을 했던 일이다. 알리아테스(Alyattes)는 매년 곡식이 익을 무렵 피리와 하프와 오보에로 떠들며 밀레시안(Milesian) 국경을 침략했다. 알리아테스(Alyattes)는 밀레시안들(Milesians)의 집을 불 지르거나 약탈하거나 건드리지는 않았으나 과일 나무와 곡식을 파괴하고 물러갔다. 그래서 밀레시안(Milesian)이 바다를 장악하게 되니, 알리아테스(Alyattes)는 국경 침략을 자제하였다.

알리아테스(Alyattes)는 11년 동안 그러한 전략(戰略)을 폈는데, 그러는 동안 밀레시안들(Milesians)은 두 번의 심각한 패배를 겪었는데, 한 번은 자기네 나라 안의 리메네이옴(Limeneium) 근처에서 패배하였고, 또 한 번은 매안데르(Maeander)의 평야에서 그러했다.

밀레시아(Milesia) 침략을 시작한 아르디스(Ardys)의 아들 사디아테스(Sadyattes)가 11년 중에 6년을 왕위에 있었는데, 내가 앞서 언급한 알리아테스(Alyattes, 617~560 b. c.)가 그의 아버지를 계승하여 5년 동안 전쟁에 모든 힘을 쏟았다.

밀레시안들(Milesians)은 키오스(Chios) 사람 말고는 이오니아인에게서는 도움을 받을 곳이 없었는데 키오스(Chios) 사람들은 명예로 싸우는 사람들인데, 밀레시안들(Milesians)은 키오스(Chios) 사람들이 에리트래안들(Erythraeans)과 전쟁을 할 적에 도운 적이 있었다.

제12년 째 전투에서 우연히 농작물을 불태우는 사고가 발생했다. 불길을 잡기 전에 바람이 그 불길을 아세소스(Assesus)에 있는 아테네(Athene) 신전(神殿)으로 몰고 가 그 신전(神殿)을 불태워 버렸다. 그 순간에는 아무도 그것에 신경을 쓰지 못 했다. 그러나 사르디스(Sardis)로 회군(回軍)한 알리아테스(Alyattes)는 병들어 쓰러졌다. 심각한 상황에 알리아테스(Alyattes)의 건강은 호전되지 않았다. 어떤 사람의 충고였는지 아니면 자신이 생각해내어서인지 알리아테스(Alyattes)는 **델피(Delphi)**로 사자를 보내 '아폴로 신(神)'에게 건강을 빌게 했다. 사자가 도착했을 때 아폴로의 여(女) 사제는 리디아인들(Lydians)이 아세소스(Assesus)에 소실된 아테네 신전(神殿)이 재건할 때까지 대답을 줄 수 없다고 거절했다. 나는 그 이야기를 델피사람들(Delphians)에게서 들었다. 그러나 밀레시안들(Milesians)은 그 이야기를 부연했다. 밀레시안들(Milesians)이 말하기를 키프셀로스(Cypselus)의 아들 페리안데르(Periander)는 밀레토스(Miletus)왕 트라시불로스(Thrasybulus)와 가까운 친구였는데, 델피(Delphi)의 여 사제가 알리아테스(Alyattes) 사자에게 경고하고 조심하라고 했던 것을 알고 있어서 그에 관한 모든 것을 트라시불로스(Thrasybulus)에게도 말했다는 것이다.

그래서 델피(Delphi)로부터 전갈을 받자마자, 알리아테스(Alyattes)는 밀레토스(Miletus)에게 전령을 보내 '신전을 재건할 때까지 휴전을 하자.'는 희망을 전했다. 전령이 출발한 다음 트라시불로스(Thrasybulus)는 영리한 생각을 해냈다. 트라시불로스(Thrasybulus)는 그가 접수한 정보를 바탕으로 알리아테스(Alyattes)가 취할 행동 방향에 대해 좋은 추리를 했다. 그래서 트라시불로스(Thrasybulus)는 시중(市中)에 모든 곡식과 자신의 창고에 둔 곡식을 광장에 모아 두고 모든 도시 사람들에게 알려서 마시고 즐기기를 시작했다. 트라시불로스(Thrasybulus)의 목적은 그 알리아테스(Alyattes)에게 온 사자에게 엄청난 곡식을 거리에 쌓아두고 시민들이 어떻게 즐기는지를 보여주어 사르디스(Sardis)의 알리아테스(Alyattes)에게 전하도록 하려는 것이었다.

그 일은 정확히 일어났다. 전령은 즐겁게 트라시불로스(Thrasybulus)에게 왕의 메시지를 전하고 사르디스(Sardis)로 돌아가 밀레시안들이 극도의 굶주림에 있을 것으로 상상한 알리아테스(Alyattes)에게 밀레시아들은 완전히 그 반대였음을 보고하였다.

평화가 지속되는 동안 양 국민은 친구가 되었다. 알리아테스(Alyattes)는 아세소스(Assesus)에 아테네(Athene) 신전(神殿)을 하나가 아닌 두 개를 세우고 건강이 회복되었다.

이것이 알리아테스(Alyattes)와 트라시불로스(Thrasybulus)와 밀레시안들의 전쟁 이야기이다.

트라시불로스(Thrasybulus)에게 신탁을 말한 페르안데르(Periander)는 코린트(Corinth)의 폭군 키프셀로스(Cypselus)의 아들이었다. 코린트 사람들은 페르안데르(Periander)의 생애에 발생한 비상한 일을 말했고, 레스비안들(Lesbians)은 그것을 진실로 믿었다. 메팀나(Methymna)의 아리온(Arion)에 관한 이야기이다. 아리온(Arion)은 당대에 가장 뛰어난 음악가이고, '주신(酒神) 찬가(dithyramb)'로 알려진 노래를 작곡하였고, 코린트(Corinth)에서 그것을 공연했다. **아리온(Arion)은 돌고래의 등에 올라 테나롬(Taenarum)으로 돌아 왔다고** 들 말한다. 아리온(Arion)은 그가 이탈리아와 시실리 항해(航海)를 원할 때까지 대부분의 시간을 페르안데르(Periander)와 함께 보냈다. 아리온(Arion)은 항해를 했고, 그 나라에서 많은 돈을 벌어 코린트로 돌아왔다. 아리온(Arion)은 코린트의 배를 타고 타렌톰(Tarentum)을 떠났다. 아리온(Arion)은 다른 곳보다 코린트를 신뢰했다. 그러나 선원들은 아리온(Arion)을 물속으로 던지고 돈을 빼앗을 음모를 꾸몄다. 아리온(Arion)은 선원들의 음모를 소문으로 듣고 돈은 가져가되 목숨은 살려달라고 빌었다. 그러나 결과가 없었다. 선원들은 해안가에 묻히기를 바라면 자살을 하고 그것이 아니면 즉시 물속으로 뛰어들라고 말했다.

아리온(Arion)은 선원들이 이미 결심한 것을 알고 마지막으로 갑판에서 노래하는 복장으로 선원들에게 노래를 들려주고 끝나면 자결하겠다고 약속했다. '세상에서 가장 유명한 노래를 듣겠구나.' 싶어 선원들은 선미(船尾)에서 나와 배의 중앙으로 모였다. 아리온(Arion)은 최고의 의상으로 차려입고 선미에서 류트(lute)를 연주하며 생생한 곡조를 노래했다. 그런 다음 그의 옷을 입은 채로 바다로 뛰어들었다.

배는 코린트로 항해(航海)를 계속했으나, 돌고래 한 마리가 아리온(Arion)을 건져 올려 등에 싣고 테나롬(Taenarum)으로 왔다. 거기에서 아리온(Arion)은 육지로 올라와 노래하는 복장으로 코린트로 와서 거기에서 그 동안의 모든 이야기를 털어놓았다. 왕 페리안데르(Periander)는 그 이야기가 믿기지 않았다. 그래서 왕은 아리온(Arion)을 엄히 감시하게 하고 선원들을 조사했다. 선원들이 돌아갈 적에 왕은 아리온(Arion)에 대해 할 말이 있으면 말해보라고 했다. 그들은 대답했다.

"우리는 이탈리아 타렌톰(Tarentum)에 안전하게 남겨두었습니다."

그러자 그 말이 끝나기도 전에 아리온(Arion)이 갑판에서 뛰어내릴 때의 복장으로 나타났다. 선원들은 충격에 빠졌다. 거짓이 추궁되었고, 부정을 해도 소용없게 되었다.

96

이것은 코린트 사람들과 레스비안들(Lesbians)이 전한 이야기이다. 오늘날 테나룸(Taenarum)의 신전에는 '돌고래를 타고 있는 아리온(Arion)의 작은 청동 상'이 모셔져 있다.

밀레토스(Miletus)와의 전쟁을 종식시킨 다음 알리아테스(Alyattes)는 57년을 통치하고 사망했다. 알리아테스(Alyattes)는 가문에서 델피(Delphi)로 선물을 보낸 두 번째 인물로 철(鐵)을 은(銀)으로 도금한 거대한 쟁반인데 델피에 제공된 가장 공물(供物) 중에 가장 주목할 만한 것이었다. 그 쟁반은 도금 기술을 개발한 키오스(Chios)의 글라코스(Glaucus) 작품이었다.[7]

'아리온과 돌고래(Mythman's Arion and Dolphin)'

_____✈

(a) 헤로도토스(Herodotus)가 그의 '역사(*The Histories*)'를 통해 보여 주고 있는 가장 중요한 특징은 그 '헤라클레스(Heracles, Krishna)' 문제와 더불어 **'신들(gods)에 대한 불변의 신앙심'**이다. 이로써 희랍인 헤로도토스(Herodotus)는 자신이 힌두(Hindu)의 '마하바라타(*The Mahabharata*)' 전통 속에 있다는 사실을 다 입증을 한 셈이다.[다른 '변명'이 불가한 사항임]

(b) 즉 '알리아테스(Alyattes)에게 건강을 회복시켜 준 신은 틀림없이 '아폴로(Apollo) 신의 힘'이라고 헤로도토스(Herodotus)는 굳게 믿고 있었다.[전

_____

7) Herodotus (translated by Aubrey de Selincourt), *The Histories*, Penguin Books, 1954, pp. 46~50

(全) '역사(*The Histories*)'에 일관된 태도임]

(c) 그리고 위에서 역시 주목이 되는 사항은, '당대에 가장 뛰어난 음악가이고, 주신(酒神) 찬가(dithyramb)'를 작곡한 **아리온(Arion) 이야기**'이다.

(d) 희랍의 '주신(酒神, 디오니소스)'는 이집트 '오시리스(Osiris)'에서 유래한 것을 헤로도토스(Herodotus)는 밝히고 있다.[제29장]

(e) 이것은 힌두(Hindu)의 '마하바라타(*The Mahabharata*)'에서 보였던바 '상주(常住) 편재(遍在)의 신관(神觀)'에서 벗어나, '**수용(受容)과 전파(傳播)의 긍정**'이라는 점에서 헤로도토스(Herodotus)가 그의 '역사(*The Histories*)'를 통해 보인 가위(可謂) '**발상(發想)의 혁명적 전환**'이다.

(f) 이집트 '오시리스(Osiris)' 신은 '**저승 주관(主管)의 신**'으로 파피루스(papyrus) 기록 등을 확인하면 힌두(Hindu)의 '마하바라타(*The Mahabharata*)'의 '야마(Yama)' '다르마(Darma)' '시바(Siva)' 신과 동일한 신이다.['법(法)'과 '사망(死亡)' 주관(主管) 신]

(g) '주신(酒神) 찬가(dithyramb)를 작곡한 **아리온(Arion) 이야기**'를 상세하게 소개한 헤로도토스(Herodotus)는 자신의 '세속주의(Secularism)' '합리주의'를 그대로 둔 채로 '**희랍 사회에 만연해 있는 절대신 지향 풍조**'를 다 긍정하고 있다.

(h) 그리고 헤로도토스(Herodotus)가 위에서 '오늘날[헤로도토스 당대] 테나룸(Taenarum)의 신전에는 돌고래를 타고 있는 아리온(Arion)의 작은 청동상이 모셔져 있다.'라고 했던 것은 힌두(Hindu)의 '마하바라타(*The Mahabharata*)' 시인의 어투(語套)로, ① '절대신' 긍정 ② '물고기[마누와 물고기]'의 의인화' ③ '증거 대기'가 그 '마하바라타(*The Mahabharata*)' 힌두(Hindu) 시인의 말하기 방식이다.

(i) 이러한 측면에서, 포콕(E. Pococke)은 '**희랍의 상고(上古)사=힌두의 상고(上古)사**'라는 등식(等式)을 마련하였다.

(j) 한편. '**도둑 만난 노래(遇賊歌)**'를 부른 신라(新羅)의 영재(永才)는 바로 그 도둑들에게 "나는 재물이 지옥에 가는 근본임을 알고 있다.(知財賄之爲地獄根本)"이라고 말하여 역시 자신이 그 '절대신[佛陀]에 대한 확신을 갖고 있는 자'임을 명시했으니, 역시 그 **디오니소스를 숭배한 가수 아리온(Arion) 이야기** '도덕 정신'을 소중하게 생각한 그 [헤로도토스(Herodotus)를 포함한]희랍인과 역시 '동계(同系)의 의식'이라고 할 수 있다.

제4장 크로이소스(Croesus)의 등장

알리아테스(Alyattes) 왕을 그의 아들 크로이소스(Croesus, 560~546 b. c.) 가 계승했는데, 그때 그의 나이는 35세였다. 크로이소스(Croesus)가 공략한 희랍에 첫 도시는 에페소스(Ephesus)였다. 크로이소스(Croesus)가 성을 포위하자 에페소스 사람들은 '여신의 보호라는 의미'로 그네들 성곽에서 아르테미스(Artemis) 신전까지 줄을 연결하였다. 그 거리가 그 도시에서 신전까지 거리가 1마일이 못 되었다. 에페소스(Ephesus)에서 시작된 **크로이소스(Croesus)**의 공략은 그들에 대한 온갖 구실을 붙여대며 모든 이오니아 사람들과 모든 아시아 족 희랍인들을 차례로 공략했다. **크로이소스(Croesus)**는 모든 아시아 족과 희랍인에게 공물(貢物)을 강요하고, 섬들을 공략하려고 선박 건조에 관심을 돌렸다. 선박 건조(建造)에 준비가 다 되었을 적에 크로이소스(Croesus)가 그것을 포기해야 할 일이 벌어졌다. 프리에네(Priene)의 비아스(Bias)가 [어떤 사람은 미티레내안(Mytilenaean) 피타코스(Pittacus)였다고 한다.] 사르디스(Sardis)로 가서 희랍 소식을 묻는 크로이소스(Croesus) 요구에 대답을 하며 그에게 섬사람들이 오히려 사르디스(Sardis)를 공격하려고 1만 기병(騎兵)을 준비하고 있다고 전했다.

크로이소스(Croesus)의 다음 말은 문서로 남아 있다.

"무엇이라고? 섬놈들이 기갑병(機甲兵)으로 리디아 사람들(Lydians)을 공격하겠다고? 나는 그들이 정말 그렇게 해 주기를 바라고 있다."

그 상담자는 말했다. "폐하, 제가 생각하기에 폐하는 섬사람들을 대륙에 말등에 올라 잡기를 바라고 계십니다. 정말 폐하는 온당하십니다. 그러나 섬사람들은 그들을 함대(艦隊)로 공략할 대왕의 뜻을 다 알고 있습니다. 섬사람들이 바다에서 리디아 사람들(Lydians)을 잡기 쉬울 것이라는 점에 대해서는 어떻게 생각하십니까? 폐하께서 본토에 그들 형제를 노예로 삼은 것에 대해 그들에게 복수의 기회를 제공하게 될 것입니다."

이 말은 크로이소스(Croesus)의 망상(妄想)에 불편한 심기를 조성했다. 더구나 더욱 주목할 점은 크로이소스(Croesus)는 선박 건조를 포기하고 '이오니아 섬사람들(Ionian islanders)'과 우호 협정을 체결했다는 사실이다.

시간이 흘러 크로이소스(Croesus)는 클리키안들(Cilicians)과 리키안들(Lycians)을 제외하고 할리스(Halys) 강 서쪽의 모든 사람들을 복속(服屬)시켰다. 크로이소스(Croesus)가 복속을 시킨 종족은 리디안(Lydians) 프리기안(Phrygians) 미시안(Mysians) 마리안디니안(Mariandynians) 칼리비안(Chalybians) 파플라고니안(Paphlagonians) 트라키안(Thracians, Thynian, Bithynian) 카리안(Carians) 이오니안(Ionians) 도리안(Dorians) 애올리안(Aeolians) 팜필리안(Pamphylians)이었다.[8]

'리디아(Lydia) 왕 크로이소스(Croesus)'

_____✈

(a) 서양사의 '최고(最古) 기록물'이라고 할 수는 '마하바라타(*The Mahabharata*)'에 현명하다는 '판두(Pandu) 아들 5형제'도 죽은 아버지 지분을 받아 '인드라프라스타(Indraprastha)'에 나라를 세워놓고 돌입한 일이 '주변 종

8) Herodotus (translated by Aubrey de Selincourt), *The Histories*, Penguin Books, 1954, pp. 50~51

족의 복속(服屬) 작업'이었다.

(b) 그러므로 리디아 왕 크로이소스(Croesus)가 이웃 종족을 복속시키는 것이 '인류 초기 문명 군왕(君王)들'의 일상적 일이라고 해야 할 것이다.

(c) 희랍인 역사가 헤로도토스(Herodotus)가 당시 **'희랍 도시 국가들' '이오니 아 사람들' 중심의 '역사(The Histories)'를 서술을 행했다는 점**은 역시 주목을 요하는 사항이다.

(d) 리디아의 왕 크로이소스(Croesus)는 이후 페르시아 정복자 키루스(Cyrus) 공격을 당해 나라를 잃고 뒤 늦게 '솔론(Solon)의 가르침'을 깨달았고, 침략자 곁에서 조언자(助言者)로 살아남아 자국민 보호에 힘을 썼고, 이후 그 키루스의 아들 캄비세스(Cambyses) 시대에까지 생존을 했다고 헤로도토스(Herodotus)는 진술하고 있으니, 소위 뒤늦게 '희랍 아테네 정신으로 돌아온 왕'이 이 **크로이소스(Croesus)**인 셈이다.

(e) 기록(記錄)으로 남아 있는 한국의 영웅적 존재 '광개토대왕(廣開土大王) 업적 비문도 '이웃 마을과 도시 정복 보고(報告)'가 그 기록의 주요 내용이었다.

제5장 솔론(Solon)의 '행복 강론(講論)'

[앞 장(章)에서 제시한 모든 종족이 리디아 왕국을 이루어 사르디스(Sardis)는 최고의 부와 융성을 누리게 되었다. 이때에 당시 희랍의 모든 교사(教師)들은 그 리디아인들의 서울 사르디스(Sardis)을 방문했다. 그 중에 빼어난 사람이 아테네 사람 솔론(Solon, 638?~559? b. c.)이었다. 그는 나라 사람들의 호소에 따라 '아테네 법전'을 만들었다. 솔론(Solon)은 당시 10년 동안 여행을 했는데, 그것은 '그가 제작한 법령 폐기를 막기 위한 조처'였다. 사실상 그것이 여행을 나선 실제적 이유였으나, **솔론(Solon)은 '법령을 반포(頒布)'로 정의로운 세상 이 오기를 바랐다**. 아테네 사람들은 솔론(Solon)이 없으면 법을 개정할 수 없었으니, 아테네 사람들은 그 법령을 '10년간 지키겠다.'고 엄숙히 선서를 하였기 때문이다.

그러한 이유에서 솔론은 외국 여행을 떠나게 된 것이다. 솔론(Solon)은 나라를 떠나 이집트 아마시스(Amasis, 570~526 b. c.) 궁전을 방문한 다음 사르디스(Sardis)로 크로이소스(Croesus)를 만나 보러 갔다.

크로이소스(Croesus)는 솔론(Solon)에게 우호적이었다. 솔론(Solon)이 도착한 3~4일이 지난 다음에 솔론(Solon)에게 신하들을 소개하고, 신하는 솔론에게 왕궁의 보물과 부(富)의 장대함을 소개하게 했다. 솔론(Solon)은 허락된 기회에 구경을 마쳤다. 크로이소스(Croesus)는 말했다.

"내 아테네 친구여, 나는 당신의 위대한 지혜에 대해 들었고, 얼마나 멀리 지혜를 추구하여 여행을 했는지도 들었습니다. 그래서 나는 당신에게 '당신이 만났던 사람들 중에 누가 가장 행복했는가?' 묻지 않을 수 없습니다."

크로이소스(Croesus) 질문의 핵심은 자신이 가장 행복한 사람이라는 점을 전제한 것이었다. 그러나 솔론(Solon)은 아첨을 거절하고 자신의 진리 기준에 따라 대답했다. "텔로스(Tellus)라는 아테네 사람입니다."

크로이소스(Croesus)가 깜짝 놀라 말했다. "당신의 선택 기준은 도대체 무엇이요?"

솔론(Solon)은 말했다. "두 가지 합당한 이유가 있습니다. 첫째는 텔로스(Tellus)가 거주하고 있는 도시[나라, 아테네]는 융성해 있고, 텔로스(Tellus)의 아들들은 훌륭하여 함께 살며 다 살아 있습니다. 둘째는 텔로스(Tellus)는 아테네 표준으로 부자였습니다. 그리고 텔로스(Tellus)는 명예롭게 죽었습니다. 이웃 나라 엘레우시스(Eleusis)와의 전투에서 아테네를 위해 싸웠습니다. **적을 무찌르며 무사(武士)로서 싸우다가 죽었습니다. 그래서 아테네인은 그가 쓰러졌던 지점에 장례를 치르고 최고의 명예를 바쳤습니다.**"

텔로스(Tellus)의 행복에 대한 솔론의 상세한 진술은, 물론 크로이소스(Croesus)를 향한 '도덕 강론'이었다. 그러나 크로이소스(Croesus)는 '두 번째 칭찬'이라도 기대하며 솔론(Solon)이 보았던 '그 다음으로 행복한 사람'을 물었다.

솔론(Solon)이 대답을 했다. "아르고스(Argos)의 두 젊은이 클레오비스

(Cleobis)와 비톤(Biton)이 있었습니다. 그들은 다 만족해 살았고, 그들은 체력은 운동경기에 우승으로 입증되었을 뿐만 아니라 더욱이나 다음과 같은 일이 있었습니다. 아르고스(Argos) 사람들은 헤라(Hera)의 축제를 행하고 있었는데, 그 두 젊은이가 어머니를 실은 수레를 그 신전(神殿)으로 몰고 가야 했습니다. 그런데 황소들은 들녘에서 돌아오지 않았습니다. 그래서 그녀의 두 아들들은 더 이상 시간을 허비할 수 없어 그들의 몸에 마구(馬具)를 채우고 어머니를 실은 수레를 이끌어 거의 6마일 거리를 달려 신전(神殿)에 도착했습니다. 그 장관을 목격한 대중들은 **그 젊은이들이 선망(羨望)할 만한 죽음 -'사는 것보다 죽는 것'이 얼마나 더 훌륭한가-를 하늘이 입증해 보여준 것이라고 말했습니다**.(they had a most enviable death -a heaven-sent proof of how much better it is to be dead than alive.)['**절대 주목**' 요함] 남자들은 그 젊은이들 주변으로 몰려들어 그들의 힘을 칭송했고, 여인들은 그 어머니를 향해 그와 같은 아들을 두셨으니, 얼마나 행복하시냐고 계속 칭찬을 이었습니다. 그녀 아들의 미행(美行)에 여러 사람들이 기뻐하므로 그 어머니는 그녀가 서 있는 성소(聖所)의 여신 헤라(Hera)께 그와 같은 명예를 성취한 클레오비스(Cleobis)와 비톤(Biton)에게 인간에게 내릴 수 있는 최고의 축복을 주시라고 빌었습니다."

"그녀가 기도를 올린 다음 제사와 잔치가 열렸습니다. 모든 행사가 끝났을 적이 두 젊은이는 신전에서 잠들었습니다. 그것이 그들의 최후였고, 다시는 잠을 깨지 않았습니다. 아르기브인들(Argives)이 그들의 동상을 만들어 델피(Delphi)로 보내 특별히 존중을 받게 했습니다."

크로이소스(Croesus)는 두 번째 행복의 자리도 아르기브(Argives) 젊은이들에게 빼앗긴 것에 화가 나 솔론(Solon)에게 짜증을 내었다.

"아테네 친구여, 좋은 말씀입니다. 그러나 내 행복은 어떻습니까? 당신이 언급했던 일반인과 내의 행복는 완전히 비교될 수도 없지 않습니까?"

솔론(Solon)이 말했다. "폐하, 저는 신(神)도 인간의 융성을 탐내어 우리 인간을 괴롭게 한다고 알고 있습니다. 대왕께서는 제게 인간에 대해 여러 가지 의문을 앞서 제기하셨으니, 들어보십시오. 시간이 흘러가면 아는 것도 많아지지만 다른 것도 소원(疎遠)하게 되어 고통을 받게 됩니다. 인간의 수명을 70년으로 생각해 보면 그 70년은 윤달을 뺀 나머지 날은 25200일입니다. 35번의 윤달 1050일 더하면 총 26250일입니다. **단 하루도 다음날 생길 일과 동일하지 없습니다.**[人生無常] 크로이소스(Croesus) 왕이여, 그것으로 미루어 폐하도 인생이 얼마나 덧없는 것인가를 알 수 있습니다. 폐하는 부자이시고, 수많은 사람들을 통치하고 계십니다. 그러나 폐하께서 **행복하게 별세(別世)하기 전에는, 제게 던진 질문에 대답을 드릴 수가 없습니다.** 큰 부자라도 끝까지 번성을 유지하지 못하면, 중간 정도의 사람들보다도 행복할 수 없습니다. 수많은 굉장한 부자들이 끝이 불행했고, 많은 보통 사람들도 죽을 때 '행운'을 잡았습니다. 큰 부자는 보통 사람보다 두 가지 점에서만 유리합니다. 이에 대해 가난하나 운 좋은 사람은 유리한 점이 많습니다. 왜냐하면 부자는 탐욕의 수단을 가지고 위기를 견뎌야 하지만 가난한 사람은 근심을 털어버리고 건강한 육체의 축복을 누릴 것이고, 훌륭한 자녀와 좋은 풍신(風身)을 누릴 수 있습니다.

그런데 한 **사람이 살다가 명예롭게 죽을 수 있다**면, 대왕께서는 마땅히 그 사람을 추구해야 할 것입니다. 오직 그 사람을 '행복하다'고 하기에 적당할 것입니다. **'행복(happy)'이란 말은 죽을 때까지 가봐야 압니다. 그러므로 '행복'이란 운명(運命)입니다.**

나라 사람들이 백가지 소용 물건을 바쳐도, 그 '행복'만은 획득할 수가 없습니다. 모든 것을 다 갖고 있다고 해도 부족한 것이 있게 마련입니다. 최고의 나라는 최상의 것을 확보하고 있는 나라입니다. 그것은 일반 사람들도 마찬가지입니다. 아무도 자급자족을 하지 않으면, 다 부족한 것이 있게 마련입니다. 그러나 대왕이시여, 제가 '언급한 선(the good things)'을 간직한 사람들은 누구나 '행복한 사람'이라고 불러 마땅한 사람들입니다.

대왕께서 무엇을 생각하고 계시든 그 최후(最後)를 보십시오. 신은 어떤 사람에게 잠시 행복을 주었다가 결국은 완전히 멸망을 시키십니다."[死亡]

104

솔론(Solon)의 말은 크로이소스(Croesus)에게 어떠한 기쁨도 제공하지 못했다. 크로이소스(Croesus)는 솔론의 말에 무관심했고, 그를 바보로 확신했다. 현세의 융성을 돌아보지 않고 모든 것의 '최후'를 알아야 한다고 한 솔론은 바보가 아니고 무엇가인?[9]

'솔론(Solon)' '솔론과 크로이소스(Solon and Croesus)'

————✈

(a) 이 **'솔론(Solon)의 행복론(幸福論)'이 역사가 헤로도토스의 '역사(*The Histories*)' 서술 초점[史觀]**이 되어 있으니 자세한 검토가 있어야 한다.

(b) 솔론이 제시한 세상에서 가장 행복한 사람은 **'이웃나라와 전쟁이 터졌을 때에 용감하게 싸우다 죽은 아테네 사람 텔로스(Tellus)'**였고, 둘째로 행복한 사람은 '아르고스(Argos)의 두 젊은이로 클레오비스(Cleobis)와 비톤(Biton)으로 자신들이 우마(牛馬)의 멍에를 메고 어머니를 헤라 축제에 함께 참석하고 죽었던 존재'였다.

(c) 간단히 말해 **솔론의 '텔로스(Tellus) 칭찬'은, 힌두(Hindu) '마하바라타(*The Mahabharata*)' '지존(至尊)의 노래(Bhagavat Gita)'에 명시된 크리슈나(Krishuna)의 '사생(死生)관'**에 그 기초를 둔 것이다. 힌두(Hindu)의

———————

9) Herodotus (translated by Aubrey de Selincourt), *The Histories*, Penguin Books, 1954, pp. 51~53

'절대 신(God)에의 헌신(獻身, 歸依)'이 '국가 종족주의(Nationalism)에 대한 헌신'으로 바뀐 것뿐이다.

(d) '세상에 둘째로 행복한 사람'을 소개하며 솔론[헤로도토스]은 부연하기를 '그 장관을 목격한 대중들은 <u>그 젊은이들이 선망할 만한 죽음 -'사는 것보다 죽는 것'이 얼마나 더 훌륭한가-를 하늘이 입증해 보여준 것이라고 말했다</u>.'고 했다. 이 솔론[헤로도토스]의 말은 '천국(天國) 중심 사고' '절대자 중심주의'의 힌두(Hindu)의 '마하바라타(*The Mahabharata*)' 주지(主旨)를 다시 반복하고 있다.

(e) 앞서 명시를 했듯이 헤로도토스가 '역사(*The Histories*)'를 통해 펼쳐 보인 사상은 '현세주의' '합리주의' '경제 군사력 우선주의'였는데, 희랍의 지고(至高)한 정신은 '절대자 중심' '천국 중심'의 힌두(Hindu)의 '마하바라타(*The Mahabharata*)' '지존(至尊)의 노래(Bhagavat Gita)'에 세운 표준이 그대로 수용이 되어 있다.[헤로도토스는 이 사실을 까맣게 모르고 있었음]

(f) 이것은 단순한 아테네 입법자 솔론(Solon)의 생각을 훨씬 넘어 <u>최고 신 제우스와 그 계관시인(桂冠詩人) 호머, 헤라클레스, 수학자 피타고라스, 그리고 소크라테스, 플라톤에 이르기까지 희랍의 전(全) 사상 체계가 이 '마하바라타(*The Mahabharata*)' '지존(至尊)의 노래(Bhagavat Gita)' 내에서의 문제</u>였다.

(g) 일찍이 힌두(Hindu)의 '마하바라타(*The Mahabharata*)' 시인은 '정의(正義)의 판두(Pandu) 아들들'과 '탐욕의 드리타라슈트라(Dhritarashtra) 아들' 간의 분쟁을 다루었는데, 헤로도토스는 그의 '역사(*The Histories*)'에서 '탐욕의 페르시아 다리우스와 크세르크세스 왕조'와 '불굴의 아테네 시민들의 자주 독립 정신'을 대비해 보였다.

(h) 그리고 헤로도토스는 그의 '역사(*The Histories*)'를 통해 그가 육체를 존중하는 '현세주의(Secularism)'를 보이면서 역시 도덕을 존중하는 정의의 중심에 선 절대신['Zeus'] 긍정하는 '<u>동시주의(同時主義, Simultaneism)</u>'를 이미 가동시키고 있는 그 정신 상황에 나아가 있었다.

(i) 한마디로 헤로도토스(Herodotus)의 '역사(*The Histories*)'는 힌두(Hindu)의 '마하바라타(*The Mahabharata*)'에 제시된 '절대신(God)'을 향한 '절대 대주의(Absolutism)'를 그대로 둔 채로 정확하게 '아테네 중심'의 '국가 종족주의(Nationalism)'으로 전환을 했다.

제6장 크로이소스와 황태자 아티스(Atys)

솔론(Solon)이 사르디스(Sardis)를 떠난 다음, 신(God)은 아마 그 크로이소스(Croesus)가 인간 중에 가장 행복한 사람이라고 생각한 것에 화가 나 크로이소스(Croesus)에 마땅한 벌을 내렸는지도 모를 일이다. **크로이소스(Croesus) 는 아들 중 하나가 '재난을 당한 꿈'을 꾸었는데, 그것이 뒤에 사실로 나타났 다.** 크로이소스(Croesus)는 두 아들이 있었는데, 하나는 귀머거리 벙어리였고, '**아티스(Atys)**'라는 또 다른 아들은 '훌륭한 젊은이'로 모두가 부러워 할만 했다. 크로이소스(Croesus)는 그 '아티스(Atys)'가 무기(武器)로 살해를 당한 꿈을 꾸었다. 크로이소스(Croesus)가 그 꿈에서 깨어나, 서둘러 그 아티스(Atys)가 아내를 맞게 하고, 아티스(Atys)가 이끌었던 리디아 병사(兵士)들과도 전장에 나가지도 못하게 하였다. 크로이소스(Croesus)는 아들의 방에서 투창 등 무기를 다 치우게 하고 여성 용품으로만 채웠으니, 혹시 걸어 놓은 무기가 아티스(Atys) 머리 위로 떨어질 수도 있기 때문이었다.

아티스(Atys)의 결혼 준비를 하고 있을 적에, 살인죄를 범한 불운한 이방인(異邦人)이 사르디스(Sardis)로 찾아왔다. 그는 프리기아(Phrygia) 사람으로 그 프리기아 왕실과 관련된 사람이었다. 그는 크로이소스(Croesus) 궁궐로 찾아와 나라 법에 따라 살인죄를 벗겨달라고 구걸하였다.(그 儀禮는 리디아와 희랍이 아주 유사하다.) 그래서 크로이소스(Croesus)는 그의 요구대로 해주었다. 의례적 절차를 마친 다음 크로이소스(Croesus)는 그가 누구이며 어디서 왔는지 궁금했다.

"이방인이여, 그대 이름은 무엇인가? 프리기아(Phrygia)에서 어떤 직책을 맡았고 무슨 이유로 내게로 망명(亡命)을 했는가? 누구를 죽였는가?"

그 이방인은 대답했다.

"폐하, 저는 고르디아스(Gordias) 왕의 아들이고, 미다스(Midas)가 저의 할아버지입니다. 저의 이름은 아드라스토스(Adrastus)인데, 저는 우발적인 사고로 아우를 죽여서 저의 아버지가 나의 소유를 박탈하고 궁정에서 추방했습니다."

크로이소스(Croesus)가 그 말을 듣고 말했다.

"너의 집안과 우리 집안은 친구이다. 그대는 친구 집에 온 것이다. 그대가 내 영지(領地)에 머물러 있으면 필요한 모든 것을 얻을 수 있을 것이다. 최선의 방법은 그대의 불행에 너무 마음을 두지 않는 것일 것이다." 그래서 그 아드라스토스(Adrastus)는 그의 거처를 궁중에다 잡았다.

그런데 그 때 미시아(Mysia) 올림포스 산(Mount Olympus)에는 괴물 같은 멧돼지가 우글거렸다. 그 가공할 존재는 굴에서 나와 항상 곡식들을 망가뜨려 미시아 사람들이 번번이 그 멧돼지를 몰아냈으나, 소용이 없었다. 운수가 나쁜 사냥꾼들은 부상을 당하기도 했다. 결국 미시아 사람들은 크로이소스(Croesus) 왕에게 호소를 했다.

사자(使者)들이 와서 말했다. "폐하, 거대한 멧돼지가 나타나 엄청난 손해를 끼치고 있습니다. 우리가 그 멧돼지를 잡고자 하나 잡을 수가 없습니다. 대왕의 아드님과 젊은이들과 개들을 보내주시면 그 짐승을 제거할 수 있겠습니다."

크로이소스(Croesus)는 자기의 흉몽(凶夢)을 망각하지 않고 있었기에, 그들의 요구에 자기 아들을 거론하지 못 하게 했다.

"나는 내 아들을 보낼 수는 없다. 그는 결혼을 하게 되어 바쁘다. 그러나 나는 사람들을 뽑아 온전한 사냥 팀을 만들어 그 동물을 제거하도록 도울 작정이다."

왕의 그 대답은 미시아 사람들(Mysians)을 즐겁게 했다. 그런데 그 미시안들의 간청(懇請)을 들은 황태자 '아티스(Atys)'가 그 방으로 들어왔다. 아티스(Atys)는 아버지 크로이소스(Croesus)가 그 사냥 참가를 거절하는 것을 보고 부왕께 아뢰었다.

"일단 요청이 있었으니, 저는 '사냥꾼'과 '투사'로서 명예를 획득해야 하겠습니다. 대왕께서는 저를 겁쟁이로 취급을 해서도 아니 되고, 이 번 사냥에서 저를 빼놓으실 수 없습니다. 제가 그 모임에 빠질 경우 어떠한 모습으로 보일 지를 생각해 보십시오. 백성들은 저를 어떻게 대하겠습니까? 저의 젊은 처는 나를 또 어떻게 생각하겠습니까? 그녀는 많은 남편감들을 거절했습니다. 저는 두렵습니다! 그러하오니 아버지 제가 이 사냥에 참가하게 하시든지 아니면 아버지께서 저에게 제가 빠져야 할 합당한 그 이유를 알려주십시오."

크로이소스(Croesus)가 말했다.

"아들아, 너는 겁쟁이가 아니다. 네가 무슨 일인들 못 하겠느냐. 그것이 이유가 아니다. 사실은 나는 '네가 오래 못 살고 쇠로 된 무기로 죽는 꿈'을 꾸었다. 그래서 너의 결혼을 서둘렀던 것이다. 같은 이유에서 이 모험에 네가 가담한 것을 반대하고 있는 것이다. 내가 살아있는 한 내가 너를 지켜줄 작정이다. 너는 나의 외아들이다. 병이든 네 아우는 아들로도 생각지 않는다."

아티스(Atys)가 말했다.

"그런 꿈을 꾸셨다고 하니, 저를 보호하시려는 아버지를 아무도 욕하지 않을 겁니다. 그러나 대왕께서 아직 살피지 못 한 것을, 제가 지적을 하는 것도 마땅한 일일 겁니다. 대왕께서는 제가 '철(鐵) 무기'로 살해되는 꿈을 꾸셨다고 하셨습니다. 그런데 멧돼지가 손을 가지고 있습니까? 멧돼지가 무기를 지니면 대왕께서는 그렇게 두려우십니까? 대왕께서 제가 멧돼지 엄니 등으로 죽을 거라는 걱정에서 꾸신 꿈입니다. 나를 죽이는 것은 무기인데, 이번은 동물 사냥일 뿐이고, 나를 대항해 오는 자와 싸우는 전투가 아닙니다."

크로이소스(Croesus)가 말했다.

"아들아, 내가 졌구나. 너의 해몽(解夢)이 나보다 났다. 내가 나의 생각을 바꾸지 않을 수 없구나, 네가 원정(遠征)에 가담함을 허락한다."

크로이소스(Croesus)는 프리기아 사람 아드라스토스(Adrastus)에게 말했다.

"아드라스토스(Adrastus)여, 비록 너의 죄는 없지만 성격에 먹칠하고 큰 걱정을 안고 내게 왔었다. 나는 너를 의례(儀禮)로 정화(淨化)하여 환영했고, 너를 잘 지내게 했었다. 이번엔 나의 너그러움에 보답을 해보라. 멧돼지 사냥에 내 아들을 따라가서 노상(路上) 강도들로부터 내 아들을 보호하도록 하라. 그러면 너의 명예와 충성심도 빛날 것이다."

아드라스토스(Adrastus)가 아뢰었다.

"폐하, 저는 일상적인 상황에서는 이 번 원정(遠征)에서 제가 할 일은 없습니다. 사람들이 몰려 있는 상황에서는 운 좋은 사람과 연합하는 이외에 역할이 없습니다. **정말 저는 '그런 일'에는 관심이 없습니다. 저의 행동을 방해를 당하는 일이 많습니다.** 그러나 대왕의 바라심이 각별하시니, 대왕의 환대(歡待)에 보답하는 것이 저의 도리일 것입니다. 그래서 저는 대왕의 요구대로 할 작정입니다. 힘을 다해 왕자님을 보호하여 온전하게 귀환하도록 하겠습니다."

아드라스토스(Adrastus)가 그 대답을 하고 나니, 군사와 개 등이 출발했다. 그들은 올림포스로 향하며 그들의 눈은 멧돼지를 찾고 있었다. 멧돼지를 발견하자 그것을 포위하고 창들을 날렸다. 그런데 크로이소스(Croesus)가 살인죄를 벗겨준 그 이방인 아드라스토스(Adrastus)는 창으로 멧돼지를 겨누었으나 빗나가 그 왕자를 공격했습니다. 크로이소스(Croesus)의 꿈은 사실이 되었다.

사자(使者)가 서둘러 사르디스(Sardis)로 가 크로이소스(Croesus)에게 그 멧돼지를 만났던 것과 왕자가 죽었다는 것을 알리었다. 그 소식은 무서운 것이었다. 그리고 그 무기는 왕이 살인죄를 벗겨준 바로 그 사람의 것이었다는 사실이 더욱 놀라운 것이었다. 슬픔에 휩싸인 크로이소스(Croesus)는 제우스(Zeus)께 기도를 올려 자기가 왜 빈객(賓客)에게 고통을 받아야 했는지를 '정화의 신(God of Purification)'을 방문하여 증언해주기를 빌었다. 크로이소스(Croesus)는 '가정의 보호자(Protector of the Hearth)'로서 신에게 호소를 했으니, 자기 아들의 살해는 부지불식간에 자기 집안에서 생긴 것이고, 그 아들을 보호하라 보낸 자가 흉악한 적(賊)으로 변했기 때문이다.

얼마가지 않아 리디아 사람들(Lydians)이 왕자의 시신(屍身)을 가지고 돌아왔는데, 그 불운의 살인자도 그 뒤를 따라왔다. 이방인 아드라스토스(Adrastus)는 그 시체 앞에 자리를 잡고 서서 항복의 자세로 손을 들고 크로이소스(Croesus)에게 아들을 죽인 죄가 있으니 당장 목을 베어 달라고 빌었다.

아드라스토스(Adrastus)가 말했다.

"저의 앞선 죄도 극악(極惡)했습니다. 그런데 저의 죄를 용서한 분을 또 망쳐 놓았으니, 저는 더 이상 살 수가 없습니다."

크로이소스(Croesus)는 자신의 슬픔에도 그 말에 동정심이 발동해서 말했다.

"친구여, 죽겠다고 저주를 행했으니, 내가 더 이상 네게 할 말이 없다. 정의 (正義)가 성취되었다. 이 불상사(不祥事)는 너의 죄가 아니다. 그대가 무기를 사용했다고 해도 네가 공격을 할 수는 없었다. 신(神)의 질책(叱責)이시다. 신이 내게 오래 전에 경고하셨다."

크로이소스(Croesus)는 절차에 따라 아들의 장례를 마쳤다. 장례를 마치니 모든 것이 잠잠해졌다. 고르디아스(Gordias)의 아들이고, 미다스(Midas)의 손자인 아드라스토스(Adrastus)는 형제를 죽였고, 죄를 사(赦)한 주인을 망하게 한 다음 그가 자신도 몰랐던 세상 사람 중에 가장 불운한 사람임을 깨닫고 사자 (死者)들의 무덤에 가서 자결(自決)을 했다.[10]

---→

(a) '생각(정신) 만능주의' '절대주의'는 명백히 '인간의 꿈'의 추상으로 추리되 었다. 그 '꿈에 대한 추리'로 도달한 **'영혼불멸'**론은 거대한 원시사상 힌두 (Hindu)의 '마하바라타(*The Mahabharata*)'를 이루었다.

(b) '원시 힌두 문화=원시 희랍 문화'인데, 헤로도토스(Herodotus)의 '역사 (*The Histories*)'는 '절대주의(Absolutism)' '세속주의(Secularism)' 중간에 자리를 잡아 헤로도토스(Herodotus)는 당시 '합리주의=세속주의'에 앞장 을 섰으나 아직 그 **'꿈=몽상'**이 **'신의 계시(God's Warning)'**라는 믿음을 다 청산하지 못한 것을 위의 '아티스(Atys)의 죽음'으로 증언하고 있다.

(c) 힌두(Hindu)의 '마하바라타(*The Mahabharata*)'는 인류의 '정신 만능주의' '관념주의'를 대표하고 있는데, 그 '정신 만능주의' '관념주의'와 '과학 사상' 은 무엇으로 구분이 되는가?

10) Herodotus (translated by Aubrey de Selincourt), *The Histories*, Penguin Books, 1954, pp. 54~57

(d) <u>'감성(感性, sensibility)'과 '이성(理性 Reason, 悟性 Understanding)'을 구분하는 '2원론(Dualism)'이 '과학 사상'의 출발 지점</u>인데 그 힌두(Hindu)부터 헤겔(Hegel)에 이르기까지 '감성(感性, sensibility) 무시' '물자체(物自體, the things in themselves) 무시'를 오히려 자랑[矜恃]으로 삼았다.[一元論]

(e) 사실상 생명으로서 '감성(感性, sensibility) 무시' '물자체(物自體, the things in themselves) 무시'란 있을 수 없는 전제인데, '절대주의자들'은 그것을 오히려 자랑으로 알았던 것은 '<u>공통된 망상(妄想)</u>'이다.

(f) 헤로도토스(Herodotus)가 그의 '역사(*The Histories*)'에서 보이고 있는 '제우스(Zeus) 절대주의' '신탁(Oracle, 점치기, 사제들의 충고) 긍정' '꿈과 현실의 혼동'은 부정할 수 없는 그 '마하바라타(*The Mahabharata*)'의 영향에 대한 그 증거들이다.

제7장 크로이소스와 델피(Delphi) 신전

크로이소스(Croesus)는 2년간 아들의 죽음을 슬퍼하다가 페르시아(Persia) 소식에 슬픔이 멈추었다. **페르시아인 키루스(Cyrus, 600?-529 b. c.)**는 아스티아게스(Astyages) 왕국을 멸망시키고 그 페르시아의 힘을 끊임없이 증대시키고 있었다. 그것이 크로이소스(Croesus)가 생각에 잠기게 하여, 그 페르시아가 너무 팽창되기 전에 먼저 저지를 해야겠다는 생각을 하게 했다. 그 목적에서 크로이소스(Croesus)는 '신탁'으로 자신의 운수를 들어보기로 결심하고 델피(Delphi), 포키스(Phocis)의 아베(Abae), 도도나(Dodona), 암피아라오스(Amhiaraus), 트로포니오스(Trophonius), 밀레시아(Milesia)의 브란키데(Branchdae)로 사자(使者)를 파견했다. 그것은 희랍인들의 상담 방식이었다. 그러나 크로이소스(Croesus)는 그들을 믿지 않고 역시 리비아(Lybia)의 아몬(Amon) '신탁'을 얻으려 사자를 파견했다. 크로이소스(Croesus)는 점쟁이들의 지식을 시험하려 했다. 그래서 신탁(神託)에서 진실의 확보가 입증이 되면 페르시아 원정(遠征)

을 행해야 할지를 물어보려고 했다.

크로이소스(Croesus)가 시험 삼아 보냈던 리디아 사람들은 다음과 같은 명령[신탁]을 받아냈다. 즉 사르디스(Sardis)를 출발한 1백일 뒤에 사람들은 '신탁'을 받아야 할 것이고, 리디아의 왕 알리아테스의 아들 크로이소스(Croesus)는 그 순간에 의문을 제기 해야 할 것이다. 각 점쟁이들의 대답은 받아 적어 사르디스(Sardis)로 가져왔다. 그런데 델피(Delhpi) 것을 제외하고는 어느 곳에서도 적어 온 것에 참고할 만한 것이 없었다. 그러나 델피(Delhpi)에서는 리디아 사람들이 성소(聖所)로 들어가 입을 열기 전에 여 사제(女司祭)는 다음과 같은 시를 그들에게 제공했다.

"나는 바닷가에서 모래알들을 세고, 바다를 측량(測量)하려 한다.
나는 벙어리 말도 알아듣고, 소리 없는 목소리도 듣는다.
나의 '마른 거북 껍질'에서 냄새가 나오고
청동 그릇 속에서 양고기가 끓어오르고 있다.
솥도 청동이고 뚜껑도 청동이다."

리디아 사람들은 델피(Delhpi) 신전 여 사제(女司祭)의 이 대답을 적어 사르디스(Sardis)로 돌아왔다.

다른 사자(使者)들도 대답을 받아 돌아왔을 때, 크로이소스(Croesus)는 두루마리를 펼쳐 읽었다. 델피(Delhpi)의 대답을 제외하고는 크로이소스(Croesus)에게 영향을 주지 못했다. '델피(Delhpi)의 대답'을 크로이소스(Croesus)는 존중해 수용했고, 델피(Delhpi)의 신탁이 세상에서 유일한 진짜라고 선언했으니, 그것이 그가 무엇을 행해야 할지 알게 했다고 선언하였다. 사자들을 물러가게 한 다음 크로이소스(Croesus)는 아무도 예상할 수 없었던 것을 생각했다. 크로이소스(Croesus)는 신중히 날짜를 미리 잡아, 손수 거북과 양을 잡아 청동 가마솥에 넣고 끓였다.

델피로부터의 더욱 많은 대답을 원해서였다. 암피아라우스(Amphiaraus) 신탁의 경우는 기록해 받아 온 것이 없어 신전에서 습관적 의례를 행했다. 크로이소스(Croesus)는 신탁이 진리(眞理)를 지니고 있다고 믿고 있었다.

크로이소스(Croesus)는 거대한 제사를 올려 '델피 아폴로(Delphian Apollo)'의 환심(歡心)을 얻으려 하였다. 크로이소스(Croesus)는 여러 종류의 동물 3천 수(首)를 그 제물로 바쳤다. 그는 금은으로 장식한 침대와 황금 잔과 값진 옷 더미를 불태웠다. 신(태양신)을 그의 관심 속으로 이끌어 오기 위한 조처였다. 그리고 크로이소스(Croesus)는 모든 리디아 사람들도 자신의 제사 방법에 따라 제사를 올릴 것을 명령했다. 그 행사가 끝난 다음 크로이소스(Croesus)는 거대한 양(量)의 황금을 녹여 길이 18인치, 너비 9인치, 두께 3인치의 170 잉곳(ingot, 鑄塊)을 제작했는데 그 잉곳 중에 4개는 142 파운드짜리이고, 나머지는 140파운드 정도의 합금이었다. 크로이소스(Croesus)는 황금 사자 상을 제작했는데, 그 무게가 570파운드였다. 이 사자 상은 델피 신전이 불탈 적에 그 받임대를 이룬 황금 벽돌에서 쓰러졌는데, 지금은 코린트 보물 창고(Corinthian)에 남아 있다. 불 속에 200파운드 정도가 없어지고, 지금은 370파운드만 남았다.

이것이 크로이소스(Croesus)가 델피(Delphi) 신전으로 보낸 선물의 전부는 아니었다. 두 개의 거대한 합금 그릇을 보냈으니, 하나는 황금으로 신전 입구 오른쪽에 두었고, 다른 하나는 은그릇으로 신전 입구 왼쪽에 두었다. 이들도 역시 화재 시에 치워졌는데, 황금 그릇은 무게가 250킬로그램이고, 지금은 클라조메니아(Clazomenians) 보물 창고 있고, 은그릇은 5천 갤런(gallons, X4.5 리터) 들이인데, 예배 실 구석에 있다. 그 그릇의 용량은 델피 사람들이 '테오파니아(Theophania)'라는 축제에 술그릇으로 그것을 써보았기 때문이다. 그것은 가장 놀라운 것이고, 나헤로도토스는 델피 사람들이 그것을 사모스(Samos)의 테오도로스(Theodorus)가 제작했다는 말이 옳다고 생각한다. 거기에다 크로이소스(Croesus)는 네 개의 은 술통도 보냈는데, 그것들은 코린트 보물 창고 있고, 두 개의 정한수(淨寒水) 물뿌리개도 선물을 했는데 하나는 황금이고 다른 것은 은이다. 금으로 된 물뿌리개에는 라케데모니아 사람(Lacedaemonians)의 이름이 새겨져 있으니, 그들이 그것을 바쳤다고 주장한 것이다. 그러나 이것은 사실이 아니다. 크로이소스(Croesus)가 여타의 것과 함께 그것도 그가 바쳤다. 어떤 델피 사람(내가 그 이름을 알고 있으나 언급은 않겠다.)이 라케데모니아 사람(Lacedaemonians)을 즐겁게 해 주려고 이름을 새겨 넣었다. 크로이소스는 원형 은색 능직면포(綾織綿布) 등 다른 선물도 바쳤다. 4.5 피트 크기의 황금 여인상(像)인데, 크로이소스(Croesus)의 빵을 굽던 여인이라고 델피 사람들은 말하고 있다. 크로이소스(Croesus)는 자기 아내의 목걸이와 허리띠도 바치게 했다. 이들은 모두 크로이소스(Croesus)가 델피로 보낸 공물(供物)들이었다. 자신의 용맹과 불운을 알고 있을 것이라고 믿은 크로이소스(Croesus, 560~546 b. c.)는 암피아라우스(Amphiaraus) 성지(聖地)로 황금 방패와 창과 황금을 보냈는데, 그 방패와 창은 우리[헤로도토스] 시절에는 테베(Thebes) 이스메니안 아폴로(Ismenian Apollo) 신전에 보관되어 있다.

신전들로 선물을 가지고 온 리디안들(Lydians)은 크로이소스(Croesus)가 페르시아 원정을 행할 것인지, 그리고 동맹국에 의해 군대를 강하게 할 수 있을지에 대한 신탁을 묻기 위해 그가 시켜 행해진 것이다. 그러했기에 그들이 도착하면 적절한 의례에 따라 선물을 제공하고 다음과 같은 그들의 질문을 행했다.

"리디아 왕 크로이소스(Croesus)는 다른 나라들도 세상에서 유일하게 진실한 신탁을 내리는 곳으로 믿고 있는 '당신의 신권(神權, your power of divination)'에 마땅히 받아야 할 공물을 올리고 여쭙습니다. 크로이소스(Croesus)가 페르시아로 진군을 해야 하는지 그리고 동맹을 탐색하는 것이 현명한지를 알고자 합니다."

그 질문에 대해 신탁들은 비슷했다. 그들은 크로이소스(Croesus)가 페르시아를 공격하면 그는 거대 제국을 격파할 수 있을 것이고, 희랍의 국가들이 가장 억센 국가들이란 것을 알게 될 것이라고 예언(豫言)들을 했다.

크로이소스(Croesus)는 그러한 신탁이 있어서 그가 키루스(Cyrus) 격파를 완전히 확신하여 너무도 기뻤다. 크로이소스(Croesus)는 처음 몇 사람이 대답에 응했는지를 묻고 모든 델피(Delphi) 진술자들에게 황금 두 스타테르(staters, -화폐 단위) 씩을 보냈다. 이에 대해 델피 사람들은 신탁을 듣는데 크로이소스(Croesus)와 리디아 사람들에게 다 회비를 면제하고 우선권을 인정해 주었다.

크로이소스(Croesus)가 델피 사람들에게 선물을 제공했을 적에 세 번째 신탁을 들었다. 왜냐하면 더 대답을 들을수록 크로이소스(Croesus)를 더욱 기쁘게 해 주었기 때문이다. 이번에는 그의 통치가 얼마나 길게 갈 것인지를 물었다. 여 사제는 대답했다.

> "그 때는 메디안(Median)의 왕위에 노새가 앉는 날이고,
> 헤르무스(Hermus) 강 자갈밭을 맨발로 달리며
> 그것을 못 견디면서도 겁도 없고 수치심도 모를 때이다."

여 사제(女司祭)의 이 대답도 크로이소스(Croesus)에게 이전에 못 들었던 기쁨을 주었다. 왜냐하면 크로이소스(Croesus)는 '노새'가 메데 사람들(Medes) 왕이 될 수 없기에 그 말은 자기 계통이 영원히 권좌에 있을 것을 말한 것으로 알아들었기 때문이다.[11]

'델피(Delphi)' '테베(Thebes)' '마라톤(Marathon)' '아테네(Athens)' '올림피아(Olympia)' '스파르타(Sparta)'

---

11) Herodotus (translated by Aubrey de Selincourt), *The Histories*, Penguin Books, 1954, pp. 57~61

'델피 아폴로 신전(Temple of Apollo in Delphi)'

_____✈

(a) 당초에 힌두(Hindu)의 '마하바라타(*The Mahabharata*)'에서는 '절대신'의 화신(化身)이 인간 속에 상주(常住) 했고, 그 '마하바라타(*The Mahabharata*)' 제작자 '비아사(Vyasa)'가 그 '절대신'과 교감하여 그의 도움으로 '마하바라타(*The Mahabharata*)'를 제작했다고 반복하고 세상 물정에 어두운 '판두 아들 5형제' 앞에 나타나 '일어날 일'을 미리 알려주고 '쿠루크셰트라 전쟁(Kurukshetra War)의 승리'까지 예언하여 하나도 빗나가지 않았음을 반복 강조했었다.

(b) 헤로도토스(Herodotus)와 더불어 시대적 지역적으로 '마하바라타(*The Mahabharata*)'와 멀리 떨어져 있는 리디아 왕 크로이소스(Croesus)는 '신전(神殿)을 지키고 있는 사제(司祭)들의 말에 전적으로 의존한 것은 당초에 힌두(Hindu)의 '마하바라타(*The Mahabharata*)'도 힌두의 사제들[바라문들]의 제작이라는 엄연한 그 '동질성'에 연유한 것이었다.

(c) '마하바라타(*The Mahabharata*)' 시인(詩人) 사제의 말은 '믿을 수 없는 사실을 다 명백한 확신'으로 전달한 것이 특징이었는데, 델피(Delphi) '여(女) 사제'의 언어는 '비유(比喩)' 행해져서 리디아 왕 크로이소스(Croesus)를 오판(誤判) 하게 만들었다.

(d) '절대주의'를 존중하는 입장에서 말하면 '신앙심'의 차이에서 비롯한 것이고, 서술자를 존중해서 말하면 비아사(Vyasa)는 '포교자'의 입장임에 대해, **헤로도토스는 '절대주의'와 '세속주의[합리주의]'를 공유하고 있는 사람이다.**

(e) 특히 희랍의 '아폴로(Apollo)'를 모신 '델피(Delphi) 신전(神殿)'의 '델피(Delphi)'는 인도의 '델리(Delhi)'시(市)와 동일한 '델바이(Delbhai)'로서 '태양신' 크리슈나(Krishna)의 매부(妹夫)이며 그의 직계 제자인 아르주나

(Arjuna)를 그들의 조상으로 생각하는 '델비족(Clans of Delbhi)의 거주지'로 포콕(E. Pococke)은 그의 '희랍 속의 인도(*India in Greece*, 1851)'에서 풀이를 했다.['북부 희랍 지명 제작 방식']

'절대주의' 사제(司祭)들의 기본 전제가 '절대 신의 아들, 딸'이라는 중대한 핵심 전제가 있는데, 포콕(E. Pococke)은 '델피(Delphi) 명칭 해명'으로 그것을 온전하게 설명을 해냈다.

제8장 당시 아테네의 상황 -피시스트라토스(Pisistratus)의 집권

그런 다음 크로이소스(Croesus)는 동맹(同盟)을 맺으려고 희랍의 나라들 중에 어떤 나라가 가장 강한지에 관심을 돌렸다. 크로이소스(Croesus)는 도리아 사람들 중에는 라케데모니아 사람들(Lacedaemonians, 스파르타인)과 이오니아의 아테네 사람들이 가장 뛰어난다고 생각했다. <u>원래 펠라스기아(Pelasgian)와 헬렌(Hellenic) 족인 그들이, 희랍인들 중에서 가장 억센 사람들이었다</u>. 이오니아 사람들은 토종(土種)이었으나, 도리아인은 끊임없이 이동을 했다. 데우칼리오(Deucalion) 영지에 그들 거주지는 오사(Ossa)와 올림포스(Olympus) 근처에 히스티에오티스(Histiaeotis)로 알려졌다. 카드메이안들(Cadmeians)에게 몰려나 핀두스(Pindus)에 정착했고, 마케도니아 사람(Macedonians)으로 알려져 있다. 그들은 거기에서 드리오피스(Dryopis)로 이주했고, 결국 펠로폰네세(Peloponnese)로 가 거기에서 도리아 사람(Dorians) 이름을 얻었다. '펠라스기 사람 말'로 내[헤로도토스]는 나를 명백하게 표현할 수 없다.....

나는 희랍인들이 항상 동일한 언어를 사용했다고 믿고 있다. 그러나 그들의 가지를 이루고 있던 '펠라스기아 사람들(Pelasgians)로부터 분할이 된 이후에 약화되었고, 펠라스기 사람들에게는 다양한 외국 요소가 섞여서 작은 시작들을 이루었다. 내[헤로도토스]는 펠라스기안들이 비 희랍인으로 많은 수로 강성했다고는 생각하지 않는다.

아테네 사람들이 파당을 이루어 당시는 유식한 히포크라테스(Hippocrates) 아들 **피시스트라토스(Pisistratus)** 독재 하에 있었다. 히포크라테스(Hippo-crates)가 관리가 되기 이전에 올림피아 제전에 선물을 바치는 특별한 일이 생겼다. 히포크라테스(Hippocrates)는 제사(祭祀)를 지내기 위해 동물을 잡아 고깃국을 끓이고 있었는데, '불도 밝혀 놓지 않고 국을 끓이고 있었다. 라케데모니아 사람(Lacedaemonian) 킬론(Chilon)이 우연히 지나가다 그 **불길(不吉)한 광경(ominous sight)'**을 보고 히포크라테스(Hippocrates)에게 충고하기를 결혼해 아들을 갖지 말거나, 만약 이미 결혼을 했으면 이혼을 하고, 아들이 있으면 의절(義絶)을 하라고 했다. 히포크라테스(Hippocrates)는 킬론(Chilon)의 충고를 무시하여, 얼마 뒤에 피시스트라토스(Pisistratus)가 태어났다.

그 이후에 아티카(Attica)에서는 알크매온(Alcmaeon)의 아들 **메가클레스 (Megacles)**가 이끄는 해안가 마을들과, **리쿠르고스(Lycurgus)**가 통치하는 내지(內地)인들이 알력을 겪고 있었다. 그리고 제3당을 형성하여 권력을 잡으려고 생각하고 있는 **피시스트라토스(Pisistratus)**가 있었다. 피시스트라토스(Pisis-tratus)는 산악족(hillmen)[12]을 결집시켜 명목상 그들 챔피언으로 등장하여, 다음과 같은 책략(策略)을 생각해 냈다. 피시스트라토스(Pisistratus)는 자신과 노새들의 몸에 상처를 낸 다음 그 수레를 시장 광장으로 몰고 들어가, 자기가 도적들을 도시 밖으로 쫓아내려고 하다가 그 도적들이 자기를 죽이려고 해서 도망을 온 척하였다. 그런 다음에 그 명성으로 피시스트라토스(Pisistratus)는 메가라(Megara) 원정(遠征) 사령관이 되었다. 원정 중에 그가 포로로 잡았다는 니세아(Nisaea)는 공(功)도 아니었다. 그런데 그 '원정의 공'으로 피시스트라토스(Pisistratus)는 사람들에게 '경비대'를 요청했다. 피시스트라토스(Pisistratus) 간계에 속은 아테네 사람들은 약간의 남성들을 피시스트라토스(Pisistratus)의

---

12) 최저 빈곤층

신변 보호자가 되게 했다. 피시스트라토스(Pisistratus)는 그 신변보호자들을 창을 들게 한 대신에 장갑을 끼도록 하였다. 그 신변보호자들을 거느린 피시스트라토스(Pisistratus)가 아크로폴리스(Acropolis)를 점령하였고, 아테네의 주인이 되었다. 피시스트라토스(Pisistratus)는 바꾼 것이 없었고, 법이나 기존 치안 판사들을 교란시키지 않고 탁월한 방법으로 나라를 통치하였다.

오래 가지 않아 메가클레스(Megacles)와 리쿠르고스(Lycurgus)가 연합하여 피시스트라토스(Pisistratus)를 축출하였는데, 이것이 처음 피시스트라토스(Pisistratus) 독재가 뿌리내리기 전의 실각이었다. 그러나 피시스트라토스(Pisistratus)의 정적(政敵)들은 다시 분쟁을 시작하여, 그 중에 괴롭힘을 당한 메가클레스(Megacles)가 먼저 피시스트라토스(Pisistratus)에게 접근하여, 그가 자기 딸과 결혼을 하면 그를 복권(復權)시키겠다고 제안을 했다. 피시스트라토스(Pisistratus)가 그에 응낙을 하여 복권이 되었는데, 그들은 내[헤로도토스]가 기록해야 하는 가장 우스꽝스런 속임수로 보이는 기획이었다. 희랍인들은 얼간이들이 아니다.

지난 몇 백 년 동안 우수한 재능으로 다른 종족과 구분이 되었고, **모든 희랍인들 중에서도 아테네 사람들이 가장 지적(知的)이다**. 그런데 피시스트라토스(Pisistratus)의 그 '우스꽝스런 속임수'가 아테네에서 행해졌다.

페아니아(Paeania) 마을에, '잘 생긴 피에(Phye)라는 여인'이 있었다. 6피트(30cmX6)의 키에 사람들이 전차(戰車)에 싣기에도 적당했다. 그래서 그녀를 잘 차려서 수레에 싣고 아테네 사람들 속으로 들어보냈는데, 미리 사자(使者)를 시켜 피시스트라토스(Pisistratus) 등 뒤에서 환영을 행하도록 권하였다. 왜냐하면 **'여신 아테네(Athene)'가 피시스트라토스(Pisistratus)에게 현신(現身)하여 그를 그 여신 소유의 아크로폴리스로 데려오고 있기 때문이라는 것이었다**. 사람들은 그 터무니없는 소문을 전 아테네에 퍼뜨렸으니, '아테네(Athene) 여신'이 피시스트라토스(Pisistratus)를 그녀의 등 뒤에 이끌고 온다는 소문을 퍼뜨려서 외딴 마을에 퍼져 주민들은 '여인 피에(Phye)'를 정말 그 '여신'으로 확신하

120

고 그녀에게 기도를 올리고 피시스트라토스(Pisistratus)를 쌍수로 환영했다.

이런 방법으로 권력을 회복한 피시스트라토스(Pisistratus)는, 앞서 약속했던 대로 메가클레스(Megacles)의 딸과 결혼을 했다. 그러나 메가클레스(Megacles)의 가문이 그것을 욕하고 피시스트라토스(Pisistratus)에게는 장성한 아들이 있었기 때문에 피시스트라토스(Pisistratus)는 신부에게서 아들을 원하지 않았고, 그녀와의 잠자리도 피했다. 그녀는 그것을 어머니에게 말했고, 그 어머니가 메가클레스(Megacles)에게 말을 해서, 너무나 화가 나 메가클레스(Megacles)는 그의 정치적 적들과 싸우기로 결심을 했다. 이 새로운 위협에 피시스트라토스(Pisistratus)는 외국에 나가기로 마음을 먹었다. 피시스트라토스(Pisistratus)는 에레트리아(Eretria)로 나가서 그의 상황을 그 아들들과 의논했다. 피시스트라토스(Pisistratus)의 상실한 위치를 회복하려는 히피아스(Hippias)의 생각이 수용이 되어, 그들은 그들에게 호의적인 도시로부터 '모금(募金) 운동'을 시작했다. 많은 도시들이 거금(巨金)을 제공했으나, 테베(Thebes)의 기부금이 가장 훌륭했다. 시간이 흘렀다. 그들에게 펠로폰네세(Peloponnese) 출신 아르기베(Argive) 용병(傭兵)들이 가담을 했다. 낙소스(Naxos) 출신 리그다미스(Lygdamis)는 열정적 지지를 보내며 돈과 인력을 제공했다. 결국 피시스트라토스(Pisistratus)는 아테네로 진군(進軍)할 만반의 준비가 되었다. 10년 이상 세월이 지난 다음에야 피시스트라토스(Pisistratus) 등은 에레트리아(Eretria)를 떠나 돌아왔다.

피시스트라토스(Pisistratus) 등이 아티카(Attica)에서 처음 자리 잡은 곳이 마라톤(Marathon)이었다. 마라톤(Marathon)에서 도시 지지자들의 캠프를 이루었고, 민주주의보다 독재를 원하는 다른 사람들이 그들에게 힘을 보태었다. 피시스트라토스(Pisistratus) 지원금을 얻어 마라톤을 점령한 다음에도, 아테네 사람들은 피시스트라토스(Pisistratus)를 무시했다. 그러나 피시스트라토스(Pisistratus)가 아테네로 진격한다는 소식은, 그 귀향을 막으려는 사람들이 '군사'를 이루었다. 아테네 팔레니스(Pallenis) 신전(神殿)에서 양군(兩軍)은 대면을 하게 되었다.

거기에서 신의 섭리로 아카르니아(Acarnnia) 출신 예언가 암필리토스(Amphil-ytus)가 피시스트라토스(Pisistratus)에게 다가가 그에게 예언을 행하였다.

"그물을 넓게 펼쳐 던져 놓으면
달밤에 다랑어들은 바다로 달려갈 것이다."

피시스트라토스(Pisistratus)는 이 말을 이해하고 신탁을 수용하겠다고 선언하고, 진격을 하라 명령을 내렸다. 마침 그 때는 아테네인들이 점심을 먹고 있을 때였고, 주사위 놀음으로 내기를 하거나 낮잠을 잘 때여서 피시스트라토스(Pisistratus) 군사에 별 저항이 없었다. 아테네 사람들은 도망을 치고 피시스트라토스(Pisistratus)는 책략을 써서 연합을 막아 흩어진 상태로 그냥 머무르게 만들었다. 피시스트라토스(Pisistratus)는 아들에게 명령을 내려 계속 진군하게 하여 매번 그 도망자를 앞지르며 그들에게 아버지 시킨 대로 '모든 사람들이 정신을 차리고 집으로 돌아가야 한다.'고 권유하였다. 아테네 사람들은 명령한 대로 행하여 피시스트라토스(Pisistratus)는 세 번째 아테네 주인이 되었다.

이제 피시스트라토스(Pisistratus)는 든든한 기초 위에 그의 권력을 세웠다. 그는 경호원을 고용하여 아티카(Attica)와 스트리몬(Strymon) 강에서 수익(收益)을 올렸고 아직 도망치지 않은 아테네 시민의 아들들을 인질로 잡아 낙소스(Naxos, 그가 포획을 했으나 리그다미들-Lygdamis에게로 넘어갔음)에 묶어두었고, 델로스(Delos) 섬을 '청소'했다. 그 목적은 신탁의 경고에 복종하기 위한 것인데, 그가 채용한 방법은 신전에 묻힌 시신을 파내 다른 섬으로 보내는 것이었다.

이렇게 그 피시스트라토스(Pisistratus)는 아테네에서 '비판이 없는 권력'을 획득했다. 많은 수의 아테네 사람들이 싸우다가 죽었고, 알레매오니데(Ale-maeonidae)를 포함한 많은 아테네 사람들이 망명했다.[13]

---

13) Herodotus (translated by Aubrey de Selincourt), *The Histories*, Penguin Books, 1954, pp. 61~65

'피시스트라토스(Pisistratus)' '피에(Phye) 여인을 여신(女神)으로 가장하여 아테네로 입성하는
피시스트라토스(Pisistratus)'

------✈

(a) 헤로도토스(Herodotus)가 그의 '역사(*The Histories*)'에서 '경멸(輕蔑)'로
서술한 왕들은 힌두(Hindu)가 '마하바라타(*The Mahabharata*)'에 세워놓
은 소위 **'크샤트리아의 의무(the duties of Kshatriya)를 뒤로 돌려놓고
오직 자신의 간계(奸計)로 집권을 한 자들'**이었다.

(b) 헤로도토스(Herodotus)가 그의 '역사(*The Histories*)'에서 이점을 반복 강
조하고 있는데, 그 대표적인 존재는 우선 '리디아(Lydia)의 기게스(Gyges)'
[제2장], 페르시아의 마기(Magi) '스메르디스(Smerdis)'이괴[제47장], 다음
으로 '다리우스(Darius)'[제49장]였고, '메디아(Media) 왕 데이오케스(Deio-
ces)'[제15장] '아테네의 피시스트라토스(Pisistratus)'로 지목을 한 셈이다.

(c) 앞서 밝혔듯이 헤로도토스(Herodotus)는 생전에 '마하바라타(*The Mahab-
harata*)'를 확실히 읽지 않았으나, 힌두가 명시한 **'크샤트리아의 의무(the
duties of Kshatriya)'**를 바로 '왕의 기본 소양(素養)'으로 전제했으니, 그
것은 '역사(*The Histories*)'의 마지막 '키루스(Cyrus) 말'[제73장]로 더욱 확
실하게 되어 있다.

(d) 헤로도토스(Herodotus)가 '아테네의 집권자 피시스트라토스(Pisistratus)'
를 경멸한 그 명백한 이유가 '크샤트리아의 의무(the duties of Kshatriya)'
를 상상도 못 하고 그가 유일하게 의존하고 있던 바가 단지 '정치 군사적인
간계(奸計)'였기 때문이다.

(e) 특히 피시스트라토스(Pisistratus) 탄생 이전에 그의 아비 히포크라테스(Hi-
ppocrates)가 "제사(祭祀)를 지내기 위해 동물을 잡아 고깃국을 끓이고 있

었는데, '불'도 밝혀 놓지 않고 국을 끓이고 있었다. 라케데모니아 사람 (Lacedaemonian) 킬론(Chilon)이 우연히 지나가다가 그 '**불길(不吉)한 광경 (ominous sight)**'을 보고 히포크라테스(Hippocrates)에게 충고하기를 결혼해 아들을 갖지 말거나, 만약 이미 결혼을 했으면 이혼을 하고, 아들이 있으면 의절을 하라고 했다."는 헤로도토스의 진술은, 힌두(Hindu)의 '**태양[Surial 존중' '불[Agni]의 숭배'를 '이오니아 아테네 사람들이 그대로 계승했다는 사실**'을 제대로 입증하는 바로 각별히 주목을 해야 한다. 피시스트라토스(Pisistratus)의 아들 히피아스(Hippias)는 결국 자기 아비를 죽였고 페르시아 군사를 빌려 아테네를 점령하려다가 '마라톤 해전'에서 망한, '최악의 반(反) 아테네 인'이 되었다.[제63장]

제9장 스파르타의 상황 -신으로 존중된 리쿠르고스(Lycurgus)

크로이소스(Croesus)가 그와 연합 요청을 했던 당시 아테네 상황은 그와 같았다. 크로이소스(Croesus)는 스파르타(Sparta)의 상황도 알아보았다. 라케데모니아 사람들(Lacedaemonians)은 '우울했던 시대' 이후에 레온(Leon)과 아가시데스(Agasides)의 공동 통치 기간에 그들 승리의 군사에 대항해 왔던 유일한 도시 테게아(Tegea)와 싸워 다시 승리했다. 초기에 '라케데모니아 사람들 (Lacedaemonians)'은 내적으로나 외적으로나 희랍에서 최악의 통치를 당했던 사람들이다. 왜냐하면 그들은 이방인(異邦人)과의 교류를 모르고 살았기 때문이다. 그러면 어떻게 '좋은 정부(政府)'가 생기게 되었는지를 말해보겠다. 뛰어난 스파르타 사람 **리쿠르고스(Lycurgus)가 델피(Delphi) 신전을 방문했다**. 그가 성소에 들어가자마자 다음과 같은 신탁이 주어졌다.

"**리쿠르고스(Lycurgus)여, 그대가 나의 풍성한 신전에 왔구나.**
친애하는 제우스와 제신(諸神)들은 올림포스에 계신다.
나는 그대를 '인간'이라고 해야 할지 '신'이라 할지 모르겠구나.

그러나 리쿠르고스(Lycurgus)여, 나는 그대가 '신'이라고 믿고 싶구나."

그 여 사제(女 司祭)가 리쿠르고스(Lycurgus)에게 오늘날 스파르타가 획득한 정부(政府) 체계를 제시했다는 이야기가 있다. 그러나 라케데모니아 사람들(Lacedaemonians)은 리쿠르고스(Lycurgus)가 그의 조카 스파르타 왕 레오보타스(Leobotas) 후견인이 되어 '통치 체제'를 크레타(Crete)에서 수입한 것이라고 말한다. 그것이 사실이니, 리쿠르고스(Lycurgus)가 섭정(攝政)으로 지명된 다음에 법(法)의 근본적인 개혁이 있었고, 그 새로운 법(法)이 무너지지 않도록 잘 보살폈기 때문이다. 이후에 리쿠르고스(Lycurgus)는 군(軍)을 재건하여 분대(分隊) 중대(中隊) 대대(大隊)의 체계를 소개하고 새로운 시민 감독관(Ephor)과 원로(元老, Elder)를 추가 했다. 이러한 변화로 '스파르타 정부'는 건전한 기초를 지니게 되었고, 리쿠르고스(Lycurgus)가 사망했을 때는 그를 기려 신전(神殿)을 건립했고, 그는 아직까지[헤로도토스 당대까지] 심대한 존중을 받고 있다.

좋은 토양과 수많은 인구로 라케데모니아 사람들(Lacedaemonians)은 튼튼한 나무처럼 금방 자라 번창했다. 실제 내용이야 어떻든 그들이 아르카디안들(Arcadians)보다 훌륭하다고 생각을 해서 그들 나라 전체를 정복하려는 생각으로 델피(Delphi)에 신탁을 들었다. 그들이 들은 대답은 다음과 같았다.

"아르카디(Arcady)라고? 큰 질문을 하는구나. 나는 인정 못 한다.
아르카디(Arcady)에는 많은 사람과 도토리를 먹고 사는 사람[司祭]이 있어,
너희를 들어오지 못 하게 할 것이다. 그러나 나는 [너희에게]불만이 없다.
테게아(Tegea)를 줄 터이니 춤추며 받아라.
그래서 좋은 평야를 줄로 재[尺]거라."

라케데모니아 사람들(Lacedaemonians)은 이 '신탁의 애매(曖昧)함'을 넘는 데 실패하여 아르카데아(Arcadea) 나머지 지역은 놔두고 테게아(Tegea)로 진

격해 갔다. 그래서 테게아 사람들을 노예로 삼아 쇠사슬로 묶을 것을 확신했다. 그러나 라케데모니아 사람들(Lacedaemonians)은 그 전쟁에 패배하여, 그들이 도리어 묶여서 테게아(Tegea) 평원을 경작하는데 노예가 되었다. 내[헤로도토스]가 있을 때까지 라케데모니아 사람들(Lacedaemonians)들은 테게아에 붙들려 있었고, 아테네 알레아(Athene Alea) 신전 주변에 묶여 있었다.

그 스파르타 사람들은 이전 테게아(Tegea)와의 전쟁 이래 지속적으로 최악의 상태에 있었다. 그러나 크로이소스(Croesus) 무렵 아나크산드리데스(Anaxan-drides)왕과 아리스톤(Ariston)왕 치하에서 그들은 우위(優位)를 점하게 되었다. 다음은 스파르타 성공담이다.

전쟁으로 오랜 곤경을 겪은 다음에 사람들은 델피(Delphi)로 사람들을 보내 그들의 테게아(Tegea) 정복의 확실하게 하기 위해 신에게 '도와주소서.'를 빌었다. 그런데 여 사제는 '**그들이 아가멤논(Agamemnon)의 아들 오레스테스 (Orestes)의 뼈를 본국으로 송환하면 승리할 것**'이라고 약속했다. 오레스테스(Orestes)의 무덤을 확인하지 못한 스파르타 사람은 다시 그가 누워 있는 장소를 물었더니, 사자(使者)는 다음과 같은 대답을 가지고 돌아 왔다.

> "아르카디(Arcady) 테게아(Tegea) 평평한 곳에
> '두 개의 통제된 바람'이 불고 있는 곳,
> 치고받은 공격이 계속되는 비애(悲哀) 중에 비애로다.
> 이 땅이 생명을 주는 '아가멤논 아들'을 품고 있다.
> 본국으로 데려오면 너희가 테게아(Tegea)를 이길 것이다."

이 '신탁'도 이전의 '신탁'처럼 알기가 쉽지 않았다. 스파르타인은 모든 곳을 탐색했다. 그러나 '아가토에르기(Agathoergi, 훌륭한 봉사자들)'라는 사람들 중에 **리카스(Lichas)**라는 자가 나타나 그 수수께끼를 풀었다. '아가토에르기 (Agathoergi)'는 5명의 장로(長老)는 기갑(機甲)부대 퇴임 자들이었는데, 그들은 그 이후에도 국가의 요구에 기꺼이 응해서 봉사했다. 리카스(Lichas)는 그들

126

중 한사람인데, 운 좋게 테게아(Tegea)에서 그 문제의 시체를 찾아내었다. 이때 두 도시 사이에 좋은 관계를 이용하여 리카스(Lichas)는 테게아(Tegea)의 한 대장간으로 들어갔는데, 쇠를 단조(鍛造)하는 것을 보고 크게 놀랐다. 대장장이는 리카스(Lichas)가 놀라는 것을 보고 그의 작업을 멈추고 말하였다.

"친구여, 당신은 나의 공정(工程)을 보고 놀라시는 것 같은데 만약 당신이 내가 보았던 것을 본다면 당신이 지금 본 것은 아무것도 아닐 겁니다. 내가 여기에 우물을 만들려고 했습니다. 내가 땅을 파면서 거대한 10피트[30cmX10] 길이의 관(棺)과 마주쳤습니다. 오늘날 사람보다 훨씬 커서 믿기지 않아 내가 관을 열어 보았습니다. 거기에 시체가 있었는데 관(棺)만큼이나 컸습니다. 나는 그 시체를 재보고 다시 흙을 덮었습니다."

리카스(Lichas)는 그 대장장이 말을 곰곰이 생각해 보았다. 그리고 신탁이 실현이 되어 그것이 '**오레스테스(Orestes) 시체**'라는 결론에 이르렀다. 리카스(Lichas)는 '바람'이란 점쟁이 말은 대장간의 망치와 모루(anvil)이고, '비애(悲哀) 중에 비애'란 '단련을 받은 쇠'임을 알았다. '철(鐵)의 발견'이 인간에게 나쁜 일이라는 사실에서의 유추였다. 수수께끼를 풀었다는 확신을 지니고 리카스(Lichas)는 스파르타로 돌아와 전 이야기를 말 했다. 스파르타 사람들은 그가 죄를 지었다고 주장하여 나라에서 추방했다. 이에 리카스(Lichas)는 테게아(Tegea)로 돌아가 그 대장장이에게 일어났던 이야기를 말 하고, 그 대장장이 뜰을 계약하려 했으나 대장이가 거절하므로 그를 설득하여 4분의 1만 계약했다. 그런 다음 리카스(Lichas)는 그 무덤을 파내어 뼈를 모아 스파르타로 가져왔다. 그날 이후로 힘의 시련 속에 있었던 라케데모니아 사람들(Lacedaemonians)은 훨씬 좋아졌다. 지금은 펠로폰네세(Peloponnese)의 대부분을 복속시키고 있다.

크로이소스(Croesus)가 그것을 다 알고 나서 선물을 지닌 사자를 스파르타로 보내 동맹을 맺자고 청했다. 사자(使者)들은 효용(效用, 이로움)으로 말을 했는데, 그들은 리디아 왕 크로이소스(Croesus)부터 왔음을 밝히고 다음과 같은 메시지를 전달했다.

"라케데몬 사람들이여, 왕인 나는 희랍인들을 내 친구로 만들라는 신탁을 받았습니다. 나는 당신네들이 희랍인들 중에서 가장 탁월하다고 들었고, 당신들의 도움을 받으라는 신탁에 나는 복종합니다. 나는 정직하게 당신들의 친구와 동맹이 되기를 원합니다."

라케대모니아 사람들(Lacedaemonians)도 신탁을 들었던 터였으므로, 크로이소스(Croesus)의 제안이 매우 반가웠다. 그래서 크로이소스(Croesus)와 우호 동맹 조약을 맺었다. 스파르타 사람들이 사르디스(Sardis)로 가서 황금으로 '아폴로 동상'을 구매하려 하니 크로이소스(Croesus)는 그것을 그냥 선물로 주었다. 그 아폴로 상은 지금 토르나크스(Thornax) 라코니아(Laconian) 시(市)에 있다. 그래서 크로이소스(Croesus)는 스파르타를 희랍인 중에서 친구로 선택했고, 라케데모니아 사람들(Lacedaemonians)도 도움을 주기로 동의했다. 더구나 크로이소스(Croesus)가 부르면 도울 준비를 했을 뿐만 아니라 그 선물에 대한 보답으로 '청동 그릇'을 마련했는데, 크기가 '2천 5백 갤런(gallons, 2500X4.5리터) 들이'로 주변 가장자리로 작은 조각을 붙였다. 그들은 이 그릇을 크로이소스(Croesus)에게로 가져가기로 제작을 했는데, 사르디스에 도착하지는 못 했다. 라케데모니아 사람들(Lacedaemonians)은 사모스(Samos) 섬 근처에서 섬사람들이 군함을 동원하여 훔쳐갔다고 말하고 있다. 그러나 사모스 사람들은 도둑질을 부정하고, 라케데모니아 사람들(Lacedaemonians)이 너무 늦게 그릇을 사르디스로 가져가 그 때는 이미 도시가 함락되고 크로이소스(Croesus)는 감옥에 갇혀 있어서, 그들은 사모스에서 그릇을 매각하니 사람들이 그것을 구매하여 헤라(Hera)의 사원에 바쳤다고 말한다. 그리고 정말 그들이 그릇을 팔았다면, 스파르타로 돌아와 도둑을 만났다고는 말하지 않았을 것이다. 그 그릇에 대해서는 말이 많다.[14]

---

14) Herodotus (translated by Aubrey de Selincourt), *The Histories*, Penguin Books, 1954, pp. 65~68

✈

(a) 이 '장(章)'에 주목해야 할 두 가지 사항은 '군사적 제도'를 확립한 '리쿠르고스(Lycurgus) 이야기'와 '아가멤논(Agamemnon)의 아들 오레스테스(Orestes)의 뼈 찾기 운동'이 그것이다.

(b) '스파르타 사람'으로 '신(神)의 반열(班列)'에 오른 리쿠르고스(Lycurgus)는 스파르타에 '법(法)을 확립하고 군(軍)을 재건'한 인물이라고 헤로도토스(Herodotus)는 설명했다.

(c) **스파르타에서 리쿠르고스(Lycurgus)는 그대로 힌두(Hindu)의 '크리슈나(Krishna)'이다.**

(d) 그리고 '오레스테스(Orestes)의 뼈'를 찾고 보니 '거대한 10피트[30cmX10] 길이의 관(棺)' 속에 있었다는 진술이다.

(e) 이것은 힌두(Hindu)의 '**코끼리**' '**황소**' 존중과 동일한 맥락(脈絡)으로 '**힘과 용맹**'을 바탕으로 한 '라지푸트 족[크샤트리아 족](Rajpoots, Kshatriyas)'의 원형을 그 오레스테스(Orestes)가 소지했음을 헤로도토스(Herodotus)가 추인한 것에 불과하다.

(f) 거구(巨軀)인 영웅신 '오레스테스(Orestes)' 숭배는 그대로 '헤라클레스(Heracles, Krishna)와 그의 후손(後孫, Heraclids)'의 숭배의 다른 표현일 뿐이다.

제10장 크로이소스의 메디아 원정(遠征)

신탁의 진정한 의미 파악에 실패한 크로이소스(Croesus)는, 페르시아 사람 키루스(Cyrus, 600?~529)를 격추시키기 위해 카파도키아(Cappadocia)로의 원정(遠征) 준비를 했다. 그런데 원정을 준비하고 있는 동안 크로이소스(Croesus)는 그의 훌륭한 예지(叡智)으로 리디아에서 이미 명성을 얻고 있는 산다니스(Sandanis)로부터 '평화의 충고'를 받았다.

"폐하, 대왕은 가죽 옷을 입은 사람들과의 전쟁 준비를 하고 계십니다. 그들의 나라가 그처럼 거칠기에 그들이 소유하고 있는 대로 먹고 원하는 만큼 먹지도 못 합니다. 그들은 마실 술도 없고, 물만 마십니다. 그들은 좋은 것이란 없고 사막에 무화과마저 없습니다. 이제 대왕께서 그들을 정복한다고 해도 그들에게서 얻을 것이 없고, 그들은 갖고 있는 것이 없습니다. 그런데 그들이 대왕을 정복한다면 얼마나 많은 좋은 것을 잃어야 할지를 우선 생각하셔야 합니다. 한번 저 페르시아인이 리디아의 사치를 맛보아 그것에 굳게 매달리면, 어떤 것으로도 그들을 다시 내보낼 수도 없을 것입니다. 저는 단지 페르시아인의 머릿속에 '리디아 공격을 생각하지 못하게 한 것'에 대해 우리는 신께 감사를 하고 있습니다."

페르시아 사람들이 리디아를 정복하기 전에는 아무런 사치스러움도 없었다는 산다니스(Sandanis) 말은 옳았으나, 크로이소스(Croesus)는 그의 말을 듣지 않았다.

카파도키아 사람(Cappadocians)이란 희랍인에게는 시리아인(Syrians)으로 알려져 있다. 페르시아 세력이 일어나기 전에 그들은 메데인(Medes)에게 속해 있었는데, 그 시대에는 키루스(Cyrus)에게 소속이 되어 있었다. 메데인(Medes) 왕국과 리디아 왕국 사이에 할리스(Halys) 강이 있는데, 그 강은 아르메니아(Armenia) 산악 지역에서 발원하여 킬리키안(Cilician) 국경을 통과하여 마티에니(Matieni)와 프리기안(Phrygians) 사이를 지나 북으로 방향을 틀어 동쪽으로 카파도키아(Cappadocians) 서쪽으로 파플라고니아(Paphlagonians)의 경계를 형성하고 있었다. 할리스(Halys) 강은 이처럼 키프로스(Cyprus) 이웃 지중해(地中海)에서부터 흑해(黑海)에 이르는 거의 모든 남부 소아시아 나라들의 국경을 이루고 있다. 이것은 반도(半島)의 목이 놓인 지형으로 횡단하여 여행하면 5일 여행이다.15)

크로이소스(Croesus)는 '국경 확장'에 열망을 지니고 있었다. 그러나 카파도키아(Cappadocia) 침공에는 다른 두 가지 이유가 있었다. 명목상으로는 신탁에

---

15) 크게 축소된 진술이다.

대한 믿음이고, 아스티아게스(Astyages) 문제에서 키루스(Cyrus)를 혼내주고 싶었다. 키아크사레스(Cyaxares)의 아들이고 메디아의 왕인 아스티아게스 (Astyages)는 크로이소스(Croesus)의 처남(妻男)이었는데, 키루스에게 퇴위를 당했다. 나는 그 관계가 일어난 경과를 말해 보겠다.

많은 유목민 스키타이들(Scythians)이 분쟁으로 몰려 메디아(Media)로 이주를 했는데, 데이오케스(Deioces)의 손자이고 프라오르테스(Phraortes)의 아들인 키아크사레스(Cyaxares)가 당시에는 통치를 하고 있었다. 처음 키아크사레스(Cyaxares)는 의존 자들을 존중하고 친절하게 대하여 소년들의 후견인으로 삼기까지 해서 그들의 언어와 활쏘기도 가르치게 했다. 시간이 흘러 그 스키타이 사람들은 사냥을 하고 게임을 계속했는데, 어느 날은 빈손으로 귀가를 했다. 성미가 급한 키아크사레스(Cyaxares)는 그들을 욕하고 학대했다. 이에 복수로 그 스키타이들(Scythians)은 젊은 학생을 죽여 그 고기를 키아크사레(Cyaxares)에게 먹어라 주고 사르디스(Sardis)에 있는 알리아테스(Alyattes) 궁전으로 도망을 쳤다. 키아크사레(Cyaxares)는 알리아테스(Alyattes)에게 그들을 당장 추방하라고 요구했다. 그러나 알리아테스(Alyattes)는 그것을 거절하여 두 나라 간에 전쟁이 터져 5년간 계속되었다. 그런 동안 리디아인(Lydians)과 메데인(Medes)은 둘 다 서로 승패를 주고 받았다. 한번은 밤에 싸웠다. **그러나 이후 우유부단한 5년간의 전쟁은 군사들이 전쟁을 시작하면 낮은 금방 밤으로 되었다. 이 낮에서 어둠으로 바뀌는 것을 밀레토스(Miletus)의 탈레스(Thales, 640?~546?)가 이오니아 사람들(Ionians)에게 예언한 것인데, 탈레스(Thales)는 그 해에 그것이 생기는 날짜를 정해 놓고 있었다.**[日蝕의 설명임] 리디아인(Lydians)과 메데인(Medes)은 날이 어두워지는 것을 보고 접전을 포기했다. 그들은 평화를 결정하기에 앞서 더욱 열망하여 킬리키아(Cilicia)의 시에네시스(Syennesia)와 바빌론(Babylon)의 라비네투스(Labynetus)에 의하여 화해가 성립되었는데, 양국 간에 평화를 유지하고 결혼을 행하기로 협정을 맺었다. 그들은 알리아테스(Alyattes)에게 딸 아리에니스(Aryenis)를 키아크사레스(Cyaxares)의 아들 **아스티아게스(Astyages)**에게 주도록 설득했다. 그들은 강력한 제재 없이도 협정이 온전할 것을 알았다. 이들 나라들은 희랍인과 동일한 '선서'도 했으나 추가적 확인으로 그들의 팔을 베어 상대의 흐르는 피를 마시게 하였다.

아스티아게스(Astyages)는 키루스(Cyrus) 외할아버지인데 키루스(Cyrus)를 공격했다가 패배를 당했다. 내 이야기 초점은 크로이소스(Croesus)가 키루스에게 책임을 물었고, 그래서 페르시아 침공에 대한 신탁을 물었는데 막연한 대답이 와서 자기 좋을 대로 해석하여 전쟁을 시작했다는 점이다. 크로이소스(Croesus)가 할리스(Halys) 강에 이르렀을 적에 그는 이미 놓여 있는 다리를 건넜다. 도강(渡江)에 밀레투스(Mietus)의 탈레스(Thales)가 도왔다는 희랍인 공통의 이야기가 있으나 기존한 다리로 건넜다는 것을 나는 믿고 있다. 공통된 희랍인들의 이야기는 다리가 없어서 크로이소스(Croesus)가 어떻게 강을 건너게 할까 망설이고 있는데, 군막에 있던 탈레스(Thales)가 군사들의 왼쪽으로만 흐르고 있던 강을 양쪽으로 흐르게 하고 그 캠프 조금 위 지점에 초승달 모양의 깊은 물길을 파 강물을 뒤로 돌려 양쪽을 다 건널 수 있게 했다는 이야기가 있다. 어떤 사람들은 원래의 강물이 완전히 말라 있었다고 말을 하나, 나는 그것을 믿을 수가 없으니, 만약 그렇다면 군사들이 돌아올 적에는 어떻게 했을 것인가?

군사가 강을 건너고 나니 바로 카파도니카(Cappadocia)의 프테리아(Pteria)에 이르렀다. 크로이소스(Croesus)는 캠프를 치고 시리아인의 땅에 곡식들을 약탈하기 시작했다. 도시를 포위하여 주민을 포로로 잡고 주변 정착민과 순수한 시리아 인을 집에서 몰아내었다.[16]

---

16) Herodotus (translated by Aubrey de Selincourt), *The Histories*, Penguin Books, 1954, pp. 68~71

'메디아(Media)' '탈레스(Thales)' '키루스(Cyrus)'

(a) 크로이소스(Croesus)가 시리아 지방에 있었던 메디아(Media)로 쳐들어갔던 때는 그곳을 페르시아를 세운 키루스(Cyrus, 600?~529 b. c.)가 이미 차지하고 있을 때라고 헤로도토스는 말하고 있다.

(b) 헤로도토스의 이 말은, 당시의 '세계사[西歐 역사]'를 확인해야 할 지점이다. 즉 헤로도토스의 '역사(*The Histories*)'는 '페르시아 융성기 지배기'에 관심을 두고 그 페르시아의 지배와 영향력을 살핀 저서인데, 여기부터는 그 **페르시아 창시자인 키루스(Cyrus)**가 거론이 되고 있기 때문이다.

(c) 앞서 밝힌 바와 같이 헤로도토스의 '역사(*The Histories*)'는 '**희랍인 중심 서술이지만 페르시아의 지배(영향)를 받고 있는 시대의 역사 서술**'이라는 대 전제가 있다.

(d) 리디아(Lydia) 메디아(Media)는 모두 '소아시아' 소재(所在)의 인접 국가들인데 '국왕간의 감정' 문제로 '5년간 전쟁'을 치르고, '화해 방법'으로 '혼인(婚姻)'이 행해졌다는 것은 원시 지구촌의 기본 공식이다.

(e) 여기에서 또 하나 주목되는 사항이 **탈레스(Thales, 640?~546?)**가 '일식(日蝕) 예언한 사람'으로 지목한 것은, 역시 헤로도토스의 '과학적 관심'으로 주목을 할 만한 부분이다.

(f) 그리고 헤로도토스는 그의 '역사(*The Histories*)'에서 '**스키타이들(Scythians)을 식인(食人)을 함부로 자행하는 세상에서 가장 황량(荒凉)한 미개(未開) 종족**'으로 제시를 했는데, 여기 리디아(Lydia)와 메디아(Media)의 분쟁에도 바로 그들이 '원인'으로 제시가 되었다.

제11장 키루스(Cyrus)의 반격

크로이소스(Croesus) 군사들이 강을 건너 카파도니카(Cappadonica)의 프테리아(Pteria) 지역에 도착하여, 주둔지를 마련하고 시리아인들(Syrians)의 곡식들을 약탈했다. 그러는 동안 **키루스(Cyrus, 600?-529 b. c.)**는 군사를 모으고 크로이소스(Croesus)에 대항하러 가는 길에 길 가에 거주하고 있는 모든 사람들을 자기 군대에 편입하여 우선 군사 수를 늘렸다. 출발에 앞서 키루스는 <u>이오니아 사람들(Ionians)에게도 사자를 파견하여 그들을 크로이소스에게서 분할해 내려했으나, 성공하지 못 했다</u>. 그러했음에도 불구하고 프테리아(Pteria) 진군을 했는데, 키루스가 크로이소스 군사 앞에 캠프를 마련하고 있을 적에 전쟁이 터져 양군에 큰 손상이 생기고 밤이 와 어떤 결판도 못 내고 싸움이 끝났다.

크로이소스는 크게 이기지 못했던 탓을 그의 군사가 적었기 때문이라고 생각했는데, 그 접전으로 키루스 군사보다 숫자가 더욱 적어졌다. 다음날 키루스는 크로이소스를 공격하지 않았다. 크로이소스(Croesus)는 스파르타(Sparta)와의 동맹 이전에 이집트 왕 아마시스(Amasis, Amasis II, 570-526 b. c.)와 맺은 협정에 따라 이집트인에게 도움을 청하고, 역시 왕 라비네토스(Labynetus)와 동맹을 맺은 바빌로니아 사람들을 부르고, 라케데모니아 사람들(Lacedaemonians)에게도 도와 달라고 부를 심산(心算)으로 사르디스(Sardis)로 회군(回軍)을 했다. 이처럼 크로이소스(Croesus)는 자신의 군사를 강화(强化)할 계획을 갖고, 겨울이 지나고 봄이 올 때까지 페르시아 인들에게 공격을 멈추어달라고 제안을 했다.

그러한 목적으로 회군(回軍)을 한 크로이소스(Croesus)는, 서둘러 그의 동맹국들에게 4개월 이후에 사르디스(Sardis)로 군사를 보내달라고 전하였다. 그 페르시아 사람과 싸웠던 모든 용병(傭兵)들은 자기네 나라로 돌아가게 했으니, 크로이소스(Croesus)는 키루스(Cyrus)가 그토록 용감하게 곧 바로 사르디스로 진격할 줄을 꿈에도 생각하지 않았다. 크로이소스(Croesus)가 그러한 준비를 생각하고 있는 동안 '이상한 일'에 놀랐다. 뱀 떼가 도시 교외로 몰려왔는데, 그들의 출현을 목장에 말[馬]들이 그 뱀들을 보고 있다가 달려와 그 뱀들을 먹었다. 크로이소스(Croesus)는 그 괴상한 모습을 징조로 생각하여 즉시 그와 같은 일을 해설하는 사람들이 있는 텔메소스(Telmessus)로 사자(使者)를 파견했다. 그 사자는 텔메소스 사람들에게서 그 징조의 의미를 알았다. 그러나 그들이 사르디스로 돌아오기 전에 크로이소스(Croesus)는 벌써 붙잡혀 보고할 수도 없었다. 그 해설은 '외국 군사가 몰려와 사르디스 사람들을 진압할 것을 알아야 한다.'는 것이었다. 해설자들은 말하기를 **뱀들은 나라 땅에서 솟아난 것이나, 말들은 전쟁을 행하는 동물이고, 그 나라에서 생산된 것이 아니라는 것이었다.**['말의 사육(飼育)'과 전쟁의 문제] 이 대답을 준 텔메소스 사람들은 크로이소스(Croesus)가 이미 갇혔다는 소식도 모르고 있었다.

크로이소스(Croesus)가 프테리아(Ptria) 전투 이후 고국(故國, 리디아)으로 출발했을 때, 키루스는 크로이소스(Croesus)가 귀국 즉시 무장(武裝)을 풀 것이라고 확신을 하고 있었다. 그런 계산을 한 다음 키루스는 리디아 군사가 다시 소집되기 전에 최선의 코스, 최고의 속력으로 사르디스(Sardis)로 달려와 압박을 했다. 키루스는 이것을 결심하자 바로 실행했다.[速戰速決] 키루스의 리디아로의 진격이 너무 빨라, 크로이소스(Croesus)는 키루스가 온다는 소식도 못들었다. 예측하지 못 한 사건의 반전(反轉)은 크로이소스(Croesus)를 큰 곤경에 빠뜨렸다. 그러나 크로이소스(Croesus)는 침략자에게 저항을 시도했다. 그 시대의 아시아에서는 리디아(Lydia) 사람들보다 강하고 용감한 투사들은 없었다. 그들은 기병(騎兵)들이었고, 탁월한 기수(騎手)들이었고, 무기는 장창(長槍)이었다.

군사들은 사르디스(Sardis) 앞 평지에서 서로 만났다. 넓은 공간에 나무는 없고, 힐로스(Hillus)와 다른 시내들이 흘러 더욱 큰 시내 헤르모스(Hermus)를 이루고 있었다. 헤르모스(Hermus)는 프리기안 키벨레(Phrygian Cybele) 산속에서 발원하여 포카이아(Phocaea) 도시와 가까운 바다[지중해]로 흘러간다. 키루스는 리디아 사람들이 평야에서 전쟁을 펼치려는 것을 보고 그가 리디아인의 기갑병(機甲兵)을 두려워 하니, 메데인(Medes) **하르파고스(Harpagus)**가 방안(方案)을 내었다. 짐을 실은 모든 낙타들에게서 짐을 내려놓고 기갑병처럼 무장을 하고 낙타의 등에 올랐다. 그 다음 키루스는 크로이소스(Croesus) 기갑병(機甲兵)에게 돌진하게 하고 그 배후에 보병(步兵)이 뒤따르게 했다. 그렇게 배치를 한 다음 키루스는 그들의 군사들에게 크로이소스(Croesus)만 빼고 마주친 리디아 사람들을 반드시 죽여라고 거듭 강조했다. 키루스는 크로이소스(Croesus)가 설령 생포되어 저항할지라도 그를 꼭 죽일 생각이 없었다.

리디아 기갑병이 낙타들과 마주치게 한 이유는 '말들에게는 본능적으로 낙타에 대한 공포감'이 있기 때문이다. 어떤 말이나 낙타의 모양이나 냄새에 견뎌내지를 못 했다. 그것이 책략에 깔려 있었다. 그 목적은 크로이소스(Croesus)의 기갑병을 무력(無力)하게 하는 것인데, 그 기갑병을 리디아 사람들은 크게 믿고 있었다. 그 책략은 제대로 성공을 하였는데, 전투가 시작되자 말들은 낙타들의 냄새와 모양에 말들은 꼬리를 돌렸다. 그래서 크로이소스(Croesus)의 믿음의 근거는 무너져버렸다. 그러나 리디아 사람들은 겁먹지 않았다. 상황을 보고 말에서 내려 뛰어다니며 페르시아 인들과 싸웠다. 양측은 크게 손상을 당했으나 결국 리디아 사람들이 밀려 성벽 안으로 들어가고 페르시아들이 성(城)을 포위를 했다.[17]

_____✈

(a) 힌두(Hindu)의 '마하바라타(*The Mahabharata*)'에는 '끝없는 남성들의 경쟁과 투쟁'이 제시되어 있다. 그리고 **'힘[체력]'과 '궁술(弓術)' '마법(요술)' 로의 싸움**이었다.

---

17) Herodotus (translated by Aubrey de Selincourt), *The Histories*, Penguin Books, 1954, pp. 71~73

(b) 그런데 헤로도토스의 '역사(*The Histories*)'에 크로이소스와 키루스의 전투에는 '낙타'와 '말'의 성격을 알아 그것을 이용하여 키루스는 크로이소스를 이겼다.

(c) 더구나 키루스는 전략상 '속전속결(速戰速決)'을 펼쳐 그 크로이소스의 '늘어진 정신'을 파고 들어가 기습을 감행한 것이다.

(d) 힌두(Hindu)의 '마하바라타(*The Mahabharata*)'에서 중시된 '신(God)의 힘' '제사의 힘' '기도(祈禱)의 힘' 멀리 있고, '주먹'이 가까이 있음을 헤로도토스(Herodotus)는 그 키루스(Cyrus)를 통해 확실히 보여 주었다.

(e) 한 마디로 힌두(Hindu)의 '마하바라타(*The Mahabharata*)'에 '전쟁'은 **하늘[신]의 뜻에 따라 인간에 펼치는 전쟁**'이었음에 대해, 헤로도토스의 '역사(*The Histories*)'는 지상(地上)에서 인간들이 '[영웅들이]**이익과 생존을 위해 지혜를 동원한 최고의 경쟁**'이라는 측면에서 그 목표가 '완전 반대(反對)'로 바뀌었다. ['천국-절대신 지향 전쟁'과 '인간 육체를 위한 전쟁']

제12장 키루스의 '사르디스' 포위

사르디스(Sardis) 포위가 시작되니, 크로이소스(Croesus)는 오래갈 것이라는 생각에서 그의 동맹국들에게 제2차 호소를 보냈다. 첫 번째 사신에게는 4개월 후에 사르디스로 원군을 보내라고 했으나, 이미 포위가 된 다음에는 크로이소스(Croesus)는 당장 원군(援軍)을 구걸했다. 협정이 되어 있는 모든 나라에 사신들이 보내졌으나, 가장 긴박한 요구가 스파르타에 보내졌다.

바로 그때 스파르타는 아르고 사람들(Argos)과 티리에(Thyreae) 문제로 서로 다투고 있었다. 그 티리에(Thyreae)는 아르기베(Argive) 경내 있는 곳으로 스파르타 사람들이 잘라 차지하고 있는 곳이었다.(서쪽에 그 지방은 말레아(Malea)만큼이나 원래부터 아르기베 사람들의 소속으로 주변에 키테라(Cythera) 섬 등도 포함하고 있다.) 아르기베 사람들이 빼앗긴 영토를 되찾으러 진군하니 스파르타 사람들과 합의를 요청하여 합의를 했다. 양쪽에서 '싸울 사람 3백 명'을 뽑아 싸워 그 승자가 그 티리에(Thyreae)를 갖자는 것이었다. 나머지 군사들은 집으로 돌아가고 싸우는 것을 보지 말고 개입하지 말자는 것이 그 약속이었다. 이 같은 조건으로 그들은 나뉘어 '대표들'을 남겨두어 싸움이 시작되었다. 치열한 전투가 진행되어 6백인 중에 단 3명이 남았으니, 두 명의 아르기베 사람(Argives)으로 알케노르(Alcenor)와 크로미오스(Chromios)였고, 나머지 한 명은 스파르타 사람(Spartan) 오트리아데스(Othryades)였다. 그런데 이들까지도 밤이 될 때까지 싸움이 끝내지 않아 서로를 죽이려고 싸웠다. 두 사람의 아르기베 사람은 자기들이 승리했다고 생각하고 서둘러 아르고(Argos)로 돌아갔다. 그러나 스파르타의 오트리아데스(Othryades)는 무기를 들고 남아 있다가, 죽은 아르기브 시체에서 옷을 벗겨 내고 무기를 챙겨 자신의 캠프로 운반해 놓았다.

이튿날 양쪽은 다시 만나 '전투의 결과'에 대해 의견들을 청취했다. 두 사람의 아르기베 인과 한 사람의 스파르타 인이 다 자기들이 승리했다고 주장했다. 전자(前者)는 더욱 많이 살아남았다는 것이 주장이고, 후자(後者)는 옷 벗겨 있는 동료를 전장에 놔두고 도망을 쳤으니 후자가 이겼다는 주장했다. 주장은 다시 투쟁으로 이어져, 새로운 전쟁이 시작이 되어 양쪽에 큰 손상을 내고 스파르타 사람들이 이겼다. 그날부터 아르기베 인들은 머리털을 길게 했던 풍속을 짧게 자르기를 시작했고, 머리털을 길게 한 종교에 반대를 표명했고, 그 티리애(Thyreae)가 회복될 때까지 여성들은 황금을 몸에 걸지 않기로 맹세했다. 스파르타 사람들도 반대의 생각으로 새로운 풍속을 도입해 머리털을 짧게 하기 시작했다. 3백 명 중에 유일한 생존자인 오트리아데스(Othryades)는 그 친구가 죽은 다음 스파르타로 다시 돌아오기가 부끄러워 티리에(Thyreae)에서 자결을 했다고 한다.[크샤트리아들의 '敢鬪 정신'의 존중]

크로이소스(Croesus)가 파견한 사자(使者)가 스파르타(Sparta)에 도착하여 사르디스(Sardis)의 포위를 말하며 도움을 요청한 그 때는 스파르타(Sparta)가 그러한 어려움 속에 있었던 때였다. 그러했음에도 스파르타는 리디아를 도와주려는 열성을 내었다. 그러나 준비를 끝내고 배들을 출발시키려 할 무렵에, 사르디스(Sardis)는 함락이 되고 크로이소스(Croesus)는 붙잡혔다는 소식이 왔다. 스파르타는 그 불행을 듣고 크게 실망했으나, 어떻게 할 수도 없었다.

다음은 사르디스(Sardis)가 함락(陷落)되었던 이야기이다. 포위 14일 만에 키루스(Cyrus)는 장교들을 보내 최초로 성벽을 기어오르는 사람에게는 상(賞)을 주겠다는 약속을 전하게 했다. 그 시도에 따라 힘을 모았으나 실패하였다. 그런데 히로이아데스(Hyroeades)라는 마르디아 사람(Mardian)이 리디아 사람들이 지키지 않고 있는 성곽의 지점에서 등반(登攀)을 하려고 결심했으니, 거기에서는 효과적인 반격(反擊)이 제대로 행해질 수 없는 곳이었다. 그곳은 중앙 요새지로 너무 경사(傾斜)가 져 접근할 수 없는 곳이었다. 옛날부터 텔메시아 사람들(Telmessians)이 말하기를, 당시의 왕 멜레스(Meles)가 그 왕의 첩(妾)에게서 낳은 사자(獅子)로 성곽을 지키게 하면 사르디스(Sardis)는 함락될 수 없다고 했다. 멜레스(Meles)왕은 그 말에 따라 모든 성곽을 그 사자(獅子)가 지키게 했다. 그러나 멜레스 왕은 깎아지른 그곳은 방어(防禦)가 확실하여 그렇게 조처를 하지 않았는데, 그곳은 트몰로스(Tmolus)로 향(向)한 곳이다.

이전에 히로이아데스(Hyroeades)는 어떤 리디아 사람이 투구를 가져와 절벽에서 굴러 내리고 그 줄을 타고 내려오는 것을 보고 생각하였다. 그가 절벽으로 올라간 다음 다른 페르시아인들이 그 뒤를 따랐다. 많은 사람들이 기어 올라가 사르디스(Sardis)는 함락되었다.

크로이소스(Croesus)에게는 무슨 일이 일어났는가? 내헤로도토스는 이미 벙어리인 아들을 이야기 했으니, 앞서는 그도 훌륭한 젊은이였다. 지나간 번성의 시대에 크로이소스(Croesus)는 그 아들을 위해 델피 신탁까지 받으며 모든 것을 행했다. 여 사제는 대답했다.

"오 많은 나라를 거느린 리디아 왕, 어리석은 크로이소스(Croesus),
너희 궁궐 내부에 갈망하는 목소리도 듣지 않는구나.

그대 아들의 목소리까지 그대보다 더욱 훌륭하다.
그의 첫마디는 '슬픔의 날'에는 터질 것이다."

그 도시가 습격을 당할 적에 한 페르시아 병사(兵士)가 크로이소스(Croesus)
를 베려를 하고 있었으나, 그 병사는 크로이소스를 몰라보고 있었다. 크로이소
스는 그 병사를 보았다. 그러나 크로이소스는 '비감(悲感)'에 죽이거나 살리거나
내버려 두었고 막을 방어도 없었다. 그러나 벙어리 아들이 그 위험함을 보고
말이 터져 나왔다.

"죽이지 말라. 이 친구야! 크로이소스(Croesus)이시다."

이 말이 그 벙어리 아들이 처음 터뜨린 말인데, 죽을 힘을 다한 말이었다.

이렇게 페르시아인들은 사르디스를 정복했고, 크로이소스(Croesus)는 14년
통치에 14일 포위 끝에 포로가 되었다. 신탁(oracle)이 '실현(實現)'이 되어 크로
이소스(Croesus)는 막강한 왕국을 잃었다.18)

____✈

(a) 우리가 여기에서 가장 주목해야 할 사항이 헤로도토스(Herodotus)가 발동
해 보여주고 있는 '마하바라타(*The Mahabharata*)'에서 발동해 보이고 있
는 '신(神)과 동일한 시각(全知者的 視點)'이다.

즉 헤로도토스(Herodotus)는 '마하바라타(*The Mahabharata*)'의 마르칸데
야(Markandeya) 산자야(Sanjaya) 경우처럼 소위 **'전지적(全知的) 시점(視
點)**[Analytic or omniscient author tells story, entering thoughts and
feelings]'으로 '리디아 기갑병(機甲兵) 격퇴'와 '사르디스(Sardis) 성곽 등반
(登攀)'의 구체적인 전법(戰法)을 소개하여, 그의 '역사(*The Histories*)' 서
술을 독자가 현장에서 보고 있는 듯한 효과를 달성해 내고 있다.

더욱 넓게는 **'희랍에 현존하는 모든 고전(古典) 서술 방식'**은 간단하게 말
하여 **'모두 힌두(Hindu)의 마하바라타(*The Mahabharata*) 서술 방식'**이

---

18) Herodotus (translated by Aubrey de Selincourt), *The Histories*, Penguin Books, 1954,
pp. 73~75

라고 알면 된다.

(b) 그리고 헤로도토스(Herodotus)는 '마하바라타(*The Mahabharata*)'에 강조해 보인 바 **크샤트리아의 의무(the duties of Kshatriya) 실행** 문제를 헤로도토스(Herodotus)는 위에서 '아르기베 사람(Argives)과 스파르타 사람(Spartans)에서 선발된 600명의 전사(戰士)'로 조용히 반복했다. [모두가 '무사(武士) 정신'에 투철 했다.]

(c) 그리고 헤로도토스(Herodotus)는 '마하바라타(*The Mahabharata*)' '절대주의'를 **리디아 멸망을 신탁(oracle)이 실현(實現)**'으로 동일한 '절대 신의 변함없는 세계 운영'으로 긍정하고 있다.

제13장 포로가 된 크로이소스

페르시아 인들이 포로들을 그 왕 앞에 세우니, 키루스(Cyrus)는 크로이소스(Croesus)를 14명의 리디아 소년들과 함께 그가 세운 거대한 장작더미 위에 묶어 세워 두게 했다. 그것은 키루스가 그들을 어떤 신에게 공물(祭物)로 바치려한 것이었거나, 아니면 '크로이소스(Croesus)가 신을 두려워한다.'는 소문을 듣고 그를 장작더미 위에 세워놓고 과연 신이 그를 살려낼 지를 보려한 것이었다. 그러나 무슨 이유든 무엇을 행했던지 간에 장작더미에 선 크로이소스(Croesus)는, '**어느 누구도 죽기 전까지는 행복했다고 말할 수 없다.**'는 솔론(Solon)의 '신성한 진리 선언'을 생각해 내었다. 그래서 크로이소스(Croesus)는 비통하게 '솔론'의 이름을 세 번 외쳤다.

키루스도 그 '솔론'의 이름을 듣고 곁에 있는 자들에게 '솔론'이 누구냐고 묻게 했다. 그러나 크로이소스(Croesus)는 잠시 대답을 않고 침묵했다. 결국 대답을 강요하니, "세상에 모든 왕들과 마땅히 이야기를 함께 해야 할 분이시다. 그분의 말씀대로 행했더라면 행운이 주어졌을 것이다."라고 크로이소스(Croesus)는 말했다. 키루스(Cyrus)는 크로이소스(Croesus)가 무엇을 말하는지 사람들에게 재차 설명을 강요하니, 크로이소스는 더 이상 거절할 수도 없었다. 그래서 크로이소스는 아테네 사람 솔론(Solon)이 어떻게 사르디스(Sardis)로 와 빛나는 그 곳을 보고, 어떻게 솔론이 크로이소스 자신에게 뿐만 아니라 '모든 행복하다는 사람들'에게 말했고, 그의 말이 진실 됨을 입증했는데, 크로이소스(Croesus) 자신에게도 모두 입증이 되었다고 대답을 했다.

크로이소스(Croesus)가 말하고 있는 동안 그 장작더미 가장자리는 이미 불에 타고 있었다. 해설자들은 크로이소스(Croesus)가 했던 말을 키루스에게 전하니, 그 이야기가 키루스에게 영향을 주었다. 키루스(Cyrus) 그 자신도 죽어야 할 인간이었고, 자기처럼 번성을 누렸던 또 다른 사람을 지금 불태우려 하고 있다. 그 생각에, 그리고 처벌이 두렵고, 인간 일이 무상(無常)함을 알아 키루스는 생각을 고쳐먹고, '불을 꺼라.'고 명하고 크로이소스(Croesus)와 소년들을 장작더미에서 이끌어 내리도록 명령을 했다. 그러나 불이 이미 크게 붙어 불끄기에 실패했다. 리디아 사람들은 말하고 있다. 크로이소스(Croesus)가 키루스의 마음이 변한 것을 알아서 아폴로(Apollo) 신에게 불행에서 구해 달라고 눈물로 빌었다. 날씨는 맑고 구름도 없었는데, 갑자기 그 크로이소스(Croesus)의 기도로 구름들이 몰려와 비를 퍼부어 불을 껐다는 것이다.

이것은 키루스와 크로이소스가 다 신들이 사랑한 착한 사람이라는 증거였다. 그래서 키루스는 크로이소스를 장작더미에서 내려놓고 말했다.

"크로이소스(Croesus)여, 말해 보시오, 누가 당신에게 우리나라와 친구가 되기보다 적(敵)이 되게 만들었소?"

크로이소스(Croesus)가 대답했다.

"폐하, 내가 그동안 행했던 것은 폐하에겐 행운을 주었고, '실패'는 저의 것이 되었습니다. '희랍인의 신'이 제게 싸우라고 하여 질책(叱責)을 내리신 겁니다. **'평화'보다 '전쟁'을 원하는 멍청이보다 더욱 큰 바보는 없습니다. 평화 시대에는 아들이 아비를 장사지내고, 전쟁 시에는 아비가 아들을 땅에 묻습니다.** 이것이 일어날 수밖에 없는 하늘의 뜻입니다."

키루스는 크로이소스(Croesus)의 쇠사슬을 벗기고 그의 옆자리에 앉게 하였다. 키루스는 코로이소스를 존중해서 그와 친근(親近)하다는 것을 모든 리디아 사람들이 보고 알게 하였다.

잠시 크로이소스(Croesus)가 생각에 잠겨 말이 없었다. 그런 다음 자세를 돌려 페르시아인들이 사르디스(Sardis) 도시에서 '약탈'을 행한 것을 보았다. 크로이소스가 말했다.

"폐하, 제 마음속에 있는 것을 말씀 드릴까요, 아니면 침묵하고 있을까요?"

키루스는 크로이소스가 두려워 말고 말하고 싶은 대로 하라고 대답했다. 그러자 크로이소스는 다시 질문을 했다.

"폐하의 부하들이 하고자 하는 일이 무엇입니까? 그들은 폐하의 도시에서 약탈을 행하고 폐하의 보물을 옮기고 있습니다."

크로이소스(Croesus)는 말을 계속했다.

"이제 내 도시, 내 보물은 없고, 내 것은 하나도 없습니다. 그들[페르시아인]이 훔친 것은 이미 폐하의 것입니다."

키루스는 곰곰이 생각했다. 키루스는 모든 모인 사람들을 일단 다 내보내고, 그 문제에 대해 충고해 달라고 크로이소스에게 요구했다. 크로이소스는 말했다.

"신(神)들이 이미 저를 폐하의 노예로 만들었습니다. 그것[노예]이 지금 저의 의무입니다. 제가 대왕께 드리는 가치가 있다고 생각되는 충고는 그냥 유보(留保)해 두지는 마십시오. 페르시아 인들은 난폭한 사람들입니다. 그리고 가난하여 도시를 뒤지고 다니는 사람들입니다. 대왕이 저 사람들에게 그 부(富)를 다 소유하게 내버려 두면, 누구건 가장 많이 취한 자가 명백히 대왕을 배반할 것입니다. 그래서 제가 말씀드리는 것은 모든 대문에 보초병을 세워 누구나 가치 있는 것을 가져오면 보초병을 시켜 '**약탈품의 10분의 1은 제우스 신[최고 신]께 드려야 한다.**'고 말하게 하십시오.[十一租 獻金] 대왕께서 그렇게 하시면 사람들은 대왕을 싫어하지 않을 것이고, 대왕께서 물건을 몰수해도 단지 권위로 행하신다고 알아 정의(正義)로 수용하고 그들이 가졌던 것을 포기할 것입니다."

키루스는 그 충고의 탁월함에 즐거웠다. 크로이소스에게 많은 칭찬을 하며 키루스는 보초병들에게 그 말을 실행하도록 명령을 내렸다. 그런 다음 키루스는 크로이소스에게 말했다.

"나는 당신이 내게 말과 행동으로 좋은 봉사를 행하는 왕이라는 것을 알게 되었소. 나도 당신께 보상을 해야겠소. 당신이 원하는 소원을 말하시오. 즉시 그대로 실행이 될 것입니다."

크로이소스가 대답했다.

"폐하, 제가 가장 존중하는 희랍인들의 신에게 이 쇠사슬을 바치게 하여, 그 신이 왜 그 후원자들을 속이고 있는지 묻게 해 주시면 최고로 즐겁겠습니다."

키루스가 그 이유를 묻자 이에 크로이소스는 그가 성취하고자 한 바를 가졌던 것과 신탁을 들었던 것과 풍성한 선물을 바쳤던 것, 예언가들이 페르시아 침공을 부추겼던 것을 털어놓았다. 그런 다음 '아폴로(Apollo)의 속임수'를 꾸짖게 허락해 달라고 요구했다. 키루스는 웃으며 크로이소스에게 원하는 바를 행하게 하고, 크로이소스가 언제 무엇을 요구하던 문제 삼지 않았다. 그래서 크로이소스는 델피(Delphi)로 사자(使者)를 보내 사원 입구에 쇠사슬을 놔두고 그 쇠사슬을 가리키며 신탁으로 크로이소스가 키루스의 힘을 격파할 희망을 부추겨 페르시아를 침공한 전쟁의 결과물이니 부끄럽지 않느냐고 묻게 했다. 그리고 사자들은 희랍의 신들이 왜 그렇게 '배은망덕'한지도 묻게 했다.

리디아(Lydia) 사자들이 델피에 도착하여 명령 받은 대로 질문을 했더니, 여(女) 사제는 신(God)도 '운명'을 피할 수는 없다고 대답을 했다고 한다.

크로이소스 경우, 그 조상(祖上, **기게스(Gyges)의 '왕위 찬탈' 행위**)의 범죄를 5대를 지나서야 보상하게 되었다. **그 조상은 헤라클레스 후손의 호위병으로 여인의 배반 음모에 넘어가 주인을 살해했고, 왕위를 도둑질하였지만 거기에 대한 어떠한 요구가 없었다. 예언가는 사르디스 함락은 크로이소스 자신의 때보다 그 아들의 시대에 일어날 것이라 주장했으나, 크로이소스는 운명의 정해진 길을 피할 수가 없었다.**[史家로서 헤로도토스의 평] 더구나 뒤따른 운명은 얼마나 하찮은 것인가. 크로이소스 아들은 3년간 사르디스 몰락을 막아 크로이소스는 정해진 운명보다 3년간의 자유를 즐겼다는 것을 알아야 한다. 둘째 **아폴로 신은 크로이소스가 장작더미 위에 있을 적에 구해내었다.**(the god [Apollo] had saved him when he was on the pyre.) 신탁에 대해서 크로이소스는 그것을 비난할 수 없다. 신은 크로이소스가 페르시아 인을 공격하면 거대한 왕국을 넘어뜨릴 것이라고 선언하였다. 그와 같은 대답 이후에 현명한 일은 키루스의 왕국인가 크로이소스 자신의 왕국 중 어떤 왕국을 의미한가를 다시 물었어야 했다.['크로이소스 자신의 부주의'일 뿐이라는 헤로도토스의 주장] 그러나 크로이소스는 신탁을 잘못 해석하고 제2차 질문을 하지 않았던 그의 잘못을 인정해야 한다. 더구나 마지막으로 아폴로가 '노새'에 대해 말했던 신탁을 이해하는데 실패했다. '노새(mule)'는 키루스(Cyrus)이니, 그는 이방인(異邦人)의 아들이다. 귀족 어머니와 천민(賤民) 아버지이대'말'과 '당나귀'의 새끼]. 어머니는 메디아(Media) 왕 아스티아게스(Astyges)의 딸이고, 아버지는 메데인(Medes)에게 종속된 페르시아 인으로 여왕과 결혼은 했으나 모든 면에서 열등한 자였다.

리디아인들이 여 사제의 대답을 갖고 사르디스(Sardis)로 돌아와 크로이소스에게 보고를 했을 적에 크로이소스는 '**신은 순수하시고 자신이 그 책망을 받아야 한다**.'고 결국 인정을 했다.

크로이소스 통치 동안에도 사실은 그러하였고 최초의 이오니아 정복이 있었다. 나는 내가 앞서 언급했듯이 크로이소스는 '희랍 성지(聖地)'에 많은 공물을 바쳤다. 예를 들면 황금 삼각대(현재 Boeotia의 Thebes에 있음)는 이오니아 아폴로에게 헌정한 것이고, 에페소스(Ephesus)의 황금 암소들과 대부분의 기념비, 델피의 프로내아(Pronaea)에 거대한 황금 방패가 그것이다. 이 모든 것들이 크로이소스 시대에 있었던 것이고, 그밖에 다른 것들도 있었으나 사라졌다. 밀레토스(Miletus) 근처 브란키데(Branchidae)에도 델피의 것과 무게와 종류가 비슷한 공물들이 있다는 것을 나는 들었다.

크로이소스가 델피와 암피아라오스(Amphiaraus) 성지로 보낸 모든 것은 자신의 재산과 아버지로부터 받은 유산으로 만든 것이다. 그러나 다른 공물은 원래 통치 이전에 크로이소스에게 반대한 적에게서 얻은 것과 판탈레온 (Pantaleon)의 집권을 지원한 데서 얻은 전리품이었다. 판탈레온(Pantaleon)은 크로이소스의 이복형제로서 크로이소스 어머니는 카리안(Carian)이고 판탈레온(Pantaleon)의 어머니는 이오니아 사람이다. 크로이소스는 아버지 상속권을 확보하고 음모를 꾸며 그를 소모(梳毛)빗으로 죽였다. 크로이소스는 알리아테스(Alyattes) 재산을 몰수하여 여러 성지에 기부를 했던 것이다.[19]

_____✈

(a) 헤로도토스(Herodotus) 자신의 '역사(*The Histories*)' '서술 방향'은 바로 '이 장[제13장]'에 대체적으로 명시되어 있다.
헤로도토스(Herodotus)는 이 장에서 Ⓐ '전쟁 당사자들의 화해' Ⓑ '시민 보호 정신 발동' Ⓒ '신을 숭배한 전통의 흥호'라는 '사가(史家)'로서의 그의 태도를 알게 하였다.

(b) 헤로도토스(Herodotus)는 '나라를 잃은 왕 크로이소스(Croesus)의 입'을 통해 행한 것이지만 정복자 키루스(Cyrus)와 그 둘 밖에 없는 순간에 행했던 말을 기록해 놓은 것은 앞서 제시한 힌두(Hindu)의 '마하바라타(*The Mahabharata*)' 제시된 '전지적 관점'의 시인(詩人) 마르칸데야(Markandeya) 산자야(Sanjaya)와 동등한 권능의 발휘로 사실상 헤로도토스 (Herodotus) 자신의 확신을 진술한 것이기 때문이다.[이미 이전에 '키루스의 傳記'를 작성한 詩人의 관점 수용일 수도 있음]

(c) 그리고 헤로도토스(Herodotus)가 '크로이소스 경우, 그 조상(祖上, **기게스 (Gyges)의 '왕위 찬탈' 행위**)의 범죄를 5대를 지나서야 보상하게 되었다.' 고 결론을 내었던 것은 힌두(Hindu)의 '<u>**인과응보(因果應報)론**</u>'을 그대로 그의 '역사(*The Histories*)'에 활용한 예이다.

(d) 그러나 Ⓑ '시민 보호 정신 발동'은 헤로도토스(Herodotus) 고유의 사상으

_____

19) Herodotus (translated by Aubrey de Selincourt), *The Histories*, Penguin Books, 1954, pp. 75~79

146

로 이후 '계몽주의' 볼테르(Voltaire) 이후 **최고 시민 중심 사회 도래**'에
결정적 씨앗이 된 바 그것이다.

제14장 기근(饑饉)을 극복하려 서진(西進)을 계속하다.

  나는 크로이소스의 왕국 헌정(獻呈) 이야기를 끝내고, 리디아(Lydia)에 관한
말을 계속해 보겠다. 리디아(Lydia)는 트몰로스(Tmolus)로부터 씻어 내리는
'황금 가루(gold dust)'를 빼고는 다른 나라와 달리 역사가가 기술할 만한 특색
이 거의 없다. 그러나 **이집트인이나 바빌로니아 사람과는 달리 '사람들의 솜**
씨'는 세상에서 최고였다. 나는 크로이소스 아버지 알리테스(Alyttes)의 무덤[20]
을 두고 하는 말이다. 이 기념물의 기초는 거대한 돌덩으로 세웠다. 나머지는
흙으로 세웠다. 상인(商人) 장인(匠人) 매춘부들의 합작으로 그 꼭대기에 다섯
개의 돌기둥을 세웠는데, 각 계급이 행한 일을 제시한 것으로 나의 시대에까지
남아 있는 유물들이다. 계산으로는 매춘부들의 지분이 가장 크게 제시되어 있
다. 리디아에서 노동자 계급의 딸들은 예외 없이 매춘(賣春)을 행해서 결혼 지
참금을 모았고, 결혼을 할 때까지 그러했다. 그녀들이 남편을 선택했다. 무덤의
둘레는 거의 4분의 3마일이었는데, 너비는 약 4백 야드(yards, 400X1m²)이다.
무덤 곁에 거대한 '기게스(Gyges)의 호수'가 있는데 리디아 인에 따르면 마르는
법이 없다고 한다. 리디아 사람들이 과연 딸들에게 '매춘'을 시켰는지의 사실을
떠나 리디아인의 생활 방식은 우리와 다르다.[희랍인으로서의 긍지] 리디아 사
람은 금과 은을 합금시킨 산매(散賣, 소매)를 행한 최초의 사람들이고, 그들이
그들과 희랍인이 함께 즐기는 '게임들'을 개발했다. 그 게임은 리디아 인이 티레
니아(Tyrrhenia)로 식민(植民)을 보냈을 때 발명한 것으로 보인다. 마네스
(Manes)의 아들 아티스(Atys)가 통치할 적에 전(全) 리디아는 심각한 '기근(饑

---

20) 최근에 미국인과 터키인 고고학자들이 발굴을 하였다.

饉)’을 겪고 있었다. 잠시 사람들은 고통스럽게 돌아다녔으나, 개선이 되지 않자 그들의 비참함을 완화하는 방법을 찾았다. 예를 들어 주사위노름(dice), 공기놀이(knucklebones), 공놀이의 발명이다. 리디아 인들은 먹을 것 빼고는 다 만들었다. **그들은 굶주림을 참으며 하루를 넘겼는데, 그들은 하루를 먹지 않고 넘겼고 그 다음날은 먹고 놀지 않았다.** 그들은 이처럼 18년을 살았다. 그러나 고통은 감소되질 않고 더욱 심해졌다. 그래서 왕은 사람들을 두 그룹으로 나누어 추첨을 해서 한쪽은 이민(移民)을 행하고 다른 쪽은 집에 남아 있기로 했다. 왕은 추첨으로 남기로 한 사람을 다스리기로 했고, 그의 아들 타이레노스(Tyrrhenus)는 이민자들을 이끌기로 했다. 추첨이 행해져 한 그룹은 스미르나(Smyrna) 해안으로 내려가 거기에서 배를 건조하여 거기에 그들의 가제도구들을 싣고 살 곳을 찾아 떠났다. 그들은 여러 나라를 지나 마지막 이탈리아 북부 움브리아(Umbria)에 도착했는데, 그들은 거기에서 오늘날까지 살고 있다. 그들은 ‘리디아 사람’에서 왕의 아들 티레노스(Tyrrhenus) 이름을 따라 ‘티레니아 사람(Tyrrhenians)’이라고 명칭을 바꾸었다.21)

_____ ✈

(a) 위의 헤로도토스의 말에 크게 주목을 해야 할 사항이 ‘리디아(Lydia)’를 휩쓸고 있는 무서운 기근(饑饉, 굶주림) 문제’이다.

(b) 이 **‘기근(饑饉, 굶주림) 문제’ 해결을 위해 ‘인도’에서 ‘인더스 강 서쪽[西歐]으로의 행진’이 계속되었다는 점을 헤로도토스는 그의 ‘역사(*The Histories*)’에서 밝히고 있다.** 사실상 이 말을 보충하여 제작한 저작이 포콕(E. Pococke)의 ‘희랍 속의 인도(*India in Greece*, 1851)’이다. 오늘까지 ‘서구(西歐) 언어’를 ‘인도 유럽어(Indo European Language)’로 학계에서는 분류를 하고 있다. 이에 포콕(E. Pococke)은 ‘고대 희랍어=산스크리트어[힌두 에]’ 공식을 확인하고, ‘인명[神名]’ ‘지명’ ‘산악’ ‘하천’ ‘바

_____

21) Herodotus (translated by Aubrey de Selincourt), *The Histories*, Penguin Books, 1954, pp. 79~81

다' 명칭을 점검하여 성공을 했다.

(c) 헤로도토스의 '역사(*The Histories*)'는 포콕(E. Pococke)의 '희랍 속의 인도(*India in Greece*, 1851)'보다 연대가 확실하게 앞서 있지만, 포콕(E. Pococke)은 더욱 포괄적이 정밀한 '지리적' '언어적' '인종적' 정보(情報)를 바탕으로 천재적 능력을 발휘하여 그 힌두(Hindu)의 '마하바라타(*The Mahabharata*)' 영향력이 '상고시대 인류 보편의 문화'를 이루었음을 앞서 명시를 했다.

(d) 여기에 헤로도토스 당대의 '전체 세계[유럽] 문화의 구도(構圖)'가 마련 되게 되니, **'기근(饑饉, 굶주림)의 리디아(Lydia), 희랍, 이탈리아' '부유한 이집트' '무력의 페르시아' '야만의 스키타이'**가 그것이다.

제15장 메디아(Media) 왕 데이오케스(Deioces)

이제까지 나는 페르시아 사람들에게 정복된 리디아(Lydia)를 설명했다. 이제 키루스(Cyrus) 이야기를 해보자. 크로이소스 왕국을 멸망시킨 그는 누구이며 어떻게 아시아에서 지배권을 확보하였는가? **나에게는 서로 다른 키루스(Cyrus) 전기(傳記) 3가지 판본이 있다.** 나는 키루스 공적(功績)에 과장이 없는 '페르시아 전문가들'의 말 중에 단순한 사실을 소개할 것이다.

메데 사람들(Medes)이 그 아시리아 사람들(Assyrians)에게 대표적으로 반란을 행할 때까지는 그 아시리아인들(Assyrians)이 '상부 아시아(upper Asia)'에 520년 동안 주인이었다. 메데인(Medes)은 자유를 위해 무기를 잡고 용감하게 싸워 그 '아시리아의 속박'을 벗고 자유인이 되었다. 그 메데 사람들의 선도(先導)를, 아시리아 왕국 내의 다른 종족들이 뒤를 이어, 모든 종족들이 독립을 획득했다. 그러나 그것이 끝이 아니었다. 그래서 그들은 다시 독재 정부의 속민(屬民)이 되었다. 그 변화를 메디아 사람 **데이오케스(Deioces, ~675 b. c.)**가 주도하였으니, **데이오케스(Deioces)**는 프라오르테스(Phraortes)의 아들이었는데, 능력이 있고 권력에 욕심이 많았다. 메데인들은 작은 정착촌을 이루었는데, 데이오케스(Deioces)는 자신의 마을에 대표적인 존재가 되어 정확한 판단으로 업무에 몰두했다. 거기에는 목표가 있었다. 당시에 그 지방에는 '행정부'라는 것이 없었고, 시비(是非)를 가리는 '규약(規約)'도 없었다. 그래서 그 마을 사람들은 '분쟁의 조정자'로 **데이오케스(Deioces)**를 선택했다. 전권(專權)을 거머쥔 데이오케스(Deioces)는 '진실한 사무소'를 운영하여 마을 사람들의 작지 않은 칭찬을 획득했다. 엄격한 판결로 분쟁을 종식시키는 그의 명성은 다른 마을에 소문이 났고, 부패한 법의 집행에 고통을 겪던 다른 마을 사람들은 데이오케스(Deioces)의 엄정성을 들은 다음 그에게 판결을 요구하여 결국은 사람들이 판결을 구하는 유일한 존재가 되었다.[헤로도토스의 '법치주의 강조'] 그의 공평함이 알려져 의뢰인들이 증가하여 데이오케스(Deioces)는 자신 위치가 수월(秀越)함을 알게 되었다. 그래서 데이오케스(Deioces)는 너무 많이 판결을 해서 더 이상 판결을 맡을 수가 없고, 송사(訟事)를 듣기에도 적절하지 않다고 선언을 했다. 그것은 자신의 일을 돌아보지 않고 그 '이웃들의 분쟁'을 잠재우는 그의 평소 관심에는 반대되는 것이었다. 그 결과 도둑들이 증가하고, '법'이 무시되어 고장이 혼란하게 되었다. 메데 사람들(Medes)은 모여 회의를 했는데, (내가 추측컨대) 데이오케스(Deioces)의 친구들이 말했다.

"우리는 이 상황을 그냥 견디고 있을 수는 없습니다. 한 사람을 지명하여 우리를 다스리게 하고 질서 잡힌 행정부 아래 우리 각자 일을 하고 현재의 혼돈 속에 우리 가정을 지키도록 합시다."

그 주장이 우세하여, 그 모임에서 '왕국'을 세우기로 합의했다. 그 다음 단계가 왕실에 들어갈 '후보'를 제시하는 것인데, 데이오케스(Deioces)가 그 쟁점에 떠올라 있는 상태였으므로 그를 지명하게 되었다.

데이오케스(Deioces)는 우선 왕에게 걸맞은 궁궐을 지으라는 명령을 내렸고, 그를 지키는 호위병을 인정하라는 것이었다. 메데 사람들은 그 명령에 따랐다. 데이오케스(Deioces)가 지정한 자리에 거대하고 '잘 막아진 궁궐'을 세우고 제한 없이 그 맘대로 '호위병'을 뽑게 했다.

150

왕좌에 앉은 데이오케스(Deioces)는 메데 사람들을 압박하여 나라의 수도(首都)로 단일한 거대 도시를 건설하게 압력을 행사하고 그 밖의 도시는 제2차적 중요성을 지니게 만들었다. 메데 사람들은 그것도 수락하여 유명한 도시 '**에크바타나(Ecbatana)**'를 세웠는데, 동심원으로 성곽을 쌓아 연이은 원형이 차례로 낮게 하여 성벽을 쌓았다. 산에다가 도시를 세워 그러한 효과를 내게 했는데, 교묘한 획책이 더해졌다. 원들은 일곱 겹이었는데, 가장 깊은 곳이 왕궁이었다. 다른 성벽은 아테네의 성곽과 혹사(酷似)했다. 다섯 개의 외부 성곽은 다른 색을 칠하여 백색, 흑색, 진홍색, 청색, 오렌지색으로 하였다. 안쪽의 두 성곽은 은색과 황금색으로 했다. 사람들은 모두 그 원형 성곽 밖에 거주를 마련하게 했다.

건물이 완성되었을 때에 데이오케스(Deioces)는 최초로 즉위식(卽位式)을 가졌다. 그래서 왕과의 접견(接見)이 금지되고, 모든 전달은 '전령(傳令)'을 통해야 했다. 누구도 왕을 볼 수 없게 했으니, 왕 앞에 웃거나 침 뱉음을 막자는 것이었다. 이 숭고한 의식이 당시 사람들에게서 일종의 수호로 고안이 되었으니, 당시 사람들은 자신들도 그 데이오케스(Deioces)만큼 착하고 성격이 비슷하고 일찍부터 함께 자랐다는 것을 알고 있었기 때문이다. 만약 사람들이 데이오케스(Deioces)와 항상 마주치면 시기와 복수심을 일으킬 수 있고, 음모를 꾸밀 수도 있다. 그러나 아무도 그를 보지 못 하면 데이오케스(Deioces)는 보통 사람들과 다르다는 전설이 생기게 마련이다.['민주주의'를 가르친 헤로도토스!]

일단 자기의 '통치권'이 견고하게 자리를 잡자, 데이오케스(Deioces)는 '엄격한 법'을 집행하였다. 모든 소송(訴訟)은 서면(書面)으로 전달이 되었고, 데이오케스(Deioces)는 그것을 살핀 다음 '판결'을 내렸다. 그런데다 누가 오만하다 과시한다는 말을 들으면 그를 범죄자로 처벌하고 '스파이들'을 통치 영역 곳곳에 배치하여 감시하여 빨리 보고하게 하였다.

데이오케스(Deioces)는 53년을 통치했다. 데이오케스(Deioces)는 부세(Busae), 파라타케니(Parataceni), 스트루카테스(Struchates), 아리잔티(Arizanti), 부디(Budii), 마기(Magi) 사람들을 메디아(Media) 사람들과 통합해 다스렸고, 그들을 넘어 자기 왕국을 확장하지는 않았다. 그러나 데이오케스(Deioces)의 아들 프라오르테스(Phraortes)가 아버지 사망에 왕이 되었는데, 그는 메디아 왕으로 만족하지 못했다. 군사적 원정을 행해서 프라오르테스(Phraortes)가 최초로 공격하여 복속시킨 나라가 '페르시아'였다. 이 두 강력한 국민을 통합한 프라오르테스(Phraortes)는 아시아의 단계적 정복에 나서 결국은 아시리아를 공격했다. **니네베(Nineveh)**의 아시리아는 견고한 아시아의 왕이었는데, 그 당시에는 동맹국들이 흩어져 홀로 버티고 있었다. 그러 했지만 아시리아는 역시 강하고 융성하여 그들을 원정(遠征)한 많은 프라오르테스(Phraortes) 군사가 죽음을 당했다. 프라오르테스(Phraortes)는 22년을 다스렸는데, 아들 키아크사레스(Cyaxares)가 계승했다. 키아크사레스(Cyaxares)는 그 아버지나 할아버지보다 더욱 위대한 명성을 획득했다. 키아크사레스(Cyaxares)는 최초로 아시아 군사를 창병(槍兵) 궁수(弓手) 기갑병(機甲兵)으로 나누었다. 그 이전에는 서로 다른 군사들이 무리 속에 섞여 있었다. 날이 어두워졌을 때[日蝕이 생겼을 때] 리디아 사람들과 전투를 했던 왕이 키아크사레스(Cyaxares)였고, 할리스(Halys)를 넘어 전 아시아를 그의 통치아래 두었던 자가 키아크사레스(Cyaxares)이다.

키아크사레스(Cyaxares) 통치의 시작은 복속한 나라들을 이끌고 그들에 앞장서서 니네베(Nineveh)로 진군하여 그 도시를 파괴하고 아버지 원수를 갚는 것이었다. 키아크사레스(Cyaxares)는 아시리아를 상대로 성공적으로 싸웠다. 그런데 그가 니네베(Nineveh)를 포위하고 있는데, 프로토키에스(Protothyes)의 아들 마디아스(Madyas) 왕이 이끄는 스키타이들(Scythian)의 공격을 받았다. 그 스키타이들(Scythians)은 유럽에서 축출된 키메리안들(Cimmerians)을 따라 아시아에 들어왔었는데, 그들은 잠시 메디아(Media) 경내에 머물러 있었다. 아조브(Azov) 해(海)에서 파시스(Phasis)와 콜키안(Colchians)까지는 빠른 여행자가 30일이 걸리는 거리이다. 그러나 콜키스(Cochis)에서 메디아(Media)

거리를 멀지 않았으니, 간섭을 하는 사스피레족(Saspires)을 통과하면 그러했다. 그러나 스키타이들(Scythians)은 메디아를 경유하지 않고 더욱 먼 북쪽 길을 택하여 코카서스(Caucasus) 산맥을 오른쪽에 두고 행진을 했었다. 전쟁이 터져 메데인(Medes)이 패배하여 그들은 아시아에서 힘을 잃고 아시아는 스카타이들에게로 넘어갔다.

그 다음 스키타이들은 그들의 관심을 이집트로 돌렸으나, 팔레스타인(Palestine)에서 이집트 왕 프사메티코스(Psammetichus)와 마주쳤으니, 그 이집트 왕은 뇌물을 공여한 열렬한 외교로 그들의 이집트로의 행진을 막았다. 스키타이들은 시리아 아스칼론(Ascalon)을 거쳐 퇴각했다. 큰 규모의 군사가 도시를 지나며 손상을 입히지는 않았으나, 소수의 사람들이 뒤에 남아 모든 신전 중에 가장 오래된 아프로디테 우라니아(Aphrodite Urania)를 약탈했다. 키프로스(Cyprus)에 있는 신전은 키프로스 사람들이 '아프로디테 우라니아'에서 유래한 것이라고 말하고 키테라(Cythera)에 있는 것은 시리아에 소속된 페니키아 사람들이 세운 것이다. 그 아스칼론(Ascalon) 신전을 약탈한 스키타이들은 여신의 벌을 받아 '여성 병(female disease)'을 앓았는데, 후손들도 아직껏 그 병을 앓고 있다. 이것은 스키타이들이 이상한 불평들을 늘어놓고 있는 이유인데, 그 나라를 여행한 사람들도 비슷한 것을 볼 수 있었다. 스키타이 사람들은 그 병을 앓고 있는 여인을 '에나리(Enarees)'라고 한다.['여신 모독에 대한 징벌']

스키타이들(Scythian)이 아시아에서 28 년간을 누리는 동안, 폭력과 범법이 극도에 이르렀다. 공물(供物)을 맘대로 부과하고 강제로 걷는 것은 말할 것도 없고, 그 나라를 점령하여 강도처럼 민간인의 재산을 약탈했다. 결국 키아크사레스(Cyaxares)와 메데인(Medes)은 많은 스키타이들(Scythian)을 잔치에 초대해 술을 먹인 다음 그들을 죽이고, 이전의 주권을 회복 했다. 스키타이들(Scythian)은 니네베(Nineveh)를 점령하고('점령' 이야기는 다른 곳에서 밝히겠다.[22]) 바빌론(Babylon) 소속 영토를 제외한 모든 아시리아 인을 지배하였다. 그래서 키아크사레스(Cyaxares)는 스키타이 지배기를 포함해서 40년을 다스린 다음 죽었다. 그 키아크사레스(Cyaxares)왕을 그의 아들 아스티아게스(Astyages)가 계승을 했다.[23]

'아시리아 왕국(Assyrian Empire)'–'니네베(Nineveh)' '메디아(Media)'–'흑해(Black Sea)'–'코카서스 산맥(Caucasus Mts.)'–'카스피해(Caspian Sea)'

'데이오케스(Deioces)' '키아크사레스(Cyaxares)' '이집트 왕 프삼티크 I세(Wahibre Psamtik I (Psammetichus I, 664–610 b. c.)'

(a) 헤로도토스는 그의 '역사(*The Histories*)' 서술을 흑해(黑海)와 지중해(地中海) 사이에 돌출해 있는 소아시아 '리디아(Lydia)' 중심으로 이야기를 펼치

---

22) 지켜지지 못 했던 약속이다.
23) Herodotus (translated by Aubrey de Selincourt), *The Histories*, Penguin Books, 1954, pp. 81~85

154

다가, 그 이웃에 자리 잡은 '메디아(Media)' 그 방향을 돌리었다.

(b) '메디아(Media)'는 지리적으로 '흑해(Black Sea)' '카스피 해(Caspian Sea)' 중간 바로 남쪽에 자리를 잡았고, 역사적으로는 '아시리아 왕조(?~609 b. c.)'의 쇠망기에 해당한다.

(c) 헤로도토스는 왕국 '메디아(Media)'의 역사를 시조 데이오케스(Deioces)부터 그의 아들 프라오르테스(Phraortes)과 손자 키아크사레스(Cyaxares) 왕을 지나, **키루스(Cyrus)의 외할아버지 아스티아게스(Astyages) 왕까지의 왕계(王系)를 약술했다**.

(d) 헤로도토스는 '당시의 소아시아의 세력 판도'를 북쪽의 스키타이들(Scythians) 하강(下降)하여 아시아를 휩쓸고 다니고 이집트를 위협하니 이집트 왕 프삼티크 I세(Wahibre Psamtik I (Psammetichus I, 664~610 b. c.)가 팔레스타인까지 진출해 있었으나, 그 스키타이들에게 뇌물을 주어 물러가게 했다고 진술했다.

제16장 키루스의 출생담

아스티아게스(Astyages) 왕에게는 '만다네(Mandane)'란 딸이 있었다. 아스티아게스(Astyages)는 어느 날 밤 꿈을 꾸었는데, 딸의 오줌이 엄청나서 온 도시를 채우고 전 아시아를 뒤덮었다. 그 꿈을 마기(Magi)에게 해몽을 부탁했더니, 마기(Magi)는 사람들에게 그 의미를 말하지 말라고 경고하였다. 그런데 만다네(Mandane)의 혼기(婚期)가 되어 아스티아게스는 딸을 동급의 메데 인(Mede, 왕족)에게 주지 않고 꿈의 내용이 무서워 페르시아 인 캄비세스(Cambyses)[키루스의 아들과 同名임]와 결혼을 시켰는데, 그는 좋은 가문이라고 알려졌으나, 아스티아게스는 캄비세스(Cambyses)를 중인(中人) 이하로 생각했다.

만다네(Mandane)와 캄비세스(Cambyses)가 결혼하기 1년 전에 아스티아게스(Astyages)는 또 다른 꿈을 꾸었다. 이번에는 딸의 음부에서 자라난 포도넝쿨

이 아시아로 펼쳐졌다. 아스티아게스(Astyages)가 꿈 해설자 말을 듣고 엄중한 감시를 하여, 딸과 아기를 죽일 것을 결심했다. 왜냐하면 마기(Magi)가 만다네(Mandane) 아들이 왕위를 찬탈할 것이라고 말했기 때문이다.['크리슈나(Krishna)의 외삼촌 캄사(Kamsa, Kansa) 이야기'[24]와 동일하다.] 그 아스티아게스(Astyages)의 걱정 속에 키루스(Cyrus)가 태어나니 아스티아게스(Astyages)는 재산 관리인 친척 하르파고스(Harpagus)를 불러 말했다.

"하르파고스(Harpagus)여, 나의 안전은 네게 달렸다. 네가 거절하면 다른 사람을 시킬 것이다. 만다네(Mandane)의 아기를 데려가서 죽이고 적당한 장소에 묻어라."

하르파고스(Harpagus)가 말했다.

"폐하, 대왕께서는 저를 질책하신 적이 없습니다. 저는 폐하의 미래를 그르치지 않도록 조심하겠습니다. 그것이 폐하의 뜻이시라면 '그것에 복종을 해야 하는 것이 저의 의무'입니다."

아스티아게스(Astyages) 왕은, 그 아이에게 '묻을 옷'을 입혀서 하르파고스(Harpagus)에게 넘기도록 했다. 하르파고스(Harpagus)는 그 아기를 데리고 집으로 와서 아내에게 왕이 명했던 것을 모두 말하니, 아내는 그에게 어떻게 할 작정인가를 물었다. 하르파고스(Harpagus)는 말했다.

"아스티아게스(Astyages)가 명했던 것을 행하지 않으면 그는 격노할 것이고, 지금보다 더욱 고약하게 될 것이다. 그러나 나는 왕이 명령한 것을 따르지 않을 것이다. 절대 죽여 묻지는 않을 것이다. 내가 그것을 행하지 않는 데는 이유가 있다. 그는 나의 혈족이고, 아스티아게스는 늙고 아들이 없다. 왕이 죽으면 내가 그녀의 아기를 죽인 만다네(Mandane)가 왕위를 계승해야 한다. 바로 내가 위험하게 되지 않겠는가? 나의 안전을 위해 아기를 죽여야 하고 아스티아게스

24) Vettam Mani, *Puranic Encyclopaedia -A Comprehensive Work with Special Reference to the Epic and Puranic Literature*, Motilal Banarsidass Publishers Delhi, 1975, 'Krsna I' pp. 421~423

신하 중 한사람이 행해야 한다면, 나의 하인에게도 그 일을 맡길 수 없다.”

하르파고스(Harpagus)는 왕의 ‘소치기(herdsmen)’에게 심부름꾼을 보냈다. 그 ‘소치기’ 이름은 ‘**미트라다테스(Mitradates)**’였다. 그는 야수(野獸)들이 있는 산 속과 풀밭이 펼쳐진 곳을 알아 그 목적 달성에 적합한 사람이었다. 미트라다테스(Mitradates)는 왕의 다른 노비 키노(Cino, 짐승)와 살고 있었다.(희랍 식으로는 ‘키노’, 메디안 식으로는 ‘스파코’ ‘스파카 -짐승’이다.) 미트라다테스(Mitra-dates)는 수도(首都) **에크바타나(Ecbatana)** 북쪽 흑해(黑海) 쪽으로 펼쳐진 고원(高原)의 풀밭에서 소들을 먹이고 있었다. 메디아(Media)는 모든 곳이 평평하지만 사스피레스(Saspires) 지방 남쪽은 고산(高山)들이 즐비하고 숲이 짙게 욱어져 있었다.

그 소치기가 소환해 응해 달려오니, **하르파고스(Harpagus)**는 말했다.

“왕의 명령이시다. 이 아기를 네가 알고 있는 황량한 산중에 갔다 버려 죽도록 하라. 너에게 말해 두지만 네가 왕의 명을 거스르거나 아기를 살려둔 것을 왕이 알면 왕이 너를 죽일 것이다. 나는 너에게 ‘이 아기를 갔다 버려라.’고 명령을 내린다.”

미트라다테스(Mitradates)는 그 아기를 집어 들고, 돌아오는 길에 아기를 포대기에 싸서 등에 업었다. 운명은 정해져 있어 미트라다테스(Mitradates)가 그 서울로 떠나 있는 동안 그의 아내는 마침 산고(産故)가 있어 침상에 있었다. 미트라다테스(Mitradates) 부처(夫妻)는 아기 나올 것을 걱정하고 있었는데, 하르파고스(Harpagus)가 그녀의 남편을 서울로 불러간 것이다. 아내는 그 의미가 궁금했다. 아내는 남편을 다시 못 볼 수도 있다는 두려움에 있었기에 그녀는 남편이 돌아오자마자 왜 하르파고스(Harpagus)가 그처럼 다급하게 왜 서울로 불렀는지를 물었다.

미트라다테스(Mitradates)가 말했다.

“여보, 고민에 빠진 서울에 있는 우리 주인들 이야기를 하게 되어 미안하오. 내가 오늘 서울에서 보고 들은 이야기를 다 말 하겠소. 무슨 일에서인지 내가 들어간 하르파고스의 집안은 슬픔과 울음에 빠져 있는데, 한 아기가 발로 차며 울부짖고 있었소. 아기는 황금의 빛나는 옷을 입고 있었소. 하르파고스가 나를 보더니 '산 속 황량한 곳에 아기를 버려라.'고 명령을 내리고 그 자리를 떴소. 그의 말에 따르면 왕이 내린 그 명령을 내가 집행하라는 것이었소. 하르파고스는 내가 명령을 어기면 무서운 일이 생길 것이라고 말했소. 나는 물론 그 아기를 주어들고 서울을 출발했소, 나는 하인으로서 모든 것을 알고 있소. 나는 비록 아기의 황금 옷과 아무도 숨기지 못한 눈물을 흘리며 놀랐으나, 누가 내게 아기를 들려주어 도시 밖으로 나가라 했는지 앞으로 우리가 어디로 나아 가야 할지의 전(全) 이야기를 말을 해 준 사람은 없었소. 당신은 어떻게 생각하시오? 그 아기는 분명 왕의 딸 만다네(Mandane)와 캄비세스(Cambyses)의 아들 키루스(Cyrus)인데 왕이 '버려라.'고 명령을 내린 것이오. 여기에 그 '아기'를 보시오."

소치기 **미트라다테스(Mitradates)**가 그 아기를 꺼내 아내에게 보여주니, 아내는 건장한 아기가 울음을 터뜨리는 것을 보고, 그녀는 남편의 다리를 껴안으며 아기를 부디 버리지 말라고 애원했다. 미트라다테스(Mitradates)는 하르파고스가 사람을 보내 명령을 행했는지 살필 것이고 명령에 불복하면 고통 속에 죽게 될 것이므로 다른 선택의 여지가 없고 말했다. 아내는 탄원이 소용이 없고 그 아기를 버릴 것을 말릴 수 없음을 알아 '죽은 자기 아기'를 보면 자기 탄원을 알아들을 것 같아 말했다.

"우리 아기가 오늘 태어났지만, 죽어서 태어났습니다. 죽은 아기를 버리고 '만다네(Mandane) 아기'를 우리 아기로 기릅시다. 우리가 그렇게 하면 아무도 당신이 주인의 명령을 어겼다는 것을 알지 못 할 겁니다. 더구나 우리의 '죽은 아기'를 '왕손의 주검'으로 삼고, 이 살아 있는 아기를 죽이지 않는 것이 우리에게도 좋은 일입니다."['아기 크리슈나(Krishna)를 야소다(Yasoda) 아기와의 치환했던 것'25)과 동일함]

미트라다테스(Mitradates)는 아내의 제안에 기뻐하여 즉시 실행을 했다. 그

158

는 가져왔던 관(棺)에서 만다네(Mandane) 아기를 꺼내 좋은 옷을 벗겨내고 아내에게 건네주고, 자신의 '죽은 아기'에게 왕손의 옷을 입혀 관 속에 넣었다. 그런 다음 미트라다테스(Mitradates)는 그것을 산 속 조용한 곳에 두었다.

그 아기를 거기에 둔 이틀이 지난 아침에 미트라다테스(Mitradates)는 그의 보조자들을 지키게 남겨두고 서울로 갔다. 하르파고스(Harpagus)의 집으로 가서 그 아이의 시체를 보여줄 준비를 마쳤다고 보고했다. 하르파고스는 믿을 만한 호위병을 파견하여 그들을 통해 그가 원했던 증거를 확보했고 그 아기는 소치기의 아기였다. 그렇게 소치기의 아내에게 돌아온 아이가 키루스(Cyrus)인데, 소치기 아내는 그 이름을 사용하지 않았다.

그 아이가 열 살이 되었을 때 그는 그의 정체(正體)를 드러내기 시작했다. 그 소치기 아들인 키루스(Cyrus)는, 미트라다테스(Mitradates)가 거주하고 마을의 다른 소년들과 길거리에서 '왕 놀이' 게임을 하는데, 소년들은 그 키루스(Cyrus)를 왕으로 뽑았다. 그 게임을 하면서 키루스(Cyrus)는 소년들에게 여러 직능을 부여했는데, 어떤 소년에게는 집을 짓게 하고 다른 소년들은 호위를 하게 했고 어떤 소년에게는 '왕의 눈'이 되게 하고, 다른 아이는 자기 심부름꾼으로 삼았다. 함께 놀던 소년 중에 '유명한 왕족 아르템바레스(Artembares)'의 아들이 왕 키루스 명령을 거스르는 일이 생겼다. 다른 소년들이 그를 붙잡으니, 키루스는 채찍으로 그를 사납게 쳤다. 수모를 당한 그 소년은 그 도시의 아버지 집으로 달려가 아스티아게스(Astyages)왕의 '소치기 아들'이 자기를 때렸다고 불평을 늘어놓았다. 그는 '키루스'라는 이름은 쓰지 않았으니, 아직 그렇게 부르지는 않고 있었기 때문이다. 아르템바레스(Artembares)는 아주 노했다. 그는 자기 아들을 직접 아스티아게스 왕에게 데리고 가 어깨에 채찍 자국을 보이며 왕의 종 '소치기 아들놈'이 가공할 폭행을 가했다고 보고했다. 어깨에 상처를

---

25) Vettam Mani, *Puranic Encyclopaedia -A Comprehensive Work with Special Reference to the Epic and Puranic Literature*, Motilal Banarsidass Publishers Delhi, 1975, 'Krsna Ⅰ' pp. 421~423

본 아스티게스 왕은 전후 이야기를 듣고 아버지 반열(班列)에서 '그 소년'에게 처분을 내리려 했다. 그래서 소치기와 그 아들을 불렀다. 아스티아게스는 키루스에게 시선을 집중하고 말했다.

"노예의 아들인 네가 그 아버지가 나의 가장 중요한 신하인 아들에게 이처럼 무례한 폭력을 휘둘렀느냐?"

키루스가 대답했다.

"대왕이시여, 제가 행한 행동에는 잘못이 없습니다. 우리 마을의 소년 속에 그도 함께 있었고, 애들이 나를 '왕으로 삼은 놀이'를 하고 있었습니다. 아이들은 내가 왕에 마땅하다고 했습니다. 다른 애들은 내 명령에 복종을 했는데, 그는 벌을 받을 때까지 내 말을 듣지 않았습니다. 그것이 일어난 일들이고 그것에 대한 벌을 내리시면 받을 각오가 되어 있습니다."

키루스의 이야기 끝나기 전에 아스티아게스(Astyages)왕은 그 말은 '노예의 대답'이 아니고, 그 소년의 모습이 바로 그 자신을 닮았고, 그의 나이도 '유기(遺棄)했던 시기(時機)'와 일치하고 있음을 알았다. 한동안 깊은 고뇌로, 아스티아게스(Astyages)왕은 말이 없었다. 결국 자기 정신으로 돌아와 그 소치기를 사적(私的)으로 조사하려고 아르템바레스(Artembares)에게 말하기를 그 문제를 더 이상 다루지 않겠다고 묵살하고, 신하들을 시켜 '키루스를 다른 방으로 데리고 가라.'고 명했다.

왕과 소치기가 둘만 남았을 적에 아스티아게스(Astyages)는 그 소치기가 어떻게 아들을 얻었고, 누가 이름은 지었는지를 물었다. 소치기는 대답했다.

"저의 아들입니다. 그의 어미가 지금 저의 처입니다."

아스티아게스(Astyages)는 호위병들에게 명령을 내려 미트라테스(Mitradates)를 끌고 가 사실을 말할 때까지 고문을 가하라고 명령했다. 결국 미트라테스(Mitradates)는 처음부터 끝까지 모든 이야기를 털어놓으며 왕께 용서를 빌었다. 소치기 미트라테스(Mitradates)에게서 진실을 들은 왕은, 그 분노를 하르파고스(Harpagus)에게 돌려 호위병에게 명하여 그를 소환토록 명했다. 그가 모습을 드러내자 아스티아게스는 말했다.

"하르파고스(Harpagus)여, 내가 너에게 내 딸 아기를 주었을 적에 어떻게 죽였는가?"

하르파고스(Harpagus)는 소치기가 궁궐에 와 있는 것을 보고 만약 거짓을 말했다가는 체포되어 심문을 받을 줄 알고 솔직히 고백을 했다.

"폐하, 제가 그 아기를 받을 적에 폐하의 소망을 이루고 동시에 내 손에 있는 따님의 아기에 대한 죄책감도 어떻게 벗을까를 궁리했습니다. 그래서 제가 그 소치기를 고용했습니다. 제가 그에게 아기를 주고, 그에게 왕의 명령이라 말하고 죽여라고 했습니다. 더구나 저는 소치기에게 '산중에 버려 죽을 때까지 지켜라.'는 자세한 사항을 말했고 거스르면 벌을 받을 것이라는 경고까지 했습니다. 그가 제 명령을 수행했다고 하기에 저는 믿을 만한 하인을 보내 아기가 죽어 매장한 것을 확인하여 보고하게 했습니다. 폐하, 이것이 아기가 유기(遺棄)된 사실의 전모입니다."

하르파고스(Harpagus)의 말을 거침이 없었다. 왕은 분노를 애써 감추고, 먼저 소치기가 말한 이야기를 그 하르파고스에게 들려주고 이어 전체 지난 이야기를 말한 다음 그 아기가 아직 살아 있어 잘 되었다고 일단 말을 마치었다. 그러나 왕은 '딸에 대한 증오심'을 억누를 수 없어 하르파고스에게 말했다.

"그래서 이처럼 행운으로 반전(反轉)이 되었으니, 그대의 아들을 내게 보내 젊은 그 방문자[키루스]를 만나보도록 하라. 그래서 나와 함께 저녁을 들며 그 같은 의례를 주관하는 신들에게 제사도 올리며 내 '손자의 구조'를 축하하고 싶다.(and come to dinner with me yourself, as I intend to celebrate my grandson's deliverance by a sacrifice to the gods to whom such rites belong,)"['제사(祭祀)의 복합적 의미'가 함축되어 주의를 해야 할 구절이다.]

하르파고스는 왕의 말을 듣고 정중히 절을 올리고 그렇게 행복하게 저녁 식사에 초대된 것이 너무도 기뻤다. 집에 도착한 하르파고스는 그 아들에게 왕의 명을 거스르지 말라고 충고한 다음 당시 13세인 그의 외아들을 아스티아게스

궁중으로 들여보냈다. 그러고 나서 하르파고스는 큰 환희(歡喜)에 싸여, 왕에게서 들은 모든 이야기를 아내에게 말 했다.

하르파고스 아들이 궁중에 도착하자 아스티아게스는 그 아들을 잡아 요리를 만들게 했다. 저녁 식사 시간이 되어 손님들이 모였고, 하르파고스도 그 중에 있었다. 양(羊)고기 접시가 왕과 모든 손님 앞에 놓였으나, 하르파고스에게는 '아들의 고기'가 제공되었다. 머리 손과 발은 접시에 담아 덮어두었다.

하르파고스가 먹을 만큼 먹었을 때, 아스트아게스는 그에게 저녁 식사가 어떠했느냐고 물었다. 하르파고스가 아주 잘 들었다고 말하니, 이에 요리사가 뚜껑 덮힌 접시를 가지고와 하르파고스 의자 곁에 서서 뚜껑을 열어보라고 말했다. 하르파고스가 뚜껑을 치우고 아들의 시체를 확인했으나, 역시 자신을 통제하여 정신을 놓지 않았다. 아스티아게스가 하르파고스에게 무슨 동물의 고기를 먹었는지 아느냐고 물었다. 하르파고스가 대답했다.

"알고 있습니다. 폐하, 저는 대왕의 뜻이 꼭 모두 다 이루어지시기를 빕니다."

그렇게 말한 하르파고스는 다른 말이 없었다. 그리고 남은 아들의 시체를 거두어 집으로 돌아왔다. 그렇게 하르파고스는 왕의 벌을 받았다.

그러고 나서 왕은 키루스에게로 관심을 돌려 당초 꿈을 해몽한 마기(Magi)를 불러 놓고 그들에게 앞으로 생길 일에 의견들을 물었다. 그들은 이전에 말했던 대로 그 소년은 일찍 죽지 않고 자라면 왕이 될 운명이라고 말했다. 아스티아게스가 말했다.

"그 소년은 죽지 않았소. 시골에 살면서 아이들이 그를 왕으로 뽑아 보초병 심부름꾼 두고 있었소. 그것을 어떻게들 생각하시오?"

마기(Magi)가 말했다.

"그가 만약 살아 있다면 대왕의 획책에 관계없이 왕이 될 것이니, 대왕께서는 그를 편안하게 대하시고 신경 쓰지 마십시오. 우리의 예언도 때로는 확실히 작은 일이 되어 사소한 문제로 끝날 수도 있습니다." 아스티아게스가 말했다.

"나의 의견도 그대와 비슷하다. 내 꿈은 단순히 그 소년이 '왕'으로 불린다는 사실로 이미 나타났으니, 그 소년은 더 이상 내게 위협은 되지 않을 것이다. 더구나 나는 그 점을 당신들에게 면밀히 살펴보라 한 것이니, 바라건대 왕가와 당신들을 위해 좋은 충고를 해 주기 바라오."

마기(Magi)가 말했다.

"폐하, 대왕의 통치가 융성함이 우리의 최고 소망입니다. 이 소년은 페르시아 인이고, 이방인입니다. 만약 권세가 그의 손아귀에 들어가면 다른 종족인 우리 메데인들(Medes)은 페르시아 인들의 노예가 되어 무시당할 겁니다. 그러나 대왕은 우리나라 사람이고, 우리는 당신의 허락으로 당신의 권세와 지위를 나누어 지니고 있습니다. 그것이 우리가 대왕과 대왕의 왕국에 지대한 관심을 쏟고 있는 이유입니다. 만약 우리가 현재 상황에 어떤 위기(危機)를 본다면 지체 없이 대왕께 아뢸 것입니다. 그러나 대왕의 꿈은 그 사소한 결과[소년들의 왕 놀이]로 이미 징험(徵驗)이 되었으니, 우리들의 마음도 편하게 되었습니다. 염려하지 마십시오. 그러나 대왕께서는 그 소년을 페르시아 부모에게 보내 눈앞에 두고 보지는 마시옵소서."26)

'만다네(Mandane)' '아스티아게스(Astyages)왕의 꿈속에 나타난 만다네(Mandane)'

---

26) Herodotus (translated by Aubrey de Selincourt), *The Histories*, Penguin Books, 1954, pp. 85~92

(a) 헤로도토스(Herodotus)의 '역사(*The Histories*)' 속에 최고의 영웅 '키루스 (Cyrus) 출생담'이 '마하바라타(*The Mahabharata*)'의 영웅신 '크리슈나 (Krishna) 출생담'과 완전히 동일하게 된 점은 크게 주목을 해야 한다.

(b) 헤로도토스(Herodotus)는 '키루스의 이야기'에 3종(種)의 판본이 있을 소 개했고, 자신은 그 중에 과장이 덜한 것을 선택했다고 '서술 방침'을 밝혔 다. 그러므로 위의 '키루스 탄생 담'은 헤로도토스(Herodotus)가 인용한 대 본에 이미 마련이 된 '이야기'라는 점이다.

(c) **즉 '페르시아 영웅 키루스 전기'를 마련한 페르시아 사제 시인[계관 시인]의 '영웅 만들기 방식' 모델로 작용한 것이 바로 '마하바라타 (*The Mahabharata*)'의 '크리슈나 일생'이 그 '원본(原本)'으로 엄연 히 자리를 잡고 있었다는 사실이다.**

(d) 무엇보다 크게 유사한 점이 '새로 태어난 아기에 대한 저주가 외척(外戚)에 게 발동이 되어 다른 아기의 사망으로 대체(代替)가 되었다는 점'[27]이 그 것이다.

(e) 그리고 헤로도토스는 당초 '헤라클레스 후손의 왕국'이 부당하게 **기게스 (Gyges)에게 찬탈**'을 당했으나 5대에 가서 그 '헤라클레스 후손'에게 보복을 받을 것이라는 예언을 그의 '역사(*The Histories*)' 속에 입증을 해 보였으니, 사실상 '키루스=헤라클레스 후손임'을 웅변으로 확인하고 있는 셈이다.[헤라 클레스 후손(Heraclids)=라지푸트 족[크샤트리아 족](Rajpoots, Kshatri- yas)]

(f) 여기에서 명백하게 된 헤로도토스(Herodotus) 수용한 '리디아를 멸망시킨 헤라클레스 후손(Heraclids)'이라는 '예언'에 그 '**헤라클레스 후손(Hera- clids)이란 바로 키루스(Cyrus)**'라는 점을 아는 것이 그 '역사(*The Histo- ries*)'를 이해하는데 하나의 기초 사항이다. [이 '**헤라클레스(Hera-cles)= '인더스 강(Helas water)의 크리슈나(Krishna)**'란 전제도 역시 '페르시아 계관 시인'의 서술에 암시된 바였음 -⑤ '이오니아(Ionian)'의 희랍 지도(地

---

27) '크리슈나(Krishna)는 태어날 때부터 외삼촌 캄사(Kamsa)의 지속적 의협을 견뎌야 했 다.' -Vettam Mani, *Puranic Encyclopaedia -A Comprehensive Work with Special Reference to the Epic and Puranic Literature*, Motilal Banarsidass Publishers Delhi, 1975, 'Krsna Ⅰ' p. 420

圖) [I] 참조

제17장 키루스의 메디아(Media) 정복

그 마기(Magi)의 충고에 아스티아게스(Astyages) 왕은 무척 기뻤다. 아스티아게스는 키루스를 불러 말했다.

"예야, 내가 잘못 했구나. 너의 행운으로 네가 살았다. 이제 페르시아로 떠나라. 내가 너를 호위할 터이니 행운이 있을 것이다. 소치기와 그 아내가 아닌 너의 아버지 어머니를 만날 것이다."

그래서 키루스(Cyrus)는 떠나 캄비세스(Cambyses) 저택으로 돌아가 부모를 만났다. 그 부모들은 틀림없이 죽은 것으로 알고 있었는데, 아들이 돌아와 즐거웠고, 어떻게 살아 돌아오게 되었는지를 물었다. 키루스는 거기에 돌아와 자기 자신의 내력(來歷)을 들었고, 앞서는 자기가 아스티아게스(Astyages) 왕의 '하인 소치기 아들'로 잘못 알고 있었다고 토로했다. 그러나 페르시아로 오는 여행 도중에 키루스는 안내자에게 소치기 아내 키노(Cyno)에게 어떻게 길러졌는지 이야기를 들려 주었다. 키루스는 양모(養母) 키노(Cyno)에 대한 칭송이 그치질 않았고 그 양모(養母)의 이름이 키루스의 입에 붙어 있었다. 키노'(Cyno)-짐승'이란 명칭은 페르시아 인들에게 그 '양(養)부모'에 대한 '전설'을 간직하게 했다. 그래서 페르시아 인들은 '야수(野獸)가 버려진 키루스를 산속에서 발견하고 그를 젖 먹여 길렀다.'는 이야기를 퍼뜨렸다. 그것은 널리 잘 알려져 있는 이야기이다.['전설 거부'의 헤로도토스]

키루스(Cyrus)는 페르시아에서 가장 용감하여 인기 높은 젊은이로 성장했고, 아스티아게스(Astyages)를 향한 복수심에 불탄 **하르파고스(Harpagus)**는, 그 키루스에게 선물 공세를 펼쳤다. 하르파고스(Harpagus)는 자신의 처지(處地)에서는 도움이 없이 '왕에게 복수할 희망'이 보이질 않았다. 그래서 하르파고스

는 자기와 비슷하게 피해를 당한 키루스가 성숙함을 보자 키루스의 도움을 받고
자 공을 들였다. 그는 고위 귀족들에게 접근하여 아스타아게스(Astyages)의 통
치가 가혹하다는 생각에서 키루스에게 호의를 갖게 하여 아스티아게스를 왕위
에서 끌어내리려는 쪽으로 길을 다져갔다. 하르파고스는 그러한 자기의 준비가
키루스에게 전달되기를 원했다. 그러나 키루스는 페르시아에 거주하고 있으므
로 길이 막혀 있어, 궁리 끝에 한 가지 소식을 전할 방법을 생각해 내었다.
산토끼 한 마리 배를 갈라 털은 그냥 남겨두고 전할 말을 적은 편지를 그 배속에
넣었다. 그런 다음 배를 꿰매고 믿을 만한 하인에게 토끼잡이 그물을 들려 사냥
꾼으로 가장한 다음 페르시아로 보내 키루스에게 선물로 보내며 그 사자(使者)
에게 키루스 자신이 혼자 열어보고 아무도 모르게 해야 한다고 당부해 보냈다.
그 의도가 실행이 되어 키루스(Cyrus)가 산토끼를 받아 열어 보니 편지가 나왔
다. 편지는 다음과 같은 내용이었다.

"캄비세스(Cambyses) 아들이여, 신들이 지켜보고 계십니다. 그들이 없었으
면 그대에게 그와 같은 행운도 없고, 잡아야 할 아스티아게스(Astyages)에 대한
벌도 역시 없습니다. 아스티아게스(Astyages)가 목적을 달성했다면 그대는 이
미 죽었습니다. 그대의 생명은 신들과 나에게 빚을 지고 있습니다. 의심할 것도
없이 그대에게 무엇이 행해졌는지 알아야 하고, 아스티아게스(Astyages)가 그
대를 죽여라고 명한 것을 죽이지 않고 소치기(cowherd)에게 넘긴 나에게 어떻
게 벌을 내렸는지도 반드시 알아야 합니다. 내가 말한 대로 행하시오. 그대는
전(全) 아스티아게스(Astyages) 영지(領地)에서 왕이 될 것입니다. 페르시아 인
들을 설득해서 일어나시오. 그래서 메데(Medes)로 진군(進軍)을 하시오. 나나
다른 메데의 주요 인물이 그대가 왕이 됨에 반대할 까닭이 없습니다. 그대는
성공할 것입니다. 왜냐하면 우선 메디아의 귀족들이 아스티아게스(Astyages)를
싫어하고 그대에 영합할 것이기 때문입니다. 우리 준비는 끝났습니다. 이 말한
대로 행하시오. 서둘러야 행해야 합니다."

그 편지는 키루스(Cyrus)가 가장 효과적으로 페르시아 인들의 봉기(蜂起)시

킬 방법을 생각하게 하였는데, 키루스는 그의 목적 달성을 위해 다음과 같은 방법을 썼다. **키루스는 양피지(羊皮紙) 두루마리에 아스티아게스(Astyages) 왕이 키루스 자신을 '페르시아 군 사령관'으로 지명한다는 내용을 적었다.** 그런 다음 '페르시아 의회'를 소집하여 그들 앞에 양피지를 열어 읽게 하였다.

"이제 나아스티아게스(Astyages)는 그대에게 명한다. 모든 사람들이 낫을 가지고 나서게 하라."

페르시아는 여러 종족들이 있었는데, 키루스가 봉기(蜂起)를 설득해 낸 종족은 파사르가데(Pasargadae), 마라피(Maraphii), 마스피(Maspii) 족이었는데, 거기에 다른 종족이 가세했다. 그 중에서도 파사르가데(Pasargadae) 족이 가장 두드러졌는데, '**페르세우스자리 유성군(流星群)의 왕들(Perseid kings)**'을 배출한 아케메니데(Achaemenidae) 족을 포함하고 있었다.[힌두 기원의 '라지푸트 족(크샤트리아 족)(Rajpoots, Kshatriyas)'임] 그 밖의 종족으로는 판티알라이(Panthialaei) 데루시에이(Derusiaei) 게르마니(Germanii) 족들은 농경 족이었고, 다이(Dai) 마르디(Mardi) 드로피키(Dropici) 사가르티(Sagartii)는 유목민이었다.

'명령'은 이행이 되었다. 모든 사람들은 그들의 낫(鎌)을 들고 모였다. 그래서 키루스는 그들에게 그 날이 저물기 전에 18~20 펄롱(furlong, 201m²) 너비의 가시 넝쿨 숲을 청소하게 했다. 그 일이 끝나자, 키루스는 다시 다음 날은 목욕을 하고 다시 모여라고 명령을 내렸다. 그렇게 명령을 내려놓고 키루스는 그 아버지 소유의 염소와 양과 소들을 모두 모아 잡아 놓고 술과 빵을 곁들어 잔치를 준비하게 했다. 그 다음날 손님들이 모이니 풀밭에 앉혀 놓고 그것들을 즐기도록 했다. 식사를 끝내고 키루스는 사람들에게 '어제의 작업과 오늘의 즐거움' 중에 어떤 것이 더욱 좋은가를 물었다. 사람들이 말하기를 '**어제의 노고(勞苦)에서 오늘의 기쁨이 왔습니다.**(from the previous day's misery to their present pleasures)'라고 큰 소리로 외쳤다. 그것이 키루스가 원했던 대답이었다. 그 순간을 잡아 키루스는 속마음을 털어놓았다.

"페르시아 인들이여, 내 말을 듣고 내 명령을 따르시오. 일을 하지 않으면 일천(一千) 가지 즐거움을 누릴 수 없습니다. 내 말에 복종을 하지 않으면 어제 같은 노역(勞役)이 무수한 다른 사람들에게도 강요가 될 것입니다. 내 말을 들어 당신들의 자유(自由)를 찾아야 합니다. 내가 당신네들의 자유를 감당해야 할 사람이고, 당신들은 무엇보다 메데인들(Medes)과의 전쟁을 수행해야 한다는 것이 나의 신념입니다. 이것이 내가 당신들에게 드리는 진실입니다. 당장 아스티아게스(Astyages)의 멍에에서 벗어나야 합니다."

페르시아 사람들은 오랜 동안 '메데인에의 종속(從屬)'을 분개(憤慨)하고 있었다. 결국 그들은 리더를 찾아냈고, 그들의 자유 열망에 키루스를 환영했다.

그 소식이 아스티아게스(Astyages)에게 전해지니, 아스티아게스(Astyages)는 키루스를 소환했다. 그러나 키루스는 '아시티아게스가 즐겼던 것보다 더 많은 것을 곧 행할 것'이라고 사자(使者)를 겁 먹여 되돌려 보냈다. 이에 아스티아게스(Astyages)는 메데인을 무장시켰는데, 너무나 정신이 나가 자신이 앞서 하르파고스(Harpagus)를 어떻게 대했는지도 망각을 하고 다시 그를 '장군'으로 임명하였다. 그 결과 전장에 나온 메데인들은 페르시아 군사와 접전이 되니, 음모를 모르는 소수만 복무(服務)를 이행했고, 나머지는 페르시아 인들을 피했고 대부분 군사가 고의(故意)로 패배당하여, 그 페르시아인들의 뒤를 따랐다. 아스티아게스(Astyages)는 치욕적인 메디아 군사들의 패배를 알고 나서도, 키루스가 그처럼 쉽게 자신의 군사를 먹어치울 수 없다고 맹세했다. 그래서 처음 그 아스티아게스(Astyages)에게 '키루스를 페르시아로 보내버려라.'고 말했던 마기(Magi)를 시켜 성중(城中)에 남아 있는 나이 든 사람들까지 다 무장시켜 전장(戰場)으로 내보냈으나 거의 패배하여 죽고 아스티아게스(Astyages)는 결국 생포가 되었다.

아스티아게스(Astyages)가 생포된 다음 하르파고스는 그를 비웃고 왕이 아들의 고기를 먹인 것에 대해 욕을 하였다. 아스티아게스(Astyages)가 하르파고스에게 물었다. 키루스가 행한 것[Medes 정복]에 네가 책임이 있느냐는 질문이었다. 하르파고스는 확실히 책임이 있고, 편지를 주어 그 반란을 부추겼다고 대답했다.

아스티아게스(Astyages)가 하르파고스를 향해 말했다.

"너는 가장 간사한 자일뿐만 아니라 어리석은 자로다. 어리석은 것은 네가 왕이 되지 않고 남에게 권력을 넘긴 것이고, 간악하기는 단순히 저녁 식사 때문에 너는 모든 메데인을 노예로 만들었다. 만약 왕위를 네가 차지하기보다 메데인에게 넘겨주었다면, 페르시아 인에게 상을 주기보다 메데인에게 상을 준 것이 된다. 그런데 너의 행동 결과는 메데인들을 주인에서 노예가 되었고, 페르시아 인은 노예에서 주인이 되었구나,"[헤로도토스의 '철저한 국가 민족주의']

아스티아게스(Astyages)는 35년을 통치했다. 스키타이 지배 기간을 뺀 128년 동안 '아시아의 주인'이었던 메데인(Medes)은, 아스티아게스(Astyages)의 가혹한 통치로 페르시아 세력 앞에 무릎을 꿇었다. 요즈음 메데인들은 그 '굴복'을 후회하고 다리우스(Darius, 549~486 b. c.)에게 저항을 했으나 다시 패배하여 조용하게 되었다. 키루스(Cyrus) 영도(領導) 아래 메데인에게 저항해 일어난 페르시아 인이 그 때부터 지금까지 '아시아의 주인'이다.

키루스는 아스티아게스(Astyages)를 크게 배려하여 죽을 때까지 궁중에 모시었다.

이것이 키루스의 탄생과 성장 이야기이고, 집권에 대한 이야기이다. 나는 이미 뒤 이은 크로이소스(Croesus) 침공을 이야기 했는데, 키루스의 그 승리로 전 아시아가 그 키루스의 지배를 받게 되었다.[28]

------→

(a) 힌두(Hindu)의 '마하바라타(*The Mahabharata*)' 전쟁은 '판두(Pandu) 아들 5형제[판다바-Pandava]와 드리타라슈트라 아들[카우라바-Kaurava]'과의 싸

---

28) Herodotus (translated by Aubrey de Selincourt), *The Histories*, Penguin Books, 1954, pp. 92~95

움이었으나, 그 구체적인 동기는 학창(學窓) 친구 드루파다(Drupada)와 드로나(Drona)의 감정 싸움이 구체적 기폭제(起爆劑)가 되었다, 문제는 '최고의 명장(名將) 아르주나(Arjuna)'를 누가 확보하느냐에 그들의 승부(勝負)가 갈리게 되었다.

(b) 위에서 제시된 아스티아게스(Astyages) 왕에게 '자기 아들 살해를 당한' 하르파고스(Harpagus)가 그 왕에게 복수를 위해 키루스(Cyrus)를 동원했던 그의 행각은, 먼저 드로나(Drona)에게 패배를 당하고, 왕국의 반(半)을 빼앗기면 뒤에 그 드로나(Drona)에게 복수를 행하기 위해 아르주나(Arjuna)에게 자신의 딸을 주어 그에게 복수를 대행하게 한 드루파다(Drupada) 왕의 경우와 혹사하게 되었다.

(c) <u>과거의 '전쟁'이 모두 '왕들의 개인감정[욕망]'에 기초를 두었다는 무서운 사실의 공개</u>가 그것이다.

(d) 그리고 힌두(Hindu)의 '마하바라타(*The Mahabharata*)' 전장(戰場)에서는 화살이 몸을 관통해 나가도 오히려 싸움을 중지하지 않고 계속 싸우고, 상대 적(敵)을 죽여 피를 마시는 야만(野蠻)을 그대로 드러내고 있는데, 헤로도토스(Herodotus)의 '역사(*The Histories*)'에서는 '**자식 잡아 그 아비에게 먹이기**' '**맹세하며 피 마시기**' '신수(神獸)를 잡아 나누어 먹기' 등의 유풍(遺風)들이 소개되어 있다.

(e) 특히 '신수(神獸) 잡아 나누어 먹기'는 '기독교식 의례(儀禮)'와 연관이 되어 주목할 필요가 있다.

(f) 힌두(Hindu)의 '마하바라타(*The Mahabharata*)'에서도 '백부(伯父) 드리타라슈트라(Dhritarashtra)왕의 아들들'과 '대전(大戰)'을 치렀으나 오히려 그 '드리타라슈트라(Dhritarashtra)'왕은 살려 두었는데, 키루스(Cyrus)도 '아스티아게스(Astyages)'왕과 '전쟁'은 했지만 그를 죽이지 않고 모셔둔 것은 그 힌두(Hindu)와 동일한 풍속이다.

제18장 페르시아인의 풍속

다음은 내가 알고 있는 페르시아 사람들의 풍속이다.['民衆 중심 서술'] 동상을 세우고 신전을 건립하고 제단을 마련하는 것을 페르시아인은 수용하지 않고 그와 같은 일을 '바보들의 일'이라고 생각한다. 생각건대 페르시아인 종교는 그 체계에 있어, 둥근 하늘을 관장하는 제우스에게 산꼭대기에서 제사를 올리는 희랍인처럼 사물들을 의인화(擬人化) 하지 않고 있다. **페르시아 인들도 태양 달 땅 불 물과 바람 신(神)을 존중한다.** 그들은 그것을 아시리아와 아라비아인 이 행한 '우라니아의 아프로디테(Uranian Aphrodite) 의례'에서 배운 것 같다. 아프로디테(Aphrodite)에 대한 아시리아 식 명칭은 '밀리타(Mylitta)'이고 아라 비아인은 '알리라트(Alilat)'이고 페르시아인은 '미트라(Mitra)'이다.29)

신(神)에게 제사를 올리면서 페르시아인은 우리에게 친숙한 '제단'도 없고, '불'도 켜지 않고 '신주(神酒)'나 '화환' '음식 투척'도 없다. **페르시아인은 제례(祭禮) 전에 한 사람이 물 뿌린 소귀나무(myrtle) 잎으로 머리를 장식하고, 탁트인 장소에서 제물을 들고 제사를 올리고자 하는 신의 이름을 부른다.** 현실 적인 숭배자는 개인적이고 사적인 축복이 금지되어 있고, 그 집행자가 소속되어 있는 왕과 사회에 대한 축복이 허락되어 있다.[가장 단순화된 의례임] '제사 동물'이 요리되면 제사장은 클로버 같은 작은 부드러운 것으로 그 제물을 덮는다. 그러고 나면 마구스(Magus, 司祭)가 '신들의 출현(the Birth of Gods)'을 말하는 주문(呪文)을 행한다. 잠시 시간이 지난 다음에 사람들이 그 '제물'을 옮겨 즐긴다.

페르시아 인들은 일 년 중에 '생일'을 특별하게 생각하여, 저녁 식사를 거대하 게 차린다. 부자는 생일에 황소나 낙타 당나귀를 통째로 오븐에 구워 식탁에 올리고, 가난한 사람은 작은 동물을 그렇게 한다. 주식(主食)은 약소하나 후식 (後食)이 다양하여 다양한 코스가 있다. 이것이 페르시아인들이 '희랍인 식탁'에 는 먹을 게 없다고 말하고 있는 이유이니, 우리 희랍인은 일단 식사를 마치면 언급할 것이 없다. 페르시아인은 술을 좋아하고 다른 사람 앞에 토하거나 자세 를 풀어지게 잡지를 않는다.

---

29) 이것은 헤로도토스의 실수이다.

중요한 결단을 행하려면 페르시아인은 술을 마시면서 문제를 이야기하고 그 다음날 의논된 장소의 집 주인이 술이 깬 다음에 다시 살피게 한다. 그 때에도 동의(同意)를 말하면 수용이 되고, 그렇지 않으면 버린다. 역으로 술이 깨었을 때에 행해진 결정이 있으면. 술을 마시며 다시 생각을 한다.

페르시아인은 거리에서 서로 만나면 서열에 관계없이 인사를 할 수 있다. 그들은 말로 인사를 하지 않고 동급일 때는 입에다 키스하고 높은 계급에게는 볼에 키스를 하고 훨씬 낮은 계급은 바닥에 엎드려 존중을 표하게 한다. **그들의 나라가 이웃나라보다 더욱 명예롭게 되고 나니, 가까운 한 두 나라는 존중하고 멀리 떨어진 나라는 무시했다.** 그들은 모든 방법으로 자신들이 세상에서 제일 우수하다고 생각했고, 다른 나라에 선(善)을 나눠주고 그것을 거리에 따라 행하여 멀리 있는 사람들이 가장 흉악하다고 생각했다. 페르시아 지배 시기에는 행정 통치 체계가 메데인(Medes)과 유사했다. 페르시아 인들은 여러 나라를 통치했으나, 메데인(Medes)을 가장 가까운 이웃으로 생각하고 존중했다. 메데인(Medes)이 페르시아인과 번갈아 이웃나라를 통치하였다.

어떤 종족도 페르시아 인들처럼 외국 방식을 쉽게 수용한 종족은 없다. 예를 들면 페르시아인은 메디안 복장을 했으니, 그것이 그들의 복장보다 훌륭하게 생각되었기 때문이다. 그들의 병사는 이집트 병사의 흉갑(胸甲)을 착용했다. 다양한 쾌락에 페르시아인은 빠졌으니, 남색(男色)은 희랍에서 배웠고, 모든 사람들이 많은 부인을 두었고, 많은 첩들을 두었다. 전투 기량을 익힌 다음 대장의 되면 거대한 가정의 아비가 되었다. 그 아들들에게는 국왕으로부터 연봉(年俸)이 제공되었으니, 그 속에 국력이 있다는 이론에서였다. 소년의 교육 기간은 5세에서 20세까지인데 그들에게는 '말 타기', '활쏘기', '거짓말 않기' 세 가지가 교육 되었다. 5세 이전의 소년은 여인들과 살고 아버지를 못 보게 했는데, 그 목적은 초기 양육 단계에서 아이가 죽을 경우 아버지의 고통을 막기 위한 것이었다. 내 생각으로는 그것이 건강한 방법 같다. 왕일 지라도 '한번 잘못한 사람'을 죽일 수 없게 한 것은 훌륭한 관습으로 보인다. 그리고 페르시아 사람들은 하인을 벌할 때 '복원될 수 없는 벌[병신을 만들어 버리는 가혹한 행위]'은 내릴 수 없게 한 것은 잘 한 것으로 보인다. 그들의 형벌 방법은 '헌신'과 '과오' 사이의 형평성(衡平性) 문제인데, '과오'가 잦고 무거우면 분노가 작용한다. 페르시아인은 누구도 자기 아버지 어머니는 죽일 수 없다고 선언이 되어 있다. 그런 일이 터질 경우 그 아들이 바뀐 아이인지, 혼전(婚前)에 낳았는지를 조사하여 밝힌다. 왜냐하면 페르시아인은 아들이 실제 부모를 죽이는 것은 불가능한 것으로 알고 있다. 금지하고 있는 것은 언급(言及)도 못 하게 한다. 페르시아인은 '거짓말'을 무엇보다 더러운 것으로 여기고 그 다음으로 '남에게 빚을 지고 있는 경우'이다. 페르시아 인의 채무(債務)에 대한 공포에는 많은 이유가 있다. 그러나 주요 이유는 '돈을 못 갚고 있는 사람'은 역시 '거짓말을 하게 된다는 이유'에서이다. 피부병이나 나병 환자들은 왕래가 금지된 도시에 고립시킨다. 페르시아인은 그러한 피부병이나 나병은 태양신을 거스른 죄라고 생각했고, 그런 병에 걸린 외국인들은 추방했다. 많은 페르시아 인들은 죄를 범하면 흰 비둘기들까지 같은 죄를 범한 자들처럼 추방을 했다. 페르시아인은 강물들을 숭배한다. 페르시아인은 강물에 오줌 누거나, 침을 뱉거나 손을 씻어 오염시키지 못 하게 하고 있다. 페르시아 인들은 모를지 모르지만 그들은 거대하거나 신체적 특징을 지니고 있는 모든 존재의 '명칭 끝에 'S'자를 붙여 표현했다.(도리아인의 'san') 살펴보면 예외가 없음을 알 수 있다.[30]

이 모든 것들은 나의 개인적인 지식으로 진술한 것이다. 또 하나의 관례는 공개가 되지 않고 약간의 신비를 지니고 있는 장례(葬禮) 문화이다. 어떤 남성 페르시아인은 새나 개가 시체를 훼손할 할 때까지 장례를 치르지 않았다.['國事犯'일 경우임] 나는 마기(Magi, 司祭)가 이 풍속의 비밀을 쥐고 있다고 확실히 알고 있다. 일반적으로 페르시아인은 왁스로 시체를 감싼 다음에 묻는다. 마기(Magi)의 신분은 특별한 신분이다. 이집트 사제와도 다르고 다른 신분의 사람들

---

30) 이것은 희랍인이 페르시아 인에게 적용했던 방식일 뿐이다,

과도 다르다. **이집트 사제의 경우는 제사(祭祀) 때를 제외하고는 어떤 동물도 죽일 수 없다는 것이 명문(明文)화되어 있다.** 그러나 마기(Magi)는 개와 사람만 빼고 모든 것을 손수 죽일 수 있고, 특별한 경우에 그렇게 한다. 개미 뱀 동물 새 등을 죽이고 있다.[31]

(a) 헤로도토스(Herodotus)가 그의 '역사(*The Histories*)'에서 각 지역 국가 종족의 '풍속' '자연지리' '기후' 등을 소개한 것은 이전의 '마하바라타(*The Mahabharata*)'에서 확인할 수 없는 그의 고유 영역으로 '객관적' '과학적' 관찰의 시발(始發)로 주목을 해야 한다.

(b) 헤로도토스(Herodotus)는 '사형(死刑)'과 '가혹한 형벌[돌이킬 수 없는 신체적 훼손 등]'에 반대하고 있음은 자신의 '인간(생명) 사랑 정신'의 반영이다.

(c) 헤로도토스(Herodotus)는 **'식사(食事) 긍정'에 '인생 긍정(Affirmation of life)'과 '지고한 삶' '행복 론' '절대신 긍정' 공유했음은 그의 '역사(*The Histories*)' 서술이 '절대 신과 영웅주의'에 많이 '시민 중심' '민주주의' '세속주의'로 이동해 있음을 보여주고 있다.**

(d) 그리고 페르시아인 중에서 많은 '처첩(妻妾)'을 기르고 '대가족'을 이룬 것은 명백히 '군공(軍功)'을 세운 '장군' '용사'들에 대한 특혜일 것이니, 그것은 힌두(Hindu)의 '마하바라타(*The Mahabharata*)'에부터 국왕을 포함한 '라지푸트 족[크샤트리아 족](Rajpoots, Kshatriyas)'에게 개방된 습속이었다.

(e) **볼테르(Voltaire, 1694~1778)의 '역사철학(*The Philosophy of History*, 1765)'은 바로 헤로도토스(Herodotus)가 먼저 그의 '역사(*The Histories*, 446 b. c.)'를 통해 소개해 보인 '각국의 신앙 풍속'을 더욱 심화하고 그 범위를 '인도(印度)' '중국(中國)'까지 확대해서 달성한 명저(名著)였다.**

---

31) Herodotus (translated by Aubrey de Selincourt), *The Histories*, Penguin Books, 1954, pp. 95~99

제19장 이오니아의 12개 도시

이제 나의 이야기로 돌아가기로 하자. **이오니아 사람(Ionians)과 에올리아 사람(Aeolians)**은 페르시아인이 리디아(Lydia)를 정복한 직후에 사르디스 (Sardis)에 있는 키루스(Cyrus)에게 대표단을 보내 이전 왕 크로이소스 (Croesus) 통치 때와 동일한 합의[對等]한 조건를 확보하려 했다. 키루스는 그들에게 다음과 같은 피리 부는 사람 이야기를 들려주었다.

-바다 속에 물고기들이 놀고 있는 것을 보고 그들이 해안가로 몰려오기를 바라며 피리 부는 사람이 피리를 불었다. 물고기들이 그것을 거절하자 피리 부는 사람은 거대한 그물로 잡자 물고기들은 그 속에서 뛰었다. 피리 부는 사람이 물고기들을 향해 말했다. "춤추기에는 너무 늦었다. 내 음악에 맞춰 춤을 추었어야 했다. 그러했음에도 너희는 그렇게 하지 않았다."-

이야기의 요점은 키루스가 당초에 이오니아 사람들에게 사자를 보내 크로이소스를 향해 반란을 일으키라고 했으나, 그들은 따르지 않고 있다가 상황이 정해진 다음에 충성을 바치겠다고 하니, 키루스가 그들에게 화를 내는 대답이었다.

소식이 여러 도시에 전해지자 '이오니아 사람들'은 방어벽을 세우기 위해 파니오니옴(Panionium)에서 '모임'을 가졌다. 모두가 참가한 그 모임에 '밀레시아인들(Milesians)'은 빠졌으니, 그들은 유일하게 키루스 말을 따랐기 때문이다. 다른 종족들은 **스파르타(Sparta)**를 돕기로 합의 했다.

파니오니옴(Panionium)을 포괄하고 있는 그 '이오니아 사람들'은 다른 도시보다 좋은 기후 조건에 정착한 행운을 잡았다.['생활에 기후 조건'이 최우선임] 그보다 북쪽은 너무 춥고 습기 차고, 남쪽은 무덥고 건조했다. 이오니아에는 네 가지 방언(方言)이 있다. 가장 남쪽의 이오니아 마을은 **밀레토스(Miletus)**어 이고, 그 북쪽은 **미로스(Myrus)**어 다음은 **프리에네(Priene)**어이고, **카리아 (Caria)**에서는 이들 세 방언이 다 있으나 그들의 방언이 따로 있다. 리디아 (Lydia)에는 **에페소스(Ephesus) 콜로폰(Colophon) 레베도스(Lebedus)** 테오스(Teos) 클라조네네(Clazomenae) 포카에(Phocaea)가 있는데, 공통점을 공유하지만 앞서 제시한 장소의 말과는 사뭇 다르다. 다른 세 곳에도 이오니아 사람들의 정착지가 있는데, **사모스(Samos)**와 **키오스(Chios)**와 본토에 **에리트레(Erythrae)**가 그곳이다. 키오스(Chios)와 에리트레(Erythrae)는 동일한 언어이고 사모스 어가 독특하다.

밀레시아 사람들(Milesians)은 키루스에 위협을 느끼지 않았으니, 키루스와 동맹을 맺고 있었기 때문이다. 그리고 다른 섬에 사는 이오니아들도 걱정할 필요가 없었으니, 그 이유는 **아직 '페니키아 사람들'이 페르시아에 종속되질 않아 페르시아는 해군(海軍)이 없었기 때문이다.**

밀레토스(miletus)가 다른 이오니아 도시에서 분할된 이유는 단순히 그 당시에는 희랍인들이 전반적으로 허약해서 별 영향력을 발휘하지 못 했기 때문이다.[32] **아테네를 빼고는 정착을 이룬 이오니아 사람들은 없었다. 앞서 제시한 아테네(Athens)를 포함한 12개 도시를 제외하고는 '이오니아 사람'이라는 것을 싫어했고, 대부분의 종족이 부끄럽게 여겼다. 그렇지만 반대로 12개 도시는 이오니아 사람임을 자랑했고, 파니오니움(Panionium)이란 신전을 자기들 필요에 따라 세워 긍지로 삼았다.**['국가 민족에 대한 긍지'가 없으면 '사랑'도 없다.] 스미르나(Smyrna)를 제외한 모든 그 밖의 이오니아 인들은 신전(神殿) 입장이 거부되었다. 도리아의 펜타폴리스(Pentapolis, Hexapolis)의 경우도 유사한 점이 있었다. 도리아 사람들은 그들 이웃 도시 사람들을 그들의 신전 트리오피움(Triopium) 사용에 세밀하게 살펴 제외시켰으나, 자신들의 몸가짐도 신을 모시는 예의범절을 제대로 지키지 못 했다. '트리오피안 아폴로(Triopian Apollo) 경기'에서 상(賞)으로 '청동 삼각대'가 주어지지만 그것은 승자들이 가져가서는 안 되고 신(神)에게 다시 바치게 되어 있다. 이 옛 풍속은 아가시클레스(Agasicles)라는 할리카르나시아 사람(Halicarnassian)이 그 삼각대를 수상

---

32) 헤로도토스가 아시아 이오니아 족에 대해 가지고 있는 대표적인 편견의 하나이다.

176

(受賞)한 다음 그것을 집 빗장으로 사용한 다음에야 시상 제도를 고쳐 공개적으로 신성시 하게 되었다. 그 모독(冒瀆)에 대한 벌로 **린도스(Lindus) 이알리소스(Ialyssus) 카미로스(Camrus) 코스(Cos) 크니도스(Cnidus) 5개 도시** 사람들은 제 6 도시 할리카르나소스(Halicarnassus) 사람들을 '신전 사용 특권'에서 제외 시켜버렸다. 이오니아 사람들이 아시아의 정착민에서 12국을 선택하고 늘리지 않은 것은 그들이 펠로폰네세(Peloponnese)에서 추방한 아케아 사람들(Achaeans)처럼 12개 나라로 나누어 오늘날까지 지내고 있기 때문이라고 내헤로도토스는 생각한다. 아케아 사람들(Achaeans)의 도시 중에 **시키온(Sicyon)**에 가장 가까운 것은 **팔레네(Pallene)**이고, 다음은 **에기라(Aegira)** 다음은 카르티스(Carthis) 강에 **에게(Aegae)**가 있다. 카르티스(Carthis) 강은 마르질 않아 이탈리아 사람들이 그 '카르티스(Carthis)' 이름을 전했다. 그 다음이 **부라(Bura) 헬리스(Helice**, 아카이아 사람들에게 쫓긴 이곳에 도망해 있었음) 다음은 **에기옴(Aegium) 리페스(Rhypes) 파트레스(Patres) 파레스(Phares) 올레노스(Olenus, 피루스 강이 있음) 그리고 디메(Dyme) 트리타에스(Tritaees)가 그것이다**. 이들 중에 트리타에들(Tritaees)이 섬 속에 남아 있다. 지금 아케아(Achaea) 의 12개 국가는 이오니아가 사용했던 것이다. 그리고 내가 언급했듯이 이것이 왜 이오니아 사람들이 아시아에서 세운 정착지까지를 포함한 12개 나라를 주장 하고 있는지 그 이유이다. 더 많은 이오니아 사람들이 있다고 말하는 것은 우스 꽝스러운 이야기이다. 왜냐하면 이오니아의 거대 집단은 사실상 유보이아(Euboea)섬 아반티아 사람들(Abantians)인데, 그들은 미니에(Minyae), 카드메이아(Cadmeians) 아르카디아(Arcadian) 도리아 사람(Dorians) 등등의 혼합 족 이다. **아테네에서 정부(政府, Government House)를 시작한 사람들**은 그들이 가장 순수한 이오니아 혈통이라고 믿고 있는데, 그녀들의 부모가 살해된 카리안(Carian) 여성들과 결혼하고 다른 여인은 택하지 않았다. 여인들이 그녀의 아버 지가 죽은 다음에 결혼해야 한다고 강제했던 사실은 '선서[맹세]'로 확립이 되어, 딸들이 억압되어 남편과 같은 식탁에서 먹지 못 하게 했고, 남편 이름도 입에

올리지 못 하게 했다. 그 법(法)이 밀레토스(Miletus)에서 행해졌다.

통치는 일부는 히폴로코스(Hippolochus)의 아들 글라코스(Glaucus)에서 유래한 리키아(Lycian) 족 왕들이고 또 다른 일부는 멜란토스(Melanthus) 아들 코드로스(Codrus)에서 유래한 필로스(Pylus) 온 카우코네스(Caucones) 사람들이었는데, 여타의 왕들도 두 가문 출신이다. 그러나 이오니아 사람들은 다른 가문도 존중하여 순종을 유지한 것으로 인정해 주었다. 아테네 유래의 모든 사람들은 '아파투리아(Apaturia) 축제'를 지킨다. 즉 살인을 행한 에페소스(Ephesus)와 콜로폰(Clolophon) 사람을 제외한 모든 이오니아 사람들이 바로 아테네 사람들이다.

파니오니움(Panionium)은 북쪽 미칼레(Mycale)에 집중 지점으로 이오니아 사람들이 공인하여 포세이돈(Poseidon) 신에게 헌정(獻呈)된 곳인데, 포세이돈은 이전에 헬리스(Helice)에서 숭배가 되었다. 미칼레(Mycale)는 본토에서 서쪽 사모스(Samos) 쪽으로 형성된 갑(岬)으로 여러 도시에서 모인 이오니아 사람들이 모여 파니오니아(Panionia)란 축제를 행했던 곳이다.

내가 이오니아 사람들의 12 도시를 말했으니, 에올리아 사람의(Aeolic) 도시를 말해보면 키메(Cyme, Phriconis) 라리사(Larissa) 네온(Neon) 티코스(Tichus) 템노스(Temnus) 킬라(Cilla) 노티옴(Notium) 에기로에사(Aegiroessa) 피타네(Pitane) 에게(Aegaeae) 미리나(Myrina) 그리니아(Grynea)이다. 이들이 고대 에올리아 사람들(Aeolians)의 11개 도시이다. 그들도 이오니아 사람들처럼 본토에 12개 도시를 지니고 있었다. 그러나 그들 중에서 스미르나(Smyrna)를 이오니아 사람들이 빼앗아갔다. 에올리(Aeolis) 토양은 이오니아 토양보다 좋았으나, 기후는 이오니아가 더 좋았다.

에올리아 사람들은 스미르나(Smyrna)를 배반으로 제외시켰다. 그들은 그 도시에 라이벌 파당에 패배하여 추방된 콜로폰(colophon) 사람 일부를 수용하였다. 그런데 그 도망을 자들이 스미르나(Smyrna) 사람들이 성 밖에서 디오니소스(Dionysus) 축제를 행하고 있을 적에 성문을 닫고 그 도시를 소유했다. 다른

178

도시의 에올리아 사람들이 도우려고 달려와 이오니아 사람들은 그 도시를 소유하되 모든 동산(動産)은 돌려주기로 협정이 성립되었다. 그 스미르나(Smyrna) 사람들은 그밖에 다른 11개 에올리아 도시에 분산되어 거기에서 시민권을 획득했다. 그런 다음 에올리아 사람들은 동맹이 아닌 이다(Ida) 산 주변만 빼고 본토에 정착을 했다. 섬 정착 자들 중에 레스보스(Lesbos)는 5개 섬을 지녔고 (다른 섬 '아리스바-Arisba'는 메팀나이안들-Methymnaeans에게 빼앗겨 혈족과 주민이 노예가 되었다.) 테네도스(Tenedos) 1개 섬과 이른바 1백 개 이상의 섬들을 지니고 있다. 레스보스(Lesbos) 에올리아 사람과 테네도스(Tenedos)는 섬에 사는 이오니아들처럼 세상에 무서울 것이 없었다. 다른 에올리아 사람들도 이오니아 사람들이 어디로 방향을 잡든 그들을 따르기로 합의했다.[33]

_____✦

(a) 여기에서 헤로도토스(Herodotus)가 '**이오니아의 12개 도시**'란 오늘날 터키(Turkey) 시리아(Syria) 등 '소아시아'에 있었던 '이오니아 사람들(Ionians)의 도시들'까지를 포괄한 지칭이다.

그런데 그들이 새로 일어난 '페르시아 세력'에 이오니아 사람들(Ionians)은 그 자리(도시들)를 내 주고 '서진(西進)'을 계속할 운명이었다는 헤로도토스(Herodotus)의 진술은 무엇보다 주목을 해야 한다.

포콕(E. Pococke)은 '서진(西進)'를 계속한 결과로 뒤에 '로마[이탈리애'가 생기고 '영국' '미국'이 생겼다는 논리를 펼치었기 때문이다.

(b) '역사(*The Histories*)'를 작성한 헤로도토스(Herodotus)에게는 '무서운 집 착[고집]'이 있었으니, **첫째는 '라지푸트 족[크샤트리아 족](Rajpoots, Kshatriyas)의 정신 존중'이고 둘째는 '도덕 존중'이고 셋째는 '절대 신[제 우스]에 믿음' 넷째는 '이오니아 종족주의'였다.**

(c) 그런데 명석한 포콕(E. Pococke)은 '**이오니안스(Ionians)' : '히아니안스 (Hyanians)' -'히아 족, 기마 족(The Hyas, Horse Tribes)**'라고 했다.

---

33) Herodotus (translated by Aubrey de Selincourt), *The Histories*, Penguin Books, 1954, pp. 99~102

(d) 그리고 '희랍(Greece)'은 '크리사(Crissa)', 즉 '크리슈나(Crishna, Krishna)' '크리슈나 마을(Crishna town)'을 지칭한다고 직서(直敍)했으니, '절대신 존중' '도덕 존중'의 문제가 다 풀리고 포콕(E. Pococke)이 그의 저서를 통해 밝힌 '원시 힌두 문화=원시 희랍 문화' 등식은 금방 다 풀리는 것이다.

(e) 특히 위에 밝힌 '이오니아 종족주의' '아테네' 중심주의는 그의 '역사(The Histories)'에서 '종족주의(Nationalism)'를 강조한 것으로 1916년 취리히 '다다 혁명 운동(Movement Dada)'이 일어나기 이전에 인류의 전 종족을 휩쓸었던 '국가 종족주의'라는 점에서 각별한 주의를 기울여야 한다.

(f) 그런데 그 헤로도토스(Herodotus)가 그 '역사(The Histories)'에서 펼쳐 보인 '국가 종족주의'란 기본적으로 힌두(Hindu)의 '마하바라타(The Mahab-harata)'에서부터 명시된 '바라문' '크샤트리아' 계급 존중에서 비롯한 '혈통과 결혼'을 중시한 것으로 그 사상의 연장이었다.

(g) 그러나 헤로도토스(Herodotus)는 그 연원을 확인할 없는 상황에서 그의 '역사(The Histories)'에 '엄청난 불의(不義) 세력 페르시아'를 상정해 놓고 '희랍 중심' '아테네 중심'의 저항 세력을 명시해 놓고 전체적으로 '페르시아 반대 운동'으로 그 '역사(The Histories)'를 서술했다.

제20장 '성소(蘇塗) 운영'과
아리스토디코스(Aristodicus)의 항변(抗辯)

에올리아 사람들(Aeolians)과 이오니아 특사(特使)들이 스파르타에 도착했을 때, 특사들은 포카이아 사람(Phocaean) 피테르모스(Pythermus)를 그들의 대변인으로 삼았다. 가능한 많은 청중을 모아야 했는데, 피테르모스(Pythermus)는 진홍색 복장으로 스파르타인의 도움을 이끌어 내기 위해 앞장을 서서 오래도록 말을 해야 했다. 그 연설은 실패했다. 스파르타 사람들은 '이오니아 사람 돕기'를 거절하여 그 특사들도 그 스파르타를 떠났다. 더구나 스파르타 사람들은 이오니아 요구를 거절하고 50명이 노를 젓는 갤리선을 아시아 해안가로 파견했는데, 내가 생각하기에는 키루스가 이오니아에게 무엇을 행할까를 살피기 위한 것으로 생각된다. 그 배가 포케아(Phocaea)에 입항(入港)하니 승선했던 사람 중에 가장 뛰어난 사람 라크리네스(Lacrines)가 사르디스(Sardis)로 가 키루스(Cyrus)에게 라케데모니아 사람들(Lacedaemonians)을 위하여 희랍인을 해치거나 희랍인이 행동을 취하지 않도록 해야 한다고 말했다. 키루스가 그 전령(傳令)의 말을 듣고, 키루스는 라크리네스(Lacrines)에게 라케데모니아 사람들(Lacedaemonians)이란 누구이며, 희랍인 중에 누가 자기와 함께 행동을 할 것이며 그와 같은 명령을 자기에게 감히 전한 사람들은 몇 명인가를 물었다. 이야기를 듣고 난 키루스는 그 스파르타 전령(傳令)[라크리네스(Lacrines)]에게 다음과 같이 대답을 했다.

"나는 그들의 도시 중앙에서 모여 맹세하고 서로를 속이는 것을 두려워하지 않는다. 내가 한번 행동을 취하면, 떠들고 있는 이오니아들은 내게 문제도 아니다."

이것은 키루스가 전반적인 희랍인을 비판한 말인데, **희랍인들은 사고파는 시장(市場)들을 가지고 있음에 대해 페르시아 인들은 전국에 시장 하나가 없었기 때문이다.**['輿論'을 모르는 독재자] 그런 다음 키루스는 타발로스(Tabalus)로 떠나며 한 페르시아 인을 사르디스(Sardis) 통치자로 놔두고 **팍티에스(Pactyes)**란 리디아 인에게 크로이소스와 다른 리디안들의 소속 재산을 수집 운송하는 책임을 맡기고, 크로이소스를 데리고 메디아 수도(首都) **에크바타나(Ecbatana)**로 향했다. 키루스는 이오니아를 그의 중요한 일차적인 목표로 삼지 않았다. 키루스의 생각은 바빌론(Babylon)과 박트리아 사람들(Bactrians) 사케(Sacae) 이집트인들(Egyptians)을 자기의 원정대(遠征隊)로 삼을 작정이었다. 다른 사령관으로 이오니아 따위를 잡기에 충분하다고 생각을 했다.

키루스가 떠나자마자 **팍티에스(Pactyes)**는 '리디아 사람들이 페르시아 인 통치에 봉기(蜂起)'하도록 선동하고, 다시 해안가로 가 사르디아(Sardia)의 황금으로 용병(傭兵)을 모으고 그곳 사람들을 설득하여 자신을 지지하도록 만들었다. 그런 다음 **팍티에스(Pactyes)**는 사르디스로 진격하고 타발로스(Tabalus)를 포위하니, 그 타발로스 사람들은 도시의 요새로 들어가 문을 닫았다. 키루스는 노상(路上)에서 그 소식을 들었다. 키루스는 곁에 있는 크로이소스(Croesus)에게 그 종말이 어떻게 날 것인가를 물었다.

"나는 리디아 사람들이 나를 향한 소란을 과연 멈출지를 알 수가 없소. 나는 내가 '리디아 사람들'을 노예로 삼지 않았던 것이 과연 최선책인지 알 수 없게 되었소, 사태가 아버지를 죽이고 아들들을 서로 갈라놓은 사람에게처럼 진행된 것 같소. 당신은 리디아 인들에게 아버지보다 더한 사람인데, 지금은 나에게 소속되어 있고, 나는 리디아 사람들에게 사르디스(Sardis)를 선물했소. 그런데 나에게 도리어 충성을 하지 않으니 놀랍습니다."

크로이소스(Croesus)가 키루스의 그 말을 듣고 나니, 사르디스가 끝내는 폐허가 될지 모른다는 생각이 들었다. 그래서 말했다.

"폐하, 대왕의 말씀은 지당하십니다. 더구나 저는 대왕께 절제 없는 분노를 내서는 아니 된다고 했고, 앞서 행했던 고대 도시의 파괴 되게 해서는 아니 된다고 간구(懇求)했습니다. 저도 앞서 죄를 저질렀습니다. 그래서 그에 대한 죄 값을 치루고 있는 형편입니다. 이번에 '악당'은 대왕께서 사르디스 통치를 맡겼던 **팍티에스(Pactyes)**입니다. 대왕께서 팍티에스(Pactyes)에게는 마땅히 벌을 내려야 합니다. 리디아 인들은 용서를 해야 합니다. 그러나 앞으로도 위험을 막고 충성을 바치게 하는 방법은 리디아 인에게 '무기 소지(所持)'를 금지해야 합니다. 리디아 사람들이 망토 속에 튜닉을 걸치고 부츠를 신게 하고 그들의 아들들에게 현악기 연주를 가르치게 하고 소매업을 시작하게 하소서. 폐하, 그렇게 하면 **리디아 인들은 여인들이 되어 대왕께 반란할 위험이 없어질 것입니다.**"

크로이소스가 이렇게 말한 것은 이런 것이 리디아 인의 경우에서는 노예로 팔리는 것보다 낫게 보였기 때문이다. 더구나 키루스에게 들을 만한 것을 제시하여 그의 마음을 돌려놓지 않으면 미래에 리디아 인이 페르시아로부터 반란의 어려움을 당하여 패배하지 않을까 두려움에서 했던 말이었다. 크로이소스 그 제안은 키루스를 기쁘게 만들었다. 키루스는 그 말을 수락한다고 약속을 하였다. 그런 다음 더 이상 화를 내지 않고, 메데 사람(Mede) **마자레스(Mazares)**를 보내 크로이소스가 제시했던 말을 전하게 하여 **팍티에스(Pactyes)**의 사르디스 공격에 가담한 자는 노예로 팔릴 것이라고 전하게 했다. 그리고 **팍티에스 (Pactyes)**도 온갖 방법을 다 써서 꼭 생포하여, 키루스 앞에 세울 것이라고 전하게 했다. 그러한 명령을 내린 키루스는, 페르시아 국경을 향해 행진을 계속했다.

팍티에스(Pactyes)는 도망을 가는 길에 한 무리 군사들이 다가 오는 것을 보고 미리 겁을 먹고 키메(Cyme)로 도망을 치니, 그 메데인(Mede) **마자레스 (Mazares)**는 키루스의 분대(分隊)를 이끌고 사르디스(Sardis)로 진군하였다. **마 자레스(Mazares)**는 팍티에스(Pactyes)와 그 지지자들이 이미 도망을 친 것을 알고, 우선 **마자레스(Mazares)**는 키루스의 명령을 실행하여 그 결과 리디아 인은 그들의 생활 방식을 바꾸었다.

그런 다음 **마자레스(Mazares)**는 키메(Cyme)를 향해 빨리 그 **팍티에스 (Pactyes)**를 내놔라고 요구하였다. 키메(Cyme) 사람들을 어떻게 해야 할 지를 '브란키데(Branchidae) 신탁'을 듣기로 했다. 밀레시아(Milesian) 경내에 있는 브란키데(Branchidae)는 파노르모스(Panormus) 항구와 가까워 이오니아 에올 리아 사람들이 예부터 자주 찾았던 곳이다. 신탁(神託)은 '**팍티에스(Pactyes)**를 페르시아 인에게 넘겨주어야 한다.'고 나왔다. 사자(使者)가 귀국하여 그 신탁 을 보고를 하니, 키메 시민들은 **팍티에스(Pactyes)**를 포기할 준비를 하였다. 그런데 **헤라클레이데스(Heracleides) 아들 아리스토디코스(Aristodicus)**란 유명한 사람이 신탁에 의문점이 있다고 말하고 사자들이 정확하게 보고하지 않은 것 같다고 이의(異議)를 제기했다. 그 결과 아리스토디코스를 포함한 다른 팀이 브란키데(Branchidae)로 가서 **팍티에스(Pactyes)** 대한 질문을 다시 했다. 아리스토디코스(Aristodicus)는 말했다.

"아폴로시여, 리디아인 팍티에스(Pactyes)는 페르시아의 폭압에 살려고 우리 에게 망명(亡命)을 했습니다. 페르시아인은 지금 당장 그를 넘겨달라고 요구하 고 있습니다. 페르시아 인의 힘의 두려움에 우리에게 의탁한 애원 자(哀願者)를 외면하는 것은 사악(邪惡)한 짓(It is a wicked thing to betray a suppliant and in spite of our fear of Persian power)이니 그렇게 할 수 없습니다. 우리가 마땅히 행해야 할 것을 가르쳐 주옵소서."

이 재차(再次) 질문에도 대답은 동일했으니, 그 팍티에스(Pactyes)를 페르시아인에게 넘겨주어야 한다는 것이었다.

그러나 아리스토디코스(Aristodicus)는 그 대답에도 역시 만족하지 않았다. 아리스토디코스는 신전 주변을 돌아다니다가 거기에 둥지를 튼 제비와 새들의 새끼를 꺼내었더니, 성소(聖所) 깊은 곳에서 하는 말이 들려 왔다.

"불량한 악당, 어떻게 그처럼 사악한 일을 행할 것인가? 이 신전에 보호를 요청하는 자들을 죽일 작정인가?"['蘇塗 정신'의 발동]

아리스토디코스(Aristodicus)는 정신을 차리고 말했다.

"아폴로시여, 당신은 애원 자를 보호하시면서 키메 사람들은 애원 자를 버리라는 겁니까?" 신은 대답했다.

"그렇다, 정말 그렇다. 너희는 신성을 범했으니, 벌을 받을 것이다. 탄원재[팍티에스(Pactyes)]를 넘겨주는 문제를 들고 다시 오지 말라."

그 대답은 키메(Cyme) 사람들을 당혹에 빠뜨렸다. 키메 사람들은 페르시아인의 공격을 피하려고 팍티에스를 그 미틸레네(Mytilene)로 보내니, **마자레스(Mazares)**는 미틸레네 사람들에게 팍티엑스 송환을 요구하니, 그들도 **팍티에스(Pactyes)**를 포기한다는 소식을 들은 키메 사람들은 레스보스(Lesbos)로 배를 보내 **팍티에스(Pactyes)**를 키오스(Chios) 섬으로 옮겨 놓았다. 거기 아테네 수호신전에서 팍티에스는 키아 사람들(Chians)에게 끌려 나와 페르시아 인에게 인도되었다. 그들은 레스보스(Lesbos) 건너편 미시아(Mysia)에 있는 아타르네오스(Atarneus) 지역을 상(賞)으로 획득했다. 이렇게 페르시아인은 **팍티에스(Pactyes)**를 잡아 키루스에 데려갈 양으로 지키고 있었다.

그 후 상당 기간 동안 키아 사람(Chian)은 아타르네오스(Atarneus) 지역에서 생산된 보리를 식사로 삼지 않고 다른 곡식을 심어 떡을 만들어 먹었다. 키아

사람들은 그 지역에서 생산된 곡식에 종교적 금기를 두고 있었다.[34]

_____✈

(a) 처음 힌두(Hindu)의 '마하바라타(*The Mahabharata*)' **'우시나라(Usinara) 왕과 매와 비둘기 이야기'**[35]**에 기초를 둔 '성소(蘇塗) 운영'의 문제는 불교의 '사원'과 기독교 '성당' 운영에 그대로 적용이 되었다.** 그런데 헤로도토스(Herodotus)의 '역사(*The Histories*)'에도 역시 그대로 반영이 되었으니, 이 장(章)의 **'브란키데(Branchidae) 성소(蘇塗)'와 '이집트 카노픽(Canopic) 성소(蘇塗) 운영'**[제33장에서 크게 문제 삼았다.

(b) 이 **'성소(蘇塗) 운영'** 문제는 역시 '힌두교' '불교' '기독교' 3교의 공통점으로 인정이 되고 있는데 헤로도토스(Herodotus)의 '역사(*The Histories*)'에서 '아리스토디코스(Aristodicus)의 항변(抗辯)'으로 보여주고 있는 바는 특별하다.

(c) 헤로도토스(Herodotus)는 '새와 짐승'의 문제가 아니라 '인간의 세계적 독재 폭압에 항거한 **팍티에스(Pactyes)의 생명**'을 두고 '마땅히 보호를 받아야 함'을 주장한 것이었기 때문이다.

(d) 신(神) 앞에 이러한 '호소'를 행할 수 있는 정신도 바로 '헤라클레스[Heracleides] 정신'이라고 헤로도토스(Herodotus)는 생각했다. 그래서 '아리스토디코스(Aristodicus)'를 **'헤라클레이데스(Heracleides) 아들'**라고 명시를 했다.

제21장 하르파고스(Harpagus)의 포케아(Phocaea) 침공

키메(Cyme) 사람들로부터 **팍티에스(Pactyes)**를 넘겨받은 다음 **마자레스**

34) Herodotus (translated by Aubrey de Selincourt), *The Histories*, Penguin Books, 1954, pp. 102~106
35) K. M. Ganguli (Translated into English Prose from the Original Sanskrit Text), *The Mahabharata of Krishna-Dwaipayana Vyasa*, Munshiram Manoharlal Publisher Pvt. Ltd. New Delhi, 2000, -**Vana Parva**- pp. 169, 271~273

(Mazares)는 타발로스(Tabalus) 포위에 가담한 사람들을 처벌하기 시작했다. **마자레스(Mazares)**는 프리에네(Priene) 주민을 노예로 삼고, 마그네시아(Magnesia) 지역과 마이안데르(Maeander) 평야를 짓밟아 약탈했다. 그런 다음 그는 병이 들어 죽었다. 이에 **하르파고스(Harpagus)**가 **마자레스(Mazares)**를 이어 페르시아 군대를 통솔을 하게 되었는데, 그는 앞서 메디아 아스티아게스(Astyages) 왕에게 지독한 저녁 식사 대접을 받고 키루스를 왕위에 앉힌 그 사람이다. 키루스에게서 군사 통치권을 받은 하르파고스는 이오니아(Ionia)로 진군하여 토공(土工)을 시작했다. 하르파고스가 사용한 '도시 점령 방법'은 성벽을 향해 흙더미를 쌓아올려 진입 구를 마련하여 공략하는 방법인데, 하르파고스가 처음 공략한 곳이 포케아(Phocaea)였다.

포케아 사람들(Phocaeans)이 긴 항해(航海)를 시작한 최초의 희랍인들이다. 그들이 아드리아 해(Adriatic)의 티레니아(Tyrrhenia) 이베리아(Iberia) 타르테소스(Tartessus)로 길을 열었다. 그네들은 깊고 넓은 기둥을 사용한 배를 만들었고 상업용 배를 사용하지는 않았으나, 50명이 노를 젓는 배였다. 그들이 타르테소스에 갔을 적에 120세를 살고 그곳을 80년 동안 통치한 왕 아르간토니오스(Arganthonius)의 환대(歡待)를 받았다. 아르간토니오스 왕은 그 포케아 사람들을 머무르게 할 심산으로, 그들에게 그 왕 소유의 제일 좋은 곳에 살게 하면 영원히 이오니아를 떠나 살 수 있겠냐고 물었다. 그러나 포케아 사람들은 그 왕의 제안을 거절하고 그 왕에게 세계에서 '메디안의 국력'이 증대하고 있다는 소식을 들려주었더니, 왕은 포케아 사람들(Phocaeans)이 도시 성벽을 축조할 돈을 주었다. 왕이 거금을 주어 포케아 사람들은 아주 작은 면적이지만 큰 돌로 그 성곽을 구축을 했다.

그런데 하르파고스(Hapagus)는 그 군사를 이끌고 와 포케아 사람들이 그렇게 축성(築城)한 도시를 포위하고, 자기는 성 안에 포케아 사람들이 단 한 개의 탑을 허물게 하고, 한 채의 집만 희생하게 하면 만족을 하겠다고 선언을 했다. [反亂 주도자 색출을 시도함 그러나 포케아 사람들은 노예가 되겠다는 생각에 분개하여, 대답을 할 때까지 생각할 '하루 동안 시간'을 요구했다. 하르파고스는 동의를 했는데, 그는 포케아 사람들의 의도를 완전히 알고 있다고 말했다. 그래서 군사들은 물러갔고, 포케아 사람들은 즉시 그들의 갤리 선에 여성과 아이들 동산(動産)과 신전의 동상과 신기(神器)를 옮겨 싣고 키오(Chios) 섬으로 출발했다. 그래서 페르시아인들은 텅 빈 포케아(Phocaea)를 점령하게 되었다.

포케아 사람들은 오이누세(Oenussae)로 알려진 섬들을 구매하려 했으나, 키안족(Chians)은 자기네들의 섬을 제외시키고 새로운 무역의 중심지를 건설할 것을 두려워하여 팔기를 거절했다. 그래서 코르시카(Corsica)로 향할 것을 준비했는데, 거기는 20년 전 신탁에 포케아 사람들이 알랄리아(Alalia)라는 도시를 건설할 것이라는 예언이 있었다. 그 때에는 아르간토니오스(Arganthonius) 왕도 죽고 없었다. 그러나 항해를 시작하기 전에 포케아 사람들은 다시 포케아로 되돌아와 하르파고스가 거기에 남겨둔 페르시아 주둔(駐屯)군을 죽였다. 그 다음 그들은 원정에 단결을 위해 그 연합을 방해했던 자들에게 엄벌을 내렸다. 그리고 철(鐵) 덩어리를 바다에 던지고 그것이 다시 떠오를 때까지 포케아로 다시 오지 않을 것을 맹세했다. 코르시카로의 항해(航海)를 개시할 적에 그들의 반 이상이 그들의 옛 도시와 집을 그리워하는 향수에 사로잡혔다. 그래서 맹세를 깨고 포케아(Phocaea)로 되돌아왔다. 나머지 사람들은 맹세를 지켜 오이노세(Oenussae)를 출발하여 코르시카 섬에 안전하게 도착했다. 그들은 알랄리아(Alalia)에 원주민과 5년 간 함께 지내며 도시에 신전(神殿)도 건설했다. 그러는 동안 이웃들을 너무 많이 약탈하고 괴롭혔는데 티레니아족(Tyrrhenians)과 카르타기니아들(Carthaginians)은 60척의 배로 공격을 감행했다. 포케아 사람들도 60척의 배에 남성들을 싣고 사르디아 해(Sardinians sea)에서 서로 만났다. 그 접전에서 포케아 사람들이 승리했다. 그러나 그 승리는 카드메이아 식(Cadmeian)[36] 승리였으니, 획득보다 손실이 많은 승리였다. 왜냐하면 포케아

---

36) 테베(Thebes)의 카드모스(Cadmus)에는 '용의 이빨(Dragon's Teeth)'을 보여 주고 있는데, 단지 5명의 남을 때까지 싸운 무장한 남자들에게서 한 그루 농작물이 돋아나 있다.

사람들의 배는 40척이 파괴되었고, 20척은 충각(衝角)이 손상되어 못 쓰게 되었다. 생존자들이 알랄리아(Alalia)로 돌아와 부인과 아동과 재산을 배에 싣고 코르사카(Corsica)에서 레기옴(Rhegium)으로 항해를 했다. 티레니아족(Tyrrhenians)과 카르타기니아들(Carthaginians)은 침몰한 배에 '포로 차지하기' 제비를 뽑았다. 티레니아족 중에서 가장 그 숫자 많은 아길라(Agylla) 사람들은 포로들을 바닷가로 옮겨 돌로 쳐 죽였다. 그 난동은 포케아 사람들이 기르던 양과 소들에게도 행해져 병신들이 되었다. 아길라(Agylla) 사람 중에 그러한 살상죄에서 벗어나기를 원하는 사람들이 델피(Delphi)로 사람을 보내니, 여 사제는 사자(死者)를 명예롭게 하는 대제(大祭, a grand funeral ceremony)를 올리고 체조 경기 승마 경기를 행하는 풍속을 마련하라 했는데, 그들은 오늘날까지 그것을 행하고 있다.['올림포스 경기'와 관련되어 주목을 요하는 진술이다.]

포케아 사람들(Phocaeans)의 운명은 그러하였다. 레기옴(Rhegium)으로 향한 사람들은 그곳을 기반으로 새로운 도시 오에노트리아(Oenotria)를 건설했다. 오늘날 엘리아(Elea)[37]로 알려져 있다. 그 도시는 포시도니아(Posidonia) 사람 키르노스(Cyrnus) 또는 코르니카(Corsica)의 충고로 세워졌는데, 사람들은 그를 제도를 제공한 사람으로 숭배하고 있다.

포케아(Phocaea) 이오니아 도시 이야기는 이쯤 해 두기로 한다. 테오들(Teos)의 이야기도 크게 다르지 않았다. 그 하르파고스가 그 토공(土工, 흙더미 싸 올리기)법으로 도시를 공격하니 테이안들(Teians)은 배를 타고 트라케(Thrace)로 도망을 쳤다. 그들은 거기에다 아브데라(Abdera)를 건설했는데, 앞서 클라조메네(Clazomenae)의 티메시오스(Timesius)가 정착하려 했으나 실패했는데 그가 트라키아 사람들(Thracians)에게 추방을 당해서였다. 오늘날 아브데라 테이안들은 그 티메시오스(Timesius)를 반인반신(半人半神, demigod)으로 숭배하고 있다.['**반인반신(半人半神, demigod)**'란 헤로도토스의 '인간 중심

---

37) 라틴어로는 '우엘리아(Uelia)'이다. 희랍어에는 '우(W)' 음이 없으므로 '휘엘레(Huele)'로 적었는데, 여기에서는 헤로도토스가 적은 대로 둔 것이다.

188

사고'를 반영하고 있는 중핵 용어이다.]

포케아(Phocaea)와 테오스(Teos)는 '노예보다는 유랑을 선택한 유일한 이오니아 사람들'이었다. 다른 이오니아 사람들은 그들이 살던 곳에 남아 있었다. 밀레시아 사람들만 빼고 모든 이오니아 사람들은 포케아 와 테오 사람들처럼 하르파고스와 싸웠다. 그러나 나라를 지키기 위한 개인들의 큰 용기에도 불구하고 그들은 패배했다. 그들의 도시를 빼앗기고 그들은 새로운 주인들에게 복종해야 했다. 내가 이미 언급했듯이 밀레시아 사람들은 키루스에게 돌아가 전쟁이 그들에게 영향을 주지 않았다.

이처럼 이오니아는 다시 한 번 지배 속으로 들어갔다. 하르파고스(Harpagus)에게 본토(아시아) 도시들이 패배하니 섬사람들은 놀라 키루스에 모두 항복했다.

패배에도 불구하고 이오니아 사람들은 파니오니옴(Panionium)에서 회합을 계속했다. 그 회합을 갖던 중에 비아스(Bias)라는 프리에네(Priene) 남성이 사람들이 그 제안을 수용했더라면 희랍에서 가장 융성한 사람들이 되었을 놀라운 말을 했다. 그 제안은 모든 이오니아 사람들은 단합을 하여 사르디니아(Sardinia)로 건너 가 정착하여 단일한 사회를 이룩하고 세상에서 가장 큰 섬인 그곳에 거주하며 예속(隸屬)을 벗고 주변을 통치하며 부유하고 행복하게 살자는 것이었다. 만약 그들이 이오니아 안에 머물러 있으면 자기가 아는 한 자유를 회복할 가망이 없다는 것이었다. 비아스(Bias)의 그 제안은 이오니아 패배 이후에 나온 것이다. 그러나 그에 못지않게 탁월한 다른 제안도 있었다. 밀레토스(Miletus)의 탈레스(Thales)가 앞서 제안한 것인데, 테오스(Teos)가 지역적으로 중앙에 있으니, 거기에 공동 중앙 정부를 세워서 그밖에 도시들이 지속적으로 복종을 하고 그 어머니 같은 도시에 여타 도시들이 관계를 갖게 하자는 제안이었다.

이오니아를 복속시킨 하르파고스(Harpagus)는 카리아(Carians) 카우니아(Caunians) 리키아(Lycians)를 공격하여 거기에서 이오니아와 에올리아 사람을 자기 군사에 포함시켰다. 현재는 본토 사람인 카리아 사람들(Carians)은 원래는 섬사람들이었다. 오래전 그들이 섬에 살고 있을 적에는 렐레게스(Leleges)라 알려진 미노스(Minos)의 속민이었다. 렐레게스는 미노스에게 돈을 주지는 않고 필요할 때 그들의 배들을 수리해 주었다. 그래서 미노스는 군사적으로 크게 성공하여 세력을 광역에 떨쳤고, 한 때는 모든 나라에 명성을 얻었다. 희랍인은 세 가지 발명에서 미노스에게 빚을 졌다. 헬멧 위에 문장(紋章) 만들어 놓기, 방패에 장치 넣기, 방패 손잡이 만들기가 그것이다.['전투 기술'의 향상 그동안 모든 사람들이 방패를 만들었으나, 손잡이가 없었고, 목이나 왼쪽 어깨에 가죽 끈으로 매달았다. 오랜 뒤에 카리아 사람들은 그 섬에서 도리아와 이오니아 사람들에게 쫓겨났고, 본토에 정착을 했다. 카리아 사람들은 그것을 부정하고 처음부터 지금까지 본토 사람이라고 주장을 하지만 이것은 크레타사람들(Cretans)이 제공한 정보이다. 카리아 사람들은 그들 주장의 근거로 밀라사(Mylasa)에 있는 카리아인의 제우스(Carian Zeus) 신전을 들고 있는데 그 신전은 미시아(Mysians) 리디아 사람들(Lydians)이 카리아 사람들(Carians)을 형제로 생각하여 함께 쓰는 신전이다. 그들에 따르면 리도스(Lydus)와 미소스(Mysus)가 카르(Car)와 형제였다는 것이다. 그래서 그들은 동일한 신전을 이용했으나, 다른 곳에서는 카리아 사람들(Carians)과 같은 방언을 사람들까지 제우스 신전에서 제외를 시키고 있다.['제우스 신앙'으로 뭉친 희랍]

카우니아 사람들(Caunians)은 원래 그들은 크레타(Crete)에서 왔다고 하나 내 생각으로는 그들은 토종이다. 그네들 언어는 카리아 사람과 비슷하거나 같다. 그러나 그들의 생활 방식은 카리아들과 딴판이니 모든 사람들이 그렇다. 그들은 그들의 생활 방식을 세상에서 최고라고 생각한다. 남성과 여성 아이들이 나이가 비슷한 사람들끼리 모여 거대한 술 마시기 연회를 여는 것이 그것이다. 거기에다가 그들 사이에 자리를 잡아온 외국인 의례(儀禮)를 거부하고 그들의 조상신을 숭배하고, 아이들만 빼고 모든 사람들에게 갑옷을 입혀 칼린다(Calynda) 경계선까지 멀리 보내 창으로 하늘을 찌르며 '외국 신들은 물러가라!'라고 외친다.

리키아 사람들(Lycians)은 크레타 섬에서 왔다. 크레타 섬은 옛날 비 희랍인들이 차지하고 있었다. 에우로파(Europa)의 두 아들 사르페돈(Sarpedon)과 미노스(Minos)가 왕권을 놓고 다투어 승리한 미노스가 사르페돈과 그의 일파를 축출했다. 사르페돈은 아시아로 가서 밀리아(Milyan) 경내에 정착했다. 밀리아스는 오늘날 리키안들(Lycians)이 거주하고 있는 고장의 옛 명칭이다. 그 땅은 솔리미(Solymi)가 점령을 했으나 사르페돈의 통치 기간은 리키안들은 크레타에서 가지고 온 명칭 테르밀레(Termilae)로 불려져 이웃 나라들은 그렇게 부르고 있다. 그러나 판디온(Pandion)의 아들 리코스(Lycus) 이후에는 그의 이름을 따라서 리키아안들(Lycians)이라고 했다. 리코스(Lycus)는 형 에기오스(Aegeus)에게 아테네에서 밀려나 사르페돈과 함께 테르밀레 속에 도망가 있었다. 그네들 풍속 일부가 크레타 사람과 비슷하나 아버지 이름보다 어머니 이름을 따르는 것이 특이하다. 리키아인에게 누구냐고 물으면 자기 이름과 어머니 이름 할머니 이름을 말한다. 그리고 자유로운 여인이 노예의 아기를 낳으면 당당한 시민이지만, 자유로운 남성은 그가 비록 유명할지라도 외국 여인이나 노비에게 얻은 자식은 시민권을 얻을 수 없다.

카리아 사람들(Carians)은 하르파고스에게 진압되었다. 그 고장에서 알려진 희랍인은 없었다. 크니디안들(Cnidians)은 희랍이었다. 라케데몬(Lacedaemon)의 지배를 받았는데, 그는 트리오피옴(Triopium) 해안 지대를 점령하고 비바소스(Bybassus) 반도를 통합했다. 좁은 목만 빼고 바다로 둘러싸여 케라미크(Ceramic) 만이 북쪽에 있고, 시메(Syme)와 로데스(Rhodes) 바다가 남쪽에 있다. 그 반도(半島)의 목 너비는 반(半)마일 정도인데 하르파고스가 이오니아를 정벌하고 있을 적에 크니디안들은 그들의 나라를 섬으로 만들 작정으로 땅을 파내기 시작했다. 크니디안이 해협(海峽)을 형성한 결과 그들의 영토에서 본토 쪽이 잘려나가게 되어 모든 반도 수용해야 했다. 많은 사람들이 몰려 왔으나, 인부들이 여러 곳에서 돌 파편에 상처를 입었고, 특히 예상보다는 눈을 많이 다쳤다. 그들은 델피로 사람을 보내 무엇이 작업을 방해하는지 물었다. 여 사제는 다음과 같은 시를 주었다.

> "해협을 파려고 생각을 말라.
> 제우스가 섬으로 만들어 주실 것이다."

이 대답을 받고 크니디안들은 땅 파기를 멈추고 하르파고스와 싸우지 않고 그들에게 항복해 버렸다.

할리카르나소스(Halicarnassus) 동쪽 내지(內地)에는 페다소스(Pedasus) 사람들이 있었다. 그 사람들과 그들의 이웃에게 '긴 수염을 단 아테네 여 사제'가 재난이 임박했다고 경고를 했는데, 실제적으로 세 가지가 발생했다. 그들이 오랜 시간 동안 하르파고스(Harpagus)에게 저항했던 유일한 카리안들(Carians)이고, 그들이 리다(Lida) 산에 세운 방어벽 뒤에서 하르파고스에게 큰 시련을 안겨 주었다. 그러나 결국은 그곳을 빼앗겼다.

크산토스(Xanthus) 리키안들(Lycians)의 운명 이야기는 다르다. 하르파고스(Harpagus)가 크산토스 평야로 진군을 하니 비록 숫자는 적었으나, 용감하게 싸웠다. 그러나 결국 패배하여 성 안으로 후퇴하였다. 성 안에서 그들은 부녀자 어린 아이 노예와 재산을 성채(城砦, 성 안의 피신처)에 넣고 불을 질러 재가 되게 만들었다. 그런 다음 죽을 때까지 싸울 것을 맹세하고 진격하여 적을 맞았다. 지금 크산토스(Xanthus)라고 하는 리키안들은 외국 이민자들이다. 80 가구가 그 난리를 피해 고국을 떠났는데, 살아남은 것이다. 카우노스(Caunus) 사람들도 존경스럽게 그 리키안들의 사례를 따랐으니, 도시가 하르파고스 손에 들어가자 크산토스(Xanthus) 사람들이 행했던 대로 했다.[38]

———✈

(a) 앞서 밝혔듯이 헤로도토스(Herodotus)는 그의 '역사(*The Histories*)'를 '희

38) Herodotus (translated by Aubrey de Selincourt), *The Histories*, Penguin Books, 1954, pp. 106~112

랍 중심' '이오니아 사람 중심' '아테네 중심'으로 썼고, '거대한 페르시아 식민지 통치'에 맞서는 '저항 정신' '희랍 이오니아 종족주의'로 그 '사관(史觀)'을 잡았다.

(b) '페르시아'를 세운 키루스(Cyrus)는 '이오니아'를 자신의 정복 목표로 삼지 않고 그의 부장 하르파고스(Harpagus)에게 군사의 일부를 맡겨 '희랍 정복 사업'을 행하게 했다.

(c) 헤로도토스(Herodotus)는 그의 '역사(*The Histories*)'에서 희랍의 주변 지역 '이집트' '(소)아시아' '스키타이'에 대해서도 당시로서는 최고의 '인문 지리학(地理學)'을 발동시켜 설명했는데, 여기에서는 '소아시아'에 일단 도시를 이루었건 '이오니아 사람들의 하르파고스(Harpagus)에의 저항'을 상술했다.

(d) 앞서 헤로도토스(Herodotus)는 '리디아 사람들의 굶주림'[제14장]을 적나라(赤裸裸)하게 드러내었다. **'생존을 위한 해적질'[39]을 토인비(A. J. Toynbee, 1889~1975)까지 '긍정'했다.**

(e) 요컨대 '자유' '자주' '경제'를 위한 추구는 헤로도토스(Herodotus)의 '역사(*The Histories*)'부터 오늘날까지 계속이 되고 있는 '지구촌'의 공통과제이다.

(f) 그리고 '생존의 위협' 속에 항상 거론되는 것이 '절대신' '신전 건설' 문제를 항상 대동(帶同)하고 있으니, 이것은 힌두(Hindu)의 '마하바라타(*The Mahabharata*)' '크리슈나(Krishna)'부터 문제된 것이었다.

(g) 헤로도토스(Herodotus)가 그의 '역사(*The Histories*)'에서 제시하고 있는 '이오니아 사람들'이 힌두의 '라지푸트 족[크샤트리아 족](Rajpoots, Kshatriyas)'임이 확실한 것이 '자주' '독립'을 위해 무한정 투쟁을 하며 '공정한 경쟁[예를 들어 각각 60척의 배로 서로 싸웠던 사례]'을 이상(理想)으로 전제했던 사례가 그것이다.

(h) '중세'에 '기사도(騎士道)'는 여지없이 힌두의 '라지푸트 족[크샤트리아 족](Rajpoots, Kshatriyas)' 투쟁 정신의 계승이다.

(i) 그리고 그 '이오니아 족'이 투쟁하다가 도시를 빼앗기면 '서진(西進)'을 계속했던 정황(情況)을 포콕(E. Pococke)은 그의 '희랍 속의 인도(*India in*

---

39) A. J. Toynbee, *A Study of History*, Oxford University Press, 1973, Volume XI, pp. 234, 240~241 XI 역사 속에서의 법칙과 자유(XI Law and Freedom in History), 1. 지역 국가 간의 생존 경쟁(Struggles for Existence between Parochial States)'

Greece, 1851)'다 담아 내었으니, 이 헤로도토스(Herodotus)의 '역사
(*The Histories*, 446 b. c.)'를 확인하면 오히려 포콕(E. Pococke)이 얼마
나 정밀한 사고(思考)로 '역사(*The Histories*)'를 점검했는지를 알 수 있다.

(j) 한 마디로 포콕(E. Pococke)의 '**이오니안스(Ionians)' : '히아니안스(Hyani-
ans)' -'히아 족, 기마 족(The Hyas, Horse Tribes)**'이란 등식(等式)은 헤로도
토스(Herodotus)의 '역사(*The Histories*)' 독서(讀書)로 완전히 이해할 수
있게 되었으니, '이오니아 사람들의 무한 투쟁'은 힌두 '**크샤트리아의 의무
(the duties of Kshatriya)**'를 빼놓고 쉽게 납득될 사항이 아니기 때문이다.

제22장 키루스의 아시리아 바빌론 정복

하르파고스(Harpagus)가 소아시아 서쪽에서 그처럼 엉망을 치고 다닐 적에,
키루스(Cyrus)는 아시아 북쪽과 동쪽의 모든 나라들을 정복하였다. 작은 나라
정복 이야기는 생략하고 그에게 큰 어려움을 안겼던 가장 흥미로운 정복을 말해
보겠다.

대륙의 나머지를 복속시키면서 키루스는 **아시리아(Assyria)**로 관심을 돌렸
다. 아시리아는 많은 거대한 도시들을 보유하고 있는 나라로 유명한데, 특히
그 중에서 **바빌론(Babylon)**은 가장 강하고 잘 알려져 있는데, 키루스가 먼저
니네베(Nineveh)를 함락 시키니, 아시리아는 행정부를 바빌론으로 옮겼다. 바
빌론(Babylon)은 넓은 평야에 자리를 잡아 일변(一邊)이 14마일(X1609m)의
정방형(正方形) 도시로 주변이 56마일이다. 이 엄청난 규모에다가 그 화려함에
서는 세상에서 유명하다는 도시들을 능가했다. 성 주변에 깊고 넓은 해자(垓字)
를 파서 물로 채우고, 그 해자(垓字) 안에는 너비 50큐빗(X45cm) 높이 200큐빗
의 성벽이 서 있다. 이제 나는 어떻게 그 해자(垓字)가 만들어졌고, 성벽이 축조
되었는지를 말하겠다. 땅을 파면서 흙을 퍼내 벽돌을 만들었다. 벽돌을 가마에
넣어 충분한 양을 구워냈다. 그런 다음 인부들이 뜨거운 역청(瀝青)을 이용하여

해자(垓字)의 양쪽 벽을 벽돌로 덮었다. 그런 다음 성벽을 세웠다. 두 경우에 모두 다 그들은 벽돌 모든 30코스 사이에 돗자리를 깔았다. 성벽의 꼭대기마다 단칸 건물을 세웠고, 성 안쪽으로는 4대의 전차가 통과할 공간을 확보해 두었다. 성벽 둘레에는 1백 개의 대문이 있는데, 문설주까지 모두 구리로 만들었다. ['산업 공학'의 측면까지 서술함]

바빌론에서 8일을 가면 이스(Is)란 도시와 이스(Is)라는 유프라테스(Euphrates) 강 지류(支流)가 흐르고 있는데, 이 시내에서 다량의 역청(瀝靑)이 발견되었다. 그것이 바빌론 성벽 건축에 쓰였다. 유프라테스(Euphrates) 강은 아르메니아(Armenia)에서 시작하여 페르시아 만(灣)으로 흐르는 넓고 깊고 유속(流速)이 빠른 강인데, 바빌론을 둘로 나누며 중간으로 흐르고 있다. 강 양쪽에서 성벽은 끝나고 그 모서리에서 양쪽 강안(江岸)으로 다른 성벽을 쌓았는데, 역청(瀝靑)을 쓰지 않은 벽돌 성곽이다. 바빌론에는 3층 4층 건물들이 수없이 많았다. 대로(大路) 곁길이 강으로 직선으로 뚫렸고, 모두 구리 대문을 지나야 강물에 이를 수 있다.

거대 성벽이 바빌론의 주요 장비였다. 하지만 도시 안에는 작지만 그에 못지 않은 것들이 있다. 도시 양쪽에 요새가 그것이다. 하나는 왕궁을 감싸고 있는 성곽이 그것이고, 다른 것은 **바빌론의 제우스인 '벨(Bel) 신전(神殿)'**이 그것이다. 신전은 각각 2펄롱(X201m)의 정사각형(正四角形)이고 구리로 대문을 달았는데, 나의 시대에까지 남아 있다. 벨(Bel) 신전(神殿)은 견고한 중앙 탑을 세워 놓았는데, 1 평방 펄롱의 8층탑을 이루었다. 전 8층탑은 밖을 나선형으로 만들어 올라갈 수 있게 했고, 중간에 자리를 설치하여 쉼터를 마련해 만들어 놓았다. 꼭대기에 대 신전을 세워 훌륭한 긴 의자를 두고 그 곁에 황금 테이블을 두었다. (벨의 司祭 칼데안 사람 말에 의하면) 이 성소(聖所)는 아무런 조각도 없고 홀로 지내는 한 사람의 아시리아 여인을 빼고는 성소(聖所)에서 밤을 넘길 수 없다. 그녀는 신이 선택한 여성이다. 나는 믿지 않지만 칼데안들(Chaldaens)은 신이 그 신전에 들어와 침상에서 쉰다고 말하고 있다. **비슷한 이야기를 이집트 테베**

(Thebes) 사람들도 하고 있다. 한 여성이 테바(Thebes)의 제우스 신전에서 항상 밤을 보내고 있다. 인간들과의 교합(交合)은 금지되어 있다고 한다. 또한 사례(事例)는 파타라(Patara) 리키아(Lycian) 시에는 신탁을 행하는 여사제(女司祭)가 있는데, 밤에 신전 문을 닫는다.

바빌론 신전에는 제2 성소가 있다. 황금 받침대에 황금 의자를 놓고 그 위에 거대한 순금의 벨(Bel) 상을 모셔두고 곁에는 황금 테이블을 놔두고 있다. 이것은 칼데안들(Chaldaeans)의 말인데 22톤(X1000kg) 이상의 금이 들었다는 것이다. 신전 밖은 하나는 황금 제단이나 다른 하나는 금은 아니나 대형으로 거기에 '큰 양(羊)'으로 제사를 올렸다. (황금 제단은 어린 양을 바치는 제단이다.) 큰 제단에는 매년 '벨(Bel) 신 축제' 때 반 톤 정도의 유향(乳香)을 바친다고 칼데안들(Chaldaean)은 말한다. 키루스 시대에 성전 속에 15피트 높이의 황금 동상이 있었다는 말을 칼데안들에게 나는 들었지만 확인하지는 못 했다. 히스타스페스(Hystaspes)의 아들 **다리우스(Darius, 558~486 b. c.)**가 욕심을 냈을 것이나, 그것을 옮겨갈 수는 없었으니, 용기가 사라졌기 때문이다. 그러나 **크세르크세스(Xerxes, 519?~465 b. c.)**는 그것을 행했으나, 신성모독이라고 반대를 한 사제를 죽였다. 내가 언급한 장식물에 더해 신전에 많은 사적(私的) 공물들이 있었다.

바빌론에는 성(城)을 요새화 하고 그 신전(神殿)에 희사(喜捨)한 왕들이 많았다. 나는 그들 이야기를 '아시리아 역사'에서 말할 것이다.[40] 두 사람의 여왕이 있었으니, **세미라미스(Semiramis)**와 5대 째가 여왕(女王)이었다. 세미라미스 여왕은 도시 밖으로 흐르는 강물에 보(洑)를 막아 전 들녘으로 흐르게 한 강물을 통제하였다. 후대의 **니토크리스(Nitocris)** 여왕은 세미라미스 여왕보다 지적으로 훨씬 뛰어나 현재 내가 서술할 만한 업적을 남겼을 뿐만 아니라 메데인(Medes)의 힘을 키우고 확장할 안목을 지녀서 앞서 함락한 니네베(Nineveh)를 포함한 많은 도시의 안보(安保)를 견고하게 하였다. 예를 들면 니토크리스 여왕

---

40) 헤로도트스가 지키지 못 한 두 번째 약속이다.

은 유프라테스(Euphrates) 강줄기를 바꾸어 바빌론을 관통해 흐르게 했다. 그 강줄기는 원래 직선이었는데, 상류 물길을 구불구불하게 바꾸어 아르데리카(Ardericca)라는 아시리아 마을을 세 줄기로 나뉘어 통과하게 해서 오늘날 지중해에서 바빌론으로 여행을 하는 사람이면 누구나 아르데리카(Ardericca)에서 3일 동안에 세 번 유프라테스와 만나게 된다. 거기에다 니토크리스 여왕은 유프라테스 강안(江岸)에 놀라운 위력을 지닌 축대를 쌓아 유프라테스 강과 접한 바빌론(Babylon) 주변에 둘레 47마일의 호수를 만들었다. 유역의 깊이는 인부들이 처음 땅을 파내고 물을 이끌었던 그 지점으로 조절이 되었다. 파낸 흙은 제방을 형성하는데 쓰었다. 유역(流域) 공사가 끝나니 니토크리스 여왕은 돌을 운반하여 전 난간(欄干)을 돌로 세웠다. 유프라테스 강에 땅 파기와 물길을 돌렸던 목적은 유속(流速)을 줄이고 바빌론(Babylon) 시(市)까지 직항(直航)을 막자는데 있었다. 배는 우회로와 마주치게 되고 결국 천천히 그 호수에 이르게 만들었다. 더구나 이 공사(工事)는 그 이웃 아시리아로 이어져 메디아(Media)로 직행 로를 열었으니, 니토크리스(Nitocris) 여왕의 의도는 메데인들을 바빌론 사람들과 섞이게 하여 좌절시키고 바빌론에서 무엇이 행해지고 있는지를 보여주기 위한 것이었다. 이 방어 계획 말고도 니토크리스(Nitocris) 여왕은 다른 업적도 남겼으니, 바빌론 시는 앞서 말했듯이 둘로 나뉘어 그 선대(先代)의 왕들은 배로 맞은편 도시로 건너는 어려움을 감수해야 했는데, 니토크리스(Nitocris) 여왕은 호수를 만들어 그 불편을 해소하는 선견지명을 보였다. 여왕은 먼저 돌덩이를 자르게 하고 강물을 우회시켜 원래의 강바닥을 말리고 난 다음 양쪽 강안을 구운 벽돌로 싸 올렸다. 그런 다음 강 가 거리의 끝에 대문을 설치하고 도시 중심과 제일 가까운 곳에 준비한 돌덩이를 철로 엮어 강물 위로 다리를 놓았다. 교대(橋臺) 사이에 네모진 나무 기둥을 연결해 놓아 주민들이 낮에만 건너게 가게 하였다. 그러나 밤에는 나무 기둥들을 치워 어둠을 타서 서로 도둑질하는 것을 막았다. 결국 강안에 물이 불어나 다리도 끝장이 나고 유프라테스 강은 원래의 자리로 다시 흘러 그 다리도 싸구려가 되었다.

그 **니토크리스(Nitocris) 여왕**은 역시 음산한 조롱(嘲弄)을 행했던 가해자였다. 여왕은 바빌론 성문(城門) 앞에 자신의 무덤을 만들게 하고, 그녀의 무덤 입구에 다음 글귀를 새겨 놓게 하였다.

> "이후에 어떤 바빌론 왕이든 돈이 부족하면 내 무덤을 파서 가져갈 만큼 가져가라. 그렇지만 다른 일로 내 무덤을 건드리면 좋지 못 할 것이다."

다리우스(Darius)가 통치를 행하기 이전에는 어느 누구도 그 무덤을 건드리지 않았다. 그러나 다리우스(Darius)는 바빌론 성문 중에 하나를 사용할 수 없음에 분기(憤氣)가 발동했다. 다리우스는 여왕의 시체를 다른 곳으로 치워야겠다고 생각했다. 더구나 그 무덤에 보물이 있을 경우 가져야 할지 말아야 할지를 묻는다는 것도 우스꽝스럽다고 생각을 했다. 그래서 다리우스(Darius)가 그 무덤을 열었더니 무덤 속에는 돈 한 푼도 없고 여왕의 시체 곁에 또 하나의 명문(銘文)이 있었다.

> "그대가 그대의 채울 수 없는 돈에 대한 탐욕(貪慾)에서 비열(卑劣)한 방법으로 돈의 추구를 행하지 않는 사람이라면, 마땅히 '사자(死者)의 무덤'은 손대지 말아야 했었다."['탐욕의 왕'을 꾸짖는 어구임]

니토크리스(Nitocris) 여왕 이야기는 이 정도로 해두기로 하자.

키루스의 원정(遠征)은 그 여왕의 후손을 향해 행해졌다. 그때 아시리아 왕은 그 아버지와 같은 이름의 **라비네토스(Labynetus)**였다. 페르시아 왕이 전쟁을 하러 떠날 때는 고국의 음식물을 준비할 뿐만 아니라 마실 물까지도 페르시아의 수도(首都) '수사(Susa)'로 흐르는 코아스페스(Choaspes) 강물로 준비한다. 페르시아 왕은 다른 물을 마시는 법이 없고, 그 물을 끓여 백은(白銀)의 주전자에 담아 국왕의 4륜(四輪) 노세 수레에 싣고 다녔다.

키루스는 바빌론 원정에 올라 긴데스(Gyndes) 강에 도착했는데 그 긴데스 강은 마티에니아(Matienians) 산맥에서 발원하여 다르다네스(Dardanes) 지역을 통과하여 오피스(Opis) 시를 지나는 티그리스(Tigris) 강과 합해져 페르시아 만으로 흐른다. 키루스는 그 강을 건너려고 준비 중이었다. 배가 필요했기 때문이다. 그런데 기백(氣魄)이 좋은(a high-spirited creature) 백마가 그 강물로 뛰어들어 헤엄쳐 건너려 했으나 급류에 휩쓸려 떠내려갔다. 키루스는 감히 그러한 행동을 하는 강물에 화가 나서 키루스는 그 강물을 앞으로는 '여인이 그 무릎도 적시지 않고도 건널 수 있도록 허약하게 만들어 버리겠다.'고 맹세를 했다. 키루스는 그의 바빌론 행군을 멈추고 군사를 양(兩) 편대로 나눈 다음 강의 양쪽에 땅을 파 180 개의 물길을 내어 강물을 사방으로 분산시키었다. 거대한 군사가 동원되어 작업을 마치니 한 여름이 다 지나갔다. 키루스는 긴데스(Gyndes) 강을 360 갈래로 찢어 벌(罰)을 내린 다음 이듬해 초봄에 바빌론으로의 행군(行軍)을 재개(再開)했다.

바빌로니아 사람들은 전장(戰場)을 미리 잡아 놓고 키루스의 접근을 기다리고 있었다. 키루스가 바빌론에 접근을 했을 때에 공격을 가했으나, 패배를 당하여 저지선 안쪽으로 후퇴했다. 바빌로니아 사람들은 이미 키루스의 꺼질 줄 모르는 야심을 알고 있었고, 여러 나라들을 차례로 공략하는 것을 보아, 여러 해를 버틸 식량까지 준비를 해 놓고 있었다. 바빌로니아 사람들은 키루스의 포위에 무관심할 수 있었다. 포위는 지속이 되었으나 진전은 없었다. 키루스는 성공할 가망이 없다고 생각하기 시작했다. 그런데 어떤 사람이 다음 방안을 제시 했다. 군사의 일부를 유프라테스 강이 바빌론으로 진입하는 그 입구(入口)에 주둔해 두고, 다른 부대를 강물이 빠져나가는 지점에 배치하여 강물이 낮아질 때를 기다려 강물 바닥을 따라 동시에 진입하게 하자는 방식이었다. 그 말을 들은 다음 키루스는 전 공병대(工兵隊)를 이끌어 당초 니토크리스(Nitocris) 여왕이 호수를 팠던 지점으로 가서, 앞서 여왕이 행했던 방법을 반복했다. 호수로 들어가는 물을 우회시켜 호수부터 물이 빠져나가 강바닥으로 걸어 다닐 수 있게 되었다. 그래서 페르시아 군사는 강바닥으로 진입하니 그 물 깊이는 허벅지중간에 이르렀다. 그 길을 따라 바빌론 시(市)로 들어 갈 수가 있었다. 만약 바빌로니아 사람들이 그 때 키루스가 무엇을 할지 알았더라면 강물 쪽으로 난 성문을 닫고 페르시아 군사를 잡아 격퇴를 했을 것이다. 그러나 그 작업은 비밀리(秘密裏)에 진행이 되었다. 바빌론 시의 규모가 엄청나게 커서 그 교외에는 사람들이 없었고 성 안 사람들은 성(城) 밖의 사정을 알 수도 없었다. 성내(城內)에는 축제가 진행되어 즐기고 있어 소식을 들을 길도 없었다. 이것이 바빌론이 함락된 이야기이다.[41]

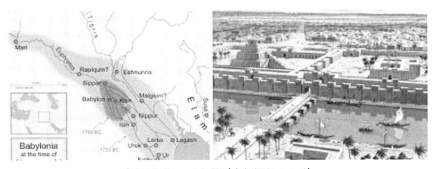

'아시리아(Assyria) 왕국' '바빌론(Babylon)'

———✈

(a) 힌두(Hindu)의 '마하바라타(*The Mahabharata*)'와 헤로도토스(Herodotus)의 '역사(*The Histories*)'의 가장 명백한 차이점은 '마하바라타(*The Mahabharata*)'가 '이승[現世] 무시' '천국 중심' '절대자 중심주의'였음에 대해, 헤로도토스(Herodotus)의 '역사(*The Histories*)'는 '현세주의(Secularism)'에 섰고, 그의 '역사(*The Histories*)' 서술에 **전쟁의 승부(勝負)'를 '제사'와 '기도'로 달성하는 것이 아니라 구체적인 지형과 자연 환경을 배경으로 거기에 합당한 전략(戰略)을 펼치는 사람에게 그 '승리'가 돌아가게 했던 점이다.**

(b) 즉 키루스가 '바빌론 성(城) 공략 방법'은 누구나 다 납득이 되게 헤로도토

—————

41) Herodotus (translated by Aubrey de Selincourt), *The Histories*, Penguin Books, 1954, pp. 112~118

200

스(Herodotus)는 서술을 했으니, 유프라테스(Euphrates) 강과 티그리스(Tigris) 강 그리고 그 강의 지류를 상세히 설명하고 그 강물의 환경 속에 세워진 '바빌론 성'의 특성을 설명하고 거기에 따른 키루스가 펼친 '성 공략 방법'을 소개했으니, 이로써 '헤로도토스(Herodotus)의 저술 능력'은 실로 '만대(萬代)의 귀감(龜鑑)'이다.

(c) 이 '헤로도토스(Herodotus)의 업적'을 토대로 뉴턴(I. Newton)과 볼테르(Voltaire)가 나왔다는 것은 그 구체적인 증거들을 지니고 있는 사실이다.

(d) 즉 '헤로도토스(Herodotus)가 모범으로 보인 자연 관찰과 그 활용'이 그의 '역사(*The Histories*)'에 다 공개가 되었다.

그리고 이 키루스의 바빌론 정복을 계기로 유대인의 소위 '**바빌론의 유수(幽囚, Babylonian Captivity)**'가 풀렸으니, 사실 '성경[구약]'은 이 이후에 다시 이스라엘 사가(史家)들이 거듭 복원해 만든 것이 확실하다 할 것이다.

(e) 매켄지(D. A. Mackenzie)가 그 '고대 이집트 사[*Egyptian Myth and Legend*]'에서 '키루스의 바빌론 정복'에 따른 경과를 다음과 같이 설명하고 있다.

((이집트 "제25왕조 파라오 샤바카(Shabaka, 705-690 b. c.)는 최초 에티오피아 출신으로 전 이집트를 통치했고, 군사력으로 북쪽 소왕(小王)들의 충성까지 확보를 했다. 샤바카(Shabaka)는 '성경'에 -그래서 이집트 왕이 되었다.-고 했다.('열왕기 2' x vii, 4) 시리아와 팔레스타인은 바빌로니아 메소포타미아 소아시아와 함께 거대 왕국 아시리아(Assyria)가 되었다. 샤바카(Shabaka)는 남부 시리아까지 경계 확장을 꿈꾸기도 하고 아시리아(Assyria) 침공에 이집트 완충국으로 만들려고 생각했다. <u>샤바카(Shabaka)는 그 소국의 왕들과 동맹을 맺었다. 그 소왕(小王)들 중에는 이스라엘 호세아(Hoshea)왕도 포함이 되었었는데, 그 호세아(Hoshea)왕은 이집트의 지원을 믿고 -해마다 아시리아 왕에게 바치는 공물(供物)을 가지고 가지 않았다.</u>"('열왕기 2' x vii, 4) 아시리아 사르곤(Sargon) Ⅱ세는 전란이 생길 것을 예상하여 황급히 진압에 나섰다. 사르곤(Sargon) Ⅱ세는 하마트(Hamath)의 일루비디(Ilu-bi-di)를 생포했고, 이집트 군사를 격퇴시키고, 가자(Gaza)왕 하노(Hanno)를 잡고 호세아(Hoshea)왕을 포로로 잡았다. 그래서 <u>사르곤(Sargon) Ⅱ세는 메소포타미아와 메디안(Median) 고지대 사이에 이스라엘과 '10개의 상실(喪失) 종족'</u>

27290명을 분산 배치했다. 거대한 골칫거리 사람들이 바빌로니아에서 사마리아(Samaria)로 뽑혀 들어갔고, 거기에 정착해 있는 종족들과 섞이었다.[혼혈 강요] 이렇게 북부 히브리 왕국은 망했다. 유대인 왕국은 이후 1세기 반 동안 존속을 했다.")

(("아마시스(Amasis) 통치 중반 경에 동방에 구시대 문명을 부수고 새로운 시대를 열 세력이 나타났다. '왕 중의 왕 아케메니아의(Achaemenian) 키루스(Cyrus, 550-530 b, c,)'가 그였다. 그는 마데족(Mades)의 아스티아게스(Astyages) 왕을 무너뜨리고(기원전 550년) '대(大) 아리안 메도-페르시아(the great Aryan Medo-Persian empire) 왕국'을 건설하고 서쪽으로 소아시아를 압박하고 있었다.

"…… 그렇게 바빌론은 망했다. 지배권을 획득한 키루스(Cyrus)는 유대인들이 고향에 돌아가기를 허락해서, 치욕의 제데키아(Zedekiah, 유다의 마지막 왕) 이후 거의 반세기(기원전 538년)만에 유다(Judah)의 산들을 보게 되었다." -[제29장]))[42]

(f) 그리고 힌두(Hindu)가 '마하바라타(*The Mahabharata*)'에서 명시한 절대 신 문제를 헤로도토스(Herodotus)는 이 장(章)에서 '**바빌론의 제우스인 벨(Bel) 신전(神殿)**'이라고 간략하게 짚고 넘어갔다. 이 한 마디로 **헤로도토스(Herodotus)의 '절대신(God) 논의'는 사실상 종료가 된 셈이다.** [Zeus=Bel=Vishnu=Brahma=Buddha=Jehovah]

제23장 아시리아의 물산(物産)과 풍속

나는 몇 가지 바빌론의 부(富)와 자원을 말할 것이나, 다음은 특히 충격적인 이야기이다. 일상적인 공물(供物)은 빼고, 페르시아 왕국은 전(全) 지역이 왕과 그의 군사를 위한 공급을 위해 구분이 되어 있다. 그리고 1년 12개월 중에 4개

---

42) D. A. Mackenzie, *Egyptian Myth and Legend*, Bell Publishing Company, 1978(1913)

월은 공급이 바빌론의 영토 내에서 이루지고, 나머지 8개월간은 전(全) 아시아 여타지역에서 행해진다. **아시리아 자원이 전 [소]아시아 자원의 3분의 1일 차지했다.** '아시리아 관할 구역'(페르시아 인은 '관할 구역-satrapy'이라고 했다.) 은 그들의 지역 구역에서 가장 탐을 내는 구역이었는데, 그 아시리아 왕으로부터 권한 받은 아르타바조스(Artabazus)의 아들 트리탄테크메스(Tritantaechmes) 는 매일 은(銀) 1아르타바(artaba, 36L)를 받아내었다. 그리고 트리탄테크메스 (Tritantaechmes)는 역시 평야의 거대한 4 개 마을에서 다른 세금을 면제해 준 대신에 자신 사유(私有)의 전마(戰馬)와 800마리 종마(種馬)와 1600마리 암 말과 동수(同數)의 인도(Indian) 개에 대한 먹이 공급을 하게 하였다. 이것으로 부(富)의 관리자인 바빌론 왕을 미루어 짐작 수 있다.

  아시리아의 강우량은 적지만 충분한 습기가 공급이 되어 싹을 틔우고 뿌리 를 내리지만 이집트 나일 강의 홍수와는 달리 손으로 물 대어 열매가 맺게 한다.[43] **아시리아도 이집트처럼 전 국토가 배수로(配水路)로 교차되고 있다.** [이집트의 '간편한 농사'와는 크게 다름] 아시리아인 대부분이 남동부 유프라테 스(Euphrates)에서부터 티그리스(Tigris) 강이 합치는 니네베(Nineveh)가 세워 진 지점까지 배로 건너거나 달려가야 했다. 농업국가 아시리아는 세계에서 가장 부유한 나라였다. 무화과나 포도 올리브 등 과일 나무는 생각하지 않고 곡식을 심어 2백배 3백배의 수확을 냈다. 밀과 보리의 잎의 크기는 3인치이다. 수수와 참깨의 경우 얼마나 놀랍게 자라는 지는 말하지 않겠다. 그러나 바빌로니아에 가보지 않은 사람들은 앞서 내가 말한 풍요(豊饒)를 믿지 않고 있다. 기름은 참깨에서 얻고 있다. 대추야자는 모든 곳에서 기르고 열매는 음식이나 술이나 꿀과 함께 먹는다. 경작 방법은 무화과와 비슷하다.

  그 다음 내[해로도토스]가 아시리아 놀란 일은 유프라테스를 왕래하는 배들의 이야기이다. 이들 배는 모양이 둥그렇게 되어, 가죽으로 배를 만들었다. 그 배들

---

43) '샤도프(shadouf)' 방식은 지금도 근동(近東)에서 사용하고 있다. 인력으로 가동했던 양 수기(揚水機)

은 아시리아 북부 아르메니아(Armenia)에서 건조(建造)되었는데, 버들[柳]을 잘라 엮어 형태를 만들고 배 아래를 가죽을 펼쳐 아래쪽을 뻣뻣하게 받혀 방패처럼 둥글게 만들었다. 밀짚을 깔고 짐을 싣고 유프라테스 강의 흐름을 따랐다. 두 사람이 배를 통제하여 각각 서서 노를 잡고 앞장을 선 사람은 배를 끌고 뒤에 선 사람은 뒤쪽으로 민다. 배들은 규모가 매우 크다. 어떤 것은 15톤도 실을 수 있다. 모든 배에는 살아 있는 당나귀를 실어 나르는데 큰 배에는 몇 마리씩 싣고 바빌론에 도착하면 짐들은 상인에게 넘겨지고 배들은 부셔버리고 육로 아르메니아(Armenia)로 돌아온다. 노를 저어 돌아오기는 불가능하므로 나무 대신에 가죽으로 배를 만들었다. 당나귀를 데리고 아르메니아로 되돌아오는데 사람들은 같은 방식으로 배를 만들었다.

바빌로니아 사람들의 복장은 발까지 내려오는 린넨 튜닉을 입고 위에 털옷을 입고 하얀 망토를 걸친다. 그네들은 보이오티아(Boeotia) 슬리퍼 같은 자기네 고유의 신발을 신는다. 머리털을 길게 길러 터번을 쓰고 향유를 바른다. 모든 사람들이 도장과 지팡이를 소지하고 지팡이 꼭대기를 사과 장미 백합 독수리 모양으로 장식을 한다. 내가 이해할 수 없는 것은 일리리아(Illyria)에서 행해진 '에네티(Eneti)'란 행사이다. 모든 마을에서 결혼 적령기(適齡期)에 이른 아가씨들은 한 곳에 다 모인다. 남성들이 그녀들을 중심에 두고 빙 둘러 선다. 경매자(an auctioneer)가 한 사람씩 차례로 불러 세워 경매를 행한다. 제일 잘 생긴 여자부터 경매(競賣)를 행해 최고가에 팔린다. 결혼이 교역의 수단이 되어 있다. 부인을 원하는 부자들은 최고로 완벽한 여인에게 서로가 지불할 값들을 부르지만, 잘생긴 여자가 소용없는 가난한 사람들은 실제적으로 못 생긴 사람에게 값을 지불한다. 경매(競買)자는 모든 예쁜 아가씨들을 다 팔 때까지는 '공평한 사람'이란 말 들을 수 있고, 절름발이까지도 일으켜 세워 값을 깎아서라도 결혼하게 만든다. 미인들을 팔아 들어온 돈은 못 생기고 병신인 자매들의 지참금도 된다. 우연히 사랑하게 된 딸과 남자를 결혼시키는 것은 불법(不法)이다. 어느 누구도 우선 '결혼시키려는 보호자'를 만나지 않고 여자를 집으로 데려온 사람은 없다. 남편과 아내가 불화(不和)할 경우 법(法)으로 구매(購買)했던 금액을 환불하게 하고 있다. 결혼을 원하는 사람은, 마을이 달라도 아내를 구매해 데려올 수 있다.

이 놀라운 습속은 지금은 쓰이질 않고 요즈음은 다른 방법이 유행이니, 정복에 따른 종업원이 된 극빈자에게 위안을 주는 모든 저층 계급의 매춘(賣春)이 그것이다.

'구식 결혼 방법' 다음으로 그들의 재능을 발휘하고 있는 것은, 페르시아 인의 환자(患者) 다루는 방법이다. 페르시아에는 의사(醫師)가 없다. 그러나 환자들을 길거리로 데리고 와, 길거리에서 누구에게든 만나는 사람에게 그들의 병세를 말하게 한다. 개인적인 체험이건 비슷한 다른 사람의 경우를 말하게 한다. 어떤 사람이건 병자(病者)의 증상을 멈추게 하면, 그가 겪었던 병고(病苦)와 벗어났던 '치료 방법'을 다른 사람들과 공유(共有)하게 했다. **아무도 병자(病者)를 놔두고 침묵하고 지낼 수 없다. 모든 사람들이 '무슨 일이냐'고 물어야 한다.** 페르시아 인은 시체를 꿀 속에 매장(埋葬)하고 장송곡(葬送曲)은 이집트인과 비슷하다. 바빌로니아 사람이 부인을 범하면, 화가 나 아내와 더불어 연기로 소독을 하고 새벽에 되어야 함께 씻는다. 씻기 전에는 식기(食器)를 만지지 않는다. 이것은 아랍 사람과 비슷하다.

사람들이 아주 부끄럽게 여기는 풍속이 있다. 모든 고장에 여인은 한 번은 아프로디테(Aphrodite) 신전에 나가 앉아 있어야 하고 이방인(異邦人) 남자에게 자신을 맡겨야 한다는 것이다. 몸을 더럽히는 일이기에 콧대 높은 많은 부유한 여인들은 시중을 드는 하인들을 데리고 마차를 타고 가 기다린다. 모든 여인이 줄을 쳐놓은 신전의 구역 내에 앉아 있어 거대한 군집(群集)을 이루니, 어떤 사람은 앉아 있고, 다른 사람은 도착을 하고 있고, 또 다른 자리를 떠난다. 그녀들 사이에 통로가 있어 남자들이 그 사이를 지니며 선택을 행한다. 일단 한 여성이 자리를 잡으면, 한 남자가 은전 한 푼을 그녀 무릎에 올리고 밖으로 나가 잠자리를 같이 하기 전에는 집으로 돌아갈 수가 없다. 남자는 은전을 던지며 말한다.

"여신 밀리타(Mylitta) 이름으로 행하노라."

아프로디테(Aphrodite)의 아시리아 식 명칭이 '밀리타(Mylitta)'이다. 은전의 가치는 말할 수 없다. 일단 던져지면 신성(神聖)하게 되고, 거절을 못 하게 법(法)으로 정해져 있다. 여성은 선택권이 없고 최초로 돈을 던진 사람과 함께 잠자리를 같이 해야 한다. 그와 함께 자고 나면, 여신(女神)에 대한 의무를 벗고 집으로 갈 수 있고, 그 이후에는 어떤 거금(巨金)을 준다고 해도 정조(貞操)를 버릴 수는 없다. 키 크고 잘 생긴 여인은 금방 집으로 가게 되지만, 못 생긴 여성은 의무 수행에 3~4년도 걸렸다. 키프로스(Cyprus)에도 일부 그러한 풍속이 있다.

내가 언급한 것은 일반적인 풍속이지만 특별한 풍속의 세 종족이 있다. 이들 종족은 물고기만 먹고 산다. 물고기를 잡아 볕에 말려 가루로 만든다. 부드러운 가루를 끓인 다음 성긴 모슬린 천으로 걸러 떡을 만들어 먹든지 빵 등으로 굽기도 해서 먹는다.[44]

'아시리아의 신상(神像)들' ―수염과 날개를 달고 있는 존재들은 '승리의 남성[절대신, 왕] 신상'이고, '황소 상'은 힌두(소)와 이집트(아피스)의 혼합이고, '독수리 상'은 '가루다(Garuda)'와 '호루스(Horus)'의 혼합이고, '날개를 단 사자 상'은 등을 돌린[패배한]무사(武士) 상징이다.

(a) 헤로도토스(Herodotus)가 그의 '역사(*The Histories*)'에서 먼저 실행해 보

---

44) Herodotus (translated by Aubrey de Selincourt), *The Histories*, Penguin Books, 1954, pp. 118~122

인 방법은 이후 학자들에게 절대적인 영향을 발휘했다. '각 지역의 풍속(風俗) 소개 방식'은 프랑스의 볼테르(Voltaire)의 '역사철학(*The Philosophy of History*, 1765)' 말고도 영국의 프레이저(J. G. Frazer, 1854~1941)가 대대적으로 계승을 하여['황금 가지(*The Golden Bough*, 1922)'] 새로운 '인류학'의 지평을 열었다.

(b) 헤로도토스(Herodotus)의 '역사(*The Histories*)' 서술 방식은 앞서 밝혔듯이 '이오니아 사람 중심' '희랍 중심' '아테네 중심' '헤로도토스 자신 중심'이었다.

(c) 위에서도 헤로도토스(Herodotus)는 '**[희랍의]아프로디테(Aphrodite)=[아시리아의] 밀리타(Mylitta)**' 공식을 과감하게 펼쳐 '자잘한 의례나 명칭'에 구애(拘碍)되지 않는 자신의 '통찰력'을 과시하고 있다.

제24장 키루스의 마사게테(Massagetae) 정벌(征伐)

아시리아를 정복한 다음 키루스의 다음 목표는 마사게테(Massagetae)였다. 그 나라는 아라크세스(Araxes) 강을 건너 그 동쪽에 있고, 이세도네스(Isse-dones) 강의 맞은편에 있다. 마사게테(Massagetae)는 인구가 많고 호전적인 종족으로 소문이 나 있고, 그 일부 사람들은 그들을 스키타이(Scythian) 족으로 추정하도 한다. 아라크세스(Araxes) 강을 어떤 이는 다누베(Danube, 다뉴브) 강보다 크다고 하는 사람이 있으나 다른 사람은 그렇지 않다고 말한다. 레스보스(Lesbos) 같은 섬을 많이 가지고 있다고 한다. 그곳에 남성들은 여름엔 각종 식물의 뿌리를 파서 먹고 겨울을 위해서는 나무 열매를 따 말려 음식을 만들어 먹는다. 그들은 역시 특별한 나무 열매를 발견했는데, 그네들이 불을 피워놓고 파티를 행할 적에 그것을 약간 불속에 던지면 그것은 불타며 향 연기가 그 냄새는 사람들을 술 마신듯 취하게 했다. 더욱 취하려면 열매를 더 많이 불에 던져 춤추고 노래할 때까지 불에 던진다. 이것이 마사게테(Massagetae) 사람들의 생활 방식이었다.

아시리아의 긴데스(Gyndes) 강물처럼 키루스는 마티에니(Matieni) 지방에서 발원한 아라크세스(Araxes) 강을 360 물길로 나누었다. 아라크세스(Araxes) 강은 40개의 하구(河口)가 있는데, 하나만 빼고 모두 습지와 소택지(沼澤地)로 들어간다. 남은 하나의 하구(河口)가 카스피 해(Caspian Sea)로 흘러들어 가게 했다. **카스피 해(Caspian Sea)**는 바다로 다른 바다와 연결이 없는 바다다. 희랍인이 사용하는 지중해와는 다르니, 지중해는 **헤르쿨레스 기둥**(the Pillars of Hercules, 지브롤터 해협 북부에 있음)을 지나면 대서양(Atlantic) 인도양(Idian Ocean)과 하나 바다의 일부가 아니다.[헤로도트스는 '육지가 바다로 둘러싸여 있음'을 알고 있었음] 카스피 해(Caspian Sea)는 완전히 분리가 된 바다다. 노 젓는 배로 15일이 걸리고, 넓은 부분을 횡단하는 데는 8일이 소요된다. 카스피 해 서쪽을 따라 코카서스(Caucasus) 산맥이 펼쳐져 있는데 길고 험준(險峻)하여 많은 종족들이 나무 열매를 먹고 산다. 그리고 나뭇잎에서 추출한 염료로 옷을 물들여 입고 사람들이 동물처럼 드러난 장소에서 교합을 행한다고 한다. **카스피 해(Caspian Sea) 서쪽은 코카서스 산맥으로 묶이어 있고, 카스피 해(Caspian Sea) 동쪽으로 엄청난 평야가 펼쳐져 눈으로 거리를 짐작할 수 없는 정도이다. 이 지역의 대부분을 마사게테(Massagetae)가 차지하고 있는데, 키루스가 그곳을 공격하려 한 것이다.** 그곳은 키루스가 욕심낼 것이 많았지만 초인적 시조(始祖)[헤라클레스]의 기원 담(譚)이 전해지는 곳이고 키루스의 이전의 원정이 다 성공했다는 두 가지 문제가 그에게 새로운 전쟁 수행에 용기를 제공했다. 그도 그럴 것이 당시에까지 키루스가 일단 정벌에 나서면 버틸 나라가 없었기 때문이다.

이때에 **토미리스(Tomyris)**가 그 마사게테(Massagetae)의 **여왕(女王)**이었다. 그녀의 남편은 죽고 없었다. 키루스는 여왕에게 결혼을 청구를 했다. 그러나 키루스는 그냥 거절을 당했으니, 여왕은 키루스가 여왕을 원하는 것이 아니라 왕국을 원함을 잘 알고 있었기 때문이다. 간계(奸計)에 실패하자 키루스는 군사력에 의존하여 아라크세스(Araxes)로 진군(進軍)하여 군사들에게 배들을 엮어 건널 다리를 놓아 마사게테(Massagetae)를 침공할 준비를 했다. 그 준비를 하고 있을 적에 토미리스(Tomyris) 여왕은 키루스에게 편지를 보냈다.

　"메데(Medes) 왕이시여, 나는 당신에게 그 공사(工事)를 포기하시라 충고합니다. 왜냐 하면 당신은 그 공사(工事)가 당신께 좋을 게 없다는 것을 모르기 때문입니다. **당신은 당신의 백성을 다스리시고, 내가 내 백성을 다스리게 하는 모습을 보여주십시오.** 그래도 당신이 나의 충고를 거절할 경우 당신의 마지막 원하는 바가 '편안하게 사는 일'이 될 겁니다. 그렇다면 들으세요. 만약 당신이 마사게테(Massagetae) 공격을 굽혀 다리 건설을 포기하고, 우리 군사도 그 강으로의 진군을 3일 동안 중지하고 있게 되면, 당신 마음도 바뀔 겁니다. 만약 당신이 이 조건이 맘에 들 경우 동일한 거리로 후퇴해 계시면, 우리가 강 건너 당신 쪽으로 만나러 가겠습니다."

　여왕의 편지를 받고 키루스는 '장군 회의'를 소집하여 그 문제를 놓고 어떻게 해야 할지를 물었다. 모든 장군들이 토미리스(Tomyris) 여왕이 군대를 이끌고 자기 쪽으로 오는 것에 찬성을 표했다. 그러나 한 사람의 반대자가 있었으니, 그는 리디아의 크로이소스(Croesus)로 페르시아 '장군 모임'에 참석하여 완전히 다른 견해를 표명했다.

　"폐하, 저는 이미 제가 '폐하의 가문'을 위협했던 생각을 바꾸어, 신(神)께서 저를 폐하의 종으로 삼았음을 밝혔습니다. 저는 제 자신이 체험한 독한 불운의 결과로 많은 것을 알게 되었습니다. 물론 폐하와 폐하의 군사가 불사신(不死身)이라면 제 의견은 들을 필요도 없을 겁니다. 그러나 폐하와 폐하가 거느린 군사가 단순히 인간이란 것을 아신다면 우선 당신께 말씀 드려야 할 사항이 '인생이라는 것이 돌아가는 바퀴'와 같아서 같은 사람에게 오랜 번성(繁盛)은 없다는 사실입니다. 폐하께서 의논하는 문제[토미리스 여왕 제안의 수용 與否]에 제 의견은 다른 사람들이 말했던 것에 반대가 됩니다. 만약 우리가 적들이 강을 건너 우리 쪽으로 오면 그 위험은 패배할 경우, 폐하는 단순히 전투에 진 것이 아니라 전 왕국을 잃을 겁니다. 만약 저 마사게테(Massagetae)가 이길 경우

고국으로 돌아갈 수도 없고, 반대로 그들이 폐하의 영지로 진격을 할 겁니다. 다른 한편 전투가 폐하의 뜻대로 되어, 폐하께서 그들의 영지로 들어간다면 패배한 적들의 추격이 뒤따를 겁니다. 폐하께서 아시다시피 마사게테(Massage-tae)가 할 바와 폐하께서 행할 바의 균형을 취해야 합니다. 즉 승리를 하려면 토미리스(Tomyris) 여왕 나라로 직진하십시오. 그리고 제가 앞서 말한 바를 떠나서, 한 여성에게 땅을 준다는 것은 캄비세스의 아들 키루스에게 명백히 참을 수 없는 불명예가 될 것입니다. 그러므로 제 생각은 이렇습니다. 강을 건너 적들의 퇴각 한계점까지 진격을 한 다음 그들에게 전략(戰略)을 펴는 것이 옳다고 생각합니다. 저는 저들[스키타이들]이 페르시아 인이 즐기는 사치를 모르고 인생의 즐거움을 모른다고 들었습니다. 우리는 그것을 유리한 점으로 잡아 캠프에 많은 양(羊)들 잡아 모든 접시에 올려놓고 독한 술로 넉넉하게 준비하여 그들이 잔치를 열게 하십시오. 그런 다음 잔치가 준비가 되면 강을 건너 진군하고 약한 군사만 남겨 두십시오. 제가 크게 틀리지 않다면 우리 적들이 우리의 좋은 것을 보면 그들의 일을 시작할 터이니, 우리는 용감한 타격의 기회를 잡을 겁니다."

키루스는 양쪽의 의견을 들은 다음 크로이소스 말대로 토미리스(Tomyris) 여왕에게 그녀의 군사를 철수시키게 했다가 키루스 자신이 강을 건널 생각을 했다. 이것은 여왕의 앞선 제안을 수용한 것이다. 그리고 **키루스(Cyrus)는 그의 아들 캄비세스(Cambyses, '키루스의 아버지 이름'과 '아들 이름' 즉 '할아비'와 '손자'이름이 同名이다.)가 크로이소스Croesus를 보호하게 하여 미리 페르시아로 돌아가게 조처 했다.** 키루스는 아들 캄비세스를 자신의 후계자로 지명을 해 놓고, '크로이소스를 존중하라.'는 훈계를 내리고 자신은 군사를 거느리고 강을 건넜다.

키루스가 아라크세스 강을 건너고 마사게테에서 잠이 들었는데, **꿈에 어깨에 날개를 단 '히스타스페스(Hystapes) 큰 아들'이 보였는데 그의 그림자가 아시아와 유럽을 덮었다. 히스타스페스(Hystapes) 큰 아들은, 아르사메스(Arsa-**

mes)의 손자로 '다리우스(Darius)'였다. 그 당시 20세 정도의 젊은이로 원정에 참여하기는 나이가 어려서 페르시아에 남아 있었다. 꿈에서 깨어난 키루스는 그의 꿈을 생각해보고 그것은 심각한 문제라는 생각이 들었다. 그래서 키루는 히스타스페스(Hystapes)를 불러 놓고 말했다.

"히스타스페스(Hystapes)여, 나는 너의 아들이 나에게 반(叛)할 역모를 꾸미는 것을 알았다. 의심할 여지가 없는 정보이다.[꿈의 절대 신뢰] 내가 간밤에 잠이 들었는데, 신들이 위험이 온다고 경고하였다. 너의 큰 아들이 어깨에 날개를 달았는데 그 그림자의 한쪽 날개는 아시아를 덮고 다른 쪽 날개는 유럽을 덮고 있었다. 너의 아들이 나를 배반한다는 것은 벗을 수 있는 성질의 것이 아니다. 그러므로 너는 페르시아로 돌아가야겠다. 내가 이 전쟁에 이기고 귀국을 하면 나의 심문에 대비를 하라."

키루스는 '다리우스의 배반'을 확신했으나, 그 꿈의 진실한 의미는 키루스가 추측한 대로는 아니었다. 즉 그 꿈은 키루스에게 죽음을 경고한 것으로, 궁극의 후계자 다리우스가 왕위에 앉게 된다는 의미였다.

히스타스페스(Hystaspes)가 말했다.

"폐하, 페르시아 인이 폐하를 배반하는 것은 하늘이 막고 있습니다. 누가 그것을 행했다가는 현장에서 당장 죽습니다. 폐하께서는 '노예의 페르시아인'을 '세상의 주인'을 만들었고, 페르시아 인들을 왕들로 만들었습니다. 폐하의 말씀대로 만약 제 아들이 반란을 획책했다면 폐하 좋으실 대로 하시라고 폐하께 붙잡아 올리겠습니다."

이 말을 남기고 히스타스페스는 아라크세스 강을 건너 페르시아로 돌아와 키루스 명령대로 그의 아들 다리우스(Darius)를 지키고 있었다.

키루스는 크로이소스(Croesus)가 말했던 대로 아라크세스 강에서 1일을 진격했다. 그런 다음 뒤에 남겨둔 그의 가장 약한 군사들이 있는 곳으로 키루스는 군사를 거느리고 되돌아 왔다. 전군의 3분지 1병력인 마사게테(Massagetae) 파견군은, 남겨놓은 페르시아 병사에게 달려들어 저항에도 불구하고 다 죽었다.

그렇게 승리를 한 다음 그들을 위해 준비된 '찬란한 식사'를 보았다. 즉시 파견군은 자리를 잡고 앉아 흥겹게 먹고 마시고 잠이 들었다. 이것이 페르시아 인에게는 기회였다. **페르시아 군은 마사게테 파견군에 달려들어 더욱 많이 죽이고 더욱 많은 포로를 잡았는데, 그 중에는 토미리스(Tomyris) 여왕의 아들이고 군 사령관인 스파르가피세스(Spargapises)도 있었다.**

여왕은 그녀의 군사가 패배하고 그 아들까지 잡혔다는 소식을 듣고 키루스에게 다음과 같은 메시지를 전했다.

"피를 폭식하는 자여, 혼자서 용맹을 보였으니, 당신은 오늘의 처사(處事)를 자랑스러워할 까닭이 없소. 당신의 무기는 당신을 그처럼 미치게 만든 포도 넝쿨의 열매요. 부끄러운 말(words)의 독가스를 달고 다니어 그 독을 이용하여 **당신은 내 아들을 잡아 두고 있소**, 이제 내 말을 들으시오. 당신을 위해 충고합니다. **내 아들을 조용히 돌려보내고 내 영토에서 나가시오. 다른 곳에서의 승리로 만족을 하시오. 만약 당신이 거절을 하면 내가 당신의 주인 '태양'을 두고 맹세컨대, 당신이 마실 수 있는 피보다 더욱 많은 피를 당신에게 제공을 하겠소.**"

이 여왕의 위협에도 키루스는 거의 신경을 쓰지 않았다. 여왕의 아들 스파르가피세(Spargapises)는 그의 신분을 밝히며 그의 족쇄를 풀어달라고 호소했다. 그 요구가 허락이 되자 그 왕자는 자기 손으로 자결(自決)을 해 버렸다. 여왕은 키루스가 자기 말을 무시했다는 소식을 듣고 그녀가 소유한 모든 군사를 동원하여 전쟁을 개시 했다. 전투는 이전에 볼 수 없는 격렬한 전투였다. 내[해로도토스가 수집한 정보에 의하면 양군은 활로 공격할 만한 거리에서 싸움이 시작되었다. 양군은 화살이 다 하자 창과 칼로 싸우며 어느 쪽도 물러서지 않았다. 그러나 결국 마사게테가 우위를 차지하여 페르시아 대군을 그 자리에서 격파하여 키루스도 피살되었다.

키루스는 29년 간 왕위(王位)에 있었다.

전투가 끝난 다음 여왕 토미리스(Tomyris)는 페르시아 군의 시체 속에 키루스의 시체를 찾아내도록 했다. 여왕은 키루스의 머리를 가죽부대에 넣고 피를 가득 채웠다. 그녀는 분노해 소리쳤다.

"비록 내가 너를 정복하고 살아 있으나, 너는 내 아들을 간계(奸計)로 잡아 나를 망쳐 놓았다. 그래서 나는 맹세했던 대로 너를 피 속에 두었다."

키루스 죽음에 대한 이야기는 많으나, 내가 가장 진실한 것으로 생각되는 것을 말했다.

마사게테(Massagetae)의 의상(衣裳)과 생활 방식은 스키타이들(Scythians)과 비슷하다. 일부는 말(馬)을 타고 일부는 그렇지 않으나 그들은 보병(步兵)과 기병(騎兵)을 함께 쓴다. 그들은 활과 창을 지니고 '사가리스(sagaris)'라는 증서(證書)를 지니고 다닌다. 그들이 사용한 금속은 금과 동(銅)이다. 동(銅)은 창 끝 화살촉 증서(證書)로 쓰이고, 금은 투구 허리띠 윗도리 장식에 쓰인다. 말들에게 청동 흉갑을 두르고 굴레와 재갈에도 황금을 사용했다. 은과 철은 그들에게 알려지지 않았고, 구리와 황금이 무제한으로 쓰여도 은과 철은 없다. 그들의 풍속은 모든 남성은 아내를 가지나 모든 여인들이 난잡하다. 희랍인은 스키타이 풍속을 그렇게 알고 있다. 그러나 그것이 마사게테에 속한 풍속은 아니다. 남성이 여성을 원하면 여성의 수레 앞에 화살 통을 걸어 놓고 마음 놓고 즐긴다. 마사게테(Massagetae)는 적절한 때에 죽는 방식을 지니고 있다. 즉 남자 늙으면 소를 잡아 제사를 지내며 친척들과 잔치를 한다. 그 늙은이도 함께 먹어 치운다. 이것을 최고의 죽음이라고 친다. 병든 사람은 먹지 않고 매장(埋葬)을 한다. 제물로 삼을 수 없는 불행한 경우이다. 마사게테(Massagetae)는 농사를 짓지 않고 육 고기와 물고기로 산다. 물고기는 아라크세스 강에서 충분히 공급이 된다. 그들은 우유를 마신다. **유일한 신이 '태양'이고, 신들 중에 가장 빠른 그 태양신에게 가장 빠른 동물(the swiftest animal)인 '말'로 제사를 올린다.**[45]

---

45) Herodotus (translated by Aubrey de Selincourt), *The Histories*, Penguin Books, 1954, pp. 122~128

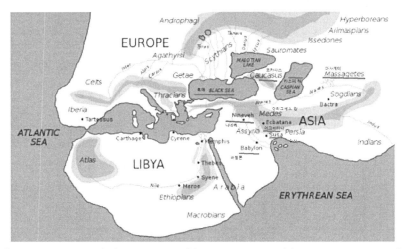

'헤로도토스 세계 지도'-'흑해(Black Sea)' '코카서스(Caucasus)' '카스피 해(Caspian Sea)'
'마사게테(Massagetes)' '아라크세스 강(Araxes R.)' '니네베(Nineveh)' '메데(Medes)'
'에크바타나(Ecbatana)' '수사(Susa)' '바빌론(Babylon)'

(a) 헤로도토스(Herodotus)는 앞서 '키루스에 대한 3개의 판본'이 있는데 그에
대한 과장이 덜한 것을 소개한다고 밝혔다. 그런데 '키루스 출생담'과 더불
어 '키루스의 사망'에 관한 이야기가 '마하바라타(*The Mahabharata*)' '크리
슈나(Krishna) 일생'과 완전히 겹치고 있다는 사실이다.

(b) '마하바라타(*The Mahabharata*)'에 '절대 영웅' 크리슈나(Krishna)는 그야
말로 신기(神技)를 발휘하여, '비슈마(Bhishma)' '드로나(Drona)' '카르나
(Karna)'를 물리치고 드리타라슈트라 왕과 여왕 간다리(Gandhari)의 100
명의 아들을 몰살시켰다.

이에 간다리(Gandhari)는 아들들의 죽음에 분하여 통곡을 하였다. 간다리
(Gandhari)는 대 파괴의 중심에 있던 크리슈나를 다음과 같이 저주했다.
"오 크리슈나여, 내 남편에 충성을 바치고 헌신한 것으로 어떤 힘을 얻을
수 있다면, 그 힘으로 당신을 저주합니다. 당신이 서로 싸우는 카우라바와
판다바의 관계를 내버렸기에 당신은 역시 형제들이 서로 죽이는 것을 목격
했습니다. **오늘부터 36년 뒤에 당신의 친척과 막료와 자식들이 서로를
죽일 것이고, 당신도 역시 숲 속에서 사냥꾼에게 죽게 될 것입니다. 우리**

214

들이 지금 울고 있듯이 당신의 부인들도 울게 될 것입니다."[46]

(c) '마하바라타(*The Mahabharata*)'는, '여성들'의 주장과는 확실히 다르게 '남성들'에게 '**크샤트리아의 의무(the duties of Kshatriya)**'를 가르쳐 '목숨을 걸러놓고 싸워라.'라는 기본 전제로 삼았다.

그런데 헤로도토스(Herodotus)는 그의 '역사(*The Histories*)'에서 역시 '남성중심 영웅' '헤라클레스(Heracles, Krishna) 정신'을 제일로 내세우며 그것이 역시 '역사를 이끄는 힘'라고 확신을 했다.

(d) 그래서 헤로도토스(Herodotus)는 '페르시아의 키루스(Cyrus)'를 그 '헤라클레스 후손'으로 수용을 했고[제2장] 이장에서도 '마사게테'를 키루스 자신의 '초인적 시조(始祖)[헤라클레스]의 기원 담(譚)이 전해지는 곳'이라고 서술했다.

(e) 하지만 헤로도토스(Herodotus)는 '1인 독재에 대한 반대'를 아울러 명시하여 그에 대항하는 '아테네의 민주주의(Democracy)'를 지켜 가는 것도 역시 그 '**영웅 헤라클레스(Heracles, Krishna) 정신**'임을 거듭 밝혔다.

(f) 그래서 헤로도토스(Herodotus)가 강조했던 '아테네의 자유(The Liberty of Athens)'가 계기가 되어, 천재 볼테르(Voltaire)의 '시민 중심'의 '계몽주의'를 이끌어 내었고, 차라투스트라 니체(F. Nietzsche)는 '개인 선택의 자유(Freedom of Choice)'라는 '현대 정신'에 선착(先着)했다. 그런데 그들의 '혁명 정신'은 다 결국 이 헤로도토스(Herodotus)의 '역사(*The Histories*)'에 그 뿌리를 두었던 것들이다.['세속주의'='실존주의']

(g) 여기에 다시 확실하게 되어야 할 사항이, 헤로도토스(Herodotus)의 '역사(*The Histories*)'는 명백히 힌두(Hindu)의 '마하바라타(*The Mahabharata*)' '절대주의'를 계승한 사실을 숨길 수 없지만, 역시 '1인 독재에 반대한' '**새로운 저항의 영웅 헤라클레스(Heracles, Krishna) 정신**' '**변화와 혁명의 불씨**' 강조에 역점을 두었다.

(h) 즉 힌두(Hindu) 기원의 '상주 편재(常住 遍在)의 절대자 -신과 佛陀에의 귀속(歸屬)이라는 주장'을 그대로 놔두고 '저항과 혁신의 엄연한 歷史 動力의 강조'라는 그 '**동시주의(同時主義) 운영 현장 제시(提示)**'가 바로 헤로도토

---

46) Vettam Mani, *Puranic Encyclopaedia -A Comprehensive Work with Special Reference to the Epic and Puranic Literature*, Motilal Banarsidass Publishers Delhi, 1975, 'Krsna Ⅰ' pp. 428~429

스(Herodotus)의 '역사(*The Histories*)'의 정면이라는 점이다.

(i) 위에서 헤로도토스(Herodotus)가 마사게테(Massagetae)는 '유일한 신이 **태양**이고, 신들 중에 가장 빠른 그 태양신에게 가장 빠른 동물인 **말[馬]**로 제사를 올린다.'고 말했던 것은 '마하바라타(*The Mahabharata*)'의 전체를 관통해 주장이 된 사항이다.[유목민=騎馬족=태양족, 사실상 '히아 족, 기마 족(The Hyas, Horse Tribes)' 내부의 분쟁임]

(j) 이 문제는 '사기(詐欺)의 마기(Magi) 형제 쿠데타'를 무너뜨린 7인의 혁명 가들이 "그들은 왕을 선택하기 위해, <u>그들이 모두 교외로 각자의 말을 타고 나가, 해가 돋은 다음, 그의 말이 태양을 향해 힘차게 히이잉 울면 그가 왕이 되기로 합의를 보았다.</u>"라는 수수께끼 '황제 선발 방식'에 열쇠를 지닌 '제사 방식'[제49장]으로 주목을 해야 한다.

(k) 포콕(E. Pococke)의 '희랍 속의 인도(*India in Greece*, 1851)'에서 '태양족' '기마족(騎馬族-The Hyas, Horse Tribes)' '라지푸트 족[크샤트리아 족] (Rajpoots, Kshatriyas)' '헤라클레스(Heracles, Krishna)와 그의 후손(後孫, Heraclids) 스키타이(Scythia)'를 하나로 묶어 '**상대(上代) 힌두(Hindu) 문화=상대(上代) 희랍(Greece) 문화=상대(上代) 이집트(Egypt) 문화=상대(上代) 소아시아(Miner Asisa) 문화=상대(上代) 스키타이(Scythia) 문화**' 라는 놀라운 공식을 제시했다.

(l) 그 중요한 특징이 '태양신'과 '말 제사'인데, '**가장 빠른 동물(the swiftest animal)**'인 '말의 존중' 문제는, 힌두(Hindu)의 '마하바라타(*The Maha-bharata*)'에 우선 "생각처럼 빨리 달리는 백마(the White Steed which is fleet as the mind)"[47] '우카이스라바스(Uccaisravas)'가 문제 되었고, 크리슈나(Krishna) 역시 '**사이비야(Saivya) 수그리바(Sugriva) 메가푸슈파(Me-ghapushpa) 발라하카(Valahaka) 네 마리 말들이 이끄는 '생각처럼 빠른 속도(endued with the speed of thought)**'의 그 **전차(戰車)**"[48]에다가 영웅 이르주나(Arjuna)를 싣고 달려 '마하바라타 대전(大戰)'을 승리로 이끌

---

47) K. M. Ganguli (Translated into English Prose from the Original Sanskrit Text), *The Mahabharata of Krishna-Dwaipayana Vyasa*, Munshiram Manoharlal Publisher Pvt. Ltd. New Delhi, 2000, -**Adi Parva**- p. 59

48) K. M. Ganguli (Translated into English Prose from the Original Sanskrit Text), *The Mahabharata of Krishna-Dwaipayana Vyasa*, Munshiram Manoharlal Publisher Pvt. Ltd. New Delhi, 2000, -**Mausala Parva**- p. 4

216

었던 주인공[절대신]이니, 그 **크리슈나(Krishna)가 바로 태양신(Surya)**'이
라는 논리[49]에 힌두(Hindu)는 '마하바라타(The Mahabharata)'에서 반복
강조하고 있다.

(m) 그러므로 '태양신[Krishna]'과 '말[馬]'이 없는 '라지푸트 족[크샤트리아
족](Rajpoots, Kshatriyas)'을 생각할 수 없는 것이다.

'태양신'[50), '태양신 수리아'[51)

제25장 캄비세스(Cambyses)의 즉위와 이집트의 프사메티
코스(Psammetichus)

키루스(Cyrus)의 아들 **캄비세스(Cambyses, 529~522 b. c. 在位)**가 사망한
키루스(Cyrus)를 계승했다. 그의 어머니는 파르나스페스(Pharnaspes)의 딸 카산
다네(Cassandane)였다. 카산다네는 키루스가 살아 있을 적에 사망했다. 키루스는
그녀가 떠남에 극도로 슬퍼했을 뿐만 아니라 그녀의 장례에 정성을 다 했다.

49) M. Mohanty, *Origin and Development of Vishnu Cult*, Pratibha Prakashan, Delhi,
2003 'Glossary'

50) J. Schmidt, *dictionnaire de la mythologie grecque et romaine*, Librairie Larousse, Paris,
1965, p. 144 'Helios'

51) P. Thomas, *Hindu Religion Customs and Manner*, Bombay, Plate 21 'Surya, the sun
god'

키루스의 아들 캄비세스(Cambyses)는 키루스가 달성해 놓은 이오니아 사람들(Ionians)과 에올리안(Aeolians)의 지배를 그대로 이어받아, 그들을 자신의 군사에 편입하여 이집트 원정(遠征)을 계획했다.

프사메티코스(Psammetichus I, 664~610 b. c.) 통치 그 이전부터 이집트인은 세상의 모든 종족 중에 자기들이 '가장 오래된 종족'이라고 생각을 하고 있었다. 그러나 프사메티코스가 왕좌에 올랐을 적에 그 이집트인의 연대 상 우선권을 거듭 생각해 보게 되어, 프사메티코스 시대 이후부터 프리기아 사람들(Phrygians)이 앞서 고대 이집트에 거주를 했었고, 이집트인이 두 번째로 살게 되었다고 생각하게 되었다. 인류의 원시 종족을 찾아보려다가 실패한 프사메티코스는 그 문제를 해결하려고 기발한 방법을 생각해 냈다. 프사메티코스는 일상의 가정에서 새로 태어난 두 아이를 목동에게 주며 그들을 가축 속에서 기르며 누구에게도 그들의 존재를 말하지 못 하게 했다. 두 아이는 외딴 오두막에서 길러졌고, 목동은 아이들에게 양유를 먹이며 돌보고 있었다. 프사메티코스는 그 아이들이 무슨 말을 먼저 하게 되는지를 알아보기 위한 계획이었다. 그 계획은 성공했다. 명령을 받은 대로 행한 목동은 2년이 지난 다음에 그 오두막 문을 열고 들어가 보니, 두 아이는 두 손을 펼치며 '베코스(becos)'라고 말했다. 그 목동은 이 처음의 경우에는 아무 말도 하지 않았다. 이후에도 애들이 필요한 것을 가지고 가면 같은 말을 반복하니, 목동은 프사메티코스에게 아뢰었다. 프사메티코스는 아이들을 데려오게 하여 그들에게서 '베코스(becos)'라는 말을 듣고 그 말이 어느 종족의 말인지를 알아보니 프리기안(Phrygians)의 '빵'이란 말로 밝혀졌다.[물론 이 추정 방식은 정확한 방법이 못 된다.] 그래서 이집트인 이전에 프리기안 거주를 인정하게 되었다. 이 사실은 실제 있었던 일이라고 나는 멤피스(Memphis)의 헤페스토스(Hephaestus)[52] 사제들에게 들은 이야기이다. 희랍에는 다양한 그런 이야기가 있으니, 프사메티코스가 혀가 잘린 여인

---

52) 프타(Ptah)

에게 아기들을 주었다는 등속이 그것이다. 내[헤로도토스]는 이집트의 테베(Thebes)와 헬리오폴리스(Heliopolis)로 직접 가보았다. 멤피스(Memphis)의 사제들의 말과 일치하는지를 확인하기 위해서였다. 나는 이집트인의 종교를 반복해 말할 생각은 없다. 오직 내가 말한 주제에 대해 알아보기 위해서였다. 실제적인 문제에서 이집트인들은 천문학의 탐구로 태양력(solar year)을 발견했고, 최초로 1년을 12개월로 나누었는데, 내 생각으로는 이집트인들의 계산 방법이 희랍인들보다 훌륭하다는 생각이 든다. **희랍인은 먼저 4계절을 배치하고 다른 해에 윤달을 배치(配置)하고 있는데[太陰曆], 이집트인은 1년을 30일의 12개월로 하고 매년 5일을 윤일로 잡아 정확한 계절의 순환을 완성했다.** 이집트 사제들은 이집트인이 최초로 '12신(神)의 명칭'을 사용했고, 희랍인들이 그 인계를 받아, 이집트인이 먼저 제단 신상 신전과 석상 만들기를 시작했다는 것이다. 사제들은 내게 말했다. 이집트를 최초로 통치한 사람은 민(Min)인데, 그 때에 이집트는 테베(Thebes) 지역만 빼고 전 국토가 모리스 호수(Lake Moeris) 아래는 습지로 바다로부터 7일 동안 나일 강을 거슬러 올라가야 **테베(Thebes)**가 나타난다고 했다. 그 사제들 말에 나는 의심이 가지 않았다. 그것은 어떤 다른 사람 말보다 명확하다. 요즘 우리[희랍인]가 배를 타고 오는 이집트는 '나일 강의 선물'이고, 최근에야 그 주민들을 소유하게 된 곳이다. 이집트가 모리스 호수 위쪽으로 3일 간의 항해 거리에 있다는 것도 사실이다.

'이집트 왕국-멤피스(Memphis) 아비도스(Abydos) 테베(Thebes)', '프삼티크 I세(Wahibre Psamtik I, Psammetichus I, 664-610 b. c.)', '캄비세스(Cambyses, 529~522 b. c. 在位)'

(a) 헤로도토스(Herodotus)가 그의 '역사(*The Histories*)'에서 문제 삼고 있는 4대(大) 영역(領域)은 ① 이오니아 반도(半島) 희랍, ② 아시아의 페르시아, ③ 아프리카[리비아]의 이집트, ④ 흑해 카스피 해 연안의 스키타이였다.

(b) 헤로도토스(Herodotus)는 '이집트 역사 문화'에 끝없는 감탄을 행하고 있는데, **이집트는 '천혜(天惠) 나일(Nile) 강'을 끼고 일찍부터 '세계 최고의 부(富)'를 과시하고 있었기 때문이다.**

(c) 당시 헤로도토스(Herodotus)에게 '이집트 소식'을 전해준 사람들은 '신전을 지키고 있는 사제(司祭)'들이었다. 그들은 힌두(Hindu)의 '바라문(婆羅門, 브라만)'과 동일한 신분[족속]으로 '신의 아들' '판관(判官)' '예언가(점쟁이)' '역사가' '시인(詩人)'의 직능을 겸하고 있는 존재들이다.

(d) **힌두(Hindu)의 '마하바라타(*The Mahabharata*)'에서는 '국왕[크샤트리아] 위의 사제[브라만]'라는 그들의 '절대적 지위'를 계속 강조하고 있는 상황이나, 이집트에서는 '국왕의 신앙 취향의 변화에 따라 그 '사제들의 영욕(榮辱)'이 갈리는 '절대군주의 주관적 취향'에 '사제 추종들이 뒤따르는 형국이었다.**[참조, 매켄지(D. A. Mackenzie) '고대 이집트 사[*Egyptian Myth and Legend*, 1913]']

(e) 그런데 헤로도토스(Herodotus)가 그의 '역사(*The Histories*)' '사제(司祭)' 보다는 '라지푸트 족[크샤트리아 족](Rajpoots, Kshatriyas)'을 중시했던 것은, 힌두(Hindu)의 '절대 신 중심' '천국 제일' '내세주의'를 탈피한 '희랍 아테네 중심 사고의 중핵'이 '영웅 중심(Heroism)' '국가주의(Nationalism)' '현세주의(Secularism)'로 확립되었음을 알려 주고 있는 사항이다.

제26장 이집트의 자연 조건

다음은 이집트의 자연적 모습이다. 이집트 지중해 연안 -해안(海岸)의 길이 (플린테네-Plinthine 만으로부터 카시우스-Casius 산 아래 있는 세르보니스 -Serbonis 호수까지)는 60 스코니(schoeni, 60×11km)이다[53].

패톰(Fathoms, 1.8m)으로 계산해 '매우 좁은 땅을 소유하고 있는 사람들'이

220

있다. 펄롱(Furlongs, 201m)로 계산하면 그렇게 가난하지 않고, 많은 땅을 가진 파라상들(parasangs) 거대한 재산가들은 스코니(schoeni, 11km)로 소유의 땅을 계산을 한다. 이집트 연안은 길이가 3600스타데(stades)[약 420마일]이다.

해안가에서 내지(內地) 헬리오폴리스(Heliopolis)까지 거리는 아테네의 12신 재단에서부터 피사(Pisa)의 올림피안 제우스(Olympian Zeus) 신전까지의 거리와 일치한다. 땅이 넓고 평평하고 습지와 진흙땅이 많다. 바닷가에서 헬리로폴리스까지와 아테네에서 피사(Pisa)까지의 거리가 거의 일치하나, 정확히는 아테네에서 피사까지의 거리가 조금 가깝다. 헬리오폴리스 남쪽은 땅이 비좁다. 한쪽은 북에서 남쪽으로 달리는 아라비아 산맥(Arabian mountains)이 펼쳐져 있고, 역시 아라비아 만(Arabian Gulf)으로 이어진다. 이 산맥에 멤피스(Memphis) 피라미드 건설에 돌을 잘라낸 채석장들이 있다. 이것이 이집트 지역이 아라비아 만(灣)을 고려하지 않은 요점이다. 나는 그 긴 거리를 동쪽에서 서쪽으로 두 달간 여행을 하며 알았고, 동쪽 끝에서 유향(乳香)이 생산이 된 것도 알았다. 이집트의 리비아(Lybian) 쪽으로 또 다른 피라미드가 세워진 산들이 있다. 이들 산들은 바위이고 모래로 덮여 있다. 남쪽으로 달려 아라비아 산맥처럼 동쪽으로 굽어 있다. 헬리오폴리스 위쪽으로 4일 간 배로 가면 이집트 강나일 강은 좁아지고 영역이 빈약해진다. 아라비아 리비아 산맥 사이는 그 사이가 200펄롱(furlongs, 200X200m) 정도라고 생각되었다.

헬리오폴리스(Heliopolis)에서 **테베(Thebes)**까지는 나일 강 배로 9일이 걸리고 거리는 522마일이다. 제시해 온 거리를 종합하면 이집트 지중해 연안 거리는 420마일이고, 지중해에서 내지(內地) 테베까지는 714마일이다. 테베에서 엘레판티네(Elephantine, 코끼리 숭배 도시)까지는 210마일이다.

나의 고찰은, 나라의 대부분이 나일 강의 토사(土砂)로 이루어졌다고 내게 말한 그 사제(司祭)들의 진술이 옳았음을 증명했다. 양대 산맥 사이에 있는 멤

---

53) 420X1.6Km

피스(Memphis) 위의 전 지역은 원래 바다의 만(灣)으로 (작은 겟[트로이]과 큰 겟[이집트]을 서로 비교하면) 트로이(Troy) 테우트라니아(Teuthrania) 에페소스(Epheus)와 메안데르(Maeander) 평원 주변 지방과 비슷했을 것이나 이 지방은 나일 강의 5개 하구(河口)에서처럼 그중 하나와도 비길 수 있는 '충적토(沖積土)의 퇴적'은 이루어지 않았다는 생각이 든다. 이집트에는 나일 강보다 작은 해안선을 바꾸고 있는 다른 강도 있다. 예를 들어 아카르나니아(Acarnia)를 관통해 흐르는 아켈로우스(Achelous) 강은 에키나데스(Echinades) 군도(群島)의 절반을 본토와 연결해 놓고 있다.

이집트에서 멀지 않은 아라비아에는 '홍해(Red Sea)'[54]라 부르는 매우 길고 좁은 만(灣)이 있다. 좁은 영역은 반나절이면 건너지만 그 대해(大海)까지의 거리는 노를 저어 40일이 소요된다. 그곳은 조수(潮水)가 흐른다. 이집트는 원래 바다의 해협(海峽)으로 두 개의 만(灣) 중에 지중해가 남쪽으로 에티오피아로 뻗은 것이고, 다른 하나는 인도양이 북으로 시리아 쪽으로 뻗었는데, 두 해협의 끝들이 만난 곳으로 생각이 된다. 나일 강은 내부에서 인도양[홍해]으로 흐르는 것이 막히어 지중해가 이룬 해협으로 흘러 2천년이 되었을까? 내 생각으로는 1만년은 충분히 되었다고 생각한다. 당초 거대한 만(灣)이 나일 강이 실어 나른 토사(土砂)로 마른 모래 언덕으로 되었으니, 거대한 나일 강이 그러한 변화를 초래했다. 그러한 말을 하는 이집트 사람들을 내[헤로도토스]는 믿을 뿐만 아니라 그들의 말로 나의 결론을 삼는다. 나는 이집트의 산에서도 조가비를 보았고, 토양과 피라미드에서까지 소금 냄새가 났다. 멤피스(Memphis) 상부 산에도 소금이 있었으니, 이집트의 토양은 이웃 아라비아 리비아 시리아(아라비아의 지중해 연안에는 시리아 사람들이 거주하고 있다.)와도 다르다. **이집트의 토양은 에티오피아(Ethiopia)에서 흘러내린 강[나일 강]이 가져온 잘 부셔지는 충적토이다.** 리비아의 토양은 붉은 모래이고, 아라비아와 시리아의 토양

---

54) '인도양(Indian Ocean)'을 말하니, '길고 좁은 만'이란 지금의 '홍해(Red Sea)'이다.

은 대부분의 바위에 진흙이다. 나는 사제들에게서 '이집트 기원'에 대해 충격적인 이야기를 들었다. **멤피스(Memphis) 아래 전 지역 이른 바 '모이리스(Moeris) 지역'은 나일 강이 12피트 넘게 불어나면 홍수(洪水)로 뒤덮여 최소한 9백년 이전에는 버려진 곳이라는 이야기를 들었다.** 그러나 오늘날 나일 강은 23.5 피트나 24 피트가 불어나지 않으면 홍수로 뒤덮이지 않는다. 그래서 이집트 영토가 같은 비율로 높아지고 넓어질 경우 '모이리스 호수(Lake Moeris) 아래 델타 지역'에 홍수가 생기지 않아 거기에 사는 이집트인들이 언젠가는 희랍 인구를 추월할 것이라고 말하고 있다. 이집트인들은, 희랍인들이 강물을 쓰질 않고 빗물을 쓰는 것을 알고 있기에 희랍인들이 실망하고 굶주릴 날이 올 것이라고들 말한다. 즉 신(God)이 우리 희랍인들에게 비를 내릴 이유가 없다고 생각하시면 희랍인 굶어 죽을 수밖에 없으니 희랍인은 비 이외에 다른 선택의 여지가 없다는 것이다. 그것도 사실이다. 그러나 내가 앞서 말했던 대로 멤피스 아래 이집트 영토가 과거처럼 계속 높아질 경우에도 비가 오지 않으면 나일 강으로 들녘을 적실 수 없어 역시 굶주리지 않겠는가? **현재 이집트 사람들은 세상에 어떤 나라 사람보다 덜 힘 드리고 수확(收穫)을 행한다. 이집트인은 가래를 들고 일할 필요가 없고 그들의 일상적 방법으로 경작하고 다른 방법도 쓰질 않는다. 이집트인은 홍수(洪水)가 그네들 들을 덮고 가기를 기다린다. 그런 다음 물이 빠져나가면 농부들은 계획대로 씨를 뿌리고 돼지들을 동원하여 씨를 밟아주게 하고 그런 다음 수확을 기다린다. 돼지들은 보리타작에도 쓰이고 타작된 곡식은 창고에 둔다.**

이오니아 사람들은 원래의 이집트를 '나일 강 델타'에 국한하여, 해안선은 페르세우스 감시탑(Perseus' Watchtower)에서부터 펠루시아 염전(Pelusian Salt-pans)까지이고 내지(內地)는 나일 강이 두 줄기로 나뉘어 펠리시옴(Pelusium)과 카노포스(Canopus)에서 바다로 들어가게 되는 분기 지점 케르카소로스(Cercasorus)까지로 잡아 왔었다. 그 견해에 따르면 나머지 이집트라고 부르는 지역은 리비아(Libya)나 아라비아(Arabia) 소속이 된다. 그러기에 그 견해에

의하면 이집트인은 전혀 나라가 없었을 때도 있었다는 결론을 강요하게 된다. 이집트인들이 인정하고 있듯이 '델타의 충적토'는 최근에야 수면 위로 드러나 있게 되었다. 그렇다면 살 곳이 없었던 이집트인들이 어떻게 세상에서 그들이 가장 오래된 종족이라는 논리를 세웠을 것인가? 앞서 살폈던 두 아이 실험도 확실하게 필요가 없었을 것이다. 나는 이오니아 사람들이 말하는 '델타 거주기에 이집트인이 들어왔다.'는 주장은 믿을 수가 없다. 그와는 반대로 **이집트인은 지상에 인간이 나타난 이래 존재하였고, 시간의 경과와 더불어 델타 지역이 늘어나니 많은 이집트 사람들이 새로운 영역으로 내려 왔고, 원래 거주했던 곳에서도 남아 있었다고 나는 생각한다.** '이집트'란 명칭은 옛날 테베 사람들(Thebes)이 붙였고, 총 둘레는 6120 펄롱(furlongs, X201m)이다. 이오니아 사람들은 세계가 '아시아' '유럽' '리비아[아프리카]'로 구성이 되었다고 생각하고 있는데, 그들이 말하는 '이집트 델타'는 아시아 리비아에도 포함이 되질 않았다. '이오니아 사람들 생각'에 의하면 나일 강이 아시아와 리비아의 경계선이 된다. 그러나 나일 강은 델타 지역 정점에서 나뉘어 흐르고 있고, 나일 강 사이에 자리를 잡고 있다.

킬리키아(Cilicia)에는 킬리키아 사람들이 있고, 아시리아(Assyria)에는 아시리아 사람들이 있듯이 이집트에는 이집트인이 거주하고 있다. 이집트는 아시아와 리비아[아프리카] 사이에 국경을 두고 있다. 희랍인들은 카타라크트스(Cataracts)와 엘레판티네(Elephantine)에서 이집트를 둘로 나누어 한쪽은 리비아로 다른 쪽은 아시아로 생각하고 있다. 케르카소로스(Cercasorus)까지는 단일한 강이다가 그 도시 아래에서 세 갈래로 나뉘어 그 중 하나는 동쪽으로 흘러 펠루시움(Pelusium)이 하구이고, 서쪽으로 흐르는 줄기는 카노포스(Canopus)가 하구를 이루었다. 남은 한 강줄기는 델타 끝에 이르러 둘로 나뉘어 바다로 들어간다. 이 줄기는 세베니토스(Sebennytus) 하구로 들어가나 수량(水量)도 적고 알려지기도 그러했다. 이들에 추가해 다른 하구(河口)도 있으니, 사이티크(Saitic)와 멘데시안(Mendesian)이 그것이니, 세베니티크(Sebennytic)에서 분할되어

224

바다로 들어간다. 볼비티네(Bolbitine)와 부콜리크(Bucolic) 하구는 자연적인
강줄기가 아니고 파내어 만든 강줄기이다.

　이집트 영토에 대해 내가 말한 견해는 '아몬(Ammon) 성소(聖所)에서 전달된
신탁'으로 뒷받임 되고 있다. 리비아 국경에 있는 마리아(Marea) 아피스(Apis)
사람들이 '한 종교 의식(儀式)' 특히 쇠고기 먹는 것을 금지함을 싫어하여 '아몬
(Ammon) 성지'로 사람을 보내, 자기들은 리비아 사람이고 이집트 사람이 아니
므로 이집트 풍속에 얽매일 수 없다고 말했다. 그네들은 '델타' 밖에 살기에
이집트와 공통점이 없고 그들이 먹고 싶은 대로 먹겠다고 호소했다. 그러나
신탁은 그들의 요구를 거절하고 나일 강을 쓰는 모든 고장은 이집트이고, 엘레
판티네(Elephantine) 아래에서 나일 강 물을 마시는 사람은 다 이집트인이라고
선언을 하였다. 이제 나일 강이 넘치면 그 홍수는 델타만이 아니라 양쪽의 리비
아 아라비아 영역의 일부까지 흐를 것이니 그 거리는 약 이틀간의 여행길이라
고 추정된다.

　나일 강의 작용에 대해 어느 누구에게서도 확실한 정보를 얻을 수 없었다.
**나는 왜 하지 (夏至)무렵에 강물이 불어나기 시작해서 1백일을 계속하다가
그 기간이 끝나면 다시 수위(水位)가 내려가서 겨울 내내 낮은 수위로 있다가
이듬해 하지(夏至)에 다시 불어나는지를 특히 알고 싶었다.**[과학도로서의 헤
로도토스의 의문] 이집트에 어느 누구도 내게 대답을 주지 못 했다. 내가 얻고
싶었던 또 하나의 정보는 나일 강에 바람이 없었던 이유에 관한 것이었다.

　희랍인 중에 자신들이 얼마나 명석하지 자랑을 하고 싶어 하는 사람들이 나
일 강 홍수에 대해 세 가지 서로 다른 의견을 내 놓고 있다. 두 가지는 설명은
취할 수 없다. 그 한 가지 설명은 여름에 부는 북풍이 바다로 흐르는 나일 강물
을 막아 두었다가 불어나게 한다는 것이다. 그러나 바람은 더러 불지 않을 때도
있는데, 나일 강은 어김없이 불어난다. 더구나 바람이 강물 불어난 것에 원인이
된다면 다른 강들도 나일 강처럼 영향을 주어야 할 것이다. 시리아 리비아 많은
강이 있으나, 나일 강과 유사하지 않다. 두 번째 설명은 더욱 합리성을 결여하여

약간 전설적인 것이다. 즉 나일 강의 크기가 엄청나 대양이 유입하여 홍수가 나고, 나일 강이 세상을 감싸고 있다는 것이다. 제3의 이론은 가장 그럴 듯하다. 그러나 진실과는 거리가 멀다. 그 견해에 의하면 나일 강물은 눈이 녹은 물이라는 것이다.[55] 그러나 나일 강은 리비아에서 발원하여 에티오피아를 관통하여 이집트로 흐른다. 즉 아주 뜨거운 나라에서 서늘한 기후로 흐르는데 어떻게 나일 강이 눈 속에서 발원할 수 있겠는가? 이 견해도 이전 견해들과 같이 무가치하다....

  그렇다, 이런 일들[자연적 조건들]이 태초에서부터 있었고 변화도 없다. 화제를 다른 곳으로 옮겨보겠다. 이집트 사이스(Sais) 시(市)에 간직하고 있다는 아테네(Athene)의 보물 등록 사류를 빼고는 나일 강의 발원에 대해 말한 이집트인 리비아인 희랍인의 말을 믿을 수 없다. 그러나 그 사람도 자신이 정확한 것처럼 자세를 잡지만, 내게는 대수롭지 않게 보였다. 그가 말하기를 테베(Thebes)에서 가까운 시네(Syene)와 엘레판티네(Elephantine) 사이에 크로피(Crophi)와 모피(Mophi)라 부르는 원뿔형 산이 있고, 그 사이에 바닥을 알 수 없는 나일 강 샘물이 솟아오르고 있다는 것이다. 그 물의 절반은 북쪽 이집트로 흐르고 절반은 남쪽 에티오피아로 흐른다는 것이다. 이 문제에 대해서도 더 이상의 정보를 나는 얻을 수가 없었다. 엘레판티네(Elephantine)에 대해서는 내가 본 대로 말하겠지만 더욱 남쪽 이야기는 소문으로 들은 것이다. 엘레판티네를 지나면 가파른 지형이 된다. 그래서 나일 강의 배들은 양쪽에 줄을 매달아 황소가 이끌게 하고 있다. 밧줄이 끊기면 배는 순식간에 급류에 휩쓸린다. 강줄기가 메안데르(Maeander) 강처럼 아주 구불구불하여 '12 스코이니(schoeni, 12X11km) 거리'를 가는데 4일이 걸렸다. 이것 다음에 평지에 이르렀는데, 타콤프소(Tachompso)라는 섬으로 강물이 나뉘어 있다. 엘레판티네(Elephantine) 남쪽 고장은 에티오피아 사람들이 거주하고 있는데, 타콤프소 섬은 이집트인과

---

55) '사실'을 말한 것이다.

226

에티오피아인이 반씩 소유하고 있다. 그 섬을 지나면 큰 호수가 있고, 그 호수 가에는 에티오피아 유목민이 살고 있다. 그 호수를 지나면 다시 나일 강과 만나 는데 그 호수로 흐르는 나일 강이다. 이 지점을 지나면 육로 강둑으로 40일 가야 한다. 물 위로 날카로운 돌들이 솟아 있어 배를 띄울 수 없기 때문이다. 육로로 40일을 간 다음에 배로 12일을 더 가면 메로이(Meroe)라는 거대 도시에 도착을 하는데, 그곳이 에티오피아인의 수도라고 한다. 주민들은 제우스(Zeus, Amon)와 디오니소스(Dionysus, Osiris)를 받들고 그것을 큰 명예로 생각한다. 거기에는 제우스(Zeus) 점집[神託을 내리는 장소]이 있어, 에티오피아인은 그 점괘에 따라 전쟁을 행하고 원정(遠征)을 행한다. 엘레판티네(Elephantine)에 서 수도(首都)까지의 거리만큼을 더 가게 되면 사막(沙漠)인을 만나게 되는데 그들을 '아스마크(Asmach)'라고 하는데, 희랍어로 '왕의 왼손이 된 사람들'이라 는 의미일 것이다. 그들은 '이집트 무사 계급'으로 건장한 4천2백 명이 프사메티 코스(Psammetichus, 664-610 b. c.) 시대에 에티오피아인으로 바뀌어졌다. 이 집트인은 나라 곳곳에 감시초소를 갖고 있다. 하나는 엘레판티네에 두어 에티오 피아 사람을 막았고, 다른 하나는 펠루시옴(Pelusium)의 다프네(Daphnae)에 두어 아라비아 아시리아인을 막았고 제3의 감시초소는 마레아(Marea)에 두어 리비아인의 입국을 감시했다. 오늘날[헤로도토스 생존 대에] 페르시아인은 비슷 한 수비대를 엘레판티네와 다프네에 두고 있다. 프사메티코스(Psammetichus) 시대['제26왕조' 664~525 b. c.]에 이집트인들은 수비대에 물자 지원 없이 3년씩 의무적으로 복무하게 하니 그것이 탈영의 원인이 되었다. 병사들이 슬픔을 탄식 하다가 탈영을 결심하고 에티오피아로 들어갔다. 그 소식을 들은 왕은 그들을 추적하게 하여 그들을 앞질렀다. 그리하여 그들이 처자와 국신(國神)을 버리지 말도록 설득하였다. 그들 중의 한 사람이 그 개인적으로 경우로 말하기를 '그들 이 어디로 가든 아내와 자식을 등지지는 않을 것이다.'[결혼해 살 것이다.]라고 했다. 그래서 그들은 여행을 계속해서 에티오피아 왕의 영지로 들어가니 그 왕은 그들에게 상(賞)을 주었다. 왕은 그들의 망명(亡命)을 허락하여 에티오피아 사람들을 유배시킨 곳에 정착하도록 했다. 이집트 망명 병사가 거주하게 되어 에티오피아 사람들은 이집트인의 풍속을 익혀 더욱 문명화가 되었다.

그래서 나일 강의 흐름은 이집트를 흐르는 코스뿐만 아니라 훨씬 남쪽으로 물과 육지를 통해 4개월 여행길임이 알려져 있다. 엘레판티네(Elephantine)에서 '사막(Deserters)'까지를 거리를 고려하면 알 수 있을 것이다. 그 지점에서 나일 강은 서쪽에서 동쪽으로 흐른다. 그곳을 넘어서는 확실하게 아는 사람이 없으니, 그 고장은 열기로 사람이 살지 않기 때문이다.[56]

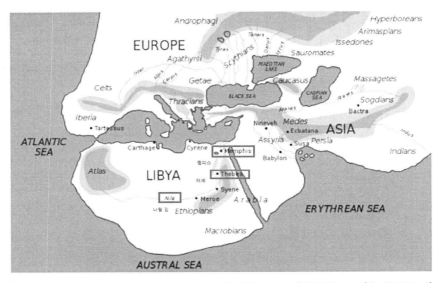

'헤로도토스 세계 지도(Herodotus world map)' −'멤피스(Memphis)' '테베(Thebes)' '나일 강(Nile)'

(a) 이미 앞서 확인했듯이 헤로도토스(Herodotus)의 '역사(*The Histories*)'와 힌두(Hindu)의 '마하바라타(*The Mahabharata*)'의 근본적 차이점은, '마하

---

56) Herodotus (translated by Aubrey de Selincourt), *The Histories*, Penguin Books, 1954, pp. 129~141

바라타(*The Mahabharata*)'가 '절대신 중심주의' '절대주의(Absolutism)'를 거듭 명시하였음에 대해, 헤로도토스(Herodotus)의 '역사(*The Histories*)'는 편하게 '현세주의(Secularism)'를 표방했다는 사실이다.

(b) 그러한 '현세주의(Secularism)'의 헤로도토스(Herodotus)가 가장 공을 들인 부분이 '**이집트의 지형과 나일 강**'에 대한 설명이었다.

(c) 이 부분은 헤로도토스(Herodotus)의 '역사(*The Histories*)' 서술의 [과학적 탐색이라는 측면에서]최고 승부처이니, 그의 합리주의 세속주의가 제대로 발휘된 부분으로 '**당시 세계 최고의 부국(富國) 이집트는 바로 나일 강의 선물**'이라는 가장 먼저 확인한 사람이 바로 헤로도토스(Herodotus)였고 그것을 그의 '역사(*The Histories*)'를 통해 제대로 밝혔다.

(d) 이것은 극히 역설적인 것이지만, 당시 최고 합리주의자임을 자부하고 있었던 헤로도토스(Herodotus)가 '**왜 비가 거의 내리지 않는 이집트에 하지(夏至)무렵에 강물이 불어나기 시작해서 1백일을 계속하다가 그 기간이 끝나면 다시 수위(水位)가 내려가서 겨울 내내 낮은 수위로 있다가 이듬해 하지(夏至)에 다시 불어나는지**'에 의문에 결국 확실한 결론을 못 내고 그의 '역사(*The Histories*)' 서술을 마치었다는 사실이다.

(e) 사실상 **헤로도토스(Herodotus) 당대에 '나일 강 홍수 문제 연구'**는 중국(中國)을 포함한 동방에서, '코페르니쿠스의 지동설' '뉴턴의 만유인력'만큼이나 거대한 문제에 무관심했던 것만큼이나 당시 이집트인 자신들도 '문제 제기'를 못했던 '**지리학의 미개척(未開拓) 영역**'이었다.

(f) 그러므로 힌두(Hindu)의 '절대주의'를 초월하여, '**인간 중심의 부국(富國) 성취 문제**'가 헤로도토스(Herodotus)의 '역사(*The Histories*)'에서처럼 구체적으로 펼쳐진 경우가 없었다.

(g) 이것이 헤로도토스(Herodotus)에게 헌정(獻呈)된 '**역사의 아버지(the Father of History)**'이라는 이름값을 톡톡히 해 내고 있는 대목이다. 즉 '지리학(地理學)'을 빼놓은 '역사 서술'은 그대로 '과학적 이야기' 서술의 기초를 상실한 '맹랑한 허구'로 전락할 수 있기 때문이다.

제27장 이집트인의 생활 풍속

나는 이집트에 대해 할 이야기가 많다. 이집트는 많은 놀랄 만한 일들이 있었고, 세계 어느 곳보다 글로 다 적을 수 없는 수많은 기념물들이 있기 때문이다. 그것이 내가 이집트에 오랜 동안 머물렀던 이유이기도 하다. 이집트는 기후가 특이하고 나일 강이 그밖에 다른 강과 다를 뿐만 아니라 이집트인들의 생활 풍속도 '인간의 일상적인 것과는 반대'이다. 예를 들면 여성들은 시장(市場)에 가서 장사[물건 팔기]를 하고, 남성들은 집에 머물며 '엮어 만들기'를 한다. '일상적인 엮기'는 위로 엮어 올리는데, 이집트인들은 위에서 아래로 엮는다. 이집트 남성들은 그들의 머리 위에 짐을 올리는데, 여성들은 어깨에 짐을 진다. 배를 타고 물을 건널 적에 여성은 일어서고 남성들은 앉아 있다. 쉴 때는 집으로 들어가 쉬고, 식사는 길거리에서 한다. 꼴사나운 일이 아니고 개인들이 편하여 공개적으로 그렇게 한다. 어떤 여인도 사제(司祭)가 근무하는 장소에는 없고, 여신이나 신을 모시는 곳에는 없다.[한국의 寺刹과 유사함] 사제들이 다 남성이다.[희랍의 여사제와 구분되는 점] 아들들은 그들이 원하지 않을 경우 부모 봉양이 강요되지 않으나, 딸들은 그들이 원하건 원하지 않건 봉양할 의무가 있다.['母系 중심'의 遺風] 다른 곳에 사제들은 그들의 머리털을 길게 기르는데, **이집트에서 사제들은 머리털에 면도질을 행한다.**[힌두 불교 식 '禁慾' 상징임] 다른 나라에서는 죽은 친척을 슬퍼하며 잠시 그들의 머리털을 자르는데, 이집트인은 항상 면도를 하던 사람도 그들의 머리털과 턱수염을 길러 상(喪)을 당했음을 알린다. 동물과 구분해 살고 있는 세상 사람들과는 달리, **이집트인은 동물과 더불어 산다.**[殺生의 기피] 다른 나라 사람들은 밀이나 보리로 살아가는데, 이집트인은 그것을 비난하고 '제아(Zea)'라는 밀로 '빵'을 먹는다.[高級 식생활] 발로 밟아 반죽을 하면서, 손으로는 진흙이나 똥을 만지기도 한다. **이집트인은 할례(割禮)를 한다. 이집트에서 할례를 배운 사람들을 빼고, 다른 나라 사람들은 자연이 만든 대로 그냥 놔두고 있다.**[당초 유대인의 '할례'가 이집트인에게 온 것을 말한 것임] 이집트의 남성들의 옷은 두 개[상·하의]이지만 여성들의 옷은 하나이다. 쓰거나 계산을 할 적에 희랍인은 왼쪽에서 오른쪽으로 하는데, 이집트인은 오른쪽에서 왼쪽으로 행한다. 그들의 손재주를 따른 것이니, 희랍인은 왼손잡이가 거북하다. **이집트인은 신성문자(상형문자, sacred writing)와 민중문자(표음문자, common writing) 두 가지를 가지고 있다. 이집트인은 세계 어느 나라보다 종교행사가 넘쳐나고, 이집트에는 사실을 설명하는 풍습이 있다.**[신화 전설을 만들어내는 성향] 이집트인은 누구나 매일 씻은 놋쇠 컵을 이용해 마신다. 이집트인은 특수 부위를 계속 씻을 수 있는 린넨 옷을 입는다. 이집트인은 외모보다는 청결을 위해 할례를 행한다. 사제들은 이틀에 한 번 이[蝨]를 막기 위해 온몸에 털을 제거하고[佛僧과 동일] 종교적 행사를 준비하는 동안 불쾌한 일을 삼가 한다. 사제들은 린넨 옷을 입고 **파피루스(payrus**, 키가 크고 대가 굵은 수생식물)로 만든 신발을 신는데, 이 식물은 옷과 신발도 만드는 식물인데 이집트에만 있는 식물이다. **사제(司祭)들은 시원한 물로 낮에 두 번 밤에 두 번 목욕을 하고 그밖에 수많은 종교적 의례가 있다. 그러나 그들이 결코 힘든 일을 하는 것은 아니고, 그들은 유리한 점을 즐긴다.** 예를 들면 그들은 생활비가 필요 없다. 신성한 곡식으로 만든 빵에 풍성한 거위 고기 황소 고기에 와인까지 공급된다. 물고기는 손으로 만질 수 없고, '콩류'는 그냥 보고 있어도 아니 되니, 그것이 '불결'을 상상하게 하기 때문이다. (이집트인은 콩을 심지 않고, 야생으로 자란 콩도 날 것이건 익힌 것이든 먹지 않는다.) [피타고라스도 '동일한 습성'을 보였음] **이집트인은 각 신(神)에 단일한 사제(司祭)를 두지 않고 여러 사제가 있고, 우두머리 사제가 죽으면 그의 아들이 그를 계승하도록 지명이 된다.**[57)]['힌두 사제 정치' 유풍]

57) Herodotus (translated by Aubrey de Selincourt), *The Histories*, Penguin Books, 1954, pp. 142~144

(a) 헤로도토스(Herodotus)는 그의 '역사(*The Histories*)'에서 어느 나라보다 '이집트'에 많은 관심을 보였는데 '부국(富國)' '긴 역사' '엄청난 유물 유적'이 있었기 때문이다.

(b) 헤로도토스(Herodotus)는 이집트에 '이집트인은 신성문자(상형문자, sacred writing)와 민중문자(표음문자, common writing) 두 가지를 가지고 있다.'고 소개했다. 그리고 '파피루스(payrus)'로 신발도 만든다고 했다.

(c) 예나 지금이나 '파피루스(payrus)'에 적힌 이집트 '신성문자(상형문자, sacred writing)와 민중문자(표음문자, common writing) 두 가지'를 읽을 수 있어야 '이집트 역사 문화(文化)'에 비로소 입문(入門)할 수 있을 것이다.

(d) 헤로도토스(Herodotus)가 '이집트 풍속'을 '희랍 문화의 반대'로 수용했던 근본적 이유는 '**이집트의 전통 고수의 보수주의(신비주의)'와 희랍의 '현세주의, 실용주의'의 차별에 의한 것**'이니, '이집트 문화'는 '천혜[나일 강]의 풍요'를 마냥 누리고 있는 문화였음에 대해, 희랍과 여타 지역은 '가난과 궁핍'으로 이동(移動)을 계속해야 하는 특수 상황에 있었기 때문이다.[제14장 참조]

제28장 '황소 제사'와 장사(壯士) 헤라클레스 이야기

이집트인은 황소를 '에파포스(Epaphus)나 아피스(Apis) 신(神)의 소유'라고 생각하고(Bulls are considered the property of the god Epaphus, or Apis) 다음과 같은 방법으로 자격(資格)시험을 행한다. 황소를 점검할 목적으로 지명된 사제(司祭)는 그 소에 검은 털을 발견하면 불결하다고 선언한다. 사제는 세심한 점검을 계속해서 우선 황소를 세워놓고 보고, 등으로 눕혀 놓고 보고, 혀가 깨끗한지 살펴본다. 사제는 황소 꼬리털이 제대로 되었는지를 살핀다. 그런 다음 그 동물이 이 '시험들'을 성공적으로 통과하면 그 사제는 그의 반지로 왁스 날인(捺印)을 한 파피루스를 황소 뿔에 감는다. **그 황소는 끌려 나가, 그 예법 상으로는 결점이 없는 동물[신성한 동물]로 '제사'를 올리는 모든 사람**

을 위해, 그 황소가 대신(代身)으로 받아야 할 벌은 '죽음'이다. 그 '희생 방법'은 다음과 같다. 사람들은 그 황소를 제단 앞으로 끌고 간 다음 '제단'에 '불'을 켠다. 그런 다음 황소 몸에 신주(神酒)를 부은 다음 신의 이름을 부르고 황소를 잡아 머리를 잘라내고 가죽을 벗긴다. '황소 머리'는 저주(詛呪)를 퍼부어 내버린다. -만약 시장에 희랍 상인이 있었다면 그 소머리는 나일 강에 버리지 않고 팔렸을 것이다. 사람들은 황소의 잘린 머리를 향해 '이집트인과 이집트 국가가 모든 재난을 벗어나게 해 달라'는 기도의 형식의 저주이다. '신주(神酒)'와 '희생 동물의 머리 자르기'는, 이집트인 모든 제사의 공통점이다. 이것이 이집트인이 모든 동물의 머리를 먹지 않는 이유이다. '내장 꺼내기'와 '굽기'의 방법은 다양한데, 나는 이집트인이 가장 위대하고 명예롭게 생각하는 '여신[Isis] 숭배'의 중요한 축제를 소개할 것이다. 그 축제에서 이집트인은 황소 가죽을 벗길 적에 사람들은 기도를 드리고 배를 갈라 내장과 기름을 꺼낸다. 그 다음 뒷다리 앞다리 목 엉덩이를 잘라내고, 맛좋은 부분에 빵과 꿀 건포도 무화과 유향(乳香) 몰약(沒藥) 향료를 첨가한 다음 그 고기에다가 기름을 듬뿍 부어 굽는다. 사제들은 제사를 지내기 전에는 항상 금식(禁食)을 한다. **'불'이 꺼지고 있는 동안 사제들은 자기네 가슴들을 친다.**['哀慟'의 표현임] 의례가 끝나면 사제들은 남겨진 부분으로 식사를 한다.

모든 이집트인은 시험을 거친 '결백한(cleanness) 황소'와 '수송아지'를 제물(祭物)로 쓴다. 그렇지만 암소로는 제사를 지낼 수 없다. 이집트인은 **암소를 '이시스(Isis)'로 숭배한다.** 이시스의 동상은 암소 뿔을 지닌 여성상인데, 희랍인의 '이오(Io) 여신'과 비슷하고 이집트인이 널리 최고의 존경을 바치고 있다. 이것이 모든 이집트인이 희랍인과는 키스도 않고 희랍인의 칼이나 꼬치, 가마솥을 쓰지 않고 희랍인의 칼로 잡은 황소 고기를 불결하다고 하는 이유이다.

이집트인은 죽은 황소와 암소를 다루는 방법은 흥미롭다. 암소가 죽을 경우는 나일 강에 버리고 황소가 죽을 경우는 도시 교외에 매장을 하는데 그 매장된 장소를 알리기 위해 한쪽 뿔이나 양쪽 뿔을 땅에서 드러나게 묻는다. 시간이 지나 시체가 썩으면 프로소피티스(Prosopitis)라는 섬에서 바지 선이 도착하여 뼈들을 모아간다. 그 섬은 델타의 일부인데 그 둘레가 9 스코이니(schoeni)로 많은 도시를 지니고 있는데, 바지 선들을 보내는 곳은 아타르베키스(Atarbe-chis)로 아프로디테(Aphrodite)[58]에 바쳐진 청정의 신전이 있다. 아타르베키스(Atarbechis)에서 여러 도시로 사람들을 보내 소뼈를 파내 다시 한 곳에 묻는다. 다른 가축도 자연사의 경우 매장을 하는데, 그것이 법(法)이기 때문이다. 가축은 이집트에서 죽지 않는다. '테베의 제우스'에게 바쳐진 신전을 소유한 이집트인도 있는데, 양(羊)은 제물로 쓰질 않고 오직 염소를 희생으로 바친다. 왜냐하면 모든 이집트인은 동일한 신을 섬기지 않지만, **이시스(Isis)와 오시리스(Osiris) 신 숭배가 일반적이고, 사람들은 '오시리스'가 '디오니소스(Dionysus)'라고 말하고 있다.** 다른 한편에 멘데스(Mendes)에 바쳐진 신전을 지닌 사람들은 멘데스인의 지방에 거주하며 염소를 희생으로 쓰지 않고 양(羊)으로 제사를 행한다. 테베 사람들(Thebans)과 그들을 추종하는 사람들은, 그들의 양(羊) 제사의 풍속 기원이 제우스를 가장 높은 신으로 생각하고, 헤라클레스(Heracles) 이야기[59] 속의 양(羊) 제사 문제와 연결됨을 싫어하였다. 그러나 제우스가 그것을 반기지는 않았으나 헤라클레스가 고집을 부리니, 제우스는 그 어려움을 벗어날 방안을 생각해 냈다. 제우스는 계획적으로 양 가죽을 벗기고 그의 목을 잘라 그 양모(羊毛)로 가리고 양 머리를 들고 헤라클레스 앞에 나타났다. 이 이야기는 이집트인이 왜 양머리를 지닌 제우스로 나타내는지를 설명하고 있다.['祭禮의 分化'를 설명한 것임] 이 생각이 아몬 숭배자들(Ammonians)에게 퍼졌고, 비슷한 언어권인 이집트 식민지와 에티오피아에도 퍼졌다. 내[헤로도토스]가 알 수 있는 바는 아몬 신도들도 이러한 조건에서 그들 신의 이름을 지었다고 생각한다. 왜냐하면 **'아몬(Amun)'은 이집트의 제우스(Zeus)이기 때문이다.** 그래서 테베 사람들은 양(羊)으로 제사를 지내지 않고 성수(聖獸)로도 여기지

---

58) '하토르(Hathor)' 신이다.
59) 아마 테베의 아몬(Amun)신의 아들이고, 전쟁의 신인 쿤수(Chunsu)일 것이다.

않는다. 더구나 1년에 한 번 열리는 제우스 축제에 사람들은 한 마리 양을 잡는 의례를 깨뜨리고 있다. 사람들은 양을 토막 내어 가죽을 벗겨 양모(羊毛)로 제우스 동상을 덮고 있는데, 그것은 그가 한 번 취했던 모습으로 헤라클레스 동상이 함께 있는 곳에서 그렇게 하였다. 그런 **다음 축제에 참여한 사람들은 그들의 가슴을 치며 양의 죽음을 슬퍼하고 그런 다음 성스런 묘역에 안장을 한다.** ['신의 살해 -제사 문제']

나는 12신중의 하나인 헤라클레스를 말했다. **헤라클레스는 희랍인에게 친숙하다. 나는 이집트인에게는 '헤라클레스 이야기'를 듣지 못 했다.** 더구나 이집트인이 희랍인에게서 '헤라클레스' 이름을 가져 온 것이 아니다. 반대로 **희랍인이 이집트인에게서 '헤라클레스' 이름을 수입했다.** 내가 말하는 희랍인이란 암피트리온(Amphitryon) 아들에게 '헤라클레스' 이름을 부여한 사람들을 말한다. '헤라클레스'의 부모는 암피트리온(Amphitryon)과 알크메네(Alcmene)인데 그들의 기원이 이집트라는 데는 많은 증거들이 있다. 그리고 이집트인은 포네이돈(Poseidon)이나 디오스코리(Dioscuri)가 '신'이라는 것을 모르고 있다. 명백히 이집트인이 희랍인에게서 신들의 명칭을 이 사실은 확실하게 되어야 한다. 내 생각으로는 희랍인이 바다에 익숙해 있을 적에도 **이집트인은 바다와는 관계가 먼 종족이었다.** 항해사가 되었을 적에 이집트인은 포세이돈(Poseidon) 알게 되고 헤라클레스 이전에 디오스코리(Dioscuri)가 있었다는 것을 알게 될 것이다.[희랍인이 이집트인보다 '해외 정보'가 많다는 이야기임]

더구나 이집트인은 '헤라클레스'라는 이름을 상고시대부터 지니고 있었다. 이집트인은 아마시스(Amasis) 통치 이전 1만 7천 년 전에 8위의 신으로부터 12위 신들이 나왔고, 그 12위 신중에 헤라클레스는 그 중 하나였다는 것이다. **이 문제에 관해 최상의 정보를 얻으려고 나는 페니키아(Phoenicia)에 있는 티레(tyre)로 건너갔다. 왜냐하면 나는 그곳에 '헤라클레스'에게 바쳐진 신전이 있다는 것을 들었기 때문이다.** 내가 그 신전에 가 보니, 신에게 헌납된 값비싼 수많은 공물(供物)과 놀라운 두 개의 기둥이 있었는데, 하나는 순금이었고, 다른 것은 어둠 속에 신비한 빛을 발하는 에메랄드(선녹색) 기둥이었다. 사제와의 대화 도중에 나는 그 신전의 건축 연대를 물으니, 그들 역시 희랍인과 생각을 같이 하지는 않았다. 사제들은 말하기를 그 **헤라클레스 신전은 2천 3백 년 전 티레(Tyre)의 연대와 같다는 것이다. 나는 역시 다른 신전을 방문했는데 그 신전은 타시안 헤라클레스(Thasian Heracles)에게 바쳐진 것이고, 타소스(Thasos)로 갔는데, 거기에서도 나는 헤라클레스 신전을 보았는데, 그 신전은 페니키아 사람들이 에우로파(Europa)를 찾으러 항해를 하다가 거기에 정착해서 세운 신전이었다. 이 신전까지도 희랍에 나타난 암피트리온의 아들 헤라클레스보다 5대(代)를 앞서고 있다. 이 탐색의 결과는 헤라클레스의 숭배가 아주 오래되었다는 단순한 증거라는 것이다. 그리고 이것이 두 가지 신전 즉 하나는 올림피아 신으로 숭배함과 반인반신(半人半神 demi-god)의 영웅으로의 대접의 이중(重)의 의례를 주장하는 희랍인이 취해야 할 최고 결론이라고 나는 생각한다.** 희랍인들은 증거가 없는 많은 이야기를 가지고 있다. **그중에 최고 바보 같은 이야기가 어떻게 헤라클레스가 이집트로 가서, 이집트인에게 붙들리어 제사의 장관으로 머리에 화관을 쓰고 제우스에게 희생으로 올려졌고, 헤라클레스가 제단에 올려 질 때까지 순종을 했다가 힘이 발동하여 이집트인을 다 죽였다는 이야기가 그것이다.**[‘성경에 삼손 이야기임’] 이와 같은 이야기가 이집트인을 모르고 풍속에 대해 아는 것이 없다는 증거이다. 내가 이미 언급했듯이 이집트인은 그들의 종교로 ‘청정(淸淨, cleaness)’ 시험을 통과한 수송아지로 제사를 지냈다. 그런데 어떻게 인간으로 제사를 지냈을 것인가? 더구나 만약 희랍인이 말 하듯이 단순한 인간이라면 ‘맨손으로 어떻게 헤라클레스가 1만 명을 죽였다’는 사실을 믿을 수 있겠는가?[희랍 ‘헤라클레스’는 힌두의 ‘크리슈나’의 연장임] **이제 나는 신들과 영웅들이 내가 그 문제에 언급한 것을 용서해 주기를 소망한다.**[위대한 합리주의자 헤로도토스]

나는 일부 이집트인(멘데스 사람들)은 염소로 제사를 지내지 않는다는 것을 말했다. 그 이유는 이렇다. 이집트의 12신 이전에 있었던 9위 신 중에 하나인

판(Pan)을 믿었는데, 희랍인들처럼 화가나 조각가가 그 판(Pan) 신을 염소의 얼굴과 다리를 지닌 신으로 표현을 했다. 나는 그들이 어떻게 왜 그렇게 했는지는 언급을 하지 않겠다. 멘데스 사람들(Mendesians)은 모든 염소를 존중하나 수컷을 특히 존중하여 염소를 치는 사람들은 특별한 명예를 즐긴다. 그들 중에 한 사람이 특별히 존중을 받는데, 그가 죽으면 모든 주민이 달려가 애도를 표한다. 멘데스(Mendes)는 판(Pan)신과 염소를 공통으로 지칭하는 이집트어이다. 이 지방에서는 놀랍게도 여러 사람들 앞에서 숫염소와 여인이 교합을 행한다.

돼지는 불결하다고 생각을 한다. 우연히 돼지를 만진 사람은 강물로 달려가 옷과 모든 것을 씻어야 한다. 순수한 이집트인일지라도 돼지치기들은 신전에 들어갈 수 없고 자기네들끼리 말고 일반인과는 결혼할 수 없다.[60]

———✈

(a) 헤로도토스(Herodotus)는 그의 '역사(*The Histories*)'를 통해 달성한 '신비주의(Mysticism) 비판'은 어중간한 것['希臘 신비주의 옹호' '餘他지역의 신비주의 부정']이었으나, 무엇보다 '**아피스(Apis) 황소 제사(祭祀)**' 소개는 '마하바라타(*The Mahabharata*)'의 '**말 제사(Aswamedha)**', '성경'의 '**예수 희생**'과 더불어 인류가 소지한 '**3대(大) 제사(祭祀, Sacrifice)의 유형(類型)의 망라**'라는 점에서 각별한 주목을 요한다.

(b) 한 마디로 '**아피스(Apis) 황소 제사(祭祀)**'는 '마하바라타(*The Mahabharata*)'의 '**말 제사(Aswamedha)**'와 '성경'의 '**예수 희생**'의 연결 고리를 명백히 하고 있는 이집트 유풍(遺風)의 제시로 의미를 지니고 있다.

(c) 즉 힌두(Hindu) '마하바라타(*The Mahabharata*)'의 '**말 제사(Aswamedha)**'에 '말'은 소위 '천하를 제패(制覇)한 크샤트리아(Kshatriya, 국왕)의 상징'을 명시한 제사임에 대해, '성경 **예수 희생**'은 '왕 중의 왕' '**절대 신의 외아들 성자(聖子)의 희생**'으로 크게 비약했고, 오히려 그의 '살'과 '피'를 나누어 먹음으로 '형제'임을 강조하는 '난해한 비약(飛躍)'을 감행했다.

---

60) Herodotus (translated by Aubrey de Selincourt), *The Histories*, Penguin Books, 1954, pp. 144~148

(d) 그런데 이집트 '<u>아피스(Apis) 황소 제사(祭祀)</u>'는 '아피스(Apis) 신(神)의 화신(化身)인 황소를 사제들이 잡아 그 고기를 나누어 먹음'을 그 '<u>제례 (祭禮)의 표준</u>'으로 삼았음이 그것이다.

(e) 이로써 그 '<u>이스라엘의 종교 지향과 역사적 족적(足跡)</u>'은 다 밝혀진 셈이 니, '<u>힌두→이집트→팔레스타인'으로의 이동(移動)</u>'이 그것이다.

(f) 헤로도토스(Herodotus)는 그의 '역사(The Histories)'에서, '신(神)'과 '신탁 (神託)' '의례'에 문제에 신중하여 믿을 수 없는 이야기는 언급 피하거나 '과장된 이야기'에는 의문을 제기하고 특히 이집트 신들 중에 희랍 신과 기능이 동일한 신들은 서로 묶어 해설을 했다.

(g) 헤로도토스는 '아몬(Amun)=제우스(Zeus)' '오시리스(Osiris)=디오니소스 (Dionysus)' '하토르(Hathor)=아프로디테(Aphrodite)' 등으로 묶어 설명을 했던 것은 개별 종족 국가에 종속되지 않은 '인류학자'로서 그의 소양을 확실하게 보여주고 있는 바다.

(h) <u>이집트의 '황소(암소) 숭배'는, 종교적으로 이집트인의 '힌두(Hindu) 종속 성'을 가장 확실하게 하는 것으로, 학자들은 주목을 하였다.</u> 즉 '마하바라 타(The Mahabharata)'에는 '바라문을 죽인 자나, **온 세상의 공통 어머니 암소를 죽인 자나**, 보호를 거절한 자가, 동일한 범죄자이다.(He that slayeth a Brahmana, he that slaugtereth **a cow-the common mother of all the worlds**- and he that forsaketh one seeking for protection are equally sinful.)'[61]라고 하였고, 오늘날까지 '소의 숭배'로 유명하다.

'왕이 공물을 올리는 아피스(Apis) 황소 상(像)'[62] '황소에게 경배하는 이집트 국왕'[63]

---

61) K. M. Ganguli (Translated into English Prose from the Original Sanskrit Text), *The Mahabharata of Krishna-Dwaipayana Vyasa*, Munshiram Manoharlal Publisher Pvt. Ltd. New Delhi, 2000, -**Vana Parva**- p. 271

(i) 헤로도토스(Herodotus)는 그의 '역사(*The Histories*)'를 통해 '**반인반신(半人半神, demi-god)의 영웅 헤라클레스(Heracles, Krishna)**'가 어떻게 존재했는지를 '마하바라타(*The Mahabharata*)'를 읽지 않고서도 이미 관통(貫通)을 했고, 그 영웅의 후손들이 영원히 '지상(地上)의 왕'이 될 것이라는 확신으로 그 '역사(*The Histories*)'의 요점을 마련했기 때문이다.

(j) 우리가 헤로도토스(Herodotus)의 '역사(*The Histories*)' 속에 명시된 이 '**반인반신(半人半神, demi-god)의 영웅 헤라클레스(Heracles, Krishna)**' 문제를 온전히 수용할 때, '천고(千古)의 신(God)에 대한 논쟁'의 결론에 이르게 된다.

(k) '마하바라타(*The Mahabharata*)'에서 '크리슈나'는 명백히 '사람 속에 나타난 절대 신[브라흐마, 비슈뉘]의 화신(化身)'으로 제시되었고, '역사(*The Histories*)'에서는 '천하장사 헤라클레스' '힘과 용맹의 화신'으로서의 헤라클레스(Heracles)와 '헤라클레스의 후손(Heraclids)'로 변용이 되어 있으나, 원래가 공통의 '라지푸트 족[크샤트리아 족](Rajpoots, Kshatriyas) 이야기'라는 것이 그것이다.[포콕(E. Pococke)]

(l) 헤로도토스(Herodotus)가 이 장(章)에서 펼친 '헤라클레스(Heracles) 논의'는 '이집트에서는 신'으로 통하는 '헤라클레스(Heracles)'란 명칭이, 희랍인의 경우 '인간의 아들 이름'으로 바꾸어 썼다는 주장이다.

(m) 이 헤로도토스(Herodotus)의 주장에, 힌두(Hindu)의 '마하바라타(*The Mahabharata*)'를 읽지 않고서도 주인공 '[신이며 인간인]크리슈나(Krishna) 문제'에 이미 달통한 그의 혜안을 자랑하고 있는 부분이다.

(n) 그리고 헤로도토스(Herodotus)가 제시한 '**에파포스(Epaphus)나 아피스(Apis) 신에 대한 황소 제사**'는 뒤에 이집트 학자들에 의해, '오시리스(Osiris) 희생 이야기', '최초 파라오 희생 이야기', '기독교 최후의 만찬' 의례와 연관된 해설을 하기도 했다.[매켄지(D. A. Mackenzie) '고대 이집트 사[*Egyptian Myth and Legend*', 1913]']

---

62) 매켄지(D. A. Mackenzie) '고대 이집트 사[*Egyptian Myth and Legend*, 1913]' 제5장
63) P. N. Oak. *World Vedic Heritage*, New Delhi, 1984, p. 167

제29장 이집트의 디오니소스(Dionysus)

　이집트인은 '돼지를 희생으로 바치는 신'을, '디오니소스(Dionysus, Osiris)'와 '달의 신'이라고 생각한다. 이집트인은 보름날에 돼지를 희생으로 바치고 그 고기를 먹는다. 이집트인이 왜 한 가지 경우를 빼고 '돼지 희생[제사]'을 싫어하는지 그들 간에는 전설(傳說)이 있으나 언급을 하지 않는 것이 좋겠다. 달을 향해 제사를 올리는 방법은 꼬리 비장(脾臟) 대망막(大網膜)을 기름으로 감싸 돼지 배 속에 넣고 굽는다. 나머지 고기도 보름날 제사를 지낸 당일에 먹는다. 다른 날에 맛보는 것은 허락되어 있지 않다. 가난한 사람들은 곡식 가루로 돼지 모양을 만들어 구워먹으며 실제 돼지의 대신으로 생각한다.

　모든 사람들이 '디오니소스 제전' 전날 저녁에는 대문 밖에서 수돼지를 잡는다. 돼지가 살해된 다음에 그것을 구매한 사람들은 돼지치기에게 돼지를 되돌려 준다. 그러면 돼지치기들이 죽은 돼지를 옮겨 간다. 희랍에서도 이집트인과 동일한 디오니소스 축제가 행해지는데, 이집트에는 '합창과 춤(choric dance)'이 없다. [희랍인들이 사용하는]'남자 성기' 대신에 이집트인은 18인치 정도의 괴뢰(傀儡)들을 쓰고, 그 형상은 돼지 형상에 돼지 성기들을 끈으로 매어 여인들이 흔들며 마을들을 돌아다닌다. 피리로 행진을 이끌고 여인들이 디오니소스 찬가를 노래한다. 성기의 크기와 그것을 괴뢰의 몸에서 유일하게 움직일 수 있게 제작한 것에 대해서는 종교적 전설이 있다.['세트'의 반란으로 '오시리스(디오니소스)'는 토막 내어 나일강에 버려졌다. 뒤에 그의 아내 '이시스'가 오시리스 시체를 수습해 복원을 시켰으나 오직 '남근(男根)'은 물고기가 삼켜 없었다고 함. -매켄지 '제2장']

　그런데 나는 이 디오니소스 축제에 관해 잘 아는 아미타온(Amythaon)의 아들 멜람포스(Melampus)가 있었다는 것을 알았다. 그 멜람포스(Melampus)가 희랍에다가 디오니소스에게 바치는 제사와 '남 성기 행진'을 희랍에 소개했다. 그렇지만 멜람포스(Melampus)는 그 이론을 제대로 알아 의례를 완전하게 전한 것이 아니다. 그 의례의 온전한 성립은 그 이후의 교사들 작업이 있었다. 나는 멜람포스(Melampus)가 신성화 기술을 알 만한 사람으로 이집트에서 배웠고, 이집트인이 행했던 '디오니소스 숭배'를 희랍으로 도입한 사람이고 생각한다. 나는 희랍인과 이집트인 의례의 유사성이 우연한 일치라고는 생각할 수 없고 우리 희랍의 의례가 그 도입 이후에 개성에서 더욱 희랍화 했다고도 인정할 수 없다. 나는 이집트인이 이 풍속을 희랍에서 넘겨받은 것이라는 것도 인정할 수 없다. 아마 멜람포스(Melampus)는 티레(Tyre)의 카드무스(Cadmus)를 통해 디오니소스 숭배에 대한 지식을 얻었을 터인데 멜람포스와 페니키아에서 희랍으로 온 사람들을 지금 보이오티아(Boeotia)라고 하고 있다. **거의 모든 '신의 명칭'이 이집트에서 희랍으로 왔다.** 나는 나의 탐구로 '희랍 신들'이 외국에서 온 것을 알았는데, 이집트에서 가장 많이 도래한 것으로 보인다. 왜냐하면 모든 신들이 태초에서부터 이집트에는 알려져 있고, 내가 이미 말했듯이 포세이돈(Poseidon) 디오스코리(Dioscuri) 헤라(Hera) 헤스티아(Hestia) 테미스(Themis) 그라케스(Graces) 네레이드스(Nereids)만 예외이다. 나는 이에 대한 권능을 이집트인에게서 확보했다. 이집트인들은 펠라스기아들(Pelasgians)이 행하는 명명(命名)법을 모른다고 공언하고 있는데, 예외인 포세이돈(Poseidon)은 리비아 사람들에게 들은 것이다. 왜냐 하면 리비아 사람들만이 포세이돈을 알고 있고 포세이돈을 항상 숭배하고 있기 때문이다. **이집트 종교 속에 영웅[64]이 들어설 자리는 없다.**[희랍인과 이집트인의 차이점]

이 관행을 희랍인이 이집트에서 차용(借用)한 것이다. 그러나 발기한 성기를 지닌 헤르메스(Hermes) 상(像)을 제작한 희랍의 풍속은, 그 경우가 다르다. 그것은 펠라스기아 사람들(Pelasgians)로부터 아테네 사람들이 배워서 여타 희랍에 퍼뜨렸다. **바로 그 때에 아테네 사람들이 '희랍 민족(Hellenic nationality)'을 주장하기 시작했고, 펠라스기 사람들도 동참하여 희랍인으로 인정**

---

64) 나중에 숭배를 받은 인간.

받게 되었다. 카비리(Cabiri)의 신비, 즉 사모트라케(Samothrace) 사람들이 펠라스기아 사람들에게서 배운 의례와 친숙한 사람은 내가 무엇을 말하는지를 알 것이다. 펠라스기아 사람들은 사모트라케 섬에 거주를 하다가 아티카(Attica)로 이주해 왔고, 아테네 사람들에게 그 신비주의[디오니소스 제전]를 전하였다. 이래서 아테네 사람들이 '발기한 헤르메스 동상'의 만든 최초의 희랍인이 되었고, 아테네인은 펠라스기아인에게서 배운 것이다. 펠라스기아 인들이 그 종교적 원리를 설명했고, 그 본성은 사모트라키아 신비 속에 있음이 명시되고 있다.

옛날에 내가 도도나(Dodona)에서 들었던 바는 '**펠라스기아 사람들(Pelasgians)[포콕(E. Pococke)의 이론으로는, 펠라스기아 사람 =페니키아 사람]'은 온갖 것을 제물로 바치고, 신들에게 빌고, 신들의 이름도 구분하지 않았으니, 그들은 신들의 명칭에 아는 바가 없었기 때문이다. 펠라스기아인은 희랍어로 '테오이(theoi, 配置者)'라 불렀다. 사람들이 배치가 되었고, 만물이 질서를 따르고 있고, 사물에 고유의 영역을 나누어주었기 때문이다.** 오랜 뒤에 신들의 이름이 이집트에서 희랍으로 전달되었는데, 펠라스기아인이 이집트에서 배운 것이다. 디오니소스의 경우는 예외였으니, 훨씬 뒤에까지 그 신에 대해서는 아는 바가 없었기 때문이다. 그런데 시간이 흘러 펠라스기아 사람들(Pelasgians)이 신탁을 받으러 도도나(Dodona, 그 당시에는 희랍에서 가장 오래되고 유일한 신탁을 얻는 곳임)로 사람을 보내 외국에서 그 나라로 들어 온 그들이 '펠라스기아 사람들(Pelasgians)'이란 명칭이 적절한 지를 묻기 위한 것이었다. 신탁은 그 명칭을 써도 좋다는 대답을 주었다. 그 이후부터 펠라스기아 사람들(Pelasgians)은 신들에게 제사를 올리게 되었고, '펠라스기아 사람들(Pelasgians)'이란 명칭이 희랍에 통하게 되었다.

'신들이 항상 계셨는지'에 관계없이 나는 그저께[2일전]야 희랍인들이 다양한 신들과 기원을 알게 된 것처럼 말한 셈이다. **왜냐 하면 호머(Homer)와 헤시오드(Hesiod)는 4백년 이내에 '신통기(神統記, theogonies)'를 작성(作成)하고**

242

<u>신들의 명칭 업무 권능을 우리에게 소개를 했던 시인들이기 때문이다.</u> 시인들은 그들보다 신들이 앞서 있었다고 한 것에 대해, 내 생각으로는 사실상 시인들 이후에 존재들이다[65]. 이것은 나의 견해이지만 앞서 언급된 바는 '도도나 여 사제 권위(the authority of the priestesses of Dodona)'로 말한 것이다.

희랍의 도도나(Dodona)와 리비아 아몬(Ammon)의 신탁(the oraces)은 이집트인의 다음 전설에 관계가 있다. 테베 제우스(Theban Zeus) 사제들에 의하면 신전 봉사(奉事)에 관련된 두 여인이 페니키아인에게 옮겨갔는데, 한 여인은 리비아에 다른 여인은 희랍에 팔렸고, 이 두 여인이 두 나라에서 신탁 소(점집)를 개설했다고 했다. 내가 그 테베의 사제에게 무엇을 근거로 그렇게 말하느냐고 물었더니 그들은 내게 당시에 여성들을 자세히 살펴서도 알 수 없었지만, 이집트 사제들은 그 이후에 그녀들이 이집트 사제들에게 보고한 바로써 알게 되었다는 것이다. 그러나 도도나(Dodona)에서 신탁을 행하는 여 사제는 다른 이야기를 가지고 있다. 두 마리 흑색 비둘기가 이집트의 테배(Thebes)에서 날기 시작하여 한 마리는 희랍에 앉고, 다른 비둘기는 리비아에 앉았다는 것이다. 전자는 참나무에 앉아서 인간의 목소리로 그 자리에서 제우스의 신탁을 행하기 시작했다는 것이다. 그 말을 알아들은 사람들은 천국의 명령으로 알았고, 즉시 복종을 했다는 것이다. 비슷하게 리비아로 날아간 비둘기는 아몬(Ammon) 신탁소를 세워 제우스 신탁을 행했다는 것이다. 이 말을 내게 전한 도도나에 세 여 사제는 나이 순서로 프로메네이아(Promeneia) 티마레테(Timarete) 니칸드라(Nicandra)였는데, 그녀들의 생각은 도도나 사람들이 세운 다른 신전에서도 동일한 믿음으로 통했다. 그러나 내 사견(私見)으로는 만약 페니키아 사람들이 이집트 신전에서 정말 가져가 리비아와 희랍에 넘겼다면 희랍(펠라스기아)으로 온 여자는 테스프로티아 사람들(Thesprotians)에게 팔렸을 것이고, 그 이후 그 고장에서 노예로 일하는 동안 거기에서 우연히 참나무 아래 제우스 성소(聖所)

---

65) 호머보다 훨씬 앞서 있었다고 주장되는 종교시, '오르페우스(Orpheus)' '무세우스(Musaeus)'를 헤로도토스는 인정하지 않고 있다.

를 마련하였을 것이다. **왜냐 하면 그녀는 그녀의 유랑(流浪) 속에 그녀가 원래 봉사했던 이집트 테베(Thebes)의 신을 기억하고 있었을 것이기 때문이다.** 이후 그녀가 희랍어를 익혔을 때에 거기에 점집을 세웠을 것이고 페니키아인들이 리비아에 팔아넘긴 그녀의 자매에 대한 언급도 했을 것이다. 도도나 사람들이 비둘기가 왔다는 이야기는 외국 여성들의 말은 새가 지저귀는 소리 같으므로 그렇게 말한 것 같다. 뒤에 비둘기가 인간의 목소리로 말을 했다는 것은 뒤에 여인이 희랍어를 배워 알아들을 수 있게 말하게 된 것이다. 비둘기가 인간의 말을 할 수는 없다. '검은 비둘기'라 했던 것은 그 여인이 이집트인[흑인]이라는 의미이다. 테베의 신탁과 도도나의 신탁은 성격상 유사하다.

　　회합과 행진과 예배도 이집트인이 희랍인에게 가르쳐 준 것이다. 고대 이집트에서 명백히 행해진 의례를 최근에 행해진 희랍의 의례를 비교하여 추단된 사실이 그것이다. 이집트인은 숭엄한 모임을 1년에 한 번 갖는 것이 아니라 여러 번 갖는데, 가장 중요하고 최고의 모임이 부바스티스(Bubastis)에 아르테미스(Artemis) 축제이다. 둘째로 중요한 모임은 부시리스(Busiris) 모임인데 델타 중앙에 있는 도시로 이시스(Isis)를 모신 신전을 지니고 있는데 희랍의 데메테르(Demeter) 같은 신인데 그 여신을 위한 축제이다. 그 다음은 사이스(Sais)에 아테네(Athene)를 기리는 모임이 있고, 헬리오폴리스(Heliopolis)에 태양신, 부토(Buto)에 레토(Leto) 파프레미스(Papremis)에 아레스(Ares)[66]를 위한 모임들이 있다. 부바스티스(Bubastis)의 행사는 이러하다. 사람들이 바지 선(船)들로 몰려와 남녀가 함께 각 배에 오른다. 여성들의 일부는 캐스터네츠를 울리고 남자들의 일부는 피리를 불고 나머지 남녀는 박수를 치며 노래를 한다. 그들이 강둑에 있는 도시를 지날 때 마다 그들은 바지 선을 가까이 대놓고 앞서 말한 행동을 계속하고 다른 사람들은 그곳에 있는 여성들을 향하여 욕설을 퍼부으며 춤추기를 시작하고 그녀들의 스커트를 휙 끌어올린다. 그들이 부바스티스

---

66)　아르테미스(Artemis)=바스트(Bast), 아테네(Athene)=네이트(Neith), 태양=라(Ra), 레토
　　(Loto)=우아트(Uat), 아레스(Ares)=세트(Set).

(Bubastis)에 도착하면 정성스럽게 제사를 지내는데 1년에 마시는 술 반 이상을 이때 소비한다. 주민의 말에 다르면 거기에 모인 사람의 수는 어린이들은 제외하고 남녀가 7십만이라고 한다. 부시리스(Busiris) 이시스(Isis) 축제에는 남녀 1만이 참가하고, 제사가 끝나면 그네들의 가슴을 친다. 그러나 그들의 명예를 생각하여 나는 언급을 하지 않겠다[67]. 어느 카리아들(Carians)이나 이집트에 거주했거나 가기만 한 사람도 칼로 앞이마를 베며 그들은 이집트인이 아니고 외국인임을 주장한다. 사이스(Sais)에서 제사 지내는 밤에는 모든 사람들이 집 주변 열린 공간에서 수많은 불을 밝힌다. 납작한 접시를 기름과 소금을 채우고 밤새도록 불을 밝힌다. 그 축제를 '등불 축제(Festival of Lamps)'라 하고 참석을 못 한 이집트인까지도 등불을 밝혀 제사 지내는 밤임을 밝히고 그 밤에 등불 켜기는 사이스뿐만 아니라 전 이집트에서 행하고 있다.[한국의 '대보름' 행사와 유사함]

헬리오폴리스(Heliopolis)와 부토(Buto)에서의 모임은 제사를 올리기 위해서이다. 그러나 파프레미스(Papremis)에서는 일상적인 제사 의례 이외에도 특별한 행사를 치른다. 해가 질 무렵에 약간의 사제들이 '신의 형상'으로 분장을 하지만 대다수의 사제들은 목제(木製) 장갑으로 무장을 하고 신전 입구에 자리를 잡는다. 맞은편에도 1천 이상 건장한 떼를 이루어 장갑으로 무장을 하고 수행을 다짐한 무리들이다. 도금(鍍金)한 목제 신당 속에 모셔진 신상(神像)은 행사 전날에 또 다른 성전에 운반이 된다. 그것을 모시고 있는 소수의 사제들이 그것을 간직하고 있는 사당에 네 개의 바퀴를 달아 신전을 향해 끌고 간다. 신전 문 앞에서 기다리고 있는 사람들은 그들의 신전 진입을 막지만 숭배자들은 신상 곁에 서서 그들의 장갑을 끼고 진입을 시도한다. 공격이 저지되고 억센 몸싸움이 벌어져 머리가 깨지고 실제적으로 사상자가 생기기도 한다. 내게 말해

---

67) 오시리스. '수난극(受難劇, passion play)'은 희랍의 '신비'와 혹사(酷似)하여 헤로도토스가 언급이 적절치 않다고 했으나, 헤로도토스는 오시리스의 '대중적' 인기에 관해 언급이 있다.

준 이집트인에 의하면, 아무도 죽은 사람은 없다고 말한다. 이 축제의 기원에는 이야기가 있다. 옛날에 군신(軍神, Ares)의 어머니가 신전 속에 살고 있었다. 다른 곳에서 자란 군신이지만 남자답게 성숙하여 그 어머니와 상봉을 하고 싶어 그녀가 머무른 신전으로 진입이 목적이었다. 그러나 어머니를 받들고 있는 사람들은 외모로는 구분이 안 되어 진입이 거부되어, 다른 도시에 수용이 되어 있다가 드디어 그의 완력으로 진입에 성공한다는 이야기이다. 사람들은 말하기를 군신(軍神)의 축제에 장갑을 낀 전투가 행해진 이유라고 설명한다.['이시스(Isis)'와 '호루스(Horus)' 이야기 연출]

그 효심(孝心, 軍神의 母子 상봉)을 방해한 사람들은 신전의 여성들과 교합한 자이거나, 교합 후에 씻지도 않고 신전으로 들어 간 사람들이다.['악마들'이라는 의미임] **이집트인과 희랍인들처럼 양심의 가책을 모르는 종족을 없을 것이다.**[헤로도토스 자신의 '도덕 기준'에 비추어 볼 때 그렇다는 이야기임] 그 점에서는 남녀가 구분 없이 동물과 다르지 않아 신전과 성소에서 교합을 행한다. 신은 그것을 허락했지 막았는지도 알 수 없다. 그것이 이론(理論)이라고 할지라도 나는 그것에 끝까지 동의할 수 없다. 그 점에 관해서 이집트인은 꼼꼼하다. 정말 이집트인들은 모든 것이 그들의 종교와 관련이 된다.[68]

_____→

(a) 누가 어떻게 헤로도토스(Herodotus)의 '역사(*The Histories*, 446 b. c.)'를 말하던 그가 '역사 아버지'임을 입증하고 있는 자장 명백한 부분은 '헤로도토스(Herodotus) 자신의 지성(知性)'으로 **'신(gods)'에 대한 진술을 '지역 종족의 명칭'의 구분을 초월하여 그 속에 '역사성[시간적 전후]'를 밝혔던 점**이다.

(b) 헤로도토스(Herodotus)는 '희랍의 신들'이 모두 이집트에서 수입되어, **'제우스(Zeus)=아몬(Ammon)' '데메테르(Demeter)=이시스(Isis)' '아르테미스**

---

68) Herodotus (translated by Aubrey de Selincourt), *The Histories*, Penguin Books, 1954, pp. 148~154

246

(Artemis)=바스트(Bast)' '아테네(Athene)=네이트(Neith)' '태양(Apolo)=라(Ra)' '레토(Loto)=우아트(Uat)' '아레스(Ares)=세트(Set)' '디오니소스(Dionysus)=오시리스(Osiris)'의 등식(等式)으로 '역사(*The Histories*)' 서술을 행했음이 그것이다.

(c) 힌두(Hindu)는 '마하바라타(*The Mahabharata*)'에서 '언어 절대주의'를 개발하여 '언어[단어]=사물[신]'의 엄청난 신비주의 기정사실로 운영했는데, 헤로도토스(Herodotus)는 힌두의 '언어절대주의'를 단숨에 격파하여 '**언어의 집착[명칭에의 집착]**'이 단순한 '시인들의 발명과 고집'이라는 것을 밝힌 '고대(古代)의 현대인'이었다.

(d) 그리고 헤로도토스가 소개한 '펠라스기아 사람들(Pelasgians)'에 대한 대대적인 탐구를 행한 사람이 '**포콕(E. Pococke**, -희랍 속의 인도(*India in Greece*, 1851)'이었다.

(e) 포콕은 그의 저서를 통해 헤로도토스(Herodotus)가 언급한 그 '**펠라스기아 사람들(Pelasgians)'이란 '페니키아 사람들(Phaeacians)**'[제2장]이라는 중요한 결론에 선착하였고, 그 헤로도토스(Herodotus)가 이미 까맣게 망각하고 있었던 힌두(Hindu)의 '마하바라타(*The Mahabharata*)'를 상정(上程)하여, '**힌두 상고사(上古史)=이집트 상고사(上古史)=희랍 상고사(上古史)=스키타이 상고사(上古史)**'의 중대한 논리를 완성했다. 즉 헤로도토스(Herodotus)가 잠정적으로 '이집트'에서 유래한 '절대신(God)'이라는 전제를 가차 없이 '힌두의 절대신=이집트의 절대신=희랍의 절대신=스키타이 절대신'임을 명시했다.

(f) 그리고 헤로도토스(Herodotus)가 시작을 한 '디오니소스(Dionysus=Osiris) 축제'는 많은 '철학자' '인류학자'의 관심을 모으고 있으나, '매켄지(D. A. Mackenzie, -고대 이집트 사[*Egyptian Myth and Legend*', 1913]'는 파피루스 문건을 다 수집 종합하여 '디오니소스(Dionysus=Osiris)'는 '저승 관장(管長) 신'이라고 명시를 했다.

(g) '죽음의 신[디오니소스(Dionysus=Osiris)] 축제'에 빠질 수 없는 요소가 '생산(生産) 상징' '남 성기'가 빠질 수 없었다.

(h) 이미 힌두의 '염세주의(Pessimism)'에 크게 동조하고 있는 헤로도토스(Herodotus)로서는 도저히 납득될 수 없는 사항이고 이후 소위 '**계몽주의(Enlightenment)' 이후 볼테르(Voltaire)의 '역사철학(The Philosophy of**

History, 1765)'과 니체(F. Nietzsche)의 '이 사람을 보라(ECCE HOMO-Nietzsche's Autobiography, 1888)'를 통해서 '현대 생명 존중 정신'으로 제대로 다 납득이 되게 하였다.

'디오니소스(Dionysus=Osiris)가 행하는 심판(審判)의 광경 : 사자(死者)의 심장이 달리고[枰] 있다.'[69]

제30장 이집트인들의 '동물숭배와 불사조(phoenix)' 이야기

이집트에는 많은 야수(野獸)가 살지는 않는다. 리비아와의 국경에는 야수들이 있다. 그런데 이집트에서는 야생(野生)이거나 길들여진 것이나 예외 없이 다 신성하다.[힌두(Hindu)와 공유한 풍속임] 그 이유를 설명하기 위해서는 내가 기피(忌避)해 왔던 종교적 원리로 들어가야 하는데, 앞서 있었던 그 종교적 원리에 대한 나의 짤막한 언급은 내 이야기의 전개 필요에 의해 어쩔 수 없었던

---

69) 심판자는 오시리스[Osiris -백색 관과 복장을 한 재이고, 그 뒤에 이시스(Isis) 넵티스(Nepthys)가 서 있다. 호루스(Horus)와 아누비스(Anubis)가 두 사람의 사자(死者)를 이끌고 있다. 토트(Thoth)가 저울눈을 보고 아누비스(Anubis)가 균형을 맞추고, 판결이 부정적으로 날 경우 괴물이 그 사자(死者)를 부수려고 기다리고 있다. 그림 상단에 심판 법정을 둘러싸고 있는 42명의 신들 중의 일부가 경배를 올리고 있다. -파피루스 '사자(死者)의 서(서) -Book of the Dead에서

것이다. 그러나 이유를 떠나 이집트인들이 실제적으로 동물을 어떻게 대하는지를 말해 보겠다. 여러 동물들이 이집트인의 보호를 받고 있는데, 어떤 경우는 남성, 어떤 경우는 여성이 동물들을 길러야 할 책임이 있고 그 감시 기관원은 아버지에서 아들로 세습이 된다. 다양한 도시에서 이집트인은 다음과 같은 경배(敬拜)가 행해진다. **무슨 동물이건 '신성한 동물'을 바로 신(神)으로 생각한다.** 아이들의 머리털을 면도하여 경우에 따라 전체나 절반, 또는 그 3분의 1을 저울에 달아 그와 동일한 무게의 은(銀)을 그 사육자(飼育師)에게 지불하면, 사육사는 그 값만큼의 물고기를 먹도록 제공한다. **동물들을 죽인 자는 사형(死刑)이다.** 우연히 살해한 자는 벌을 사제(司祭)가 정한대로 받는다. 따오기(ibis)나 매(hawk)를 죽인 자는 사형을 면할 수 없다.

가축(家畜)도 수가 엄청 불어나지만, 고양이도 예외가 아니다. 암 고양이는 새끼를 기를 때는 수고양이를 피한다. 그래서 수고양이들이 발정이 나 욕심대로 되지 않으면 새끼들을 물어 죽인다. 새끼들을 빼앗긴 암 고양이는 다시 짝을 찾아 나선다. 집에 불이 붙을 경우가 가장 이상스럽다. 아무도 그 불을 끄려는 생각은 않고, 오직 걱정은 고양이뿐이다. 모든 사람들이 이웃 주변에 둘러서서 고양이들을 보호하는데, 고양이들은 줄 사이를 빠져나거나 뛰어넘거나 불길 속으로 뛰어들기도 한다. 그럴 경우 이집트인들은 큰 근심에 빠진다. 고양이가 죽을 경우에는 그네들 눈썹을 깎고 집안에 칩거한다. 개가 죽을 경우는 이집트인은 머리털을 포함한 모든 털을 제거 한다. 고양이가 죽으면 부바스티스(Bubastis)로 가져가서 방부(防腐)처리되어 신성한 묘역에 장사지낸다. 개가 죽으면 도시 소속의 성역에 장사지낸다. 족제비도 개와 같이 장사지낸다. 들쥐와 매는 부토(Buto)로 가져가고, 따오기는 헤르모폴리스(Hermopolis)로 가져가고, 곰과 늑대는 죽은 장소에 매장을 한다.

다음은 악어에 대한 이야기이다. 겨울 넉 달 동안 악어는 아무것도 먹지 않는다. 악어는 네 발을 가지고 있고 양서(兩棲, 水陸) 동물로 육지에 알을 낳고 낮의 대부분을 육지에서 보내고 밤에는 물속으로 들어가는데 밤에는 공기보다 물속이 따뜻하기 때문이다. 어린 악어는 크기가 다양하지만 완전히 자란 악어는 어떤 동물보다 더욱 몸집이 거대하다. 악어의 알은 기러기 알보다 크지 않아 태어날 때는 몸집이 작지만, 자라면 길이가 23 피트(23X30cm)가 넘을 정도이다. 악어의 눈은 돼지 눈 같으나 거대한 송곳니가 몸 크기와 비례하여 크고, 혀가 없는 동물로 아래턱을 땅바닥에 대고 있다. 악어가 먹을 때는 위턱을 아래로 내린다. 악어는 강력한 발톱을 가지고 있고, 온몸에 비늘이 달려 등을 뚫을 수도 없다. 악어는 물속에서는 볼 수 없지만, 육지에서 시각은 무척 빠르다. 물속에서 오래 지내므로 악의 입 안에는 거머리들이 가득하다. 다른 동물은 악어를 피하고 새들도 그러하나, 하나의 예외가 있으니 '깝작도요 이집트 물떼새'만 예외다. 이 새는 악어에게 봉사하고 악어와 친숙하다. 악어가 물가로 나오면 악어가 크게 입을 벌리면 그 새가 입안의 거머리들을 잡아먹는다. 악어가 그것을 즐기어 새들을 해치는 법이 없다. 일부 이집트인은 악어를 성수(聖獸)로 숭배한다. 다른 사람들은 적(敵)으로 취급하기도 한다. 가장 강한 숭배자가 테베(Thebes)와 '모이리스 호수(Lake Moeris) 사람' 중에 있는데, 그들은 악어 한 마리를 길들여 유리나 황금 귀고리를 달리고 앞발에 팔찌를 채워, 특별 식을 제공하고 그 악어에게 의례를 행한다. 악어가 살아 있을 적에는 친절하게 대하고 죽으면 방부 처리하여 신성한 무덤에 묻는다. 다른 한편 엘레판티네(Elephantine) 주변 사람들은 악어를 전혀 성수(聖獸)로 여기질 않는다. 이집트어로 악어를 '캄프세(champsae)'라고 한다. 악어를 이오니아 사람들은 '도마뱀(lizard)'이라고 부르는데 그네들의 고장에서는 돌 위에 도마뱀과 유사하기 때문이다.

악어 잡는 방법이 다양하지만 나는 내게 흥미로운 것을 말해 보겠다. 악어 사냥꾼들은 돼지 등에 낚시를 박아 물위에 띄워 놓고 강둑에서 서서 살아 있는 돼지를 때린다. 돼지의 비명소리를 들은 악어가 달려 돼지를 삼키면 그 악어를 물에서 끄집어낸다. 사냥꾼이 육지로 올라온 악어에게 최초로 행할 일은 악어의 눈에 진흙을 먼저 발라 버리는 일이다. 그것이 악어를 쉽게 해치우는 방법이나 그것에 주의를 못 하면 큰 어려움을 겪게 된다.

물소(hippopotamus)를 파프레미스(Papremis) 지역에서는 성수(聖獸)로 취급하나, 여타 지역에서는 그렇지 않다. 이 동물은 네 개의 다리이고, 황소처럼 갈리진 발톱에 들창코에 괴상한 엄니에 말 같은 울음소리에 크기는 황소만큼 크다. 그 가죽은 두텁고 단단하여 말려서 창 자루를 만들 정도이다. 수달도 나일 강에 살고 있다. 나일 강에 있는 인시(鱗翅, 비늘이나 날개를 단 동물)류 물고기와 뱀장어도 성수(聖獸)에 포함 된다. '여우' '거위'와 '불사조(phoenix)'도 성수(聖獸)이다. **나는 그림 말고는 '불사조'를 보지 못했다. 헬리오폴리스(Heliopolis) 사람들의 말에 따르면 그 새는 아주 드물고 그 어미 새가 죽으면 500년에 한 번 이집트를 찾아오는 희귀한 새로 알려져 있다. 그림으로 그려놓은 '불사조' 모습은 일부는 황금빛이고 일부는 붉은 깃털을 단 한 마리 '독수리'가 완연하다.** 불사조(phoenix)에 대한 이야기가 있다. 불사조(phoenix)는 아라비아(Arabia)에서 몰약(沒藥) 주머니에 부모(父母)를 넣어 가지고 와서 태양의 신전에 그 시체를 매장한다. 그 공적을 행하기 위해 그 새는 처음 그 새가 운반할 몰약(沒藥, myrrh)의 알을 낳고 그런 다음 아버지 곁으로 몰약(沒藥)이 흘러나오게 하여 시체에 몰약이 스미게 한다. 그 다음 난형(卵形)의 몰약 주머니 무게가 처음과 같아지게 된다. 마지막으로 불사조(phoenix)는 이집트의 태양 신전으로 그것을 운반한다.

테베(Thebes) 가까운 곳에서 '뱀'이 발견되면 제우스(Zeus, Ammon)에게 바쳐진 것이라고 사람들은 말한다. 그 뱀들은 몸집이 작고 독이 없고 그들의 머리에 두 개의 뿔을 가지고 있다. 그런 뱀이 죽어 있으면 제우스 신전에다 묻는다.

부토(Buto) 시(市)의 맞은편에 아라비아(Arabia)[70]란 곳이 있는데 나는 그곳으로 '날아다니는 뱀(flying snakes)' 이야기를 들어보려고 갔다. 나는 거기서 수없이 많은 해골을 보았다. 그 뼈들은 넓은 평야로 연결되는 산골짜기에 있었

---

70) 델타의 사막 동쪽에 있다. 헤로도토스가 보았다는 신비를 말한 것이다. 헤로도토스가 마른 호수에 물고기 뼈나 메뚜기 떼를 이야기하는 것이 아닌가?

다. 사람들은 그 '날아다니는 뱀들'이 아라비아(Arabia) 우물에서 생겨났는데, 따오기들이 길목에서 막아 그들을 죽였다. 아라비아인들에 의하면 그 같은 공로(功勞)로 이집트인이 '따오기'를 존중한 이유라고 말하고 이집트인도 그것을 인정하고 있다. 따오기는 전신이 새까맣고 학처럼 다리가 길고 부리가 굽어 있고, 크기는 뜸부기만큼이나 하다. 어떻든 그 검은 따오기가 '날아다니는 뱀'을 공격했다는 것이다. 그러나 그곳에는 검은 따오기와 비슷한 하얀 따오기가 살고 있었다. 다리와 부리가 따오기와 같았다. '날개 달린 뱀'은 물뱀과 비슷했다. 그들의 날개는 깃털이 아니고 박쥐 날개 같았다. 나는 이집트인의 성수(聖獸)이 야기를 이만 끝내야겠다.

이집트의 문화 지역에 거주하는 사람들은, 과거의 기록물들을 간직하고 실천하여 내가 보았던 어떤 나라 사람들보다 유식(有識)했다. 그들의 풍속 예를 들어보면 '모든 질병이 먹는 것에서 생긴다.'는 신념에서, 건강을 위해 매월 3일간 구토(嘔吐)제 관장(灌腸)제를 복용하고 몸을 청소한다. 그것은 '예 방책'인데 이집트인은 리비아인 다음으로 세계에서 가장 건강한 사람들이다. 나는 그 이유가 기후 변화가 없기 때문이라고 생각한다. '기후 변화'가 질병의 1차 원인이다. 그들은 밀(cyllestes) 가루로 만든 빵을 먹고, 보리로 술(맥주)을 빚고, 포도는 재배하지 않는다. 이집트인은 생선을 날 것으로 먹거나 말리거나 소금에 넣었다가 먹는다. 메추라기 오리를 소금물에 넣어 두었다가 날 것으로 먹는다. 이집트인은 신성하다고 생각한 동물을 빼고 굽거나 끓여서도 먹는다. 부자(富者)가 파티를 열어 식사를 마치면, 한 사람이 18인치(45cm)에서 3피트(90cm)길이의 관(棺)에 시체 비슷하게 생긴 목상(木像)을 넣은 관을 손님들 속으로 옮겨 온다. 그 사람은 각 손님에게 차례로 그것을 보여 주고 난 다음 말한다.

"보시오. 이 사람도 당신처럼 마시고 즐겼습니다. 당신도 죽으면 이와 같을 것입니다."

이집트인은 그들의 원래 풍속을 지키고 해외에서 수입한 것은 없다. 이집트인의 풍속 중에 특별히 '리누스(Linus)' 노래가 재미있다. 이 사람은 다른 이름으로 이집트에서 뿐만 아니라 페니키아 키프로스 등의 지역에서 노래로 불려졌는데, 희랍인은 '리누스(Linus)'라고 한다. 이집트인은 그 노래를 어디에서 획득했는가? '리누스(Linus)'의 이집트 명칭은 '마네로스(Maneros)'이다. 이집트 최초 왕에게 젊어서 죽은 독자(獨子)가 있었는데, 이 만가(輓歌)는 그 때 처음 불려진 노래로 그를 기려 제작된 것이다.

또 다른 점에서도 이집트인은 희랍인과 유사하니, 라케데모니안(Lacedae-monians)이 그것이다. 그 축제는 어른들은 방에 젖혀놓고 이집트의 젊은이들은 그들만 거리에서 만난다. 어른들이 오면 자리에서 일어난다. 그러나 이집트 인은 거리에서 희랍인처럼 서로 이름을 부르며 인사를 하지는 않는다. 허리를 굽히고 한 손을 무릎까지 내리고 인사를 한다. 이집트인은 가장 자리가 다리까지 내려오는 린넨 튜닉(칼라시리스-calasiris라고 함)을 걸친다. 머리에는 하얀 털모자를 쓴다. 그러나 장례에 털옷을 입히고 신전에서는 털옷을 입는다. 이 풍속은 디오니소스 의례와 일치한다. 이집트인은 이 유래담을 지니고 있다.

이집트인도 각 달 초하루를 특별한 신(神)에게 경배를 올리고, 생일로 성격 운명 사망(死亡)을 예언을 행하는데 희랍 시인(詩人)들도 그렇게 한다. 이집트 인은 다른 나라 사람들보다 더욱 징조(徵兆)를 말하고 예언을 행하다. 이집트인 은 이상한 현상 결과에 대한 목록을 작성해 놓고 이집트인은 미래에도 동일한 현상에 동일한 결과가 올 것으로 기대를 하고 있다. '예언(to foretell)'을 일반이 행할 수 없고 '신들에게 소속된 사람'[점쟁이]이 행한다. **헤라클레스(Heracles) 아폴로(Apollo) 아테나(Athena) 아르테미스(Artemis) 아레스(Ares) 제우스 (Zeus)[71]가 모두 점집[신탁 소]을 운영하고 있다. 레토(Leto)와 부토(Buto)가 이집트인에게는 성대하다. 신탁 전달 방법은 성소마다 다르다.**

이집트인은 진료를 행함에 있어 병을 취급하는 의사(醫師)가 각각 따로 있다.

---

71) 기능상으로 동일시 된 명칭임.

그러한 결과 이집트에는 수많은 의사가 있고, 눈 병, 머리, 이빨, 위 병 등으로 나뉘어 있다. 다른 한편 알 수 없는 고민을 다루는 사람도 있다. 애도와 장례를 살펴보면 중요 인물이 사망할 경우는 시체를 집안에 두고 여인들은 진흙을 머리와 얼굴에 바르고 사자의 가족과 함께 옷은 허리띠로 묶고 드러낸 가슴을 치며 마을을 돌아다닌다. 남자들도 그렇게 한다. 그 의례가 끝나면 시체를 미라로 만든다.[72]

_____✈

(a) '매켄지(D. A. Mackenzie) -고대 이집트 사[*Egyptian Myth and Legend*, 1913]'는 이집트인의 '동물 신'에 대한 자세한 고찰을 했다.

(b) 고정이 되어 있지는 않지만 '**돼지**=오시리스(Osiris)' '오시리스=**황소** 아피스(Apis) 이집트 하피(*Hapi*)로 숭배' '**암소**=이시스(Isis), 넵티(Nepthys), 하토르(Hathor), 누트(Nut)' '이시스(Isis) 대모(大母) 바스트(Bast)=**고양이**' '태양의 알=**거위** 알' '크누무(Khnumu)=**물고기**' '바타(Bata)의 영혼=꽃=황소=나무' '**토끼**=지하의 신들' '**따오기**=토트(Thoth)' '**매**=호루스(Horus)' '**제비**=이시스(Isis)'와 동일시되었다.' '**개구리**=헤크트(Hekt)가 모신(母神)' '아누비스(Anubis)=**재칼**(**jackal**)[들개]' 티베트 대모 무트(Mut)와 네케바트(Nekhebat)는 독수리로 표현된다. **개 원숭이**는 토트(Thoth) 형상이고, **사자**(獅子)는 대지의 신 아케르(Aker) 모습니다.' '세트(Set)=아페프(Apep) **뱀**' '폭풍=고함치는 **뱀**'으로 설명을 했다.

(c) 힌두(Hindu)의 '마하바라타(*The Mahabharata*)'에 '죽이지 말기' 전제(前提)와 '비슈누(Vishnu)의 창조신'이고, 힌두(Hindu)는 단순히 '동물 신'뿐만 아니라 '무생물[불, 바람, 산, 강, 바다]' '추상 개념[도덕]'까지 그 '인격성[신성]'을 부여해 놓았다.

(d) 이집트의 '동물 신상'은 여지없이 그 '마하바라타(*The Mahabharata*)' 유풍이나, 이집트 고유의 신으로 지목이 되는 '오시리스(Osiris)' '이시스(Isis)'이나 '부속 신화(神話) 전개 방식[말하기 방식]'은 모두 '동일한 신화 제작 방

---

72) Herodotus (translated by Aubrey de Selincourt), *The Histories*, Penguin Books, 1954, pp. 154~160

식[신비주의]'이다.

(e) 이집트인은 '관념(이론)이 소용없는(부족함이 없는) 현세주의(Secularism)'
가 크게 우세하여, 오랜 역사에도 불구하고 '포콕(E. Pococke -희랍 속의
인도(*India in Greece*, 1851)'에서부터 일찌감치 '힌두(Hindu) 문화의 식
민지'로 지정을 하였는데, 그로부터 62년 후 매켄지(D. A. Mackenzie) 파
피루스 문건을 짚어가니 역시 결론이 유사하게 나오게 되었다.

[上段]'고양이(Bast)' '뿔을 단 우래우스(Uraeus)' '매(Sokar)' '원숭이(Thoth)' '고니(Thoth)'
[下段]'황소(Apis)' '물고기(Lepidotus)' '재칼(Anubis)' '뱀(Uazit)' '이크네우몬(Uazit)' '고양이(Bast)'73)

(f) 특히 힌두(Hindu)의 '마하바라타(*The Mahabharata*)' 진술을 미루어 볼
때, **이집트의 '따오기(ibis)' '불사조(phoenix)' 힌두의 '가루다(Garud, 靈
鷲, 사제)'의 상징 연장이고, '개[들개, 재칼]'는 힌두의 '다르마(Dharma)'
의 상징의 연장이고, '악어'는 힌두의 '뱀 왕[龍]'과 동일한 것이다.**

(g) 결론적으로 힌두와 이집트는 '절대 정신(태양)'과 '절대신'이 공통이고, 거
기에 봉사하는 사제들이 '매' '독수리'이고, 거기에 죄를 짓게 하고 짖고 있
는 족속이 '뱀, 악어'이고 그 '육신(인간 생명)'을 기르는 존재가 '암소 신(이
시스)'이다.

(h) 무엇보다 헤로도토스(Herodotus)가 소개하고 있는 '이집트 풍속 소개'에
주목되는 바는 **'풍요로운 생활'과 '현세주의(Secularism)'의 성행(盛行)이**

---

73) 매켄지(D. A. Mackenzie) '고대 이집트 사[*Egyptian Myth and Legend*, 1913]' 제5장

다. '고급 식생활' '다양한 분과(分科) 의사(醫師)들' '리누스(Linus)[인생무상] 노래'가 그것을 말하고 있다.

(i) **'동물숭배'는 '종교' 이전에 '생활의 여유와 풍요'를 바탕으로 한 것이다.** 헤로도토스(Herodotus)는 자주 '군사 원정(遠征)'을 언급했는데, 그 때 '공급'이 끊길 경우, 군사들은 들녘을 약탈하여 먹고, 다음은 타고 온 '말'을 잡아먹고, 마지막에는 '사람'을 먹는다고 진술하고 있다.

제31장 이집트인의 '미라 만들기(Mummification)'

이집트에서 '미라 만들기(Mummification)'는 특별한 직업(職業)이다. 시체가 운반되면 그 방부사(防腐師)들은 나무로 견본들과 화상(畵像)들을 만들어 놓고 상주(喪主)가 등급을 정하도록 한다. 최상으로 비싼 것과 그 다음으로 저렴한 것, 가장 저렴한 것들을 보여 준다. 사자(死者)의 친척이 그들 중 한 가지에 동의하면 방부사(防腐師)는 작업을 시작한다. 가장 완전한 것[미라 만들기]은 다음과 같다. 뇌는 가능한 최대로 쇠갈고리로 콧구멍을 통해 파내고 쇠갈고리가 도달하지 않는 것은 약물로 씻어낸다. 그런 다음 옆으로 누이고 전 내장을 제거한다. 처음은 종려나무 잎 술로 다음은 향신료 가루에서 추출된 액체로 그 내부를 씻어 낸다. 그런 다음 몰약(沒藥, myrrh)과 계피 그 밖의 향료로 채운 뒤에 봉합을 한다. 그런 다음 탄산소다 속에 7일간 넣어두는데, 그 기간을 넘기는 법은 없다. 그 기간이 지나면 시체를 씻어 머리부터 발까지 한 쪽에 검을 바른 가늘고 긴 린넨 천으로 감싼다. 이 상태에서 시체는 사람 형상과 같은 목곽 속에 넣어 가족들에게 넘겨진다. 그런 다음 그 관은 음침한 방에 저장이 된다. 비용의 문제로 제2의 방법이 채택된다. 방법이 다르다. 절개가 행해지지 않고 내장도 꺼내지 않는다. 항문을 통해 향유를 주입시킨다. 그런 다음 탄산소다 속에 집어넣었다가 기간이 지나면 향유를 뽑아낸다. 그 효력이 너무 강력하여 탄산소다에 의해 살과 내장은 액체가 되어 시체는 뼈와 가죽만 남는다. 그런 다음 시체는 가족에게 넘겨진다.

제3 방법은 빈자(貧者)를 위한 방법인데, 장을 제거하고 탄산소다 속에 7일을 간직했다가 가족들에게 넘겨준다.

유명 인사의 부인이 죽거나, 유명한 미인(美人)이 죽을 경우, 시체를 바로 방부사에게 넘기지 않고 3~4일이 경과 한 다음에 넘긴다. 방부 사(防腐 師)에 의한 시체 훼손을 막기 위한 것이다.

이집트인은 희랍 풍속을 좋아하지 않고 외국 풍속 언급을 좋아하지 않는다. 그러나 테베(Thebes) 지역 내의 네아폴리스(Neapolis) 인근의 거대 마을 케미스(Chemmis)의 경우는 예외이다. 그 곳에는 다네(Danae)의 아들 **페르세우스(Perseus)**에게 바쳐진 정사각형 땅이 있고, 주변에 종려나무를 심었는데 두 개의 거대한 석상을 세운 돌문이 있다. 전설에 의하면 페르세우스(Perseus)가 그 지역에 자주 나타났고, 신전 속에 나타났다는 것이다. 한 번은 3피트[3X30cm] 의 낡은 샌들[헤라클레스 후예]이 발견 되었는데, 사람들은 '이집트에 융성할 시기가 도래한 징조'라고 말했다. '페르세우스(Perseus)의 숭배'에는 희랍인 의례가 채용되었고, 항상 육상 경기가 행해져, 상(賞)으로 소와 망토와 가죽이 주어졌다. 내가 왜 페르세우스가 케미스 사람들에게만 나타났고 그들만 축하 경기를 하느냐고 물었더니, 페르세우스(Perseus)는 그네들 도시에서 출생했다 는 대답이었다. 말하기를 다나오스(Danaus)와 린케오스(Lynceus)는 희랍으로 건너가기 전에 케미스 사람(Chemmites)이었고, 그들에게서 페르세우스(Perseus) 후손이 나왔다는 것이다. 더구나 페르세우스(Perseus)가 리비아에서 고르곤(Gorgon)의 머리(그것이 희랍인들이 페르세우스가 거기로 보낸 이유)를 가지고 앞서 그 어머니에게서 들은 케미스를 방문했고 그의 친척들에게도 알려 졌다는 것이다. 페르세우스(Perseus)가 도착하여 케미스 사람들에게도 '축하 행사'를 하도록 가르쳤다는 것이다.

나는 여기까지 습지(濕地) 남쪽 거주의 이집트인 생활을 말했다. 이집트인도 희랍인처럼 '일부일처(一夫一妻, monogamy)'이다. 이집트인은 더욱 근검한 생활 방식을 개발했다. 예를 들면 이집트인은 수련(水蓮, 이집트 연꽃)을 모아 햇볕에 말려 양귀비 머리 같은 것은 제거하고 그 가루로 빵을 만들어 구워먹는다. 그 뿌리도 먹을 수 있는데, 크기가 사과만큼 커서 맛이 훌륭하다. 나일 강에는 또 다른 장미를 닮은 백합과 식물이 있다. 그 열매는 많은 씨를 포함하고 있는데, 날 것이나 말린 것을 즐겨먹는다.

'군거(群居) 어류(魚類)'는 강에 떼로 나타나지는 않는다. 그들은 못 속에 보이는데 산란기에는 떼를 지어 바다로 헤엄쳐 간다. 수컷이 앞장을 서서 어백(魚白)을 뿌리면 암컷이 뒤를 따르며 그것을 삼킨다. 바다 속에 기간이 끝나 산란기가 되면 내지(內地)의 호수를 전 어군이 되돌아온다. 그러나 이때에는 암물고기가 길을 인도하여 알을 뿌리면 수컷들이 뒤를 따르며 그것을 삼킨다. 그 씨앗들이 물고기 '배(胚, embryo)'이다.

나일 강이 불어오를 때는 나일 강 곁에 있는 공지(空地)와 습지를 먼저 채우고, 강물은 제방을 휩쓴다. 그러면 연못을 이룬 낮은 곳에서 사람들은 다량의 작은 물고기를 확보한다. 내가 추측컨대 물고기는 전년 물이 물러가기 직전에 진흙 속에 알을 낳아서 홍수가 다시 오면 즉시 알에서 깨어나 물고기 된 것으로 보인다.

습지 지방에 거주하는 사람은 캐스터 유채(油菜, caster-oil plant)에서 추출한 기름을 사용한다. 이 식물은 희랍에서도 야생하여 키키(Kiki)라고 부르고 있는데, 이집트인은 다양하게 사용하나 향기는 좋지 않다. 사용 방법은 강이나 호수 언덕에 씨를 뿌려 열매를 모아 볶아 기름을 얻으면 올리브기름처럼 등불을 밝힐 수 있으나, 향기는 좋지 않다.

이집트에는 '각다귀 떼'가 들끓고 사람들은 그들을 막는 다양한 방법을 가지고 있다. 습지 남쪽 사람들은 높다란 누대를 설치하여 그 위에서 잠을 자는데 바람에 각다귀 떼가 불려 피할 수 있기 때문이다. 습지에서는 그러한 누대가 없으나, 그물망이 있어 낮에는 물고기 잡이로 밤에는 잠자기 전에 침상 주변에 펼친다. 쓸모없는 망토나 리넨을 덮고 자면 각다귀들을 막을 수가 있다.

나일 강의 화물 운송선들은 아카시아 나무로 제작이 된다. 이집트 사람들은 아카시아 나무를 3피트 길이로 잘라 긴 못을 사용해 서로 묶어 선체(船體)가 완성이 되면 꼭대기에 갑판(甲板) 들보를 놓는다. 배들에 늑재(肋材)는 없고 파피루스로 틈새를 막는다. 배에는 하나의 조정(漕艇)장치 노가 있고 용골(龍骨)대 아래로 드리워져 있다. **돛대는 아카시아 나무로 만들고 돛은 파피루스로 만든다.** 이 배들은 이끄는 좋은 바람이 불지 않으면 나일 강을 거슬러 항해를 할 수가 없다. 그러나 강둑에서 끌어올릴 수는 있다. 흐름을 따라 하류로 내려올 때 이집트인은 다음과 같이 조정을 행한다. '능수버드나무(tamarisk wood)'로 뗏목을 만들어, 200킬로 정도의 돌을 적재한다. 뗏목과 돌을 줄로 이물에서 고물까지 엮는다. 그래서 그 뗏목 배는 흐름을 타고 '바리스'란 배들을 앞장서서 이끈다. 그 돌은 고물에 달려 속도 조정의 장치로 쓰인다. 나일 강에는 이 같은 배들이 수 없이 많고 그 배들 중에는 엄청난 수송력을 지닌 것들이 있다.

나일 강에 홍수가 나면 전국이 바다가 되고 물 위에 도시들이 남아 '에게 해(海, Aegean)'에 섬들처럼 보인다. 그 때에는 수로(水路)가 나일 강만 따라가지 않고 전국으로 열려서, 누구나 케르카소로스(Cercasorus)와 델타 가장자리를 따르는 일상적 코스 대신에, 피라미드들을 바로 통과하여 나우크라티스(Naucratis)에서 멤피스(Memphis)로 간다. 만약 당신이 카노포스(Canopus)에서 배로 해안을 따라 나우크라티스(Naucratis)까지 간다면 안틸라(Anthylla)와 아르칸드로폴리스(Archandropolis)를 통과할 것이다. 그런데 안틸라(Anthylla)는 페르시아가 이집트 정복 이후 지배했던 군주가 자신의 처 구두 속에 넘겨준 도시로 유명하고, 아르칸드로폴리스(Archandropolis)는 프티오스(Phthius) 아들 아르칸데르(Archander) 이름을 딴 것으로 생각된다. 물론 또 다른 아르칸데르(Archander) 이름 도시가 있을 수 있으나, 그 명칭은 이집트 식이 아니다.

사제(司祭)들이 내게 말했다. 이집트 최초의 왕 민(Min)은 댐을 건설하여 멤피스(Memphis)를 홍수로부터 보호했다고 했다. 나일 강은 모래 언덕을 따라 리비아 국경으로 흘렀는데, 민(Min)왕이 멤피스 남쪽 1백 펄롱(100X200m=

20km) 거리의 나일 강에 댐을 건설했는데, 원래의 강줄기에서 물을 빼내어 그 절반을 두 개의 산맥 사이로 흐르게 했다는 것이다. **오늘날까지 새로운 물길이 마련된 나일 강의 팔굽[제1폭포]은 페르시아 인들이 매년 댐을 보강하며 아주 세심하게 관리를 하고 있다. 왜냐하면 나일 강이 불어나면 멤피스는 완전히 잠기게 되기 때문이다.**[역시 '물대기'와 관련된 사항임] 민(Min)왕은 멤피스도 건설했다. 이후에는 도시 북서쪽에 호수를 파서 나일 강물을 이용하고 동쪽의 도시도 보호했다. 사제는 민(Min) 왕이 헤파에스토스(Hephaestus)[74]에 거대 신전도 세웠다고 내게 말했다.

그 다음 그 사제들은 '330 명의 왕들 명칭'의 기록을 읽어주었는데, 모두가 이집트인이고 18명이 에티오피아인(Ethiops)이고, 다른 한 명은 '이집트 여인'라고 말했다. 그 여인은 바빌론의 여왕 니토크리스(Nitocris)와 동명(同名)이었다. 그 여왕은 남동생 왕을 죽인 수백 명의 이집트인을 죽였다. 그녀는 거대한 지하실에서 대관식을 행할 것처럼 지하실을 건설하여 그녀 아우 사망과 관련된 모든 이집트 주요 인물을 초청했다. 그래서 잔치 분위기가 잡혔을 때 그녀는 그들에게 감추어둔 강물 거대 도관(導管)을 트게 하였다. 이 놀라운 복수 이후에 그녀는 벌을 피해 재(恢)가 가득한 방으로 뛰어 들었다는 것이다. 사제들이 내게 말한 다른 왕들은 그들의 통치를 기억할 만한 기념물이 없었고, 모이리스(Moeris)는 헤파이스토스(Hephaestus) 신전을 위한 북 대문을 세웠고, 그의 명령으로 피라미드가 있는 호수를 만들었다. 호수와 피라미드에 대해서는 뒤에 언급을 하겠다. 그 밖의 왕들에 대해서 사제들이 그들의 두루마리에서 내게 말한 기억할 만한 왕들은 없었다. 그 왕들을 계승한 세소스트리스(Sesostris)에 대해 말해 보자.[75]

---

74) 페리(Flindr Petrie) 경(卿)은 헤로도토스에게 피라미드 건설 자에 대한 사제의 말이 잘못된 것이라고 지적했다.

75) Herodotus (translated by Aubrey de Selincourt), *The Histories*, Penguin Books, 1954, pp. 160~166

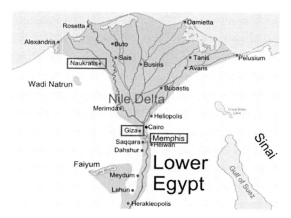

'나우크라티스(Naukratis)' '기자(Giza, 피라미드들)' '멤피스(Memphis)'

———✈

(a) 세계에서 '**중국(中國)**'과 더불어 장구(長久)한 역사(歷史)를 지닌 지역이 '**이집트(Egypt)**'로 알려져 있는데, 역시 두 지역에 가장 뚜렷한 사상이 '**현세주의(現世主義, Secularism)**'이다.

(b) 두 지역이 '**현세주의(現世主義, Secularism)**'라는 공통성으로 묶일 수 있지만, 그 특징의 발휘는 크게 달랐으니, 이집트는 '**자연(自然)의 원리를 넘어 영생(永生) 추구[피라미드 건설과 미라 보존]를 추구했음**'에 대해 중국(中國)은 '**자연(自然)의 원리에 순종**'을 가르쳤다.

(c) 헤로도토스(Herodotus)는 그의 '역사(*The Histories*)' 속에서 '이집트'의 역사와 풍속에 지대한 관심을 보이고 '희랍의 신들'이 거의 '이집트에서 수입된 신들'로 단정을 하고 이집트의 '풍속 종교 소개'에 신중을 보였으나, '**천신(天神, gods)**'과 '**영웅신(英雄神, 半人半神demi-gods)**'을 구분하는 탁월한 안목을 과시했다.

(d) 그리고 헤로도토스(Herodotus)는 이미 '영웅신(英雄神, 半人半神demi-gods)' '**반인반신(半人半神, demi-god)의 영웅 헤라클레스(Heracles, Krishna)**'에 확신을 지니고 그의 '역사(*The Histories*)' 서술을 행했다. 위에서 제시된 '다네(Danae)의 아들 페르세우스(Perseus) 이야기'도 '**半人半神, demi-god)의 영웅**'으로 해석이 되었다는 점은 마땅히 주목이 되어야 한다.['아비가 명백한 인간 영웅'이라는 점]

(e) 헤로도토스(Herodotus)가 확인하고 있는 '<u>**고르곤(Gorgon) 머리를 벤 페르세우스(Perseus) 이야기**</u>'는 명백히 힌두(Hindu)의 '마하바라타(*The Ma-habharata*)'의 '<u>**뱀을 잡은 영웅 크리슈나(Krishna) 이야기의 변용**</u>'[76]임이 확실하게 될 필요가 있다.

이로써 '<u>**상대(上代) 힌두 문화=상대(上代) 희랍 문화=상대(上代) 이집트 문화**</u>'라는 결론을 마련한 '포콕(E. Pococke)의 승리'는 다시 명백하게 된다.

(f) 그 '<u>**이집트(Egypt)**</u>' '<u>**현세주의(現世主義, Secularism)**</u>'의 가장 명백한 특징이, '피라미드 건설'과 '미라 만들기(Mummification)'였다.

(g) 이와 유사한 중국(中國)인의 작업이 '<u>**진시황(秦始皇) 병마용(兵馬俑) 무덤**</u>'과 한국인이 세운 '<u>**고구려 강서 대묘(高句麗 江西 大墓)**</u>'와 '신라 고분(古墳)' '백제 고분(古墳)' '가야(伽倻) 고분(古墳)'들이 있다.

제32장 이집트의 영주(英主) 세소스트리스(Sesostris)

사제(司祭)들은, 이집트 왕 세소스트리스(Sesostris I, Senusret I 1971~1926 b. c.)가 처음 전함(戰艦)을 이끌고 아라비아 만(灣)에서 인도양 연안을 항해하며 연안 주민을 복속시켰고, 더 이상 진전할 수 없는 대양(大洋)까지 확인했다고 말했다. 그런 다음 이집트로 돌아온 세소스트리스(Sesostris)는 억센 군사를 다시 일으켜 대륙을 횡단하여 나아가는 길목에 있던 모든 종족을 정복했다. <u>**세소스트리스(Sesostris)는 그들의 자유를 위해 마음껏 싸우는 용감한 적을 만난 곳에는 자신과 그 나라를 적은 기념비를 세우고, 승리를 거둔 자신 병사의 무력도 기술했다. 그러나 싸우지 않고 쉽게 함락된 도시의 기념비에는 이전의 기록 이외에 여성의 성기를 그려 넣어 그 마을은 여성보다 용감함이 없었다는 의미를 드러나게 했다.**</u>[힌두(Hindu) '크샤트리아'의 '여성 비하'와 동일함] 이처

---

76) Vettam Mani, *Puranic Encyclopaedia -A Comprehensive Work with Special Reference to the Epic and Puranic Literature*, Motilal Banarsidass Publishers Delhi, 1975, 'Krsna Ⅰ' pp. 421~423

럼 아시아에서 세소스트리스(Sesostris) 승리 행진이 계속되었고, 세소스트리스(Sesostris)는 유럽으로 들어가 스키타이들(Scythians)과 트라키아들(Thracians)을 격파시킬 때까지 계속되었다. 이것은 이집트 국경을 넘어 이집트 군대가 기념비를 세운 도달의 극점이었다고 나는 생각한다. 귀환(歸還) 길에 세소스트리스(Sesostris)는 파시스(Phasis) 강에 이르렀다. 세소스트리스(Sesostris)는 거기에 군사의 일부를 떼어 남겨 두고 정착하게 했다. 그들의 장정(長征)에 병들거나 버려진 사람일 수도 있다. 나는 확실하게 말할 수는 없다. 그러나 '콜키아 사람들(Colchians)'이 이집트인 후손이라는 것은 명백하다. 내가 이집트와 콜키스에서 누구에게나 물어도 그렇게 말했다. 콜키스(Colchis)[77] 사람들이 기억이 더 확실했으나 이집트인들은 콜키스 원주민은 세소스트리스(Sesostris) 군사라고들로 생각하고 있다. 나는 그 문제에 대해 콜키아 사람은 검은 피부에 곱슬머리이고, 이집트인과 에티오피아인과 더불어 옛날부터 할례(割禮)를 행한다. 페니키아인과 팔레스타인의 시리아인은 이집트 풍속을 수용했다고 인정을 하고 있고, 테르모돈(Thermodon) 강과 파르테니오스(Parthenius) 강변에 거주하는 시리아 사람들과 그들과 이웃인 마크로니아들(Macronians)은 그것을 최근에야 콜키아 사람들에서 배웠다고 말했다. 그밖에 다른 종족은 할례(割禮, circumcision)를 행하지 않는다. 그것은 이집트인이 주도한 것이다. 이집트인과 에티오피아인의 풍속은 오래 전부터 하나였다. 그러나 **다른 종족들은 이집트와 성적 교섭으로 할례(割禮, circumcision)를 수용했다는 점은 의심할 필요가 없다**고 생각하는데, 희랍인과 교섭하고 이집트 풍을 버린 페니키아 사람들은, 아동에게 할례(割禮, circumcision)를 행하지 않는다.

콜키아 사람들과 이집트인은 다른 유사점도 있다. 그들은 다른 종족과는 구분된 리넨 옷을 입고 언어와 생활 방식이 유사하다. 콜키스 리넨은 희랍에 '사르도니아(Sardonian) 리넨'으로 알려져 있는데 이집트에서 들여 온 것은 '이집트

---

77) 흑해(黑海) 연안의 고대 도시

리넨'이라 한다.

세소스트리스(Sesostris) 왕이 세운 기념비는 대부분 사라졌는데, 나는 일부를 팔레스타인78)에서 보았는데, 여성의 성기가 그려져 있는 것이었다. 이오니아(Ionia)에도 바위에 새긴 두 개의 세소스트리스(Sesostris) 상이 있는데, 하나는 에페소스(Ephesus)에서 포카이아(Phocaea)로 가는 도중에 있고, 다른 하나는 사르디스(Sardis)와 스미르나(Smyrna) 사이에 있다. 7피트(7X30cm) 높이로 세워졌는데, 오른손에 창을 잡고 왼손에 활은 든 반은 이집트인 반은 에티오피아인 행군(行軍)의 복장이다. 어께에서 어깨까지 가슴에 이집트 상형문자로 새겼는데, **'내 어께의 힘으로 이 나라를 이겼노라.(By the strength of my shoulder I won this land)'**라고 적어 놓았다. 여기에는 정복자의 이름과 나라 이름은 없다. 그 상을 본 사람은 멤논(Memnon) 상이라고도 하나, 그가 세소스트리스(Sesostris)임은 여러 곳에 증거가 있어 명백한 사실이다.

사제들이 내게 이야기를 계속했다. 세소스트리스(Sesostris)가 정복한 나라에 붙잡은 포로들을 대동하고 귀국을 하니, 펠루시움(Pelusium)에서 가까운 다프네(Daphne)에서 그의 부재중에 이집트를 다스렸던 아우와 아들들이 만나 잔치를 열었다. 그들이 저녁식사를 하는 동안 그의 아우가 건물 주변에 나뭇단을 쌓아올리고 불을 질렀다. 어떤 일이 생겼는지를 파악한 세소스트리스(Sesostris)는, 즉시 부인에게 어떻게 해야 할지를 묻고 6명의 아들 중에 두 명의 아들을 데리고 불길 위로 다리를 놓아 걸어 안전한 곳으로 가라고 요구했다. 그 결과 두 아들은 불에 죽고 나머지 아들은 아버지와 함께 안전했다.

세소스트리스(Sesostris)는 아우에게 벌을 내리고 전쟁 포로들을 다양한 업무에 종사하게 했다. 그들은 헤파이스토스(Hephaestus) 신전 건축에 거대한 돌을 끌게 했고, 오늘날에도 볼 수 있는 배수로를 파게 했다. 그리고 말과 마차를 빼앗았는데, 그것들은 이집트인이 생각해낸 것은 아니지만 이미 앞서 이집트

---

78) 헤로도토스가 본 것은 상형문자 기념비일 수 있고, '여성기'란 상상일 것이다.

전역에서 일반화 되어 있는 것들이었다. 이집트 전역(全域)은 평평하다. 그렇지만 전국으로 뻗은 수많은 배수로(配水路) 설치로 말과 수레가 적당하지 않게 되었다. 왕의 일은 나일 강에서 약간 떨어진 내지(內地) 도시로 물을 공급하는 것이다. 앞서 도시 주민은 나일 강 수위가 내려가면 우물을 파서 염분이 섞인 물을 마셔야 했었다. 더구나 **이 세소스트리스(Sesostris) 왕이 모든 사람들에게 '동일한 면적의 정방형(正方形)의 토지(a square piece of equal size)'를 제공하여 그 토지에서 생산된 곡식으로 연간 세금을 정밀하게 부과했다.** 나일 강에 폐해를 당한 사람은 누구나 왕에게 피해를 호소하면 조사단을 파견하여 산물을 평가 받아 적정한 세금을 내게 했다. 아마 **이것은 기하학의 발명으로 행한 것인데, 해시계(sundial) 그노몬(gnomon, 평행사변형에서 한 각을 포함해 베 내고 남은 부분) 1일 12시 구분 등은 희랍인은 바빌론에서 획득을 했기 때문이다.**['작도(作圖, construction)'와 '기하학'이 힌두에서 시작했다는 것을 명시하고 있는 부분이다.]

세소스트리스(Sesostris)가 에티오피아를 통치한 유일의 이집트 왕이다. 세소스트리스(Sesostris)와 그 부인의 통치 기념물은 각각 45피트(45X30cm) 높이의 돌 동상으로 남겨졌고, 4명의 아들들은 30피트(30X30cm)로 만들었다. 그것들은 헤파이스토스(Hephaestus) 신전 앞에 세워졌다. 오랜 뒤에 헤파이스토스(Hephaestus) 신전에 사제는 페르시아 왕 다리우스(Darius) 동상을 그들 동상 앞에 세우는 것을 허락을 하지 않으려고 했다. **왜냐하면 다리우스 행적이 세소스트리스(Sesostris) 행적보다 위대하지 못 했기 때문이다. 세소스트리스(Sesostris)의 정복이 다리우스 정복에 못지않았고 세소스트리스(Sesostris)는 스키타이를 포괄했는데, 다리우스는 스키타이 복속을 시키지 못 했기 때문이다. 그런데 세소스트리스(Sesostris) 동상 앞에 다리우스 동상을 두게 된 것은 옳은 일이 아니었다.**

세소스트리스(Sesostris)가 사망하니 군사 원정을 행한 적이 없는 아들 페로스(Pheros)[79)가 계승했다. 그는 장님이 되었는데, 그 이유에는 다음과 같은 이야기가 있다. 어떤 해에 나일 강이 크게 불어나 27피트(27X30cm)까지 치솟았다. 모든 들이 물에 잠기고 그래서 나일 강이 매우 거칠게 되었다. 격노한 왕은 창을 잡아 그것을 불어 오른 나일 강을 향해 던졌다. 왕은 즉시 눈병이 생겨 장님이 되었다. 왕은 장님으로 10년을 살았다. 그런 다음 왕은 부토(Buto)시에서 신탁을 얻었는데, 징벌의 시간이 종료되어 왕이 남편만 안 여성의 오줌으로 눈을 씻으면 시력을 회복할 것이라는 신탁이었다. 왕은 왕의 첫 부인의 것을 시험했으나 효력이 없었다. 왕은 장님으로 남아 다른 수많은 여인을 시험하고 나서 결국은 시력을 회복했다. 그래서 왕은 효과를 본 한 여성만 빼고 모든 여성을 '붉은 돌대가리(Red Clad)'라는 성벽 안에 가두어두고 불을 태워 죽였다. 그 다음 왕은 자기를 치료해 준 여인과 결혼했다. 신병을 치료해 준 고마움에 모든 유명 신전에 많은 선물을 제공했다. 그러나 그 중에 가장 주목할 만한 것은 헤파이스토스(Hephaestus) 신전 영역에 세운 돌로 만든 두 개의 송덕비이다. 각각 한 개의 돌덩이에서 잘라낸 것으로 너비가 12피트(12X30cm) 높이가 50피트(50X30cm)인데, 시력을 회복해 치른 훌륭한 대가이다.[80]

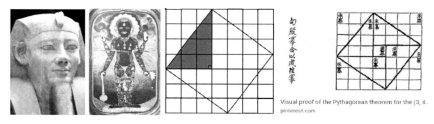

Visual proof of the Pythagorean theorem for the (3, 4...
pinterest.com

'세소스트리(Sesostris I, Senusret I 1971-1926 b. c.)' '만물을 포함한 절대 신으로서의 크리슈나[헤라클레스]의 형상'[81] '피타고라스 정리가 바빌론[힌두]의 그노몬(gnomon)에서 왔음을 입증하고 있는 도면 : $3^2+4^2=5^2(9+16+1)$'[82]

---

79) 단순한 '파라오(Pharaoh)'란 명칭임.

80) Herodotus (translated by Aubrey de Selincourt), *The Histories*, Penguin Books, 1954, pp. 166~170

81) G. Michel, *Hindu Art and Architecture*, Thames & Hudson, 2000, p. 13 'Krishna in his cosmic form[Vishvarupa]'

(a) 우리가 헤로도토스(Herodotus)의 '역사(*The Histories*)' 속에 항상 부딪치는 두 가지 사항은 '**사실(事實)**'과 '**그 사실(事實)의 해석 정리 방식**' 두 가지인데, 이것은 모든 역사서에 그대로 다 동일하게 문제가 된다.

(b) 위에서 헤로도토스(Herodotus)가 문제 삼고 있는 이집트 사제(司祭)에게 들었다는 '세소스트리스(Sesostris I, Senusret I 1971-1926 b. c.) 이야기'는 유독 '**이집트 문명의 창시자**'로 묘사되어 이후 볼테르(Voltaire) 이후, 많은 비판과 수정이 가해진 이야기다. 즉 '이야기의 사실(史實)성 검증' 문제이다.

그런데 헤로도토스(Herodotus)는 '흑해 연안의 도시 콜키스(Colchis)에 흑인들[이집트인]이 남아 있음'으로 '세소스트리스(Sesostris I, Senusret I) 이야기'가 사실임을 입증하려 했다.

(c) 하지만 우리가 더욱 주목을 해야 할 문제는, 헤로도토스(Herodotus)가 '이오니아(Ionia)에도 바위에 새긴 세소스트리스(Sesostris) 상'에 '**내 어깨의 힘으로 이 나라를 이겼노라.(By the strength of my shoulder I won this land)**'가 있다고 했던 점이다.

'어깨의 힘(the strength of my shoulder)'이란 힌두 식 표현이고, 역시 **헤로도토스(Herodotus)의 '역사를 움직이는 주체 확인'이고 역시 '반인반신(半人半神, demi-god)의 영웅 헤라클레스(Heracles, Krishna) 후손(後孫)'이라는 점이다**.

(d) 그리고 헤로도토스(Herodotus)가 첨부하고 있는 '세소스트리스(Sesostris) 장님 아들' 문제는 그대로 헤로도토스(Herodotus)의 '현세주의' '실존주의[육체중심주의]' 확신을 명시하는 것으로 주목을 해야 한다.

(e) 특히 '**정복의 이집트 왕 세소스트리스(Sesostris)에 대한 유럽인의 부정적 시각**'은 콘스탄티누스 대제(Constantinus大帝, 280?~337)가 '밀라노 칙령(勅令)'을 공포하여 '기독교 공인'한 이후의 시각들이라는 점도 주목해야 한다.

(f) 사실상 앞서 밝혀 왔듯이 헤로도토스(Herodotus)의 '역사(*The Histories*)'에는 '희랍 중심' '아테네 중심' 먼저 펼쳤지만, 오히려 힌두(Hindu)의 '마하

---

82) '모든 삼각형'은 그 면적을 '정사각형'으로 바꾸어 생각할 수 있고, 역시 각 변을 '3: 4: 5'의 '직각 삼각형'으로 환원(還元)이 될 수 있기에, 위의 '**그노몬(gnomon)**' 도형(圖形)으로 '피타고라스 정리'는 이미 다 설명이 된 셈이다.

바라타(*The Mahabharata*)' 전통을 다 보존하고 있는 예스러움을 간직했
고, 솔직하게 대부분 '희랍의 신들'이 '이집트의 신들'과 공통이 되고 [힌두
가 아니래이집트에서 왔다는 전제(前提)를 반복하고 있다.

(g) 그렇지만 한두 명의 '이집트 왕'이나 이론가가 문제가 아니고, **힌두(Hindu)
의 '마하바라타(*The Mahabharata*)' '지존(至尊)의 노래(Bhagavat Gita)'는
'상대(上代) 지구촌 모든 종족의 공통 정신'을 망라한 것**이니, '어느 한 지역
(국가) 종족 주장'으로 가릴 수 없는 '인류 사상의 대원(大源)'이다.

(h) 헤로도토스(Herodotus)가 그의 '역사(*The Histories*)'에서 밝혀 놓은 바는,
'계몽주의' 이후에야 다시 소급해 인정이 된 것이니, 헤로도토스(Herodo-
tus)가 부정한 '사제 통치[중세시대]'가 유럽에서 1500년 계승이 되었던 결
과로 그러했던 것이다.

제33장 이집트 판본(板本) '일리아드'

'파라오(Pheros, Pharaoh, 세소스트리스의 아들)'는 멤피스(Memphis) 토박
이가 계승을 했는데, 희랍 식 명칭이 '프로테오스(Proteus)'였다. **그 당시에 멤
피스에는 그 왕이 소유한 신성한 구역이 있었으니, 헤파이스토스(Hephae-
stus) 남녘에 자리 잡고 있었다. 온통 그 근처가 티리아 사람들(Tyrians)의
캠프로 알려졌는데, 티레(Tyre)에서 온 페니키아 사람들(Ppoenicians)이 집
을 짓고 살고 있었기 때문이다.** 그 울타리를 친 장소에 이방신(異邦神) 아프로
디테(Aphrodite)에 헌납된 신전이 있었다. 나는 그 신전이 틴다리오스(Tyn-
dareus) 왕의 딸 헬렌(Helen)의 이름으로 지어졌을 것이라고 생각한다. 왜냐하
면 나는 헬렌이 프로테오스(Proteus, 파라오) 궁중에 있었다고 들었고, 다른
신전에 없는 '이방신'으로 아프로디테(Aphrodite)를 설명하고 있기 때문이다.
내가 사제들에게 '헬렌(Helen) 이야기[일리아드 이야기]'를 물으니, 사제들이 내
게 다음과 같이 말했다.

파리스(Paris)가 신부를 훔쳐 스파르타를 떠나 귀국 길에 올랐을 적에 에게

해(Aegean sea)에서 악천후를 만나 그는 배를 이집트로 돌렸고, 강풍이 계속 불어 현재 나일 강 어구에 있는 카노픽(Canopic)이라는 염전(鹽田)에 이르렀다. 그 해안가에 헤라클레스에 봉납된 신전이 있었는데, 그것과 연관되어 거기에는 오늘날[헤로도토스 당대]까지 바뀌지 않은 풍속이 남아 있다는 것이다. 도망친 노예가 그 성소로 피신을 해 오면 신의 마크를 제공하여 그것은 신에게 봉사에 굴복한다는 표시로 그에게 아무 일도 생기 않게 하여 그의 주인도 그 노예에게는 손을 못 대게 하는 것이다. 그런데 파리스(Paris) 왕자 신하의 일부가 그것을 알아내어 그 신전으로 도망을 해 들어가 파리스(Paris) 왕자가 행했던 '헬렌(Helen) 유괴(誘拐) 이야기'를 다 털어 놓고 메넬라오스(Menelaus)에게 행한 못된 짓을 이야기했다. 그들은 신전 사제(司祭)에게 파리스(Paris) 왕자의 잘못을 고발했을 뿐만 아니라 나일 강 하구(河口)를 관리하는 토니스(Thonis)에게도 말을 했다. 토니스(Thonis)는 즉시 멤피스(Memphis) 이집트 왕에게 보고를 했다.

"트로이의 이방인이 희랍에서 여기[나일 강 하구]에 도착을 했는데, 그는 희랍에서 구역질나는 범죄를 저질렀습니다. 그는 주인의 아내를 차지했을 뿐만 아니라 그녀를 많은 값진 재물과 함께 싣고 도망을 쳤는데 날씨 때문에 우리 이집트 해안에 상륙했습니다. 그자를 다시 훔친 재물을 들려 추방해 버릴까요? 아니면 우리가 그것들을 몰수해 버릴까요?"

이집트 왕은 말했다.

"그가 그의 친구에게 저질은 범죄는 문제 삼지 말고 그를 체포하여 내게 보내라. 내가 그의 변명을 들어보겠다."

토니스(Thonis)는 이집트 왕의 명령대로 파리스(Paris) 왕자와 헬렌(Helen)과 도둑질한 물건들과 피난처[聖所]에 가 있는 왕자의 신하들을 함께 배에 실어 멤피스(Memphis)로 보냈다. 그들의 도착에 이집트 왕[Proteus]은 파리스(Paris)에게 누구이며 어디에서 왔는지를 물었다. 그래서 파리스(Paris)는 이집트 왕에게 자기 이름과 그의 가족 상황과 항해(航海)를 하게 된 진실을 말했다.

그러나 이집트 왕이 그가 어떻게 헬렌(Helen)을 소유하게 되었는지를 묻자 파리스(Paris) 왕자는 미적거리기를 시작하니, 도망친 그의 신하가 파리스(Paris)가 거짓을 증언하고 파리스(Paris)의 전 범죄행각을 털어놓게 되었다. 그래서 이집트 왕[Proteus]은 다음과 같이 판결했다.

"나는 날씨 때문에 우리 해안으로 떠밀려오는 이방인을 죽인 적이 없다. 희랍의 주인 때문에 그대를 벌주게 될 수도 있다. 손님으로 알겠으니, 보답을 하라. 너는 악당이다. 친구의 부인과 재물을 빼앗아 도망을 쳤다. 하지만 나는 이방인을 죽일 수 없고 너의 약탈을 인정할 수도 없다. 나는 이 여성과 재물을 희랍에 주인이 찾으러 올 때까지 보관해 놓고 있을 것이다. 너는 3일 내에 우리나라를 떠나 다른 정박지(碇泊地)로 가라. 떠나지 않을 때는 나는 그대를 우리 적(敵)으로 간주를 하겠다."

헬렌(Helen)이 이집트 궁정에 도착했다는 그 말을 나[헤로도토스]는 그 사제에게 들었다. 나는 호머(Homer)[83]도 이 이야기를 알고 있었다는 생각이 든다. 예를 들어 '일리아드(*Iliad*)'에서 파리스(Paris) 왕자의 방황을 묘사하면서 그가 페니키아(Phoenicia) 시돈(Sidon)으로 헬렌(Helen)을 데려왔던 경과를 말하고 있다. '디오메드의 행위(*Deeds of Diomed*)'란 제목의 시구(詩句)이다.

> "거기에는 시돈(Sidon)의 여인들이 만든 찬란한 의상이 있었고,
> 신처럼 빛나는 영웅 파리스(Pasis)가
> 드넓은 바다 항해를 할 적에 그 도시로 데려온
> 고국을 떠나온 고귀(高貴)한 헬렌(Helen)도 동행을 하고 있다."

'오디세이(*Odyssey*)'에도 동일한 사실을 암시하는 구절이 있다.

> "제우스 딸에게 묘한 약을

---

83) '일리아드(*Iliad*)'Ⅵ, 289ff. 오디세이(*Odyssey*)'Ⅳ. 참조

톤(Thon)의 아내 폴리담나(Polydamna) 이집트 여인이 제공했네.
이집트의 풍성한 대지(大地)는 많은 약초를 지녔으니,
약물이 제조되면 살릴 수도 죽일 수도 있다네."

[헬렌의 남편] 메넬라오스(Menelaus)는 텔레마코스(Telemchus)에게 다음과 같이 말했다.

"나는 되돌아가기를 원하지만, 신들이 나를 이집트에 묶어두고 있다.
내가 신들에게 제사를 지내지 않았기 때문이다."

호머(Homer)는 이 구절로 그는 파리스(Paris)가 명백하게 이집트에 들렸다는 것을 알고 있었다는 것을 명시 하고 있다. 내가 앞서 지적한 지점은 이집트와 페니키아 접경 지역으로 시돈(Sidon)에 소속된 시리아에 살고 있는 '페니키아 사람들'이다. 이 구절이 입증하고 있는 또 하나의 사실은 호머(Homer)는 '**키프리아(Cypria)**' 시(詩)의 저작자는 아니다. 그 작품 속에서 파리스(Paris) 왕자는 헬렌(Helen)과 함께 스파르타를 떠난 3일 만에 잠잠한 바다 위에 순풍을 타고 트로이에 도착했다고 되어 있다.

하지만 우리가 알고 있는 '일리아드(*Iliad*)'에는 파리스(Paris) 왕자는 헬렌(Helen)을 데리고 가다가 크게 항로를 이탈했다고 되어 있다. 그러나 우리는 '일리아드(*Iliad*)'와 '키프리아(*Cypria*)' 차이점 논의에 시간을 허비할 이유가 없다.

나는 사제들에게 트로이에서 일어났던 이야기에 대해 무슨 진실을 알고 있는지를 물었다. 그 사제들은 [**스파르타 왕, 헬렌의 남편]메넬라오스(Menelaus)** 자신에 대한 정보라는 대답을 주었다. 그것은 다음과 같았다. 헬렌의 유괴된 다음 희랍인들은 메넬라오스를 지지하여 트로아드(Troad, 트로이)로 강력한 군사를 파견했다. 그리고 희랍 군사가 트로이에 도착하자 그 사신들도 트로이로 파견이 되었다. 그들은 성 안으로 들어가 훔쳐간 헬렌과 파리스가 훔쳐 간 보물을 돌려주고 피해보상을 요구했다. 트로이 사람들의 대답은 그들은 이후에도 공격을 당할 것이기에 '맹세컨대 헬렌도 보물도 없고, 그들은 이집트에 있고, **이집트 왕[프로테오스(Proteus)]의 억류에 대해 억지로 대답을 해야 할 명분도 없다**'고 말했다. 희랍인들은 그 대답을 바보 같은 대답으로 알고 성을 포위하여 함락시켰다. 그러나 헬렌은 없었고, 트로이 사람들은 같은 말을 반복하고 있었다. 그래서 결국 메넬라오스가 이집트 왕[프로테스]을 방문하게 되었다. 메넬라오스가 멤피스로 배를 몰고 가서 사건의 전모를 파악했고, 메넬라오는 가기서 융숭한 대접을 받았고, 헬렌과 보물을 되돌려 받았다. 그러나 메넬라오스는 이집트의 너그러운 대접에도 불고하고 이집트에 우의를 보이지 않았다. **왜냐하면 메넬라오스는 귀국을 원했으나 오랜 동안 역풍(逆風)이 불지 않아 두 이집트 아동을 희생으로 바치는 제사까지 치러야 했기 때문이다.**(Menelaus took two Egyptian children and offered them in sacrifice.) 그 잘못을 보고 이집트인의 우정은 미움으로 바뀐 것을 알아 메넬라오스는 그의 배로 리비아로 갔다. 그 다음 메넬라오스가 어디로 갔는지 이집트 사제는 말하지 않았다.

이것이 이집트 사제들이 내게 들려준 '헬렌 이야기'의 이집트 판본 이야기이다. 나는 다음과 같은 이유에서 이것을 수용한다. 헬렌이 사실상 트로이에 있었다면 파리스(Paris)가 동의하건 말건 희랍인들에게 넘겨졌을 것이다. 왜냐하면 [토로이 왕]프리암(Priam)이나 다른 왕족들이 단순히 파리스를 헬렌과 계속 동거하게 하는 것으로 프리암 자신과 아들의 생명과 토로이 도시를 위험에 빠뜨릴 정도로 미친 사람들이라고는 믿기지 않기 때문이다. 더구나 (우리가 '서사시' 그대로를 믿는다면)트로이 사람들이 전쟁에 크게 패하여 근심이 시작된 감정을 고려하면, 비록 헬렌이 프리암 왕 자신의 처가 되어 있을지라도 전쟁이 터져 고통을 받는 것에서 해방될 기회가 제공되었다면 헬렌을 희랍으로 꼭 못 넘겨줄 이유가 없기 때문이다. 그리고 파리스는 왕위를 계승할 후계자도 아니고, 나이든 부왕을 대신해 행동할 수도 없었다. 왜냐하면 헥토르(Hector)가 형이고, 프리암을 계승할 위치에 있었기 때문이다. 트로이 사람들은 사실상 헬렌이 지니고 있지 않았으니, 돌려줄 수도 없었다. 사람들은 희랍인이 진실하다고들 말한다.

272

<u>내[헤로도토스]는, 희랍인이 트로이의 변명을 수용하지 않고 '대 파괴'를 행했던 것은 '인간의 거대한 죄악에는 항상 신의 징벌이 있게 마련이다.'라는 것을 희랍인이 그들의 '대 파괴'로 그것을 단순히 입증하기 위한 것[호머가 '일리아드'를 제작 했던 것]이었다고 말해 둔다.</u>

프로테오스(Proteus) 다음 왕은 람프시니토스(Rhampsinitus)였다. 헤파이스토스(Hephaestus) 신전 서쪽 끝 대문에 마주 보는 38피트(38X30cm) 높이 동상을 세웠는데, 둘 중 북쪽의 동상이 이집트 여름 동상이고 남쪽에 있는 것이 겨울 동상이라 부른다. 여름 동상에는 여러 의례로 존중을 바치지만, 겨울 동상에는 존중을 행하지 않는다.[84]

———→

(a) 여기에서는 '역사의 아버지' 헤로도토스(Herodotus)가 '희랍 고대사'를 읊은 호머(Homer)의 '일리아드(*Iliad*)' 그가 움직일 수 없는 제우스(Zeus)의 **'계관시인(桂冠詩人, poet-laureate, 御用作家)'**임을, 동일한 '파리스(Paris) 왕자의 헬렌(Helen) 납치를 다룬 기록 '키프리아(*Cypria*)'를 거론하며 간단명료하게 입증을 했다.

(b) 헤로도토스(Herodotus)는 **'커다란 죄악에는 신의 징벌'**이 있게 마련이라는 희랍인의 '신앙심'으로 그의 확신을 펼쳤다는 결론이다.
소위 '트로이 전쟁'은 '천벌(天罰)을 맞은 것'이라고 헤로도토스(Herodotus)는 해석을 했는데, 힌두(Hindu)의 '마하바라타(*The Mahabharata*)'에 제시된 18일간의 '쿠루크셰트라 전쟁(Kurukshetra War)'을 그에 앞서 **'신(God)의 세상 심판의 전쟁'**으로 규정하였다.

(c) 1913년 -매켄지(D. A. Mackenzie) '고대 이집트 사[*Egyptian Myth and Legend*]'는 '트로이 전쟁'을 다음과 같이 요약했다.
"대(大) 트로이 전쟁(The great Trojan war)'은 이 이집트 공습 직후에 시작되었다. 희랍인들에 의하면 '트로이 전쟁'은 기원전 1194년~1184년 사이에 터졌다. 호머(Homer)가 말한 '트로이(Troy)'는 프리지아 사람들

84) Herodotus (translated by Aubrey de Selincourt), *The Histories*, Penguin Books, 1954, pp. 170~174

(Phrygians)이 세웠다. 프리암(Priam)이 왕이었고, 두 아들이 있었으니 헬토르(Hector)와 왕이 된 파리스(Paris)가 그들이었다. 메넬라오스(Menelaus)는 무남독녀 공주 헬렌(Helen)과 결혼하여 스파르타에 왕이 되었다. 메넬라오스(Menelaus)가 집을 떠나 이집트 침략 해군(해적)을 지휘했다면 그것을 기회로 파리스(Paris)가 여왕[헬렌]을 모셔간 것은 명백히 스파르타 왕권 청구자가 된 셈이다. 메넬라오스(Menelaus)가 귀국하여 동맹군을 규합하여 60척의 배를 이끌고 트로이를 포위했다. 이 전쟁은 호머의 대 서사시 '일리아드(*Iliad*)'가 된 것인데, '일리아드(*Iliad*)'는 청동기 시대와 철기 시대의 중간인 '칼코시데르(Chalkosideric)' 기(期) 문명을 다룬 작품이다."[85]

(d) 헤로도토스(Herodotus)와 매켄지(D. A. Mackenzie)의 호머(Homer)의 '일리아드(*Iliad*)'에 대한 언급의 차이점은, 헤로도토스(Herodotus)가 '호머(Homer)의 작가 정신'을 명시했음에 대해 매켄지(D. A. Mackenzie)는 '헬렌이 탈취된 동기'에 구체적인 계기'[이집트 약탈에 나선 사이]'임를 제시했다는 점에 차이를 보이고 있다.

(e) 헤로도토스(Herodotus)는 호머(Homer)가 '희랍의 도덕 정신 강조'에 나섰다고 지적한 셈이고, 매켄지(D. A. Mackenzie)는 메넬라오스(Menelaus) 왕의 부인(Helen)이 도망을 한 것은 '이집트로 해적질에 나간 사이'라고 지적한 것이다.

(f) **'재물 약탈'보다 '남의 아내 빼앗기'가 더욱 큰 '도덕상의 문제'라는 것은, 역시 힌두(Hindu)의 '마하바라타(*The Mahabharata*)'에서부터 확립 되어 있는 기준이다.**

제34장 이집트 왕 람프시니토스(Rhampsinitus)와 도둑

람프시니토스(Rhampsinitus)는 막대한 은(銀)을 소유하여 아무도 그와 비교할 수가 없었다. 그 보물을 간직하려 왕궁 외벽에 돌집을 지어 간직하게 했다. 고용된 건축사가 돌 하나를 한 두 사람도 쉽게 움직일 수 있도록 교묘하게 고안

---

85) D. A. Mackenzie, *Egyptian Myth and Legend*, 1913, pp. 350~351

을 했다. 새로운 창고가 완성이 되어 왕은 돈을 그곳에 간직했다. 몇 년이 경과한 다음 그 건축가가 병상에 눕게 되어 두 아들을 불러 놓고 자기가 얼마나 영리한지를 말하고 그들의 이익을 위해 어떻게 돌을 움직일 수 있게 자기가 고안했는지를 설명하였다. 그런 다음 건축사는 정확한 측량과 움직이는 방법을 일러주고 비밀을 지켜야 살아 있는 동안 국고(國庫)를 이용할 것이라고 말했다. 아비가 죽으니, 아들들이 지체 없이 착수를 했다. 두 아들은 밤에 그곳으로 와 창고 벽에 그 돌을 발견하고 쉽게 많은 양의 은(銀)을 가져갔다. 그 다음에 왕이 창고를 방문하고 가득 넣어둔 그릇들에 돈들이 줄었음을 보고 놀랐고, 완벽하게 된 봉인도 부셔졌으나 범인을 알 수가 없었다. 다음 번에도 같은 일이 반복되니 왕은 돈 항아리 가까이에 올가미를 설치하도록 명령했다. 도둑들이 예전처럼 접근하여 그 중 하나가 창고로 잠입하여 돈 항아리에 접근하자 올가미가 작동하여 그를 묶었다. 곤경에 직면한 형은 아우를 불러 상황을 말하고 둘 다 죽지 않기 위해서는 자기를 못 알아보도록 어서 목을 베어라고 호소했다. 아우가 그 말을 알아듣고 즉시 그 말대로 행하였다. 그런 다음 돌을 제 자리에 맞춰 놓고 잘린 형의 머리를 들고 집으로 돌아왔다. 다음 날 아침 왕이 창고를 방문하여 놀란 것은 올가미에 머리 없는 도둑이 걸려 있는데, 건물은 손상이 없었고 출구도 없었다. 왕은 크게 놀라 도둑의 시체를 성벽에 걸어두기로 결심했다. 그리고 병사들을 배치하여 그 시체 앞에 눈물을 흘리거나 탄식한 자를 체포해 오도록 명령을 내렸다. 아우의 어머니는 죽은 아들이 그렇게 당하는 것을 보고 큰 고민에 빠져 형의 시체를 가져오지 못 하면 왕을 찾아가 네가 도둑이라고 고발하겠다고 위협을 했다. 아우는 여러 가지로 변명을 했으나, 어머니는 그를 계속 괴롭혀 결국 그 어려움을 벗기로 결심을 했다. 아우는 술 부대를 마련하여 당나귀 등에 싣고 형의 시체를 지키고 있는 병사들이 있는 곳으로 갔다. 그곳에 도착한 아우는 2~3개 술 부대 목을 느슨하게 만들어 놓았다. 술이 쏟아져 나오니, 처음 당나귀가 그렇게 한 것을 몰랐던 것처럼 아우는 자신의 머리를 치며 고함을 질렀다. 술이 길거리로 흘러내리는 것을 본 병사들은 그릇들을 들고 와 그 술을 받으며 운수가 좋음을 자축했다. 아우는 화가 난 듯 그들에게 욕을 퍼부었다. 그러자 병사들은 최선을 다해 그를 달래었고, 결국은 아우가 분위를 바꾸어 나귀들을 길에서 끌고 나와 등에 술 부대를 가지런히 하였다. 그러면서 아우는 병사들과 잡담을 했는데 병사 중 한 사람이 극도의 농을 걸어 아우를 웃게 하니 이에 그 아우는 그들에게 술 한 부대를 선물로 주었다. 그래서 병사들은 조용히 술을 마셨고, 그 시혜(施惠)자아우도 함께 마시자고 권하였다. 아우도 그 제안을 받아들여 술잔들이 이어져 병사들의 우정(友情)이 늘어나니 아우는 또 하나의 술 부대를 병사들에게 제공했다. 그렇게 되어 병사들은 너무 많이 마셨다. 병사들은 술 취하여 다 쓰러져 잠이 들었다. 밤이 되어 그 도둑은 형의 시체를 끄집어 내리고 병사들의 오른쪽 떡 수염들을 깎아놓았다. 그런 다음 아우는 형의 시체를 당나귀 등에 싣고 집으로 돌아와 어머니 소원을 풀어주었다.

왕은 도둑의 시체를 도난당했다는 말을 듣고 무척 화가 났다. 그래서 일격(一擊)을 가한 영리한 그놈을 잡고야 말겠다고 결심을 했다. 내헤로도토스는 사제들이 전한 그 왕의 그 도둑 잡기 방식이 믿기지 않았다. 그러나 이야기를 계속하겠다. 왕은 그 딸을 사창가로 보내 모든 내객(來客)들에게 그 동안 행했던 가장 영리한 행동과 가장 간악한 것을 말하게 한 다음 그에게 호의를 보여라 하고 만약 그 도둑의 이야기를 할 경우는 그를 붙들어 도망치지 못 하도록 하게 했다. 그 딸은 왕의 명령에 복종을 했는데, 그 도둑은 그 사정을 알고 왕보다 영리할 수 없는 그녀를 유혹하러 갔다. 그는 금방 죽은 사람의 시체에서 손과 팔을 잘라 그것을 망토에 꽂고 왕의 딸을 방문했다. 그녀가 다른 사람들에 던졌던 질문을 하니, 그 도둑은 왕의 창고에 붙잡힌 형의 목을 벤 것이 가장 간악했고, 매달린 형의 시신을 되찾아 온 것이 가장 지혜로운 일이었다고 대답을 하였다. 그녀는 즉시 그를 붙들었으나 어둠 속에 도둑은 준비한 시체의 팔목을 내밀었다. 그러고 나서 도둑은 도망을 쳤다.

그 영리하고 대담무쌍함은 왕을 놀라움과 감탄에 빠지게 했다. 그 소식을 왕이 듣고 이집트 모든 도시에 전하기를 그 도둑을 용서할 뿐만 아니라 상을 주겠다고 공고했다. 도둑이 왕 앞에 나타나니 람프시니토스(Rhampsinitus) 왕은 사람 중에 가장 영리하다고 칭찬하고 그의 딸과 결혼을 시켰다.

람프시니토스(Rhampsinitus) 왕에 관한 또 다른 이야기는, **그 왕이 만년(晩年)에 희랍인이 하데스(Hades, 저승)라고 부르는 곳으로 내려가 거기에서 데메테르(Demeter) 여신과 주사위 노름을 해서 이기기도 하고 지기도 했는데, 이승으로 되돌아 올 적에 여신은 왕에게 황금 손수건을 선물했다는 이야기이다.** 저승에 갔다가 돌아온 것에 이집트인들은 오늘날까지 축제를 행하고 있는데, 이집트인들이 그렇게 하는 이유에 대해서 나는 자신을 가지고 말을 할 수가 없다. 그 행사를 진행하는 날에 사제들은 한 벌의 법복(法服)을 준비했다가, 사제 중의 한 사람의 눈을 붕대로 감고, 그의 손에 그 법복을 들려 데메테르(Demeter) 신전으로 향하는 길에 그 사제를 인도한다. 사제들은 그 사제를 신전에 남겨 둔다. 그 눈 가린 사제는 도시부터 신전까지 20펄롱(20X200m)을 호위 받았고, '두 마리 늑대(two wolves)'를 뒤 따르게 했다.['저승길에의 행진임'] 어수룩한 사람은 누구나 이 이집트 이야기를 믿을지 모른다. 나는 이 책에서 **다양한 종족의 다양한 전통을 그들이 내게 들려준 대로 기록하는 것**이 이 책의 전반적인 저작 방침이다.[86)]

———→

(a) 헤로도토스(Herodotus)의 '역사(*The Histories*)'는, 한 마디로 헤로도토스(Herodotus)가 **'엮은 이야기 책'**이다. 그러한 측면서 헤로도토스(Herodotus)는 '이야기꾼' '비평가' '교육자'였는데 그가 '엮어 만든 이야기' 책으로 서구(西歐) 로마시대부터 헤로도토스(Herodotus)는 막강한 '역사의 아버지' 권위를 획득하였다.

(b) 이집트 사제(司祭)가 헤로도토스(Herodotus)에게 들려주었다는 '람프시니

---

86) Herodotus (translated by Aubrey de Selincourt), *The Histories*, Penguin Books, 1954, pp. 174~178

토스(Rhampsinitus)왕과 도둑 이야기'는 단순한 이야기일 뿐이다. 그런데 헤로도토스(Herodotus)가 '도둑 이야기'를 남겨둔 점은 결코 쉽게 간과할 수 없는 사항이다. 즉 '그 도둑'은 뒤에 왕의 딸과 결혼하여 당장 '**일등 귀족(貴族)의 반열(班列)**'에 올랐기 때문이다.

(c) 만약 그 '도둑'이 자신의 지혜와 담력(膽力)과 용맹을 바탕으로 '왕'이 된다면 헤로도토스(Herodotus)는 그대로 '**헤라클레스(Heracles, Krishna) 후손(後孫)**'이라는 평가를 거부할 수 없게 된다는 것이 바로 그 '헤로도토스(Herodotus)의 역사관 세계관'이기 때문이다.['생전(生前)의 무공(武功) 제일주의']

(d) 그리고 헤로도토스(Herodotus)가 믿을 수 없다고 말한 '**람프시니토스(Rhampsinitus)왕의 저승 방문 이야기와 그 왕이 남긴 유풍(遺風)**'은 '현세주의' 이집트인들이 만들어낸 '죽음의 세계' '저승(Nether World) 방문(訪問) 이야기'로 주목을 해야 한다.

(e) 역시 이집트인의 저서 '사자(死者)의 서(書) -*Book of the Dead*'를 참조하여 매켄지(D. A. Mackenzie)는 상세한 해설을 첨부했는데, 위에서 헤로도토스(Herodotus)가 '람프시니토스(Rhampsinitus) 왕과 주사위 노름한 **데메테르(Demeter)**'란 '저승의 주관자 오시리스(Osiris)와 함께 있다는 **이시스(Isis), 넵티스(Nepthys)**'에 대한 '희랍 식 명명[기능의 유사성으로 헤로도토스는 희랍 명칭을 그대로 적용하고 있음]'이고, '두 마리 늑대(two wolves)'란 '저승길을 이끈다는 재칼(jackals)'의 공연(公演)이다.

(f) '현세주의' 이집트인이 '저승 세계'로 '알루 낙원(the fields of Aalue)'을 개발해 운영했다는 점은 각별하게 주목을 해야 한다. 그런데 헤로도토스(Herodotus)는 그 이집트인의 '저승 관'보다 '제우스 신'을 받들고 '반인반신(半人半神, demi-god)'의 영웅 헤라클레스(Heracles, Krishna)'를 신봉했다.

제35장 저승 왕 '디오니소스[오시리스]'와 피라미드 건설

이집트인은 데메테르와 디오니소스가 '저승의 왕'이라고 말한다. 이집트인이 최초로 '영혼불멸설(靈魂不滅 說, the doctrine of the immortality)'을 세워

놓고 사후에 영혼이 또 다른 창조의 탄생의 세계로 들어간다고 주장을 하고 있다. 그래서 동물 조류 어류 등 모든 살아 있는 것들을 다시 순환하다가 마지막으로 인간으로 태어난다는 것이다. 전 순환의 기간이 '3천년'이다. 이 이론은 희랍의 작가들도 수용을 해서 자기 것으로 삼고 있다.

람프시니토스(Rhampsinitus) 시대까지 이집트는 잘 다스려지고 매우 융성했다. 그러나 그 계승자 **케오프스(Cheops, Khufu, 2589~2566 b. c.)**는 (사제들의 말에 따르면)이집트를 비참하게 만들었다. 케오프스(Cheops)는 모든 신전들을 문 닫게 했고, 그들의 종교행사를 못 하게 하고 자신의 이익을 위해 노예 노동을 강요했다. 일부는 아라비아 산맥 채석장에서 나일 강으로 돌덩이를 끌게 했고, 그것들을 배에 실어 리비아 산맥까지 끌게 하였다. 그 작업은 3개월씩 10만 명 교대제(交代制)로 진행되었다. 돌을 나르고 들어 올리는 공사가 10년이 걸렸다. 내 생각에도 그렇게 생각이 되니, 그 피라미드는 길이가 5펄롱(5X 200m)이고 최고 지점의 너비는 60피트(60X30cm)이고 높이는 48피트(48X 30cm)이다. 동물들을 새긴 잘 닦인 돌덩이로 이루어졌다. 그 피라미드가 서 있는 산에 지하실을 포함한 공사가 10년이 걸렸는데, 이 지역[Giza]에서 나일 강이 갈려 내지(內地)로 흐르고 있다.[델타 지역에 집중된 이야기임] 그 피라미드는 건설에 20년이 걸렸다. 피라미드는 기초가 정사각형으로, 각 변(邊)과 높이가 800피트(800X30cm=240m)이다. 다듬어진 돌덩이를 맞춘 것으로 돌덩이 크기는 30피트 이상이다. 적용된 방식은 계단식이다. 기초가 완성된 다음에 목재로 만든 장치를 사용해 돌덩이를 그 위로 들어올린다. 그 첫 계단 위에 더 높은 계단을 만들고 다시 그 위에다 더 높은 계단을 이룬다. 각 계단은 올라가는 길이 있어 단계에서 단계로 사람들이 짐을 쉽게 나르도록 되어 있다. 피라미드 건설의 종료는 꼭대기에서 시작되어 아래로 향하여 지상(地上)에 제일 가까운 곳에서 끝난다. 이집트 문자로 가록된 한 명문(銘文)에는 노동자들에게 제공된 무와 양파와 파를 기록해 놓았는데, 해설자는 나에게 총액이 은(銀) 1600달란트라고 말했다. 이것이 사실이라면 채석장에서 작업이나 지하실을 건설하는 것 말고 피라미드 건축이 계속되는 동안에 노동자들을 먹이고 입히는데 얼마나 많은 비용이 들었을 것인가?['인간의 勞苦'를 걱정한 헤로도토스]

케오프스(Cheopos, Khufu)는 돈이 부족하자 그의 딸을 돈을 받고 사창가에 넘겼다. 사제들은 내게 금액은 말하지 않았다.[사제들의 'Khufu 왕'에 대한 비판과 불평들임] 딸은 실제적으로 그렇게 하여 그녀는 내객에게 돌덩이 하나씩을 요구하여 그 돌들이 대 피라미드 앞에 중(中) 피라미드를 세웠다고 한다.[사제들의 거짓 증언임이 후대에 밝혀졌음] 중(中) 피라미드는 150평방피트이다.

이집트인의 말에 의하면 케오프스(Cheops, Khufu)는 50년을 통치했다. 그 사후에 아우 케프렌(Chephren)이 계승을 했다. 케프렌(Chephren)은 그 선조보다 나은 점이 없었다. 케오프스처럼 폭압적이고, 보다 작은 피라미드를 건설했다. 그 피라미드는 지하실이 없고, 케오프스 피라미드처럼 나일 강에서 이끌어 오는 물길도 파지 않았다. 내가 앞서 말했듯이 케오프스 피라미드 지역에서 내지(內地)로 팠는데 그 피라미드 속에 케오프스 시신을 둔 것으로 추측이 된다. 케프렌(Chephren)의 피라미드는 케오프스 대(大) 피라미드 곁에 있다. 케오프스 대 피라미드보다 40피트가 낮으나 동일한 면적이다. 그 피라미드 아래층은 에티오피아 채색 돌로 만들었다. 두 피라미드가 동일한 산에 세워져 있고, 그 산의 높이는 대략 1백 피트 정도이다. 케프렌(Chephren)은 56년을 통치했다. 그래서 1백 6년 동안 신전들은 문을 닫고 이집트는 가장 비참한 시대였다고 모두 입을 모았다. 이집트인은 케오프스와 케프렌(Chephren)을 너무 싫어하여 이름도 부르기를 꺼렸다. 이집트인은 피라미드를 이룰 당시에 그 왕을 이웃에서 가축을 기르고 있는 소치기, 필리티스(Philitis)라고 부르기까지 했다.[87]

---

[87] Herodotus (translated by Aubrey de Selincourt), *The Histories*, Penguin Books, 1954, pp. 178~180

'케오프스(Cheops, Khufu, 2589-2566 b. c.)' '쿠푸(Khufu)왕의 대 피라미드'

_____✈

(a) 오늘날(2020년)까지 계속되고 있는 '피라미드 발굴'과 '파피루스 기록의 종합'으로 재구(再構) 되는 '고대 이집 역사'의 '역대 왕조'에 비추어 볼 때, 헤로도토스(Herodotus)의 당대의 '이집트 사제들의 말'이란 다시 검증을 받아야 할 '단순한 진술' 그 이상의 의미를 부여할 수 없다.

(b) 헤로도토스(Herodotus)는 위에서, '이집트인은 데메테르와 디오니소스가 저승의 왕이라고 말한다. 이집트인이 최초로 **영혼불멸설(靈魂不滅 說, the doctrine of the immortality)**을 세워놓고 사후에 영혼이 또 다른 창조의 탄생의 세계로 들어간다고 주장을 하고 있다.'라고 말했다. 이것이 헤로도토스(Herodotus)가 확보한 '죽음의 세계에 관한 정보'의 모든 것이었다.

(c) **'영혼불멸설(靈魂不滅 說, the doctrine of the immortality)'은 '인류 공통의 꿈'을 전제로 추상한 것이니, 굳이 그 '출처(出處)'를 따질 필요가 없을지도 모른다.**

(d) 그러나 '인간들이 가지고 사고(思考)들은 '새로운 정보(情報) 수용'으로 '혁명적으로 바뀌어 왔으니' '영혼'의 문제는 '죽은 자가 꿈에 나타나는 등의 사례'로 누구나 쉽게 납득이 될 수 있을 것이나, '**영혼은 없어지지 않고[靈魂不滅]' '윤회(輪回, Transmigrations)한다.'는 심화된 논리는 저 힌두(Hindu)의 '마하바라타(_The Mahabharata_)' '지존(至尊)의 노래(Bhagavat Gita)'에 이미 다 갖추어 있었으나, 헤로도토스(Herodotus)는 그의 '역사(_The Histories_)'를 그 '지존(至尊)의 노래(Bhagavat Gita)' 영향권 내[제5**

<u>장 참조]에서 작성하면서도, 그것의 근본 출처를 아직 확인하지 못 한[확</u>
<u>인할 수 없는] 지리적 역사적 상태에 있었다.</u>

(e) '육체 존중하여 미라 만드는 이집트 문화'는 그 바탕이 '**현세주의(Secular-ism)**' 연장이고, '육체를 무시하여 불사르는 힌두 문화'는 '절대신'을 믿고 추구하는 '**절대주의(Absolutism)**'이다.

(f) 이집트(Egypt)는 중국(中國)과 동일한[그보다 더욱 오래된] '장구(長久)한 역사(歷史)'를 자랑한 지역인데, '천혜(天惠)의 자연 조건'을 기반으로 '세계 최고 부국(富國) 지위'를 누천년 간 누린 대표적인 '현세주의(Secularism)' 가 억세게 자리를 잡고 있었으니, 그 점에서도 중국(中國) 일치하고 있다. 그러므로 이집트(Egypt)는 '현세주의 일락(逸樂)'에 늘어져 일찍부터 '교리 (教理)의 개발이나 주장'에 힘쓰지 않아 죽은 다음에도 '이집트 비슷한 곳' 을 이상향으로 정해 놓고 있었다.[참조, 매켄지(D. A. Mackenzie) '고대 이집트 사[*Egyptian Myth and Legend*, 1913]']

(g) 이에 대해 힌두(Hindu)의 '마하바라타(*The Mahabharata*)'는 역대 사제들 의 '첨삭의 노고'가 응집이 되어 '절대신 세계', '인간 세계', '악귀의 세계'의 3계(三界)로 구분해 놓고 '영혼불멸' '절대 신에의 귀의(歸依)[Yoga]'를 가르 쳐 아무도 도망갈 수 없는 이론 앞서 마련을 했다.

(h) 포콕(E. Pococke)이 앞서 확신을 했듯이 힌두(Hindu)의 '마하바라타(*The Mahabharata*)'는 유럽뿐만 아니라 한국 일본 등의 전 동북(東北) 아시아의 상대(上代) 문화를 휩쓸어 '절대주의 사상'을 심었다.

(i) 이집트에 '다양하게 펼쳐진 절대주의'는 힌두(Hindu)의 '마하바라타(*The Mahabharata*)' 잔영(殘影)이라는 점은 명백한 사항이다.

제36장 미케리노스(Mycerinus) 왕과 장님 왕 아니시스(Anysis)

케프렌(Chephren) 다음 이집트 왕은 케오프스(Cheops, Khufu)의 아들 **미케 리노스(Mycerinus, 멘카우레(Menkaure, 2532-2503 b. c.)**였다.[뒤에 이집트 학자들의 밝힌 사항임] 미케리노스(Mycerinus)는 아버지 반대 방향으로 정책을 펼쳐 신전을 재개(再開)하게 하여 그들의 종교와 업무를 회복하게 해 주었다. 모든 이집트 왕 중에서 미케리노스(Mycerinus)가 이집트인의 가장 큰 칭송을 받고 있다. 그 판결의 공정성을 떠나 소송에 불만을 품는 사람에게 국고로 보상을 하여 불평이 없게 만들었다.

그와 같이 너그러운 미케리노스(Mycerinus)왕이었다. 그 왕에게 최초의 불운이 떨어졌다. 왕의 외동딸이 죽은 것이다. 왕은 나무로 암소를 만들고 그 속에 딸의 시신을 넣고 겉은 황금으로 발랐다. 그 암소는 매장이 되지 않았는데, 나는 사이스(Sais) 왕궁에 있는 것을 보았는데, 풍요롭게 장식된 방에 서 있었는데, 매일 그 앞에 향을 불사르고 밤새도록 불을 밝혀두었다. 사제들이 내게 말하기를 다른 방에는 미케리노스(Mycerinus) 왕의 20명 정도 첩들의 나체상도 있다고 했다. 사제들이 내게 전한 말은 생략하기로 한다.

암소와 동상에 대한 색다른 이야기도 있다. 딸의 사망 다음에 미케리노스(Mycerinus) 왕에게 제2차 재난이 생겼다. 부토(Buto) 신탁을 들었는데, 왕은 앞으로 6년을 살고 7년 이내에 죽는다는 신탁이었다. 왕은 자기 아버지와 아저씨는 생전에 신전을 폐쇄하고 신을 망각하고 친구를 괴롭히면서도 오래 살았는데, 자신처럼 독실한 자를 그렇게 일찍 죽게 하는 부당한 신을 비난하는 불평의 메시지를 부토(Buto)신에게 전하게 했다. 그것에 대해 다른 신탁이 주어졌으니, 미케리노스(Mycerinus)는 마땅히 행해야 할 것을 행하지 않아 이집트는 150년을 고통을 받아야 할 운명이었고, 두 선조는 미케리노스(Mycerinus)와는 달리 그것을 알고 있었다고 것이었다. 미케리노스(Mycerinus)는 그 운명의 신탁을 믿어 매일 저녁 마시고 즐겨서 쾌락추구를 그치지 않았고, 그가 특별히 즐길만한 곳이라 들었던 호수와 숲을 여행하며 돌아다녔다. 그가 그렇게 한 목적은 밤을 낮으로 늘려 남은 6년을 12년으로 늘려 '거짓 신탁'이라는 것을 입증하려 했다. 미케리노스(Mycerinus)도 피라미드를 남겼는데, 하부 절반이 에티오피아 돌로 만들었고, 아버지의 피라미드보다 작아 각 변(邊)이 280피트(280X30cm =84m)이다.

희랍인 중에는 미케리노스(Mycerinus) 파리미드가 창녀(娼女) 로도피스(Rhodopis)가 세웠다는 사람이 있다. 나는 그 희랍인들은 로도피스(Rhodopis)를 모르는 사람이라고 생각한다. 로도피스(Rhodopis)는 미케리노스(Mycerinus)보다 뒤 시대인 아마시스(Amasis) 통치 동안에 거주했다. 그녀는, 사모스의 헤파이스토폴리스(Hephaestopolis)의 아들이고 우화 작가 이솝(Aesop, 620?~560?)과 친구인 노예 이아드몬(Iadmon)이 낳은 트라키아(Thracian) 출신이다. 그 명백한 증거가, 이솝(Aesop)은 이아드몬(Iadmon)의 노예로, 이아몬의 손자가 이솝 살해에 대한 지속적 보상을 요구한 유일한 사람이었다는 점이다.

창녀(娼女) 로도피스(Rhodopis)는, 사모아 사람 크산토스(Xanthus)와 스카만드로니모스(Scamandronymus)의 아들이며 여류 시인 사포의 남동생인 미틸레레네(Mytilene)의 카락소스(Charaxus)가 거금(巨金)을 주고 그녀를 사서 이집트로 데려왔다. 이처럼 노예 신분에서 풀려난 창녀(娼女) 로도피스(Rhodopis)는 이집트에 머물며 뛰어난 미모로 모은 재산이 엄청났으나, 피라미드를 세우기에는 확실히 모자란 것이었다. 사제들이 내게 말하기를 미케리노스(Mycerinus) 왕의 계승자는 아시키스(Asychis)였는데, 아시키스(Asychis)는 헤파이스토스 신전 동대문(東大門) 바쳤는데, 4대문 중에 가장 크고 훌륭했다. 아시키스(Asychis) 통치 기간에는 돈이 떨어지고 무역이 부진하여 돈을 모으려고 사람들이 아버지의 시신을 묻는데 국가의 허락을 받는 법을 만들었고, 거기에다가 지주(地主)가 차용자의 묘지 관할권을 가져, 죽기 전에 빌린 부채를 갚지 못하면 매장(埋葬)을 못 하게 하는 법을 통과시켰다.

아시키스(Asychis)는 그의 선조들보다 왕위에 앉은 것을 더욱 즐겨서 그의 통치를 기념하는 벽돌 피라미드를 만들어 놓고 거기에 다음과 같이 적어놓았다. "나의 무덤을 돌 피라미드와 비교하지 말라. 나는 선왕(先王)들을 제우스가 여러 신들을 앞섰듯이 능가했다. 그들의 피라미드는 진흙 속에 박혀 있으나, 나는 그 진흙 벽돌로 내 피라미드를 만들었노라."

장님 아니시스(Anysis)가 이집트 왕이 되었다. 그의 통치 동안에 에티오피아 사바코스(Sabacos)왕[88])이 거대 병력을 동원하여 이집트를 침공했다. 장님 왕 아니시스(Anysis) 습지(濕地) 지방으로 망명을 하여 50년 동안 이집트는 에티오피아 손에 넘어가 있었다. 이집트인이 범죄를 행했을 경우 사바코스(Sabacos) 왕은 죽이는 대신에 그 범죄의 경중(輕重)에 따라 그가 태어난 도시의 이웃 토양을 더욱 높게 쌓아올리도록 했다. 그래서 도시들이 그 이전보다 높아지게 되었는데, 세소스트리스(Sesostris) 통치 때에 물길을 팠을 적에 이미 땅이 높아져 있었다.['델타 지역'이 지속적인 홍수 위협에 노출되어 있었다는 이야기임] 이집트의 어떤 도시도 부바바스티스(Bubastis, 희랍의 아르테미스) 신전이 있는 부바스티스처럼 쌓아올린 도시는 없다. 더욱 규모가 크고 건설에 비용이 많이 든 신전들이 있으나, 이 신전처럼 흥미로운 신전은 없다. 신전은 거의 내지(內地)에 있으나 나일 강에 온 두 물줄기가 감돌아 지나가고 각 물길은 너비가 1백 피트(100X30cm=30m)인데 나무들이 그늘을 이루고 있다. 신전의 정문은 높이가 60피트이고, 9피트 높이 조상(彫像)들이 서 있다. 신전은 도시 중앙에 자리를 잡고 있는데 신전을 뺀 모든 지역을 흙을 퍼 올려 높아졌으나, 신전은 예 자리에 그대로 남아 있어 주변 모든 곳에서 훌륭한 신전의 모습을 내려다 볼 수 있다. 신전은 조각을 행한 나지막한 담장이 둘러 있는데, 거대한 부바티스 (Bubastis, 희랍의 아르테미스) 여신상을 지니고 있는데, 성소 근처에는 키 큰 나무가 숲을 이루고 있다. 둘레가 1펄롱 평방(1X200m²)이고 입구에서 성소까지 400피트(400X30cm) 너비의 길이 열려 동쪽으로 시장을 관통해 달려 부바스티스(Bubastis) 신전과 헤르메스(Hermes) 신전을 연결하고 있다. 도로 양쪽에는 많은 나무가 늘어서 있는데 나무들 키가 커서 하늘을 찌를 듯했다.

이집트를 떠나야 했던 에티오피아인 사바코스(Sabacos)가 꿈을 꾸었다. 사바코스(Sabacos) 침상 곁에 한 남성이 서서 그에게 충고하기를 이집트에 모든 사제들을 모아 그들을 둘로 쪼개라고 충고를 하였다. 사바코스(Sabacos)는 그

---

88) 제25왕조(727~667 b, c.) 누비아 왕 사바카(Shabaka)이다.

꿈이 신성모독(神聖冒瀆)을 도발시켜 재난을 유도하는 꿈으로 믿었다. 그래서 사바코스는 정해진 통치 50년이 다했으므로 이집트를 떠나기로 생각을 했다. 사바코스는 에티오피아를 떠나기 전 에티오피아 신탁이 '사바코스가 이집트를 50년 통치할 것'이라고 했는데, 이제 50년이 되었다. 이에 꿈까지 더하니 사바코스는 이집트를 떠나게 되었다.['꿈=신의 계시'란 세계관의 작동]

그 사바코스가 떠난 다음 장님 아니시스(Anysis)가 습지에서 돌아왔는데, 그는 섬의 흙집에서 50년을 지내다가 이집트 정부를 회복한 것이다. 아니시스(Anysis) 유랑 50년 동안 사바코스가 모르게 약간의 재(恢)를 발라 음식물을 밀반입했다. 그 후 왕들이 그 섬을 확인하려 했으나 실패했는데 7백년 이상 지난 다음에야 아미르테오스(Amyrtaeus)가 처음 그 섬을 확인했다. 그 섬은 엘보(Elbo) 섬으로 양 방향으로 10펄롱(10X200m) 크기였다.

아니시스(Anysis) 다음 이집트 왕은 헤파이스토스(Hephaestus)의 고위 사제 세토스(Sethos)[89]였다. 세토스(Sethos) 왕은 이집트 무사 계급을 무시하고 쓸모가 없듯이 여겼다. 이전의 왕들이 제공했던 12에이커(12X4000m²) 땅도 거두어 들였다. 그런데 아라비아 왕 세나케리브(Sennacherib)가 대군을 몰고 왔을 적에 아무도 싸우려 하지 않았다. 사제 왕 세토스(Sethos)는 성소에 들어가 강열하게 자신에게 닥친 위협을 호소했다. 탄식 속에 잠이 들었는데, 꿈속에 신이 나타나 용기를 잃지 않고 용감하게 아라비아 군사를 만나면 신이 도울 것이므로 해로움이 없을 것이라고 말했다.

그 꿈으로 왕은 용기를 회복하여 믿는 자들이 왕의 뒤를 따랐다. 무사(武士)는 한 사람도 없었고, 점원(店員) 기술자 상인들이 군사를 이루어 이집트로 향하는 초소(哨所)가 있는 펠루시옴(Pelusium)으로 진군했다. 왕은 거기에서 아시리아 인들(Assyrians)을 만났는데, 밤에 수천 마리 들쥐[90]들이 나타나 화살 통과 활줄과 가죽 방패 손잡이를 먹어치웠다. 이튿날 싸울 무기가 없어진 아시리

---

89) 연대 미상(未詳)의 왕
90) '들쥐'는 질병을 나르는 설치류(齧齒類)임, 열왕-Kings 2 Ⅹ Ⅸ

아 인들은 진지(陣地)를 버리고 떠나며 심각한 손실을 입었다. 헤파이스토스 (Hephaestus) 신전에는 세토스(Sethos) 동상이 지금도 있다. 그의 손에는 생쥐가 들려 있고, 다음과 같은 명문이 있다. "나를 보고 신(神)의 숭배를 배워라."[91]

───✈

(a) 헤로도토스(Herodotus)가 이 장(章)에서 펼친 이야기는 '미케리노스 (Mycerinus)왕의 외동딸 사랑 이야기' '창녀(娼女) 로도피스(Rhodopis) 이야기' '50년 이집트를 통치한 에티오피아 사바코스(Sabacos)의 꿈 이야기' '사제 세토스(Sethos) 이야기' 4가지 이야기이다.

(b) '미케리노스(Mycerinus)왕의 외동딸 사랑 이야기'와 '창녀(娼女) 로도피스 (Rhodopis) 이야기'는 '개인 부(富)의 축적'으로는 피라미드를 세울 수 없고, '이집트 국왕의 부(富)'는 온갖 호사(豪奢)를 다 할 정도로 그 크기가 엄청났다는 헤로도토스(Herodotus)의 확신이 실려 있는 진술이다.

(c) 이에 대해 '사바코스(Sabacos)의 꿈 이야기'와 '사제 세토스(Sethos) 이야기'는, '신비주의'를 일부 긍정하고 있는 헤로도토스(Herodotus)의 '역사 (*The Histories*)'의 사관(史觀)이 반영된 것이다.

(d) '아시리아 인들(Assyrians) 퇴각'은 '성경[열왕-Kings 2 X IX]'에도 떠들썩하게 거론이 되고 있으나, 헤로도토스(Herodotus)는 '헤라클레스 후손(라지푸트, 크샤트리아)'을 '역사의 동력(動力)'으로 그의 '역사(*The Histories*)'를 통해 일관되게 주장하고 있다.

제37장 이집트 역사의 대강(大綱)

여기에서 이집트 사제가 들려준 이야기를 해보겠다. 이집트 사제들은 최초의 이집트 왕에서부터 마지막 왕까지 341대(代)에까지 '왕'과 헤파이스토스(He-

91) Herodotus (translated by Aubrey de Selincourt), *The Histories*, Penguin Books, 1954, pp. 180~186

phaestus) '고위 사제'가 각대에서 '왕과 '사제'가 병존했다고 말했다. 3대를 1백 년으로 환산하면 3백대는 1만년이 되고 남은, 41대가 1340년이므로 총 11340년 동안 신은 불사신으로 전제해 왔으나, 이전의 왕과 이후의 왕들은 반복되는 것이 없다는 것이다. 사제들이 말하기를 그 기간 동안 태양신은 통상적인 행로 를 네 번 바꾸었는데, **지는 곳에서 두 번을 다시 떴고, 떴던 곳으로 두 번을 다시 졌다는 것이다.** 사제들은 내게 이집트인은 그것에 영향을 받지 않고 나일 강의 형성과 곡식의 수확이 동일하게 반복되어 인간의 질병과 사망에도 변화가 없었다고 말했다.

    테베(Thebes)에 제우스(Zeus)의 사제인 역사가(歷史家) 헤카테오스(Heca-taeus)는 그의 가계를 신에게서 유래한 16대로 만들려 하였다. 사제들은 나를 신전의 커다란 홀로 데리고 가 거기에 둔 목상(木像)들을 보여주었다. 고위 사 제는 죽기 전에 거기에 세울 목상을 준비했다. 사제들은 최근에 죽은 고위 사제 부터 그 오른쪽으로 전(숲) 목상을 보여주었는데, 각자가 그 오른쪽 사제의 아들 이이다. 사제들은 헤카테오스(Hecataeus)가 신(神)에게 돌린 그 연대기[신들이 계승을 했다는 역사적 연대]를 믿지 않았다. 그리고 **어떤 인간도 신(神)을 그 조상(祖上)으로 가질 수 없다고 했다.(the priests denied that any man had ever had a divine ancestor.)** 사제들은 자기들이 '피로미스(piromis, 紳士)'의 후예라고 말했다.

    더구나 이집트 사제 시대 이전에는 인간 중에 살고 있는 신들이 통치를 했고, 그들 중의 하나가 다른 신보다 월등했다. 신들 중의 최후신이 오시리스 (Osiris) 아들 호루스(Horus)였다. 호루스는 희랍의 아폴로(Apollo)이고 오시 리스는 디오니소스(Dionysus)이다. 티폰(Typhon)을 쳐부순 호루스(Horus) 가 이집트 왕위에 오른 마지막 신이었다.

    희랍의 '젊은 신'이로는 헤라클레스(Heracles) 디오니소스(Dionysus) 판 (Pan)을 생각하게 하는데, 판(Pan)은 이집트에 옛날부터 '8신'과 더불어 있었고, 이후에 나타난 '12신' 중의 하나이고, 디오니소스(Dionysus)는 '12신'에 태어난

288

제3열 신의 하나이니, 나는 이집트인이 헤라클레스(Heracles)와 아마시스(Amasis) 통치 사이에서 흘러온 역사 길이를 이미 언급하였다. 판(Pan)신이 가장 오래 되었고, 아마시(Amasis) 통치 이전 15000년 전에 디오니소스가 있었다. 사제들은 그 연대가 확실하다고 주장했으니, 사제들은 항상 시간의 경과의 면밀한 기록을 간직하고 있다고 했다. 그러나 카드무스(Cadmus) 딸 세멜레(Semele)의 아들 디오니소스의 탄생에서 오늘날[헤로도토스 당대]까지는 약 1600년 기간이다. 알크메나(Alcmena)의 아들 헬라클레스부터는 900년이고, 페넬로페의 아들 판(Pan) -판(Pan)은 희랍에서 페넬로페(Penelope)와 헤르메스(Hermes) 아들로 알고 있다. 그러므로 판(Pan)은 800년이 못되었으니 '트로이 전쟁(Trojan war)' 이후이다.

이 두 가지[이집트와 희랍] 전통 중에 어떤 것을 믿을 것인가에 대해서는 개방이 되어 있고, 나는 이미 나의 입장을 밝혔다. **'희랍 신들의 명칭'은 이집트 신보다 뒤에 알려졌고, 이집트인이 먼저 확보하고 있던 명칭이었다.**

이집트의 역사에 대해서는 그들이 권위를 지니지만 다른 종족들과의 관계에서는 나는 나의 고찰[92]을 약간 첨가시켰다. 헤파이스토스(Hephaestus) 사제 세토스(Sethos) 통치 이후에 이집트는 잠시 황제 통치에서 자유롭게 되었다. 그러나 왕이 없었으므로 이집트는 12구역으로 나뉘어 서로의 왕을 지명해야 했다. 결혼을 통해 유대를 강화하고, 12왕들은 다른 왕들을 제외시키거나 다른 왕들의 손해를 입히며 세력을 확장하려 하지 않고 우호 속에 영지를 통치했다. 12왕국에 왕들은, 헤파이스토스 신전에 있는 구리 컵에서 신주(神酒)를 받으며 신탁을 들은 사람이 전 이집트의 주인이 된 것을 숙지하고 있었기 때문이다. 왕들은 신전에서 모임을 가졌다.[93]

---

92) 아시리아 폐퇴 이후, 제24왕조 프사메티쿠스(Psammeticus) 이후 이집트는 희랍인에게 널리 알려지게 되었다.
93) Herodotus (translated by Aubrey de Selincourt), *The Histories*, Penguin Books, 1954, pp. 186~188

✈

(a) **힌두(Hindu)의 '마하바라타(*The Mahabharata*)'에는 '모든 신 만들기'가 다 제시되어 있다. '천지 만물'에 '신(神)'이 없는 것이 없고, 그것을 다시 '인간 정신[영혼]'의 문제로 수렴시키기도 하였다.** 그리하여 '힌두(Hindu) 의 관념 만능주의'는 원시인류 사회에 엄청난 영향력을 과시했다.

(b) 이집트는 물론 힌두(Hindu)의 '마하바라타(*The Mahabharata*)' 영향권 내 에 있으면서 원래 토종 '오시리스(Osiris)' '이시스(Isis)' 신을 간직했다고 매켄지(D. A. Mackenzie)는 요령 있게 설명을 했다. 그러나 그 매켄지(D. A. Mackenzie)도 '마하바라타(*The Mahabharata*)'를 확인하지 못 한 상태 에서 저술을 해서, 이집트 토종 신 '오시리스(Osiris)' '이시스(Isis)'부터 어 떻게 그 '마하바라타(*The Mahabharata*)'의 영향을 받았는지를 다 설명할 수 없었다.

(c) 헤로도토스(Herodotus)는 그의 '역사(*The Histories*)' 속에서 '인간'과 '신 (gods)'의 관계에 대해서 위에서처럼 '신의 후손'이라는 '헤카테오스 (Hecataeus)'를 놓고 그것을 부정하는 당시 '이집트 사제들 말'을 길게 인 용했지만, 결론은 헤로도토스나 헤카테오스(Hecataeus) 모두 힌두(Hindu) 의 '마하바라타(*The Mahabharata*)' 영향 속에 있었지만, 헤로도토스는 더 욱 '납득할 수 있는 영역'으로 이끌어내려 '신(神)들을 구분'하려고 이집트 사제들의 말을 거듭 나열하고 '희랍 신들의 명칭은 이집트 신보다 뒤에 알 려졌고, 이집트인이 먼저 확보하고 있던 명칭이었다.'라는 것으로 논의를 마감하려는 태도를 보였다. 그러나 어떻든 근본적으로 **과학 정신[感性과 悟性의 2원론]'의 토대 위에 힌두(Hindu)의 '마하바라타(*The Mahabhar- ata*)'를 읽지 않고서는 '신(神)의 제(諸) 문제'에 안정된 답을 얻기 어렵다.** 그것은 헤로도토스(Herodotus)의 똑똑한 후배 **볼테르(Voltaire) 포콕(E. Pococke) 매켄지(D. A. Mackenzie)의 안내를 받는 것으로도 오히려 부 족하고 오직 '마하바라타(*The Mahabharata*)'의 정독(精讀)을 통해 달성 할 수 있다.**[인간의 '정신'='절대신']

(d) 인류가 소지하고 있는 '절대신(God)'은 '힌두교' '불교' '기독교' 사제들이 오늘날까지 지속해 믿고 가르치고 있다. 그 가르침은 '원래 인간 속에 나타 나 가르침을 행한 인격화한 신의 화신(化身)'이라는 공통점을 지니고, '영 혼불멸' '천국' 이론을 공유하였다.

290

(e) 그런데 [계몽주의 이휘뒤에 '인격 신'은 '이치(理性)의 신' '원리의 신'으로 대체가 이루어지는데, 그 엄청난 변화를 한국의 이이(李珥, 1536~1584) 선생의 '기발이승일도설(氣發理乘一途說, 1572)'[94]과 칸트(I. Kant, 1724~1808)의 '순수이성비판(1781)'[95]이 이끌어 내었다.

제38장 '모이리스 호수(Lake Moeris)' 가에 건설된 미로(迷路)

[헤파이스토스(Hephaestus) 사제 세토스(Sethos) 통치 이후에 이집트는 12구역의 왕들은 그들의 연대(連帶)를 강화하기 위해 '크로코딜레스(악어, Crocodiles)의 도시'에서 가까운 모이리스 호수(Lake Moeris) 조금 위에 미로(迷路)를 건설했다. 내가 그 건물을 보았다. 말로 다 설명할 수는 없다. 그것은 전(全) 희랍인의 성벽과 건축의 비용을 합한 것보다 더욱 많은 노력과 비용이 들어간 것은 확실하다. 에페소스(Ephesus)와 사모스(Samos)의 신전들이 주목할 만한 건물이라는 것은 아무도 부정하지 않을 것이다. 파라미드들이 역시 놀라운 규모로 그들 각자가 희랍의 가장 야심찬 작품과 동일하다. 그러나 이집트 '미로(labyrinth)'는 그것들을 능가하고 있다. '미로(labyrinth)'는 12개의 청(廳, courts)으로 되어 있는데 여섯 개가 한 줄로 북쪽과 남쪽을 향하고 있다. 한 줄의 대문은 상대 방 대문을 향하고 있고, 전체를 외벽이 감싸고 있다. 건물들 내부는 2층으로 되어 있는데, 3000개의 방(rooms)을 갖고 있는데, 그 절반은 지하실이고 절반은 바로 그 위에 세워져 있다. 나는 지상 층의 방들을 보았으므로 내가 본 것들을 말하는 것이다. 그러나 지하실은 말로만 들은 것이다. 이집트

---

94) 李珥 李篪衡 역, 栗谷全書, 한국정신문화연구원, 1987, pp. 49~84 '答成浩原'
95) I. Kant(translated by J. M. D. Meiklejohn), *The Critique of Pure Reason,* William Benton, 1980, p. 36 'Of the Division of General Logic' ; 칸트(윤성범 역), 순수이성비판, 을유문화사, 1969, p. 98 '일반 논리학의 구분에 관하여' -'眞理란 認識과 그 對象이 일치하는 것이다.'

인들은 나의 지하실 관람을 거절했다. 왜냐 하면 지하실은 그 '미로(labyrinth)'를 건설한 왕들의 무덤과 성수(聖獸) 악어들의 무덤이라는 것이다. 지상 층의 방들은 내가 직접 보았는데, 인간들이 지었다고 생각하기 어려울 정도였다. 방과 방을 잇고 있는 통로가 복잡하고 당황스럽고 회랑(回廊, galleries)에서 방으로 방에서 회랑으로 이어졌다가 안뜰(courtyards)로 이어져 있다. 모든 방과 회랑과 안뜰의 지붕은 돌로 된 성곽과 같았다. 벽들은 형상들의 조각으로 덮였고, 각 청(廳)들은 백색 대리석으로 지어졌고, 열주(列柱)가 둘러싸고 있다. '미로(labyrinth)'가 끝나고 있는 가까운 모퉁이에 피라미드가 하나 있다. 그 높이가 240피트(240X30cm=72m)이고 그 지하 입구는 거대 동물 형상들이 있다. 놀라운 '미로(labyrinth)'처럼, '모리스 호수(Lake of Moeris)'는 주변이 420마일(420X1.6km)로 더욱 놀라운 광경이다. 가장 깊은 곳은 50패덤(fathoms, 50X1.8m)이다. 그 밑바닥은 명백한 인조(人造)이니, 호수 중간쯤에 물 위로 300피트(300X 30cm=90m) 높이의 피라미드 두 개가 솟아 있어, 각자가 왕좌에 앉아 있는 남자 석상을 이고[戴] 있다. '모리스 호수(Lake of Moeris)'의 물은, 샘물로 공급이 된 것이 아니고 나일 강에서 인공 배수로(配水路)로 1년 중 6개월 동안 흘러들어가고 나머지 6개월 동안 흘러나간다. 반년 동안 물이 빠져나갈 적에 잡힌 물고기들이 은화 달란트 보물을 제공하고 있다.

거기에 살고 있는 주민이 내게 말했다. 호수 물이 리비아 시르티스(Syrtis)까지 차오르면 멤피스(Memphis) 위의 산에 이르는 지하 통로가 있다고 했다. 나는 호수를 어떻게 파서 그렇게 했는지가 궁금했으나, 그러한 자취는 확인해 보지 않았다. 내가 그 '모리스 호수(Lake of Moeris)' 근처에 거주한 사람들을 물었을 적에, 그 주민들의 대답은 믿기에 어려움은 없었다. 왜냐하면 나는 아시리아 수도 니네베(Nineveh)에서 일어난 비슷한 이야기를 기억하고 있었기 때문이다. 사르다나팔로스(Sardanapalus) 왕은 방대한 재산을 지니고 있었는데, 견고한 지하실에 그것들을 간직해 두었는데, 도둑들이 그것을 훔치려고 모의를 했다. 도둑들은 자기들 거주지에서 땅굴로 그 보물 창고로 연결시켰으나, 나일 강 때문에 허사가 되었다.[96][지하 통로를 건설했다고 해도, 결국 나일 강 대문에 허사가 되었을 것이라는 이야기]

───✈

(a) 힌두(Hindu)의 '마하바라타(*The Mahabharata*)'는 '절대자 중심' '천국 중심' '절대주의'이야기였음에 대해 헤로도토스(Herodotus)의 '역사(*The Histories*)'는 '지상(地上) 중심' '인간 중심' '현세주의(Secularism)'로 바뀐 것이 가장 크게 달라진 점이다.

(b) 그 헤로도토스(Herodotus)의 '지상(地上) 중심' '인간 중심' '현세주의(Secularism)'를 극명하게 드러낸 기록이 이집트 모이리스 호수(Lake Moeris)가에 건설된 '미로(迷路)'에 대한 무한 감탄이다. 헤로도토스(Herodotus)는 합리주의자 역사가이므로 거기에 소요된 '인력' '경비'를 문제 삼았다.

(c) 중국(中國)에 비슷한 사례(事例)가 '만리장성' '아방궁' '병마용총'이 그것이다. 이집트나 중국이 모두 '현세주의' 표방 국가였음도 주목을 해야 할 사항이다.

제39장 이집트 왕이 된 프삼메티코스(Psammetichus)

12명의 [지방 영쥐왕들은 상호 불가침(不可侵)의 조약을 지키며, 헤파이스토스 신전에서 제사를 올리며 서로 만났다. 축제의 마지막 날 고위 사제가 항상 그렇게 행했던 대로 헌주(神酒)를 부으려고 황금 술잔을 가져 왔는데, 실수하여 하나가 부족하게 되었다. 그래서 줄 마지막에 서 있던 **프삼메티코스(Psammetichus, Psamtik I (Psammetichus I), 664~610 b. c.)**는 가질 컵이 없었다. 그런데 왕들은 다 투구를 착용하고 있었는데, 프삼메티코스(Psammetichus)는 자기의 투구를 벗어 술잔을 삼아 술을 받아 헌주(獻酒)를 행했다. 다른 왕들은

---

96) Herodotus (translated by Aubrey de Selincourt), *The Histories*, Penguin Books, 1954, pp. 188~190

즉시 그 행동을 신탁과 연결시켰다. 구리 컵으로 헌주를 행한 사람이 이집트 왕이 된다는 그 신탁이 있었다. 왕들이 프삼메티코스(Psammetichus)에게 질문 공세를 펼쳤으나, 그에게 악의가 없었던 것이 확인이 되어 죽이지는 않고, 권력을 박탈하여 습지(濕地)로 보내 다른 이집트인과는 소통을 못 하게 막았다.

그것은 프삼메티코스(Psammetichus)가 두 번째 유배(流配)를 당한 경우였다. 첫 번째 유배는 에티오피아 사바코스(Sabacos)가 그의 아버지 네코스(Necos)를 죽였을 적에 그가 이집트를 떠났던 것이 그것이었다. 프삼메티코스(Psammetichus)는 시리아로 망명을 했다. 꿈의 예시로 그 사바코스가 이집트를 떠나자, 프삼메티코스(Psammetichus)는 이집트 사이스(Sais) 지역으로 귀환했다. 그런데 불운으로 11명의 왕들에게 추방을 당해 습지로 추방이 되었는데 그 '투구 술잔'이 문제가 된 것이다. 이에 프삼메티코스(Psammetichus)는 복수를 계획했다. 그는 이집트에서 가장 정밀한 신탁을 행한다는 부토(Buto) 신전의 신탁을 구했더니, '황동(黃銅)의 남자들'이 바다에서 나타나 복수를 행할 것이라는 신탁이었다. 프삼메티코스(Psammetichus)는 '구리 인간'의 도움을 받을 수는 없으므로 그 신탁을 믿지 않았다. 그러나 얼마 지나지 않아 이오니아(Ionia)와 카리아(Caria) 해적들이 '궂은 기상(氣象)' 때문에 이집트 해안(海岸)으로 떠밀려 왔다. 해적들은 구리 갑옷들을 착용했는데, 그 같은 사람을 이전에 본 적이 없던 이집트인들은 습지(濕地)의 프삼메티코스(Psammetichus)에게 달려가 '황동(黃銅)의 남자들'이 고장을 약탈 중이라고 말했다. 신탁이 이행되고 있음을 알아차린 프삼메티코스(Psammetichus)는 그 해적을 친구로 삼아 그들에게 큰 보상을 약속해 주고, 그들의 도움으로 이집트에서 11명의 적(왕)들을 물리쳤다.

이집트의 왕이 된 프삼메티코스(Psammetichus)는 멤피스 헤파이스토스 신전 남대문을 건설했는데 아피스(Apis, Epaphus-희랍 명칭) 신전 맞은편이다. 아피스는 출현할 때마다 신전을 소유했는데, 아피스 신전은 열주(列柱)로 둘러싸여 있고, 형상들이 풍성하게 조각되어 있다.

294

프삼메티코스(Psammetichus)를 도왔던 이오니아 사람과 카리안들은 그에게서 두 개 땅을 허락을 받았는데, 서로 나일 강 양편에 자리 잡아 '캄프스(Camps)'로 알려졌는데, 프삼메티코스(Psammetichus)는 다른 약속도 지키었다. 그는 이집트 소년들을 보내 희랍어를 배우게도 했다. 그들의 희랍어 학습이 이집트 통역 계급의 시초가 되었다. 이오니아 사람과 카리아 사람들이 정착하여 오래도록 거주했던 지역은 부바스티스(Bubastis)에서 바다 쪽으로 멀지 않은 곳에 있고, 나일 강 펠루시안(Pelusian) 입구에 있다. 이후 이집트 왕 아마시스(Amasis)는 자신을 보호하려고 그들을 멤피스로 이주를 시켰다. 그들이 이집트에 살게 된 최초의 외국인으로 이집트 정착 이후에 이집트인과 혼인하여 우리[희랍인]는 프삼메티코스(Psammetichus) 이후 이집트 역사를 정확하게 알게 되었다. 아마시스에 의해 멤피스로 옮기기 전에 살던 곳에 부두(埠頭)와 폐가(廢家)를 지금도 확인할 수가 있다.

나는 이미 이집트 신탁을 언급했는데, 이집트 신탁은 주목할 만한 근거가 있다. 레토(Leto)에 헌정된 신전이 부토(Buto)라는 거대 도시에 세워졌는데, 그 도시는 나일 강 세베니틱(Sebennytic) 하구 강물이 바다로 흐르는 오른쪽에 자리를 잡고 있다. 그 도시에는 아폴로(Apollo) 신전과 아르테미스(Artemis) 신전도 있다. 점집이 있는 레토(Leto) 성지는 60피트 높이의 대문을 달고 있는 대형 건물이 있는데, 주목할 만한 것은 신전 자체가 아니고 돌덩이로 둘러싸인 작은 성소(聖所)이다. 그 모양은 60피트 정육면체에 지붕은 담벼락에서 6피트가 밖으로 나온 단일한 덩어리이다. 나는 그 경탄할 만한 것을 거기에서 보았다. 그리고 인상이 깊은 것은 케미스(Chemmis)라는 섬이다. 그 섬은 신전 곁의 넓은 호수에 있는 것으로 사람들은 떠 있다고 했으나 움직이지는 않았다. 그 섬에는 3개의 제단을 지니고 있는 거대한 아폴로 신전이 있어 수많은 대추야자와 과일 나무가 있다. 이집트인들은 어떻게 이 섬이 떠 있게 되었는지를 말하는 전설을 가지고 있다. **태초 8개 신중의 하나인 레토(Leto)가 현재 신탁을 행하고 있는 섬 부토(Buto)에 살고 있었는데, 이시스(Isis)의 부탁으로 오시리스**

(Osiris)의 아들 아폴로[호루스]를 받아 지니고 있었다. 티폰(Typhon)이 그를 찾아 거기로 왔다. 이집트인들은 아폴로와 아르테미스를 이시스와 디오니소스(Dionysus), 오시리스의 자녀인데 레토가 그들을 보호하여 길렀다고 말한다. 아폴로는 호루스(Horus)이고 데메테르(Demeter)는 이시스(Isis)이고 아르테미스(Artemis)는 부바스티스(Bubastis)다. 에우포리온(Euphorion)의 아들 아이스킬로스(Aeschylus)가 이 전설에서 데메테르(Demeter)의 딸 아르테미스(Artemis)를 낳았다는 생각을 차용한 것이다. 그것이 오늘날 '떠 있는 섬(floating island)'이라고 부르고 있는 이유이다.

프삼메티코스(Psametichus) 통치는 54년간 계속되었는데, 그 동안에 시리아의 거대 도시 아조토스(Azotus)를 29차에 걸쳐 포위하다가 결국 그것을 차지했다. 아조토스(Azotus) 포위는 우리에게 알려진 역사상 가장 오랜 포위에 해당한다.

프삼메티코스(Psametichus)를 그의 아들 네코(Necos)가 계승했다. 네코(Necos)는 아라비아 만까지 수로(水路) 건설을 시작하여, 이후 페르시아 다리우스(Darius)가 완공하였다. 수로의 길이는 배로 4일 여행길이고, 폭은 두 척의 3단 노 군용선을 띄울 수 있다. 물은 나일 강에서 공급이 되었고, 부바스티스(Babastis) 조금 남쪽에서 나일 강을 떠나 물길은 열려 아라비아 도시 파투모스(Patumus)를 지나 아라비아 만으로 들어간다. 그 수로의 첫 부분은 이집트 평야의 아라비아 쪽을 따랐는데, 멤피스 곁의 산맥 조금 북쪽 채석장이 있는 곳이다. 물길은 그 산들의 가장자리를 따라 서쪽에서 동쪽으로 향하다가 좁은 협곡으로 들어가 수로는 방향을 남쪽으로 돌려 아라비아 만으로 들어간다. 지중해에서 인도양에 이르는 최단 거리로 1천 스타데스(stades, 1000X0.44km=440km)다. 네코(Necos) 왕 시절에 이 수로를 건설하며 12만 이집트인의 동원되었다. 네코(Necos)는 공사를 완성하지 못하고 중단했는데, 그의 노력은 '오랑캐(babarian)'에게 이득을 줄 것이라는 신탁을 존중해서였다. 이집트인은 자국어를 말하지 않은 사람을 '오랑캐[야만인]'라고 부른다. 그 다음 네코(Necos)는 관심을 전쟁으로 돌렸다. 그는 '노가 3단으로 된 군용선'을 제작했다. 그 군용선을 일부는 지중해에 두고 일부는 아라비아 만에 두었는데 그 부두가 아직까지 남아 있다. 네코는 육로로 시리아를 정벌하여 마그돌로스(Magdolus)에서 그들을 격파하고 시리아의 거대 도시 가자(Gaza)를 차지했다. 이 경우에 착용했던 옷을 네코(Necos)는 밀레시아(Mlesia) 브란키데(Branchidae)에 있는 아폴로 신에게 공물로 바쳤다. 네코(Necos)는 16년을 통치하고 죽으니, 그의 아들 프사미스(Psammis)가 계승했다.

프사미스(Psammis)가 즉위한 다음 엘리스(Elis)에서 대표단이 찾아왔다. 그들은 올림픽 경기에서 기량을 자랑했던 자들로 세상에서 제일이라는 이집트인일지라도 더욱 훌륭하고 공정하게 달릴 수 없을 것이라고들 생각하고 있었다. 엘리아 사람들이 방문한 까닭을 설명하니 왕은 그 문제에 가장 유식한 사람들을 불러 그들의 게임 구성 방식에 대해 충분한 대답을 들었다. 이집트인들은 그 문제를 생각해 본 다음 엘리아 사람들은 그들의 도시로 게임에 참가하여 경쟁을 하도록 허락하는가를 물었다. 엘리아 사람들이 대답하기를 경쟁은 자유롭고 모든 희랍의 국가들에 개방되어 있다고 대답했다. 이에 이집트인은 그 같은 게임 구성과 원칙은 전혀 공정하지 않다는 의견을 나타냈으니, 그 도시 사람들은 각자 어떤 일에 종사하고 있기에 외국인들의 비용에 호의를 베풀 수 없으므로 불가능하다는 것이었다. 그래서 이집트인은 다양한 행사를 공개는 하겠지만 엘리스와 경쟁을 허락할 수 없다고 말했다.['명예'보다 '실리'를 챙기는 이집트인]

프사미스(Psammis)는 6년을 통치하는 동안 에티오피아를 공격했다. 그 원정을 끝낸 다음에 금방 죽어 아들 **아프리에스(Apries)**가 계승했다. 아프리에스(Apries)는 증조할아버지보다는 못했으나 이전의 왕들보다 영광스러웠다. 아프리에스(Apries)는 25년을 통치했는데, 시돈(Sidon)에 군사를 파견했고, 티리안들(Tyrians)과 해전을 펼쳤다. 아프리에스(Apries)는 키레네(Cyrene) 원정에 크게 실패했다. 패배가 그의 책임이었다. 이집트인들은 아프리에스(Apries)가 확실한 격파를 위해 그들을 보낸 것으로 알고 살아남아 있는 자들을 죽이려 했다.

이에 생존자들은 분노하여 반란을 일으켰다. 그러자 아프리에스(Apries)는 **아마시스(Amasis, 570~526 b. c.)**를 보내서 반도(叛徒)들이 귀순을 하도록 설득하게 하였다. 그래서 아마시스(Amasis)는 반도들의 복귀 설득에 정성을 다했다. 그런데 아마시스 등 뒤에 서 있던 한 남자가 그의 머리에 투구를 다시 쓰며 자기가 아마시스를 왕으로 만들어주겠다고 말하였다. 아마시스는 그 말이 전혀 싫지는 않았다. 반군(叛軍)이 그에게 왕권을 제공할 경우, 아마시스는 그들을 준비시켜 아프리에스(Apries)에게 대항할 수 있었기 때문이다. 그 소식을 전해 들은 아프리에스(Apries)는 정신(廷臣) 파타르베미스(Patarbemis)에게 아마시스를 데려오라고 명령을 내려 보냈다. 파타르베미스(Patarbemis)가 아마시스에게 소환 명령을 전했으나 소용이 없었다. 파타르베미스(Patarbemis)는 서둘러 돌아가 사건의 전모가 드러날 때까지 기다렸다가 왕께 보고했다. 아프리에스(Apries)는 화가 나 파타르베미스의 코와 귀를 베도록 명령을 내렸다. 왕에게 충성을 바쳐온 이집트인들은 동료가 그러한 굴욕적 취급을 받는 것을 보고 반군에 가담하여 아마시스의 처분에 자신들을 맡기었다. 그들의 이반 소식에 아프리에스(Apries)는 3만 명의 카리안(Carians) 이오니안(Ionians) 용병(傭兵)을 무장시켜 아마시스 공격에 나섰다.

이집트인은 그 직업에 따라 7계급으로 구분이 되고 있다. **사제(司祭), 무사(武士), 소치기, 돼지치기, 상인, 해설가(통역사), 도선사(導船士)가 그것이다**. 칼라시리안(Calasirians)과 헤르모티비안(Hermotybians)으로 알려진 무사들은 다음 지역의 출신들이다. **헤르모티비안(Hermotybians)**은 부시리스(Busiris) 사이스(Sais) 케미스(Chemmis) 프프레미스(Papremis) 섬과 나토(Natho)의 절반에서 온 사람들이다. 그들 수가 가장 많을 때는 16만으로 다른 직업으로 바뀌지 않고 모두가 오직 군사 교육만 받는다. **칼라시리안(Calasirians)**은 테베(Thebes) 부바스티스(Bubastis) 아프티스(Aphthis) 타니스(Tanis) 멘데스(Mendes) 세베니토스(Sebennytus) 아트리비스(Athribis) 파르바에토스(Pharbaethus) 트무이스(Thmus) 오누피스(Onuphis) 아니시스(Anysis) 미에크포리스

(Myecphoris) 섬 출신들이다. 가장 많을 때에는 25만이었다. 그들도 전적으로 군사 훈련을 받고 무사 아버지를 무사 아들이 계승을 한다. 나는 희랍인들이 이집트인에게서 무역에 대한 생각을 배웠는지는 확실하게 말할 수는 없다. 감정으로는 희랍인과 이집트인이 공통이고, 트라키아인(Thracians) 스키타이(Scythians) 페르시아(Persians) 리디아인(Lydians)은 외국인이다. 공인(工人)은 사회적으로 낮은 계급이고, **전쟁에 훈련된 사람들을 '귀족'으로 생각한다.**[크샤트리아 존중 풍조] 모든 희랍인들이 그렇게 생각하나 특히 스파르타 인이 그렇게 생각한다. 코린트(Corinth)에서는 수공예에 대한 혐오가 덜 하다.

이집트 '무사 계급'은 확실한 특권을 누리고 있으니, 사제 계급 말고는 그러한 특권을 누리지 못 하고 있다. 각 무사에게는 12아루라에(arurae, 12X3000m²) 땅이 주어지고 세금도 없다. 매년 1천명의 칼라시리안(Calasirians)과 1천명의 헤르모티비안(Hermotybians)이 왕의 호위를 행하고 날마다 빵과 쇠고기 술을 공급 받지만 그들에게 기회는 한 번 뿐이고 차례로 순번에 따라 행해진다.

아프리스(Apries)는 외국 용병(傭兵)과 비싼 거래를 하였으나, 그 숫자가 크게 부풀려져 왕에게 보고가 되어 전투에서 패배를 했다. 아프리스(Apries)는 그의 군사를 크게 믿어 신일지라도 그를 이길 수 없다고 말했다. 더구나 아프리스(Apries)는 최악의 교전 끝에 포로가 되어 그 이전의 궁궐이 있는 사이스(Sais)로 호송이 되었으니, 그 궁궐은 승리자 아마시스(Amasis) 소유였다. 사이스에서 정복자에게 아프리스는 대접을 잘 받았다. 그러나 결국 이집트인들은 그들의 흉적[아프리스]를 살려두는 것이 부당하다고 주장하여 아프리스를 교수형에 처해 아테네(Athene) 신전에 있는 가족 무덤에 묻었다. 사이스(Sais) 사람들은 지방 출신의 모든 왕을 이 지역에 매장을 했다. 아프리스와 그 조상들의 무덤보다는 성소(聖所)에서 떨어져 있으나, 아마시스(Amasis)의 무덤도 신전 안뜰에 있는데 거대한 석조 열주(列柱)식 건축인데 기둥에는 대추야자 등의 장식이 새겨져 있다. 그 열주 안에 두 개의 문이 달린 방이 있고, 그 문 안에 무덤이 있다. 이 사이스(Sais)의 아테네(Athene)신 지역 안에 내가 이름을 거론하고 싶지 않은 왕의 무덤이 있다. 그 무덤은 성소 뒤에 기다란 담벼락이 둘러 있다. 그 안에는 거대한 기념비가 서 있고, 그 곁에는 돌로 가장자리를 한 호수가 있는데 델로스(Delos) 섬 중에 바퀴(Wheel)라고 부르는 호수처럼 둥근 호수였다. 이 호수에서 이집트인은 밤에, 나는 언급하고 싶지 않은 그 존재의 욕망 신비를 행한다.[97]

'프삼티크 I세(Wahibre Psamtik I (Psammetichus I), 664-610 b. c.)' '아마시스(Amasis, 570~526 b. c.)'

(a) '프삼티크 I세(Wahibre Psamtik I (Psammetichus I), 664-610 b. c.)'와 '아마시스(Amasis, 570~526 b. c.)'가 '이집트 왕'이 된 그 경과를 살피면 이미 헤로도토스(Herodotus)가 상정해 놓은 넓게는 그 **크샤트리아의 의무(the duties of Kshatriya)'를 핏속에 간직하고 있는 '영웅 헤라클레스(Heracles, Krishna) 후손(後孫)**'들일 뿐이다.

(b) 그들이 자주 이용했던 '점치기'는 전통적으로 '사제[바라문]'들과 연대를 했던 것도 그들의 전통적 속성일 뿐이다.

(c) 역사가 헤로도토스(Herodotus)가 '역사(*The Histories*)'를 서술하기 이전에 이집트에 여행을 하며 그 '역사(*The Histories*)' 기록 자료에 3분의 1정도의 훌륭한 자료를 확보할 수 있었던 것은, 그 프사메트코스(Psamme-

97) Herodotus (translated by Aubrey de Selincourt), *The Histories*, Penguin Books, 1954, pp. 190~197

tichus I)가 '이오니아(Ionia)와 카리아(Caria) 해적들'의 도움을 받아 대권을 잡아 그 '희랍인들 우대 방법'으로 **희랍어 통역관 양성**'에까지 길을 터 놓은 결과였다.

(d) 그리고 그 '이오니아(Ionia)와 카리아(Caria) 해적들' 당시 최고 부유(富裕)국 '이집트 약탈'를 목표로 한 해적이니, 볼테르(Voltaire)가 그의 '역사철학(*The Philosophy of History*, 1765)'에서 '로마는 원래 강도(强盗) 집단이었다.'[98]라고 했던 것은 지중해에서 '약탈이 주 업무[해적질]'였던 역사적 경력을 폭로한 중대 발언이었음을 알 수 있다.

(e) 그리고 매켄지(D. A. Mackenzie)가 그의 '고대 이집트 사[*Egyptian Myth and Legend*', 1913]'에서 '메넬라오스(Menelaus)가 집을 떠나 이집트 침략 해군(해적)을 지휘했다면 그것을 기회로 파리스(Paris)가 여왕[헬렌]을 모셔간 것은 명백히 스파르타 왕권 청구자가 된 셈이다.'[-'ⅩⅩⅦ. '람세스 왕국'과 호머(Homer) 시대]라고 했던 진술은 이 헤로도토스(Herodotus)의 '역사(*The Histories*)' 서술에 그 근거를 둔 발언이었다.

제40장 희랍인을 좋아한 아마시스(Amasis) 이집트 왕

그렇게 아프리스(Apries)는 왕위를 잃었고, **아마시스(Amasis, 570~526 b. c.)**가 왕이 되었다. 아마시스(Amasis)는 사이스(Sais) 소속이고, 시우프(Siuph)라는 도시 출신이다. 처음 이집트인들은 아마시스(Amasis)가 겸손하고 근본이 없어 그를 무시했다. 그러나 뒤에 아마시스(Amasis)의 명석함이 이집트인들이 추종을 하게 했다. 아마시스(Amasis)의 수많은 보물 중에 그는 황금 세족 기(洗足器)가 있어, 그와 그를 찾아온 손님이 그것을 사용했다. 뒤에 그것을 녹여 신상(神像)을 만들어 그 도시의 적당한 장소에 그것을 세웠다. 이집트인들이 그 동상으로 찾아와 깊은 존경심들을 나타내었다. 그 말을 들은 아마시스

---

98) Voltaire, *The Best Known Works of Voltaire*, The Book League, 1940, pp. 363~364 'ⅩⅩⅦ. Of the Romans, Their Empire, Religion and Toleration'

(Amasis)는 사람들을 불러 놓고 모임을 가지며, 지금 사람들이 깊은 존경심을 발동하는 그 '황금 신상'도 한 때는 세족 기(洗足器)로 발 씻고 토(吐)하고 똥 받은 것이었다고 공개를 했다. 아마시스(Amasis)는 계속해 말하기를 자신도 한 때는 평민이었으나, 지금은 왕이 된 것과 같다고 말했다. 그렇게 이집트인들이 설득을 당해 아마시스(Amasis)를 왕으로 용납을 하였다.

아마시스(Amasis)는 규칙적으로 생활을 하였다. 새벽부터 사람들이 몰려오면 아마시스(Amasis)는 오전에 정신을 집중하여 그에게 가져온 문제를 처리하고, 오후부터는 마음대로 즐겨 친구들과 술 마시고 농담을 했다. 아마시스(Amasis) 지지자들은 충고했다. "왕이시여, 과도한 경거망동은 황제의 위엄을 지속하는 것이 아닙니다. 대왕께서는 온종일 왕좌에 앉아 왕의 일을 행하십시오. 그래야 이집트인들은 위대한 왕이 그들을 다스린다고 생각할 것이고 더욱 훌륭한 명성을 얻으실 것입니다. 대왕의 현재 행동은 왕의 행동이 아닙니다."

아마시스(Amasis)가 말했다. "**아르케르스(Archers, 활잡이들)는 활을 사용할 때에 줄을 매라 하고 사용한 다음에는 줄을 풀어 두어라고 말했다. 활에 항상 줄을 매어두면 부러지고, 그러면 필요할 때에는 못 쓰게 된다. 사람도 똑 같다. 항상 신중한 사람은 자신을 적절한 휴식과 여유에 맡기지 못 하고 금방 머리가 망가진다. 이것이 내가 나의 시간을 일과 쾌락으로 구분해 놓은 이유이다.**"[헤로도토스의 '실존주의'.]

왕이 되기 이전의 아마시스(Amasis)의 사생활은 농담과 술 마시기를 좋아하고 심각한 추구를 하지 않았다고 한다. 그는 항상 잠깐 술 마시고 즐기다가 돌아다니고 훔치기를 즐겨 사람들이 아마시스(Amasis) 소유 속에 자기 물건을 보고 돌려주기를 요구하면 아마시스(Amasis)는 그것을 부정하고 가까운 점집으로 그를 데리고 갔다. 점괘는 때로는 아마시스(Amasis)가 죄가 있다고 했고 어떤 경우는 없다고 했다. 그러한 결과 그가 왕이 되니, 그가 도둑이었음을 면제해 주자는 신들의 의견이 적었다. 아마시스(Amasis)는 자기를 '죄인'이 아니라고 말했던 신전에는 공물도 바치지 않고 그들의 신탁은 거짓이고 쓸모가 없다고 말했다. 다른 한편 아마시스(Amasis)를 '죄인'이라고 말한 신전은 최고로 존중을 바쳐 진실한 신탁을 행하는 진정한 신들이라고 하였다.

아마시스(Amasis)의 제1업적은 사이스(Sais) 아테네 신전에 놀라운 출입구이다. 아마시스(Amasis)는 그 건축의 크기와 높이 구성 돌덩이에서 다른 왕들을 멀리 초월했다. 아마시스(Amasis)는 사이스(Sais)까지 뱃길로 20일이 걸리는 멤피스 채석장과 엘레판티네(Elephantine)로부터 거대 남성 스핑크스와 다른 석상들을 이 신전에 제공했다. 그러나 무엇보다 나를 놀라게 한 것은 하나의 돌덩이에 방을 만들어 놓은 것이다. 이 돌덩이 역시 엘레판티네에서 수송해 온 것이다. 사이스로 옮겨오는데 3년이 걸렸고, 도선사(導船士) 계급 2천 명이 동원되었다. 이 돌방의 바깥쪽 크기는 길이가 21큐빗(cubits 21X50cm) 너비가 14큐빗(14X50cm) 높이 8큐빗 내부 길이는 18큐빗 내부 너비는 12큐빗 내부 높이 5큐빗이다. 그 돌방은 신전 입구에 있는데, 경내(境內)에 들이지 않았던 이야기가 있다. 즉 그 돌을 옮기는 오랜 동안 사람들을 고통스럽고 짜증나게 하였기에 아마시스(Amasis)가 불길하다고 하여 경내로 들이지 못 하게 했다는 것이다. 다른 이야기는 그 돌방은 바깥 왼쪽에 있는데 인부 중에 한 사람이 쇠 지렛대에 깔려 죽었기 때문이라는 것이다.

모든 신전에 아마시스(Amasis)는 놀랄 만한 규모의 선물을 하였다. 나는 특히 멤피스의 헤파이스토스(Hephaestus) 신전 앞에 75피트(75X30cm) 길이의 와상(臥像)을 언급을 한다. 같은 곳의 양측에 20피트 에티오피아 석상도 있다. 사이스(Sais)에는 멤피스에 있는 와상(臥像)과 동일한 크기의 와상이 있다. 그것은 아마시스(Amasis)가 멤피스에 있는 이시스(Isis) 신전에 세운 것이다.

아마시스(Amasis)가 통치하고 있던 시대는 이집트가 일찍이 기대를 못 했던 물질적 융성기라로 말하고 있다. 나일 강이 땅에 부(富)를 제공하여 사람들이 부유해졌다. 총 도시에 거주자가 2만이라고 한다. 아마시스(Amasis)는 놀라운 풍속을 세웠으니, 솔론(Solon)이 그것을 빌려다가 아테네 사람들(Athens)에게 소개한 것이 아직까지 보유되고 있다. 즉 **모든 사람들이 자기의 생존 원(生存**

源을 왕이나 지방 장관 앞에 공개하는 일이다. 그것을 행하지 못 했거나 공개한 것이 양심적이지 못 하면 사형(死刑)에 처할 수 있다.['경제'로 휘어잡고 있는 지배 체제]

아마시스(Amasis)는 희랍인을 좋아해서 여러 가지 특권을 인정했는데, 그 중 하나가 상업 중심지 나우크라티스(Naucratis)를 제공하여 원하는 사람들이 와서 정착하게 했다. 아마시스(Amasis)는 이집트에 영주를 희망하지 않는 희랍 상인들에게 제단과 신전을 세울 수 있는 땅을 제공했다. 그것으로 가장 유명하고 가장 크게 된 곳이 헬레니움(Hellenium)이다. 헬레니움(Hellenium)은 키오스(Chios) 테오스(Teos) 포카에아(Phocaea) 클라조메네(Clazomenae)의 이오니아 사람과 로데스(Rhodes) 크니도스(Cnidos) 할리카르나소스(Halicarnassus) 파셀리스(Phaselis)의 도리아 사람, 미틸레네(Mytilene)의 에올리안(Aeolians) 사람들이 힘을 합쳐 세운 것이다. 신전은 역시 그들 국가들의 소유인데, 그 지점을 담당할 관리 임명권을 그 국가들이 소유하고 있었다. 헬레니움(Hellenium)에서 다른 도시들이 지분을 요구한 것은 불법이었다. 그러나 아이기네타 사람들(Aeginetans)은 따로 제우스 신전을 세웠고, 사미안들(Samians)은 헤라(Hera) 신전, 밀레시안들(Milesians)은 아폴로(Apollo) 신전을 세웠다.

옛날에 나우크라티스(Naucratis)는 이집트의 유일한 항구였으니, 나일 강의 다른 하구(河口)로 배를 몰고 왔을 경우는 누구나 그가 그렇게 할 수밖에 없었던 이유를 말하고 카노피크(Canopic) 하구로 가야 했다. 바람 등의 이유로 그렇게 할 수 없으면 전 델타의 바지선의 짐들을 나우크라티스(Naucratis)로 옮겨야 했다. 그렇게 나우크라티스(Naucratis)는 특권을 누리던 항구였다. 그런데 우연히 델피(Delphi) 신전이 화재를 당한 다음 암피크티온스(Amphictyons)는 3백 달란트(talents)로 재건축을 계약하여 델피 사람들은 각 도시를 돌아다니며 헌금을 부탁했다. 이집트에서도 돕지 않을 수 없었다. 아마시스(Amasis)는 백반(白礬)으로 1천 달란트를 기부했고, 이집트에 정착해 있던 희랍인은 20미네(minae, 1/60 달란트)를 보냈다.

304

아마시스(Amasis)는 아마 그의 부인을 맞으려고 키레네(Cyrene)와 우호의 상징으로 동맹을 맺고 그곳의 여성과 결혼하기로 작정을 했다. 아마시스(Amasis)가 선택한 여인은 바토스(Battus, 또는 Arcesilaus, Critobulus)의 딸 라디케(Ladice)였다. 잠시 동안 결혼이 성사되지 못했다. 아마시스(Amasis)는 그녀와 잠자리를 같이 해도 사랑을 나누질 못 했다. 그러나 아마시스(Amasis)는 그녀가 마법을 거느냐고 물었고 그 결과는 죽음이 있을 뿐이라고 말했다. 라디케(Ladice)는 혐의를 부인했으나 왕의 분노는 누그러지지 않았다. 그래서 라디케(Ladice)는 아프로디테(Aphrodite) 신에게 빌기를 그녀의 결혼이 성공하면 키레네(Cyrene) 여신 전에 동상을 세우겠다고 맹세했다. 그녀의 기도는 금방 응답이 있었다. 아마시스(Amasis)는 그녀 사랑에 성공했고, 깊은 사랑에 빠졌다. 라디케(Ladice)는 약속을 이행하여 동상을 키레네로 보내 거기에 남아 있다. 라디케(Ladice)는 캄비세스(Cambyses)가 이집트를 정복했을 적에도 해를 입지 않았으니, 캄비세스(Cambyses)가 그녀가 누구인지를 알아 그녀를 키레네 고향으로 안전하게 돌아가게 했기 때문이다.

아마시스(Amasis)는 희랍의 신전들에 공물을 바치며 희랍에 선의를 보였다. 아마시스(Amasis)는 키레네로 아테네의 황금 도금(鍍金) 상과 자신의 화상을 보냈고, 리도스(Lidos)에 아테네 신전에는 석상(石像) 두 개와 훌륭한 리넨 속옷을 바쳤다. 사모스에 있는 헤라(Hera) 여신에게는 자신과 비슷한 목상(木像) 두 개를 바쳤는데, 우리 시대에까지 그 신전 문 뒤에 세워져 있었다. 이것은 아마시스(Amasis)가 아이케스(Aeaces)의 아들 사모스 섬의 왕 폴리크라테스(Polycrates)에게 우정을 나타낸 최후의 선물이다.

아마시스(Amasis)는 역시 키프로스(Cyprus, 지중해 동북부 섬)를 점령하여 공물(供物)을 강요한 최초의 이집트 왕이었다.[99]

---

99) Herodotus (translated by Aubrey de Selincourt), *The Histories*, Penguin Books, 1954, pp. 197~201

✈

(a) 헤로도토스(Herodotus, 484~425 b, c.)를 '고대 이집트 전 역사(歷史)의 전개[33왕조]'에서 살필 때에, 그는 '제27왕조 -제1차 페르시아 지배기 (Twenty-Seventh Dynasty (First Persian Period), 525~404 b. c.)'에 생존했던 인물이다.

(b) 그리고 헤로도토스(Herodotus)가 그의 '역사(*The Histories*)'에서 고찰한 4개 -지역[희랍(Greece) 이집트(Egypt) 소아시아(Miner Asisa) 스키타이 (Scythia)]에서 주목할 만한 문헌은 호머의 '일리아드' '오디세이' 정도의 '신화적 전설'이 유포해 있을 정도였다.

(c) 그래서 헤로도토스(Herodotus)는 크게 '<u>역사와 전통의 부자(富者)나라 이집트(Egypt)</u>', '<u>무력(武力) 지배의 페르시아</u> -소아시아(Miner Asisa)' '<u>무지(無知)의 스키타이(Scythia)</u>' '<u>자주(自由) 민주(民主) 저항(抵抗)의 희랍(Greece)</u>'을 내세워 그의 '역사(*The Histories*)'서술을 하였다.

(d) 특히 헤로도토스(Herodotus)는 그의 '역사(*The Histories*)'에서 이집트 (Egypt)에 대해 많은 관심을 표명한 것은 '엄청난 물산(物産)을 배경으로 한 유구한 역사와 문화 유적을 보유하고 있는 지역'으로 자신의 '현세주의 (Secularism)'와 일치되었기 때문이다.

제41장 캄비세스(Cambyses)의 이집트 원정(遠征)

키루스(Cyrus)의 아들 **캄비세스(Cambyses, 529~522 b. c. 在位)**가, 이오니아(Ionian) 에올리아(Aeolian) 희랍인을 포함한 다양한 복속(服屬) 종족으로부터 이끌어낸 군사의 머리에 서서 진군(進軍)을 해 간 것은, 바로 이집트 **아마시스(Amasis, 570~526 b. c.)**를 공격하러간 것이다. 캄비세스(Cambyses)의 핑계는 다음과 같은 것이었다. 앞서 키루스(Cyrus)가 이집트 최고 안과(眼科) 의사 진료를 받기 위해 아마시스(Amasis)에게 부탁했는데, 선발이 된 그 의사(醫師)는 그의 아내와 가족이 페르시아 인에게 넘겨져 한(恨)이 맺혀 있는 자였다는 것이다. 캄비세스는 그에 대한 대가로 아마시스 딸과 자기가 결혼할 것을

306

요구했다. 그에 대한 수락은 아마시스의 근심이 될 것이고, 거절은 캄비세스(Cambyses)와 분쟁에 휘말린다는 것은 관화(觀火)한 사실이었다. 캄비세스(Cambyses)는 이집트로 사자(使者)를 보내 그와 같은 요구를 했다. 페르시아 힘을 무서워했던 아마시스는 캄비세스(Cambyses)가 첩(妾)으로 자기 딸을 요구한 것을 알고 이럴 수도 저럴 수도 없었다. 그런데 선왕(先王) 아프리스(Apries)의 딸 니테티스(Nitetis)가 키 크고 아름다웠는데 그녀는 가문의 최후 생존자였다. 그래서 아마시스는 그 니테티스(Nitetis)를 자기 딸로 꾸며서 페르시아로 보냈다. 얼마 후에 캄비세스는 니테티스(Nitetis) 아버지 이름을 묻게 되었다. 이에 니테티스(Nitetis)는 말했다.

"폐하, 폐하께서는 아마시스(Amasis)가 속이고 있는 것을 모르십니까? 아마시스가 나를 꾸며 자기 딸이라고 폐하께 보냈습니다. 저는 아프리스(Apries)의 딸인데 아프리스는 아마시스의 주인(主人, master)이었습니다. 아마시스가 반란을 일으켜 이집트인을 이끌어 그 주인을 죽였습니다."

이 니테티스(Nitetis)의 말이 키루스의 아들 캄비세스가 이집트에게 분노를 일으켰다는 것이다. 다른 한 편 이집트인들은 캄비세스가 아프리스의 딸 니테티스(Nitetis)의 아들이라는 주장을 펴기도 한다. 그러나 그 주장은 사실이 아니다. 그러한 말을 하고 있는 이집트인이 우선 알아야 할 것이 '페르시아 법'이다. 페르시아 관습은 합법적 후손(嫡子)이 있을 경우 서자(庶子)를 막고 있다. 둘째 캄비세스는 파르나페스(Pharnaspes)의 딸 카산다네(Cassandane)의 아들이고 이집트 여인이 출생한 사람이 아니다.

캄비세스의 이집트 원정(遠征)에 다른 이야기도 있다. 이집트 아마시스(Amasis)가 거느린 희랍 용병(傭兵) 중에 판네스(Phanes)라는 사람이 용감하고 영리한 군인이 있었다. 그가 캄비세스를 만날 목적으로 이집트를 도망쳐 나왔다. 판네스(Phanes)가 이집트 군인으로 군대 사정을 다 알기에 아마시스가 추적하여 리키아(Lycia)에서 체포했으나, 판네스(Phanes)는 체포자들을 술 먹여 놓고 페르시아로의 망명(亡命)에 성공했다. 캄비세스는 이집트를 가로막고 있는 사막(砂漠)을 어떻게 통과할까 궁리 중이었는데, 판네스(Phanes)가 도착하여 캄비세스에게 아마시스의 비밀을 공개했을 뿐만 아니라 사막(砂漠)을 통과하는 방법은 아라비아 왕에게 알아보라고 말했다.

이집트(Egypt)로 들어가는 유일한 방법은 그 사막을 통과 해야 했다. 페니키아(Phoenicia)에서 '팔레스티니안(Palestinian)'으로 알려진 시리아인 소속의 가자(Gaza)로 향한다. 가자(Gaza)는 사르디스(Sardis) 비슷한 크기의 도시이고, 항구 이에니소스(Ienysus)부터는 아라비아 왕의 소속이다. 거기서부터 바다로 내려가는 카시우스 산(Mt Casius) 가까이 세르보니스 호수(Lake Serbonis)는 다시 시리아 영토이다. 그리고 세르보니스 호수(Lake Serbonis) 다음부터가 이집트이다. 이에니소스(Ienysus)부터 카시우스 산(Mt Casius) 세르보니스 호수(Lake Serbonis)까지는 3일의 여정(旅程)이지만 물이 없는 완전한 사막이다.['지리'와 연결된 역사학 -군사학]

이집트를 알고 있는 여행자도 적다는 것을 내가 말해보겠다. 1년 내내 희랍 전역과 페니키아에서 질그릇에 술을 담아 이집트로 수출을 행한다. 그러나 이집트 전역에서 빈 질그릇은 찾아 볼 수가 없다. 그 질그릇은 무엇이 되었는가? 상인들이 질그릇을 모아 멤피스(Memphis)로 보내면 멤피스 사람들은 그 질그릇에 물을 채워 그것들을 시리아의 이 사막 지대로 보낸다. 그래서 페르시아 인들이 이집트를 정복한 직후에 사막에 물을 확보하는 것을 생각하여 그 고장으로 물길을 열었던 것이다. 그 이전에는 물이 없었다. 그래서 캄비세스는 그 파네스(Phanes) 충고를 받아들여 아라비아 왕에게 안전 통행권을 보장하도록 요구했다. 그 요구는 응낙이 되었고, 페르시아와 아라비아 양쪽은 '협정'을 체결했다.

어떤 종족도 '아랍인들'보다 더욱 약속을 신성시하는 종족은 없다. 두 남성이 맹약을 할 경우는 제3자의 도움을 받는다. 그가 그들 중간에 서서 날카로운 돌칼로 그들의 엄지손가락 안에 손바닥을 자른다. 그런 다음 그는 그들의 옷에서 천 조각을 뜯어내 그 피에 적셔 그가 항상 그렇게 하고 있듯이 '디오니소스(Dionysus)'와 '우라니아(Urania)'를 부르며 그들 사이에 있는 일곱 개의 돌에

308

그 피를 바른다. 그런 다음 그 약속을 받은 그 사람[제3재은, 그들이 이방인이거나 시민이거나 서로 동일하게 '그 약속에 묶인 명예로움에 있음'을 칭찬한다. 아랍인은 '디오니소스(Dionysus)'와 '우라니아(Urania)' 신(神)만 인정 한다. 신전에서 그러하듯 모두 머리털을 깎는 것을 디오니소스(Dionysus) 식이라고 말하고 있다. 디오니소스(Dionysus)를 아랍어로 '오로탈트(Orotalt)', '우라니아 알릴라트(Urania Alilat)'이다.[헤로도토스는 기능상으로 유사(類似)신을 희랍 신 명칭으로 통칭하고 있음. '디오니소스'는 '저승 관할 신'이다.]

아라비아 왕이 캄비세스의 사자(使者)와 친구 맹세를 행했을 적에 아라비아 왕은 낙타의 가죽에 물을 담아 낙타 등에 싣고 이집트 정복 군사를 도울 방법을 고안(考案)했다. 어떻든 그것이 절차상 가장 믿을 만한 것이었다. 믿기 어려운 다른 방법도 있었다. 쇠가죽 등으로 파이프를 만들어 홍해로 흐르는 아라비아 거대 강 코리스(Corys)와 연결하여 물을 공급하는 방법이다. 물은 세 개의 구분된 지역에서 공급이 되었으니, 강과 사막과의 거리가 12일 여행길이었다.

아마시스(Amasis)의 아들 **프사메니토스(Psammenitus, Psammetichus III, 526-525 b. c.)**는 나일 강의 하구(河口) 펠루시안(Pelusian)에 자리를 잡고 그 '캄비세스의 공격'을 기다리고 있었다. 아마시스(Amasis)는 40년을 통치하고 페르시아의 이집트 침공(侵攻) 이전에 사망했다. 아마시스(Amasis)가 통치를 하고 있을 적에는 심각한 재난은 없었다. 아마시스(Amasis)의 시체는 사이스(Sais)의 아테네(Athene) 신전 묘지에 방부(防腐) 안장(安葬)이 되었다. 프사메니토스(Psammenitus)가 통치를 시작할 적에 이상한 일이 생겼으니, 테베(Thebes)에 비가 내렸다. 사람들은 테베에 거의 비가 내리는 일이 없다는 것이다. 보통 상부(上部, 나일 상 상류) 이집트에는 비가 내리지 않고 더러 가벼운 소나기가 있다.

페르시아 사람들이 사막(砂漠)을 통과하여 이집트 군사와 가까운 곳에 주둔을 하여 교전을 준비했다. 전투 시작 전에 이집트에 봉사하고 있는 희랍과 카리안(Carian) 용병(傭兵)들은 이집트로 페르시아 군사를 이끌고 온 파네스

(Phanes)에 무서운 복수를 계획했다. 용병(傭兵)들은 파네스(Phanes)의 아들들을 붙잡아 데려 왔음을 그 아비가 알게 하였고, 두 군사들이 대치를 하고 있는 중간에 그릇을 놔두고 그 아들들을 남김없이 목을 베었다. 그리고 그 그릇에 물과 술과 피를 부어 모든 용병(傭兵)들이 빠짐없이 그것을 마셨다. 그런 다음은 전투가 개시되었다. 양측에 격한 전투에 엄청난 살상이 생겼으나, 결국 이집트 군사가 패배했다.

나는 그 전쟁터에서 그 지역 사람들이 말한 이상한 것을 보았다. 거기에는 원래부터 페르시아인의 유골과 이집트인 유골을 구분해 놓고 있었다. 페르시아인의 해골들은 가늘어 자갈돌로도 쉽게 부서지게 보이나 이집트인의 해골은 바위로도 쉽게 부술 수 없게 보였다. 주민의 말에 의하면 이집트인은 어릴 적부터 머리를 깎아 태양에 단단하게 되었지만 페르시아인은 해 빛을 피해 그러하질 못 하다는 것이었다.

패배를 당한 이집트인들은 무질서하게 멤피스(Memphis)로 도망을 쳐서 성곽을 닫았다. 캄비세스는 이집트인에게 협상을 하자고 요구를 하러 페르시아 사자를 미틸레니아 사람(Mytilenean) 배에 태워 멤피스(Memphis)로 가도록 했다. 그러나 이집트인은 그 배가 멤피스로 오는 것을 보고 달려들어 그 배를 부수고 타고 있는 자들을 죽여 시체를 성곽 곁에 버렸다. 그런 다음 포위를 버티다가 그 뒤에 항복을 했다. 이집트 이웃 리비아 사람들은 이집트 운명에 놀라 싸우지 않고 포기하여 공물(供物)을 바치기로 하고 선물을 보내는 것에 동의했다. 키레네(Cyrene)와 바르카(Barca) 사람들도 리비아 경우를 따랐다. 캄비세스는 리비아에서 보낸 것을 너그럽게 수용했다. 그러나 키레네(Cyrene)에서 보낸 것은 무시했다. 양이 적었던 것으로 추측이 된다. 은(銀) 500 미나(minae)였는데, 캄비세스는 그것을 집어 사람들에게 던졌다.

10일이 지났다. 캄비세스(Cambyses)는 이집트 왕 프사메니토스(Psammenitus)가 무슨 인물인지를 알고 싶었다. 프사메니토스(Psammenitus, Psammetichus III, 526-525 b. c.)는 6개월 동안 왕위에 있었는데, 그에게 굴욕을 느끼게 고안된 멤피스 교외(郊外)로 다른 이집트인과 함께 끌려 왔다. 우선 프사메니토스(Psammenitus)는 그의 딸이 노예 복장으로 다른 귀족의 딸들과 함께 물 항아리를 나르고 있었다. 계집애들은 자기 아버지들이 있는 곳을 지나며 더욱 격렬하게 울었다. 아버지들도 그 모습을 보고 따라 울었다. 그러나 프사메니토스(Psammenitus)는 울지 않았다. 프사메니토스(Psammenitus)는 그녀들을 한 번 보더니 말없이 땅을 향해 허리를 굽혔다. 그 다음 왕의 아들과 같은 또래의 2천명이 입에는 굴레를 물고 목에는 고삐가 걸려 멤피스의 미틸레니안(Mytileneans) 살해 처형장으로 향하고 있었다. 프사메니토스(Psammenitus)가 그것을 보고 아들이 형장으로 간다고 생각했다. 프사메니토스(Psammenitus) 곁에 있는 모든 사람들이 울며 근심에 빠졌으나 프사메니토스(Psammenitus)는 딸을 볼 때와 똑 같았다. 그 다음에는 과거 왕의 친구로 같은 식탁에서 식사했던 한 노인이 그의 재산을 앗기고 병사들을 향해 먹을 것을 빌고 있는 거지가 된 것을 보았다. 이에 프사메니토스(Psammenitus)는 그의 이름을 부르며 눈물을 흘리고 자신의 머리를 쳤다. 경비병이 그 프사메니토스(Psammenitus)의 행동을 캄비세스에게 자세히 보고했다. 캄비세스는 그 말을 듣고 크게 놀라 사자를 보내 그 까닭을 물었다.

"캄비세스께서 물으신다. 그대의 딸과 아들을 보고는 말도 눈물도 없더니, 그대와 무관한 노인 거지를 보고는 왜 그렇게 슬퍼하는가." 프사메니토스(Psammenitus)가 말했다.

"키루스의 아들이여, 나의 고통은 너무 커서 눈물도 안 납니다. 그러나 노경(老境)에 재산을 다 잃고 거지가 된 친구들을 생각하니 울지 않을 수 없습니다."

그 대답이 보고가 되었다. 캄비세스는 그 말에 불쌍한 생각이 들었다. 캄비세스는 프사메니토스(Psammenitus) 아들의 사형을 중지하고 그를 끌어오도록 명령을 내렸다.

왕의 아들을 구하는 데는 명령이 너무 늦었다. 왕자가 가장 먼저 처형을 당했기 때문이다. 프사메니토스(Psammenitus)는 멤피스 교외에 설치된 캄비세스

궁으로 끌려왔다. 프사메니토스(Psammenitus)는 캄비세스 궁중에 거주했고, 잘 대접을 받았다. 왜냐하면 **페르시아인들은 왕의 아들들을 존중하는 풍속이 있고[크샤트리아 존중'의 힌두의 유풍임], 그들을 배반한 자들의 왕위를 그 아들들이 지켜가게 하는 풍속이 있다.** 그러한 관용의 예는 페르시아에 허다(許多)하다. 뚜렷한 예가 리비아 이나루스(Inarus) 아들 타니라스(Thannyras) 경우이니, 그는 아버지 계승이 허락되었다. 아미르타이오스(Amyrtaeus)의 아들 파우시리스(Pausiris)는 또 다른 예이다. 그러나 프사메니토스(Psammenitus)는 문제 일으키기를 참지 못 하여 그 대가를 치러야 했다. 그는 이집트인과 더불어 반란을 모의했는데, 그 죄가 캄비세스에게 전해져 프사메니토스(Psammenitus)는 황소 피를 마시고 그 현장에서 사망했다. 이것이 프사메니토스(Psammenitus)의 최후였다.

캄비세스는 멤피스(Memphis)를 떠나 사이스(Sais)로 갔는데, 거기서 무엇을 해야 할 지를 충분히 알고 있었다. 캄비세스는 아마시스(Amasis) 궁전으로 들어가 아마시스 무덤에서 그 시체를 꺼내 오도록 명령을 내렸다. 그리하여 시체를 매질하고 머리카락을 뽑았다. 그러고 나서 그 시체에 불을 질렀다. 이것은 캄비세스가 잘못한 일이다. **페르시아인은 '불'을 '신'으로 믿고 그들의 시체를 불태우지 않는다.**['힌두 신앙'의 유지와 변용이라는 점에 유의할 필요가 있는 진술임] 정말 그러한 행동은 페르시아나 이집트에 없는 일이다. 캄비세스는 페르시아나 이집트 신앙에 거슬러 행동한 것이다.[100]

_____→

(a) 헤로도토스(Herodotus)가 그의 '역사(*The Histories*)'에서 최고(最高)의 정복자(征服者), 지배 권력자로 내세운 페르시아의 **'키루스(Cyrus, 600?~529 b. c.)' '캄비세스(Cambyses, 529~522 b. c. 在位)' '다리우스(Darius,**

100) Herodotus (translated by Aubrey de Selincourt), *The Histories*, Penguin Books, 1954, pp. 203~210

558?~486? b. c.)' '크세르크세스(Xerxes, 519?~465 b. c.)'를 우선 아시아 유럽 아프리카에 걸친 '최대(最大)의 통일 제국'을 건설 운영한 존재들로 의미를 부여 했다.

(b) 그들은 한 결 같이 '전쟁' '정복' '지배' '탄압'을 생리로 지닌 존재들로 헤로도토스(Herodotus)는 말했으나, 그들이 역시 다른 한편 역시 '헤라클레스(Heracles, Krishna)의 후손(後孫, Heraclids)'이며 역시 '역사 전개의 주체'-'라지푸트 족[크샤트리아 족](Rajpoots, Kshatriyas)'임을 긍정하고 있다.

(c) 그러나 헤로도토스(Herodotus)는 그의 '역사(*The Histories*)'를 통해 그 '페르시아의 지배'를 '역사'로 수용하는데 머무르지 않고 '그들의 독재 폭압 착취'에 용감하게 맞서는 '희랍의 민주 자유 쟁취의 투사들'도 역시 그 '헤라클레스(Heracles, Krishna)의 후손(後孫, Heraclids) -역사 전개의 주체 -라지푸트 족[크샤트리아 족](Rajpoots, Kshatriyas)'임을 아울러 명시를 했다.

(d) 그러므로 '키루스(Cyrus, 600?~529 b. c.)'를 계승한 '캄비세스(Cambyses, 529~522 b. c. 在位)의 이집트 정복'을 헤로도토스(Herodotus)로서는 그들의 '역사적 행적'은 수용했으나, **'그들의 야만(野蠻, 신비주의)과 횡포'는 다시 수정(修正)되지 않을 수 없는 숙제로 그의 '역사(*The Histories*)'에서 명백히 제시해 놓았다.**

(e) 사실상 이점이 헤로도토스(Herodotus)를 '역사의 아버지'로 받들고 있는 그 핵심 사항이다.

'수사(Susa)' '팔레스타인(Palestine)' '멤피스(Memphis)' '테베(Thebes)' '사이스(Sais)'

제42장 캄비세스가 실행한 세 가지 군사적 모험

그 다음 캄비세스는 세 가지 군사적 모험을 계획했다. 하나는 '카르타기니아 사람들(Carthaginians)과의 전쟁'이고 다른 하나는 '아모니아들(Ammonians)과의 전쟁'이고, 셋째는 리비아 남쪽 인도양 해안에 살고 있는 '에티오피아 인(Ethiopians)과의 전쟁'이 그것이다. 캄비세스는 카르타기니아들(Carthaginians)에게는 그의 함대를 보낼 생각이었고, 육군의 일부를 아모니아들(Ammonians)에게 배치를 하고, 에티오피아에는 겉으로는 왕에 대한 선물을 들려 스파이를 파견했는데, 캄비세스는 정말 '태양의 식탁(Table of the Sun)'이 있는지가 궁금했다.

('태양의 식탁'은 도시 외곽 풀밭에 있는데, 풍성한 모든 삶은 고기를 저장하고 있어 그 일을 행정관이 담당하여 밤에 고기를 준비하면 낮에 원하는 사람은 누구나 와서 먹을 수 있다는 신비한 이야기이다. 고기는 대지의 선물로 그냥 제공이 되고 있다는 것이다.[힌두의 '태양이 약속한 13년간의 식사 제공 담'의 변용임])

캄비세스는 스파이를 파견하기로 결정해 놓고 에티오피아 말을 아는 사람을 찾으러 엘레판티네(Elephantine)로 탐색 자를 파견하였다. 그러는 동안 캄비세스는 카르타게(Carthage)로 향할 함대에 명령을 내렸다. 그러나 페니키아 사람들은 행하기를 거부했으니, 페니키아와 카르타게(Carthage)는 긴밀한 관계를 지니고 있어, 그들 자손들과의 전쟁은 사악(邪惡)한 것으로 생각했기 때문이다. 이처럼 페니키아가 이탈(離脫)을 하고나니 남은 해군으로 원정을 행하기에는 너무 허약했고, 카르타기니아 사람들(Carthaginians)은 페르시아 지배를 피하게 되었다. 캄비세스는 효과적인 제어 방법을 찾을 수가 없었으니, 페니키아인들은 그들 자의(自意)로 캄비세스를 도왔고, 전 해군력을 그들에게 의존하고 있었기 때문이다.

엘레판티네(Elephantine)에서 소집된 '생선 먹는 사람[에티오피아어 통역 재]'

에게 그들이 에티오피아에 도착하여 무엇을 행할 것이지를 먼저 가르쳐서 에티오피아로 파견이 되었다. 진홍색 예복과 황금 목걸이와 팔찌와 몰약(沒藥)이든 설화 석고(alabaster) 함(函)과 야자 술 항아리를 선물로 준비했다. 에티오피아 사람들은 세상에서 가장 키가 크고 잘생긴 사람들로 알려져 있다. 그네들의 법과 풍속도 특별하여 왕을 선발하는 방법도 특이하여 가장 키가 크고 강한 자를 왕으로 뽑았다.['크샤트리아' 선발 방식] '생선 먹는 사람들'은 그 나라에 도착하여 그 왕에게 다음과 같이 말했다.

"페르시아 왕 캄비세스가 당신과 친구가 되고 싶어 당신과 대화할 수 있는 우리를 보내셨습니다. 왕이 당신께 드리는 이 선물은 왕이 즐겨 사용하시는 것들입니다."

에티오피아 왕은 그 사람들이 '스파이들'이라는 것을 알고서 대답을 했다.

"페르시아 왕이 당신들을 보낸 것은 나와 좋은 친구가 되기 위해서가 아닙니다. 당신들은 내 왕국의 정보를 수집하러 온 것입니다. 그러므로 당신들은 거짓말쟁이들이고 당신들의 왕은 나쁜 왕입니다. **만약 페르시아 왕이 '정의(正義)'를 숭배한다면 자신의 나라보다 다른 나라를 탐내지는 않았을 것이고, 그에게 잘못을 행하지 않은 사람들을 '노예'로 삼지도 않았을 겁니다.**[헤로도토스의 '正義'론] 그러므로 이 활[弓]을 그 왕에게 가져다가 드리며 말하십시오. 에티오피아 왕이 말하기를 페르시아 인이 이 활을 쉽게 당길 수 있으면 우수한 힘을 지닌 군사를 동원하여 오랜 동안 에티오피아인들이 살고 있는 나라를 침공하라고 하십시오.['이긴 자가 왕'인 힌두 식의 경쟁 방법] 그 때까지는 우리 에티오피아 아들들이 외국정복에 관심을 갖지 않고 있는 것에 대해 신들께 감사를 드리라고 하시오."

그런 다음 에티오피아 왕은 줄을 풀어놓은 활을 그 '생선 먹는 사람들'에게 주고 진홍색 예복을 들며, 그 옷은 무엇으로 만들었고 어떻게 만들었는가를 물었다. 사자들은 재료와 염색 방법 등을 설명했다. 이에 왕은 그러한 재료와 염색 방법은 에티오피아에서는 쓰지 않은 '싸구려 옷'이라고 말했다. 그 다음 황금 줄과 팔찌에 대해 물었다. 사자가 장식용이라고 말하니 왕은 그것들은 족쇄일 것이라고 말하고 자기네 나라에서는 더욱 강한 것을 사용한다고 말했다. 그 다음은 '몰약(沒藥)' 제조와 사용법을 묻고 '붉은 예복'과 동일한 말을 하였다. 마지막으로 그 술 항아리로 다가와 그 제조 방법을 묻고 조금 마셔보고 맛이 좋은 것을 확인했다. 그리고 마지막으로 왕은 무엇을 먹고, 페르시아인은 최고로 몇 세까지 살 수 있느냐고 물었다. 페르시아 왕은 빵을 먹고 페르시아인은 보통 80세를 넘기지 않는다는 말을 듣고 왕은 말하기를 똥을 먹는 자들이 그렇게 일찍 죽는 것은 놀라운 일이 아니라고 말하고, 그에 더해 말하기를 페르시아인이 '술 마시기'를 삼가지 않으면 젊을 때 죽는 것을 의심할 것이 없고 말하고, 에티오피아 왕은 그 자리에서 그 술을 가리키며 페르시아인의 우수성을 인정한다고 말했다.

'생선 먹는 사람들[使者들]'은 에티오피아 왕에게 에티오피아인은 얼마나 오래 살며 무엇을 먹는가를 물었다. 왕은 대답하기를 대부분 사람들이 120세를 살고 삶은 고기와 우유를 먹는다고 말했다. 사자들이 그렇게들 오래 산다는 말을 듣고 사자들이 샘물을 맛보니 바이올렛 향이 있었고, 그 물에 몸을 씻으니 반짝반짝 빛이 났다. 만약 이 말이 진실일 경우 그런 물의 지속적 사용이 에티오피아인 장수(長壽)의 원인일 것이다. 샘물을 방문한 다음 왕은 사자들을 감옥으로 안내했는데, 모든 죄수들이 황금 사슬로 묶여 있었다. 왜냐하면 에티오피아에서는 가장 드물고 귀한 금속이 황동(黃銅)이었기 때문이다.[헤로도토스는 에티오피아에 '황금'이 가장한 흔한 지역으로 알았다.] 감옥을 관람한 다음 '태양의 식탁(the Table of the Sun)'을 살펴보고 마지막에는 시체를 넣은 관(棺)들을 구경했다. 그 관(棺)들은 수정으로 제작이 되어 있었다고 한다.

모든 것을 살핀 그 스파이[사자]들은 이집트로 돌아와 보고를 행하니, 너무 화가 난 캄비세스(Cambyses)는 물자 공급 문제나 땅 끝까지 군사를 몰고 가는 문제를 생각해 봄도 없이 당장 에티오피아로의 진군(進軍)을 개시했다. **'생선 먹는 사람들'의 이야기를 듣는 순간에 캄비세스(Cambyses)는 이성(理性)을**

316

잃고 미친 사람이 되어 그를 보살피는 희랍 사람들은 뒤에 남겨두고 전 보병 (步兵)을 거느리고 출발을 했다. 테베(Thebes)에 이르러 캄비세스(Cambyses) 는 군사 5만 명을 떼내어 아모니안스(Ammonians, 아몬 신을 섬기는 사람들)를 노예로 삼고, '제우스[아몬] 신탁 장소(oracle)'에 불을 지르도록 명령을 내려 보내고, 자신은 남은 병사를 이끌고 에티오피아로의 행군을 계속했다. 그러나 캄비세스(Cambyses)가 에티오피아로 향해 가는 길에 그 5분의 1 거리를 진군 해 나갔을 적에, 이미 공급이 끊겨, 군사들은 짐을 싣고 가는 동물들을 잡아먹어 야 했다. 캄비세스(Cambyses)가 제 정신이었으면 마음을 바꾸어 그의 기지로 되돌아 왔을 것이다. 캄비세스(Cambyses)는 행군을 계속했다. 먹을 것이 없는 고장에 이르러 군사들은 청과(靑果)나 야채류를 먹고 연명을 했다. 그러나 군사 들이 사막에 이르자 그들의 일부는 무서운 인육(人肉)을 먹어야 할 지경에 (cannibalism) 이르렀다. 이에 캄비세스(Cambyses)가 원정을 포기하고 테베 (Thebes)로 귀환하니 병력은 크게 감소되어 버렸다. 테베(Thebes)에서 멤피스 (Memphis)로 돌아온 캄비세스(Cambyses)는 희랍인들이 고국(故國)으로 돌아 가는 것을 허락했다.

아모니안들(Ammonians)에게 보냈던 5만 병력(兵力)은 장군들이 이끌어 오 아시스(Oasis) 도시까지 추적을 했는데, 에스크리오니안(Aeschrionian) 종족으 로 생각되는 사미안들(Samians)에 소속된 도시로 테바(Thebes)에서 사막을 관 통하여 7일간의 여정(旅程) 거리였다. 그 오아시스 도시는 희랍인에게 '축복 받은 섬(the Island of the Blessed)'으로 알려져 있다. 캄비세스가 파견한 군대 는 거기까지 갔다는 것이 일반적인 전언(傳言)이지만 그 이후 이야기는 전해진 것이 없다. 그러나 아모니안들(Ammonians)이 전하는 이야기는 오아시스에서 출발한 캄비세스 군사들은 사막을 지나 오아시스와 아모니안(Ammonian) 국경 중간 지점에 도달했다. 군사들이 점심을 먹으려 하는데 갑자기 최강의 남풍이 불어와 그들을 모래로 덮어 영원히 사라지게 했다는 것이다.[101]

(a) 힌두(Hindu)의 '마하바라타(*The Mahabharata*)' 전쟁은 18일 간의 전투였고, '알고 있는 사람들(4촌간)끼리의 전쟁' '선과 악의 전쟁'이라고 확실하게 그 '전쟁 목표'가 정해져 있었다.

(b) 하지만 그 '마하바라타(*The Mahabharata*)'에는 '지배자(왕)가 될 조건'으로 **'크샤트리아의 의무(the duties of Kshatriya)'**를 끝까지 확실하게 해 놓았다. '싸워 이겨야 왕'이라는 엄연한 규정이 그것이다.

(c) 헤로도토스(Herodotus)가 그의 '역사(*The Histories*)'에서 보인 '왕과 영웅'은 확실하게 달라졌다. '정복자'는 목숨이 붙어 있는 동안 그 정복욕을 발동하여, 그가 죽어야 전쟁이 끝이 나게 되었다.

(d) 그래서 '마하바라타(*The Mahabharata*)'에서는 '못된 놈 버릇 잡기 전쟁'에서 헤로도토스(Herodotus)의 '역사(*The Histories*)'에서는 '욕심쟁이 세금 많이 걷기 전쟁'으로 바뀌어 오히려 '제 나라 온전하게 지켜 낸 사람'이 진정한 영웅으로 '전쟁의 관점'이 크게 바뀌어 있었다.

(e) 따라서 '마하바라타(*The Mahabharata*)'에서는 '전쟁터에서 사망한 자들'은 '천국으로 직행한다.'는 '염세적(厭世的) 세계관(dislike of life, pessimism)'이 지배적이었다.

(f) 이에 대해 헤로도토스(Herodotus)는 그의 '역사(*The Histories*)'에서 **'생의 긍정(Affirmation of Life)'에 바탕을 둔 서술이라는 커다란 관점의 변경을 단행했고, 그 기초 위에 '모든 기준'을 마련하기 시작했다**.

제43장 캄비세스와 아피스(Apis) 황소

캄비세스(Cambyses)가 멤피스에 도착한 다음에 희랍인이 '에파포스(Epaphus)'로 알고 있는 '아피스(Apis)'가 이집트인에게 나타났다. 즉시 전 이집트인이 최고의 옷을 입고 휴일을 시작했다. 캄비세스는 이집트인이 최근의 참화도

---

101) Herodotus (translated by Aubrey de Selincourt), *The Histories*, Penguin Books, 1954, pp. 210~214

잊은 채로 축제를 즐기는 것을 보고 멤피스 관리를 불러 자기의 앞선 자신의 멤피스 방문에는 이집트인이 아무 것도 행하지 않은 이유와, 자신이 거대 군사를 잃고 돌아온 이후에 '축제'를 행한 까닭을 물었다. 관리들은 '신(a god)이 그들 속에 나타났기 때문'이라고 대답했다. 신은 긴 기간이 지난 다음에 나타나는데, 이집트인은 그가 나타날 때마다 모든 이집트인은 축제를 행한다고 말했다. 그 말에 대한 캄비세스의 대답은 그들은 거짓말쟁이들이라고 규정하여 '사형'을 시켰다. 그런 다음 캄비세스는 사제(司祭)들을 불렀다. 그러나 사제들도 동일한 주장을 펴니, 캄비세스는 만약 말을 잘 알아 듣는 신이 정말 있어 이집트인에게 내려왔다면 캄비세스 자신도 금방 알 것이라고 말하고 다른 말 말고 당장 그 '아피스(Apis)'를 데려오라고 명령을 내렸다.

그 아피스(Apis, Epaphus)는 이후에 다른 '소'를 가질 수 없는 '암소의 수송아지(the calf of a cow)'이다. 이집트인들은 하늘에서 빛이 내려와 암소는 아피스를 받는다고 믿는다. 아피스 송아지는 특이한 점을 지녔으니, 검은 색에 앞이마에 백색 다이아몬드를 지니고, 등에는 독수리 형상을 지니고, 꼬리털은 2중으로 돋았고, 그 혀 아래는 '풍뎅이[무늬]'가 있다. 사제들은 그 동물을 이끌고 왔다. 반쯤 미쳐 있는 캄비세스는 그의 단도(短刀)를 뽑아들어 그 송아지 배를 향해 던졌으나 빗나가 허벅다리를 쳤다. 그러고 나서 캄비세스는 웃으며 사제들을 향해 말했다.

"너희는 저것을 신(神)이라고 하는가? 이 불쌍한 것들아! 너희 신들은 살과 피가 있는가? 저 같은 신(神)이 이집트에게는 적당한 신(神)이로구나. 너희는 나를 바보로 취급하고 그것을 포기하지도 않는구나."

그렇게 말한 다음 캄비세스는 그런 일을 행하는 사제들을 형벌 담당 남자들에게 보내 채찍질을 받게 했고, 휴일 축제를 행하는 이집트인을 사형에 처했다. 이처럼 축제는 깨지고 사제는 벌을 받고 아피스(Apis) 송아지는 신전에 다친 허벅다리를 치료받다가 죽으니 캄비세스 몰래 매장(埋葬)을 했다.102)

(a) 힌두(Hindu)의 '마하바라타(*The Mahabharata*)'는 '절대신' '천국' '정신' '언어'를 하나로 묶어 소위 '절대주의(Absolutism)'를 완성했다.

(b) 이집트의 '아피스(Apis) 황소 숭배'는, 힌두(Hindu)의 '암소 숭배'와 연동된 것으로 '절대 신의 형상화' '절대 신의 인격화'와 연동된 이집트 식 정착이다.

(c) 당초에 '유목민'을 기원으로 삼고 있는 '힌두(Hindu)의 소 숭배'는 이집트의 '황소 제사'[제28장]와도 관련된 끈질긴 전통을 이루고 있는데, 캄비세스(Cambyses)는 그 '특유의 기질'을 발동하여 까닭 없이 '아피스(Apis) 황소 무시하기'에 돌입한 것이다.

(d) 이러한 **캄비세스(Cambyses)**의 행각은, '마하바라타(*The Mahabharata*)'에서 '절대 신의 화신(化身)' 크리슈나(Krishna)의 경고를 계속 무시했던 **두료다나(Duryodhana)**와 동일시 된 것이었다.

(e) 헤로도토스(Herodotus)는 명백히 힌두(Hindu)의 '마하바라타(*The Mahabharata*)'를 확인할 수 없었지만, 이미 페르시아와 이집트에 자리를 잡고 있는 '힌두 식 사제(司祭)들'[계관시인(桂冠詩人, poet-laureate, 御用作家)]의 '절대주의'를 그대로 수용할 수밖에 없었음을 그 '캄비세스(Cambyses)의 망동(妄動)'을 통해 그대로 반복 서술하지 않을 수 없었다.

(f) 이 '캄비세스(Cambyses)의 망동(妄動)'은 원래 '키루스(Cyrus)와 크리슈나(Krishna) 동일시'와 더불어 2대(大) '마하바라타(*The Mahabharata*)' 수용 사례에 해당한다.

제44장 캄비세스와 그 아우 스메르디스(Smerdis)

캄비세스(Cambyses)는 이미 자기 정신이 나가 있었다. 이집트인들은 캄비세스(Cambyses)가 완전히 그의 이성(理性)을 상실하여 그 '범죄의 결과'를 낳고 있다고 확신들을 하고 있었다. 화가 난 **캄비세스(Cambyses)**는 동부 동모(同父

---

102) Herodotus (translated by Aubrey de Selincourt), *The Histories*, Penguin Books, 1954, pp. 214~215

同母)의 아우 **스메르디스(Smerdis)**를 죽였다. 캄비세스는 앞서 아우 스메르디스(Smerdis)를 페르시아로 보내었는데, 그 '생선 먹는 사람들'이 에티오피아에서 가져온 활에 부착된 두 손가락 너비의 그림에 그 스메르디스(Smerdis)를 페르시아의 후계자로 그린 것에 대한 질투심에서 그러한 것이다. 스메르디스(Smerdis)가 페르시아로 돌아간 다음 캄비세스는 꿈을 꾸었다. 꿈에 페르시아에서 한 사자(使者)가 찾아와 그 스메르디스(Smerdis)가 왕좌에 앉았는데, 그 머리가 하늘에 닿아있다는 소식을 전하였다. 그 경고로, 아우가 그를 죽이고 그를 대신해 통치를 못 하도록 캄비세스는 믿을 만한 페르시아인 친구 **프렉사스페스(Prexaspes)**를 파견하여 그 스메르디스(Smerdis)를 죽이도록 조처를 했다. 프렉사스페스(Prexaspes)는 수사(Susa)의 산간벽지에서 그 캄비세스(Cambyses)의 아우[스메르디스(Smerdis)]를 죽였다. 전하는 바에 의하면 프렉사스페스(Prexaspes)는 그 아우를 사냥하듯이 잡았다고 하고 그를 페르시아 만(灣)에 던졌다고도 전한다. 캄비세스의 다음 범죄는 이집트로 데려온 그 누이의 살해이다. 그 여인은 역시 캄비세스의 아내였는데, 페르시아 풍속으로 형제(兄弟) 자매(姉妹)는 서로 혼인을 못 하도록 되어 있었다. 캄비세스는 다음과 같은 방법으로 장애(障礙)를 극복했다. 캄비세스는 그의 누이와 사랑에 빠진 다음에 합법적 단계를 밟으려고 판사들을 불러 방법을 물었다. 판사들은 궁리 끝에 특별법을 마련해서 캄비세스의 결혼을 인정했다. 캄비세스는 그래서 두 누이와 결혼했는데, 뒤에 캄비세스는 그 중에 어린 누이와 이집트로 들어 왔다.

그녀의 죽음 이야기는 두 가지가 있다. 그 하나는 희랍인이 전하는 이야기다. 캄비세스와 그의 아내는 강아지와 사자 새끼의 싸움 구경을 하고 있었다. 강아지가 최악의 지경에 이르렀는데, 다른 강아지가 사슬을 끊고 달려들어 두 마리가 함께 사자 새끼를 제압했다. 캄비세스는 그 광경에 즐거웠으나 곁에 있던 누이는 울고 있었다. 캄비세스가 그 까닭을 물었다. 그녀는 강아지가 형을 도우러 달려 나온 것에 눈물이 났다고 말했다. 스메르디스(Smerdis)가 죽었으니, 남편을 도울 사람이 없게 되었다는 것이다. 그 말이 캄비세스가 그녀를 죽이게 했다는 것이다. 이집트인은 다른 이야기를 가지고 있다. 캄비세스 부부는 식탁에 앉아 있었다. 상추(a lettuce)를 가져온 여인이 잎을 달고 있는 것과 잎을 떼 낸 것 중에 어떤 것이 좋은가를 물었다. 캄비세스는 '잎을 떼 내기 이전의 것'이 좋다고 말했다. 이에 그의 누이는 '[아버지]키루스(Cyrus)는 잎을 떼 내어 드셨다'고 말했다. 캄비세스는 화가 나 그녀를 발로 찼는데, 임신 중의 그녀는 유산을 하고나서 죽었다는 것이다.

친척을 향한 이 두 범죄 행위는 미친 짓이지만, 그의 광기가 그의 '아피스' 취급에 연유한 것인지는 알 수 없다. 많은 질병 중의 하나가 인간을 괴롭힐 수 있다. 캄비세스는 탄생할 때부터 '신성한 질병(the sacred sickness)'[103]의 응낙을 받았다는 이야기가 있다. 그의 뇌에 심각한 질병이 영향을 주었다는 것은 이상스런 이야기가 아니다.[헤로도토스의 의학적 접근] 캄비세스가 미친 짓을 행한 다른 예도 있다. 캄비세스가 신뢰한 프렉사스페스(Prexaspes)의 아들은 왕에게 술잔 올리는 사람이었다. 우연히 캄비세스는 프렉사스페스(Prexaspes)에게 물었다.

"페르시아인들은 나를 어떤 사람으로 생각하고 있고, 나를 어떻게 말하는가?"

이에 프렉사스페스(Prexaspes)는 대답했다.

"폐하, 폐하는 만인이 덕을 칭송하고 있는데, 말하고 있는 한 가지는 폐하께서 술을 너무 좋아하신다고들 합니다." 그 말에 캄비세스는 화가 났다.

"그래 페르시아인이 내가 과도한 술 마셔서 미치게 되었다는 것은 앞서 말한 덕을 칭송하고 있다는 말과는 다르니, 거짓이다." 이에 앞서 많은 페르시아인들이 캄비세스와 함께 앉아 있었다. 크로이소스(Croesus)도 함께 있었다. 캄비세스는 아버지 키루스와 비교하여 어떤가를 사람들에게 물었다. 사람들은 그 키루스보다 캄비세스가 낫다고 말하고 아버지 소유에 이집트까지 더했다고 말했다. 그러나 캄비세스가 그들의 말에 만족을 못하니 크로이소스(Croesus)가 말했다.

---

103) 간질병?

"키루스의 아드님이시여, 나는 당신이 당신의 아버지만 못하고 생각하니, 당신에게는 아직 당신 같은 아들이 없습니다." 캄비세스가 그 말에 즐거워 크로이소스(Croesus)의 판단을 칭송하고 그것을 기억하고 있었다. 그래서 캄비세스는 화가나 프렉사스페스(Prexaspes)를 향해 말했다.

"페르시아인들이 내가 미쳤다는 말이 진실인지, 내가 과연 미치지는 않았는지를 그대에게 보여주겠다, 그대 아들이 문 곁에 서 있는 것이 보이는가? 내가 그의 심장 중심을 쏘아 페르시아인의 말이 공허한 말임을 보여주겠다. 만약 내 화살이 빗나가면 페르시아인들의 말이 옳고 내 정신이 나간 상태이다."

다른 말도 없이 캄비세스는 활을 늘여 그 소년을 쏘았고, 그 소년을 갈라 사실을 확인하게 했다. 화살이 심장을 관통했음을 확인되니 캄비세스는 소년의 아비 프렉사스페스(Prexaspes)에게 말했다.

"프렉사스페스(Prexaspes)여, 나는 말짱하고 페르시아인들이 미쳤다는 것이 입증되었소. 그런 말을 하는 자를 내게 알려주면 바로 화살을 날릴 것이오."

이에 프렉사스페스(Prexaspes)는 왕의 정신이 나간 것을 알고 죽일까 두려워 말했다.

"폐하, 저는 신(神)이 명사수(名射手)보다 훌륭하다는 말을 믿지 않습니다.[당신은 神을 능가하신 분입니다.]" 또 다른 예는 캄비세스가 12명의 페르시아 최고 위층을 사소한 혐의로 채포하여 생매장을 했다는 점이다. 그 행동에 대해 리디아의 크로이소스(Croesus)는 다음과 같이 말했다.

"폐하, 항상 젊은이처럼 열정적 충동으로 행동하셔서서는 아니 됩니다. 자중자애(自重自愛)하십시오. 미래를 볼 수 있는 현자도 있습니다. 별 까닭도 없이 폐하의 나라 사람들과 어린이를 계속 죽이시면 반란을 걱정하게 됩니다."

크로이소스(Croesus)가 우정으로 말했음에도 불고하고 캄비세스는 말했다.

"너까지 감히 나에게 내가 어떻게 행동할 것인가를 말하는구나! 너는 네 자신의 나쁜 통치로 너를 망하게 했고, 키루스도 너의 말을 듣다가 망했다! 그에 대한 죄 값을 치르게 될 것이다. 내가 오랜 동안 너에게까지 말을 들어 왔다."

캄비세스는 크로이소스(Croesus)를 쏘려고 활을 잡는 순간에 크로이소스(Croesus)는 자리를 박차고 일어나 그 방에서 떠났다. 캄비세스는 그를 잡아 죽여라고 하인들을 보냈다. 그러나 그들은 캄비세스의 성향을 알고 있어서 크로이소스(Croesus)를 숨겨 두었다가 캄비세스가 마음이 바뀌어 크로이소스(Croesus)를 찾으면 대령하여 상을 받을 수 있고, 캄비세스가 목적을 고집하고 후회가 없으면 죽이는 것을 뒤에 행해도 된다고 생각을 했다. 캄비세스가 크로이소스(Croesus)에 무심했던 것을 후회하는 듯하니 하인들은 크로이소스(Croesus)가 아직 살아 있음을 캄비세스에게 암시했다. 캄비세스는 그 말을 듣고 즐겁다고 했으나, 그를 살려놓은 사람들을 모두 죽였다.[104]

_____→

(a) 힌두(Hindu)의 '마하바라타(*The Mahabharata*)'에는 '아비가 불분명한 영웅' '아비를 넘어 할아버지 존중' 풍속을 조장한 것은 '절대주의(Abolutism)' 영향하의 문화이기 때문이다.

(b) **힌두(Hindu)의 '마하바라타(*The Mahabharata*)'에서는 영웅과 미녀가 '태양' '법' '바람' '신' '그릇' '생선' '불' '언어'로부터 출생한 것으로 되어 있고, '절대신(God)'을 망각하면 '천하에 갈 곳'을 잃은 '망나니'가 되게 마련이라고 확실하게 규정을 해 놓았다.** 헤로도토스(Herodotus)의 '역사(*The Histories*)'에서는 페르시아 왕 캄비세스(Cambyeses)가 그러한 '무한의 자만(自慢) 상태'에 빠진 것으로 제시를 하고 있다.

(c) 즉 캄비세스(Cambyeses)는 '세상에서 하고 싶은 일을 거리낌 없이 다 행하면서도' 사실상 '어떻게 행해 나가야 할지를 몰라 허둥대는' '**자제(自制)와 겸손(謙遜)이 없는**' '노도(怒濤)에 휩쓸린 정신적 무방비 상태'에 이르러 있었다.

(d) 그래서 캄비세스(Cambyeses)는 일찍이 그 유례가 없는 '광대한 영토의 주인'이 된 상태에서 '그 주인으로서 행할 일'을 완전히 망각해 버린, '가난뱅이 거지의 황량한 정신 소유자'가 되어 '**충고(忠告)를 행한 자는 무조건**

104) Herodotus (translated by Aubrey de Selincourt), *The Histories*, Penguin Books, 1954, pp. 215~219

<u>사형</u>'이라는 '가장 위험한 폭군'으로 돌변해 있었다.

제45장 사모스의 왕 폴리크라테스(Polycrates) 이야기

그와 같은 비행(非行)들은 캄비세스(Cambyses)가 멤피스(Memphis)에 있으며 페르시아인과 그 친척에 보인 광적인 야만 행위의 예이다. 다른 한편 캄비세스는 고대 무덤을 파괴하고 시체를 살펴보고 헤파이스토스(Hephaestus) 신전에 들어가 신들을 조롱하였다. 그 신상(神像)은 페니키아인이 그 전함(戰艦) 뱃머리에 싣고 파타이키(Pataici) 신상과 혹사(酷似)하다. 감비세스는 역시 카비리(Cabiri) 신전으로 들어가 신들을 조롱하고 그들을 불태웠다.

다리우스(Darius) 일화도 생각해 볼 수 있다. 다리우스(Darius)가 페르시아의 왕이었을 때 그 궁정에 우연히 나타난 희랍인을 불러 '죽은 아버지의 시신을 먹느냐고 물었다. 희랍인들은 세상에 무슨 돈을 준다고 해도 그런 짓은 않는다고 말했다. **다리우스(Darius)는 칼라티에(Callatiae)라는 인도인들이 부모가 죽으면 구워먹는대[火葬 文化'의 誤傳임]는 이야기를 전해 들었던 것이다. 희랍은 공포에 휩쓸려 울부짖으며 그런 끔찍한 말을 입에도 담지 못 하게 했다.**

캄비세스가 이집트를 점령하고 있을 때에, 라케데모니안들(Lacedaemonians)은 사모스(Samos)의 아이아케스(Aeaces)의 아들 폴리크라테스(Polycrates)를 공격했다. 폴리크라테스(Polycrates)가 그 섬을 지배하고 있었다. 처음에는 섬을 셋으로 나누어 그의 아우 판타그노토스(Pantagnotus) 실로손(Syloson)과 나누어 통치를 했다. 폴리크라테스(Polycrates)는 형제를 죽이고 전 섬을 차지했다. 폴리크라테스(Polycrates)는 이집트 왕 아마시스(Amasis)와 평화조약을 맺고 현재까지 상호 교역을 하고 있다. 폴리크라테스(Polycrates)의 세력이 증대하여 이오니아 등 희랍과 교류한 것이 오래된 일이 아니다. 그의 원정은 항상 승리였고, 그의 사업은 다 성공이었다. 폴리크라테스(Polycrates)는 150

갤리 함대와 1천 명의 궁수(弓手)를 보유했다. **그의 해적질은 널리 행해져 분별이 없었다.**[당시 지중해의 상황] 폴리크라테스(Polycrates)는 말했다. 결코 빌려가지 않은 친구보다 빌려간 것을 되돌려 준 친구가 더욱 고마운 친구이다.['교역 중시'의 정신] 폴리크라테스(Polycrates)는 많은 섬을 점령했고, 본토의 도시들도 점령했다. 폴리크라테스(Polycrates)는 밀레토스(Miletus)를 도우려고 전 함대를 파견한 레스비안들(Lesbians)을 바다에서 격파했다. 잡아온 포로들은 사슬로 묶어서 사모스 성곽 밖 해자(垓字)를 파게 해 거기에 묻었다.

아마시스(Amasis)는 폴리크라테스(Polycrates)가 즐기고 있는 놀라운 행운을 잘 알고 있었다. 아마시스(Amasis)는 그래서 폴리크라테스(Polycrates)가 불편했다. 아마시스는 사모스로 편지를 보냈다.

"친구의 소식을 듣고 동맹이 잘 되고 있다는 것이 기쁩니다. 그러나 내가 알기로는 신들은 성공을 시기(猜忌)한다고 하니 나는 과도한 당신의 융성에 즐거워 할 수가 없습니다....나는 불패의 행운을 누린 뒤에 마지막 완전한 멸망으로 가지 않은 사람을 보지 못 했습니다. 그래서 지속적 성공에 따른 위험을 경계해야 할 것입니다. 무엇이 가장 가치 있는지를 생각하고 상실에 가장 후회스러운 것을 우선 당장 던져 버려서 아무도 보지 못 하게 해야 할 것입니다."

폴리크라테스(Polycrates)는 아마시스(Amasis) 편지를 읽고 충고에 공감했다. 그래서 폴리크라테스(Polycrates)는 재산 중에 없어지면 가장 섭섭할 물건을 찾다가 마지막 하나의 반지에 이르렀다. 텔레클레스(Telecles)의 아들 테오도로스(Teodorus)가 제작한 반지였다. 폴리크라테스(Polycrates)는 바다로 나가 그 반지를 버렸다.

5~6일이 지났다. 어떤 어부(漁夫)가 거대한 좋은 물고기를 잡아 폴리크라테스(Polycrates)에게 선물을 했다. 어부는 말했다. "대왕시여, 제가 비록 가난한 어부지만 이 물고기를 시장에 팔아넘길 수는 없습니다. 대왕의 위대하심에 적당할 것 같았습니다."

폴리크라테스(Polycrates)는 그 어부의 말이 반가워 말했다. "그대에게 두 번 감사한다. 우선 그대의 말이고, 다음은 그대의 선물이다. 저녁 식사를 같이 하자."

어부가 집으로 돌아 간 다음 폴리크라테스(Polycrates) 하인은 그 물고기 배를 가르니 배에서 그 반지가 나왔다. 폴리크라테스(Polycrates)는 그러한 경위를 편지로 적어 아마시스에게 보냈다.

아마시스는 폴리크라테스(Polycrates)의 편지를 받고 한 사람이 다른 사람이 처한 운명에서 구해 낸다는 것이 불가능한 일임을 알았다.

라케데모니안들(Lacedaemonians)과의 전쟁 승리까지 즐겼던 사람이 폴리크라테스(Polycrates)였다. 캄비세스가 이집트 원정을 행하려 군사를 일으킬 때 폴리크라테스(Polycrates)에게 군사 파견으로 그에 가담할 것을 요구했다. 이에 폴리크라테스는 3단노선 40척에 자신에게 불충한 사람을 실어 보내며 사모스 섬으로 돌려보내지 말라고 캄비세에게 부탁을 해 보냈다. 다른 말에 따르면 그 사람들은 이집트에 도착할 수 없었고, 카르파토스(Carpathus)까지 더 이상 항해하지 않기로 결정하고 있다가 뒤에 사모스로 도망쳐 왔다는 것이다. 폴리크라테스(Polycrates)는 그의 함대로 그들을 맞았으나, 오히려 폴리크라테스가 그들에게 패해 그들은 섬으로 들어왔으나 그들과의 전투가 계속되어 그들은 라케데몬(Lacedaemon)으로 도망을 했다는 것이다. 다른 사람들은 그들이 이집트에서 돌아와 폴리크라테스를 패배시켰다고 한다.

폴리크라테스에 대항해 싸웠던 사모스 사람들은 시프노스(Siphnos)로 갔다. 나는 오랫동안 사모스 섬 역사를 말했다. 그들은 세 개의 거대 건물을 세워 희랍 세계에 기술력을 보여 주고 있다.105)

_____→

(a) 헤로도토스(Herodotus)는 그의 '역사(*The Histories*)'에서 페르시아 국왕

---

105) Herodotus (translated by Aubrey de Selincourt), *The Histories*, Penguin Books, 1954, pp. 219~229

칸비세스(Cambyses)의 무도(無道)함과 다리우스(Darius) 탐욕을 거듭 비판하고, 상대적으로 '희랍 아테네 인'의 용맹과 도덕심을 칭송해 치켜세웠다.

(b) 특히 칸비세스(Cambyses)는 '이집트 신을 모독하고' '아우를 죽이고' '불법으로 누이를 아내로 맞았다.'고 명시했다.

(c) 그리고 헤로도토스(Herodotus)는 '사모스(Samos) 섬 통치자'에 대해서도 각별한 관심을 표명하여 상세한 논술을 펼치고 있다.

(d) 특히 '폴리크라테스(Polycrates)와 그의 반지' 이야기에 **한 사람이 다른 사람이 처한 운명에서 구해 낸다는 것이 불가능한 일**이라는 결론은 '인생을 많이 체험한 노인의 말'이라는 것을 알 필요가 있다.

제46장 '마기(Magi)의 반란'과 캄비세스의 사망

정신이 나간 키루스의 아들 캄비세스(Cambyses)는 계속 이집트에 머물러 있었다. 캄비세스가 이집트에 있을 적에 사제(Magi) 계급에 속해 있던 두 형제가 본국에서 반란을 일으켰다. 그들 중의 한 사람인 **파티제이테스(Patizeithes)**는 캄비세스 없는 중에 나라 살림을 맡고 있었는데 그가 반란을 도모한 것이다. 스메르디스(Smerdis)가 죽은 것을 알았으나 그의 죽음이 숨겨져 대부분의 페르시아인은 그가 살아 있다고 믿었고, 왕위에 오를 일을 하고 있다고 믿고 있었다. 형제들은 캄비세스가 죽인 스메르디스(Smerdis)와 유사한 점을 지니고 있었다. 신체적으로 유사할 뿐만 아니라 동일한 이름을 쓰기도 했다. 파티제이테스(Patizeithes)는 그 아우를 설득해서 왕위에 앉히고 페르시아와 이집트에 있는 군사들에게 성명서를 보내 앞으로는 캄비세스의 명령을 받는 것이 아니라 '스메르디스' 명을 받도록 했다. 그 성명서는 공표가 되어 전령(傳令)이 이집트와 시리아의 에크바타나(Ecbatana)의 캄비세스 군사가 알게 하였다. 전령(傳令)은 군사들이 집결해 있는 면전에서 새로운 명령을 선언했다. 캄비세스가 그것을 알고 즉시 전령이 말이 진실이고, 프렉사스페스(Prexaspes)는 그 '스메르디스'

제거에 실패한 것으로 알았다. 캄비세스는 프렉사스페스를 향해 말했다.

"저것이 네가 나의 명령을 수행한 결과로구나!"

프렉사스페스(Prexaspes)가 말했다.

"폐하, 저것은 거짓입니다. 폐하의 아우 스메르디스(Smerdis)는 폐하를 배반하지 않았고, 크거나 작은 문제에서 폐하와 다투지도 않았습니다. 저는 폐하께서 명하신 대로 실행해서 내 손으로 그를 묻었습니다. 제가 약속을 드리오니 '스메르디스(Smerdis)'를 무서워하지 마십시오. 우리는 그 전령(傳令, herald)을 붙잡아, 누가 그에게 스메르디스(Smerdis)왕에게 복종하는 하라는 명령을 주었는지를 심문해야 합니다."

캄비세스가 그 말에 동의하여 즉시 그 전령(傳令, herald)을 붙잡아 오도록 명을 내렸다. 그를 붙들어 오니 프렉사스페스(Prexaspes)가 그에게 말했다.

"그대가 키루스의 아들 스메르디스의 메시지를 가지고 왔다고 했다. 그대가 온전하게 살아 돌아가려면 우리에게 진실을 말해야 한다. 스메르디스가 직접 그 명령을 내렸는가 아니면 그 대리인이 명령을 주었는가?"

그 사람이 대답했다.

"캄비세스 왕과 함께 군사를 거느리고 이집트로 가셨기에 나는 내 눈으로 키루스의 아들 스메르디스를 본 적이 없습니다. 나에게 명령을 준 자는 캄비세스가 재산 관리를 맡긴 사제였는데, 그가 스메르디스 권위로 메시지를 준 것이라고 했습니다."

그 말에는 거짓이 없었다. 캄비세스가 말했다.

"프렉사스페스(Prexaspes)여, 그대는 정직하게 내 명령을 이행했고 너의 책임은 없다. 그렇지만 누가 스메르디스 이름으로 내게 반란을 일으킬 수 있는가?"

프렉사스페스(Prexaspes)가 말했다.

"폐하, 제가 생각하기로는 파티제이테스(Patizeithes)와 그의 아우 스메르디스(Smerdis)가 반란을 일으킨 것으로 생각됩니다."

캄비세스(Cambyses)가 그 프렉사스페스(Prexaspes) 말을 들었던 순간 자기 꿈에 스메르디스(Smerdis)가 왕위에 올라 그의 머리가 하늘에 닿았다는 소식을 전했던 것이 실현이 되었다는 생각이 들었다. 캄비세스는 그가 아우를 죽인 것은 아무 소용이 없다는 것이 명백해졌다. 캄비세스는 상실감에 상황의 급변에 화가 나 급히 말에 올라 페르시아 수도(首都) **수사(Susa)**로 달려 가 그 사제 아우들을 공격하려 했다. 그러나 캄비세스가 말에 오르며 투구가 떨어지며 칼집 에서 나온 칼이 그의 허벅지를 찔렀다. 앞서 그가 아피스(Apis) 허벅지를 찔렀 던 부분이었다. 치명적인 상처임을 안 캄비세스는 그 도시 이름이 무엇인가를 물으니, **에크바타나(Ecbatana)**라고 주변 사람들이 말했다. 부토(Buto) 점쟁이 가 캄비세스는 에크바타나(Ecbatana)에서 죽을 것이라고 예언했었다. 그래서 캄비세스는 메디안의 에크바타나(Ecbatana)를 수도(首都)로 생각하고 그가 늙 어 거기에서 죽을 것이라고 생각하고 있었다. 그러나 신탁(예언)은 시리아의 에크바타나(Ecbatana)였음이 밝혀졌다.['꿈'과 '신탁'을 철저하게 믿었던 헤로도 토스] 그 도시 명칭을 들은 다음 그가 입은 상처와 파티제이테스(Patizeithes) 반란 소식 두 가지 쇼크에 캄비세스는 제 정신으로 돌아왔다. 신탁의 의미가 명백해져서 캄비세스는 말했다.

"키루스의 아들 캄비세스는 여기서 죽게 되는구나." 순간 그는 더 이상 말이 없었다. 그러나 20일이 지난 다음 캄비세스는 페르시아 군사를 이끌고 있는 장군들에게 다음과 같은 말을 전했다.

"페르시아의 남성들이여, 내가 숨겨왔던 것을 당신들에게 공개하겠습니다. 내가 이집트에 있을 때에 꿈을 꾸었는데, 이전에는 꾼 적이 없는 꿈이었소. 꿈에 페르시아로터 사자(使者)가 와 말하기를 스메르디스(Smerdis)가 내 왕위 에 앉아 그의 머리가 하늘에 닿았다고 전했소, 나는 내 아우가 왕관을 빼앗는 것이 무서워서 나는 극악한 행동을 감행했소. 나는 프렉사스페스(Prexaspes) 를 수사(Susa)로 보내 스메르디스(Smerdis)를 죽였소. 내 앞에 놓여 있는 진정 한 의미 파악에 실패하여 나는 아우 살해도 소용없이 내 왕국을 잃게 되었습니다. 내 아우 스메르디스가 사제인 스메르디스이고 그의 반란을 신은 내게 경고한 것이었습니다. 당신들을 두 사제 파티제테스(Patizeithes)와 그의 아우 스메르디스(Smerdis)가 지배하게 되었습니다. 그러하기에 나는 나의 마지막 부탁을 여기에 있는 아케메니데(Achaemenidae)에게 주는 것이오, 메데인(Medes)의 손에 지배권을 넘겨주지 마시오. 만약 메데인(Medes)이 기만(欺瞞, 속임수)으로 지배권을 차지하면 기만으로 빼앗고, 군사력을 가져가면 군사력으로 회복하시오. 당신들이 내 명령대로 행하면 당신들은 영원히 번성할 것이오. 그러나 통치권 회복에 실패하거나 회복을 시도하지 않을 경우 나의 저주가 당신들에게 내릴 것이고, 모든 페르시아인이 나처럼 비참하게 망할 것이오."

페르시아인들이 왕의 흘린 눈물을 보고 그네들의 옷을 찢으며 소리쳐 울며 왕에게 공감을 표했다. 금방 허벅다리에 괴저(壞疽)가 퍼져 캄비세스가 사망을 하니, 7년 5개월을 통치했고, 아들이나 딸이 없었다.[106]

———✈

(a) 헤로도토스(Herodotus)는 그의 '역사(*The Histories*)'에서 '캄비세스(Cambyses)의 광란'이 그의 아우 '스메르디스(Smerdis)'와 반란의 마기 '파티제이테스(Patizeithes)'의 아우 '스메르디스(Smerdis)'의 '명칭 혼란'에서 초래되었다고 진술했다.

(b) 그런데 헤로도토스(Herodotus)가 인용한 '페르시아 계관 시인의 말하기 방식'은, '마하바라타(*The Mahabharata*)'에서 '판다바(Pandavas) 군사들 무한정으로 살해하는' 드로나(Drona)의 기세를 꺾기 위해 그 아들 '아스와타만(Aswatthaman)'과 동일한 이름을 붙여 놓은 '코끼리'를 죽여 놓고 '아스와타만(Aswatthaman)을 잡았다.'고 소문을 내어 그 난적(難敵) 드로나(Drona)를 잡은 경우[107]와 동일하다.

---

106) Herodotus (translated by Aubrey de Selincourt), *The Histories*, Penguin Books, 1954, pp. 229~232

107) K. M. Ganguli (Translated into English Prose from the Original Sanskrit Text), *The Mahabharata of Krishna-Dwaipayana Vyasa*, Munshiram Manoharlal Publisher Pvt.

(c) 당초 '명칭의 혼란'으로 '난폭자 드로나(Drona)를 제어(制御)하는 방법'을 '비슈누의 화신' '크리슈나(Krishna)'가 그 '방법'을 제안한 것으로 되어 있 는데, 페르시아의 계관시인(桂冠詩人, poet-laureate, 御用作家)은 그것을 그대로 '캄비세스(Cambyses)의 광란(狂亂) 제어'에 적용하고 있다.[실제 '사실' 與否는 확인할 수 없음]

(d) 어떻든 헤로도토스(Herodotus)가 그의 '역사(*The Histories*)'를 '기존 자료 수집'을 취사선택했음을 거의 밝히고 있지만, 특히 '페르시아 왕가의 자료 들'이 이미 크게 그 힌두(Hindu)의 '마하바라타(*The Mahabharata*)' '지존 (至尊)의 노래(Bhagavat Gita)'의 영향력을 다 드러내고 있다.

(e) 그리고 헤로도토스(Herodotus)는 그의 '역사(*The Histories*)'에서 페르시아 캄비세스의 사망을 '아피스(Apis) 황소' 살해에 철저히 연동시킨 것은 '독 **신(瀆神)'에 '인과응보'라는 '마하바라타(*The Mahabharata*)의 반(反) 영 웅 두료다나(Duryodhana)가 '왕국의 빼앗기고 비참한 죽음'을 당한 전철 (前轍)을 다시 입증하듯 증거를 들이대었다.**['칼 맞은 자리'에 壞疽 발생]

제47장 마기(Magi)의 왕위 찬탈과
프렉사스페스(Prexaspes)의 증언

캄비세스(Cambyses)의 임종(臨終)을 지켜보았던 페르시아인들은 마기 (Magi, 사제들)의 '정권 탈취'를 믿기 어려웠다. 그들은 '스메르디스(Smerdis)의 죽음에 대한 캄비세스의 말이 '지어낸 이야기(a malicious inventions)'로 들리 었다. 즉 그들은 '왕위에 오른 사람은 키루스의 아들 스메르디스(Smerdis)'인데 모든 페르시아인이 그에게 배반을 하도록 '지어낸 이야기'로 생각했을 했다. 더구나 프렉사스페스(Prexaspes)마저도, 캄비세스가 이미 죽었으므로 자기 손 으로 키루스의 아들을 죽였다고 하면 위험이 닥칠 줄 알아, 강력하게 '살인'을 부정하였다. 그 결과 '키루스 아들 스메르디스(Smerdis)'로 참칭(僭稱)한 그 사

Ltd. New Delhi, 2000, -**Drona Parva**- p.446

제(司祭, 파티제이테스-Patizeithes의 아우)가 안전하게 등극을 했고, '캄비세스 통치 8년째'를 만드는데 7개월을 보냈다. 이 기간 동안에 그 '가짜 스메르디스(Smerdis)'의 부하들은 그로부터 큰 상(賞)을 받았고, 캄비세스가 죽은 다음에 그의 통치를 받고 있는 모든 아시아 종족들의 조문(弔問)을 받았다. 그리고 그 '가짜 스메르디스(Smerdis)'가 즉위(卽位)한 즉시 페르시아인을 제외한 모든 복속 종족들에게 '3년간 세금과 군사의 의무를 줄여줄 것'이라고 선언하였다. 그러나 권력을 잡은 7개월 이후 상황은 그 '가짜 스메르디스(Smerdis)'의 정체가 드러나게 되었다.

그 '찬탈자'가 키루스의 아들이 아니라고 의심한 사람은 페르시아 최고 부자 중 한사람인 파르나스페스(Pharnaspes)의 아들 **오타네스(Otanes)**였는데, 그 '가짜 스메르디스(Smerdis)'가 수도(首都, Susa)의 중심 요새(要塞) 밖으로 나온 적이 없고, '저명한 페르시아인'도 대궐로 부른 적이 없는 것에 의심을 품었다.

이제 왕위를 찬탈한 그 사제(Magus)는 캄비세스 아내까지 넘겨받았는데, 그 중에는 파이디메(Phaidime)라는 오타네스(Otanes)의 딸이 있었다. 오타네스(Otanes)는 그 의심의 진실을 시험하기 위해 키루스의 아들 스메르디스(Smerdis), 혹은 다른 사람인 그와 잠자리를 같이 한 딸에게 편지를 보냈다. 그녀는 대답하기를 그녀는 키루스 아들 스메르이스를 본적이 없고, 그녀의 남편[찬탈자]이 누구인지도 모른 다는 것이다. 오타네스(Otanes)는 두 번째 편지를 보냈다.

"그렇다면 네가 키루스의 아들 스메르디스를 본적이 없다면 함께 살고 있는 아토사(Atossa)는 그녀의 남동생(스메르디스)을 모를 까닭이 없다." 이에 딸은 대답했다.

"저는 아토사(Atossa)에게 물을 방법이 없으니, 왕의 다른 부인을 서로 만나 볼 수가 없습니다. 우리에게 별도의 구역들을 제공하여 살게 하고 있습니다." 이에 오타네스(Otanes)는 딸에게 세 번째 편지는 보냈다.

"파이디메(Phaidime)야, 너는 귀족의 자식이다. 너와 잠자리를 같이 그가 키루스의 아들이 아니라면 그는 처벌을 받아야 한다. 그러므로 이것이 네가 해야 할 일이다. 그가 다음번에 너와 잠자리를 같이 할 적에 그의 귀를 확인해 보아라. 그가 귀를 지니고 있으면 키루스의 아들인 스메르디스의 부인이고, 귀가 없으면 너는 사제(Magus)인 스메르디스(Smerdis)와 결혼한 것이다."

이에 파이디메(Phaidime)는 그것은 극도로 위험한 일이라고 대답을 했으니, 남편이 귀가 없을 경우 그녀가 그것을 알아냈을 때에 사제가 그녀를 죽일 수도 있다는 생각에 도달했다. 키루스 통치할 적에 사제 스메르디스(Smerdis)는 심각한 범죄 행위로 귀를 잘린 형벌을 받았었다.

그 다음 파이디메(Phaidime)는 그녀의 아버지 오타네스(Otanes)와 약속을 하고 그 사제[찬탈자]와 잠자리를 같이 하며 귀가 없는 것을 확인하고 아침에 바로 아버지에게 소식을 전했다. **오타네스(Otanes)는 특별히 믿고 있는 친구 아스파티네스(Aspathines)와 고브리아스(Gobryas)에게 그 사실을 털어 놓았다.** 두 사람은 이전부터 찬탈을 의심해 왔었기에 세 사람은 다시 믿을 만한 공모자를 찾아 나섰다. **오타네스(Otanes)는 인트라프레네스(Intraphrenes)와 고브리아스(Gobryas) 메가비조스(Megabyzus) 아스파티네(Aspathines) 히다르네스(Hydarnes)를 추가 확보했다.** 이들 6명의 공모(共謀)자들은, 다리우스(Darius)의 아버지 히스타페스(Hytaspes)가 통치하고 있는 수사(Susa)에 도착하여, 그 다리우스(Darius)를 가담시킨 것이 결정적인 것이 되었다.

7인의 공모자는 서로의 충성(忠誠)을 다짐하고, 앞으로 행할 방도를 의논했다. 우선 다리우스(Darius)에게 말을 시켜보았더니, 그 자신이 키루스의 아들 스메르디스(Smerdis)가 죽은 것을 알고 있는 유일한 사람이고, 현재의 왕은 '마구스(Magus)'라고 주장하였다. 다리우스(Darius)는 말했다.

"그러한 이유에서 나는 그 마구스(Magus)를 제거하기 위해 수사(Susa)로 달려왔습니다. 이제 그 비밀을 아는 사람이 나 홀로가 아님이 판명이 되었으니, 우리는 빨리 결행을 해야 한다고 생각합니다. '느리고 있는 것'보다 위험한 일은 없습니다."

오타네스(Otanes)가 말했다.

"용감한 부친의 아들 다리우스(Darius)여, 너무 서두를 필요가 없습니다. 우리는 신중을 기해야 하니, 공격을 행하기 전에 군사를 늘려야 합니다."

이에 다리우스(Darius)는 말했다.

"모두 내말을 들어 보시오. 당신네들이 오타네스(Otanes) 말을 따르면 망합니다. 만약 어떤 사람이 자기 이익을 챙기려 하면, 우리를 배반하고 저 마구스(Magus)를 찾아갈 것입니다. 당신네들은 이 일을 당신들 자신이 수행해야 합니다. 그런데 다른 사람들을 얹어서 생각하여 나에게 의견을 물을 경우 내가 드릴 유일한 말씀은 '<u>즉시 실행을 하자.</u>'는 것입니다. 나와 당신들이 한 가지 문제를 약속을 행해서 우리가 하루를 보낼 경우 아무도 나를 배반할 시간이 없습니다. 왜냐하면 나와 당신들이 그 마구스를 거부할 의지가 분명히 있기 때문입니다."

이에 오타네스(Otanes)가 다리루스(Darius)의 열정적인 주장에 경고의 말을 했습니다.

"나는 당신이 이 일을 돌파하려는 당신의 결의를 알고 있고 우리가 더 생각할 필요가 없다는 뜻을 이해합니다. 그러나 당신은 어떻게 그 궁중(宮中)으로 들어가 그를 공격해야 할 방법도 알고 계십니까? 의심해 볼 것도 없이 궁중에는 지키고 있는 병사들이 있습니다. 당신이 그 수비병들을 못 보셨다면 당신은 그것들을 확실하게 알아보아야 합니다."

다리루스(Darius)가 말했다.

"<u>오타네스(Otanes)여, 쓸데없는 말이 많지만, 실행이 한 인간의 의미를 쉽게 보여줍니다. 용감한 행동 없이 말하기는 쉽습니다. 당신들이 그 수비병들을 어려움 없이 돌파하는 방법을 나는 알고 있습니다. 그 누가 감히 결과만을 무서워하여 우리의 진입을 거부하겠습니까? 뿐만 아니라, 나는 우리의 궁중 진입에 완벽한 이유를 확보해 놓고 있습니다. 나는 페르시아에 오면서 나는 '그 왕에게 전달할 우리 아버지의 메시지(a message from my father for the king)'를 이미 확보해 가지고 있습니다. 만약 거짓말이 필요하다면 왜 꼭 그 거짓말을 못 하겠습니까? 우리가 거짓을 말하거나 진실을 말하거나 우리는</u>

결국 하나입니다. 사람들은 이익이 있다 싶으면 거짓을 말합니다. 진실을 말할 때도 목표를 획득하려고 그러하지만, 자신들의 정직에 의지한 것이 더욱 훌륭합니다. 이것이 동일한 목표 달성을 위한 두 가지 다른 길입니다. 이득(advantage)이란 문제에 관련이 없다면, 정직한 사람과 거짓말쟁이가 동일할 것이고, 거짓말쟁이가 진실한 사람처럼 말을 해도 가만히들 있을 겁니다. 아무 문초(問招) 없이 우리를 통과시킨 자는 뒤에 포상이 내릴 것이고, 우리를 저지하려는 자는 그가 누구든 우리가 즉시 적으로 취급을 할 것입니다. 우리는 무장을 해야 하고 즉시 실행을 해야 합니다."

고브리아스(Gobryas)가 말했다.

"친구들이여, 이 순간보다 왕위를 보존하기에 더욱 좋은 순간이 또 있겠습니까? 설영 실패하면 죽기로 합시다. 귀가 잘린 한 사람의 메데인(Mede) 마구스(Magus)가 페르시아인을 통치하게 할 것입니까? 캄비세스 죽음을 지켜보았던 사람들은, 왕위 보전을 위해 노력하지 않는 페르시아인에게 내린 캄비세스의 저주를 잊지 않고 있을 겁니다. 우리는 캄비세스를 생각해야 합니다. 그러나 지금은 상황이 바뀌었으니, 나는 우리가 다리우스 말을 따라야 한다고 제안합니다. 다른 회합은 갖지 말고, 궁정으로 직행하여 마구스(Magus)를 공격합시다."
모든 공모자들이 이 제안에 동의했다.

이 논의가 진행이 되는 동안 다른 곳에서 다른 일이 벌어지고 있었다. 두 마기(Magi)는 문제들을 짚어보다가 우선 프렉사스페스(Prexaspes)를 붙잡아 그의 신임을 받아놔야 한다는 생각을 했다. 그 결정에는 몇 가지 이유가 있었다. 첫째 프렉사스페스(Prexaspes)는 캄비세스에게 자기의 아들을 잃은 잔혹한 대접을 받았다는 점이고, 둘째는 그가 키루스의 아들 스메르디스의 살해자로서 그 죽음에 대한 비밀을 알고 있는 유일한 사람이고, 셋째는 프렉사스페스(Prexaspes)는 페르시아에서 존경을 받고 있는 인물이기 때문이었다. 두 마기(Magi)는 프렉사스페스(Prexaspes)를 불러 놓고 그의 지지에 대한 약속을 했다. 즉 그들이 페르시아인에게 행하고 있는 감쪽같이 속인 것에 침묵을 맹세하

336

면 그 침묵에 대한 막대한 보상을 할 것이라는 것이 그것이었다. 프렉사스페스(Prexaspes)는 그 제안에 동의하였다. 이에 두 마기는 더 나아가 프렉사스페스(Prexaspes)에게 요구하기를 그들이 페르시아인을 궁성(宮城) 아래로 모이게 할 터이니, 탑 꼭대기에 올라가 '키루스의 아들 스메르디스 말고는 다른 왕이 없다.'는 것을 선포(宣布)하도록 했다. 프렉사스페스(Prexaspes)에게 그 일을 시켜 놓고 그 마기(Magi)는 프렉사스페스(Prexaspes)가 살인을 부정하고 키루스의 아들 스메르디스가 살아 있다고 반복해 주장한 했던 것을 페르시아인들이 용납하도록 만들려는 것이었다. 프렉사스페스(Prexaspes)는 그것에도 동의했다. 그리하여 마기가 페르시아인을 동원하여 프렉사스페스(Prexaspes)는 탑 꼭대기에 올라가 그렇게 말을 하게 되었다. 그러나 프렉사스페스(Prexaspes)는 마기가 자기에게 요구한 사항을 모든 것을 무시하고, 신중하게 먼저 아케메네스(Achaemenes) 이후 키루스의 가계를 설명하고 이어 페르시아를 위한 키루스의 노고를 설명하고, 마지막으로 이제까지 프렉사스페스(Prexaspes) 자신의 생명의 위협을 생각하여 그 동안 진정한 사건의 상황을 밝히지 않았다고 말했다. 그러나 때는 이미 더 이상 자기의 혀를 묶어 둘 수가 없게 되었다고 말했다. 프렉사스페스(Prexaspes)는 아무 보상도 없이 캄비세스의 강요로 자신이 키루스의 아들 스메르디스(Smerdis)를 죽였다고 말하고, 그래서 페르시아가 두 마기(Magi)의 통치하에 있다고 밝혔다. 끝으로 만약 페르시아인이 왕위를 회복하여 찬탈자를 벌하지 않을 경우는 말할 수 없는 고통을 받을 것이라고 말하고 프렉사스페스(Prexaspes)는 그 탑에서 몸을 던져 자결하였다. 이것이 프렉사스페스(Prexaspes)의 최후이니, 그의 인생에서 가장 뚜렷한 부분이다.108)

_____→

(a) 우리가 헤로도토스(Herodotus)의 '역사(*The Histories*, 446 b. c.)'를 읽으

---

108) Herodotus (translated by Aubrey de Selincourt), *The Histories*, Penguin Books, 1954, pp. 232~236

며 무엇보다 먼저 구분해야 해야 할 사항이 헤로도토스(Herodotus) 자신
이 수집한 '기존 자료'와 '그 자신의 이야기 전개를 위해 삽입해 넣은 것'을
서로 구분하는 문제이다.

(b) 우선 헤로도토스(Herodotus)가 '다리우스(Darius) 이야기'를 전개하면서
진술한 대부분의 이야기는 이미 '페르시아의 계관시인(桂冠詩人, poet-lau-
reate, 御用作家)의 서술'에 바탕을 둔 것일 수밖에 없다는 점이다.

(c) 그렇다면 헤로도토스(Herodotus)가 '**불가피하게 첨부한 이야기**'란 무엇인
가? 그것은 '둘도 없는 영웅'이라 받들어 세운 '페르시아의 계관시인(桂冠詩
人, poet-laureate, 御用作家)의 서술'을 일단 신중히 억누르고 **독재자 탐
욕의 다리우스(Darius)**'를 드러낸 문제였다.

(d) '페르시아 계관시인이 남겨놓은 자료'는 '이미 하늘이 점지한 용감하고 담
력이 있는 영명한 군주'라는 점에 모아질 수밖에 없다. 그러므로 헤로도토
스(Herodotus)가 '역사(*The Histories*)'에 남겨 놓은 기록은 일차적으로
'페르시아 계관시인이 남겨놓은 자료'로 알아야 할 것들이다.

제48장 '혁명 성공'과 '정치 체제'에 대한 논의

한 편 7인의 공모자(共謀者)는 순간도 지체 없이 마기(Magi) 공격을 결정하
고 궁성으로 향하고 있었다. 그들은 프렉사스페스(Prexaspes) 사건을 모르고
행진을 해 가는 도중에 그 사실을 알았다. 그 뉴스는 그들을 용기백배하게 만들
어 그 상황에 새로운 요소를 의논했다. 오타네스(Otanes)를 지지하는 사람들은
사태가 잠잠해지기를 기다려 그들의 결행(決行)에 생길 수 있는 위험을 낮추자
고 했다. 그러나 다리우스(Darius)와 그의 일파는 취해왔던 행동을 계속해야
한다고 주장을 하고 계획의 변경에 반대했다. 논쟁이 뜨거워졌을 때 갑자기
매 7마리가 두 마리 독수리를 추적하여 부리와 발톱으로 찢었다.['계관 시인'
의 말임] 이것은 조짐이 되어 결국 다리우스(Darius) 계획이 수용되어 7인은
새로운 자신감에 궁성으로 서둘러 행진했다. 7인이 성문에 이르자 다리우스가

예상했던 대로 모든 것이 바뀌어 있었다. 보초병들은 그 고위층 행렬을 하늘이 보호를 해 주듯이 존중하여 질문 없이 통과시켰다. 그러나 대전(大殿)에서 7인은 왕의 심부름꾼 몇 명의 환관(宦官, eunchs)을 만났는데, 환관은 7인의 방문 이유를 물으며 7인의 통과를 지연시켰다. 이에 7인은 단도를 빼어들어 환관을 찌르고 궁정으로 달려 들어갔다.

두 마기(Magi)는 방 안에서 '프렉사스페스(Prexaspes)가 배신(背信)을 초래한 상황'에 대해 의논을 하고 있는데, 밖에서 환관(宦官)의 비명이 들리니, 일어나 위험을 감지하고 전투 준비를 했다. 한 사람은 활을 들었고, 다른 사람은 창을 잡았다. 활을 잡은 사람은 공간이 너무 비좁아 사용할 기회가 없었으나 창을 잡은 사람은 공격을 계속하여 아스파티네스(Aspathines) 다리와 인타프레네스(Intaphrenes) 눈에 상처를 내었다. 그 결과 인타프레네스(Intaphrenes)는 실명(失明)을 했으나 목숨은 붙어 있었다. 활을 든 자는 방어할 길이 없어 침실로 도망하여 추적자를 피해 문을 닫았다. 그러나 다리우스(Darius)와 고브리아스(Gobryas)가 그를 뒤따라가 고브리아스(Gobryas)가 팔로 그 마구스(Magus)를 팔로 붙들었다. 두 사람은 방바닥에 엉기어 있었으나 방이 어두워 다리우스는 개입을 주저하고 있었다. 잘못하면 그 고브리아스(Gobryas)를 죽일 수 있기 때문이다. 이에 고브리아스(Gobryas)가 큰 소리로 말했다.

"손을 두고 무엇을 하고 있어?"

다리우스가 말했다.

"너를 다칠까 보아 공격을 주저하고 있다."

고브리아스(Gobryas)가 말했다.

"무서워 말고 필요하면 우리 둘을 함께 찔러라."

그러자 다리우스는 운 좋게 단도로 그 마구스(Magus)만을 찔렀다.

두 마기(Magi)가 살해되니, 공모자들은 그들의 목을 베어 들고 거리로 나가 큰 소동을 일으켰다. 상처 입은 두 사람은 움직일 수가 없어 궁중에 남아 있었다. 궁궐 밖으로 나온 5인은 시민들에게 무엇이 일어났는지를 설명하고 시민들에게 그 두 마기(Magi)의 머리통을 보여주고, 마주친 모든 사제들(Magus)을 다 죽였다. 7인 공모자들의 공(功)을 알고, 두 사제 형제가 페르시아인에게 행한 속임수를 알아차린 다른 사람들도 7인이 행했던 것처럼 만난 사제에게 단도를 던져 전 사제 족이 몰살이 되었다. 페르시아인은 이 날을 **마고포니아(Mago-phonia, 마기 잡은 날)**'로 기념을 하는데, 달력에 붉은 글자로 표시해 놓고 축제를 여는데, 그 때는 모든 사제들은 문을 닫고 외출을 하지 않는다.

5일이 지나서 흥분이 가라앉으니, 공모자들은 그 상황을 자세히 의논하기 위해 서로 만났다. 그 모임에서 우리 희랍 사람들도 믿기 어려운(some of our own countrymen) 연설이 행해졌다.[109] **처음 입을 연 사람은 오타네스(Otanes)로 그의 주체는 페르시아에 '민주 정부(democratic government)'를 세우자는 것이었다.**

"우리 모두가 절대 권력을 잡기에는 시간이 많이 지났다고 생각합니다. 왕정(王政, Monarchy)은 즐거운 것도 착한 것도 아닙니다. 당신들은 캄비세스의 권력에 대한 긍지가 얼마나 오래 진행되었는지를 보셨고, 마구들(Magus)의 행동도 보았습니다. 어떻게 책임과 통제도 없이 맘대로 행하는 한 사람에게 건전한 예법에 맞는 왕권을 맡길 수 있겠습니까? 사람 중에 최고의 존재를 그 자리에 앉게 해도 나빠지게 마련이니 그 행해 왔던 것을 다 알 수는 없기 때문입니다. 군주들의 대표적인 악은 시기심(envy)과 긍지(pride)입니다. 시기심(envy)은 인간의 타고난 약점이고, 긍지(pride)는 그가 다른 사람보다 부와 권력을 더욱 많이 가져야 한다는 망상(delusion)을 갖게 합니다. 이 두 가지 악(惡)이 백 가지 사악(邪惡)의 뿌리이고 야만과 부자연스런 폭력이 발동하게 만듭니다. '절대 권력'은 원칙적으로 그 권력의 소유자가 원하는 모든 것을 명령하는 그 사람으로부터 원리상 시기심을 제외해야만 하는 것입니다. 그러나 사실상 왕들이 행동으로 증명해야 할 그 문제에 그러하질 못 합니다. 왕들은 단순히 살아가면

---

109) 다음 연설은 정부 형태에 대해 논한 희랍인의 어투로 환상적이다.

서 최고에 욕심을 부리며 최악으로 쾌락을 추구합니다. 왕보다 '명령을 받드는 자'를 좋아하는 사람은 없습니다. 그리고 왕은 사람들 중에서 가장 일관지 못한 사람입니다. 왕이란 존중을 해야 하고, 그의 위엄에 몸을 굽히지 않으면 다 화를 냅니다. 당신들이 자신들을 깎아 내려 알랑쇠가 될 때까지 미워 할 것입니다. 최악의 경우는 전통과 법을 무너뜨리고, 여인들을 자신들의 쾌락에 동원하고, 심문도 하지 않고 사람들을 죽일 겁니다. 민주주의(the rule of the people)는 이와 반대입니다. **첫째 '민주주의'를 말하는 사람들의 최고의 주장은 '법 앞에 평등(equality under law)'이라는 말입니다. 둘째 군주(君主)들이 대행해 줄 수 없는 모든 권력을 국민이 가지는 겁니다. 민주 정부에서 왕은 '제비뽑기 (lot)'로 지명이 되고, 행정에 대해서는 그가 책임을 집니다. 모든 문제는 '공개 토론(open debate)'에 붙여집니다. 이와 같은 이유에서 우리는 왕정(王政)을 그만두고 '민권(民權) 신장(伸長, raise the people to power)'을 주장합니다. 왜냐하면 '국가'와 '국민'은 같은 개념이기 때문입니다.(for the state and the people are synonyous terms.)"**

이 오타네스(Otanes) 연설을 7인 중에 메가비주스(Megabyzus)가 이었는데, 그의 주장은 '과두정치(寡頭政治, Oligarchy)'였다.

"오타네스(Otanes)가 왕정을 버리자는 주장에 나는 동의합니다. 그러나 그가 정치적인 힘을 국민에게 넘기자고 말한 것은 잘못된 것입니다. 대중이란 더할 나위 없이 무식하고 무책임하고 제 맘대로 행합니다. 왕의 살인적 변덕을 피하기도 견디기 어렵습니다. 최소한 왕이란 양심적으로 행동하고 신중해야 합니다. 그러나 대중은 그렇지 않습니다. 사물이나 자기 자신에 아는 것이 없을 경우, 어떤 것이 옳은지 적절한지를 어떻게 가르칠 것입니까? 대중은 머리에 든 것이 없습니다. 대중은 홍수가 난 강물처럼 정책을 따릅니다. 그러므로 백성은 페르시아의 적을 통치하게 해야 합니다. **우리가 나라에서 최고인 사람들을 뽑아 그들에게 정치적 힘을 부여합시다.** 우리도 그 속에 함께하면 최고의 사람들이 좋은 행정을 행하리라 생각하는 것은 자연스런 기대가 될 것입니다."

다리우스(Darius)는 세 번째 연설자였다.

"나는 메가비주스(Megabyzus)의 대중(大衆)에 대한 모든 비판에 동의하지만, 그가 주장한 과두정치(寡頭政治, Oligarchy)에는 동의할 수 없습니다. 우리가 고려하고 있는 세 가지 정부 형태는, 민주정치(democracy) 과두정치(oligarchy) '왕정(王政, monarchy)'입니다. 그들의 장점을 생각해 봅시다. 다른 두 가지보다 나는 왕정(王政, monarchy)이 가장 좋다고 생각합니다. 한 사람의 통치자는 그가 최선을 다해도 더 좋은 결과가 나오기는 불가능합니다. 그의 판단력은 그의 개성 속에 유지 되고 그의 통치는 비판을 초월할 것이고, **적과 반란자들에 대한 그의 역량은 다른 형태의 정부보다 더욱 쉽게 관리될 것입니다.** 과두정치에서는 여러 사람들이 공공 서비스에 종사하여 경쟁하게 되면 개인적 불화를 피할 수 없습니다. 각각 최고를 지향하여 자기 생각을 수행하려 하여 결국 다투게 될 것입니다. 개인적 다툼은 공개적 불화가 될 것이고, 그래서 피를 보게 될 것입니다. 그래서 그 상황에서 결국 한 길은 왕정(王政, monarchy)이 남게 됩니다. 왕정이 최고라는 증거입니다."

세 사람에게서 세 가지 견해가 나오고 말하지 않은 4인은 '왕정'에 찬성했다. (법 앞에 평등을 주장한) 오타네스(Otanes)는 반대를 당한 것으로 생각하고 다시 말을 했다.

"친구들이여, 우리가 제비를 뽑던, 페르시아 인이 선택하든, 또 다른 방법을 쓰든 그 왕이 우리 중에 있다는 것은 명백하게 되었습니다. 나는 왕관을 쓰기 위해 여러 분과 경쟁은 하지 않을 겁니다. **나는 통치를 행하거나 통치를 받을 생각이 없습니다.** 그래서 누가 왕이 되건 나와 나의 후손은 당신들 중 한 사람의 통치를 강요받지 않는 조건에 남아 있게 해 주시오."

다른 6명이 동의하였다. <u>그날부터 오타네스(Otanes)의 가족은, 페르시아 법을 범하지 않는 한 그들 중에 선택된 자가 왕으로 있는 동안에는 '페르시아에서 유일한 자유로운 가정(the only free family in Persia)'이 되게 되었다.</u>110)

342

(a) 헤로도토스(Herodotus)는 그의 '역사(*The Histories*)'를 페르시아의 키루스(Cyrus), 캄비세스(Cambyses), 다리우스(Darius), 크세르크세스(Xerxes) 4대의 지배 시대를 다루었으나, '키루스(Cyrus)' '캄비세스(Cambyses)' 시대는 사실상 '정복의 시대' '전쟁의 시대'로 '페르시아의 영광(榮光)'을 말할 수 없는 시대였음에 대해 '다리우스(Darius)'와 '크세르크세스(Xerxes)' 시대는 문자 그대로 **'아시아' '리비아(아프리카)' '유럽'의 3개 대륙에 걸친 광대한 제국을 운영했던 영광시대였다.**

(b) 그러므로 순간 '마기(Magi)'들의 반란'을 진압한 다리우스(Darius) 등 7인의 공적(功績)은 그 키루스의 공적에 비길 정도로 막중한 것이었고 7인이 논의한 '정치 체제' 문제는 큰 의미를 띠고 있다.

(c) 그 7인이 논의 했다는 '민주정치(Democracy)' '과두정치(寡頭政治, Oligarchy)' '왕정(王政, Monarchy)' 중에 어떤 형태의 정치 체제를 선택할지의 논의는 '상상을 초월한 대 축제(祝祭)'의 장을 공개한 것이다.

(d) 더구나 오타네스(Otanes)의 **'민주주의(Democracy)' '법 앞에 평등(Equality Under Law)'** 주장은, 역시 희랍 아테네 '솔론(Solon) 법'을 전제한 **'헤로도토스(Herodotus) 자신의 신념'**이라는 점이 명시될 필요가 있다.['제15장' 참조]

(e) 그리고 오타네스(Otanes)는 '자신의 민주주의 주장'이 수용되지 않자, '자신은 왕권 경쟁도 포기하고 뽑힌 왕의 지배도 받지 않는 **자유(Freedom)'**를 주장하여 여타 6인이 그것을 수용했다는 사실도 주목될 필요가 있다.

(f) 이것은 역시 2003년이 지난 휘1758년]인 프랑스 볼테르(Voltaire)가 루이 15세와 프러시아 프리드리히 2세의 배척을 받아 스위스로 망명하여 제네바(Geneva) 교외(郊外) 레 델리스(Les Delices)에 정착하였고, 3년 뒤 볼테르가 또 다시 제네바 근처에 **'페르네(the Chateau de Ferney)'** 영지(領地)를 구입하였던 것[111]과 완전히 동일한, **'왕권 영역을 떠난 자유(自由) 추구'**였음이 그것이다.

---

110) Herodotus (translated by Aubrey de Selincourt), *The Histories*, Penguin Books, 1954, pp. 236~241

111) 'Voltaire purchased a home near Geneva that he called Les Délices and in 1758 purchased the Chateau Ferney.'

제49장 다리우스(Darius)의 집권(執權) 과정

그러고 나서 6명은 누가 왕위에 나갈지 공정한 방법을 논의하였다. 나머지 6명은 오타네스(Otanes)가 마기(Magi)에 반대한 계획을 세우고 초기 주동자로 활략했음을 감안하여 누가 왕이 되던 매년 페르시아 인이 고귀하게 생각하는 '메디아 사람 의상(Median clothes)'과 다른 선물을 제공하기로 합의를 보았다. 7인은 알리지 않고도 '왕이 침상에 있을 때'를 제외하고는 왕궁을 출입할 수 있도록 합의 했고, 왕은 7인의 동맹 가족 이외의 가족과는 혼인을 하지 않기로 합의 했다. 그들은 왕을 선택하기 위해, **그들이 모두 교외로 각자의 말을 타고 나가, 해가 돋은 다음, 그의 말이 태양을 향해 힘차게 히이잉 울면 그가 왕이 되기로 합의를 보았다.**(To choose which should be king, they proposed to mount their horses on the outskirts of the city, and he whose horse neighed first after the sun was up should have the throne.)

다리우스(Darius)는 오이바레스(Oebares)란 영리한 말구종(驅從, groom)을 지니고 있었다. 그 모임이 끝난 다음에 다리우스(Darius)는 그를 찾아가 '**누구든 말 등에 올라 해가 돋을 적에 최초로 말이 히힝 우는 자에게 왕위가 주어질 것**'인데, 방법이 없는지 물었다.

"나에게 그 상(賞)이 돌아오게 할 방법을 생각해 보라."

오이바레스(Oebares)는 말했다.

"좋습니다. 주인님 당신이 왕이 되실 겁니다. 저는 목표를 달성할 방략을 지니고 있습니다."

다리우스(Darius)가 말했다. "네가 정말 방법을 알고 있다면 내일 아침을 위해 어서 대비하라."

오이바레스(Oebares)는 밤이 되자마자 다리우스 말이 특별히 좋아하는 '암말'을 마구간에서 끌어내 교외에 묶어 두었다. 그런 다음 오이바레스(Oebares)는 다리우스가 타는 그 종마(種馬)를 그 암말 근처를 점점 가까이 돌리며 마지막에는 그 종마가 그 암말에 오르게 하였다. **다음날 아침 동이 트기 전에 그 6명은 약속대로 그들의 말에 올라 도시를 지나 간 밤에 암말을 묶어둔 그 지점에 도착하니, 다리우스 말이 가장 먼저 히힝 울렸다. 그 순간에 하늘이 맑았는데도 번개가 치고 천둥이 울렸다. 그것은 하늘에서 오는 암시였다.** 다리우스(Darius)의 선택은 확실하게 되었다. 다른 다섯 사람은 그들의 말에서 내려 다리우스(Darius) 발아래 엎드리었다.

그것은 오이바레스(Oebares)가 그 말이 히힝 울게 만들었기 때문이다. 페르시아인은 역시 암말의 성기를 손으로 문지른 다음 그의 손을 승마복에 감추고 있다가 해가 뜨면 말들을 풀어놓을 때 그의 손을 꺼내 다리우스 말 콧구멍에 대면 암말의 냄새에 맡으면 금방 히힝 울게 된다.

그렇게 해서 다리우스(Darius)는 페르시아에 왕이 되었다. 키루스와 캄비세스 정복에 이어 아라비아를 제외한 전 아시아로 지배 영역을 넓혔다. 아랍인은 페르시아인의 지배 속에 있지는 않았으나, 캄비세스가 이집트 원정을 행할 적에 아랍인의 도움이 없이는 이집트 정복이 사실상 불가능하여 두 나라는 우호관계를 유지하고 있었다.

다리우스(Darius)는 키루스의 두 딸인 아토사(Atossa)와 아르티스토네(Arty-stone)와 결혼했다. 아토사(Atossa)는 앞서 캄비세스의 부인이고 이어 마구스(Magus)의 부인이었다. 아르티스토네(Artystone)는 처녀였다. 이어 다리우스는 키루스의 아들 스메르디스(Smerdis)의 딸 파르미스(Parmys)와 결혼했고, 오타네스(Otanes)의 딸과도 결혼했다.

그래서 다리우스의 통치는 모든 지배 영역에 미쳐 그의 첫 행동은 돌 기마상(騎馬像) 기념물을 세우는 것이었는데, 거기에 다음과 같은 명문(銘文)이 있다. **"히스타스페스(Hystaspes)의 아들 다리우스, 그의 말과 말구종(驅從, groom) 오이바레스(Oebares)의 덕으로 페르시아 왕이 되었다."** 말의 이름도 포함이 되어 있다. 그 기마상은 페르시아에 있다. 그 다음 다리우스(Darius)는 태수(太守)라는 20개 지방 장관을 두었다. 각 종족에게 세금 심사를 행하는 관리들이 지명이 되었다. 통치의 목적으로 주변 종족들은 단일하게 만들었고, 변경(邊境)의 사람들은 그들의 편의에 그 종족 국가들에 소속되게 했다.112)

_____→

(a) 헤로도토스(Herodotus)가 그의 '역사(*The Histories*)'에서 크게 다룬 페르시아의 키루스(Cyrus), 캄비세스(Cambyses), 다리우스(Darius), 크세르크세스(Xerxes) 4대 군주는 모두 힌두(Hindu)의 '마하바라타(*The Mahabharata*)' 이야기와 확실하게 관련이 되어 있다.

'계관시인(桂冠詩人, poet-laureate, 御用作家)'들에 의해, **키루스(Cyrus)의 일생'은 '크리슈나(Krishna)의 일생'과 동일시되었고, '캄비세스(Cambyses)의 죽음'과 '두료다나(Duryodhana)의 죽음'과, '다리우스(Darius)의 태양 말 인연'과 '아르주나(Arjuna)의 세상 정복'과, '크세르크세스(Xerxes)의 헬레스폰트(Helespont) 강 건너기'와 '라마(Rama)의 다리 건설'과 동일시되었음이** 그것이다.

(b) 위에서 '7인의 공모자' 중 6명이 '그들은 왕을 선택하기 위해, **그들이 모두 교외로 각자의 말을 타고 나가, 해가 돋은 다음, 그의 말이 태양을 향해 힘차게 히이잉 울면 그가 왕이 되기로 합의를 보았다.**'는 점은 사실상 '마하바라타(*The Mahabharata*)'에서 '**절대자 크리슈나가 모는 태양 수레를 타고 18일 간에 대전에 승리여 힌두(Hindu) 왕국의 시조(始祖) 그 아르주나(Arjuna)에게 6인 중에 누가 그에 해당하는가를 시험해 보자.**'는 합의(合意)를 전제로 한 것이라는 측면에서 그러하다.

(c) 당시 페르시아인으로서 아시아와 유럽을 정복한 '키루스(Cyrus)'를 이어 이집트까지 정복해 보탠 '캄비세스(Cambyses)의 돌연한 사망'에 '마기(Magi)들의 반란'을 잠재운 '7인의 공모자'들이 그들의 '왕의 선출 방식'으로 '**천신[태양신, Krishna]의 도움으로 왕국의 시조가 된 아르주나(Arjuna)에게 과연 누가 그에 상당한 사람인가**'를 시험해 보았던 그 방법이 '**돋아 온 태양과 말을 동원한 시험**'이었으니, '페르시아인'뿐만 '이집트인' '희랍인' '스키타이'까지 '소유한 생각의 바탕'이 사실상 '마하바라타(*The*

---

112) Herodotus (translated by Aubrey de Selincourt), *The Histories*, Penguin Books, 1954, pp. 241~242

Mahabharata)' 이외에는 없었으니, 그 사상의 중심에 '절대신' '절대주의'가 공통으로 작용하고 있었음이 그 증거이다.

(d) 이러한 페르시아 '계관시인'의 전제가 '복원(復元)'이 되었을 적에 비로소 '다리우스(Darius)의 즉위(即位)'는 다 설명이 된다.

(e) 이제까지 밝혀 왔듯이 헤로도토스(Herodotus)의 '역사(*The Histories*)'는 '희랍 중심' '아테네 중심'으로 서술이 되어 동일한 힌두(Hindu)의 '마하바라타(*The Mahabharata*)' 배경 문화를 소유했으면서도 그 대극 점에 두었던 다리우스(Darius), 크세르크세스(Xerxes)에 대한 기록에 '담담(淡淡)[公쭤한 시각'이 발휘될 수 없었다.

(f) 한마디로 헤로도토스(Herodotus)의 '역사(*The Histories*)'는 '마하바라타(*The Mahabharata*)'의 '신비주의[절대주의]'와 헤로도토스(Herodotus) 자신의 '현실주의' '합리주의' 공존한다는 점이 가장 큰 특징인데, 특이 '다리우스(Darius)의 즉위'에서는 '신비주의' '합리주의'가 맞부딪치는 '모순(矛盾)[말구종의 수법에 상응한 천둥 번개]'을 드러내고 있다.

(g) '역사 서술'은 '서술 대상[역사의 주체]의 상태를 일차 명시하고, 이후에 구체적 의미를 알게 하는 것'일 수밖에 없다.

(h) 헤로도토스(Herodotus)가 그의 '역사(*The Histories*)'에서 보인 '합리주의' '과학주의'는 명백히 '인류의 스승'이라는 위치를 차지하게 하고 있지만, 그에 대해 힌두(Hindu)의 '마하바라타(*The Mahabharata*)'는 그가 기술의 대상으로 삼은 '각 지역의 역사'뿐만 아니라 '헤로도토스(Herodotus) 자신의 의식'에까지 절대적인 영향을 주고 있는 상황이었다.

제50장 '세금걷기 대왕' 다리우스(Darius)

다양한 지방에서 해마다 바치는 공물(供物)의 양을 제시하기 전에, 은(銀)으로 제공될 경우는 바빌로니아 탤런트로 그 무게를 말할 것이고, 금(金)의 경우에는 에우보이안(Euboean) 탤런트를 표준으로 할 것인데, 바빌로니아 1탤런트는 에우보이안(Euboean)의 1⅙탤런트이다. 키루스와 캄비세스 통치 기간에는 고정된 공물이 없었고, 국가 수입이 선물에만 의존하였다. 다리우스(Darius)는 규칙적인 세금을 부과하였기에 페르시아인은 키루스와 캄비세스는 독재자라고 말하고 다리우스(Darius)는 장사꾼이라고 말하였다. 다리우스(Darius)는 점령한 곳은 어디에서나 이득을 챙겼고, 캄비세스는 거칠고 이익에는 무관심했고, 키루스는 자애로운 마음을 지녀 항상 점령 주민의 복지를 계획했다고 말했다.

다음은 20개 지방에서 제공한 공물(供物)에 관한 것이다.

제1주 : 아시아에 있는 이오니아(Ionians) 마그네시아(Magnesians)와, 에올리아(Aeolians) 카리아(Carians) 리키아(Lycians) 밀리아(Milyans) 팜필리아(Pamphylians)는 은 400탤런트

제2주 : 미시아(Mysians) 리디아(Lydians) 라소니아(Lasonians) 카발리아(Cabalians) 히테니아(Hytennian)은 500탤런트

제3주 : 헬레스폰트(Hellespont) 해안가 사람, 프리기아(Phrygians) 아시아의 트라키아(Thracians) 파플라고니아(Paphlagonians) 마리안디니아(Mariandynians) 시리아(Syrians) 은 360탤런트

제4주 : 킬리키아(Cilicians) 은 500탤런트였는데, 백마 360마리 값 140 탤런트는 킬리키아(Cilicia) 방위 기마병 유지비이고, 나머지 360탤런트는 다리우스에게 보내졌다.

제5주 : 암피아라우스(Amphiaraus)의 아들 암필로쿠스(Amphilocus)에 의해 창설된 킬리키아(Cilicia) 시리아 사이 국경 사이의 포니디움(Posidium)의 도시. 아라비아 국경에서도 빠져 있어 세금 없이 지냈는데, 350탤런트. 이 지방은 페니키아(Phoenicia) 전역과 팔레스타인(Palestine) 키프로스(Cilicia)라고 부르는 시리아 일부이다.

제6주 : 이집트와 리비아(Libyans) 700탤런트. 모이리스 호수(Lake Moeris) 어획(漁獲)에 대한 세금과 멤피스(Memphis) 백악성(白堊城)에 주둔하고 있는 페르시아 군과 그 부감독에게 곡식 120000부셸(X36리터).

제7주 : 사타기디아(Sattagydians) 간다리아(Gandarians) 아파르테(Apary-tae) 170탤런트.

제8주 : 수사(Susa) 키시아(Cissia) 300탤런트.

제9주 : 바빌로니아 아시리아 은 1000탤런트와 거세당한 소년 500명.

제10주 : 에크바타나(Ecbatana) 메디아(Media) 파리카니아(Paricanians) 오르토코리반테(Orthocorybantes) 450탤런트.

제11주 : 카스피아(Caspians) 파우시케(Pausicae) 다리테(Daritae) 200탤런트

제12주 : 바크트리아(Bactrians) 에글리(Aegli) 360탤런트.

제13주 : 파크티카(Pactyca) 아르메니아(Armenians) 흑해(黑海)까지의 주민 400탤런트.

제14주 : 사가르티아(Sagartians) 사랑기니아(Sarangians) 타마네아(Thama-naeans) 우티아(Utians) 미키(Myci) 페르시아 만 섬 주민 600탤런트.

제15주 : 사케(Sacae) 카스피아(Caspians) 250탤런트.

제16주 : 파르티아(Parthians) 코라스미아(Chorasmians) 소그디아(Sogdi-ans) 아리아(Arians) 390탤런트.

제17주 : 파리카니아(Parcanians) 아시아의 에티오피아(Ethiopians) 400탤런트.

제18주 : 마티에니아(Matienians) 사스피레(Saspires) 알라로디아(Alarodi-ans) 200탤런트.

제19주 : 모스키(Moschi) 티바레니(Tibareni) 마크로네(Macrones) 모시노에키(Mosynoeci) 마레(Mares) 300탤런트.

제20주 : 세상에서 가장 많은 인구를 지닌 인도(Indians) 금분(金粉) 360탤런트.

만약 바빌로니아 탤런트를 에우보이아 식(the Euboean scale)으로 바꿀 경우 총계가 9880 탤런트이고 금의 가치는 은의 13배이니, 인도의 금분(金粉)은 4680 탤런트이다. 그래서 다리우스의 연간 총 수입은 14560 탤런트로 여타 소득 뺀 것이 그렇다.[수치 경제에 밝은 헤로도토스]

이러한 수익은 아시아, 리비아, 여러 섬과 유럽의 테살리(Thessaly)에서까지 걷어 들인 것이다. 페르시아 왕의 보물 저장 방법은 녹여 질그릇 항아리에 부어

둔다. 돈이 필요할 때는 필요한 양을 동전으로 만들기도 했다.

세금을 걷기 위해 지방 목록이 완성 되었다.[113]

___✈

(a) 헤로도토스(Herodotus)는 페르시아의 '다리우스(Darius)'를 '마하바라타 (*The Mahabharata*)'에 탐욕의 왕 '<u>드리타라슈트라(**Dhritrashtra**)</u>'에게 비유한 셈이다.

(b) 헤로도토스(Herodotus)는 역시 힌두(Hindu)의 '마하바라타(*The Maha-bharata*)' 서술 방법을 그대로 계승했다.

(c) 힌두(Hindu)의 '마하바라타(*The Mahabharata*)'에는 다음과 같은 장면이 있다.

"이에 드리타라슈트라(Dhritrashtra)가 유디슈티라(Yudhishthira)에게 말했습니다. '오 판두의 아들아, 그대는 전장에서 죽은 사람과 살아 도망을 했던 사람을 알고 있겠구나.'

유디슈티라가 대답했습니다. '16억 6천 2만 명이 죽었고, 2만 4천 1백 65 명이 도망을 쳤습니다.'"[114]

(d) 상고(上古) 시대에 행해진 '쿠루크셰트라 전쟁(Kurukshetra War)'에 '사망자'와 '도망자'가 정확히 파악하기란, 오늘날 전투 참자 신체에 '전자(電子) 칩'을 미리 주입해 놓았다고 해도 그 정확한 통계는 쉽지 않을 것이다. 그런데 '마하바라타(*The Mahabharata*)'에서는 '절대주의[절대신 믿게 하기]' 라는 이름으로 그렇게 행하였다.

(e) 헤로도토스(Herodotus)는 그의 '역사(*The Histories*)'에서 '마라톤 해전'과 '살라미스 해전'에서 사망자 수와 양쪽 '3단노선' 배의 숫자를 구체적으로 제시하였다.

(f) 그것이 실제 당시 사정과 일치한 것이냐는 문제에 이전에 '계량화' '수식(數式)화' '도형(圖形)화'가 '힌두(Hindu)'에서 유래했다는 전제는 상세한 입증

---

113) Herodotus (translated by Aubrey de Selincourt), *The Histories*, Penguin Books, 1954, pp. 243~245

114) K. M. Ganguli (Translated into English Prose from the Original Sanskrit Text), *The Mahabharata of Krishna-Dwaipayana Vyasa*, Munshiram Manoharlal Publisher Pvt. Ltd. New Delhi, 2000, -**Stree Parva**- p. 40

350

이 필요한 사항이다.

(g) 한 마디로 '페르시아 왕 다리우스(Darius)의 세금 걷기'는 그의 지배를 받고 있는 속국(屬國)들에게는 **'탐욕의 착취(搾取) 기록'**일 수밖에 없으나 최소한 '페르시아 국민'에게는 **'승리의 전리품'**이었음을 부정할 수 없다. **헤로도토스(Herodotus)의 '역사(*The Histories*)'는 '페르시아의 반(半) 식민지' '희랍 중심' '아테네 중심' 서술이므로 그 '페르시아 계관시인의 서술'과는 정반대의 '국가관' '가치관'에 설 수밖에 없었다.**

제51장 '인더스 강'의 황금 이야기

나는 인도인이 거대한 양의 금을 얻는 방법을 말해 보겠다. 인도의 동쪽에는 사막이 있다. 아시아에 거주하고 있는 사람들에서는 우리가 신뢰할 만한 정보를 얻을 수 없다. 인도는 극동(極東)에 있고 그곳을 지나면 사람들이 살 수 없는 사막이다. 인도에는 여러 종족이 살고 있고, 언어가 다르고 초원이 있어, 유목민이나 나머지는 아니다. 일부는 강가 습지에서 살며 배와 갈대로 잡은 물고기를 날 것으로 먹는다. 이 사람들은 강가에서 자란 골풀로 옷을 만들어 입는다. 그네들은 골풀(rush)을 모아 그것을 두들겨 그것을 매트처럼 역어 흉갑(胸甲)처럼 가슴을 가린다. 더 동쪽으로 가면 파데(Padaei)라는 유목민이 사는데, 날고기를 먹는다. 그들의 풍속에 사람을 먹는다.[헤로도토스의 '食人 문화 소개' 취향]

어떤 종족은 씨 뿌리지도 않고 집도 없고 채식(菜食)을 행한다. 그들 고장에는 야생으로 자란 수수만큼 한 식물에 깍지가 달리는데, 그것들을 모아 끓여먹는다. 사람이 병들면 그는 친구들을 떠나 '죽을 장소'로 간다.['은둔(隱遁, Asramavasika)']

모든 인도 사람들은 가축처럼 짝짓기를 한다. 그들의 피부는 모두 동일하여 에티오피아 사람 피부 같다. 그들의 정액(精液)은 검은 색인데, 흑색 피부가 에티오피아 사람과 유사하다. 그들의 나라는 페르시아 남쪽으로 멀리 떨어져 있는데, 그들은 다리우스(Darius)에게 복속되질 않았다.

훨씬 북쪽 카스파티루스(Caspatyrus) 도시 주변과 팍티카(Pactyca) 지방에도 다른 인도인도 있는데, 그들의 생활양식이 박트리아 사람(Bactrians)과 유사하다. 이들은 인도 종족 중에서도 가장 호전적인 종족이다. 이들이 금을 가져오는 종족인대 그 지역에 모래사막이 있기 때문이다. 그 사막에서 여우보다는 크고 개보다는 작은 개미가 발견되었다. 약간의 표본들이 페르시아 왕궁중에 보관 되어 있다. 그것들이 땅 속에 굴을 파서 모래 언덕을 쌓아 올리는 것은 우리 개미들이 하는 것과 같다. 그 모래에는 금이 풍부하였는데, 인도인들이 그 사막으로 원정을 했을 때 알아낸 것이다.

금이 있는 장소에 도착한 인도인들은 그 금을 배낭에 담아 집으로 돌아 온 것이다.

페르시아인의 말에 의하면 그들의 영역 내에도 약간의 금을 획득하는 광산이 있지만 대부분의 금이 그렇게 인도인들이 획득한 것이라고 한다.

세상에서 가장 먼 곳에 '최고의 생산품(金)'이 있다는 것이 사실로 생각된다. 하지만 그곳은 희랍과 가장 비슷한 기후를 가지고 있다. 사람이 거주하는 곳에서 가장 동방에 자리를 잡은 인도에 대해 말을 해 보겠다. 우리가 '인도 산 말'을 제외하면 인도의 동물들과 새들이 몸집이 다른 곳보다 훨씬 크다. 역시 금도 발견된 양이 엄청나다. 그리고 야생 나무에서 털을 생산하는데 양모보다 훨씬 품질이 우수하다. 인도인은 그것으로 옷을 만들어 입었다.[사냥한 다음 그 '사슴 가죽'을 걸치었었다.] 그들보다 훨씬 남쪽에 아라비아가 있다.115)

_____→

　　(a) 당초에 힌두(Hindu)의 '마하바라타(*The Mahabharata*)'에서 보인 '천체(天體) 별들'과 '기상'과 '생명의 순환'에 대한 탐색은, 그대로 헤로도토스

115) Herodotus (translated by Aubrey de Selincourt), *The Histories*, Penguin Books, 1954, pp. 245~247

(Herodotus)에게도 이어져 헤로도토스(Herodotus)는 '나일 강의 홍수 탐구'[제26장]를 통해 '지리(地理)의 관찰'에 지대한 관심을 표명했다.

(b) 이것은 헤로도토스(Herodotus) 이후에도 이어져 '인생관' '세계관' 확대 심화에 결정적 제보(提報)가 되었다.

(c) 헤로도토스(Herodotus)가 그의 '역사(*The Histories*, 446 b. c.)'를 쓴 이후 2297년 뒤에 영국의 포콕(E. Pococke)은 이미 확보된 천문 지리학을 토대로 '희랍 속의 인도(*India in Greece*, 1851)'를 써서 헤로도토스(Herodotus)가 그의 '역사(*The Histories*, 446 b. c.)' 이전의 상고사(上古史)를 재구(再構)하였다.

(d) 포콕(E. Pococke)은 '① **카슈미르 펀자브 코카사스인(人) 크샤트리아(계급)의 타고난 體力, ② 인더스 아타크(Attac) 연안(沿岸)의 모래속의 황금 -막대한 資本', ③ 힌두 베다의 선진(先進) 윤회 사상(輪回 思想) ④ 지구촌(地球村)을 향한 '개방된 사회로의 지향 능력(航海術, -疏通 交流 能力)' ⑤ '이단(異端) 수용주의(收容主義, The Admission of Paganism)'**이라는 5대(大) 역사적 동력(動力)'을 제시했는데, 이 중에 '② **인더스 아타크(Attac) 연안(沿岸)의 모래속의 황금 -막대한 資本**'은 이미 페르시아 '다리우스(Darius) 통치' 시대부터 관심사였음을 알 수 있다.

(e) 힌두(Hindu)의 '마하바라타(*The Mahabharata*)'에서부터 '피정복 지역에서 세금 걷기'가 명시되어 있으나, 모두 '절대신 모시기 수단'으로 정당화되어 있었음에 대해 헤로도토스(Herodotus)의 '역사(*The Histories*)'에부터는 '지배자의 탐욕' '피정복 국가 생존권 박탈'이라는 무서운 '생존권 투쟁'으로 이미 부각이 되어 있고, 그 탐욕의 발동 자가 페르시아의 다리우스(Darius)와 그의 아들 크세르크세스(Xerxes)라고 확실하게 못을 박았다.

제52장 '헤라클레스'가 시조(始祖)라는 스키타이

바빌론 반란을 잠재운 다음 다리우스는 스키타이(Scythia)를 침략하였다. 스키타이들은 앞서 메디아(Media)를 침략 점령했던 침략자들이었는데, 다리우스(Darius)는 엄청난 세금을 걷고 아시아 지배 영역에 무한정의 사람들을 동원하여 스키타이(Scythia)에게 복수전을 하려 했다. 스키타이인들은 말하기를 자기들이 '모든 종족에서 가장 젊은 종족(the youngest of all nations)'이라고 하고 그들은 그들의 기원을 다음과 같이 말한다. 스키타이 고장에 처음 살았던 최초의 인간은 제우스(Zeus)의 아들 타르기타우스(Targitaus)였고, 역시 제우스의 딸 강신(江神) 보리스테네스(Borysthenes)였다.[그들의 전설이 그러함] 타르기타우스(Targitaus)는 세 아들 리포크사이스(Lipoxais) 아르포크사이스(Arpoxais) 콜라크사이스(Colaxais)가 있었는데, 그들이 다스리는 동안에 하늘에서 '황금 가래'와 '황금 멍에'와 '황금 전부(戰斧)'와 '황금 술잔'이 내려왔다. 리포크사이스(Lipoxais)의 후손이 현재 아우카타이(Auchatae)이고, 아르포크사이스(Arpoxais) 후손은 카티아리(Catiari)이고, 마지막 콜라크사이스(Colaxais) 후손이 대왕 스키타이(Royal Scythians)로서 파랄라타이(Paralatae)이다. **스키타이들은 그들 왕 중의 한 사람이 스콜로티(Scoloti)였는데, 희랍인들이 그들을 스키타이(Skythia)라 불렀다.**

폰투스(Pontus) 희랍인에 의하면 헤라클레스(Heracles)가 세상에 그 무인지경(無人之境)으로 게리온(Geryon) 황소와 함께 왔다. 게리온(Geryon) 황소의 집은 '헤라클레스 기둥(Pillas of Heracles)' 넘어 대양에 있는 가데스(Gades)에 가까운 에리테아(Erythea)라는 섬에 있었다. 전설에 의하면 대양은 동방에서 흘러 온 세상을 감싸고 있는 거대한 강이다. 헤라클레스(Heracles)는 현재 스키타이 지방에 이르렀는데 날씨가 너무나 추워 '사자 가죽'을 걸치고 잠이 들었다. 헤라클레스(Heracles)가 잠이 들어 있을 적에, 전차(戰車)에 매어놓지 않았던 말들이 방목장(放牧場)에서 쥐도 새도 모르게 사라져 버렸다. 헤라클레스가 잠에서 깨어나 보니 말들이 없어졌다. 헤라클레스(Heracles)는 온 지방을 찾고 돌아다니다가 결국 힐라이아 산림 지(Hylaea, Woodland)에 도착했는데, 한 동굴 속에 '**엉덩이까지는 여성이고 그 아래는 뱀인**' '뱀 여인(a viper-maiden)'이 살고 있었다. 순간 헤라클레스(Heracles)는 놀라움으로 그녀를 바라본 다음 그녀에게 "돌아다니는 말들을 본적이 있느냐?"고 물었다. 그녀가 말하기를 그

354

말들을 자기가 가지고 있는데, 헤라클레스(Heracles)가 그녀와 잠자리를 같이 하면 그 말들을 되돌려 주겠다고 말했다. 헤라클레스(Heracles)는 그러하마고 응낙했다. 그러나 뱀 여인은 당장 말들을 되돌려 보내주지 않고, '말들을 찾아 떠나려는 헤라클레스(Heracles)'를 잡아두기 위해 협상의 시간을 끌었었다. 그녀는 말했다.

"나는 당신의 안전을 위해 이 말들을 보관하고 있었습니다. 당신은 내게 응답을 주어 나는 아들을 가지게 되었습니다. 이제 내가 그들에게 어떻게 해야 할 지를 말씀해 주세요. 그들을 이 고장에 살게 할까요? 아니면 당신에게 보낼까요?"

헤라클레스(Heracles)가 말했다.

"이 아이들이 남자로 자라면 활을 잡고 나처럼 허리에 띠를 띠게 하여 이 고장에 정착하여 살게 하시오. 그렇게 못하는 놈은 쫓아내 버리시오. 그렇게 해 주시오. 당신은 내게 복종했을 뿐만 아니라 행복한 얼굴을 보여 주었소."

헤라클레스(Heracles)는 활과 허리띠를 그녀에게 주고 떠났다. 그 소년들을 그 어미가 '아가티르소스(Agathyrsus)' '겔로노스(Gelonus)' '**스키테스(Scythes)**'로 이름을 붙였다. 아가티르소스(Agathyrsus)와 겔로노스(Gelonus)는 맡은 바 소임에 성취가 없었다. 그래서 그 어머니는 그들에게 그 고장을 떠나라고 말했다. 그러나 막내 '**스키테스(Scythes)**'는 성공을 하여 남게 되었다. 그래서 스키테스(Scythes)가 스키타이 종족의 왕들의 시조가 된 것이다.

.........내가 설명한 전 스키타이 지역은 겨울나기가 가장 힘들다. 1년에서 8개월간의 추위는 견디기가 힘들다. 땅이 강철 같이 얼기에 흙을 진흙으로 바꾸려면 물이 아닌 불을 이용해야 한다. 바다도 얼어붙는다. 8개월의 겨울 지나도 나머지 4개월도 춥다. 천둥번개가 없으나 여름철에만 격렬하다. 겨울철에 천둥은 지진처럼 괴물(怪物, prodigy)이 행한 것으로 생각한다. 말들은 겨울철을 잘 견디나 노새와 당나귀는 견디지 못 한다. 어느 곳에서나 노새와 당나귀는 추위에 새끼를 순산하지 못 한다. 그러나 말들도 동상(frostbite)에 걸리지만 추위를 견딘다. 그 추위 때문에 스키타이 가축들은 뿔이 없다고 나는 생각한다.

호머(Homer)의 '오디세이(*Odyssey*)' 시구가 말하고 있다.

[따뜻한 남쪽] "리비아(Libya)에서는 양들의 이마에 뿔도 빨리 자라네."

더운 날씨에 뿔도 빨리 자란다는 이야기이다. 이에 대해 추운 날씨에는 뿔도 자랄 수 없거나 아예 없다.[116]

- (a) 헤로도토스는 그 저서 속에 '<u>스키타이들(Scythians)</u>'이 얼마나 잔인하고 미개(未開)한 민족인지를 그대로 다 드러내었다.
- (b) 중요 풍속이 '결혼 풍속' '장례 풍속' 문화의 대표적인 사항인데 헤로도토스는 그 스키타이들(Scythians)을 '문명이 없는 야만인'이라고 말하기를 주저하지 않고 있다.
- (c) 그런데 그들의 '조상신'으로 지목하고 있는 '**헤라클레스(Heracles)'는 힌두의 경전인 '마하바라타(*The Mahabharata*)'의 주인공 크리슈나(Krishna)와 크게 닮았으니 '천하장사'라는 점, '유목민'이라는 점, '최고신[의 化身]의 아들'이라는 공통점이 그것이다.**
- (d) 특히 **헤로도토스가 인용한 '헤라클레스(Heracles)'가 맞이한 여인이 '엉덩이까지는 여성이고 그 아래는 뱀인' '뱀 여인(a viper-maiden)'이란 표현은 그대 그 '마하바라타(*The Mahabharata*)' 식 표현 방법으로, 헤로도토스 자신도 그 문화권에 있는 존재임을 모르고 있었다.**
- (e) '마하바라타(*The Mahabharata*)'의 영웅 아르주나(Arjuna)도 '불 속에서 탄생한 여인 드라우파디(Draupadi)' 말고도 '뱀들(Nagas)왕의 딸 울루피(Ulupi)'[117]를 아내로 맞았다.
- (f) 포콕(E. Pococke)의 어원(語源) 추구에 의하면 "'**헬라(Hela)' 산들로 유형**

---

116) Herodotus (translated by Aubrey de Selincourt), *The Histories*, Penguin Books, 1954, pp. 271~274, 279~280
117) K. M. Ganguli (Translated into English Prose from the Original Sanskrit Text), *The Mahabharata of Krishna-Dwaipayana Vyasa*, Munshiram Manoharlal Publisher Pvt. Ltd. New Delhi, 2000, -**Adi Parva**- p. 419

화한 벨로키스탄(Beloochistan)[아프가니스탄]에 자리 잡은 장대(壯大)한 고산(高山)에서에서 연유한 말"[118]로 '**헤라클레스(Hera-cles)**'란 '**인더스 강(Helas water)의 크리슈나(Krishna)**'일 뿐이니, 힌두(Hindu)의 '라지푸트 족[크샤트리아 족](Rajpoots, Kshatriyas)' 근원 설화의 연장일 뿐이다.

(g) 그리고 헤로도토스(Herodotus)가 행한 '스키타이들(Scythians)' '헤라클레스(Heracles)' 이야기와 더불어 역시 주목을 해야 할 사항이 '추위' '말[馬]'의 논의이다.

(h) 왜냐하면 '**태양족(太陽族, Children of the Sun, Solar Race)**'과 '**기마족(騎馬族, The Hyas, Horse Tribes)**'의 문제는 '상고사'에 필연적인 연관 속에 설명이 되기 때문이다.

제53장 '인더스 강'에 대한 다리우스의 관심

아시아의 많은 부분이 다리우스(Darius)에 의해 밝혀졌다. 다리우스(Darius)는 인더스 강이 바다와 만나는 지점을 알고 싶었다. 인더스 강은 나일 강과 함께 악어가 서식하는 유일한 강이다.[갠지스 강이 제외된 것은 주목할 사항임] 다리우스는 그 강의 비밀을 탐색하기 위해 믿을 만한 원정대를 파견했다. 카리안디아 사람(Caryandian) 스킬락스(Scylax)가 이끌었던 원정대는 팍티카(Pactyica) 지역의 카스파티로스(Caspatyrus)에서 항해를 시작해서 그 강을 따라 동쪽으로 향하여 바다에 이르렀다. 그런 다음 해안선을 따라 서쪽으로 30개월을 항해하여 이집트 왕이 리비아(Libya) 주항(周港)을 위해 만들어 놓은 페니키아 사람들의 거주지에 도달했다. 이 항해가 끝난 다음 다리우스는 인도인을 복속시키고 남방 바다를 정기적(定期的)으로 활용했다. 이렇게 해서 동쪽부분을 제외한 모든 아시아가 바다로 둘려 있다는 것이 입증이 되었고, 아시아가 전반적으로 리비아와 유사하다는 것이 밝혀졌다.[119]

---

118) E. Pococke, *India in Greece*, 1851, p. 48

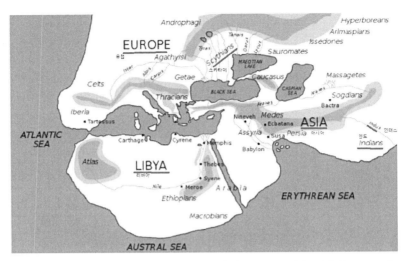

'헤로도토스의 세계 지도(Herodotus world map)' ―'유럽(Europe)' '스키타이(Scythians)'
'리비아(Libya)' '아시아(Asia)' ―인도(Indians) 인더스 강(Indus)

_____✈

(a) 이 부분은 '합리주의자 헤로도토스(Herodotus)'가 어떻게 당시 그 '정보(情報) 부족'으로 얼마나 고심(苦心)을 했는가를 여실히 입증하고 있다.

(b) 헤로도토스(Herodotus)는 기회 있을 적마다 '유식한 희랍인들'도 자기보다 모르고 있는가를 구체적인 예를 통해 입증을 했던 '탁월한 기억력, 분석력'을 자랑하였다.

(c) 한 마디로 헤로도토스는 무엇보다 당시 '지리학(地理學) 정보(情報)'로 여타(餘他) 희랍인들 확실하게 물리쳤으나, 역시 그 '지리학적 정보 부족'으로 오늘날 그의 저서가 '역사 속의 고전(古典)'으로 묶여 있게 되었다.

(d) 그리고 헤로도토스 궁극적으로 달성하고자 목표가 '정치적 독립국' '경제적 자주국'이고 그것을 위해 기꺼이 싸우는 희랍을 제시하는 확실한 자세로 일관했다. 이러한 측면에서 헤로도토스의 '역사 서술'은 만대에 귀감(龜鑑)이다.

_____

119) Herodotus (translated by Aubrey de Selincourt), *The Histories*, Penguin Books, 1954, p. 284

(e) 그런데 그 '인문 지리학적 정보(情報) 부족'은 '역사' 서술에 치명적인 약점이 되었으니, 당시 경제의 표현이 '은(銀)과 금(金)'이었고 그 중에서도 '금(金)' 소지자가 '인도인'이라는 것까지 명시했으나, 헤로도토스의 페르시아왕 다리우스가 그 '인더스 강' 탐사 이유가 '나일 강'과 더불어 '악어'가 살고 있는 유일한 강이었기 때문이라고 말했으니, '정보(情報)의 부족'이 이처럼 '어린이' '바보'로 만들고 있다는 것을 우리를 '당대 최고 지성의 최고 걸작'을 통해 거듭 확인할 수 있다.

제54장 스키타이의 주신(主神)들

스키타이 숭배신은 '헤스티아(Hestia, 主神) -제우스(Zeus)'와 '대지(大地 제우스의 아내)신'이고, 그 다음으로 중요한 신이 '아폴로(Apollo)', '천상의 아프로디테(Aphrodite)', '헤라클레스(Heracles)', '아레스(Ares, 軍神)'이다. 이들 신들은 전 스키타이들에게 알려져 있다. 왕족 스키타이들(Royal Scythians)은, 포세이돈(Poseidon)에게도 제사를 지낸다. **스키타이의 말로 '헤스티아(Hestia)'가 타비티(Tabiti) 제우스(Zeus, 아주 적당한 나의 생각임)**[기능상 유사한 희랍 신으로 개칭을 한 것임] '파파쿠스(Papacus, 아버지)'이고, '아피(Api)'는 대지 신, '옥토시로스(Octosyrus)'는 태양신, '아르김파사(Argimpasa)'는 아프로디테이고, '타기마사다스(Thagimasadas)'가 바다 신(Poseidon)이다.

'아레스(Ares) 신'을 빼고는 동상이나 제단 신전을 짓지 않은 것이 그들의 풍속이다. 제사 방법은 어느 곳 어느 경우에나 동일하다. 제물의 앞다리를 묶고 의례의 집행자가 신의 이름을 부르며 뒤에서 끈을 잡아 제물을 끌어내린다. 그런 다음 제물의 곁으로 다가가 목에 묶인 줄에 달린 작은 막대기를 비틀어 그 동물[제물]을 질식시킨다. 어떤 불도 밝히지 않고 과실도 헌주(獻酒)도 없다. 제물이 질식되면 그 동물의 가죽이 벗겨 그 고기를 끓이기 시작한다. 이것을 '작은 발명(發明)'이라고 하는데, 스키타이에는 불을 피울 나무가 없어서 그 살을 발라 가마솥에 넣고 그 가마솥 아래 그 짐승의 뼈를 넣고 불을 지핀다. 가마솥이 없을 경우 고기를 그 동물의 위(胃)에 넣고 거기에 물을 부어 역시 뼈들을 연료로 하여 끓인다. 이렇게 하여 황소나 다른 희생 동물을 교묘하게 삶아 낸다. 요리가 끝나면 그 제사 집행자는 고기의 일부를 자기 앞 땅에 던진다. 모든 가축이 제물로 쓰이지만 **말[馬]이 가장 일반화 된 제물이다.**['마하바라타(*The Mahabharata*)'의 '말 제사' 類型임]

아레스(Ares, 軍神)를 숭배하는 의례는 서로 다르다. 아레스(Ares)는 그의 신전(神殿)을 지니고 있다. 그 신전은 베어낸 나무 가지로 거대한 집적(集積)을 이루는데 한 변이 3펄롱(3X200m)이고 높이는 그보다 낮다. **그 꼭대기를 평평하게 '정사각형의 단(壇)'만든다.** 매년 150수레의 나무토막을 더 쌓아올려 비가 내려도 고정된 위치를 유지하게 하고 그 꼭대기에는 아레스(Ares) 상징인 '고철검(古鐵劍)'을 세워두었다. 해마다 바치는 말 등 가축의 제물은 그 칼로 제사가 행해지고, 다른 신들에게도 엄청난 가축이 바쳐진다.['제사=희생=전쟁' 논리] 전쟁 포로들도 아레스(Ares)에게 바쳐진다. 1백 명 중에 한 사람을 선택하여 그의 머리에 술을 붓고 목을 잘라 그릇에 담아 나무로 만든 제단 위로 올리고 그 피는 제단 위에 세워놓은 칼에 뿌린다. 그러는 동안 제단 아래서는 포로들을 죽이고 그들이 소지한 무기를 공중 멀리 던져버린다. 이 '의례'가 끝나면 아레스(Ares) 숭배자들은 자리를 떠난다. 스키타이들은 '돼지'를 '희생'으로 바치지 않고 가축으로 기르지 못 하게 한다.

스키타이들은 전쟁이 터지면 모든 사람들이 그가 처음으로 죽인 사람의 피를 마신다.[힌두 '비마'가 맹세했던 것임] 전쟁에서 죽인 사람들의 머리통을 왕에게 가져온다. 머리통을 가져온 병사에게는 전리품이 주어지고 머리통이 없는 병사에게는 전리품도 제공되지 않는다. 스키타이에는 많은 점쟁이들이 있다. 그 점쟁이들은 점치기에 '버들가지'를 사용한다. 스키타이가 맹세를 할 적에는, **맹세를 행할 양쪽의 사람들이 약간의 피를 칼로 뽑아 술이 담긴 그릇에 넣는다.** [血盟의 眞相임] 그런 다음 거기에 칼과 화살 전부(戰斧) 창 등을 담그며 기도를

360

올린 다음 마지막으로 언약의 양측이 피를 섞은 술을 마신다.

그런데 '디오니소스 식 술잔치'에 빠지는 희랍의 풍속은 스키타이 눈으로는 창피스러운 일이이다. 어떤 스키타이도 '사람들의 정신을 잃게 하는 신'을 상상할 수 없다. 이 경우는 보리스테니트들(Borysthenites) 중에 한 사람인 스킬라스(Scylas)가 도시의 교외에 행사를 기다리는 스키타이들에게 말했다.

"희랍인들은 그 디오니소스 축제로 우리를 조롱하고 있다. 그 정신으로 스키타이 당신네들의 왕을 생각하고 그러한 것이다. 그 정신으로 디오니소스는 미쳐 축출이 된 것이다. 당신네들이 그것을 믿지 않으면 내가 당신들에게 알 수 있게 해 주겠다."

스키타이 대장이 그 제안을 수용하여 그 사람이 높은 건물 꼭대기로 스키타이들을 안내하여 길거리에서 행해지는 광경을 볼 수 있게 하였다. 주연(酒宴)을 베풀고 있는 그들 중에는 스킬라스(Scylas)도 끼게 되었다. 그래서 스키타이들이 그들의 왕이 '바커스 광란(Bacchic frenzy)'에 빠진 것을 보고 큰 당황에 빠졌다가 그의 군(軍) 중으로 되돌아 왔는데, 광경을 목격한 스키타이들은 모든 스키타이들에게 그것을 알리었다. 그 뒤에 스킬라스(Scylas)가 집에 있을 적에 스키타이들이 스킬라의 아우를 잡아가고 반란을 일으키니 스킬라스(Scylas)는 무슨 일이 생겼는지를 짐작하고 그 고장을 떠나 트라케(Thrace)로 도망을 쳤으나 뒤에 붙잡혀 목 베어졌다. 스키타이들은 자신들의 전통에 고착되어 이방(異邦) 풍속을 소개한 자는 가혹하게 처벌을 행하였다.

스키타이들의 인구는 과연 얼마인지도 알 수가 없다.

스키타이에게는 거대한 강들과 넓은 평원을 빼고는 놀랄만한 것이 별로 없다. 그런데 다른 한 가지 흥미로운 점은 **'헤라클레스(Heracles) 발자국'**이 남아 있다는 점이다. 토착 인들은 여행객들에게 보여주는 티라스(Tyras) 강가 바위 위에 그 발자국을 보여주고 있다. 그것은 사람의 발자국과 같은데 3피트(3x30cm) 길이이다. [120]

'고(古)전설로 전하는 인간 발자국 화석(Fossilized human footprints may reveal ancient traditions)'

(a) 헤로도토스(Herodotus)의 '역사(*The Histories*)'는 '희랍' '이집트' '페르시아' '스키타이' 4대 영역의 이야기인데, 그중 '스키타이'는 가장 원시적이고 폐쇄적인 종족 국가로 설명을 하였다.

(b) 그런데 헤로도토스가 설명하고 있는 '헤라클레스(Heracles) 이야기'는 '마하바라타(*The Mahabharata*)'의 '크리슈나(Krishna)' 이야기와 크게 공통성을 지녀 주목을 해야 한다.

(c) '유목민' '군신(軍神) 숭배' '신전 건축' 등 스키타이 총체적인 모습은 그 '마하바라타(*The Mahabharata*)' '크리슈나(Krishna)' 원형의 가장 근접해 있다는 점에서 그렇다.

(d) 오늘날 '헤라클레스(Heracles) 이야기'는 다음과 같이 정착해 있다.

"(1) 첫 번째 노역 : 네메아(Nemea)의 괴물 사자를 죽였다. //(2) 두 번째 노역 : 레르나(Lerna) 호수의 뱀 히드라(Hydra)를 잡았다.// (3) 세 번째 노역 : 에우리스테우스(Eurystheus) 여신에게 케리네이아(Ceryneia)의 사슴을 생포해 주다.// (4) 네 번째 노역 : 에우리스테우스에게 수퇘지를 산 채로 잡아 주다.// (5) 다섯 번째 노역 : 아우게아(Augeas) 왕 마구간을

---

120) Herodotus (translated by Aubrey de Selincourt), *The Histories*, Penguin Books, 1954, pp. 289~298

362

청소했다.// (6) 여섯 번째 노역 : 스팀팔리아(Stymphalian) 식인 새들(食人鳥)을 죽였다.// (7) 일곱 번째 노역 : 크레타(Creta)의 황소를 굴복시켰다.// (8) 여덟 번째 노역 : 디오메데스(Diomedes)의 암말들을 되찾아 오다.// (9) 아홉 번째 노역 : 아마존 여왕의 허리띠를 가져오다./ / (10) 열 번째 노역 : 게리온(Geryon)의 소떼를 획득하다.// (11) 열한 번째 노역 : 헤스페리데스(Hesperides) 황금 사과를 훔쳐오다.// (12) 열두 번째 노역 : 저승의 삼두견(三頭犬)을 잡다."121)

그런데 '마하바라타(The Mahabharata)' 영웅 신 '크리슈나(Krishna) 소년 청년 시절 이야기'는 ① **힘이 장사(壯士)였다. ② '악마퇴치'가 그의 주무 (主務)였다. ③ 기본 업종(業種)은 '목동(牧童)'이었다. ④ '여성[여신]들의 요구'를 다 들어주었다. ⑤ 하늘나라 물건도 '지상[드와라카]'으로 운반을 해왔다. ⑥ '신령스런 독수리 가루다(Garuda)'를 타고 다녔다.** 등으로 요약할 수 있다.

위에서 헤라클레스의 (7) '황소 제어'는 크리슈나의 ① **장사(壯士) 성격**과 관련된 것이고, 헤라클레스의 (5) 마구간 (8) 암말 (10) 소떼 이야기는 크리슈나의 ③ **'목동(牧童) 경력'**과 관련된 것이고, 헤라클레스의 (3) 사슴 (4) 수퇘지 (9) 허리띠 이야기는 크리슈나의 ④ **'여성 배려'의 장기(長技)**을 그대로 반영한 것이다. 더구나 헤라클레스의 (1) 사자 (2) 뱀 (12) 삼두견(三頭犬) 이야기는 크리슈나의 본래 속성 ② **'악마 퇴치'**와 관련된 것이고, 헤라클레스의 (11) '황금 사과' 이야기는 크리슈나가 인드라의 ⑤ **하늘나라의 물건인 '천화수(天花樹)'를 드와라카(Dwaraka)로 뽑아왔다**는 이야기 아류(亞流)이고, 헤라클레스의 (6) '식인(食人) 새' 이야기는 ⑥ **신령스런 가루다(Garuda) 이야기**를 덜 신비스럽게 만든 정도이다.

(e) 포콕(E. Pococke)은 그의 '희랍 속의 인도(India in Greece, 1851)'에서 다음과 같이 말했다.

((38. -카슈미르 사람들은 신체적(身體的)으로 여러 광대한 인도의 다른 분파 사람들보다 훌륭했다. 비그네(Vigne)는 <u>카슈미르 사람들을 주로 헤르쿨레스 (Hercules) 같은 체격으로 묘사를 하고 있다.</u> 즉 무어크로프트(Moorcroft)는

---

121) Wikipedia, 'Labours of Hercules'

그 원주민을 전반적으로 키가 크고 균형 잡힌 모습이라고 묘사하고, 소작농(小作農) 중에는 '파르네시아의 헤르쿨레스(Farnesian Hercules)'의 모델이 될 만큼 건장한 체격과 근육을 지닌 사람들도 볼 수 있다고 덧붙이고 있다.(제12장)))

　　소위 '헤라클레스(Herakles) 체격'은 신체적 강자(强者)의 표상(表象)이니, 그것은 과거 원시시대에 대장군, 왕의 기본 요건이다.
　　'체격중시'의 '힌두이즘'은 그것이 '코끼리(게네샤 -Genesha) 신' '황소(Nanda) 존중'으로도 상통(相通)되었는데, 그것은 희랍에서 **'올림포스 경기 영웅(英雄) 숭배**'로 그대로 나타나 있다.
(f) 헤로도토스(Herodotus)가 그의 '역사(*The Histories*)'에서 '야만인'이라고 무시한 '스키타이'에 남아 있는 '거인 헤라클레스(Herakles)' '태양 숭배' '군신(軍神) 숭배' '정사각형 제단' '말 제사'의 유풍(遺風)은 모두 힌두의 '마하바라타(*The Mahabharata*)'와 공유한 전통이다.
(g) 그런데 헤로도토스(Herodotus)가 그의 '역사(*The Histories*)'에서 '야만의 스키타이'에 가장 확실한 '헤라클레스(Herakles, Krishna) 이야기' '헤라클레스(Herakles, Krishna) 정신' '헤라클레스 후예(Heraklids, Krishna)'를 바로 '역사를 주도한 주체[왕족]' '라지푸트 족[크샤트리아 족](Rajpoots, Kshatriyas)'으로 명시한 것은 가장 유념을 해야 할 중대한 사항이다.
(h) 헤로도토스(Herodotus)는 그의 '역사(*The Histories*)'에서 페르시아를 세운 키루스(Cyrus) 다리우스(Darius)뿐만 아니라 '마라톤 해전' '살라미스 해전'을 주도한 사람들이 사실상 그 '헤라클레스 후예'라고 말을 하고 있다.

제55장 다리우스의 스키타이 원정(遠征)

　　다리우스(Darius)가 스키타이 침공 준비를 하면서 그 전(全) 영지(領地)에 전령(傳令)을 보내 군대와 배와 노동자들을 동원하게 하고 보스포로스(Bosphorus) 강 위로 다리를 놓게 하였다. 그러는 동안에 다리우스의 아우 **아르타바노스(Artabanus)**는 강력하게 그 사업을 포기하도록 다리우스에게 권했으니,

그 큰 이유는 그 스키타이들에게 접근이 어렵다는 것이었다. 그 말은 좋은 충고였으나 다리우스에게는 소용이 없었다. 아르타바노스(Artabanus)가 설득을 포기하고 다리우스는 준비를 끝내고 페르시아의 수도(首都) 수사(Susa)에서 그 군사에 자신이 앞장을 서서 출발했다.

오에오바조스(Oeobazus)라는 페르시아인은 3명의 아들과 함께 그 군사에 포함되어 있었는데, 다리우스에게 1명만 뒤에 남아 있게 해달라고 요구를 하니 다리우스는 친구로부터 부탁을 받은 듯이. '좋다면 세 사람을 모두 남겨 두어라.'고 말했다. 오에오바조스(Oeobazus)는 아들들이 병역에서 면제된 줄을 알고 기뻤으나, 왕은 '3명의 아들을 죽여라.'고 명하였다. 그래서 그들은 목이 잘려 뒤에 남게 된 셈이다.

다리우스는 수사(Susa)를 출발하여 다리가 놓인 보스포로스(Bosphorus)의 칼케돈(Chalcedon) 가서 거기에서 배를 타고 키아네안(Cyanean) 바위로 향했다. 거기 해협에 세워진 신전에서 다리우스는 흑해(黑海)의 장관을 보았다. 흑해는 길이가 1380마일(1380X1.6km) 너비가 410마일(410X1.6km)이다. 흑해의 입구는 반마일(800m)이고 그곳으로 들어가는 (다리가 있는)보스포로스(Bosphorus) 강 길이는 15마일(15X1.6km)이다. 보스포로스(Bosphorus)강과 프로폰티스(Propontis)강은 서로 만나 너비 60마일 길이 170마일을 달려 헬레스폰트(Hellespont)로 들어간다. 헬레스폰트는 넓은 바다 '에게 해(Aegean Sea)'로 연결이 된다. 나는 '흑해(Black Sea)' 도달하는 방법과 거리를 말했는데, 그 흑해는 그와 비슷한 크기의 호수 메오티스(Maeotis, 카스피 해)와 연결이 되어 있다.

흑해를 본 다리우스(Darius)는 배로 그 다리로 되돌아왔다. 그 다리는 사모스 섬 사람 만드로클레스(Mandrocles)가 설계한 것이었다. 다리우스는 그 다리 설계자 만드로클레스(Mandrocles)에게 상을 주었다. 만드로클레스(Mandrocles)는 받은 상금의 일부를 들여 그 다리의 전경(全景)과 다리우스가 그 왕좌에 앉아 그 군사들을 이끌고 다리를 건너는 모습을 담은 그림을 제작했다. 그 그림은 헤라(Hera) 신전(神殿)에 헌납되었는데, 거기에는 다음과 같은 시가 적혀 있다.

　　"여신이여, 만드로클레스(Mandrocles)에게서 얻은 이 선물을 가납(嘉納)하
옵소서.
　　그는 물고기가 노니는 바다 위에 다리를 놓았습니다.
　　그의 노고(勞苦)로 다리우스 왕의 칭송을 얻었으니,
　　사모스(Samos)의 영광이고 자신도 왕관을 쓴 것입니다."[122]

———✈

(a) 이 장(章)에 명시되고 있는 바는 먼 옛날부터, **'최초의 역사 기록자'는 '계
관 시인(桂冠詩人, poet-laureate, 御用作家)'이라는 불변의 원칙**이니, 헤
로도토스는 자신의 '역사(*The Histories*)'를 이미 페르시아의 '계관시인'이
그의 '시적(詩的) 재능(才能)'을 바탕으로 '작성한 자료'를 바탕으로 그의
'역사(*The Histories*)'를 다시 '편집'한 형식을 취했다는 점이 그것이다.

(b) 헤로도토스의 마지막 **'증거대기'**가 거의 **'신전(神殿)'이나 '왕궁 속의 기념
물'**이라는 점에 주목을 요한다. 그것들은 모두 그 헤로도토스가 '인문 지리
학'에 앞선 자신의 말에 권위를 더한 증거대기로 활용이 되었다.

(c) 이것은 역시 '마하바라타(*The Mahabharata*)'에서 '절대신 믿게 만들기'에
온갖 방법을 다 동원했던 그 '믿게 만들기의 여진(餘震)'이니, 헤로도토스
는 자신의 '현세주의' '합리주의' '과학주의'에 더해 '시(詩)와 예술'을 첨가할
적에는 반드시 그 소재 장소와 작품 제작 경위를 명시했던 것이 그것이다.

(d) 이 '믿게 만들기' 영역까지 역시 '시인[역사개]'의 고유 영역이니, 그 '독자
눈길 잡기'에 성공하지 못 하면 '신도를 잃은 사제(司祭)'와 동일한 경로를
걷게 되어 있기 때문이다.

(e) 즉 헤로도토스의 경우 자주 인용한 '신탁(信託)'이나 '기념비에 기록된 찬양
시'는 **모두 '기록으로 남아 있는 것'을 토대로 했다고 볼 수 없는 경우가
있으니**, 그 대표적인 예의 하나가 페르시아 궁에 그 표본이 있다는 '인더스
강 가에 황금을 먹는 개미' 이야기 등이 그것이다.

---

122) Herodotus (translated by Aubrey de Selincourt), *The Histories*, Penguin Books, 1954,
　　pp. 299~300

(f) 이러한 헤로도토스의 '역사(*The Histories*)' 서술의 시각은 '보편적인 과학적 시점'에서 거듭 거듭 재 비판을 받아야 할 것이다.

제56장 '불사(不死, immortality)'를 믿은 게테(Getae) 사람들

다리를 건설한 만드로클레스(Mandrocles)에게 상을 준 다음 다리우스(Darius)는 유럽으로 들어왔다. 그런데 다리우스(Darius)는 유럽에 들오기 전에 앞서 이미 이오니아인(Ionians)과 에올리아(Aeolia) 헬레스폰트(Hellespont)의 다른 희랍인들까지 흑해(Black Sea)와 다누베(Danube, 다뉴브) 강까지 항해할 배를 준비하여 그 보스포로스(Bosphorus) 다리로 와서 다리우스의 도착을 대기하라고 명령을 내려놓은 상태였다. 다리우스는 보스포로스(Bosphorus) 다리를 건넌 다음 트라케(Thrace)를 통과하여 테아로스(Tearus) 강 발원지(發源地) 남쪽에 3일 간 머물었는데, 테아로스(Tearus) 강은 '사람들이나 말들의 피부병 치료'에 세계 최고라는 곳이다. 그 강은 동일한 바위에서 38개의 더운 물과 찬 물들이 솟고 있는데, 페린토스(Perinthus) 근처의 헤레옴(Heraeum)과 흑해의 아폴로니아(Apollonia)에서 이틀간 여정(旅程)의 거리이다. 그 강은 콘타데스도스(Contadesdus) 강 지류인데, 콘타데스도스(Contadesdus) 강은 아그리아네스(Agrianes) 강과 합치고 그들은 다시 헤브로스(Hebrus) 강과 합쳐 에노스(Aenus) 근처에서 바다로 들어간다.

다리우스(Darius)는 테아로스(Tearus) 강에 크게 매력을 느껴 그 발원지 근처에 다음과 같은 비문의 비석을 세웠다.

"천하의 강물 중에 가장 훌륭하고 가장 고상한 테아로스(Tearus) 강의 원천, 페르시아와 전 대륙의 왕 다리우스가 스키타이를 무찌르려 이곳에 왔노라."

다리우스(Darius)는 진군(進軍)을 계속하여 아르티스코스(Artiscus) 강에 이르렀는데, 이 강은 오드리시안족(Odrysians)의 고장을 흐르는 강물이다. 여기에서 다리우스(Darius)는 한 지점을 가리키며 군사들에게 돌로 지나갈 길을 만들라고 명령했다. 그래서 형성된 거대한 돌무더기를 다리우스(Darius)는 통과했다.

다리우스(Darius)가 다누베(Danube, 다뉴브) 강에 이르기 전에 정복한 족속은 게테(Getae) 족이었는데, 그들은 '사람들은 죽지 않는다.'고 믿고 있었다. 그들의 불사 성(不死性, immortality)에 대한 신앙은 다음과 같은 것이다. 그 **사람들은 결코 죽지 않고 모든 사람들이 이승으로 휴가를 얻어 왔다가 신성한 존재 '살목시스(Salmoxis)'에로 가 합친다고 알고 있다**. 그 신성한 존재는 더러 '게벨레이지스(Gebeleizis)'라고도 부른다. 5년마다 게테(Getae) 사람들은 제비로 한 사람을 뽑아 사람들이 소망한 바를 간직한 사자를 살목시스(Salmoxis) 신에게로 파견을 한다. 신에게 보내는 방법은 그네들 손에 들고 있는 창들을 적당한 위치에 하늘을 향해 세워 두고 사자로 선정된 사람을 공중으로 던져 그 창들 위로 떨어지게 만든다. 만약 그가 창에 꽂혀 죽으면 사람들은 살목시스(Salmoxis) 신이 반기신 신호로 받아들인다. 만약 선정된 사람이 도망을 치면 그를 바보 취급하고 대신 다른 '사자'를 선정한다. 이들과 동일한 종족인 트라키아 사람들(Thracians)은 천둥이 울리면 그네들의 신 말고는 다른 신을 모르므로 하늘을 향해 화살을 쏘며 번개 신에게 위협을 가한다.[123]

──────→

(a) 헤로도토스(Herodotus)가 그의 '역사(*The Histories*, 446 b. c.)'에서 보고하고 있는 각 지역의 '풍속' '풍속'은 '**세계 종교 사상의 역사적 전개**'의 이해에 거의 절대적 의미를 지니고 있다.

(b) '게테(Getae)' 사람들이 '**사람들은 결코 죽지 않고 모든 사람들이 이승으로 휴가를 얻어 왔다가 신성한 존재 살목시스(Salmoxis)에로 가 합친다**

───────────────────

123) Herodotus (translated by Aubrey de Selincourt), *The Histories*, Penguin Books, 1954, pp. 301~302

<u>고 알고 있다.</u>'는 신앙은 '마하바라타(*The Mahabharata*)' '지존(至尊)의 노래(Bhagavat Gita)'를 '**생활 속에 실천하고 있는 족속**'이다.

(c) 힌두(Hindu)의 '지존(至尊)의 노래(Bhagavat Gita)'에는 다음과 같은 구절이 있다.

    "**나나, 그대나, 저들 왕들이 없던 때가 없었고, 우리 모두가 이 이후에도 없을 수가 없다**(It is not, I or you or those rulers of men never were, or that all of us shall not hereafter be.)."[124]

(d) 한 마디로 '게테(Getae)' 사람들은 그 '지존(至尊)의 노래(Bhagavat Gita)'를 그대로 실천하여 '영혼불멸' '절대 신[**살목시스(Salmoxis)**]에의 귀의(歸依)'를 그대로 알고 굳세게 실천하고 있는 사람들이다.

(e) 그런데 헤로도토스(Herodotus)가 희랍 지역에 유행하고 있는 '신탁' '꿈 해몽' '신화'에는 한 없이 너그러우면서 '스키타이'의 힌두(Hindu) '유풍(遺風)'에는 가차 없이 '야만' '무식'으로 돌리고 있는 점은 크게 주목을 해야 할 사항이다.

'다누베(Danube, 다뉴브)강' '흑해(Black Sea)' '불가리아(Bulgaria)' '루마니아(Rumania)'
'소비에트 연방(Soviet Union)'

---

124) K. M. Ganguli (Translated into English Prose from the Original Sanskrit Text), *The Mahabharata of Krishna-Dwaipayana Vyasa*, Munshiram Manoharlal Publisher Pvt. Ltd. New Delhi, 2000, -**Bhishma Parva**- p. 54

제57장 코이스(Coes)의 명안(名案)

게테(Getae) 족을 통합한 다리우스(Darius)는 전 육군(陸軍)을 다누베(Danube, 다뉴브) 강을 향하여 진군(進軍)을 하게 했다. 육군이 다누베(Danube, 다뉴브) 강을 건너니 다리우스는 이오니아 사람들을 시켜 그 다리를 부수게 하고 배에서 하선(下船)을 그의 군사들과 동행하도록 명령을 내렸다. 이오니아들이 다리우스 명령대로 그 다리를 파괴하려 하는데, 미틸레네(Mytilene) 파견군 대장 코이스(Coes)가 다리우스와 회견(會見)할 수 있는 기회를 획득했다. 코이스(Coes)가 말했다.

"폐하, 폐하께서는 지금 도시도 들녘도 없는 곳으로 진군(進軍)을 하고 계십니다. 정말로 이 다리를 그냥 놔두셔야 합니다. 왜냐하면 우리가 스키타이들을 만나 이기거나 지거나 간에 우리는 동일한 길로 되돌아와야 합니다. 저는 스키타이들과의 대결 전투를 두려워하지 않습니다. 제 생각으로는 '위험'으로 그들을 만나지도 못할 수도 있다는 점입니다. 무한정한 진군(進軍)은 결국 우리를 곤혹스럽게 할 것입니다. 어떤 사람들은 혹 제가 '다리 지킴이로 남겠다는 생각'에서 이런 말을 한다고 할지 모르지만, 저는 마땅히 대왕의 행군에 동행을 할 겁니다."

다리우스(Darius)는 코이스(Coes) 충고가 반가웠다. 다리우스가 말했다.

"내 레스비안(Lesbian) 친구여, 내가 확실히 귀국(歸國)을 하거든 부디 나를 찾아와 보게나. 그대의 탁월한 제안에 나는 '실제적 조처'를 취해 놓겠다."

그렇게 말한 다음 다리우스는 '이오니아 장군들'을 불러 놓고 60개 매듭을 이룬 가죽 끈을 그들에게 보여주며 말했다.

"이오니아(Ionia) 사람들이여, 그 다리에 대해 내가 '부셔라.'고 했던 나의 명령은 취소를 하노라. 그리고 이 가죽 끈을 가지고 있으면서 매일 내가 스키타이들을 향해 진군을 할 적에 매듭을 풀어 내가 돌아오기 이전에 풀어야 할 매듭이 없어지면 그대들은 자유롭게 본국으로 귀환을 하도록 하라. 그렇지만 내 계획에 변동이 생길 경우를 대비하여 이 다리를 안전하게 지키고 있어라. 그것이 내게 크게 봉사를 하는 것이다."

이 명령을 내린 다음에 다리우스는 진군(進軍)을 계속 하였다.[125]

(a) **'다누베(Danube, 다뉴브)강의 다리(the bridge)'**. 모든 '강물'은 영웅들의
행군(行軍)에 태초부터 '거대한 장애물'로 늘 문제가 되었다.

(b) 키루스는 자신의 행군을 방해하는 '긴데스(Gyndes) 강[그리스(Tigris) 강
의 支流]'을 360 갈래로 나누어 물길을 흩었다.

(c) '마하바라타(*The Mahabharata*)'에는 인도(印度)에서 실론 섬까지 '라마
(Rama)의 다리 건설'[126] 이야기를 마련하여 '물 건너는 이야기'의 표본을
이루었다.

(d) '기존한 다리 부수기'는 '전쟁에 발동된 적개심(敵愾心)'의 표현이다. 원래
일 개인이었던 다리우스(Darius)가 '무지막지한 독재자'로 변해 주관적 개
인적 적개심(敵愾心)을 발동해 지배 국가들[식민지로 삼은 나라들] 사람들
을 동원하여 '무한(無限) 욕심 전쟁'을 감행하고는 있다.

(e) 이것을 헤로도토스(Herodotus)는 이미 오타네스(Otanes)의 '법 앞에 평등'
'민주주의' 강론으로 예시(豫示)를 했었다.

(f) 그러므로 헤로도토스(Herodotus)의 목표는, '거대 제국의 건설'이 이상이
아니라 사실상 '법 앞에 평등'이고 '민주주의'가 행해진 그러한 '세계 건설'
이니 실로 '위대한 헤로도토스(Herodotus)의 포부'였다.

제58장 스키타이와 아마존(Amazons)

스키타이(Scythia)는 바다로 내려오는 트라케(Thrace) 강으로 희랍과 경계를

---

125) Herodotus (translated by Aubrey de Selincourt), *The Histories*, Penguin Books, 1954,
pp. 302~304

126) K. M. Ganguli (Translated into English Prose from the Original Sanskrit Text), *The
Mahabharata of Krishna-Dwaipayana Vyasa*, Munshiram Manoharlal Publisher Pvt.
Ltd. New Delhi, 2000, -**Vana Parva**- pp. 533~565

이루고 있다. 그래서 해안은 스키타이들이 차지하고 있고, 다누베(Danube, 다뉴브) 강은 동쪽으로 흘러 바다에 이르고 있다. 나는 다누베(Danube, 다뉴브) 강부터의 스키타이 해안을 말해 보겠다. 다누베(Danube, 다뉴브) 강을 건넌 동쪽 지방에서 고대 스키타이들이 시작되어, 흑해 남쪽 카르키니티스(Carcinitis) 시(市)까지 그 범위에 들었다. 육지 쪽으로 스키타이들은 다누베(Danube, 다뉴브) 강에서부터는 다음 종족과 묶여 있다. 아가티르시(Agathyrsi) 네우리(Neuri) 안드로파기(Androphagi) 멜란클라이니(Melanchlaeni)가 그들이다.

스키타이들은 다리우스(Darius)의 거대 군사와 직접 겨룰 수는 없다고 생각하여 이웃 추장들에게 사자를 파견하여 거대한 위협에 어떻게 대처해야 할지를 의논했다. 그 추장들은 타우리(Tauri) 아가티르티르시(Agathyrsi) 네우리(Neuri) 안드로파기(Androphagi) 멜란클레니(Melanchlaeni) 겔로니(Geloni) 부디니(Budini) 사우로마테(Sauromatae)의 족장들이었다. 타우리(Tauri) 족은 선박이 파손된 선원이나 그들의 해안가에서 포획된 희랍인들을 잡아 마이덴 여신(Maiden Goddes)에게 제사를 올렸다. 타우리(Tauri) 족은 그네들 해안가에 도달한 모든 사람들을 붙잡아 마이덴 여신(Maiden Goddess)에게 제사를 지냈다. 타우리(Tauri)는 그들이 제사를 지내는 신이 [트로이 전쟁에 희랍군 사령괜 아가멤논(Agamemnon)의 딸 이피게나아(Iphigenia)라고 주장한다. 전쟁에서 잡은 포로는 누구건 목을 베어 집으로 가져와 장대 끝에 매달아 보통 굴뚝 위에 세워둔다. 그 머리들이 집을 지켜준다고 생각한다. '전쟁이나 약탈'을 생계의 수단으로 생각한다.

아가티르시(Agathyrsi)는 호화롭게 살며 금으로 장식한 옷을 입고 여인들도 마찬가지이다. 그들은 모두를 형제라고 하여 시기나 질투 없이 한 가족 같다. 그들의 생활 방식은 트라키아 사람들(Thracians)과 비슷하다.

사우로마테(Sauromatae) 족 주변에는 다음과 같은 이야기가 전해 오고 있다. 희랍인과 아마존족(Amazons)이 전쟁을 하여 희랍인들이 테르모돈(Thermodon) 강에서 승리를 거둔 다음 희랍인들을 많은 아마존족(Amazons)을 생포하는

372

데 성공을 했다.[스키타이들은 아마존족(Amazons)을 '외오르파타(Oeorpata)'라고 하는데 '남자 잡는 여자들(mankillers)'이라는 뜻이다.] 옛날 바다에서 그 여인들은 포로들을 죽였다. 그러나 여인들은 배에 대한 지식이 없어 방향타를 잡거나 노도 저을 수가 없었는데, 남성들은 바람과 물결을 이용한 것을 알아내어 스카타이들의 경내(境內)인 마코티스 호수(Lake Macotis) 크렘니(Cremni)로 떠밀리어 갔다. 여기서 여인들은 육지로 올라가 그 고장의 무인(無人) 지역으로 들어갔다. 여인들은 말들의 방목지(放牧地)에서 말들을 잡아타고 노획물을 찾아 나섰다. 스키타이들은 어떤 일이 생겼는지를 몰랐고, 약탈자들의 복장이나 말이나 종족이 달랐으므로 당황에 빠졌다. 그러나 그녀들이 어린 남성들이라 생각하고 재산을 지키려고 싸운 결과 그녀들이 결국 여성들임을 알게 되었다. 그 발견으로, 스키타이들의 계획을 변경하게 하였다. 스키타이들은 더 이상 그녀들을 죽이려 하지 않고 아마존들(Amazons)과 동수(同數)의 젊은 남성을 파견하여 아마존들(Amazons) 가까운 곳에 캠프를 만들게 하여 아마존들(Amazons)이 행한 것을 보며 접근의 단서를 마련하게 했다. 아마존들(Amazons)이 스키타이들을 추격하면 스키타이들은 싸우지 않고 그 땅을 제공하였다. 그리하여 아마존들(Amazons)은 추격은 포기하면 스키타이들은 편한 장소에 다시 캠프를 설치했다. 스키타이들의 이런 정책의 배후에는 아마존들(Amazons)에게 아이들을 낳게 하려는 것이 있었다. 그러한 명령을 받은 젊은이들이 파견되었고, 위해(危害)를 가하지 않는 그들을 알아차린 아마존들(Amazons)은 그 스키타이 젊은이에게 폭행을 가하지 않아 날마다 양(兩) 진영(陣營)은 더욱 가깝게 되었다. 무기와 말을 버리고도 만났고, 사냥과 약탈을 함께 하기도 했다.

오전(午前)에 아마존들(Amazons)은 의례적으로 서로 흩어져 한 두 사람씩 거리를 두고 지냈는데, 스키타이들은 그것을 알아 차려 그 방식을 따랐다. 그런데 스키타이 중 한 사람이 아마존들(Amazons) 중에 한 계집아이를 생각하여 그녀에게 다가갔다. 그녀는 그가 원하는 것을 주었고, 몸짓으로 말하였다.(서로 언어로 소통할 수가 없는 상태였다.) 이튿날 남성은 친구를 대동했고, 계집아이도 친구를 대동하였다. 젊은 남성은 그녀와 헤어진 다음 다른 남성들에게 무슨 일이 있었는지를 말했고, 그 다음날 같은 지점에 다른 여성이 그를 기다리고 있었다. 스키타이들은 그들이 성공한 것을 알고 나머지 스키타이들도 그들의 소망대로 아마존들(Amazons)이 따르게 했다. 스키타이와 아마존들(Amazons)들이 한데 합쳐 스키타이들은 처음 사랑한 아마존을 아내로 삼았다. 남성들은 여성들의 말을 알아들을 수가 없었으나 여성들이 남성들의 언어를 알아듣게 되었다. 그래서 그들은 서로 소통을 하게 되어 스키타이들은 다음과 같은 제안을 하였다. "우리는 부모와 재산을 가지고 있다. 우리들의 이런 생활을 그만두고 우리 고장으로 들어가자. 우리는 당신들을 아내로 맞아 다른 사람들을 생각하지 않을 것이다." 아마존들(Amazons)이 말했다. "우리와 우리나라 여성들은 동거(同居)란 없다. 우리의 삶의 방식은 아주 다양하다. **우리의 일은 활쏘기 창 쓰기이고 우리는 여공(女工)을 모른다.** 그렇지만 당신네 나라 여성들은 그렇지 않을 것이다. 그래서 동의할 수 없을 것 같다. 그러나 우리를 당신네들의 아내로 삼으려면 명예를 중시하는 남성들이 되어야 한다. 그리고 돌아가 부모가 당신들에게 줄 지분의 재산을 가져오면 우리들의 삶을 꾸리기로 하자." 젊은 스키타이들은 그 제안에 동의하고 자기 지분의 재산들을 가지고 돌아왔다. 아마존들(Amazons)은 말했다. "우리는 그동안 너무나 많은 습격으로 당신들과 부모들에게서 약탈을 했기에 여기가 불안하다. 여기를 떠나 타나이스(Tanais) 다른 쪽으로 가 정착하기로 하자." 스키타이들은 거기에도 동의를 했다. 그래서 스키타이들은 타나이스(Tanais)를 가로질러 동쪽으로 3일을 여행했고, 다시 '메오티스 호수(Lake Maeotis)'에서 북으로 다시 3일을 더 가 오늘날 그들이 있는 고장에 정착을 했다. **그런 다음 사우로마테(Sauromatae) 여인들은 그녀들의 예전 방식대로 말 타고 사냥하며 남성들과 동일한 복장으로 전쟁에도 참여했다.** 그들의 언어는 스키타이 언어지만 그들의 언어를 온전히 학습하지 않아 아마존들(Amazons)은 온전하게 구사를 못 했다. 아마존들(Amazons)의 혼인법에 전투에서 적을 잡지 못하면 결혼을 못 하게 되어 있다. 그래서 그 조건을

374

충족시키지 못하면 처녀로 죽어야 했다.[127)]

 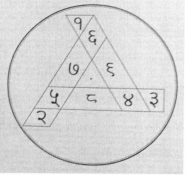

'아마존 전사(Amazon Warriors)' '도판 8 -암바 마타 얀트라(Amba Matta Yantra)'

(a) 이 항목에 특별한 점은 헤로도토스(Herodotus)의 **'남자 잡는 여자들(man-killers)'** '아마존들(Amazons)' **'사우로마테(Sauromatae) 여인들'** 이야기이다.

(b) '남성'과 '여성'은 인간 사회를 이루고 있는 두 기둥으로서 그들의 '역할 분담'이 철저하게 행해질 수는 없지만, '여성'은 체질상 '출산(出産) 육아(育兒)'가 기본이고, '남성'은 '노동과 생산(먹이 구하기]'이 주업(主業)이 되어 있다.

(c) 그런데 '아마존들(Amazons)'이 **'남자 잡는 여자들(mankillers)'**이란 기본 의미는 그 여인들의 경우 '결혼 포기' '남자 무시' 여성들이라는 특징은 쉽게 잡아낼 수 있다.

(d) '마하바라타(The Mahabharata)'에 산타누(Santanu)와 아들 비슈마(Bhishma)는 아버지를 위한 자신의 맹세에 따라 '결혼'을 포기하고 배다른 아우 "비치트라비야(Vichitravirya)를 결혼시킬 것을 결심하고 카시(Kasi) 왕의 3공주 암바(Amva) 암비카(Amvika) 암말리카(Amvalika)가 남편 고르기 대회"[128)]에 참석하여 그녀들을 획득해 왔는데, 유독 '암바(Amva)'는 '이

---

127) Herodotus (translated by Aubrey de Selincourt), *The Histories*, Penguin Books, 1954, pp. 304~309

미 자기 마음속에 결혼을 작정해 놓은 살와족(Salwas)왕이 있다.'고 고백하여 해방 되어 왔으나, 살와족(Salwas)왕은 '암바(Amva)'가 이미 '남편 고르기 대회'를 치렀으므로 혼인을 거부했다. 이에 '암바(Amva)'는 '혹독한 고행(苦行)'으로 시바(Shiva) 신을 감동시켜 **시칸딘(Sikhandin)**'이란 '전차 무사'로 다시 태어나 결국 그 '비슈마(Bhishma)'를 '화살 침대(a bed of arrows)'에 눕혔다는 이야기가 있다.

(e) 헤로도토스(Herodotus)가 수집한 '아마존들(Amazons)' 이야기는, **결혼에 실패한 카시(Kasi) 왕의 공주 암바(Amva) 이야기**'가 구체적으로 '여성이 무사(武士)로 활략한 사우로마테(Sauromatae)족의 근원(根源) 설화'로 정착이 된 경우이다.

(f) 한 마디로 헤로도토스(Herodotus)가 소개하고 있는 '아마존들(Amazons) 이야기'는 '마하바라타(*The Mahabharata*)'의 '**암바(Amva) 시칸딘(Sikhandin) 신화**'129)가 모델이 되어, '**남자 잡는 여성 집단**' '**남성 혐오(嫌惡) 의 여성 집단, 아마존들(Amazons) 이야기**'로 정착한 것이다.['共感'은 가능하나 '결코 있을 수 없는 집단'임]

(g) 이 '추수자(抆抒子)의 추리'가 틀림이 없다는 객관적인 증거는, '자신의 혼사(婚事)를 망친 그 대장군 비슈마(Bhishma)'를 잡은 '암바 마타 얀트라(Amba Matta Yantra)'가 "남인도와 동남아시아 말레이시아(Malaysia)"에 남아 있다는 사실이다.[F. W. Bunce, *The Yantras of Deities*, D. K. Printworld, New Delhi, 2001, pp. 52~53]

(h) 사실상 대신(大神) 시바(Siva)에 종속되어 있다는 '**암바(Amva) 시칸딘 (Sikhandin) 상(像)**'은, '무한한 남녀 결합들' 중에 더러 생겨날 수밖에 없는, '엄연한 과거 원시 남존여비(男尊女卑) 사회에서' 남성에게 짓밟힌 여성들(짓밟혔다고 생각한 여성들)에게 항상 가동될 수 있는 '명백한 **남성들을 향한 공격적인 그 여성 심리의 객관화**'이기 때문이다.

---

128) K. M. Ganguli (Translated into English Prose from the Original Sanskrit Text), *The Mahabharata of Krishna-Dwaipayana Vyasa*, Munshiram Manoharlal Publisher Pvt. Ltd. New Delhi, 2000, -**Udyoga Parva**- p. 334

129) K. M. Ganguli (Translated into English Prose from the Original Sanskrit Text), *The Mahabharata of Krishna-Dwaipayana Vyasa*, Munshiram Manoharlal Publisher Pvt. Ltd. New Delhi, 2000, -**Udyoga Parva**- pp. 362~363

제59장 스키타이들의 전략(戰略)

한편 그 스키타이(Scythia) 추장(酋長)들이 그들에게 닥친 공통의 위협(威脅)을 상의하기 위해 만났다. 스키타이는 사절을 보내, '다른 대륙을 정복한 페르시아 왕이 보스포로스(Bosphorus)에 다리를 놓고 유럽으로 건너와 트라케(Thrace)를 점령하고 다누베(Danube, 다뉴브) 강을 다리로 건너 유럽에 주인이 되려 한다는 전달'을 했었다.

"우리는 당신이 이 전투에 중립(中立)으로 남지 않기를 바랍니다. 손들고 파괴당해서는 아니 됩니다. 침략자에게 공동으로 대처를 해야 합니다. 다른 트라키아 사람들은 말할 것도 없이, 우리의 이웃 게테(Getae)가 이미 노예가 되었습니다."

스키타이(Scythia) 사절의 보고를 받은 추장들은 모임을 가졌으나, 만장일치의 결론을 도출하는 데는 실패하였다. 겔로니(Geloni) 부디니(Budini) 사우로마테(Sauromtae)는 싸우자는 스키타이들에게 동의했으나, 나머지 아가티르시(Agathyrsi) 네우리(Neuri) 안드로파기(Androphagi) 타우리(Tauri)는 다음과 같은 말에 동의했다.

"페르시아 공격을 받고 있는 당신네들을 생각하면 당신들의 요구가 정당합니다. 그래서 우리는 당신들 편에서 기꺼이 싸우겠습니다. 그러나 우리와 상의없이 당신들이 페르시아를 침공한다면, 페르시아 사람들이 비용을 대게 만들어야 할 것입니다. 우리는 페르시아인과 원수진 일이 없고 지금 먼저 '싸우자.'고도 하지 않을 겁니다. 물론 그들의 '침략'이 명시가 되면 우리는 최선을 다해 그들을 몰아낼 것입니다. 우리는 그것[침략]을 볼 때까지 우리가 있는 곳에 머무를 것이고, 전쟁을 행해야 할 일이 없습니다. 우리의 의견은 침략이 당신들에게 가해진 것이고 우리에게 가해진 것이 아닙니다."

이 대답이 스키타이들에게 보고되니 나머지 종족들이 스키타이 지지를 거절하는 것으로 알고 스키타이들은 직접 대결을 피하고, 후퇴하며 대신 모든 샘물들을 막기로 했다. 스키타이들은 군사를 두 개의 편대(編隊)로 구성했다. 한 편대의 군사는 스코파시스(Scopasis) 인솔(引率) 하에 사우로마테(Sauromatae)족을 가담시켜 페르시아인들을 이끌어 메오티스 호수(Lake Maeotis) 호반을 따라 돈(Don) 강을 향해 이끌어 페르시아인이 후퇴를 할 경우 그 배후를 공격하기로 명령은 받은 군사들이다. 또 다른 편대(編隊)의 군사들은 두 개로 나뉘어 큰 군사는 이단티르소스(Idanthyrsus) 인솔 하에 두고, 수가 적은 군사는 탁사키스(Taxacis)가 이끌게 하여 겔로니(Geloni)족과 부디니(Budini)족을 가담시켜 처음 군사들처럼 페르시아 군사가 하루 동안 진격하는 거리를 유지하며 계속 유인하다가 페르시아군이 퇴각을 할 때 공격하자는 전략을 세웠다. 이 군사는 동맹에 참여를 거부했던 종족으로 상황이 정당하게 되었을 때에 가담을 하겠다는 종족으로 구성된 군사였다.

그 행동 계획을 세운 다음, 스키타이들은 그들의 최고 기병(騎兵)들을 보내 다리우스(Darius)와 맞부딪기로 진격(進擊)을 하였다. 수레들에는 부인과 어린이를 싣고, 소들도 북쪽으로 즉시 다 옮겨 놓았다. 전위(前衛) 부대가 페르시아인들을 다누베(Danube, 다뉴브) 강에서 3일 진격의 거리에서 만났다. 스키타이들은 황폐한 땅에서 페르시아인 앞에 1일 진군 거리에 캠프를 마련했다. 페르시아인은 그들 앞에 스키타이 기갑병이 나타나 후퇴(後退)를 행하니 그들을 따라 계속 추적을 했다. 페르시아인들은 스코파시스(Scopasis) 지휘를 받고 있는 스키타이 단일 부대를 향해 진격해서 결국 동쪽으로 돈(Don) 강을 향해 갔다. 스키타이들이 그 강을 건너가니 페르시아인들은 그들을 추적하여 나우로마테(Sauromatae) 경내를 통과하고 부디니(Budini)에 이르렀다. 거기에서 페르시아인은 나무로 요새(要塞)를 만든 겔로노스(Gelonus) 마을과 마주쳤는데, 그 마을은 이미 버려져 있었는데 페르시아인들은 거기에 불을 질렀다. 앞서도 스키타이의 사우로마테(Saromatae) 지역을 통과할 적에도 페르시아인들은 길가에 파괴할 거리도 없는 황무지였다. 페르시아인들은 겔로노스(Gelonus) 마을을 불태운 다음 스키타이를 계속 압박하여 부디니(Budini) 경계를 넘어 역시 거대

378

한 무인지경에 이르렀다. 그 땅을 가로지르는 대는 7일이 걸리고 더 먼 곳에 티사게테(Thyssagetae) 지방이 있고, 거기에서 리쿠스(Lycus) 오아로스(Oarus) 타나이스(Tanais) 시르기스(Syrgis) 네 개의 대강(大江)이 발원하여 메오테(Maeotae) 땅을 통과하여 메우티스 호수(Lake Maeotis)로 들어간다.

　그 불모지(不毛地) 오아로스(Oarus) 강둑에 이르렀을 적에 다리우스(Darius)는 '멈추어라.'고 명령을 내리었다. 그리고 8개의 거대(巨大) 진지(陣地)를 마련하여 대강 8마일의 거리를 두었다. 페르시아인이 남긴 자취는 우리시대에까지 확인할 수 있다. 이 진지(陣地)를 구축하고 있을 적에, 페르시아인의 진격을 유도하던 스키타이 기갑병들은 씻은 듯이 북쪽 스키타이들에게 돌아가 완전히 자취를 감추었다. 스키타이들에게 어떤 신호도 없게 되자 다리우스(Darius)는 반쯤 만들어진 진지(陣地)들을 버리고 자신이 전 스키타이가 있을 것으로 생각하며 추적을 했던 그 서쪽 길로 후퇴를 했다. 다리우스(Darius)는 가능한 최고 속력으로 후퇴를 했지만, 두 개의 다른 스키타이들이 연합해 있는 곳에 빠지게 되었다. 즉시 다리우스(Darius)가 다시 추격을 행하니 그들도 이전처럼 1일 진격의 거리까지 다시 후퇴를 했다. 그래서 다리우스(Darius)가 더욱 세차게 밀어붙이니, 그 스키타이들은 '앞서 페르시아에 대항해 싸우자고 했던 제안에 거절을 했던 고장'으로 다리우스(Darius)를 이끌고 들어갔다. 그 첫째가 멜란클레니(Melanchlaeni)였는데, 그 지방은 스키타이와 페르시아 군의 이중 침략을 받아 대혼란에 빠졌다. 그 다음은 안드로파기(Androphagi)가 그러했고, 다음은 네우리(Neuri)가 그러했다. 마지막으로 페르시아인의 진격에 후퇴를 계속했던 스키타이들은 아가티르시(Agathyrsi) 국경에 이르렀다. 그 아가티르시(Agathyrsi) 사람들은 무서워서 도망치는 것을 싫어하여 스키타이들이 공격하는 것을 기다리지 않고 사자(使者)를 파견하여 만약 스키타이들이 공격을 행하면 그들도 군사로 맞서겠다고 경고를 했다. 그 도전은 국경 수비군의 보강으로 이어졌다. 다른 종족들 즉 멜란클레니(Melanchlaeni) 안드로파기(Androphagi) 네우리(Neuri)는 스키타이와 페르스아인의 연속적 침략에도 저항이 없었고, 그들의 앞선 위협을 망각하고 북쪽 황무지로 도망을 쳤다. 아가티르시(Agathyrsi) 족이 그 스키타이들을 자기 영역으로 들여보내지 않을 줄을 알고 있었기에 방향을 바꾸어 네우리(Neuri)에서부터는 페르시아인 뒤꽁무니를 이끌고 스키타이로 들어갔다.[130]

_____✈

(a) 힌두(Hindu)의 '마하바라타(*The Mahabharata*)'는 '쿠루크셰트라(Kuruk-shetra)'라는 단일한 전쟁터에서 18일간의 전쟁 이야기임에 대해, 헤로도토스(Herodotus)의 '역사(*The Histories*, 446 b. c.)'는 아시아 아프리카[리비애 유럽 스키타이(Scythia) 지역을 배경으로 키루스 캄비세스 다리우스 크세르크세스 4대에 걸친 '전쟁 이야기'이다.

(b) 그러기에 [당시에 사람들이] '지리학적 지식'이 거의 없는 상태에서, 헤로도토스(Herodotus)는 '왕성한 탐구심과 광대한 정보 수집'을 바탕으로 그 '전쟁 이야기에 대한 지리적 배경'을 설명했다.

(c) 앞서 잠깐 살폈듯이 '스키타이(Scythia)'란 '흑해' '카스피 해' 연안의 종족들이다. 그런데 원시 시대 어떤 지역에 '침략 군'이 도달할 때는 우선 도망을 가 흩어졌다가 '적들'이 흩어질 무렵에 공격을 개시하는 것이 일반적인데, '스키타이 전쟁 방법'도 역시 그러하였다.

(d) 다리우스의 '스키타이(Scythia) 정벌'은 '키루스의 패배'와 관련이 있을 수 있으나, 제국의 황제들은 '자기 명령을 거스르는 것' 자체가 '전쟁의 원인'이라는 것을 항상 보여주었다.

(e) 이에 그 '스키타이(Scythia) 대응'은, 원시적인 지역 방위(防衛) 방법은 '지쳐 돌아갈 때에 공격하기[乘勢]'였다.

---

130) Herodotus (translated by Aubrey de Selincourt), *The Histories*, Penguin Books, 1954, pp. 309~312

제60장 스키타이가 다리우스에게 보낸 네 가지 선물

그 끝이 없음을 안 다리우스(Darius)는, 스키타이 왕 **이단티르소스(Idan-thyrsus)**에게 편지를 보냈다.

"세상에 경(卿)은 왜 달아나기만 하십니까? 둘 중에 하나를 선택 하시오. 경(卿)이 내게 맞설 수 있으면 나를 피하여 돌아다니기 보다는 서서 싸우거나, 아니면 당신의 주인[다리우스]에게 항복의 표시로 땅과 물을 보내 협의를 합시다."

이단티르소스(Idanthyrsus)는 답장을 보냈다.

"페르시아인이여, 나는 어느 누구에게도 무서워서 도망을 친 적이 없습니다. 그리고 당신에게도 무서워 도망을 한 것이 아닙니다. 내가 취한 행동에 특별히 이상한 것은 없습니다. 그것은 평화 시에도 내가 항상 취해왔던 생활 방식입니다. 내가 싸우지 않은 이유를 알고 싶다면 말하겠습니다. 우리 고장은 마을이나 농경지가 없습니다. 그것들에 대한 상실의 공포감이나 약탈이 우리에게 성급한 '전투'를 부를 겁니다. 그렇지만 만약 당신이 이미 지체 없는 '유혈사태'를 결심했다면, 우리는 우리의 선조들의 무덤에서 싸울 일이 남아 있습니다. 우리 선조들의 무덤들을 찾아 그것들을 망가뜨리면, 우리는 기꺼이 당신과 맞설 겁니다. 그때까지는 좋은 이유는 아닐지 모르지만, 우리는 계속 전투를 피할 겁니다. 이것이 당신의 도전에 대한 나의 대답입니다. **나는 나를 태어나게 한 '제우스(Zeus)'와 스키타이 여왕 '헤스티아(Hestia)' 말고는 다른 주인을 모릅니다.** 나는 당신에게 줄 땅과 물이 없고 다른 것도 없습니다. 당신이 우리 주인[제우스(Zeus)와 헤스티아(Hestia)]에게 요구했던 바를 우리가 당신에게 요구하게 될 것입니다."

이 편지는 다리우스에게 전해졌다.

'노예'로 삼겠다는 단순한 암시는, 스키타이 추장들을 분노하게 하여 스코파시스(Scopasis) 휘하로 군대를 보내게 했고, 다누베(Danube, 다뉴브) 강의 다리를 지키고 있는 '이오니아인과 협력 모색'을 추구하게 했다. 페르시아인들의 '이상한 춤추기'를 정지시킨 스키타이들은 페르시아인들이 그들이 '먹이'를 찾아나설 때 공격을 펼치었다. 그 정책을 수행하면서 스키타이들은 페르시아인들이 나타낼 때를 기다리고 있었다. 모든 경우에서 스키타이 기갑병들은 페르시아 군보다 뛰어나 뒤떨어진 보병(步兵)들을 지원했다. 스키타이들은, 페르시아 보병(步兵)이 그네들의 보병에 비해 너무 많았기에 자주 후미(後尾)로 달려가 페르시아 보병들을 공격했고, 밤에도 유사한 공격을 펼치었다.

무질서한 페르시아인들의 계속된 침공을 보고, 스키타이들은 전략을 세워 공급(供給)에 시달리게 만들었다. 그래서 결국 다리우스는 어떻게 해야 할지를 모르게 되었다. 그 다리우스의 당황을 알아차린 스키타이들은, 다리우스에게 선물로 **'새 한 마리' '쥐 한 마리' '개구리 한 마리' '다섯 개의 화살'을 보냈다.** 페르시아 사람들은 그것을 가져온 사람에게 그것들이 의미하는 것을 물었지만 대답이 없었다. 그는 명령이라고 말하고 그것들을 전달하고 나서 급히 돌아갔다. 페르시아 사람들이 영리했더라면 그 선물의 의미를 충분히 알았을 것이다. 이에 페르시아인들은 서로 머리를 맞대어, 다리우스는 스키타이들이 자기에게 땅과 물을 제공하고 항복할 것이라는 견해를 말했다. 다리우스는 추측하기를 '생쥐'는 땅에 살며 사람이 먹는 먹이를 먹고, '개구리'는 물속에 살고, '새'는 말처럼 빠르고 '화살'은 스키타이들의 힘을 상징하는데 그들이 그것들을 다리우스에게 제공하겠다는 뜻으로 해석을 했다. 그러나 [마구스(Magus)를 끌어내린 7인의 혁명가 중 한 사람인] 고브리아스(Gobryas)는 선물의 뜻을 다음과 말했다.

"다리우스 당신이 우리 페르시아인을 새들로 만들어 공중으로 날아가든지, 쥐들로 만들어 땅 속으로 들어가든지 개구리가 되어 물속으로 들어가야 합니다. 그러하지 못 하고 당신들의 집으로도 못 돌아가 이 고장에 머물면, 스키타이들의 화살을 받을 것입니다."

페르시아인들이 그 '선물의 의미'를 해석하고 있는 동안, 앞서 '메오티스 호수(Lake Maeotis)' 가를 지키라는 명을 받은 스키타이 부대는 다누베(Danube,

다뉴브) 강에 다리를 만든 이오니아인과 협의를 하려고 파견이 되었다. 스키타이 대변인은 말했다.

"이오니아 사람들이여, 우리가 당신들에게 '자유'를 가져왔소. 당신들은 우리가 제안한 것을 수용하기만 하면 될 것이오. 우리는, 다리우스가 이 다리를 '60일 동안 지키라.'고 당신들에게 명령하고 만약 다리우스가 나타나지 않으면 집으로 돌아가라고 한 것을 알고 있습니다. 그런데 지금은 그 '60일'이 지나서 다리우스나 우리가 당신들을 비난할 이유가 없어졌습니다."

이오니아 사람들도 그 말에 동의했고, 스키타이들은 말을 타고 서둘러 되돌아갔다.

다리우스에게 선물을 보낸 다음 다누베(Danube. 다뉴브)로 가지 않았던 스키타이들은 페르시아와 전투를 하려고 기갑병과 보병을 모았다. 스키타이들이 배치를 완료하자 산토끼 한 마리가 양쪽 군 사이로 달리기 시작했다. 스키타이들은 순간 왁자지껄 소리치는 대중으로 변했다. 다리우스는 적들이 소란을 피우는 이유를 알아보게 했다. 그러고 나서 산토끼 사냥에 관련된 것으로 알고 다리우스는 장군들에게 말했다.

"저놈들이 정말 우리를 무시하고 있으니, 나는 이제야 고브리아스(Gobryas)의 해설을 믿을 수 있게 되었다. 그렇다면 이 고장을 안전하게 빠져 나가는 방법을 생각해야 한다."

고브리아스(Gobryas)가 말했다.

"폐하, 저는 스키타이들이 간계(奸計)가 많다는 것을 이미 여러 번 들었습니다. 이 상황에서 저들이 우리를 어떻게 속일지도 알 수 있습니다. 우리가 어떻게 행해야 할지 제 생각은 이렇습니다. 어두워지면 이전처럼 캠파이어를 밝히고 당나귀들을 묶어놓고 약간의 군사를 남겨두고, 우리 군사들이 곤경과 궁핍을 당하기 전에 그리고 스키타이들이 다누베(Danube, 다뉴브)로 가서 그 다리를 파괴하기 전에 그리고 이오니아 사람들이 우리에게 파괴에 조처를 취하기 전에 이곳을 떠나야 합니다."[131]

⎯⎯⎯✈

(a) '세상의 제일 부재[다리우스]'와 '가난뱅이[스키타이]'와의 싸움, 그 '싸움'을 탐욕의 '다리우스'가 먼저 시작을 했다.

(b) 힌두(Hindu)의 '마하바라타(*The Mahabharata*)'에는 "**인간은 부(富)의 노예(A man is the slave of wealth.)**"[132]이라고 선명하게 제시했다.

(c) 다리우스가 어떤 동기에서 '스키타이 원정'을 시작했건, 여하튼 '세상에 최고 부자와 무식한 거지와 싸움'이라는 것이 명백하게 되었다.

(d) '물러서는 것'이 바로 '최상의 정책'으로 드러나게 되었다.

제61장 다리우스의 후퇴

다리우스(Darius)가 그 고브리아스(Gobryas)의 제안을 수락하였다. 밤이 되자 약간의 군사와 당나귀를 놔두고 철수(撤收)를 시작하였다. 당나귀 등을 남겨둔 다리우스의 목적은 철수(撤收)를 위장(僞裝)하자는 전술이었다. 사람들의 경우는 '병이 든 병사'로 다리우스는 그들을 캠프를 지키게 하며, 최고의 병사들은 스키타이를 공격하러 간다고 남은 자들에게는 말했다. 다리우스는 최고의 속력으로 다누베(Danube, 다뉴브)로 향했다. 주요 군사가 떠나는 것을 알고 당나귀들은 평소보다 더욱 소란을 피웠다. 스키타이들이 그 소리를 들었으나 상황의 변화를 모르고 전 페르시아 군이 거기에 있는 것으로만 알았다. 새벽이 되었다. 페르시아 잔군(殘軍)은 다리우스가 자신들을 배반한 것을 알고 항복의 표시로 손을 들고 스키타이들에게 일어났던 상황을 다 말했다. 그 소식을 듣고 사우로마테(Sauromatae) 부디니(Budini) 겔로니(Geloni) 3군이 통합된 전 스

---

131) Herodotus (translated by Aubrey de Selincourt), *The Histories*, Penguin Books, 1954, pp. 312~315

132) K. M. Ganguli (Translated into English Prose from the Original Sanskrit Text), *The Mahabharata of Krishna-Dwaipayana Vyasa*, Munshiram Manoharlal Publisher Pvt. Ltd. New Delhi, 2000, -**Bhishma Parva**- p. 100

키타이군은 촌음(寸陰)을 지체 하지 않고 페르시아 군을 추적하여 다누베 (Danube, 다뉴브)로 향했다. 대부분의 페르시아 병력은 보병이었고, 정규 길을 이탈하여 갈 길을 몰랐다. 모두 말을 타고 있던 스키타이들은 직로(直路)에 익숙하여 페르시아 군보다 앞서 그 다리에 도착했다. 두 군사[兩軍]는 가는 길에 마주치지는 않았다. 페르시아인이 아직 도착을 하지 않은 것을 확인한 스키타이들은 배에 올라 있는 이오니아인에게 먼저 다시 말할 기회를 잡았다. 스키타이들이 말했다.

"이오니아 사람들이여, 60일이 다 되어 더 기다릴 일은 없어졌다. 당신들이 여기를 지키고 있는 것은 탈영(脫領)을 두려워해서이다. 그러나 사태가 바뀌었다. 다리를 파괴하고 떠나라. 행운이 있을 것이다. 자유를 준 신과 스키타이들에게 감사하라. 당신들 이전의 주인처럼, 다리우스(Darius)의 이번 원정(遠征)이 그의 최후가 것이다."

뒤 따른 의논에서 아테네 사람 **밀티아데스(Miltiades, 540~488? b. c.)**는 스키타이들의 충고를 따라 이오니아를 자유롭게 해야 한다고 말했다. 그러나 밀레투스(Miletus)의 **히스티에오스(Histiaeus)**는 밀티아데스(Miltiades) 의견에 반대를 했다. 그는 다리우스(Darius) 소속 국가의 장(長)으로서 다리우스(Darius)가 몰락하면 밀레투스(Miletus)에서 그의 힘을 유지할 수 없었고, 여타(餘他) 부하들에게도 그러했기 때문이었다. 각자의 상황은 그 '독재 통치'에 반대하고 '민주적 방식[democracy]'을 선호했다. 그런데 모임은 처음에는 밀티아데스(Miltiades)를 지지하는 것으로 시작이 되었으나, 히스티에오스(Histiaeus)가 자신의 견해를 제시하자 모두 마음을 바꾸어 히스티에오스(Histiaeus) 의견이 만장일치로 채택이 되었다. 이 경우에 투표자들은 다음과 같았다. 아비도스(Abydos)의 다프니스(Daphnis) 람프사코스(Lampsacus)의 히포클로스(Hippoclus) 파리움(Parium)의 헤로판토스(Herophantus) 프로코네소스(Proconnesus)의 메트로도로스(Metrodorus) 키지코스(Cyzicus)의 아리스타고라스(Aristagors) 비잔티움(Byzantum)의 아리스톤(Ariston)이 **모두가 다리우스를**

높이 평가했는데 모두가 헬레스폰트(Hellospont)에 그들의 나라를 지니고 있었던 자들이었다. 이들에 더해 이오니아 출신인 키오스(Chios)의 스트라티스(Strattis) 사모스(Samos)의 에아케스(Aeces) 포카이아(Phocaea)의 라오다마스(Laodamas) 밀레토스(Miletus)의 히스티에오스(Histiaeus)가 그 밀티아데스(Mitiades) 의견에게 반대를 했다. 유일한 에올리아 사람(Aeolian)은 키메(Cyme)의 아리스타고라스(Aristagoras)였다.

히스티에오스(Histiaeus)가 제시한 ['다리우스를 지키자']의견이 일단 수용되자 그들은 다음 단계로 어떻게 그들의 '진정한 뜻을 감출 것인가'를 생각했다. 그 계획은 '스키타이 쪽의 다리 위치를 바꾸는 것'이었다. 그것은 이중의 목적을 지닌 것이었으니, 스키타이들이 힘으로 건너지는 못하게 하면서 스키타이들에게 다리 파괴가 진행되는 것처럼 보여주자는 것이었다. 그 결단이 섰을적에 히스티에오스(Histiaeus)가 스키타이들에게 말했다.

"스키타이들이여, 좋은 소식을 주었습니다. 여기에 그처럼 빨리 온 것은 운이 무척 좋은 겁니다. 상호이익을 먼저 챙깁시다. 우리가 다리를 파괴하면 당신들이 알다시피 우리는 힘들이지 않고 우리 자유를 회복할 겁니다. 당신들이 지금 할 수 있는 최선의 일은 우리가 다리 파괴를 하고 있는 동안 페르시아 인들을 찾아내 그들이 받아야 할 마땅한 벌을 내리는 것입니다. 그것이 우리 모두를 위한 일입니다."

스키타이들은 '이오니아 사람들의 훌륭한 신뢰'를 믿게 되었다. 스키타이들은 페르시아 군사를 찾아 돌아갔으나 아무도 만날 수가 없었다. 스키타이들은 샘물과 집이 파괴되지 않은 곳으로 가면 쉽게 페르시아인을 찾아낼 것이라고 생각한 것이 오산(誤算)이었다. 하지만 페르시아인들은 엄격하게 원래 왔던 길로 퇴각을 했다. 페르시아인들은 다리까지 오는데 큰 어려움을 겪었다. 페르시아인들은 어두울 때 강에 이르렀는데, 다리가 이미 끊겨 있음을 알고 완전히 공포감에 빠졌다. 이오니아 사람들이 '배신'을 했다고 생각했다. 그러나 다리우스(Darius)는 목소리가 건장한 이집트인에게 강둑에 세워 '히스티에오스(Histiaeus)를 크

386

게 불러라.'라고 명령을 내렸다. 그 이집트인이 그 다리우스(Darius) 명령대로 그렇게 했더니, 단 한 번 외침에 히스티에오스(Histiaeus)는 모든 배를 동원하여 페르시아 군사들을 실어 날랐다. 그렇게 해서 페르시아인들은 그 스키타이 고장을 벗어나게 되었다. 스키타이들은 이오니아 사람보다 생각이 모자라다. 그들은 자유롭다고 생각하지만, 세상에서 가장 야비하고 비겁하다. 주인에게 굴종하고 도망갈 줄도 모르는 노예들이다.[133]

_____→

(a) 다리우스(Darius)가 '히스티에오스(Histiaeus)'를 시켜 '다누베(Danube, 다뉴브) 강'에 다리를 지키게 한 것은, 거대 제국 페르시아를 통치하고 있는 그의 역량(力量)을 보인 부분이다.

(b) 다리우스(Darius)는 단순히 히스티에오스(Histiaeus)뿐만 아니라 '신뢰할 만한 사람'에게 그 직(職)을 주었다는 사실이 그의 '스키타이 원정 후퇴'에서 구체적으로 밝혀진 셈이다.

(c) 이후 역사의 전개를 감안할 때, 당시 장군 '**밀티아데스(Miltiades, 540~488? b. c.)**' 제안이 채택 되지 못 한 것이 크게 아쉽지만, '세계사의 진행'은 '개인[왕, 장군]들의 소망'과 무관하지도 않지만, 역시 일 개인의 의지와는 상관없이 진행되는 경우가 더 많다.

(d) 장군 '**밀티아데스(Miltiades, 540~488? b. c.)**'의 의지는 뒤에 '마라톤(Marathon) 해전(海戰)'에서 발휘되었다.

제62장 메가바조스(Megabazus)에게 유럽 통치를 위임하다.

다리우스(Darius)는 유명한 페르시아인 메가바조스(Megabazus)에게 유럽을 통치하도록 해 놓고, 트라케(Thrace)를 통과하여 케르소네세(Chersonese)에

133) Herodotus (translated by Aubrey de Selincourt), *The Histories*, Penguin Books, 1954, pp. 315~317

있는 세스토스(Sestos)로 가서 거기에서 아시아로 향하는 배를 탔다.

다리우스는 앞서 메가바조스(Megabazus)를 크게 칭찬한 적이 있었다. 다리우스가 석류를 먹으려고 그 중 하나를 껍질을 벗겼는데, 그 아우 아르바노스(Artabanus)가 다리우스에게, 대왕의 소유 중에 무엇을 그 석류의 씨처럼 많게 하고 싶은가라고 물었다. 다리우스는 '메가바조스(Megabazus)'를 그렇게 많이 갖고 싶다고 대답했다. 다리우스는 희랍의 왕보다는 많은 메가바조스(Megabazus)를 원했다. 다리우스는 페르시아 있을 적에 메가바조스(Megabazus)를 그렇게 칭찬을 했는데, 스키타이서 후퇴를 한 다음에 메가바조스(Megabazus)에게 80,000의 강군(强軍)을 맡겨 그를 유럽에 남겨두었다.[134]

———✈

(a) 앞서 밝혔듯이 헤로도토스(Herodotus)의 '역사(*The Histories*, 446 b. c.)'는 '희랍 중심 아테네 중심' '**법 앞에 평등**' '**민주주의**'를 앞세워 누천년을 초월한 '명저(名著) 중에 명저(名著)'이다.

(b) 힌두(Hindu)의 '마하바라타(*The Mahabharata*)' 이후에 '이집트 왕조사' '중국의 왕조사' '페르시아의 왕조사'도 있었지만, 기원전 446년에 간행된 헤로도토스(Herodotus)의 '역사(*The Histories*)'를 당할 수 없는 것은, 헤로도토스(Herodotus)처럼 '**법 앞에 평등**' '**민주주의**'을 말한 저서는 어디에도 없었다.

오직 '건국 시조 최고' '자기네들의 왕이 최고'라는 소위 '계관시인(桂冠詩人, poet-laureate, 御用作家)'의 찬사(讚辭)가 줄을 잇고 있기 때문이다.

(c) 다리우스(Darius)는 당시 전 페르시아를 통어(統御)할 만한 넉넉한 도량(度量)을 지닌 군주였다. 그러나 역사가 헤로도토스(Herodotus)[오타네스(Otanes)]의 눈으로는 '책략(策略)과 탐욕의 군주'라는 비판적인 시각을 포기할 수 없었으니, 이 점이 바로 '**인류의 역사와 과학의 선구자(先驅者)**'로서의 헤로도토스(Herodotus)의 빛나는 역사관의 정면이다.

(d) 즉 다리우스(Darius)는 페르시아의 '부동의 영주(英主)'이지만, 헤로도토스

---

134) Herodotus (translated by Aubrey de Selincourt), *The Histories*, Penguin Books, 1954, p. 318

388

(Herodotus)의 '역사(*The Histories*, 446 b. c.)'는 '미래에 전개될 서양사'
'오늘날 지구촌 인류의 가치 실현에 영향을 주고 있는 명저'라는 점에서
'일개 국왕'이 문제될 수 없다.

제63장 '마라톤 해전(490 b. c.)'의 영웅 칼리마코스

[**피시스트라토스(Pisistratus)의 아들**] 히피아스(Hippias)가 이끄는 페르시
아인들은 에레트리아(Eretria)를 점령한 다음 며칠을 기다렸다. 그런 다음 페르
시아인들은 아티카(Attica)로 항해(航海)하여, 같은 방법으로 아테네 사람들을
잡으리라 확신을 가지고 있었다.

아티카 영역에서 에레트리아(Eretria)와 가장 가까운 부분과 최고의 기갑부대
작전지로 마라톤(Marathon)이 있었다. 그래서 **히피아스(Hippias)**는 침략군을
마라톤으로 이끌었고, 아테네 사람들도 그 정보를 입수하고 서둘러 그 적들에
대항하게 되었다.

아테네 군사는 10명의 장군들이 이끌고 있었다. 그 중에 10번째가 **밀티아데
스(Miltiades, 540~488? b. c.)**였다. 밀티아데스(Miltiades) 아버지는 스테사고
라스(Stesagoras)인데 역시 스테사고라스(Stesagoras)의 아들로 키몬(Cimon)
이 있었는데 그는 히포그라테스(Hippocrates)의 아들 피시스트라토스(Pisistra-
tus)[아테네 독재자, 제8장 참조]에 의해 아테네에서 추방을 당했다. 유랑 도중
에 키몬(Cimon)은 올림피아 전차(戰車) 경기에서 이긴 행운이 있었다. 그런데
의붓[배다른]형제 밀티아데스(Miltiades)도 동일한 명예를 획득했다. 그 다음 키
몬(Cimon)은 암말 경기에서도 상을 받았다. 그러나 그 경기 우승은 피시스트라
토스(Pisistratus)를 위해 포기를 했는데, 피시스트라토스(Pisistratus)는 그 승리
로 아테네로 돌아갈 수 있는 권리를 획득했다. 그 다음 올림픽 경기에서도 키몬
(Cimon)은 동일한 암말 경기에서 3번째 우승을 획득했다. 그 직후에 피시스트

라토스(Pisistratus)는 죽음을 당했다. 피시스트라토스(Pisistratus)는 그의 아들들에게 살해되었고, 의사당 곁에서 밤에 요격을 당한 것이다. 피시스트라토스(Pisistratus)는 아테네 교외에 묻혔는데, '가라앉은 길(Sunk Road)' 너머에 있는데 그 무덤 맞은편에는 3번 전차 경기에 승리한 말들이 묻혀 있다. 키몬(Cimon)이 달성한 '3중(重) 승리'는 라코니아 사람(Laconian) 에우아고라스(Euagoras)가 앞서 달성을 했으나, 다른 전례(前例)가 없는 드문 승리였다.['올림피아 경기'의 군사적 의미] 키몬(Cimon)이 사망할 적에 그의 두 아들 중에 장남 스테사고라스(Stesagoras)는 아저씨 밀티아데스(Miltiades)와 케르소네세(Chersonese)에 살고 있었다. 밀티아데스(Miltiades)는 뒤에 케르소네세(Chersonese) 도시 창설자로서 그의 아버지와 함께 아테네에 거주하게 되었다.['아테네 시민권'의 의미]

그 **밀티아데스(Miltiades)**가 아테네 장군이 된 것이다. 그 밀티아데스(Miltiades)는 그 얼마 전에 케르소네세에서 도망해 나왔는데, 두 번의 죽을 고비를 넘겼다. 한 번은 페니키아 사람들이 그를 임브로스(Imbros)까지 추격하여 그를 잡아 다리우스(Darius)에게 넘기려 했던 사건이었고, 또 한 번은 위험을 피해 거처할 곳을 찾아다니다가 '케르소네세 불법 독재 정부'에 고소를 행하고 '그를 기다리고 있던 적들'과 마주친 사건이다. 그러나 밀티아데스(Miltiades)는 그것들을 벗어나 아테네 시민들에 의해 '장군'으로 선발이 된 것이다.

아테네를 떠나기에 앞서 장군들은 스파르타로 편지를 보냈다. 편지를 전한 사람은 아테네 사람 '먼 거리 달리기 선수(a professional long-distance runner)' 페이디피데스(Pheidippides)였다. 페이디피데스(Pheidippides)는 테게아(Tegea) 위의 파르테니움(Parthenium) 산에서 판(Pan) 신을 만났다. 그가 말하기를, 판(Pan) 신이 자기 이름을 불러 '아테네 사람들은 그[판(Pan) 신]가 아테네 사람들에게 우정을 가져 과거에도 도움을 주었고 앞으로도 그러할 것인데 아테네 사람들은 자기에 관심이 없다'고 불평을 했다는 것이다. 아테네 사람들이 그 페이디피데스(Pheidippides) 이야기를 믿어 그의 편지를 전해 받은 다음부터 아크로폴리스(Acropolis) 아래 '판(Pan) 성소(聖所)'를 만들어 놓고 횃불과 제물로 '판(Pan) 신의 가호'를 받으려 했다.

페이디피데스(Pheidippides)가 아테네 사령관들의 사절로 갔을 적이 그는 판(Pan)신을 보았고, 아테네를 떠난 그 다음날에 스파르타 정부에 편지를 전달했다.

"스파르타 인이여, 아테네 사람들이 도움을 요청합니다. 잠시도 서 있을 수도 없이 희랍에서 가장 오랜 도시가 외국 침략자에게 정복을 당하여 망가지게 되었습니다. 바로 지금 에레트리아(Eretria)가 함락이 되었고 훌륭한 도시를 상실하여 희랍은 허약해져 있습니다."

스파르타 사람들은 편지에 공감하여 아테네 사람들에게 도움을 주고 싶으나 그네들의 법을 깨뜨리고 싶지 않아 당장 원군(援軍)을 보낼 수가 없었다. 그 때는 그 달의 9일로, 보름이 될 때까지 야외(野外)로 나갈 수 없다는 이유였다. 그래서 스파르타 사람들이 보름을 기다리는 동안, 피시스트라토스(Pisistratus)의 아들 **히피아스(Hippias)**는 페르시아 군을 마라톤(Marathon)으로 진군(進軍)시켰다.

전날 밤에 히피아스(Hippias)는 꿈에서 '어머니와 잠이 든 꿈'을 꾸었다. 히피아스(Hippias)는 '아테네로 돌아가 편안하게 늙어 죽을 꿈'으로 생각했다. 그 다음날 히피아스(Hippias)는 침략을 주도하며 에길리아(Aegilia)의 에레트리아(Eretria) 해안가 포로들을 '스티라(Styra) 도시 소속의 섬'으로 옮겨 놓고 함대를 마라톤(Marathon)으로 이끌어 닻을 내리고 거기에서 상륙(上陸)을 했다. 그런 중에 히피아스(Hippias)는 너무나 바빠 '격렬한 재채기 감기'에 걸렸는데, 그는 이미 노경(老境)에 들었기에, 대부분의 치아(齒牙)가 느슨하게 되어 있었다. 재채기 도중에 입 속에 이빨 하나가 빠져나와 모래밭에 떨어졌다. 아무리 찾으려 해도 찾을 수가 없었다. 그러자 히피아스(Hippias)는 친구에게 말했다.

"이 땅은 우리 차지가 아닌 모양이네. 정복을 할 수 없을 것 같네. 내가 지녔던 이빨 하나를 여기에 두었을 뿐이네."

그렇게 해서 그의 꿈의 의미는 명백하게 되었다.

아테네 군사들은 '**헤라클레스 성지(聖地)**'로 후퇴해 있었는데, 플라테아 사람들(Plataeans)이 합류를 해 왔다. 그 플라테아 사람들(Plataeans)은 아테네에 귀순하여 봉사를 해왔었다. 아테네 장군들 서로 의견들이 나뉘어 있었다. 즉 일부 장군들은 아테네 군사는 너무 적어 승리가 지상(地上)전에서 승리가 어렵다는 것이고, 밀티아데스(Miltiades)를 포함한 다른 장군들은 지상전의 어려움을 감내해야 한다는 주장이었다. 심약(心弱)한 투표하기 방법이 채용되었는데, 그것이 결국 밀티아데스(Miltiades)를 돕는 것이 되었다. 10명의 장군과 거기에 '전쟁 집정관(War Archon)'이 그 투표에 가담을 하게 되었다. 그 '**투표하기(an equal vote)**'를 당시 아피드네(Aphidnae)의 칼리마코스(Callimachus)가 주도하게 되었다. 그래서 밀티아데스(Miltiades)가 그 칼리마코스(Callimachus)에게 말했다.

"**칼리마코스(Callimachus)여, 아테네인이 노예가 될 것인지 자유인이 될 것인지와, 모디오스(Harmodius)와 아리스토게이톤(Aristogeiton)이 남겨 놓은 영광보다 더 큰 영광을 우리가 후손에게 남길지는 지금 당신의 손에 달렸소. 아테네의 역사 속에 지금처럼 위기에 처한 적은 없었소. 우리가 페르시아인에게 굴복하면 히피아스가 권세를 회복할 것이고 어떤 불행이 뒤따를 지는 보지 않아도 알 수 있소.** 그러나 우리가 만약 싸워 이긴다면 희랍 모든 도시 중에 우리 도시가 제일이 될 것이오. 지금 우리 10명의 장군들이 반반으로 뉘었으나, 우리가 이 전쟁을 거부하면 그 결과는 비참할 것이오. 우리의 목표가 흔들리면 우리는 페르시아에 굴복하게 될 것인데, 이제 그 결정은 당신에게 달렸소. 그러나 만약 우리가 투표를 하기 전에 우리 중에 누가 싸우기를 보여주고, 신이 우리에게 공정한 전투를 행하게 하시면 우리는 반드시 싸워 이길 것입니다. 그 결정을 당신이 행하는 것입니다. 나 쪽으로 투표가 나오면 우리가 다 자유로울 것이고, 당신이 '싸우지 말자는 쪽'을 지지하면 당신은 우리 희랍의 행복을 바로 부정(否定)하는 쪽에 서는 것입니다."

그 밀티아데스(Miltiades) 말이 수용이 되어 '전쟁 집정관(War Archon)' 칼리마코스(Callimachus)의 투표로 결국 '싸우기'로 결정이 났다.

밀티아데스(Miltiades)를 지지했던 장군들은 그들의 순번에 따라 그 밀티아데스(Miltiades)에게 보고를 했다. 밀티아데스(Miltiades)는 보고를 받기는 했으나, 그 전투를 주재(主宰)를 할 그 날이 올 때까지 싸우질 않았다. 그러다가 드디어 아테네 군사가 움직일 때가 되었다. **오른쪽 날개는 칼리마코스(Callimachus)가 맡았다. '전쟁 집정관(War Archon)'이 우익(右翼)을 맡은 것이 당시 아테네 관행이었다. 그런 다음 뒤따른 종족들은 그들의 관행을 따랐고, 마지막으로 좌익(左翼)은 플라타이아 사람들(Plataeans)이었다.** '마라톤 전투(戰鬪)' 이후 4년마다 행하는 축제에 제사를 올리는데, 전령(傳令)은 아테네 사람들과 플라타이아를 사람들을 함께 묶어 신에게 축복 기도를 행한다.

전투 전에 아테네 군사 배치 결과는, 전(全) 페르시아 군의 전면을 충분히 막으려고 노력했던 결과, 그들의 중앙부분이 허약(虛弱)하게 되었다. 두 날개는 강했으나 중앙은 몇 줄밖에 안 되었다. 배치가 이루어져 성공을 기원하는 제사를 올리고 호령에 따라 적에게로 달려가 서로 떨어진 거리가 1마일이 못 되었다. 페르시아인들은, 적은 병력으로 기갑병(機甲兵)이나 궁수(弓手)들이 지원도 없이 달려오는 아테네인들을 보고, 미쳐서 자살하려는 사람들이라고 간주하며 맞을 준비를 했다. 정말 그렇다. 그것이 페르시아인의 생각이었다. 더구나 아테네 사람들은 열을 지어 적들을 맞았고 잊을 수 없는 한 가지 방법으로 싸웠다. 내[헤로도토스]가 알기로는 **그 아테네인들이 희랍인 중에서 최초로 '돌격'을 행한 사람들이고, 최초로 페르시아인이나 그 복장을 한 사람들에게 굽힘이 없었던 사람들이었다. 왜냐하면 그 날까지는 어떤 희랍인도 공포감 없이 페르시아인의 말을 들었던 사람이 없었기 때문이다.**

마라톤(Marathon)에서의 전투는 오래 계속이 되었다. 중앙에서는 외국인들이 이점을 살려 페르시아인과 사케(Sace)가 장악을 하여 희랍인의 대열을 깨뜨리고, 그 희랍 도망자들을 바다에서 내지(內地)로 추격하는데 성공을 했다. 그러나 아테네인과 플라타이안들로 이루어진 양 날개는 모두 다 승리를 거두었다. 그 우위를 확보한 희랍군은 적들을 도망치게 만들어 두 날개 병력을 하나로 통일하고 중앙을 차지한 페르시아 군에게 집중 공격을 퍼부었다. 여기에서 역시 희랍 군은 승리를 하였고, 패배한 페르시아 군이 바다에 이를 때까지 그들을 계속 베어 눕혔다. 사람들이 불을 청하고 배들을 잡았다. 이 전투에서 용감하게 싸운 '전쟁 집정관(War Archon) 칼리마코스(Callimachus)'가 살해되었고, 트라실라오스(Thrasylaus)의 아들 스테실라오스(Stesilaus) 장군과 유포리온(Eu-phorion)의 아들 키네기로스(Cynegirus)는 선미(船尾)를 붙들고 있다가 손이 잘려 나가 살해되었고, 다른 유명한 아테네 사람들도 죽었다. 아테네 사람들은 그렇게 해서 7척의 배를 붙들었다. 그러나 나머지 배에 페르시아인들이 승선한 다음에, 그들은 아이길리아(Aegilia)에 남겨둔 에레트리아(Eretrian) 포로들을 배에 싣고 아테네로 가려고 수니움(Sunium) 근처로 항해를 했다. 페르시아인들은 아테네 군사들이 아테네로 달려오기를 바라고 있었다.

페르시아 함대가 수니움(Sunium) 근처에 있는 동안, 아테네 군사들은 서둘러 아테네로 회군에 성공하여 그 페르시아 군이 도착하기 전에 아테네에 도달을 했다. 마라톤(Marathon)에 세운 아테네 군사 캠프를 '**헤라클레스 성지(ground sacred to Heracles)**'라고 속였는데, 키노사르게스(Cynosarges)에도 동일한 캠프를 동일한 그 신의 명칭으로 두었다. 페르시아 함대는 다시 나타나 잠시 팔레롬(Phalerum, 당시 아테네의 주요 항구)에 정박해 있다가 아시아(Asia)로 떠났다.

마라톤(Marathon)의 전투에서 약 6400 명의 페르시아 군사들이 죽었고, 아테네 군사는 192명이 죽었다.[135]

---

135) Herodotus (translated by Aubrey de Selincourt), *The Histories*, Penguin Books, 1954, pp. 424~430

'마라톤 전투(Battle of Marathon)' '칼리마코스(Callimachus)' '밀티아데스(Miltiades)'

(a) 헤로도토스가 그의 '역사(*The Histories*)'를 통해 보여주고 싶었던 바는 '희랍 중심' '아테네 중심' 이야기이고, '마라톤(Marathon) 해전(海戰)' '살라미스(Salamis) 해전(海戰)'이었다.

(b) 헤로도토스는 그의 '역사(*The Histories*)'의 초두(初頭)에 아테네의 입법자 솔론(Solon, 638?~559? b. c.)이 리디아(Lydia) 왕 크로이소스(Croesus)에게 '인간의 행복'을 펼치는 장면을 두어, '이웃 나라 엘레우시스(Eleusis)와의 **전투에서 아테네를 위해 싸우다가 명예롭게 죽은 텔로스(Tellus)**'를 '세상에서 가장 행복한 사람'이라는 논리를 폈다.

(c) 그런데 이 **솔론의 '행복 론'**은 더 말할 것도 없이 '**마하바라타(*The Ma-habharata*)' '지존(至尊)의 노래(Bhagavat Gita)**'에서 '**절대 신에의 귀의 (歸依)**'가 '**아테네(희랍) 국가주의' '현세주의(Secularism)**'로 반쯤 변용된 것이다.

(d) 그리하여 소위 '마라톤 해전(海戰)의 영웅 칼리마코스(Callimachus)'는, 바로 그 솔론의 '행복 론'을 완벽하게 충족시킨 사람이다. 이것이 역시 '**희랍 중심' '로마 중심' '서구 중심'의 핵심 사항을 이루고 있다**.

(e) 여하튼 '마라톤 해전(海戰)의 영웅 칼리마코스(Callimachus)' 이야기에는 두 사람의 이야기가 다시 첨가 되어 있으니, 장군 **밀티아데스(Miltiades)**와 역사가 헤로도토스가 그들이다.

(f) 장군 밀티아데스(Miltiades)는 칼리마코스에게 '아테네인이 노예가 될 것인지 자유인이 될 것인지는 당신 손에 달렸다.'고 '주전론(主戰論)'을 펼치었고, 헤로도토스는 '그 아테네인들이 희랍인 중에서 최초로 '적들을 향해 돌격'을 행한 사람들이고, 최초로 페르시아인이나 그 복장을 한 사람들에게

굽힘이 없었던 사람들이었다. 왜냐하면 그 날까지는 어떤 희랍인도 공포감 없이 페르시아인의 말을 들을 수 있는 사람이 없었기 때문이다.'라고 '마라톤 해전의 의미'를 정리하였다.

(g) '페르시아의 식민지 아테네의 저항 정신'을 헤로도토스 최고로 칭송해 마지 않았는데, 오늘날까지 지구상의 모든 종족 국가들은 그 '독립 정신 찬양'을 행하지 않은 나라가 하나도 없다. 그것은 다 헤로도토스가 앞서 행한 '페르시아 제국주의에 대한 아테네 시민군이 펼친 마라톤 해전(海戰)'을 표준으로 본래부터 있었던 '국가 종족주의'를 강화한 결과다.

(h) 이 '마라톤 해전(海戰)'과 관련된 '오늘날 올림픽 경기 종목이 마라톤(멀리 달리기) 경기'인데, 그 본래의 의미는 '아테네 군사는 이미 마라톤에서 크게 승리를 했으나, 막강한 병력을 지닌 페르시아 군이 도리어 바다를 통해 아테네를 기습(奇襲)하려는 뒤늦게 알고 그 마라톤에 나가 있던 아테네 병사들이 다시 그 아테네를 지키려고 서둘러 달려왔던 그 역사적 사실을 재연(再演)한 것'으로, 의미를 지니고 있다. 어느 누가 자기 고장 자기나라를 지키려고 '달려가는 승리의 젊은이들'에게 박수갈채를 보내지 않을 것인가.

(i) 헤로도토스(Herodotus)의 '역사(*The Histories*)'는 아테네의 입법자 솔론(Solon)의 '행복론'으로 '마라톤 해전(海戰, 490 b. c.)의 영웅 칼리마코스(Callimachus)'에게 그 서술의 초점을 맞추었으나, 그 솔론(Solon)과 헤로도토스(Herodotus)의 기준을 충족시킨 '종족 국가주의 영웅' 두 사람이 또 있으니, 하나는 그 마라톤 해전(海戰, 490 b. c.) 이전 1064년 전에 압제자들[힉소스(Hyksos)]에게 반란을 일으켜 '이집트 독립 전쟁(War of Independence)'을 주도했던 '세케네느라(Sekenenra[타오(Seqenenre Tao, 1558-1554 b. c.)]]의 죽음'[136])이 있었고, '칼리마코스(Callimachus) 죽음' 이후 2088년 뒤에 한국 '조선조(朝鮮朝) 때' '노량(露梁) 해전(海戰)에서 숨진 이순신(李舜臣, 1545-1598)'이 있었다.

---

136) D. A. Mackenzie, *Egyptian Myth and Legend*, 1913, pp. 258~279

제64장 다리우스 아들 크세르크세스(Xerxes)의 즉위

'마라톤(Marathon) 전쟁 소식'이 다리우스(Darius)에게 전해 졌을 때에, 다리우스(Darius)는 이미 사르디스(Sardis)에서도 당했는데, 더욱 큰 '패배'를 당했다는 생각에 그는 아예 희랍과의 전쟁을 결심했다. 다리우스(Darius)는 지체없이 그 지배 국가들에게 통신원을 파견하여 이전보다 더욱 많은 전함(戰艦)과 말과 곡식을 준비하도록 명령을 내렸다. 그러하여 전 아시아가 '희랍 공격'을 위해 3년 동안 대 소동 속을 겪어야 했고, 쓸 만한 남성들이 다 군사에 동원이 되었다. 그 다음해에 캄비세스(Cambyses)에게 정복당했던 이집트에서, 오직 다리우스의 고된 전쟁 동원에 '고역을 치르고 있던 병사들'이 반란을 일으켰다.

그래서 페르시아의 두 원정 부대가 출발 준비를 마치고 있을 때였다. 그런데 다리우스(Darius) 두 아들 간에 '후계(後繼) 문제'와 '우선권 문제'로 격렬한 분쟁이 터졌다. **페르시아 법(法)에 따르면, 왕은 후계자를 지명해 놓기 이전에는 군사를 이끌고 나가는 출전(出戰)을 행할 수가 없었다.**

다리우스(Darius)는 즉위(卽位) 이전에 고브리아스(Gobryas) 딸을 아내로 맞아 3 명의 아들을 두었고, 즉위 이후에 키루스(Cyrus)의 딸 아토사(Atossa)에게서 4명의 아들을 낳았다. 본처 소생 3남중에서 장남은 **아르타바자네스(Arta-bazanes)**였고, 아토사(Atossa) 소생 4명의 아들 중에서는 **크세르크세스(Xer-xes, 519?~465 b. c.)**가 나이가 제일 많았다. 아르타바자네스(Artabazanes)는 자기가 다리우스(Darius)의 모든 아들 중에 가장 나이가 많으므로 전반적인 통례에 따라 자기가 계승자가 되어야 한다는 주장을 폈다. 이에 대해 크세르크세스(Xerxes)는 자기가 페르시아 인에게 '자유(freedom)'를 제공한 키루스의 딸 아토사(Atossa)의 아들이라는 주장이었다.

다리우스(Darius)는, 아리스톤(Ariston)의 아들 데마라토스(Demaratus)가 <u>수사(Susa)</u>에 도착할 때까지 후계 문제에 대해 자신의 입을 열지 않았다. 데마라토스(Demaratus)는 스파르타 왕에서 물러나 유랑(流浪) 중이었다. 데마라토스(Demaratus)는 다리우스 아들 간의 분쟁 소식을 듣고 크세르크세스(Xerxes)를 찾아가 크세르크세스(Xerxes)가 주장할 논리를 제공했다. 즉 아르타바자네스(Artabazanes)는 다리우스가 아무 직책도 없을 적에 태어났으므로, 다리우스는 크세르크세스(Xerxes)가 태어났을 적에 이미 후계자로 생각하고 있었다는 사실을 크세르크세스(Xerxes)에게 알려 주었다. 그러므로 크세르크세스(Xerxes)가 왕이 되는 것은 합리적이고 공정하다는 것이었다. 데마라토스(Demaratus)는 스파르타에서도 '왕이 된 자가 왕이 되기 이전에 아들이 있었을지라도 왕이 된 다음에 출생한 아들이 계승을 한다.'는 것을 알려 주었었다.

크세르크세스(Xerxes)는 그 제안을 수용했고, 다리우스도 그 주장의 합당성을 알아 크세르크세스(Xerxes)를 후계자로 임명했다. 나(헤로도토스-Herodotus)도 데마라토스(Demaratus) 주장 없이도 그것이 옳다고 생각하고, 크세르크세스(Xerxes)는 막강한 아토사(Atossa)의 영향력으로 왕이 되게 되었다.

그 다음부터 크세르크세스(Xerxes)는 공공연하게 자기가 차기 왕이 될 것으로 선언하였고, 다리우스(Darius)는 편하게 전쟁에 관심을 집중할 수 있었다. 그러나 다리우스(Darius)는 전쟁 준비를 마치지 못 한 상태에서 그 후계자가 결정된 다음 해에 사망했다. 다리우스(Darius)는 36년 동안 통치를 했으나 반란을 일으킨 이집트인과 아테네 사람들에게 벌을 내릴 수 없게 되었다. 다리우스(Darius)가 사망한 다음에 아들 크세르크세스(Xerxes)가 계승을 했다.[137]

_____→

(a) '봉건 군주국가'에서 '왕권 계승의 문제'는 '새로운 통치자의 탄생'과 관련이 되어 항상 '건국(建國)' 다음으로 가장 큰 문제였다.

(b) 힌두(Hindu)의 '마하바라타(The Mahabharata)'에서도 장남 드리타라슈트라(Dritharashtra)는 '장님'이라는 약점이 있었고, 판두(Pandu)는 젊은 나

---

137) Herodotus (translated by Aubrey de Selincourt), *The Histories*, Penguin Books, 1954, pp. 441~442

398

이에 요사(夭死)하여 그들의 아들들[4촌] 간에 '왕권 분쟁'이 이미 예고(豫告)되어 있었다.

(c) '역사(*The Histories*)'를 쓴 헤로도토스(Herodotus)[오타네스(Otanes)]는 **'국왕'도 인간인지라 '집권 당시의 마음'과 '집권을 계속한 다음의 마음'이 달리진다는 것까지 다 알고 있었다. 그러기에 '제비뽑기'로 왕을 결정하여 그 '치적'을 공개토론에 붙여 새로운 왕을 뽑자고 주장을 했던 것이다.**[제48장]

(d) 오직 '권위주의'로 왕이 된 크세르크세스(Xerxes)는 오히려 아비를 능가한 '방만(放漫)의 제국주의 황제'가 되는 길이 열려 있었다.

제65장 '희랍에 보복전'을 주장한 마르도니오스(Mardonius)

왕이 된 크세르크세스(Xerxes, 519?~465 b. c.)는 희랍에는 관심이 없고 이집트 원정(遠征)에 군사를 모으며 그의 통치를 시작했다. 그런데 크세르크세스(Xerxes)에게 막강한 영향력을 행사하고 있는 마르도니오스(Mardonius)가 궁정에 나타났다. 그는 고브리아스(Gobryas)와 다리우스 누이 사이에 태어난 자로서 누구보다 크세르크세스(Xerxes)에게 힘을 발휘하고 있었다. 마르도니오스(Mardonius)는 크세르크세스(Xerxes)에게 말하곤 했었다.

"폐하, 아테네 놈들이 우리에게 크게 상처를 주었습니다. 그들의 죄악에 벌을 내리시는 것이 옳습니다. 그 임무를 수행하기 위해 폐하께서는 모든 준비를 마친 상태이십니다. 폐하께서 이집트 오만함을 바로 잡으신 다음에는 군사들을 아테네로 이끌고 가야 합니다. 그렇게 하시면 폐하의 명성은 천하에 알려질 것이고 앞으로 누구든 우리나라를 침략할 적에는 두 번을 생각하게 할 것입니다."

그 복수전을 주장한 마르도니오스(Mardonius)는 유럽[희랍 아테네]은 아름다운 곳이고 각종 정원수(庭園樹)가 생산되고, 있어야 할 것들이 갖추어진 모든 사람들이 좋아하는 곳이라고 말했다. 마르도니오스(Mardonius)의 '원정(遠征)

주장에는 자신이 희랍 통치자가 되고 싶은 욕심도 포함이 되어 있었다. 고집스럽게 주장한 끝에 마르도니오스(Mardonius)는 크세르크세스(Xerxes)가 그것을 실행하도록 거의 설득이 된 상태로 만들었다. 다른 일도 그 마르도니오스(Mardonius)를 도왔다. 우선 테살리(Thessaly)에 있는 알리우아데(Aleuadae)의 사자(使者)가 크세르크세스(Xerxes)에게 초청을 받고 수사(Susa)로 와 열정적인 협조를 약속했다. 동시에 수사(Susa)에 피시스트라티데(Pisistratidae)도 같은 목적을 주장했고, 아테네의 신탁 수집자 오노마크리토스(Onomacritus)를 시켜 크세르크세스(Xerxes)에게 더욱 강력하게 영향을 주었다. 피시스트라티데(Pisistratidae)는 수사(Susa)로 오기 전부터 크세르크세스(Xerxes)와 논쟁을 행하려고 결심을 하고 있었다. 피시스트라티데(Pisistratidae)는 무세오스(Musaeus) 신탁 시구(詩句)에 섬들이 렘노스(Lemnos)를 떠나 물속으로 사라질 것이라는 예언(豫言)을 끼어 넣었으므로 히파르코스(Hipparchus)가 그를 아테네에서 추방을 시켜버렸다. 헤르미오네(Hermione)의 라소스(Lasus)는 피시스트라티데(Pisistratidae)를 '유언비어(流言蜚語) 죄'로 체포하였다. 그 후 피시스트라티데(Pisistratidae)는 수사(Susa)로 가서 크세르크세스(Xerxes)가 나타나기만 하면 '크세르크세스(Xerxes)의 놀라운 위력'을 칭송하고 신탁에서 뽑은 시구들을 읊어대었었다. '페르시아가 패배하리라.'는 어구(語句)는 엄중히 제외하고, 크세르크세스(Xerxes)가 어떻게 헬레스폰트(Hellespont)를 그 다리로 삼아 그의 군사들이 아시아에서 희랍으로 진군할지를 묘사하며, '빛나는 승리를 약속하는 구절들'을 뽑아 읊어대었다. 그래서 한 쪽으로는 오노마크리토스(Onomacritus)의 신탁과 다른 쪽에서는 알리우아데(Aleuadae)와 피시스트라티데(Pisistratidae)의 충고를 수용하여 크세르크세스(Xerxes)는 희랍을 침공하기로 작정을 했다.[138]

---

138) Herodotus (translated by Aubrey de Selincourt), *The Histories*, Penguin Books, 1954, pp. 442~443

———✈

(a) 헤로도토스(Herodotus)는 그의 '역사(*The Histories*, 446 b. c.)'에서 '신탁 (oracle)'에 끝까지 '절대성'을 부여한 것으로 그의 '절대주의' 성향을 명시 했지만, 역시 그 '신탁(oracle)'이 잘못 해석이 되고 '정치적으로 이용된 현 실'을 남김없이 다 드러내었다.

(b) 크세르크세스(Xerxes) 시대에 **정치적 군사적 요물(妖物)**'이 마르도니오스 (Mardonius)였다.

(c) 마르도니오스(Mardonius)는 어린 크세르크세스(Xerxes)를 '전쟁을 하시 라.'고 부추겼을 뿐만 아니라 끝까지 희랍의 '약소국가들'을 유린했던 추악 한 존재였다.

(d) '아부자(阿附者)'를 모든 지식인 기본적으로 가장 더럽게 생각하지만, 그 처음 '아부자(阿附者)'의 처음 '아부(阿附)'가 '절대 신(God)에의 찬송'에 비 롯한 것임을 확인하고 나면 웃을 수만도 없다.

(e) 사실 **모든 사람은 그 '아부(阿附)' 앞에 허약하다.** 그러므로 그것을 제도적 으로 차단해 놓은 것이 '민주주의의 출발'이다.

제66장 아르타바노스(Artabanus)의 '반전론(反戰論)'

다리우스(Darius)가 사망한 이듬해에 크세르크세스(Xerxes)는 '이집트 반란 군'을 토벌하기 위해 군사를 파견하여 그들을 완전히 괴멸시켰다. 그런 다음 이집트를 이전보다 더욱 고약한 '노예 상태'로 관리를 했다.

이집트를 정복한 다음 크세르크세스(Xerxes)는, 아테네 원정(遠征)을 시작할 무렵에 나라 지도자들의 회의를 소집하여 전쟁에 대한 그들의 태도를 살피고 그들에게 자신의 소망을 설명하려 했다. 그 모임에서 크세르크세스(Xerxes)는 다음과 같이 말했다.

"여러분 짐(朕)이 감당하려는 행동이 전례(前例)에 이탈한 것이라고는 생각 하지 마십시오. 우리 페르시아는 우리대로 살아가는 방식이 있고, 그것을 짐

(朕)은 우리 조상들로부터 배웠으니, 그것을 따라 가자는 것입니다. 키루스(Cyrus)가 아스티아게스(Astyages)를 퇴위(退位)시켜서 우리가 메데(Medes) 통치권을 소유한 이래, 우리는 무위(無爲)로 그냥 세월을 보낸 적이 없습니다. 이것은 '신(God)의 지도(指導)'이셨고, 그것으로 우리 페르시아는 번영을 획득했습니다. 우리의 지난 역사를 경(卿)들은 꼭 기억해 낼 필요도 없습니다. 왜냐하면 키루스(Cyrus) 캄비세스(Cambyses) 그리고 우리 아버지 다리우스(Darius)께서 우리 왕국에 기여하신 바를 경(卿)들은 너무나 잘 알고 있기 때문입니다. 짐(朕)은 즉위 이래 어떻게 하면 선황(先皇)들의 업적에 뒤지지 않을까를 생각했고, 그 분들이 페르시아 왕국에 기여하셨던 것에 무엇을 보탤 것인가를 생각해 왔습니다. 짐(朕)은 결국 그 길을 찾아내었으니, 그것은 페르시아에 부와 영광의 획득이고 동시 복수(復讐)의 만족도 줄 것입니다. 그것이 금일 회합(會合)에 이유입니다. 짐(朕)은 여러분께 짐(朕)의 의사를 밝혔습니다. **짐(朕)은 헬레스폰트(Hellespont)에 다리를 놓아 유럽을 통과하여 희랍으로 진군(進軍)하여 아테네 사람들이 우리 아버지와 우리에게 행한 무도한 만행에 대해 벌을 내릴 것입니다.** 여러분이 아시다시피 다리우스(Darius)께서는 저놈들을 향한 전쟁 준비를 하셨으나 별세로 목표를 달성하지 못 했습니다. 짐(朕)은 부황(父皇)을 위하여 우리 모두 이익을 위하여 아테네인을 포로로 잡고 도시를 불태워 그들이 가한 만행(蠻行)에 복수를 할 것입니다."

크세르크세스(Xerxes)가 그러한 연설을 마친 다음에 마르도니오스(Mardonius)가 말했다.

"그동안 페르시아에 살았던 모든 사람들 중에, 그리고 아직 태어나지 않는 모든 사람 중에서 우리의 폐하, 크세르크세스(Xerxes) 당신이 가장 위대하십니다. 당신이 말씀은 그대로 진실이고 탁견(卓見)이시십니다. 폐하께서는 우리를 바보로 아는 유럽에 악마 같은 이오니아인들을 결코 용서를 하지 않으실 겁니다. 우리가 이미 사케(Sacae)와 인디안(Indians) 에티오피안(Ethiopians) 아시리안(Assyrians) 그밖에 거대 종족을 다 노예로 삼아 영토를 넓혀왔는데, 만약 우리를 해친 죄를 지은 희랍인들을 벌주지 못 한다면 정말 이상한 일입니다. 우리가 두려워해야 할 놈들이 어디에 있습니까? 저놈들의 군사 규모입니까? 부(富)입니까? 질문도 오히려 우스꽝스럽습니다. 우리는 저들의 싸우는 방법까지 다 알고 있습니다."

크세르크세스(Xerxes)의 말은 이 마르도니오스(Mardonius)의 말로 보강이 되어 그가 연설을 마치니 좌중(座中)에 침묵이 흘렀다.

그런데 히스타페스(Hystapes)의 아들, 즉 크세르크세스(Xerxes)의 삼촌 아저씨인 아르타바노스(Artabanus)가 일어서서 말했다.

"폐하, 논의 문제에 대한 양론(兩論)이 없으면 더욱 좋은 길을 택하기가 불가능합니다. 우리는 바라보기만 하여 '순금(純金)'을 획득할 수 없습니다. 저는 앞서 우리 형님 다리우스(Darius)께 '도시도 없는 방랑자 스키타이들을 공격하지 말라.'고 말씀드렸습니다. 그러나 그것은 수용되지 못 했습니다. 그래서 많은 병사가 죽었습니다. 폐하, 폐하께서는 지금 그 '스키타이들'보다 월등한 나라를 공격하려 하십니다. [희랍은]육전(陸戰)과 해전(海戰)에서 최고의 명성을 얻고 있는 나라입니다. 먼저 조심을 해야 할 것을 폐하께 말씀드리는 것이 저의 의무일 것입니다. 폐하께서는 헬레스폰트(Hellespont)에 다리를 놓아 유럽을 통해 희랍으로 진군하겠다고 말씀을 하셨습니다. 생각해 보십시오. 불가능한 일입니다. 폐하께서는 육전(陸戰)이나 해전(海戰)에서 고전(苦戰)하실 겁니다. 그러기에 저는 폐하께 이 계획을 포기하고 불필요한 위험을 피하시라는 권고를 올립니다."

이 아르타바노스(Artabanus)의 말에 크세르크세스(Xerxes)는 극도의 화가 치솟았다.

"아르타바노스(Artabanus)여, 알쏭달쏭한 말씀으로 도대체 당신은 무엇을 원하십니까? 당신의 비겁함과 줏대 없음은, 비난을 피할 수도 없습니다. **당신은 여인네들과 댁에 머무르십시오.** 당신의 도움은 필요도 없습니다. 내가 아테네 사람들을 벌주지 못한다면, 나는 다리우스 키루스 캄비세스 후손(後孫)도 아닙니다! 나는 우리가 움직이지 않으면, 아테네 사람들이 우리나라를 반드시 침략을 할 것입니다. 아테네 사람들이 앞서 행했던 것을 보면 다 알 수 있습니다. 지금 우리는 '우리가 당했던 상처'에 복수를 하는 것이 옳습니다. 그렇게 함에 있어 나에게 닥칠 무서운 것도 알게 될 것입니다. 프리기아 사람들(Phrygian)을 공격하여 그들을 페르시아 왕들의 노예로 삼으면, 그 날이 바로 '정복자(conqueror)'의 이름을 획득하는 날이 될 겁니다."139)

_____→

(a) 힌두(Hindu)의 '마하바라타(*The Mahabharata*)'에서 드리타라슈트라(Dhritarashtra) 왕과 그의 아들들은 '탐욕의 화신(化身)들'이었음에 대해, 그들과 대극(對極)을 이루고 있는 존재들의 '양심'의 유디슈티라(Yudhishthira)였다.

(b) 헤로도토스(Herodotus)의 '역사(*The Histories*)'는 그의 '마하바라타(*The Mahabharata*)' 식별 여부와 관계없이 '다리우스(Darius)' '크세르크세스(Xerxes)'는 그 드리타라슈트라(Dhritarashtra) 왕으로 자연스럽게 전제가 되었다. 그러기에 그에 저항하고 반대하는 사람들이 저절로 다 '의인(義人)' '도덕군자'가 되게 되었다.

(c) 그러한 측면에서 당초에 '마기(Magi)의 왕위 찬탈'을 목숨을 걸고 증언(證言)을 한 **프렉사스페스(Prexaspes)**와 '민주주의' '법 앞에 평등'을 말한 **오타네스(Otanes)**, 전쟁을 반대한 **아르타바노스(Artabanus)**는 페르시아의 3대 현인(賢人)이라 할 것이다.

(d) 위의 크세르크세스(Xerxes)의 말 중에 '**내가 아테네 사람들을 벌주지 못한다면, 나는 다리우스 키루스 캄비세스 후손(後孫)도 아닙니다!**' 구절은 주목을 해야 한다.

(e) 이 말은 크세르크세스(Xerxes)의 신념일 뿐만 아니라 키루스(Cyrus)와 헤로도토스(Herodotus)의 동의(同議)도 실린 '제국주의자의 발언'이기 때문이다.[제73장 참조]

---

139) Herodotus (translated by Aubrey de Selincourt), *The Histories*, Penguin Books, 1954, pp. 443~449

제67장 크세르크세스(Xerxes)에게 '전쟁'을 명령한 신(神)

그렇게 회의(會議)는 마쳤으나 크세르크세스(Xerxes)는 아르타바노스(Arta-banus)가 했던 말이 걱정되기 시작했다. 그래서 그날 밤에 크세르크세스(Xerxes)는 '희랍 침공이 좋은 일이 아니라는 결론'에 도달했다. 그 결론을 내고 잠이 들었다. (페르시아인들은 다음과 같은 말을 전하고 있다.) 그날 밤 키 크고 잘 생긴 사람이 그 크세르크세스(Xerxes) 침상 곁에서 나타나 말했다.

"페르시아의 왕이시여, 군사를 일으킨다는 선언을 해 놓고서 왜 '희랍 원정을 하지 않기'로 마음을 바꾸십니까? 바꾼 것은 잘못된 일입니다. 대왕이 그렇게 하시는 것을 용서 못할 사람이 바로 여기 있습니다. 어제 선택했던 길로 그냥 가세요." 그렇게 말한 다음 그 사람은 사라졌다. 그 다음날 크세르크세스(Xerxes)는 그 꿈을 생각해 보며 회의를 다시 소집했다.

"짐(朕)이 그처럼 쉽게 짐(朕)의 마음을 바꾼 것에 대해 용서하시기 바랍니다. 짐(朕)의 이해력이 완전하게 자라지 못 했고, 짐(朕)에게 전쟁을 요구하는 사람들이 한 순간도 짐(朕)을 놔주지 않았습니다. 짐(朕)이, 아르타바노스(Artaba-nus) 말을 들었던 순간에 짐(朕)의 젊은 피가 끓어올라 젊은이들이 어르신께 행하지 말아야 할 말을 하였습니다. 그러나 지금 짐(朕)은 아르타바노스(Artabanus)가 했던 말이 옳다는 것을 알고 있고, 그의 충고를 받아 내 마음을 바꾸었습니다. 희랍과의 전쟁은 없을 것이고 평화가 계속될 겁니다."

페르시아 사람들은 왕의 말이 반가워 그에게 경배(敬拜)를 올렸다.

그런데 다음날 밤에도 크세르크세스(Xerxes)는 그 동일한 사람이 나타나 말했다.

"다리우스 아들이여, 대왕은 공개적으로 '희랍 원정'을 포기했고 내가 대왕께 밝혔던 말을 못 들은 것처럼 조처했습니다. 그 결과가 어떠할지 말씀드리겠습니다. 대왕께서 순간에 대권(大權)에 올랐듯이, 순간에 몰락할 겁니다."

그 꿈에 놀란 크세르크세스(Xerxes)는 침상에서 뛰어내려 즉시 아르타바노스(Artabanus)를 불러 말했다.

"아르타바노스(Artabanus)여, 당신이 좋은 충고를 했을 적에 나는 통제력을 잃고 거칠고 미련하게 대답을 했었소. 그래서 그 생각이 훌륭함을 알아 당신의 말대로 해야 한다고 생각했소. 그런데 지금은 또다시 그렇게 할 수도 없게 되었소. 당신의 충고대로 할 수 없는 꿈을 나는 꾸게 되었소. ['전쟁'을 행하지 않으면] 내가 재난을 맞을 거라는 경고(警告)를 받았소. 만약 정말 '신'이 꿈에 나타났다면 우리가 희랍을 침공하는 것을 신이 기뻐할 것이고 동일한 모습이 당신에게도 나타나 나에게 한 것처럼 동일한 명령을 줄 것이요. 그럴 것이니 **당신이 내 옷을 입고 내 자리와 내 침상에서 잠들면 동일한 꿈을 꾸게 될 것이라고 나는 생각했소.**"

아르타바노스(Artabanus)는 자기가 왕의 자리에 앉는다는 것은 옳지 않다고 생각했다. 그래서 크세르크세스(Xerxes)의 그 명령에 따르지 않았다. 그러나 크세르크세스(Xerxes)는 그렇게 해 보도록 강요를 했다.

그래서 아르타바노스(Artabanus)는 크세르크세스(Xerxes)왕이 잘못 생각한 것을 증명하기를 바라면서 왕의 명령에 따랐다. 아르타바노스(Artabanus)가 왕의 옷을 입고 왕의 자리에 앉아 왕의 침상에 잠이 들었는데, 왕을 두 번 방문한 동일한 그 사람이 나타났다.

"그대가 왕의 희랍 원정을 만류한 자인가? 너는 이제부터 벌을 면할 수 없다. 운명의 길을 바꾸려고 했기 때문이다. 나는 크세르크세스(Xerxes)가 내 말을 거부하려 했기에 그에게 닥칠 일을 이미 말해 놓았다." 그 말을 마치고 뜨거운 쇠막대기로 아르타바노스(Artabanus)의 눈을 위협하니 아르타바노스(Artabanus)는 비명을 지르고 크세르크세스(Xerxes)를 향해 달려갔다. 그런 다음 아르타바노스(Artabanus)는 크세르크세스(Xerxes) 곁에 앉아 꿈 이야기를 상세하게 말하고 다음과 같이 말했다.

"폐하, 이제 저는 신(God)이, 하늘이 희랍을 멸망시키려 한다는 것을 알게 되었습니다. 제 잘못을 인정합니다. 페르시아 사람들에게 신이 보이신 상황을 말씀하시고, 폐하께서 앞서 명령을 내려놓은 대로 '전쟁 준비를 하라'고 명하십시오. 신이 폐하께 큰 기회를 제공하시고 그것을 알아차리도록 하신 겁니다."

아르타바노스(Artabanus)와 크세르크세스(Xerxes)왕은 모두 '그 꿈'을 온전히 믿게 되었다. 새벽이 오자 크세르크세스(Xerxes)왕은 페르시아인들에게 꿈의 전모를 밝혔고, 공개적으로 전쟁을 반대했던 아르타바노스(Artabanus)는, 태도를 바꾸어 공개적으로 '전쟁을 지지'하고 나섰다.140)

──────✈

(a) 힌두(Hindu)의 '마하바라타(*The Mahabharata*)'에서는 '비슈누 신'의 화신(化身) 크리슈나(Krishna)는 '쿠루(Kuru)' 4촌간의 전쟁을 막아보려고 직접 찾아가 설득을 했고, 원흉 두료다나(Duryodhana)를 편들고 있는 원로(元老) 비슈마(Bhishma)와 무예를 가르친 스승 드로나(Drona) 그의 아들 아스와타만(Aswatthaman)이 모두 '판두 아들들'과의 화해(和解)를 권유했다.

(b) 하지만 원흉(元兇) 두료다나(Duryodhana)는 오히려 '악귀들(Danavas, Daityas) 격려'141)를 수용하여 그의 욕심을 포기하지 않았다.

(c) 원래 힌두(Hindu)는 '전쟁'을 '신의 세상 심판' '신을 향한 제사' '운명'으로 수용했는데, 크세르크세스(Xerxes) 꿈에 나타났다는 '전쟁 권유 신'은 '크세르크세스(Xerxes)의 탐욕이 만들어 낸 악귀(惡鬼, Devil)'가 명백하다.

제68장 크세르크세스(Xerxes)의 희랍 원정(遠征) 개시(開始)

크세르크세스(Xerxes)가 싸우기로 결정을 내린 다음 세 번째 꿈을 꾸었다.

---

140) Herodotus (translated by Aubrey de Selincourt), *The Histories*, Penguin Books, 1954, pp. 449~452

141) K. M. Ganguli (Translated into English Prose from the Original Sanskrit Text), *The Mahabharata of Krishna-Dwaipayana Vyasa*, Munshiram Manoharlal Publisher Pvt. Ltd. New Delhi, 2000, -**Vana Parva**- pp. 497~498

마기(Magi)가 그 꿈 이야기를 듣고 나서 크세르크세스(Xerxes)가 꾼 꿈은 세계를 정복할 꿈이고 세계를 페르시아 지배 아래 둘 꿈이라고 말했다. 그 꿈에서 크세르크세스(Xerxes)는 '올리브 왕관'을 썼는데, 그 가지가 세상을 덮었다. 그런 다음 그 왕관은 금방 사라졌다. 마기(Magi)의 '우호적인 꿈 해설'로 회의에 참석한 귀족들은 영지(領地)로 돌아가 모든 사람들이 크세르크세스(Xerxes)에게 상을 받으려고 고통스러움도 잊고 아시아를 샅샅이 뒤져 군사를 모았다. 이집트 정복 이후 4년 동안 군사와 식량을 모으고 5년이 마감할 무렵에 크세르크세스(Xerxes)는 그의 진군(進軍)을 시작했다.

그 군대는 역사상 기록된 어떤 군사보다 거대한 것이었으나, 다리우스(Darius)가 스키타이 원정(Scythian campaign)을 할 때보다는 작았다. 할리스(Halys) 강을 건넌 다음 군사들은 프리기아(Phrygia)를 지나 켈레네(Celaenae)로 향했다. 크세르크세스(Xerxes)가 **리디아(Lydia) 사르디스(Sardis)**에 도착하여, 아테네와 스파르타를 제외한 전(全) 희랍에 대표자들을 파견하여, 자기의 도임(到任)에 대비하여 땅과 물을 준비해 놓도록 요구했다. 이 새로운 요구는 '이전에 희랍인이 다리우스(Darius) 요청은 거절했으나 자신의 요구는 받아라.'는 크세르크세스(Xerxes)의 자신감에서 나온 겁박(劫迫)이었다. 그것은 이번 크세르크세스(Xerxes) 자신의 원정이 옳았는지 아닌지를 증명하려는 의도도 있었다.

그런 다음 크세르크세스(Xerxes)는 아시아에서 유럽으로 가는 **헬레스폰트(Helespont)**에 이미 건설된 다리가 있는 아비도스(Abydos)로 향할 차비를 하였다.

케르소네세(Chersonese)의 세스토스(Sestos)와 마디토스(Madytus) 사이에 아비도스(Abydos)로 돌출해 나온 바위 갑(岬)이 있었다. 그 바위 갑(岬)에다가 크세르크세스(Xerxes) 기술자들이 아비도스(Abydos)로터 두 개의 다리를 세웠으니 길이가 7 펄롱(furlongs, 7X200m)이었다. 다리 하나는 페니키아 사람들이 건설했는데 아마(亞麻) 줄을 사용했고, 다른 다리는 이집트인이 건설하였는데 파피루스(papyrus) 줄을 사용해 건설했다. 그 공정(工程)은 성공적으로 끝났으나 거대한 폭풍이 몰려와 그 다리를 부수고 모든 것을 휩쓸어 가버렸다. 크세르크세스(Xerxes)는 그 소식을 듣고 화가 나 '**헬레스폰트(Helespont)**'에 **300번을 채찍질을 가하게 하고 한 벌의 족쇄를 강물에 던지게 했다**. 야만적이고 주제 넘은 말도 외치게 했다.

"너 소금물 쓰디쓴 [헬레스폰트(Helespont)]강물아, 너의 주인[크세르크세스(Xerxes)]이 주인을 방해하는 너에게 그 벌을 내리신 것이다. 네가 허락을 하든 말든 크세르크세스(Xerxes) 대왕께서는 너를 건널 것이다. 너에게 제사 지낼 사람은 없다. 쓰디쓴 물 진흙탕 물에는 그런 대접이 옳다."

'헬레스폰트(Helespont) 강'에 벌을 내리고 나서 크세르크세스(Xerxes)는 다리 건설 책임자의 목 베라고 명령을 내렸다. 그 부당한 명령을 받은 자는 그대로 실행을 했고, 다른 기술자들이 그 일을 완수했다. 거기에 동원된 방법은 다음과 같았다.

갤리선(galleys)과 3단노선(triremes)을 서로 묶어 다리를 떠받을게 하였다. 흑해(黑海) 쪽으로 360척의 배를 연결하고 다른 쪽으로 314척의 배를 연결했다. 흑해 쪽으로는 경사를 낮게 하고 헬레스폰트 쪽은 직각을 이루게 하여 줄에 의존하는 힘을 덜게 하였다. 특히 상류와 하류에 무거운 닻을 내려놓아 동쪽으로 배들을 묶어 흑해 쪽에서 불어오는 바람에 견디게 했고, 다른 서쪽 '에게해(Aegean)' 쪽은 서남쪽에서 부는 바람에 견디게 하였다. 세 개의 공간을 두었으니, 흑해에서 나가는 배를 위해 마련해 둔 것이다.

다리가 준비 되어 해협에 양쪽 물을 가르고 공사가 끝났다는 소식이 온 다음 크세르크세스(Xerxes) 군사는 아비도스를 향해 출발을 했다.[142]

---

142) Herodotus (translated by Aubrey de Selincourt), *The Histories*, Penguin Books, 1954, pp. 452, 456~458

'헬레스폰트(Hellespont)' '아비도스(Abydos)' '사르디스(Saris)'

✈

(a) 힌두(Hindu)의 '마하바라타(*The Mahabharata*)'에는 절대자의 뜻으로 정해
진 '**라마(Rama)**'의 처 '**시타(Sita)**'를 락샤사들의 왕 **라바나(Ravana)**가 그
녀를 납치하여 '란카(Lanka, 실론 섬)'로 들어가니 '**라마(Rama)**'가 섬 앞
바다에 도착하여 '방법'을 쓰니, '대양(大洋) 신'이 나타나 '**라마(Rama)**'에게
'다리 건설 방안'을 알려주어 그 '**라바나(Ravana)**' 잡기에 성공을 했다는
이야기[143)]가 있다.

(b) 위에서 크세르크세스(Xerxes)가 '헬레스폰트(Helespont) 강'을 꾸짖는 태
도는 정확하게 '**라마(Rama)**'가 '해신(海神)'을 꾸짖었던 그 방법이다.

(c) 여기에서 다시 살펴야 할 사항이 페르시아인은 그들의 역대 군주 -'키루스
(Cyrus)' '캄비세스(Cambyses)' '다리우스(Darius)' '크세르크세스(Xerxes)'
의 주요 행적들을 모두 힌두(Hindu)의 '마하바라타(*The Mahabharata*)' 신
화에 정확하게 대응시키고 있다는 중대한 사실이다.

---

143) K. M. Ganguli (Translated into English Prose from the Original Sanskrit Text), *The
Mahabharata of Krishna-Dwaipayana Vyasa*, Munshiram Manoharlal Publisher Pvt.
Ltd. New Delhi, 2000, -**Vana Parva**- pp. 533~565

(d) 즉 앞서 짚었듯이, '<u>키루스(Cyrus)'의 일생은 크리슈나(Krishna)의 일생과 유사하고, 신을 무시한 '캄비세스(Cambyses)'는 두료다나(Duryodhana) 의 행적과 동일하고, '다리우스(Darius)'의 집권 과정에서 '태양'과 '말'을 동원한 것은 아르주나(Arjuna)가 '크리슈나[태양[144]] 수레'를 타고 천하 를 제패했다는 것을 전제로 한 것이고, '크세르크세스(Xerxes)'가 '헬레스 폰트(Helespont) 강'에 다리 건설은 '라마(Rama)의 다리 건설'과 유사하 게 되었음이 그것이다.</u>

(e) 한 마디로 페르시아인에 대한 힌두(Hindu)의 영향이 뚜렷하지만, 헤로도 토스(Herodotus)는 그의 '역사(*The Histories*)'에서 그것을 가능한 부정하 고 그 일부(一部)를 합리적인 것으로 대체를 했으나 그 '신비주의'를 다 삭 제하지는 못 했다. '키루스(Cyrus)'의 경우는 신비주의가 덜한 '판본'을 선 택했다고 말했고, '캄비세스(Cambyses)'는 '미치광이 행적'으로 비하(卑下) 했고, '다리우스(Darius)'의 '태양 말 신화'는 단순히 영리한 말구종(驅從, groom) 오이바레스(Oebares)의 기술(技術) 발휘에 강조점을 두었고, '크 세르크세스(Xerxes)'가 '**헬레스폰트(Helespont) 강**' 질책은 '야만적이고 주 제넘은 말(the barbarous and presumptuous words)'라고 그 자리에서 꾸 짖었다.

제69장 '페르시아'와 '희랍' 해군(海軍)의 전력(戰力) 비교

수송선을 뺀 페르시아의 함대는 <u>1207 척의 '3단 노선(triremes)'으로 이루어 졌다.</u> 그들의 구성은 다음과 같다.

(i) 페니키아(Phoenicians)와 팔레스타인의 시리아인(Syrians) 300척

(ii) 이집트인(Egyptians) 200척

---

144) '태양'의 108개의 명칭 중에 '브라르마(Brahma)' '비슈누(Vishnu, 크리슈나)' 이름이 포 함 되어 있음 -K. M. Ganguli (Translated into English Prose from the Original Sanskrit Text), *The Mahabharata of Krishna-Dwaipayana Vyasa*, Munshiram Manoharlal Publisher Pvt. Ltd. New Delhi, 2000, -**Vana Parva**- p. 10

(iii) 키프리아(Cyprians) 150척

(iv) 킬리키아(Cilicians) 100척

(v) 팜필리아(Pamphylians) 30척

(vi) 리키아(Lycians) 50척

(vii) 아시아 도리아 사람(Dorians) 30척

(viii) 카리아(Carians) 70척

(ix) 이오니아(Ionians) 100척

(x) 섬사람들(islanders) 17척

(xi) 에올리아(Aeolians) 60척

(xii) 헬레스폰트(Hellespont)와 보스포로스(Bosphorus)의 마을 100척. 아비도스(Abydos)는 포함되지 않았으니, 크세르크세스(Xerxes)가 집에 머물며 다리를 지키라고 명령을 내렸다.

모든 배들은 역시 페르시아인 메데인 사케(Sacae)인을 싣고 있었다.

해군의 장군들은 다음과 같다. 다리우스(Darius) 아들 아리아비그네스(Ariabignes), 아스파티네스(Aspathines)의 아들 프렉사스페스(Prexaspes), 메가바테스(Megabates)의 아들 메가바조스(Megabazus), 다리우스(Darius)의 아들 아케메네스(Achaemenes)가 그들이었다. 다리우스(Darius)와 고브리아스(Gobryas)의 딸이 낳은 아리아비그네스(Ariabignes)가 이오니아(Ionian)와 카리아(Carian) 파견군을 지휘했고, 아케메네스(Achaemenes)는 이집트 함대를 지휘했다. 프렉사스페스(Prexaspes)와 메가바조스(Megabazus)가 여타 함대를 지휘했다. 30척의 갤리 배와 50척의 노 젓는 배. 마송(馬送)선 작은 배들이 3000척이었다.

……

다음은 희랍 해군의 명부(名簿)이다. 아테네 함선 127척. 코린트(Corinth) 40척. 메가라(Megara) 20척. 칼키스(Chalcis) 20척. 에기나(Aegina) 18척. 시키온(Sicyon) 12척. 스파르타(Sparta) 10척. 에피다우로스(Epidaurus) 8척. 에레

트리아(Eretria) 7척. 트로이젠(Troezen) 5척. 스티라(Styra) 2척. 케오스(Ceos) 갤리선 2척. 오포스(Opus) 로크리아(Locrians) 갤리선 7척.

작은 갤리선을 제외하고 총 전함은 271척이었다. 에우리클레이데스(Eury-cleides)의 아들인 장군 에우리비아데스(Eurybiades)는 스파르타에서 왔다. 희랍인들이 아르테미시옴(Artemisium)에 도착하니 거대한 페르시아 함대들이 아페테(Aphetae)에 널려 있었고, 주위에 군사들이 가득하여 희랍인들이 예상했던 것과는 완전히 달랐다. 희랍인들은 당혹감에 빠져 아르테미시옴(Artemisium)을 버리고 희랍 내지(內地)로 도망하려고 했다. 그것이 에우보이아 사람들(Euboeans)을 놀라게 하여 희랍인들이 어떻게 할 줄을 몰라 에우리비아데스(Eurybiades)에게 그들의 아이들과 하인을 안전한 곳으로 옮기도록 머물러 달라고 빌었다. 에우리비아데스(Eurybiades)가 거절하니 에우보이아 사람들(Euboeans)은 아테네 장군 테미스토클레스(Themistocles)에게 30탤런트 뇌물을 주며 희랍인 함대가 에우보이아(Euboea) 해안에 머물러 싸워주도록 부탁을 했다. 테미스토클레스(Themistocles)는 거기에서 6분의 1을 자기 돈을 준 것처럼 에우리비아데스(Eurybiades)게 주었다. 그것이 에우리비아데스(Eurybia-des) 응낙을 얻기에 충분했다. 그러나 다른 장군들은 주저하며 코린트의 오키토스(Ocytus)의 아들 아데이만토스(Adeimantus)는 자기 배들을 아르테미시옴(Artemisium)에서 철수하겠다고 말했다. 그러니 테미스토클레스(Themisto-cles)가 그를 향해 말했다.

"페르시아 왕이 당신이 우리를 배반하라고 보내지 않았다면 우리를 곤경에 남겨두고 떠날 수는 없소."

지체 없이 테미스토클레스(Themistocles)는 은 3탤런트를 아데이만토스(Adeimantus) 배에 실어주도록 했다. 그래서 아데이만토스(Adeimantus)와 에우리비아데스(Eurybiades)는 뇌물을 받았고 에보이아 사람들의 소망은 만족되었다.

페르시아인들은 오후 일찍 아페테(Aphetae)에 도착하여 앞서 들었던 대로

소 규모의 희랍 병력이 아르테미시움(Artemisium)에 모여 있었다. 페르시아인들은 희랍 선박을 잡을 욕심에 금방 싸우고 싶었다. 크세르크세스(Xerxes) 함대의 사람들은 희랍인이 작은 병력을 가지고 공격을 하려 움직이는 것을 보고 미쳤다고 생각했다. 페르시아인은 군사적 우위를 확신하여 희랍 군을 포위를 포위하기 시작했다. 크세르크세스 함대는 공격을 하려고 질서 있게 전진하니 희랍인들은 그들을 아르테미시움(Artemisium)에서 조용히 기다리고 있었다.[145]

_____✈

(a) 힌두(Hindu)의 '마하바라타(*The Mahabharata*)'에는 다음과 같은 보고가 있다.

"'전차 1대, 코끼리 1수(首), 보병 5명, 기병(騎兵) 3명'이 1개 파티[Patti, 分隊]이고, 3개의 분대[Patti]가 1개 굴마[Gulma, 大 分隊], 3개의 굴마가 1개 가나[Gana, 小隊], 3개의 가나가 1개 바히니[Vahini, 中隊], 3개의 바히니가 1개 프리타나[Pritana, 大隊], 3개의 프리타나가 1개 차이누 [Chainu, 旅團], 3개의 차이누가 1개 아니키니[Anikini, 師團], 아니키니 [Anikini, 師團]가 10개면 군단[軍團, 악샤우히니(Akshauhinis)]입니다. 훌륭한 브라만이시여. 수학자들은 1개 군단[軍團, 아크샤우히니스(Ak-shauhinis)]은 21870 대의 전차(戰車)를 보유한다고 합니다. 코끼리도 동수(同數)로 맞춰야 합니다. 보병은 109350명 기병(騎兵)은 65610 기(騎)가 있어야 군단이라 한답니다. 카우라바 형제와 판다바 형제의 군대를 합하면 18개의 군단[軍團, 악샤우히니(Akshauhinis)]입니다."[146]

(b) 한 마디로 헤로도토스(Herodotus)의 '수자(數字) 명시'는 '마하바라타(*The Mahabharata*)' 방식을 그대로 학습한 결과이다. ['상고 시대 희랍=상고 시대 인도']

---

145) Herodotus (translated by Aubrey de Selincourt), *The Histories*, Penguin Books, 1954, pp. 472~473, 525~526, 529

146) K. M. Ganguli (Translated into English Prose from the Original Sanskrit Text), *The Mahabharata of Krishna-Dwaipayana Vyasa*, Munshiram Manoharlal Publisher Pvt. Ltd. New Delhi, 2000, -**Adi Parva**- p. 16

(ⓒ) 그리고 '정사각형'과 '원(점)' '직선(直線)' 등 기하학적 추상은 모두 힌두
(Hindu)의 '얀트라(Yantra, Mandala)' 사유 내부의 문제이다.[147)

제70장 크세르크세스(Xerxes)의 아테네 점령

헬레스폰트(Hellespont)에서 아티카(Attica)까지 페르시아 군이 진군하는데 3개월이 걸렸다. 페르시아 사람들이 아테네에 도착해 보니, 아테네 사람들은 이미 떠났고, 아테네 폴리아스(Athene Polias) 신전(神殿)에는 몇몇 사람들과 신전 보조의 가난한 사람들이 아크로폴리스(Acropolis)에 널판자와 나무로 방어벽을 설치해 놓고 남아 있었다. 여(女) 사제가 "나무로 만든 방벽을 빼앗지 못 하리라."라 예언했기에, 살라미스(Salamis) 섬으로 피난을 못 떠나고 아테네에 남아 있는 사람들은, 그 '나무로 만든 방벽'이란 '선박들'이 아니고 '목책(木柵)'이 그들을 지켜 줄 것이라고 생각을 했다.

페르시아인들은 아크로폴리스 맞은편에 아테네인들이 '아게오파고스(Areopagus)'라고 부르는 산언덕을 점령하고 이어 아테네 포위를 시작했다. 페르시아 군사들은 불이 붙은 아마(亞麻)를 감은 불화살을 그 목책(木柵)을 향해 쏘았다. 그래서 그 목책이 불탔으나 아테네 사람들은 지독한 위험에 직면해서도 앞서 피시스트라티데(Pisistratidae)가 그들에게 제안했던 말을 듣지 않고 아테네인들은 방어를 위한 모든 수단을 동원했다.

아테네인들은 경사지에서 돌덩이를 굴러내려 적들이 성문으로의 접근을 막았다. 오랜 동안 크세르크세스(Xerxes)는 당황에 빠졌으나 그들을 잡을 수도 없었다. 그러나 결국 페르시아 군대는 그 문제를 풀었으니, 아크로폴리스(Aropolis)로의 통하는 길을 찾아내었다. '예언'에도 희랍에 모든 아테네 영역에 페리시아인이 넘칠 것이라고 했다. 아크로폴리스(Aropolis) 성문으로 가는

---

147) F. W. Bunce, *The Yantras of Deities*, D. K. Printworld, New Delhi, 2001

길 뒤쪽은 경비가 없는 깎아지른 절벽이 있었는데, 어떤 사람도 그 절벽은 기어 오를 수는 없다고 생각하고 있었다. 페르시아 병사들이 가파른 그 절벽을 기어 오르기 시작했다. 꼭대기에서 그들을 본 아테네 사람들의 일부는 성벽에서 뛰어내려 자살을 했고, 다른 사람들은 신전(神殿)으로 들어가 보호를 받으려 했다. 그러나 처음 성문을 통해 들어온 페르시아 군사들은 달려가 신전 속에 있는 사람들을 죽였다. 그들을 남김없이 다 죽인 페르시아인들은 신전의 보물을 약탈하고 아크로폴리스에 있는 모든 것을 불태웠다. 그래서 아테네의 완전한 주인이 된 크세르크세스(Xerxes)는 수사(Susa)로 사자를 보내 성공의 소식을 전하게 했다.

그 다음날 크세르크세스(Xerxes)는 페르시아 군을 돕고 있는 아테네 사람들을 자기 앞으로 불러 아크로폴리스로 보내 아테네 사람들의 방식대로 제사(祭祀)를 지내게 했다. 크세르크세스(Xerxes)는 신전(神殿)을 불태운 것이 불안했기 때문이다. 그 아테네 사람들은 크세르크세스(Xerxes)의 명령대로 행했다. 살라미스(Salamis)에도 아테네 아크로폴리스(Acropolis)에서 생겼던 소식으로 대 소동이 일었다. 일부 해군 장군은 '결전을 행할 토론 결과를 기다릴 것도 없다.'고 도망을 치려고 했다. 그러나 일부는 '결전을 해야 한다.'고 결의(決意)를 다지고 있었다.[148]

————→

(a) 힌두(Hindu)의 '마하바라타(The Mahabharata) 전쟁'은 '4촌간의 왕권 다툼 전쟁'으로 18일간 진행된 전쟁이었는데, '살라미스(Salamis) 해전(海戰, 480 b. c.)'은 거대한 페르시아가 '다리우스'와 '크세르크세스' 양대(兩大)에 걸쳐 준비를 했던 '복수를 위한 전쟁'이었다.

(b) 고대나 현대나 '강자(强者)'는 '꼭 복수(復讐)가 필요 없는 사항에도 복수라는 명목으로 전쟁'을 행할 수 있음을 헤로도토스(Herodotus)는 '캄비세스

148) Herodotus (translated by Aubrey de Selincourt), *The Histories*, Penguin Books, 1954, pp. 540~541

의 이집트 원정'에서 이미 보여주었다.

(c) 만약 '저희들끼리 잘 살겠다는 희랍인[아테네]의 생각'에 굳이 '복수'를 행하려고 공을 들인 사람들이 있다면 '절대신' '절대주의' 받드는 '마하바라타(*The Mahabharata*)'의 힌두(Hindu) 말고 이후 페르시아인 등장 했는데 그들은 명목은 '절대주의'이지만 이미 '현세주의' '이익추구'에 크게 기울어 있음을 헤로도토스(Herodotus)는 끝까지 드러내려 했다.

(d) 헤로도토스(Herodotus)가 보고한 '크세르크세스(Xerxes)의 아테네 점령 상황'은 당시 희랍인이 처했던 '빈궁' '고독'을 한 눈에 느낄 수 있게 한 것으로, '궁극적의 인간의 존재 의미'를 다시 반성하게 하고 있다.

(e) 헤로도토스(Herodotus)가 그의 '역사(*The Histories*, 446 b. c.)'에서 제시한 '현실'과 '오늘날의 세계 현실'을 비교할 때 무엇이 다르고 같은가를 논할 적에 무엇보다 달라진 것이, 과학의 발달로 '수송력' '무기' '전쟁 방법'에 **'세계인들이 함께 보고 말하는 기회'**를 가지게 되었다는 점일 것이다.

(f) 오늘날 인류 공동의 정보원(情報源)인 '세계사'를 관함에 있어 **'세계인의 함께 보고 말하는 기회'**는 아무도 박탈할 수도 없고 그것을 시도한 사람은 '의식의 부재(不在)' '방향타(方向舵)'가 고장 난' 사람일 것이다.

(d) 헤로도토스(Herodotus)는 이미 2500년 전에 오늘날 '현대인의 시각'에 맞추어 그의 '역사(*The Histories*)'를 작성한 셈이니, 특히 '거대 제국 페르시아'를 상대로 '아테네 중심으로 펼친 저항 전쟁'에 대한 서술에 크게 성공한 것이니, '크세르크세스(Xerxes)의 아테네 점령'은 '인간 존재 자체 의미'를 반성하게 하는 무참(無慘)한 것이었다.

(g) 힌두(Hindu)의 '마하바라타(*The Mahabharata*)' 전쟁의 승리자 유디슈티라(Yudhishthira)는 '제가 죄인입니다.'라는 자세를 끝까지 견지하여 궁극적의 '인심(人心)'의 평정(平靜)'을 회복하게 했다.

이에 대해 헤로도토스(Herodotus)가 그의 '역사(*The Histories*)'를 통해 '어떻게 거대한 악(惡) 세상에 편만(遍滿)해 있는가?'를 명시하여 '안일을 추구하는 영혼들을 다시 깨워 일으키고 있다.'

(h) 헤로도토스(Herodotus) 자신도 그 '역사(*The Histories*)'를 저술함에 적용할 기준은 역시 힌두(Hindu)의 '마하바라타(*The Mahabharata*)'의 '훼예포펌(毁譽褒貶)'을 그대로 따랐으니, 그 대표적인 것이 **다리우스(Drius) 크세르크세스(Xerxes)를 '탐욕의 왕' 드리타라슈트라(Dhritarashtra)류로 규**

정하고 그에 저항한 희랍의 장군들을 '헤라클레스[크리슈나] 정신들'로 규정했던 것이 그것이다.

제71장 살라미스(Salamis) 해전(海戰, 480 b. c.)

살라미스(Salamis) 섬에 와서도 희랍의 장군들은 서로 불화(不和) 상태에 있었다. 희랍의 장군들은 페르시아 함대가 양 해협을 봉쇄하여 퇴로를 막고 있다는 것도 모르고 있었다. 그러나 같은 자리를 페르시아 함대가 점령한 것을 낮에는 볼 수가 있었다. 장군들이 거듭 싸울지 도망갈 지를 논쟁을 하고 있는데, 일찍이 아테네에서 사라진 리시마코스(Lysimachus)의 아들 **아리스티데스(Aristides)**가 에기나(Aegina)에서 보트를 타고 왔다. 살라미스(Salamis)에 도착한 아리스티데스(Aristides)는 장군들이 회의를 하는 곳으로 가 테미스토클레스(Themistocles)를 찾았다. 아리스티데스(Aristides)는 테미스토클레스(The-mistocles)의 친구가 아니고 거의 확실한 적(敵)이었다. 그러나 아리스티데스(Aristides)는 그들을 위협하는 거대한 위험을 보고 옛 다툼을 잊고 그[테미스토클레스(Themistocles)]와 대화를 원하였다. **아리스티데스(Aristides)**는 이스트모스(Isthmus)로 후퇴해 있는 펠로폰네소스 장군들의 걱정을 잘 알고 있었다. 아리스티데스(Aristides)가 테미스토클레스(Themistocles)에게 말했다.

"나와 당신이 이전에 라이벌이었다는 생각은 그만 두고 우리나라[희랍]를 위해 무엇이 최선인지를 우리는 먼저 알아야겠소. 우선 내가 말하고자 한 바는 내 눈으로 확실히 보았던 것이오. 코린트 사람들(Corinthians)이나 에우리비아데들(Eurybiades)은 여기를 벗어나고 싶어 하겠지만 여기를 벗어날 수 없소. 우리 함대는 적들의 함대에 완전히 포위를 당하였소. 빨리 회의장에 들어가서 그 사실을 그들에게 말하시오."

테미스토클레스(Themistocles)가 말했다.

418

"좋은 소식이고 좋은 충고이십니다. 내가 가장 원하던 일이 일어났소.(Good news and good advice, what I most wanted has happened.) 제발 저들에게 당신이 바로 회의장으로 들어가 그 말을 좀 해 주시오, 우리가 포위당했다면 우리는 도망갈 길은 없소."

아리스티데스(Aristides)가 그 회의장으로 들어가 희랍군은 완전 포위되어 빠져나갈 수가 없으니 준비해 공격을 해야 한다고 말하고 회의장을 나왔다. 그러나 대부분의 장군들이 아리스티데스(Aristides)의 보고를 믿지 않았다.

그런데 소시메네스(Sosimenes) 아들 파네티오스(Panaetius)가 테니아(Tenian) 전함(戰艦)을 이끌고 페르시아 군에서 도망쳐 나와 모든 소식을 전하였다. 전쟁이 끝난 다음에 이 테니아 사람들의 이름은, 침략자를 격파시키는데 도움을 준 다른 나라 사람으로 뒤에 델피(Delphi)의 3각대에 새겨 넣었다.

장군들은 테니아 사람들(Tenians)의 보고를 수용하여, 드디어 전투 결행을 준비했다. 새벽에 전사(戰士)들이 집합을 했고, 테미스토클레스(Themistocles)가 그 연설자로 뽑혔다. 테미스토클레스(Themistocles)는 '인생의 모든 일을 최선과 최악으로 나누고, 더욱 좋은 길로 나가자'고 다짐을 하고 나서 승선(乘船)을 명했다. 그 명령에 복종하여 군사들은 배에 올랐는데, 그 함대 중에는 에아코스(Aeacus) 아들들을 실어오기 위해 에기나(Aegina)로 파견된 배도 있었는데, 뒤에 희랍 함대에 동참했다.

희랍의 전(全) 함대가 움직이니, 그 순간 페르시아인들의 배도 움직이기 시작했다. 희랍인들은 그들의 항로(航路)를 살피며 배꼬리를 돌리기 시작했다. 희랍인 배들이 방황할 즈음에 아테네 배의 사령관 팔레네(Pallene)의 아메이니아스(Ameinias)가 앞장서 나가 적(敵)의 배를 들이받았다. 두 배들이 뒤엉키는 것을 보고, 나머지 희랍인의 함대들이 아메이니아스(Ameinias)를 도우려고 달려드니 양 진영의 전투가 시작되었다. 그것은 아테네 사람들의 전투 시작 방식이었다. 아메이니아스(Ameinias)가 처음 행동을 개시한 배는 에기나(Aegina)에서 에아코스(Aeacus) 아들들을 실어온 배였다. 사람들이 말하기를 어떤 환상적인 여인이 나타나 "바보들아, 얼마나 더 후퇴를 할 것이냐?"라는 외침을 모든 사람들이 다 들었다는 것이다.

아테네의 소형 비행(飛行) 함대는 '페니키아 사람들'과 마주쳤는데, 그 페니키아 사람들은 페르시아 함대 왼쪽 날개를 이루었고 서쪽 끝이 엘레우시스(Eleusis)이었다. 라케데모니아 사람들(Lacedaemonians)은 이오니아(Ionia) 배들과 마주쳤는데, 그들은 동쪽 끝 피레오스(Piraeus)였다. 약간의 이오니아 사람들은 테미스토클레스(Themistocles)의 호소를 기억하여, 조심스럽게 싸움에서 뒤로 물러나 있었으나 대부분 사람들은 그렇질 않았다. 내[헤로도토스]는 가능한 희랍 선박을 잡은 적들 속에 있던 장교들의 긴 명단[반란자들의 명단]을 제공하고 싶으나 누구보다 사모스 섬 사람 안드로다마스(Androdamas)의 아들 테오메스토르(Theomestor)와 히스티에오스(Histiaeus)의 아들 필라코스(Phylacus)를 말해야겠다. 내가 거론한 테오메스토르(Theomestor)는 페르시아 인이 '사모스의 영주님'이라고 하였고, 필라코스(Phylacus)는 왕의 후원자 명단에 포함되어 거대 제산을 헌납했다.

내가 언급한 두 사람은 약간의 성공을 했다. 그러나 대부분의 페르시아 함대가 전투로 심각하게 손상을 당하였고, 많은 배가 아테네 사람들과 에기네타 사람들(Aeginetans)에게 격퇴를 당했다. 전체적으로 희랍 함대는 연합 전선을 펼쳤음에 대해, 페르시아인들은 전투 형태가 망가져 계획을 세워 싸울 수도 없게 되었다. 더구나 희랍인들은 그날 잘 싸워 모든 사람들이 크세르크세스(Xerxes)가 보란 듯이 그를 겁주기 위해 최선을 다 했다.

나는 페르시아 함대 속에 다양한 희랍인과 외국에서 온 파견군의 활동을 상세하게 제시할 수는 없다. 그러나 나는 크세르크세스(Xerxes)와 더불어 명성이 높은 [페르시아 여장군]아르테미시아(Artemisia)에 대해 언급을 해야겠다. 페르시아의 모든 배들의 꼴들이 망가진 다음에 아르테미시아(Artemisia)는 우연히 아테네의 3단노선(trireme)의 추격을 받았다. 그녀의 배가 페르시아 배들에게 근접이 되는데 그녀 우군(友軍)의 배들이 그녀의 앞을 가로 막고 있어서 도망이

420

불가능했다. 이 거북한 상황에서 그녀는 그녀에게 크게 유리할 방법이 생각났다. 아테네 사람들이 더욱 그녀 배꼬리에 접근을 하니 그녀의 배는 페르르시아 편의 선박을 최고 속력으로 들이받았다. 그런데 떠받힌 그 배는 칼린다(Calynda)의 배로 배에는 칼린다 왕 다마시티모스(Damasithymus)가 그 배에 올라 있었다. 나는 헬레스폰트(Hellespont)에 있을 적에 그녀가 그 왕과 다툼이 있어서 그렇게 했는지, 혹은 그 특별한 군함에 기회라고 생각했는지는 모른다. 어떻든 그녀는 배를 들이받고 물에 빠졌으나 결과는 운 좋게 그녀는 이중(二重)의 이득을 획득했다. 왜냐하면 아테네 3단노선(trireme) 선장은 그녀가 적선을 들이받는 것을 보고 그녀의 배를 희랍 배이거나 희랍을 지원 배로 알고 추적을 포기했고 공격을 다른 쪽으로 돌렸다. 그러자 그 틈에 그녀는 생명을 구했는데, 이 사실로 인해 그녀는 누구보다 크세르크세스(Xerxes)의 존중을 받았다. 크세르크세스(Xerxes)는 전투를 보고 받고 있었는데, 측근에 있던 사람이 말했다.

"폐하, 아르테미시아(Artemisia)가 얼마나 잘 싸우는지 보소서. 그녀가 적의 배를 침몰시켰나이다."

크세르크세스(Xerxes)는 정말 아르테미시아(Artemisia)인지를 거듭 물으니 사람들은 그녀의 깃발이 분명하고 가라앉은 배는 '적의 배[희랍의 배]'가 틀림없다는 것이었다. 그녀는 정말 운이 좋았다. 그녀가 들이 받은 배에 생존자가 없었으니 비난할 사람도 없었다. 크세르크세스(Xerxes)는 다음과 같이 말했다고 한다.

"우리 남성들은 다 여성이 되었는데, 우리 여성이 남자가 되었구나.(My men have turned into women, my women into men.)"

이 전투에 사망자는 다리우스의 아들이며 크세르크세스(Xerxes)의 형제인 아리아비그네스(Ariabignes)와 페르시아와 메디아 동맹국의 유명 인사들이었다. 희랍인 사상자도 있었으나 많지 않았다. 왜냐하면 **대부분 희랍인들은 수영(水泳)을 할 수 있었다. 그래서 배를 잃은 군사들은 싸움에 목숨을 잃지 않은 경우는 수영을 하여 살라미스(Salamis) 섬으로 올라갔다. 그렇지만 대부분의**

페르시아인들은 수영을 하지 못해서 물에 빠져죽었다. 처음 배꼬리를 돌렸을 때에 배들이 가장 크게 파괴를 당했다. 왜냐하면 처음 배의 뒤꽁무니를 돌리며 실수를 하는 바람에 적들이 달려와 그 왕에게 보여주려고 페르시아인의 압박이 가해졌기 때문이다. 결국 대 혼란에 빠지니 그들의 배를 잃은 일부 페니키아 사람들은 크세르크세스(Xerxes)에게 가서 실패가 '이오니아 사람들이 배반했기 때문'이라고 말했다. 그러나 결과는 그 '배반'은 그네들이 행한 것으로 밝혀져 그들은 처형을 당했다. 그들이 말하고 있는 도중에 사모트라케(Samothrace) 배가 아테네 배를 들이받았고, 아테네 군사들이 물에 빠졌는데, 에기네탄(Aeginetan)의 배가 사모트라키아 배를 들이받아 침몰을 시키니 창으로 무장한 사모트라키아 사람들이 공격을 가한 배의 갑판을 공격하여 배를 차지했다. 이 공적으로 이오니아 사람들이 구조되었다. 크세르크세스(Xerxes)가 이오니아 사람들이 싸우는 것을 보고 그 페니키아 사람을 향해 극도의 짜증을 내며 참수(斬首)를 명하였다.

크세르크세스(Xerxes)는 에갈리오스(Aegaleos) 산 아래에서 전투 경과를 살피고 있다가 해협을 건너 살라미스(Salamis) 섬을 떠났다. 크세르크세스(Xerxes)는 용맹을 보이는 장교를 만날 때마다 그 이름과 부모와 도시 이름을 자기의 신하에게 적어두게 했다.

페르시아 사람 아리아람네스(Ariaramnes)는 이오니아 사람들의 친구였는데, 그 페니키아 사람들을 벌 주는 데도 한몫을 했다.

페르시아인의 궤멸(潰滅)이 시작되어 그들이 팔레롬(Phalerum)으로 도망치려 할 때, 해협에서 페르시아인들을 잡으려고 기다리고 있던 그 에기네타 사람의(Aeginetan)[아리아람네스(Ariaramnes)의] 소함대는 기억할 만한 공적을 세웠다. 페르시아인들은 절망적 혼돈에 빠져 도망치려 할 적에 그 배들이 퇴로를 막아 아테네 사람들에게 분쇄를 당하게 했다.

그렇게 망가진 채로 팔레롬(Phalerum)으로 온 페르시아 배들은 그들 군사들의 보호를 받았다.

살라미스(Salamis)에서 가장 돋보인 공적은 에기나(Aegina)라고 인정되어 있다. 에기나(Aegina) 다음으로 아테네 사람들이다. 가장 뛰어났던 개인으로는 에기나(Aegina)의 폴리크리토스(Polycritus)와 아테네의 두 사람 아나기로스 (Anagyrus)의 에우메네스(Eumenes)와 팔레네(Pallene)의 아메이니아스(Am-einias)라고들 말했다.

아메이니아스(Ameinias)가 아르테미시아(Artemisia)를 추적했는데, 그는 그가 잡히든지, 그녀를 잡든지 결판을 낼 심산이었다. 왜냐하면 아테네사람들은 '여성이 무장을 하고 나타남'에 분개를 하였는데, 아테네 선장들에게는 누구나 그녀를 생포하면 1만 드라크마(drachmae)의 상금을 받기로 특별 명령이 내려져 있는 상태였다. 그러나 내가 말했던 대로 그녀는 도망을 쳤다.

아테네 사람들은 코린트의 장군 **아데이만토스(Adeimantus)**가 배를 타고 왔다가 전투가 시작되니 놀라 도망을 쳤다는 이야기를 하고 있다. 장군이 떠난 것을 본 나머지 소형 함대도 뒤를 따랐으나, 아테네 스키라스(Athene Sciras) 신전이 서 있는 살라미스(Salamis) 연안을 출발하고 있을 적에 그들은 '이상한 배 한 척'을 만났다. 코린트 사람들이 그 배를 만난 것을 이상하게 생각했으니, 나머지 배는 어떻게 되었는지도 알 길이 없었다. 그 일이 생긴 그 다음날에 신(God)의 손길이 그 일에 관련된 것이라고 결론을 내게 되었다. 왜냐 하면 '그 이상한 배'가 코린트 사람들에게 다가와 그 갑판 위에 서 있는 사람들이 말했다.

"**아데이만토스(Adeimantus)**여, 네가 너의 소형 함대를 이끌어 도망을 치고 있을 적에 희랍인의 기도(祈禱)가 용납되었다. 그 [아테네]여신은 그녀의 적들을 제압하신다."

아데이만토스(Adeimantus)가 그들의 말을 믿으려 하지 않으니 그들['그 이상한 배' 사람들]은 그에게 자기들을 인질로 잡고 있다가 희랍인이 전쟁에 지면 자기들을 죽여라고 말했다. 이에 아데이만토스(Adeimantus)와 여타(餘他) 소형 함대는 방향을 바꾸어 희랍 함대에 가담을 했으나 전투는 이미 끝난 상태였다. 이것은 아테네 사람들의 이야기인데 코린트 사람들은 그것을 인정하지 않고 있다. 코린트 사람들은 자기들의 배도 전투에 맹활략을 했다고 믿고 있고 여타 희랍인도 그렇게 증언을 하고 있다.

혼란의 전투 와중에서 아테네 사람 리시마코스(Lysimachus)의 아들 아리스티데스(Aristides)는 중무장을 한 아테네 보병을 이끌고 살라미스 해안가에 머무르고 있다가 프시탈레아(Psyttaleia)로 건너가 그곳에 상륙해 있는 페르시아인들을 남김없이 죽였다.

전투가 끝난 다음 희랍인들은 주변에 표류하는 '못쓰게 된 배들'을 살라미스(Salamis) 섬으로 끌어 올리었다. 그런 다음에 크세르크세스(Xerxes)가 남은 배로 또 다른 공격을 행할 것을 예상하며 새로운 전투에 대비를 하고 있었다.

수많은 파괴되고 고장 난 배들이 서풍에 밀려 아틱(Attic) 해안의 일부인 콜리아스(Colias)로 밀려왔다. 그래서 바키스(Bacis) 무세오스(Musaeus)의 점쟁이와 아테네의 점쟁이 리시스트라토스(Lysistrtus)가 말한 전쟁에 대한 예언이 사실로 나타났다.

"콜리아(Colian) 여인이 노를 불태워 요리를 할 것이다."라고 했음이 그것이다. 희랍인은 그 예언을 망각하고 있었으나 크세르크세스(Xerxes)가 떠난 다음 사실로 드러났다.[149]

_____✦

(a) 힌두(Hindu)의 '마하바라타(*The Mahabharata*)'는 거의 그 장절(章節)마다 '**절대신(God)**' '**절대주의(Absolutism)**'를 가르치는 일이 그 구극의 목표임을 명시하고 있는 것이 특징이다.

(b) 헤로도토스(Herodotus)는 그의 '역사(*The Histories*)'에서 이 '살라미스(Salamis) 해전(海戰, 480 b. c.)'을 통해 그의 집필(執筆) 의도와 방식을 다 들어내고 있으니, Ⓐ '영웅들의 활략' Ⓑ '이오니아 국가 종족주의' Ⓒ

149) Herodotus (translated by Aubrey de Selincourt), *The Histories*, Penguin Books, 1954, pp. 551~555

'구체적인 전투 진행 과정 보고' Ⓓ '희랍 지원자와 배반자들 명시' Ⓔ '신의 도움' Ⓕ '예언의 적중' 등의 서술이 그것이다.

(c) 이들 중에 Ⓒ '구체적인 전투 진행과정 보고'는 헤로도토스(Herodotus)의 최장기(最長技)로서 그의 가장 큰 제시가 **'희랍인의 수영(水泳)에 능했으나, 페르시아인은 수영(水泳)할 줄을 몰랐다.'**는 지적이었다. 이 제시로 '소수의 희랍 함대' '다수의 페르시아 함대'를 물리칠 수 있는 능력의 보유를 충분히 제시한 사람이니, **'수영(水泳) 능력 보유 여부(與否)'**에 '물에 대한 지신감, 공포감' 가르는 척도이기 때문이다.

(d) 이 '살라미스(Salamis) 해전(海戰)'을 놓고 헤로도토스(Herodotus)는 그의 '역사(*The Histories*)' 서술의 목표를 다 드러내고 있으니, 우선 **'이오니아 희랍인의 용맹'**을 드러내고 **'크세르크세스(Xerxes)의 바보 같은 판단'**을 **폭로하는 것이 그것이었다.**

(e) 우선 헤로도토스(Herodotus)는 우선 '아리스티데스(Aristides)' '테미스토클레스(Themistocles)'의 영웅적인 합심(合心)을 제시하여 그들이 명백한 **'헤라클레스 후예들임'**을 명시하였다.

(f) 그 다음 헤로도토스(Herodotus)는 '전쟁의 원흉(元兇)' 크세르크세스를 다음과 같이 제시했다.

((그러자 그 틈에 그녀는 생명을 구했는데, 이 사실로 인해 그녀는 누구보다 크세르크세스(Xerxes)의 존중을 받았다. 크세르크세스(Xerxes)는 전투를 보고 있었는데, 측근에 있던 사람이 말했다.

"폐하, 아르테미시아(Artemisia)가 얼마나 잘 싸우는지 보소서. 그녀가 적의 배를 침몰시켰나이다."

크세르크세스(Xerxes)는 정말 아르테미시아(Artemisia)인지를 거듭 물으니 사람들은 그녀의 깃발이 분명하고 가라앉은 배는 '적의 배[희랍의 배]'가 틀림없다는 것이었다. 그녀는 정말 운이 좋았다. 그녀가 들이 받은 배에 생존자가 없었으니 비난할 사람도 없었다. 크세르크세스(Xerxes)는 다음과 같이 말했다고 한다.

"우리 남성들은 다 여성이 되었는데, 우리 여성이 남자가 되었구나.(My men have turned into women, my women into men.)"))

크세르크세스(Xerxes)가 '살라미스(Salamis) 해전(海戰)'에서 이 말을 했다는 것은 그의 '전체적인 전황(戰況) 파악'이라는 중요한 의미를 지니고 있다.

(g) 헤로도토스(Herodotus)는 '라지푸트 족[크샤트리아 족](Rajpoots, Kshatriyas)' 중심주의와 '헤라클레스(Heracles, Krishna) 중심주의'로 '역사(*The Histories*)'를 서술하여 '여성(*女性*)'을 논외로 취급하여 항상 무시와 조롱 무시의 '보조관념(補助觀念, vehicles)'으로 사용하고 있다. 이점도 '마하바라타(*The Mahabharata*)'부터 행해져 전쟁의 원흉 '두료다나(Duryodhana)'는 판두 아들들의 융성을 배 아파하며 다음과 같이 외쳤었다.

(("나는 나를 아예 불 속에 던져버리거나, 독약을 마시거나 강물에 던져야 할 것 같습니다. 나는 이대로는 살 수가 없습니다. **세상에 힘을 지닌 그 누구가 상대 적(敵)이 융성을 누리고 있는데, 자신을 극빈(極貧) 속에 놔 두고 맘 편히 있겠습니까? 그러기에 적(敵)의 융성과 행운으로 행진을 보 고 살아 있는 나는, 여자 아닌 여자이고, 남자 아닌 남자가 되어 있는 것입니다.**(I am neither a woman nor one that is not woman, neither also man nor one that is not a man.)"[150])))

(h) 크세르크세스(Xerxes)의 위의 말은 전반적인 '살라미스(Salamis) 해전(海戰)'을 요약한 말이고 역시 자신의 '극한의 마비와 혼란'을 반영한 말이다. ['사실'은 아르테미시아(Artemisia)가 격파시킨 함대는 희랍 함대가 아니므 뢰]

(i) 헤로도토스(Herodotus)는 '살라미스(Salamis) 해전(海戰) 승리'를 Ⓔ '신의 도움' Ⓕ '예언의 적중'으로 해설을 했던 것은 '마하바라타(*The Mahabharata*)' 저작자와 동일한 방식이었다.

제72장 크세르크세스(Xerxes)가 희랍을 떠나다.

크세르크세스(Xerxes)는 피해가 심각한 것을 알았을 때에, 희랍인이 헬레스 폰트(Hellespont)로 가서 거기에 다리를 파괴할지 모른다는 걱정이 생겼다. 만 약 그런 일이 생기면 크세르크세스(Xerxes)는 유럽에 남아 패배 당할 위험에

---

150) K. M. Ganguli (Translated into English Prose from the Original Sanskrit Text), *The Mahabharata of Krishna-Dwaipayana Vyasa*, Munshiram Manoharlal Publisher Pvt. Ltd. New Delhi, 2000, -**Sabha Parva**- p. 94

처하게 된다. 이에 크세르크세스(Xerxes)는 도망갈 방략을 마련하였다. 그러나 그것을 비밀에 붙여 자신의 군사들이나 희랍인들이 모르게 진행을 하였다. 크세르크세스(Xerxes)는 아르테미시아(Artemisia)를 향해 물었다.

"마르도니오스(Mardonius)는 내가 희랍에 머물며 펠로폰네세(Peloponnese)를 공격해야 한다고 주장하고 있습니다. 그에 말에 따르면 나와 우리 군은 복수를 해야 할 책임이 있으므로 그것을 이행해야 한다는 겁니다. 그래서 내가 원정(遠征)을 하던 우리 군사 중에 30만을 뽑아 그에게 맡기면 자신이 정벌을 하고 나는 나머지 군사를 이끌고 귀국하면 그 병력으로 희랍을 내 손에 넣어주겠다고 합니다. 그대[아르테미시아(Artemisia)]는 내게 '해전(海戰)을 하지 마시오.'라는 좋은 충고를 했었소. 그래서 묻는 것이오. 어떻게 하면 좋겠소?"

아르테미시아(Artemisia)가 대답했다.

"폐하, 폐하께 '최고의 대답'을 올리는 일은 쉬운 일이 아닙니다. 폐하와 폐하께서 살아 계시는 동안에는 희랍인은 그들의 생존과 땅을 위해 많은 고통을 겪으면서도 그들 종족을 동원할 것입니다. 그러나 마르도니오스(Mardonius)가 올 경우 누가 그[마르도니오스(Mardonius)]에게 신경을 쓰겠습니까? 그는 폐하의 노예입니다. 희랍인이 그를 잡아 이길지라도 '초라한 승리'일 뿐입니다. 폐하께서는 아테네를 이미 불 질렀으므로 목적을 달성하셨으니, 귀국(歸國)을 하시지요."

크세르크세스(Xerxes)는 아르테미시아(Artemisia)의 말이 맘에 들었다. 그것이 바로 자신의 생각이었기 때문이다. 모든 상담자 군인 여성이 한결같이 희랍에 머물기를 싫어했으니, 크세르크세스(Xerxes)가 너무나 놀란 상태였기 때문이다. 크세르크세스(Xerxes)는 아르테미시아(Artemisia)를 칭찬하고 참전 했던 자기 아들과 함께 그녀를 에페소스(Ephesus)로 돌아가게 했다.

크세르크세스(Xerxes)는 아르테미시아(Artemisia)를 에페소스(Ephesus)로 보내 놓고, 마르도니오스(Mardonius)에게 사람을 보내 그가 원하는 페르시아 군사를 뽑아 그의 생각대로 해보라고 명령을 내렸다. 그날은 더 진행된 바가 없었다. 그러나 그날 밤 왕은 명령을 내렸다. 그리고 함대는 팔레롬(Phalerum)

을 떠났고 크세르크세스(Xerxes)가 돌아갈 다리를 지키기 위해 헤레스폰트(Hellespont)를 향해 최고 속력으로 달렸다. 조스테르(Zoster)에서 조금 떨어진 해안에 바위 갑(岬)이 돌출해 있었다. 페르시아인들이 바위들을 빈 배로 오인(誤認)하여 시간을 허송한 다음에야 항해를 계속했다.

그 다음날 새벽에 희랍인들은 페르시아 함대가 움직이지 않은 것을 보고 페르시아 함대가 아직 팔레룸(Phalerum)에 있다고 생각을 했다. 그래서 해상에서 또 다른 공격을 예상하며 방어를 준비하였다. 그러나 함대가 떠난 것을 뒤늦게 알고 '추적'을 결심했다. 그래서 안드로스(Andros)까지 항해를 했다. 그러나 페르시아 적선(賊船)은 보이지 않았다. 안드로스(Andros)에서 희랍인들은 회의(會議)를 가졌는데, **테미스토클레스(Themistocles)는 섬들을 지나 헬레스폰트(Hellespont)로 가서 다리를 끊자고 제안했다**. 그러나 에우리비아데스(Eurybiades)는 그 다리를 파괴하면 희랍인들이 너무나 힘들게 될 것이라고 반대했다. 에우리비아데스(Eurybiades)는 주장하기를 크세르크세스(Xerxes)의 귀국길을 막아 희랍에 머물게 하여 그가 방어력을 확보할 경우 전 유럽이 그에게 넘어갈 것이고, 크세르크세스(Xerxes)가 살라미스(Salamis)에서 패배를 했으니, 자기네 나라로 돌아갈 것이라는 주장이었다. 그래서 전쟁을 아시아로 넘겨줄 수 있다[아시아에서 진행할 수 있다.]는 것이 그 결론이었다.[151]

———→

  (a) 크세르크세스(Xerxes)를 퇴각시킨 희랍의 '살라미스(Salamis) 해전(海戰, 480 b. c.) 승리'는 오직 '명예'만 있고 '이득'이 없는 '거대 주먹질'에 대한 '운 좋은 피신'일 뿐이다.

  (b) 헤로도토스(Herodotus)는 '마라톤 해전'과 '살라미스 해전'을 통해 페르시아의 군주 다리우스(Darius)와 크세르크세스(Xerxes)가 페르시아 '계관시인(桂冠詩人, poet-laureate, 御用作家)'이 그들에게 올린 '마하바라타(*The*

---

151) Herodotus (translated by Aubrey de Selincourt), *The Histories*, Penguin Books, 1954, pp. 549~560

Mahabharata)' 속의 최고 영웅 '아르주나(Arjuna)' '라마(Rama)'가 전혀 아니고, 오직 타도(打倒)의 대상인 '[마하바라타(*The Mahabharata*)'의] '드리타라슈트라(Dhritarashtra)'라는 점을 입증하는데 성공을 하였다.

(c) 헤로도토스(Herodotus)는 그의 '역사(*The Histories*, 446 b. c.)'에서 '탐욕의 침략자' 다리우스(Darius)와 크세르크세스(Xerxes)가 '마하바라타(*The Mahabharata*)' 속의 최고 영웅 '아르주나(Arjuna)' '라마(Rama)'라는 페르시아 '계관시인(桂冠詩人, poet-laureate, 御用作家)'들의 칭송을 뛰어넘어 희랍과 아테네를 지켜낸 영웅들이 진정한 '헤라클레스[크리슈나] 후예[Heraclids]'라는 '새로운 행동 지표(指標)' 마련에 크게 성공을 했다.

(d) 그러한 '헤로도토스(Herodotus)의 혁명'을 계승하여 뉴턴 볼테르 칸트 포콕 니체 후고 발이 속출했다.

'테미스토클레스(Themistocles, 527?~460? b. c.)' '살라미스(Salamis) 아테네(Athens) 마라톤(Marthon)'

제73장 모리배(謀利輩) 아르템바레스의 제안과 키루스의 응답

미칼레(Mycale)에서 헬레스폰트(Hellespont)로 항해(航海)를 계속 하던 희랍인들은, 레크톰(Lectum)에서 잠시 고약한 바람을 만나 늦어졌는데, 그들이 아비도스(Abydos)에 도착을 해보니 기대와는 달리 다리는 이미 파괴가 되어 있었다. 그 상황에서 레오티데스(Leotychides)와 펠로폰내시아 사람들은 희랍으로 되돌아가는 것이 최상이란 생각을 했다. 그러나 **크산티포스(Xanthippus) 휘하(麾下)의 아테네 사람들**은 거기에 머물며 케르소네세(Chersonese)에 대한 한 가지 계획을 결심했다. 그래서 펠레폰네시아 사람들이 마비도스(Abydos)를 떠난 다음에, 아테네 사람들은 그 아비도스(Abydos)에서 출발하여 세스토스(Sestos)를 포위했다. 세스토스(Sestos)는 그 지역에서 가장 강력하게 요새화한 도시인데, 희랍 함대가 헬레스폰트에 도착했다는 소식이 전해지자 주변 도시 사람들이 그곳으로 다 도망쳐 와 있었다. 그 중에는 페르시아인 에오바조스(Oeobazus)도 있었는데, 그는 밧줄을 준비했다가 그 헬레스폰트(Hellespont) 다리 건설에 쓰도록 했던 자였다. 세스토스(Sestos)는 토박이 에올리아 사람들이 살고 있었으나, 페르시아 사람도 있어 많은 사람들이 관계를 맺어 페르시아인들에게 의지를 하고 있었는데, 크세르크세스(Xerxes) 때에 이 지역 통치자는 간특한 **아르타이크테스(Artayctes)**였다. 그 아르타이크테스(Artayctes)는 앞서 크세르크세스(Xerxes)가 아테네로 진격했을 적에 이피클로스(Iphiclus)의 아들 프로테실라오스(Protesilaus)의 보물을 강탈해 갔었다.

그런데 그 아르타이크테스(Artayctes)가 세스토스(Sestos)에서 아테네 사람들에게 붙들리었다.

결국 십자가 형(刑)을 당한 아르타이크테스(Artayctes)에게는 역시 **아르템바레스(Artembares)**라는 조상(祖上)이 있었다. 그 아르템바레스(Artembares)가 페르시아인에게 한 가지 제안을 해서, 페르시아인이 그것을 수용하여 그를 키루스(Cyrus)에 넘겼다. 아르템바레스(Artembares) 무리들이 키루스(Cyrus)에게 말했다.

"신(God)께서 페르시아인에게 왕국을 제공하셨기에, 키루스(Cyrus) 당신께서 아스티아게스(Astyages) 왕을 정복하셨습니다. 당신께서 우리를 우리의 작고 황무한 이 고장에서 떠나 가깝거나 멀거나 간에 더욱 풍성한 곳으로 가도록 조처해 주십시오. 우리들이 그곳에 이르면 더욱 감격해 할 것입니다. 그것은 황국(皇國)의 신민(臣民)으로 자연스런 일입니다. 가까운 풍성한 것 중에서 만약 그들 중의 하나를 우리가 택하여 가지게 되면, 통치를 받게 된 사람들은 평소보다 더욱 감격하게 될 것입니다. 그러함은 황제의 신민(臣民)으로서 자연스런 일입니다. 우리가 모든 아시아 많은 종족의 대장이 된 지금보다, 더욱 좋은 기회가 언제 다시 오겠습니까?"

키루스는 이 제안을 많이 생각해 보지도 않았다. 키루스가 대답하기를 사람들은 다 자기 좋을 대로들 생각을 하지만, 만약 그렇게 자기 고장을 헌납할 경우는 그들은 더 이상 자치권이 없고 다른 사람의 통치를 받을 준비를 해야한다고 말했다. 키루스는 말했다.

"부드러운 고장은 부드러운 사람들을 낳는다. 좋은 과실과 훌륭한 군인들을 생산한 땅은 어느 누구의 재산도 아니다."

페르시아인들은 이 말의 진실을 알았고, 키루스가 페르시아인들보다 더욱 현명하다는 것도 인정해야 했다. 그래서 페르시아인은 키루스의 생각을 따라, 풍요한 평원을 개발하여 다른 사람들에게 종속되기보다는 차라리 '**험지(險地)에 살며 통치하는 것**'을 선택했다.

-끝-152)

---

152) Herodotus (translated by Aubrey de Selincourt), *The Histories*, Penguin Books, 1954, pp. 621~624

(a) 헤로도토스(Herodotus)가 그의 '역사(*The Histories*)'를 키루스(Cyrus)의 위의 말로 끝낸 것에 주목을 해야 한다.

(b) 한 마디로 헤로도토스(Herodotus)가 고려한 '역사(*The Histories*)'는 '지배자 중심의 역사' '라지푸트 족[크샤트리아 족](Rajpoots, Kshatriyas) 역사'임을 명시하고 있고, 헤로도토스(Herodotus) 자신도 그렇게 생각했다는 점이다.

(c) 힌두(Hindu)는 '마하바라타(*The Mahabharata*)' '지존(至尊)의 노래(Bhagavat Gita)'에서 "바라문(Brahmanas, 사제)과 크샤트리아(Kshatriyas, 무사) 바이샤(Vaisyas, 평민) 수드라(Sudras, 노예)의 의무가 본성에서 나온 이들 네 가지 속성으로 구분이 된다. 평정과 자제, 금욕, 순수(純粹), 용서, 정직, 지식, 체험, (향후 존재에 대한)신앙은 바라문들(Brahmanas)의 타고난 의무들이다. **용감성, 힘, 강직함, 기술, 전투를 피하지 않음, 활달, 왕을 모심은 크샤트리아(Kshatriyas)의 의무이고 타고난 기질이다.** 농사짓고 소들을 길들이고 장사하는 것은 바이샤(Vaisyas)의 의무이고, 노예 상태의 의무가 수드라(Sudras)의 태생적 의무이다. 모든 사람들이 자기 직업에 종사하고, 온전함을 획득한다."[153]

(d) 앞서 말했듯이 헤로도토스(Herodotus)는 '마하바라타(*The Mahabharata*)' '지존(至尊)의 노래(Bhagavat Gita)'를 읽지 않았으니, 단지 '크샤트리아(Kshatriyas)로서 키루스(Cyrus) 생각'에 전적인 공감으로 그의 '역사(*The Histories*)' 서술을 마무리했다.

(e) 즉 위에서 키루스(Cyrus)가 '좋은 과실과 훌륭한 군인들을 생산한 땅은 어느 누구의 재산도 아니다.'라는 진술은 그것들을 소유로 아는 자들은 한 마디로 '바이샤(Vaisyas, 평민) 수드라(Sudras, 노예)'이므로 **헤로도토스(Herodotus)는 오직 키루스(Cyrus)와 동일한 '라지푸트 족[크샤트리아 족] (Rajpoots, Kshatriyas)' '지배 통치 족'에만 관심이 있었다.**

---

153) K. M. Ganguli (Translated into English Prose from the Original Sanskrit Text), **The Mahabharata of Krishna-Dwaipayana Vyasa**, Munshiram Manoharlal Publisher Pvt. Ltd. New Delhi, 2000, -**Bhishma Parva**- p. 96

제3부

한국인의 '헤로도토스'
수용사(受容史)

인류 사회 구성원은 실로 다양(多樣)하여, 그들의 얼굴이 서로 다르듯이 그들의 '생각들'도 제 각각이다.

그리고 '인간의 마음은 조석(朝夕)으로 달리진다.'는 말이 있듯이, 한 인간속의 '생각'도 다양하고 변화무쌍하여 자기 스스로도 '내일의 자기 마음'을 오늘다 미루어 볼 수가 없을 정도이다.

그런데 대학(大學)에 설치된 다양한 전공(專攻) 과목 중에서, '인문학 역사(歷史)'를 전공한 사람은 극히 일부이고, 더구나 고대 희랍의 역사가 헤로도토스(Herodotus)의 '**역사(*The Histories*, 446 b. c.)**'를 한 개인이 어떻게 생각할지에 대해서는, 실로 한 개인의 '무한 자유' 내에 일부 문제일 것이다.

그리고 다른 한편, '한 가지 고전(古典)'을 놓고 생각해 볼 경우에도 그것을 '젊은 시절'에 읽을 경우와 노경(老境)에 읽을 경우가 명백히 다를 것이고, 그고전(古典)에 대한 사전(事前) 준비가 있었던 사람과 없는 사람이 역시 서로차별이 생길 것이고, 거기에다 한 독자가 이미 마음속에 마련해 놓은 자기의'인생관' '세계관' '철학관' '종교관'에 의해서 다시 한 번 그 고전(古典)에 호오(好惡)에 차별이 생길 터이다.

헤로도토스(Herodotus)를 그 선두(先頭)로 한 대부분의 위대한 고전(古典)작가들은, 소위 '**동시주의(同時主義, Simultaneism)**'를 일찍부터 체득(體得)하여 시간과 공간을 초월해 '사례(事例)들'을 총 동원해 자기네들의 주장을 펼쳤다.

그렇지만 그 맞은편에 자리를 잡은 <u>오늘날 한국의 독자들은 결국 필연적으로 우선 '우리들(한국인)의 문제', '나[각자 개인]의 문제'로 그것들을 다시 조회(照會)를 해 '그 고전 속의 주장'을 다시 점검 수용하지 않을 수 없다.</u>

그리고 모든 '인문학적 논의'는 대부분 '**객관적인 대상인 한 권의 책(저작)**'에서 출발하고 거기에서 일단 그 논의들을 끝 낼 수밖에 없으므로. 그 대부분

'고전의 저작자 등 그 주변 대한 탐구 논의들'도 어디까지나 그 책(저작)의 온전 터득(攄得)을 위한 '보충 자료들'일 뿐이라는 점도 자명(自明)한 사실이다.

그리고 역시 모든 '책(저작)'에서 궁극적으로 문제되는 것은, '<u>그 저작자가 독자들에게 제시하고자 하는 주장(主張)과 주지(主旨)</u>'가 될 수밖에 없는데, 그것은 보통 그 책의 '주인공'과 그 '반(反)주인공, 비판 타도(打倒) 대상'에게 독자들의 관심들이 집중이 되게 마련이고, 그 '주인공'을 '선(善)의 대표자'로 삼아, 그의 주인공과 대결하는 대상[반(反)주인공]을 '악(惡)의 표상'으로 읽어 내게 되어 있다.

<u>헤로도토스(Herodotus)는 '역사(*The Histories*, 446 b. c.)'에서 주인공을 '헤라클레스 후손(Heraclids, 영웅의 후손)' 키루스(Cyrus)와, 역시 마라톤 해전과 살라미스 해전을 승리로 이끈 '이오니아(Ionian) 장군들'로 전제를 했다</u>.

그래서 키루스(Cyrus)의 '토벌 대상'은 '메디아' '리디아' '아시리아' '마사게테'였고, 이오니아 장군들의 경우는 '다리우스(Darius), 크세르크세스(Xerxes) 페르시아 군사들'이었다.

그렇다면 헤로도토스(Herodotus)가 그의 '역사(*The Histories*)'에 제시해 놓은 여러 이야기들을 통합한 '그 <u>헤로도토스(Herodotus)의 삶의 기준</u>은 과연 무엇인가?' 이것을 읽어내면 '역사(*The Histories*) 독서 목적'은 일차 달성되었다고 할 수 있을 것이다.

여기에서는 참고로 헤로도토스(Herodotus)의 '역사(*The Histories*)'를 이미 한국인에게 번역 소개했던 사람들이 밝힌바 '그 역사(*The Histories*)에 관한 인식의 성향(性向)들'을 간략하게 짚어 보기로 한다.

① 박광순, 헤로도토스 역사, 범우사, 1987

　박광순은 헤로도토스(Herodotus)의 '역사(*The Histories*)'에 크게 관심을 기울어 '역사(*The Histories*)'를 완역하였고 다음과 같은 해설을 붙였다.

　　(("Ⓐ -헤로도토스의 생애에 대하여 알려진 것은 극히 적다. 다만 10세기경에 편찬된 것으로 추정되는, 이른바 '스다' 사전에 기술된 헤로도토스 및 그와 관련된 사항, 고대 작가들의 단편적인 언급, 그리고 그의 저작물인 '역사' 자체의 기술로 미루어 대강 짐작할 수 있을 따름이다.(p. 11)"))

　오늘날 학문의 출발은 다 <u>**과학적 사고(思考)**</u>를 그 기준으로 삼고 있다. 기원전 생존 했던 헤로도토스(484~425 b. c.)에 대한 영성(零星)한 기록들 속에 그것을 어떻게 다시 고증해 믿을 것인가는 실로 용이한 문제가 아니다. 그러기에 박광순의 위와 같은 토로(吐露)는 오히려 당연한 것이라고 해야 할 것이다.
　그렇지만 무엇보다 중요한 '역사(*The Histories*)'의 대본(臺本)이 우리 앞에 있고 거기에 작동할 각자의 '이성[판단력]들'이 있기에 그에 대한 우리의 '탐구와 독서(讀書)'는 결국 우리의 기쁨의 대상이 되는 것이다.

　　(("Ⓑ -헤로도토스가 시도한 경탄할 만한 긴 여행이 사모스에서 귀국한 후

투리오이 이주 때까지 10여 년간 수차례에 걸쳐 행해졌으리라는 앞서 이미 서술했다. 그러나 이 대여행이 연대, 그 밖의 구체적인 사항에 대해서는 그 무엇 하나 확실히 알 수 없다. 우리는 '역사'의 기술 자체에서 그 발길이 미친 지역의 범위를 어렴풋이 짐작할 뿐이다.(p. 14)")

중국의 사마천(司馬遷, 145~86 b. c.)도 '사기(史記)' 집필 이전에 긴 여행(旅行)을 했다고 스스로 고백을 하고 있지만, 헤로도토스(Herodotus)의 '역사(*The Histories*)'를 읽어보면 오히려 '기행문(紀行文) 성격'을 그대로 드러내고 있다.

그러나 여행가 헤로도토스(Herodotus)의 안목은 '천고(千古)의 중인(衆人)들의 안목들' 초월한 '대천재'의 모습들을 '역사(*The Histories*)' 속에 여지없이 다 드러내었다.

(("ⓒ -헤로도토스가 본래는 도리스계였지만, 이오니아 문화의 강한 영향 아래 있었던 식민 도시 할리카르낫소스에서 태어나 그곳에서 자랐다는 것은 그의 인격이나 사상의 형성에 깊은 의미를 갖는 것이었다. 일반적으로 식민지는 본토와는 달리 인습에 얽매이지 않고 자유로운 기풍이 감도는 것이 보통이다. 특히 인류 사상 처음으로 과학적인 관찰 및 사고방식 등을 창출해 낸 이오니아 식민지에서 그 경향이 현저했다는 것은 말할 나위도 없다. 헤로도토스는 끝없는 지적 호기심과 고난을 두려워하지 않은 모험심은 아마 타고난 것이었을지도 모르지만, 아무래도 그러한 환경적인 영향도 컸을 것임에 틀림없다. 본토 그리스인이 완강하게 고집한 그리스적 중화사상(中華思想)이라고 할 만한 편견이나 오만함을 헤로도토스에게서는 거의 찾아볼 수 없다. (p. 17)")

우리가 '번역가 박광순'보다 '해설가 박광순'에 느끼는 큰 놀라움은, 그의 해설이 '작품 해설'에 모아진 것이 아니라, '헤로도토스(Herodotus) 자신의 출신 지역 가족 상황 성격 등' '개인 경력 소개'에 그 해설의 초점이 모아져 있다는 사실이다.

간단히 말해서 '독서'는 지금 우리에게 흥미와 수확과 효용을 제공할 그 **작품 자체**가 중요하고 '기원전에 생존했던 한 개인의 인생살이'에 우리의 주요 시선을 조금도 빼앗길 필요는 없을 것이다.

② 박현태, 헤로도토스 역사, 동서문화, 2008

박현태는 헤로도토스(Herodotus)의 '역사(*The Histories*)'를 완역했을 뿐만 아니라 다수의 희랍과 고전들과 현대의 탐구자들의 견해도 제시하여 '역사(*The Histories*)'에 대한 '독자들의 시각'을 한 단계 높여 주려 하였다.

그러나 박광순의 경우처럼 '역사(*The Histories*) 자체'를 신중하게 검토하지 않고 주변 사람들의 견해로 그 '해설'을 끝까지 대신하고 있는 점은 크게 아쉬운 사항이다.

(("Ⓐ -헤로도토스는 소아시아 남부 도시 할리카르나소스의 명망 있는 집안 자손으로 태어났다. 그의 아버지 이름은 릭세스, 어머니 이름은 도리오였다. 그에게는 테오도로스라는 형제가 있었고, 당시 유명한 서사 시인이었던 파니아스는 그의 사촌이었다고도 한다. 누군가는 어머니 이름을 로이오였다고 하는데, 이것은 도리오를 잘못 기록한 것이라는 설이 유력하다.(p. 769)"))

박현태는 헤로도토스(Herodotus)의 '역사(*The Histories*)' 이외의 저서들을 두루 참조하여 더욱 안정된 시각을 확보하여 독자를 안심시킨 여유 있는 '번역가' '해설가'라는 인상을 주고 있다. 즉 '해로도토스 집안 내역'을 더욱 구체적으로 제시한 공이 박현태에게 있다.

((*"Ⓑ* -'역사'의 주제가 된 페르시아 전쟁 때에는 여걸 아르테미시아 1세가 페르시아 종주권 하에 할리카르나소스에 군림하며 근처의 섬들까지 지배하고 있었다. 그녀는 남편이 죽은 뒤, 이미 청년기에 접어든 아들을 제쳐 두고 스스로 참주가 되어 군함 다섯 척을 이끌고 크세르크세스왕의 원정에 참가했다. 그리고 살라미스 해전 이전에 그녀는, 서둘러 해전을 벌리기보다 육군이 펠로폰네소스로 진군하면 그리스 함대가 분열되어 각각 자국으로 돌아갈 것이라는 뛰어난 전략을 제시했다. 이 의견은 받아들여지지 않았지만 해전이 벌어지자 행운이 뒤따라 그녀의 함대만 크게 활략했다. 그것을 본 크세르크세스왕은 '우리 군의 남자들은 여자가 되고 여자들은 남자가 되었다.'고 평했다.(p. 774)"))

박현태는 헤로도토스(Herodotus)의 '역사(*The Histories*)'의 큰 주제(主題)의 하나가 '페르시아 전쟁'에 있고 그중 '살라미스 해전'에 참전했던 '아르테미시아' 여왕이 헤로도토스(Herodotus)가 '고향(고장) 왕' '할리카르나소스' 지배자였다는 사실을 그 '해설'에 첨가해 설명했다.

그러나 페르시아 왕 크세르크세스(Xerxes)는 그 여왕이 페르시아 함대를 잘못 들이 받아 파괴한 것을 몰랐으니 사실 그녀가 세운 공은 사실상 없다. 그리고 크세르크세스(Xerxes)는 먼저 아테네를 함락시킨 다음 살라미스 해전을 시작했고, 크세르크세스(Xerxes)가 '살라미스 해전'을 관전(觀戰)하고 나서 했던 말 -'우리 군의 남자들은 다 여자가 되었고 여자들은 남자가 되었다.'는 말은[이 말은 앞서 '마하바라타(*The Mahabharata*)'에 악당 두료다나(Duryodhana)가 했던 말로] 그 고대 사회에 팽배했던 '철저한 여성 무시 사상'을 그 바탕에 둔 발언이다. 그러므로 헤로도토스(Herodotus) 이 말의 취지는, '그 탐욕의 왕[크세르크세스] 앞에 분수도 모르고 날뛰는 여편네[아르테미시애]'라는 헤로도토스의 비판 의식이 실린 발언이다.

어떻든 박현태는 이렇게 '헤로도토스(Herodotus)의 개인 정보'로 작품 '역사(*The Histories*) 해설'를 시도했으나, 물론 그것으로 '역사(*The Histories*)'가 다 설명될 수는 없었다.

즉 무엇보다 확실한 대상 '역사(*The Histories*)' 자체를 놔두고, '몇 가지 주변 개인 정보'를 수단으로 '작품 자체[The Work in Itself]'를 설명하려는 것[헤겔식 방법임]은 이미 다 폐기가 된 '철 지난 탐구 방식'이다.

> (("ⓒ -제1권 첫머리에서 헤로도토스는 먼저 자신의 이름을 밝힌 뒤 저술의 목적과 주제를 간단히 서술하고 있다. 그는 동과 서 -아시아와 유럽이 어떤 원인에서 전쟁을 하게 되었는가 하는 내용에 중점을 두고, 그리스인이든 비(非)그리스인이든 인간이 이루어 낸 위대한 업적을 후세에 전하는 것이 집필의 주요 목적임을 밝히고 있다.(p. 780)"))

박현태는 '역사(*The Histories*)'의 '주제와 서술 목적'을 설명함에 있어 헤로도토스(Herodotus) 자신의 말로 대신을 하고 있으나, 박현태가 인용한 **'그리스인이든 비(非)그리스인이든 인간이 이루어 낸 위대한 업적'**이란 말은 물론 '페르시아 전쟁'에 국한된 전제는 아니다.

그런데 '박현태는 '역사(*The Histories*)'의 '주제 논의'를 그 정도의 선에서 마감을 했다. 그리하여 그의 '역사(*The Histories*) 논의'는 '영성(零星)한 헤로도토스(Herodotus) 자신의 성격과 행적에 관한 몇 가지 정보(情報)' 제공으로 끝내겠다는 생각이니, 그러한 박현태의 의지는 다음 진술로 이어졌다.

> (("ⓓ -헤로도토스의 역사관이나 세계관을 이해하기 위해서는, 그가 망명자이며 거의 만성적인 여행자였음을 우선적으로 염두에 둘 필요가 있다. 그러나

그가 외국어를 거의 몰랐던 점으로 볼 때, 그의 사상 형성에 중요했던 부분은 역시 그리스 세계 내에서의 조사활동이었다고 생각된다. 거기서는 자유로운 질문을 통해, 이미 전설화되어 의미가 부여된 이야기를 왕성하게 흡수하고 다녔기 때문이다.(p. 783)"))

박현태의 '역사(*The Histories*) 해설'은 '헤로도토스(Herodotus) 자신의 성격과 행적[**망명자이며 거의 만성적인 여행자, 외국어를 거의 몰랐던 자**]'의 확인이 그 '역사(*The Histories*) 해설에 최고의 길잡이'가 되는 것처럼 호기(豪氣)를 보이고 있다. 하지만 '그러한 해설'이 바로 박현태가 스스로 입증해 보이고 있는 그 '박현태의 한계점'이다.

즉 태고(太古)의 '역사가' 헤로도토스(Herodotus) 앞에, 박현태는 '몇 가지 전기(傳記) 탐구로 얻은 정보'를 앞세워, '천고(千古)에 권위(權威)를 유지해 온 위대한 역사(*The Histories*)'를 다 무시하려는 박현태의 태도는, 독자들을 충분히 '경악(驚愕)'하게 만들 만하다.

박현태는 무엇보다 더욱 구체적이고 확실한 결과물 -'역사(*The Histories*)'를 앞에 놓고 그것을 독자들에게 '해설'하는 마당에 오히려 '옹색한 자신의 헤로도토스(Herodotus) 전기(傳記) 탐구에서 도출한 몇 가지 편견과 추측'을 가지고 '전체 역사(*The Histories*)의 의미'를 거의 다 부정하려 하였다.

그러한 치우친 박현태의 태도는 드디어 헤로도토스(Herodotus)를 '역사의 아버지'로 규정한 사람들에 대한 '박현태의 도 넘은 반박(反駁)'으로 그 자신의 왜곡된 시각을 드러내고 있다.

(("ⓔ -이러한 성격을 지닌 '역사'는 예로부터 어떻게 평가받아 왔을까. 이것은 매우 흥미로운 문제이다.

키케로는 플라톤의 대표저서인 '국가'를 모방하여 '국가론'을 쓰고, 또 플라톤이 만년에 남긴 대작 '법률'을 모방하여 '법에 관하여'를 썼는데, 이 칭호[역사의 아버지]의 의미를 올바르게 파악하려면 그 전후 관계를 살펴야 한다....

단 '<u>역사의 아버지</u>'라는 절묘한 표현 자체는 역시 미사여구의 명인이라 해야
할 키케로에게서 나왔을 것이다.(pp. 795, 797)'"))

　모름지기 '역사(*The Histories*)'의 탐구에는 그 '역사(*The Histories*)' 그 자체가
그대로 알파이고 오메가이고, '독자 각자가 판단할 충분한 공간'도 아울러 확보해
주는 것이 '해설자들'의 기본 도리이다. 그러므로 그 동안 '역사(*The Histories*)'를
읽고 평가했던 사람들의 말까지도 오히려 부수적인 사항일 뿐이다.

　따라서 만약 헤로도토스(Herodotus)를 '역사의 아버지'고 말했던 사람에게
박현태가 불만이 있을 경우는 그 '역사(*The Histories*) 속의 서술을 토대'로 오직
박현태 자신의 확신으로 '반박의 자료들'을 제시해도 역시 독자들은 오히려 다
자기들이 알아서 판단을 할 것이다.

　박현태는 그러한 정도(正道)를 돌아봄이 없이, 단지 헤로도토스(Herodotus)
를 '역사의 아버지'라고 했던 것을 단지 '미사여구(美辭麗句)'에 이골이 생긴 키
케로의 말일 뿐이라는 점에 거의 '자신의 탐구' 전부를 걸고 있다. [만약 그렇다
면 박현태는 오직 그 말에 '현혹'이 되어서 번역하고 해설까지 붙이고 있다는
말인가?]

　박현태의 주장은 한 마디로 '역사(*The Histories*) 무시하기'로 과연 독자들에
게 무엇을 강요하려 하는가? [헤로도토스(Herodotus)는 이미 '동시주의(同時主
義)' 활용에 나와 있는 자였음.]

　가까운 일예(一例)로 <u>사기(史記)를 저술한 사마천(司馬遷, 145~86 b. c.)도
흉노(匈奴)에 항복한 이릉(李陵)에 대해 잘못 말했다는 이유로 당시 법(法)에
회부되어 그에게 사형(死刑) 판결이 내려졌다. 이에 사마천(司馬遷)은 황금
다섯 근(五斤) 상당의 돈을 나라에 바치고 1등급을 낮춘 부형(腐刑)을 받은
큰 사건이 있었다.</u>154) 사마천의 '전기(傳記)'에 그러한 진술이 있지만 어느 누구
도 그 사마천의 전기(傳記)를 표준으로 삼아 <u>사기(史記)를 '돈으로 생명을 구</u>

―――――――――――――――――――――

154) 司馬遷, 史記, 臺灣 東華書局, 1968, pp. 4~5 '司馬遷 小傳'

걸한 비루한 사람의 말'로 폄하 조롱한 사람은 없다.

((``Ⓕ -오래전 '허풍선이 헤로도토스 학파(The Liar of Herodotus)'라는 책이
출판되었다. 헤로도토스를 허풍선이라고 평가한 연구자들을 비판하는 책이
었다. 이 책의 저자 프리쳇은 캘리포니아 버클리캠퍼스의 교수였다. 그는 고
대 그리스 사 연구자로 유명했다. 프리쳇은 그대 그리스의 지지(地誌)를 연구
하면서 아울러 헤로도토스의 저작 내용을 검토해, 그것의 높은 신빙성을 지적
했다. 그러면서 헤로도토스의 기술을 허구라고 주장하는 주장하는 연구자들,
즉 허풍선이 헤로도토스 학파라고 비난한 사람들를 비판하고 공격했다. 프
리쳇이 가장 집요하게 공격한 대상은 독일의 연구자 펠링크였다. 독일어로
된 펠링크의 저서는 영어로도 번역될 만큼 평판을 얻었다.(p. 803)"))

박현태의 '역사(*The Histories*) 해설'은 오직 '남의 해설'로 자기의 부족한 시
각을 감추고 있는 '겁쟁이 해설'이다. 오직 '남의 말'만 인용하고, 아직 자신의
'독자적(獨自的)은 시각(視覺)의 발동'이 없는 정신 상황이다.

박현태는 위의 글에서 볼 수 있듯이, '프리쳇'을 지지할지 '펠링크'를 지지할지
상반(相反)된 두 견해를 제시했다.

박현태는 헤로도토스(Herodotus)가 그의 '역사(*The Histories*)'를 통해 일관
되게 강조한 '세계를 향한 **자주 독립 정신[天下의 王道]**'을 아예 읽어내지 못
하고, 오히려 헤로도토스(Herodotus)가 경멸해 마지않은 '[지적(知的) 식민지
(植民地)인] 노예근성'에 안주(安住)하여 자신의 '약점'이 과연 무엇인지도 아직
다 깨닫지 못 하고 있는 상태이다.

③ 천병희, 역사, 숲, 2009

소위 '고전(古典) 해설'을 행하려는 사람은, 그 고전의 작성자에게 그 이상(以上)의 '과학적 식견(識見)'을 발동하지 못 할 경우에는, 오히려 '작품 내'에 제공된 정보(情報)를 취사선택(取捨選擇)하여 그 '작품' 소개 '해설'을 행함이 더욱 바람직한 자세일 것이다.

천병희는 헤로도토스(Herodotus)의 '역사(*The Histories*)' 해설에 최소한 자신의 손으로 그 헤로도토스(Herodotus)를 들어 올려 평가할 만한 역량(力量)을 보인 사람이다.

(("Ⓐ -헤로도토스는 페르시아 전쟁 와중인 기원전 485년경 소아시아 서남부 카리아(Karia) 지방에 있는 할리카르낫소스소스(Halikarnassos 지금의 터키 Bodrum) 시에서 태어났다. 이 도시는 이오니아 지방 등에 뿌리 내리기 시작한 그리스 문화 영향권 안에 들어 있었지만, 그의 아버지 뤽세스(Lyxes)와 이름난 서사시인이었던 그의 숙부 파뉘앗시스의 이름으로 미루어 그의 집안은 원래 카리아계였던 것으로 추정된다. 페르시아 전쟁이 진행 중이던 동란기에 그는 페르시아에 의해 할리카르낫소스의 참주가 된 뤽다미스(Lygdamis)를 축출하려 했으나 실패하여 잠시 사모스(Samos)로 망명한다. 그는 기원전 454년 이전에 귀향하여 뤽다미스를 축출하는 데 기여하지만 동료 시민들과의

견해 차로 후일 영영 고향을 떠나 기원전 444년 아테나이의 후원으로 남이탈리아에 건설된 범그리스 식민지 투리오이(Thourioi)로 이주하여 그곳에서 생을 마감했다고도 하고, 일설에는 마케도니아의 펠라(Pella)에서 여생을 마쳤다고도 한다. (pp. 5~6)"))

모든 '고전', 더구나 '역사(*The Histories*)'처럼 중대한 고전은 사실상 '무한정의 해설'이 있었고, 앞으로도 거듭된 해설이 그에 추가될 것이다.

그런데 그 '해설을 행해보려는 사람의 경우'로 되돌아가 보면 우선 '해설 대상의 무게'를 가늠할 수 있어야 한다.

천병희는 헤로도토스(Herodotus)의 '역사(*The Histories*)'를 해설함에 있어 그 '역사(*The Histories*)'를 측량할 '학문적 능력'을 보이고 있으니, 우선 '헤로도토스(Herodotus) 전기'에도 간결한 제시를 했다. 사실상 이 문제도 '갑론을박'을 나열하다보면 다른 한권의 책이 될 수도 있을 것이다.

(("Ⓑ -헤로도토스는 누구보다도 여행을 많이 했던 것으로 생각된다. 그는 우선 흑해 연안을 거쳐 스퀴타이족의 나라로 올라가며 흑해 남안과 트라케 지방과 마케도니아 지방까지 접하게 되었던 것 같다. 다음에는 나일 강 상류 지방에 엘레판티네(Elephantine) 시와 나일 강 제1폭포까지 여행하며 이집트에 4개월 머무는 동안 북아프리카의 퀴레네(Kyrene) 시를 찾은 것으로 보인다. 그 다음에는 서아시아 튀로스(Tyros) 시와 에우프라테스 강과 바빌론을 찾은 것으로 보이는데 정작 페르시아는 찾지 않았던 듯하다. 그리고 페르시아 전쟁과 관계가 그리스 본토의 모든 지방과 소아시아, 남이탈리아, 시칠리아를 여행하며 그가 갈 수 있는 어디든 다니며 자료를 모은 것으로 보인다. (p. 6)"))

천병희가 보인 넉넉한 자세는 헤로도토스(Herodotus)의 '역사(*The Histories*) 자체'를 최우선 대상으로 삼고 있다는 점이다. 그 '역사(*The Histories*)'를 자기가 읽고 해설을 하는 마당에 우선 자기 자신이 그 '역사(*The Histories*)'에서 얻은 바에 공감과 확신이 없을 경우 *그가* 행한 어떤 해설을 해도 명백히 쓸모가 없다.['작품 자체'를 부정하며 '해설'을 행한 경우'는 다 '자가당착'에 빠져 있는 경우임]

그런데 천병희가 해설한 바는 그가 혹 다른 문헌을 참조했을지라도 그 '역사(*The Histories*)'만 읽어도 다 동의할 수 있는 사항들이다.

((*"ⓒ* -'역사'의 구조적 특성 중 하나는 앞서 말했듯이 '여담(餘談) 형식의 지리학적 인종학적 민속학적 역사적 자료들'이 대량으로 제시되는 한편, 헤로도토스가 서언에서 밝힌 바대로 중심 주제라 할 페르시아 전쟁은 사실상 마지막 3권에 압축되어 있다는 점이다.(p. 8)"))

천병희는 쉽게 '역사(*The Histories*)'의 전반적인 구성을 간략하게 제시하였다. 더 이상 해설은 독자들 각자들에게 오히려 맡기는 것도 옳은 일일 것이다. 사실상 '역사(*The Histories*)'의 독자들은, 사실상 그 자신이 '또 다른 평자'가 될 가능성을 어느 책보다 많이 간직하고 있는 '고전(古典) 중의 고전(古典)'이기 때문이다.

((*"ⓓ* -헤로도토스는 실로 여행을 해본 적도 없는 책상물림으로 그의 이야기들뿐 아니라 그의 견학도 증인들도 모두 순전히 지어낸 것으로 신뢰할 수 없는 불안전한 것이라고 주장하는 학자들도 있었지만, 이는 우리에게 '비교 영웅전'으로 잘 알려진 플루타르코스의 헤로도토스 평가처럼(-헤로도토스의 악의에 관하여-참조) 반박할 가치조차 없는 근거 없는 모함으로 받아들여지고 있다. 확인할 수 없었던 지역들에 대한 발굴과 문헌 자료들이 발견되고 민속학적 지리학적 발견으로 어둠에 묻혀 있던 고대의 세계가 활짝 열림에 따라 '역사의 아버지'로서의 헤로도토스의 공헌은 더욱 빛나는 것이 되었다. 사실 헤로도토스의 전무후무한 학문적 업적은 이렇다 할 문헌도 없던 상황에서 여러 도시, 수많은 사람들에게서 끌어 모은 다양하고 때로는 상반된 구전의 잡동사니들 속에서 페르시아 전쟁사를 지금과 같은 하나의 통일체로 빚어

446

냈다는 데 있다.(pp. 9~10)")

　모든 독자는 '역사(*The Histories*)'를 다 읽기 전에 그 저작자 헤로도토스 (Herodotus)의 '생존 연대'를 확인만 하면 그 '역사(*The Histories*)'를 확인하는 순간에 그 '상세한 진술'에 경탄을 하지 않을 수 없고 다 읽고 나면 서구인이 작성한 소위 '역사의 근본'을 알게 되니, '역사의 아버지'란 칭호 따위는 있으나 없으나 다 독자가 알게 될 것이다.

　그런데 그 내용에 '강력한 거부감'을 느낄 사람은, 오늘날에도 엄연히 존재하는 '절대주의(Absolutism)' '신비주의(Mysticism)'에 중독(中毒)이 되어 있는 사람들뿐이다.

　즉 세계철학의 양대(兩大) 줄기는 '절대주의'와 '현세주의(Secularism, Existentialism)'이다. 그런데 헤로도토스(Herodotus)는 양쪽 모두에 관심을 지녔지만[同時主義] 그의 '역사(*The Histories*)' 서술의 중심은 '현세주의' '실존주의'이다.

　그래서 그동안 고집스런 '절대주의자들'은 그들의 '일방주의(一方主義)'를 거스르는 모든 진술자들을 체질적 거부 반응들을 보여 왔었다.

　그리하여 헤로도토스(Herodotus)를 '거짓말쟁이'이라고 기를 쓰고 우기는 사람들이나 '역사의 아버지'로 긍정하는 사람들이 다 나름대로 근거를 확보하고 있으나, '절대주의'와 '실존주의'가 공존하고 그것의 '역사적 변전'까지 밝혀 주고 있는 저서가 바로 헤로도토스(Herodotus)의 '역사(*The Histories*)'임을 감안하면 세계에 헤로도토스(Herodotus)의 '역사(*The Histories*)'를 넘을 저서가 없는 형편이다.

　그 가장 뚜렷한 증거가 소위 서구(西歐)에 '계몽주의(Enlightenment)'를 이끌었던 위대한 사람들이 모두 이 헤로도토스(Herodotus)의 '역사(*The Histories*)'에 그들의 생각의 실마리를 두고 있다는 사실이다.

((“Ⓔ -인간사는 덧없는 것이라는 생각이 헤로도토스의 '역사' 전체를 지배하고 있는데, 이러한 생각은 특히 솔론(Solon)과 크로이소스의 대화에 잘 드러나 있다. 이따금 합리주의가 모습을 드러내지만, 인간의 운명은 정해져 있는 것이며, 신은 인간의 지나친 행운을 시기하며, 인간이 교만해지면 신에게 벌받는다는 종교관이 전체를 지배하고 있다. 신이 세계를 관장한다는 생각은 전조나 꿈이나 신탁 등을 통해 표현되지만, 인간적 동기와 결정도 적잖은 역할을 한다.(p. 11)”))

천병희는 대가(大家)답게 '역사(*The Histories*)'를 서술한 헤로도토스(Herodotus)의 '역사관(歷史觀)'을 그 '역사(*The Histories*)' 속에서 간단히 인용해 밝혔으니, 다른 이론(異論)이 있을 수도 없다.

이것이 바로 그 천병희의 믿을 만한 그 역량과 그 안목(眼目)을 과시하고 있는 대목이다.

④ 김봉철, 역사, 길, 2016

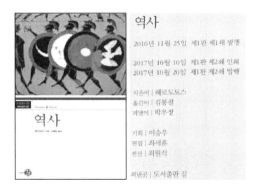

김봉철이 행한 헤로도토스(Herodotus)의 '역사(*The Histories*)' 해설은 그동안 아쉬웠던 '작가 존중'과 '작품 중심 논의'가 그 중심을 이루어 그 '해설'에

대한 안정감 확보에 성공했다.

그러나 김봉철은, 헤로도토스(Herodotus)의 '역사(*The Histories*)' 이전에 힌두(Hindu)의 '마하바라타(*The Mahabharata*)'가 있었고, 그 이후에는 포콕(E. Pococke)의 '희랍 속의 인도(*India in Greece*, 1851)'가 있다는 사실을 다 확인하지 못 해 '헤로도토스(Herodotus)의 작품 해설'에 큰 차질을 빚고 있다.

옛날이나 지금이나 모든 작가가 존중하고 있는 바는 **'서술의 일관성[단일한 주제]'**이다. 김봉철은 '역사(*The Histories*)'를 번역해 놓고도, '헤로도토스의 인생관 세계관[역사관]의 파악'에는 실패한 아쉬움에 있다.

그것을 단적으로 지적하면, 헤로도토스(Herodotus)가 그 '역사(*The Histories*)' 속에서 역겨울 정도 반복 강조하고 있는 **'헤라클레스(Heracles)와 그의 후손(後孫, Heraclids)=키루스(Cyrus)'**의 등식(等式)에 김봉철은 전혀 관심을 돌리지 못했던 점이 그것이다.

김봉철은 다른 한편 '역사(*The Histories*)'에서 바로 '자유와 노예'를 거론할 만큼 똑똑했다. 그러나 헤로도토스(Herodotus)의 경우 그 문제가 단지 '지배와 예속 문제[승패의 문제]' 내에서 국한 되어 있다는 사실도 꼭 점검이 되어야 할 사항이다.

즉 헤로도토스(Herodotus) 말한 '자유'는 '민중(시민)의 자유'가 아니라, '오직 최고 통치자[국왕]가 누리는 자유'이고 '그 최고 통치자의 충복(忠僕)들이 누리는 통치권 내부의 자유'일 뿐이라는 사실이다.[제73회]

(("Ⓐ -헤로도토스가 언제 태어났는지는 분명치 않다. 겔리우스(A. Gellius)가 헤로도토스의 출생 시기에 대한 단서를 제공해 주는데, 그에 따르면 헤로도토스가 53세 때 펠로폰내소스 전쟁이 시작되었다고 한다. 그러므로 펠로폰소스 전쟁이 발발한 기원전 431년을 기점으로 계산하면, 헤로도토스는 기원전 484년경에 태어났다고 할 수 있다. 이 출생 연대는 헤로도토스의 행적 중에 시기 추정이 가능한 투리의 식민사업 시기(기원전443년경)와도 부합하므로 대체로 수용되고 있다.

헤로도토스는 출신 가문에 대한 언급은 서기 11세기경 수이다스 사전의 언급이 유일하다. 이 사전의 '헤로도토스' 항목에는 헤로도토스가 릭세스와 드리오의 아들이며 저명한 인물이었다고 전한다.(p. 14)")

김봉철은 '역사(*The Histories*)' 해설을 행하기 이전에 그 '역사(*The Histories*)'에 관련된 글들도 읽었던 것을 짐작할 수 있다. 사실상 일단 '역사(*The Histories*)'에 관련된 모든 자료들은 거듭 점검이 되어야 하고, 그 '거듭된 점검'을 통해 '작품 해설에 유용한 정보'를 그 '작품 자체 해설에 적용하는 일이 '해설가들의 모든 일'이다.

(("Ⓑ -그리스 페르시아 전쟁은 기원전 492~473년에 그리스인들과 페르시아군 사이에 일어난 대규모 전쟁이었다. 전쟁의 발단은 페르시아 왕에 대한 이오니아 지역 그리스인의 반란(기원전 499~493)이었다. (p. 17)")

김봉철이 '역사(*The Histories*)'의 중요 문제가 '<u>희랍인과 페르시아인 전투</u>'에 있는 것으로 파악한 것도 일단 옳은 시각이었다.

그러나 김봉철 자신도 역시 지적하고 있듯이, 중요한 것은 '전쟁 경과의 단순한 서술'이 아니라 그 '전쟁의 원인'이 무엇인가, 더욱 구체적으로 '<u>헤로도토스는 그 전쟁을 어떻게 보았고 해설을 했는가?</u>'가 가장 중요한 쟁점이 될 수밖에 없다.

(("Ⓒ -헤로도토스는 페르시아의 군사 원정만 다룬 것이 아니었다. 오히려 페르시아 왕들이 벌인 군사 원정 자체보다는 그들이 원정한 지역과 종족들의 지리, 관습, 종교, 역사를 서술하는 데 더 많은 지면을 할애했다.(p. 22)")

이 김봉철의 거론도 '역사(*The Histories*)' 속에 제시된 사실을 요약한 것이다. 김봉철도 그 '역사(*The Histories*)'의 '막대한 의미'를 충분히 긍정하며 그 '해설'을 행한 것이다.

(("ⓓ -헤로도토스의 역사서술은 단순한 연대기에 머물지 않는다. 그는 전쟁 과정을 서술할 뿐 아니라 전쟁의 원인에 대해서도 알고자 했다. 그는 자신이 수집한 정보를 나열하고 시대 순으로 배열하는 것에 만족하지 않고, 사건의 원인을 규명함으로써 자신의 역사서술을 더욱 체계화했다. 헤로도토스는 전체 서술 구도를 그리스인과 이방인들의 대립관계 속에서 설정하고 페르시아 인들의 그리스 원정이 있기까지의 이방인들 행적을 추적한다. 그의 주된 이야기는 이방인들 즉 리디아인들과 페르시아인들의 팽창과 정복 과정에 대한 것이다. 그러므로 전쟁 원인에 대한 이야기는 이방인들의 세력 확장과 그것에 대한 그리스인들의 대응으로 정리되고, 인과관계의 중심적 화두는 자유와 예속의 문제로 귀결된다.(p. 25)"))

우리는 위의 김봉철의 해설에서 '그리스인과 이방인의 대립관계 해설'이라는 말에 주목을 해야 한다.

거의 모든 독자들이 '역사(*The Histories*)의 독서'를 통해 당장 느낄 수 있는 사항은, 헤로도토스가 가지고 있는 무서운 '이오니아 종족주의(Nationalism)' '아테네 희랍 우월주의'와 마주하게 되어 있다.

하지만 헤로도토스(Herodotus)는 그의 '역사(*The Histories*)'에서 페르시아 인들은 '키루스의 정복 성공'으로 거의 모든 나라들이 그 페르시아 지배 속에 들어가 있음을 '기정 사실'로 해 놓고 헤로도토스(Herodotus) 자신의 서술을 행하고 있다.

(("ⓔ -헤로도토스는 우선 역사 자료를 스스로 수집하며 다니는, 말하자면 '발로 뛰는 역사가'가 되어야 했다. 그의 탐구를 위한 최우선 과제는 자신이 직접 여러 지역을 여행하면서 목격하고 청취한 것들을 사료로 수집하는 것이 었다.(p. 26)"))

김봉철은 위의 진술에서 역사가에게 '사료(史料)의 확보'가 얼마나 중요한지, 헤로도토스(Herodotus)는 그것들을 그의 작품 '역사(*The Histories*)' 속에 어떻

게 활용이 되었는지를 역시 크게 긍정을 하고 있다.[박현테 해설과의 차이점임]

((" ⓕ -그에 비해 헤로도토스의 그리스 중심적 인식은 보다 분명하게 나타난
다. '역사'에 나타난 헤로도토스의 서술 관점은 기본적으로 그리스인의 입장
이었다. '역사'가 그리스어로 저술되고 주 독자도 그리스인들이었으니만큼,
그런 관점은 사실 당연한 것이라 하겠다.(p. 34)"))

김봉철이 '역사(*The Histories*)' 속에 나타나 있는 헤로도토스(Herodotus)의
서술 관점을 기본적으로 '그리스인의 입장이었다.'고 했던 진술은, 헤로도토스
(Herodotus)가 그의 '역사(*The Histories*)'에 제시한 것은 '<u>일부</u>'만 진실이다.

김봉철은 헤로도토스(Herodotus)가 왜 그의 '역사(*The Histories*)'의 첫머리
에, '<u>과거 우리 자신들[희랍인]과 다른 나라 사람들의 놀라운 성취</u>'[제1회]라고
했는지, 그리고 헤로도토스(Herodotus)는 왜 꼭 이방인 '키루스의 말'[제73회]로
'역사(*The Histories*)'의 결론으로 삼았는지도 충분히 고려를 하여 '해설'을 행해
야 했었다.

김봉철은 헤로도토스(Herodotus)가 그의 '역사(*The Histories*)'의 서두[제1
회]에서 밝힌 '유식한 페르시아인(Learned Persians)' 말에도 전혀 유념을 하지
않았을 뿐만 아니라, 더욱 중요한 헤로도토스(Herodotus)가 그 '절대주의 신봉
자'로서 '신탁(神託, oracle)'에 대한 신뢰를 바탕으로 '성지(聖地)의 여(女) 사제'
가 '<u>5대(五代)가 지나면 헤라클레스 후손이 기게스(Gyges)에게 복수를 할 것
이라고 예언</u>'[제2회]에 대해서는 언급도 없다.

그래서 김봉철은 헤로도토스의 중요한 '역사철학'을 이루고 있는 '인과응보
(因果應報)'론이나 '역사를 이끄는 주체[헤라클레스 후예]'를 전혀 짚어 해설을
행하지 못한 상태에서, 헤로도토스(Herodotus)를 '오직 희랍 종족주의자'로 몰
고 가는 해설을 행했다.

역시 그 같은 이유에서, 해설가 김봉철은 바로 페르시아인의 입에서 나온
'<u>법 앞에 평등</u>' '<u>민주주의</u>' '<u>개인주의</u>'는 거론도 할 수 없게 되었으니, 그 주요

이유는 김봉철이 헤로도토스를 단순히 '이오니아 종족주의자'로 보는 자신의 치우친 시각을 지키기 위해서였을 것이다.

> (("ⓖ -헤로도토스의 그리스 중심적 시각은 방위와 명칭뿐 아니라 이방인에 대한 인식에서도 확인된다. 그가 특히 <u>그리스인들과 이방인들의 차이로 부각하는 것은 자유와 예속에 대한 것이었다. 이처럼 대조적인 인식은 '역사'에서 수시로 표출된다.</u> '역사'의 핵심 주제가 그리스인들과 이방인들이 자유와 예속을 놓고 벌린 전쟁인 만큼, 자유와 예속이라는 가치 대립은 반복되어 나타난다. 헤로도토스는 이 전쟁의 기원을 설명할 때에도 자유와 예속을 언급한다.(p. 36)"))

더욱 구체적으로 말을 하자면 김봉철이 '역사(*The Histories*)' 해설에 동원하고 있는 '자유와 예속'의 문제는, '미국의 독립 전쟁'에 나온 '자유가 아니면 죽음을 달라.'라는 패트릭 헨리의 주장과 유사하면서도 역시 크게 다르다는 점은 김봉철이 반드시 확인을 해야 한다.

크게 동일한 점은 '속박에서 벗어난 자유'라는 점에서 크게 일치하지 하고 있지만, 헤로도토스가 말한 '자유'는 영웅 **헤라클레스(Heracles) 후손(後孫)[王孫]'만이 차지해 누릴 수 있는 자유, '정복(征服) 전쟁의 결과물'로 획득한 자유, '남의 자유를 유린해야 달성이 되는 그 정복자의 자유'='맘대로 행하는 자유'** 였음[제73장 참조]에 대해, 패트릭 헨리 식 '자유'란 '남의 자유를 손상하지 않은 칸트(Kant) 식 민중[시민]의 자유'라는 사실이라는 엄연한 구분이 그것이다.

더욱 쉽게 말하면 헤로도토스(Herodotus)가 그의 '역사(*The Histories*)'에 말하는 '자유'란 '오직 정복자 자신을 기준으로 삼은 자유'이니, 헤로도토스(Herodotus)가 말한 '군주가 누리는 자유'란 헤로도토스(Herodotus) 이전과 그 이후에 세계 도처에 펼쳐진 '제국주의(Imperialism)' 국왕들의 '성공' '실패' 내부에서 '오직 정복자의 자유' 내부 문제일 뿐이니, '계몽주의' 이후의 '자유' 문제와는 혼돈할 필요가 전혀 없는 사항이다.

(("⑪ -'역사'에서 페르시아인들은 자유를 누리지 못하는 예속적인 존재로 묘사된다. 이는 자유를 추구하는 그리스인들과 대조를 이룬다.(p. 37)"))

김봉철의 관심은, 헤로도토스가 발휘해 보인 '희랍인 중심의 종족주의(Nation-alism)'를 훨씬 능가한 '희랍 종족주의'를 가동 주장하려 하였다. 헤로도토스의 '희랍 종족주의'도 '역사(*The Histories*)'에 중요한 주제이지만, **헤라클레스 후손=키루스=헤로도토스**'의 등식을 읽어내야 비로소 '역사(*The Histories*)의 이해'에 대로(大路)가 열리게 된다.['이오니아인-희랍인'도, 그 '다리우스' '크세르크세스'의 '앞잡이'가 된 자들이 많이 있었다는 사실을 결코 망각해서는 아니 된다.]

우리가 헤로도토스(Herodotus)의 '역사(*The Histories*)'를 읽어 확인할 수 있는 가장 위대한 사항은, **태양족(기마족)=크리슈나 족=헤라클레스 후예=키루스, 이오니아 족=새 역사 창출의 종족**'이라는 큰 등식(等式)이 헤로도토스(Herodotus) 자신이 확신임을 밝혀 놓았다는 점이다.
그리고 그 헤로도토스(Herodotus)의 '역사(*The Histories*)'가 말한 '태양족(기마족)'의 문제는 바로 '한국의 고대사'에도 명시되어 '혁거세, 김알지 수로왕[태양족] 동명왕[태양족, 기마족]'이 우리의 건국 시조로도 되어 있다는 사실이다.

헤로도토스(Herodotus)는 '키루스(Cyrus) 전기' 등을 작성해 놓은 페르시아 '계관시인(桂冠詩人, poet-laureate, 御用作家)'들의 '절대주의' '신비주의' 저작들을 바탕으로[제16장] 자신의 '역사(*The Histories*)'를 다시 작성했다.
그리고 헤로도토스(Herodotus)는 기존한 '절대주의' '신비주의'를 일부 긍정하면서도, 동시에 그 자신의 '현세주의' '합리주의'를 바탕으로 '역사(*The Histories*)' 서술을 했다는 점은 반드시 확인이 되어야 할 '역사(*The Histories*) 이해'에 가장 중요한 사항이다.

454

참고문헌

Herodotus (translated by Aubrey de Selincourt), *The Histories*, Penguin Books, 1954

K. M. Ganguli (Translated into English Prose from the Original Sanskrit Text), *The Mahabharata of Krishna-Dwaipayana Vyasa*, Munshiram Manoharlal Publisher Pvt. Ltd. New Delhi, 2000

Vettam Mani, *Puranic Encyclopaedia -A Comprehensive Work with Special Reference to the Epic and Puranic Literature*, Motilal Banarsidass Publishers Delhi, 1975

C. Brooks R. P. Warren, *Understanding Fiction*, Appleton -Century -Crofts Inc. 1951

F. W. Bunce, *The Yantras of Deities*, D. K. Printworld, New Delhi, 2001

I. Kant(translated by J. M. D. Meiklejohn), *The Critique of Pure Reason*, William Benton, 1980

D. A. Mackenzie, *Egyptian Myth and Legend'*, Bell Publishing Company, 1978(1913)

F. Nietzsche (translated by R. J. Hollingdale), *Thus Spoke Zarathustra*, Penguin Classic, 1961

F. Nietzsche (W. Kaufmann & R. J. Hollingdale-Translated by), *The Will to Power*, Vintage Books, 1968

E. Pococke, *India in Greece*, 1851

B. Russell, *History of Western Philosophy*, George Allen & Unwin Ltd, 1961

J. Schmidt, *dictionnaire de la mythologie grecque et romaine*, Librairie Larousse, Paris, 1965

P. Thomas, *Epics, Myths and Legends of India*, Bombay, 1980

Voltaire, *The Best Known Works of Voltaire*, The Book League, 1940

추수자(追水者) 후기

  오늘날 '지구촌(The Global Villages)' 사람들은 사실상 '동서(東西)'와 '고금(古今)'을 구분할 필요가 없는 그 사상(思想)의 '동시주의(同時主義, Simutaneism)' 속에 살고 있다.

  더욱 구체적으로 말하면 '고대 이집트인'와 '고대 페르시아인', '고대 희랍인'을 '고구려' '백제' '신라인'과 꼭 구분할 필요가 없을 뿐만 아니라 '현대 희랍인' '현대의 한국인'을 마땅히 동시(同時)에 다 고려를 해야 하는 **'지구촌 문화 시대'** 에 이미 우리는 진입해 있다.

  우리가 헤로도토스(Herodotus)의 '역사(*The Histories*)'를 읽어 알아야 할 가장 중대한 사항은, **'태양족(기마족)=크리슈나 족=헤라클레스 후예=키루스, 이오니아 족=새 역사 창출의 종족'** 이라는 큰 전제를 헤로도토스(Herodotus) 자신이 그 자신의 확신으로 그 '역사(*The Histories*)' 속에 명시해 놓았다는 점이다.

  그리고 우리가 역시 알아야 할 '한국의 고대사'도, 그 '절대주의(Absolutism)'를 수용했고, 역시 그 '태양족(기마족)' 주도(主導)로 '현세주의(Secularism)' '역사시대'로 진입되었다는 사실이다.['혁거세, 김알지 수로왕[태양족] 동명왕[태양족, 기마족]']

  그런데 헤로도토스(Herodotus)는 그의 '역사(*The Histories*)'를 단순히 '신화적 영웅주의'에만 묶어두지 않고, 자신이 확인한 **'민주주의' '자유' '평등' '개인주의' '합리주의'** 문제도 아울러 다 공개를 하여, 후대(後代)에 뉴턴 볼테르 칸트 포콕 니체에 이르는 '계몽주의(Enlightenment) 운동'에 소중한 단서(端緒)를 마

456

련해 주었다.

　그러므로 한국인의 '국가 사회 운영'에서 **그 헤로도토스(Herodotus)가 그 '역사(The Histories)'에 저장해 둔 그 의미의 확인**은 오늘날 '세계 경영'에 뒤질 수 없는 한국인 자신의 식견 넓히기에 불가결한 사항이다.

2020년 10월 30일
추수자(秋水子)

| 지은이 소개 |

정상균(Jeong Sang-gyun)

약력: 문학박사 (1984. 2. 서울대)
　　　조선대학교, 서울시립대학교 교수 역임

논저: 다다 혁명 운동과 마하바라타
　　　다다 혁명 운동과 희랍 속의 인도
　　　다다 혁명 운동과 헤겔 미학
　　　다다 혁명 운동과 볼테르의 역사철학
　　　다다 혁명 운동과 니체의 디오니소스주의
　　　다다 혁명 운동과 예술의 원시주의
　　　다다 혁명 운동과 문학의 동시주의
　　　('2013년 대한민국학술원 우수학술도서' 선정)
　　　다다 혁명 운동과 이상의 오감도
　　　한국문예비평사상사
　　　한국문예비평사상사 2

역서: 澤宙先生風雅錄
　　　　Aesthetics of Nonobjective Art

다다 혁명 운동과 헤로도토스의 역사
Movement Dada & Herodotus *The Histories*

초판 인쇄   2021년 1월 29일
초판 발행   2021년 2월 10일

지 은 이 | 정상균
펴 낸 이 | 하운근
펴 낸 곳 | 學古房

주   소 | 경기도 고양시 덕양구 통일로 140 삼송테크노밸리 A동 B224
전   화 | (02)353-9908   편집부(02)356-9903
팩   스 | (02)6959-8234
홈페이지 | http://hakgobang.co.kr
전자우편 | hakgobang@naver.com, hakgobang@chol.com
등록번호 | 제311-1994-000001호

ISBN 979-11-6586-130-8   93100

값 : 25,000원